邬国义　李孝迁　编

袁英光史学论集

本书出版获华东师范大学历史学系经费资助

袁英光先生

第七章 匈奴史和蒙元史研究的突破

① 匈奴史研究的成就及其在省内外的影响

王国维对匈奴史研究成果的主要论著为《鬼方混夷猃狁考》、《西胡考》及《月氏考》，就匈奴的族源和族属问题提出了自己的见解，由于其学术价值较大，在海内外史学界产生过重大的影响。

匈奴是我国古代北方游牧民族中有一个统一大漠南北并建立庞大国家政权的民族，在它兴起于公元前三世纪之前，大漠南北已先后出现过很多部落和部族，为鬼方、昆夷、薰粥、猃狁、戎、狄、胡等之。这些部落和部族与匈奴的族源和族属是否有关，由于它的文迹，在各版的诸, 载错情失，而达太之多, 则说法成, 学者但知具名为自己的弓与这在日大说。匈奴到时此中认为匈奴的先祖为夏后氏之百苗，世说一旦为后代学者所论赏, 昌至到了近人, 接受这一说点的朋友多人, 方立思勉的《匈奴文化素德》金光先的《北省族西迁季物及行衷录》的《匈奴与匈牙利》等论著, 的问荣习与这庞在论之著尚说。王国维广泛征引先秦两汉文献及主牌、梁伯定, 毛公鼎为都诸青铜文论述鬼方、昆夷、薰育、猃狁多先秦时代民族的活动情况, 并从地理分布反省韵学论征鬼方、昆夷、薰育、猃狁、猃

① 说详（王国维的史学成就）见《先》第254页。
② 《中国学者的匈奴文化研究》1978年6月。
③ 今上引。

稍及鬼方、荤粥、猃狁、东胡一族在内的异译，完全忽视了同马迁在《史记·匈奴列传》所提出的看法，不一个接反映代的鬼方才是匈奴的族祖。

王国维在《鬼方昆夷猃狁考》一文中指出，"我国古时有一强大之族，'其族西武力'，而文化之度不及诸夏这甚，又不象文字，或羞有动不与中国（按指华夏一笔尽同）。足以中国之称之也，随予异名。因地球号，空手尽名，或又以醋名加之。"马同周称为鬼方、混夷、獯鬻，西周晚期称为猃狁，春秋时称为戎、狄，战国时称为胡、匈奴。"《史记·匈奴列传》中虽没有提到鬼方，但是，王国维根据《易》、《说语文辞》、《末语文辞》、《诗》、《大雅》、《周之篇》《竹书纪年》及大盂鼎、小盂鼎、梁伯戈、虢季子伯盘考究指出，鬼方在殷时不极有势力，曾与同殷王高宗（武丁）进行了三年的很艰苦中使遭受大败。西周时文王、又王尝了之灭亡时，俘其二十翟王之深境之敌竟达一千三千余人之多，可知其部属人数之多和势力非不弱。其居住地一部分在洲陇之间（今陕西西方北及甘肃东南部一带）或者史加，其北部分布分于于周之西北二陲，并且控制了周朝的东北部分。

王国维以盂鼎、梁伯戈、毛公鼎等铭文中习见鬼方在金文中作减方或减方，而减、獯鬻皆之文长音，则子鬼

学术会议合影

与冈野诚等在学术会议上

袁先生做学术报告

1987年海宁王国维故居揭幕仪式

浙江海宁观潮处留影

参观广东虎门留影

1986年四川广元唐史年会留影

《南朝五史辞典》编纂成员留影

与教研室同事在一起

1995年博士论文答辩会

与1990届硕士生合影

1995年袁先生七十寿辰

编校说明

袁英光先生(1925—1997),江西乐安人,是著名的中国史学史和隋唐史研究专家。

1925年7月28日(农历六月初八)出生于乐安县太平区谷岗乡谷岗村的一个小康之家。早年相继求学于崇仁县立初中(1939—1943)和江西心远中学南城分校(1943—1946)。1948年秋,至上海入读大夏大学历史社会学系。1952年毕业于华东师范大学历史系,随后留校任教,先后在历史系、中国史学研究所历任讲师、副教授、教授。先生长期从事中国古代史、特别是隋唐史的教学与研究。自20世纪60年代初起,则致力于中国史学史、特别是中国近代史学史拓荒性研究。在1966年之后的特殊时期,参加了中华书局点校本"二十四史"中《新唐书》《新五代史》,以及《王文公文集》的标校工作。1976年以后,随着新时期的到来,先生以饱满的热情,重新投入学术研究之中。任中国史学研究所史学史研究室主任。先生于隋唐史和史学史研究造诣深厚,为中国唐史学会理事。1980年代初,曾受邀至日本东京大学、大阪大学、早稻田大学等多所大学讲学,讲授隋唐五代史专题研究,受到日本学界的好评。

先生治学,一生勤奋,笔耕不辍,成果斐然。在隋唐史方面,合著有《隋唐五代史讲义》,与人合撰有《唐太宗传》《唐明皇传》两部甚有特色的人物传记。在中国史学史研究方面,合著有《中国近代史学史》(上、下),是中国史学史学科建设的一项重要的开拓性成果;并撰有《新史学的开山——王国维评传》等著作。合作编纂有《中国历史大辞典·史学史卷》(为副主编),任《南朝五史辞典》主编,为山东教育出版社出版的"二十五史专书辞典丛书"之一。又编有《中国史学史论集》(二集)、《中国近代史学史论集》《王国维学术研究论集》(三辑)和《李平心史论集》等。在史籍整理方面,与人合作整理有《李星沅日记》《王文韶日记》,作为中华书局"中国近代人物日记丛书"出版;以及《王国维全集·书信》,王国维《水经注校》等。

先生长于撰写论文,在《历史研究》《中华文史论丛》《学术月刊》《华东师范大学学报》等刊物发表专题论文数十篇。其代表性的论著主要有《唐初政权与政争的性质问题》(合作)、《试论唐代藩镇割据的几个问题》、《夏燮与〈明通鉴〉研究》、《夏曾佑与〈中国古代史〉研究》、《论王国维对唐史研究的贡献》、《王国维与敦煌学》、《陈寅恪对隋唐史研究的贡献》、《王著〈魏晋南北朝史〉评介》等。

1997年1月,袁英光先生因脑溢血突发,经抢救无效,于1月27日逝世,享年72岁。时《中国唐史学会会刊》编辑部刊发《沉痛悼念严耕望、袁英光先生》(1997年第16期),称先生"在唐史和史学理论研究成就卓著,其学问人品,素为后辈所仰慕。先生离我们而去,不仅使我们失去一位良师益友,亦是我唐史学界的重大损失"。

2020年7月是先生95周年诞辰,我们编校了这部《袁英光史学论集》,以此作为对其长久的纪念。论文集主要收入先生几十年来在中国古代史和中国史学史两方面的研究论文,大体以史事先后编排为序。在编集中,一般以最初发表的报纸杂志为据,仅对其中明显的错漏作了改正,并于文末注明所载报刊年月、卷期和出版的书籍等,以保持原貌。文稿中的注释,则按现行的出版要求,作了相对统一与规范的处理。书中的引文,也按所引据的原书作了核对。书后附录《袁英光著作目录系年》,仅供读者参阅。此学术论文集的出版,得到了华东师范大学历史学系的支持和资助,在此谨表诚挚的谢忱。

编者谨识
2020年7月

目 录

古代史 / 1

　　黄巾起义与曹操 / 3

　　关于刘黑闼的评价问题 / 19

　　唐初政权与政争的性质问题——唐初武德、贞观年间的阶级斗争
　　　　与统治阶级内部斗争 / 27

　　百代英主　千古一帝——论唐太宗的历史地位 / 60

　　关于唐高宗的评价问题 / 72

　　关于唐玄宗李隆基的几个问题 / 81

　　略论有关"安史之乱"的几个问题 / 101

　　试论唐代藩镇割据的几个问题 / 116

　　王仙芝受敌诱降问题初探——唐末农民战争问题研究之一 / 134

　　黄巢"乞降"问题考辨——唐末农民战争问题研究之二 / 146

　　唐代财政重心的南移与两税法的产生 / 168

　　唐代文风南兴及其经济原因管窥 / 181

　　"五代十国"历史中几个问题的探索 / 194

　　关于辽宋夏金元史中的几个问题 / 204

　　明末农民战争矛盾转化问题研究 / 214

　　论清代民族进一步融合中的若干问题 / 232

史学史 / 241

　　顾炎武的社会政治思想和爱国思想 / 243

　　略论清乾嘉时赵翼的史学 / 255

　　周济与《晋略》 / 267

　　夏燮与《明通鉴》研究 / 281

徐鼒的封建正统主义史学思想 / 301
魏源与《圣武记》/ 318
夏曾佑传略 / 333
夏曾佑与《中国古代史》研究 / 344
刘师培与《中国历史教科书》研究 / 369
章太炎与《清建国别记》/ 384
王国维的思想道路及其死 / 404
王国维 / 413
王国维与《水经注校》/ 434
论王国维对唐史研究的贡献 / 446
王国维与敦煌学 / 461
论王国维对蒙古史与元史研究的贡献 / 482
略论王国维与陈寅恪 / 497
陈寅恪对隋唐史研究的贡献 / 512
古史辨派史学思想批判 / 524
"战国策派"反动史学观点批判——法西斯史学思想批判 / 536
资产阶级客观主义史学观点批判 / 557
关于《中国政治社会史》的几点意见 / 567
王著《魏晋南北朝史》评介 / 573
《中国古代史学史简编》评介 / 586
李平心史论集前言 / 596
中国史学史论集前言 / 598
中国近代史学史论集前言 / 600
中国近代史学史前言 / 602
李星沅日记前言 / 614
王文韶日记前言 / 616

袁英光著作目录系年 / 618

古代史

黄巾起义与曹操

一、前　　言

曹操的评价问题广泛深入地展开讨论以后，从已发表的文章看来，史学界的意见还没有取得一致，其中问题虽然很多，但争论的焦点之一是曹操镇压黄巾起义的评价。如果这一问题得不到恰当的解决，要正确评价曹操是不可能的。因此，本文拟就这一方面提出一些个人的看法，有不对的地方，请同志们批评和指正。

二、黄巾起义的目的是要求土地和减轻人身依附关系

公元184年（东汉中平元年）2月的黄巾大起义，是在汉末的腐朽封建统治，加强剥削压迫，土地高度集中的情况下爆发的，它和陈胜、吴广起义时的阶级矛盾特点有些不同，秦末农民大起义时，土地问题虽然是基本的，但在当时的历史条件下还不是主导的，主要的是反对秦统治者的暴政。黄巾起义则是由于土地兼并异常严重，人身依附关系很强。在这一社会条件下所激起的农民武装反抗，其目的不可能不是反对地主阶级的兼并土地和减轻人身依附关系。这从当时号召和组织农民起义的"太平道"的具体内容中，便反映了这样一个问题。

黄巾起义军的领导者张角，利用了"太平道"作为发动和组织起义的工具。从现保存于《道藏》中由《太平清领书》转化出来的《太平经》看，这一教派的出现开始于西汉社会矛盾激化的时期，它反映了当时的

社会矛盾和人民群众的要求；但从思想渊源上说"太平天经"主要是由黄老思想发展而来的。黄老思想在西汉初期主张"无为"，是统治阶级的御用工具之一。到了"太平道"时，这一思想的某些部分被利用来反对封建统治者，成为革命的思想武器。什么叫做太平呢？残本的《太平经》中解释说：

> "太"者，大也……"平"者，言治太平均，凡事悉治，无复不平。"太"者，天地能复育万物，其功最大；"平"者，地也，地平然（后）能养育万物。

从"太平"两字的解释中告诉我们几个问题：（一）所谓"太平"，就是最"平等"的乐土；（二）"太平"是主张"均"，它显然是针对着地主阶级对财富的占有不均而提出来的；（三）均的最主要的内容是土地。

在《太平经》中还可以看到，他们对私有财产的攻击，说："财物乃天地中和，所有以共养人也。……愚人无知，以为终古独当有之，不知乃万户之委输，皆当得衣食于是也……不助君子周穷救急，为天地之间大不仁。"并进一步提出："积财亿万，不肯救穷施急，其罪不除。"同时，在他们的教义中也规定，财产"不以分人"是最大罪恶之一。这些虽然都是属于宗教方面的劝善戒恶，纯粹是一种宗教性的布施，在群众斗争意识上有消极的麻痹作用。但是，《太平经》中提出这些问题是有现实背景的，是反映了富者积累财富和贫者要求改善现状的要求。正因为这样，所以"太平道"能取得农民群众的信仰和拥护，成为组织农民起义的工具。

黄巾军是有组织有计划的起义。从"太平道"的事实看来，黄巾起义军的思想渊源和酝酿是很深长的，经过张角等人十多年的努力，信仰"太平道"的群众已遍及青、徐、幽、冀、荆、扬、兖、豫八州，差不多半个中国都有他的信徒。张角自称为大贤良师，将其教徒分为三十六方，"方"即带有军事性质的宗教组织，《后汉书·皇甫嵩传》说："方犹将军号也，大方万余人，小方六七千，各立渠帅。"散布"苍天已死，黄天当立，岁在甲子，天下大吉"的预言，并且在京师衙门和州郡官府墙壁上，以白土书写"甲子"字样，作为起义的信号。张角等准备在中平元年

(甲子年,184年)三月五日起义,"大方马元义等,先收荆扬数万人,期会发于邺"。①邺在地理上恰当钜鹿与洛阳中间,既和起义的核心地区易保持联系,又和其他"方"配合可直指洛阳,夺取政权。从起义的思想酝酿,具体的军事组织,起义日期的确定以及进军路线的选择等等,不能不说是一种组织,在当时的历史条件下,农民军所能做到的差不多都已经做了,正因为事先有周密的布置,所以能发动三十多万的农民群众同日起义,后来虽因叛徒的告密,起义日期提前,但起义仍以排山倒海之势,严重地打击地主阶级,统治者震惊于起义人数之多,诬称黄巾军为"蚁贼"。东汉末的地方官吏将农民这样踊跃参加起义,归之为"角以善道教化,为民所归"②是有一定道理的,是反映了黄巾军的起义是有组织的,并不需要等到曹操来替它"组织化"。

汉末封建统治集团在声势浩大的黄巾军起义后,汉灵帝急忙缓和统治阶级内部的矛盾下令"解党禁",③集中力量剿压农民军,先后派遣卢植、皇甫嵩、朱儁等刽子手前往镇压,曹操也在这一时期参加了剿压农民军的活动。而原先尖锐的阶层矛盾缓和下来了。张角领导的黄巾军由于历史条件的限制,在汉中央政权、地方豪强地主的武装力量围攻下,于当年的十一月便遭受了失败,但其他地区的黄巾军则继续起义,坚持对汉地主阶级的斗争。

黄巾起义的高潮虽然过去了,但阶级矛盾并没有因此而缓和,腐朽的东汉统治者在剿压农民军之后,加强了对人民的剥削,185年2月灵帝为了修建宫室,下令"税天下田,亩十钱"。④故青、徐百万黄巾军坚持斗争外,河北黑山军响应黄巾军起义,《后汉书·朱儁传》说:"自黄巾'贼'后,复有黑山、黄龙、白波、左校、郭大贤、于氐根、青牛角、张白骑、刘石、左髭丈八、平汉大计、司隶掾哉、雷公浮云、飞燕、白雀、杨风、于毒、五鹿、李大目、白绕、畦固、苦哂之徒,并起山谷间,不可胜数……大者二三万,小者六七千。'贼'帅常山人张燕,轻勇矫捷,故军中号曰飞燕,善得士卒心,乃与中山常山郡上党河内诸山谷'寇贼'更相交通,号

---

① 《通鉴》卷五八。
② 《通鉴》卷五八。
③ 《后汉书·皇甫嵩传》。
④ 《后汉书·灵帝纪》。

曰黑山贼。"这支起义军的威力很大,转战于河北一带地区,史籍说是"朝廷不能讨"。

社会矛盾中心由农民起义转变为军阀混战。黄巾军的主力张角领导起义的部队失败后,一度缓和的统治阶级内部斗争又开展起来,先是宦官和外戚的斗争,何进被杀,袁绍、袁术兄弟又尽诛宦官,宦官专政至此结束,皇权也就此衰落,军阀割据的混战形势接踵而起。先是凉州军阀董卓专政,废少帝,迁献帝,专横暴虐,暗无天日。关东州郡刺史牧守韩馥、孔伷、刘岱、张邈、张超、袁遗、桥瑁、鲍信等,在袁绍的领导下,起兵讨伐董卓,曹操这时在陈留也散家财,招募士卒,聚众五千余人响应。这时阶层矛盾和阶级矛盾交织在一起,农民军在关东军"为民除暴"的"义兵"号召下,一方面由于要打击最反动腐朽残暴的董卓集团,另一方面,当时北方军阀和地方豪强势力太大,打硬仗将使自己的力量受到影响,因而在策略上便和他们联合,史载黑山军的领导者张燕率"其众与豪杰相结"。[①] 可是,以袁绍为主的关东军"日置酒高会,不图进取",只想就地割据,无意西讨董卓。不久,关东军内部开始混战,刘岱并杀桥瑁,袁绍和韩馥谋立幽州牧刘虞为帝,建立割据政权;之后,公孙瓒并杀了刘虞,袁绍又和公孙瓒联合进攻韩馥,逼韩馥将冀州让给袁绍,展开了军阀混战的局面。

关东军的刺史牧守,绝大多数是世族官僚大地主,他们混战的目的,在建立各霸一方的割据政权。曹操出身于寒族地主,而求集权统一,反对这种混战和分裂的行动。他对袁绍说:

> 董卓之罪,暴于四海,吾等合大众,兴义兵,而远近莫不响应,以义动故也。今幼主微弱,制于奸臣,未有昌邑亡国之衅,而一旦改易,天下其孰安之?[②]

曹操要求集权统一,达到所谓"安定天下"的目的,在这一客观形势和要求下,曹操进行了对青州黄巾军的剿压活动。

[①] 《三国志·魏志·张燕传》。
[②] 《三国志·魏志·武帝纪》注引《魏书》。

三、在统一战争的要求下，曹操对农民军的"宽缓"政策

青州黄巾军在战斗中被迫投降。董卓西迁长安后，国内又出现了新的斗争形势，袁绍、公孙瓒等封建统治者不西讨董卓，却纠集反动武装力量剿压农民军，青州黄巾军和河北黑山军在这样的情势下，青州黄巾军便力图通过勃海地区，和以太行山为根据地的黑山军会合，这在当时无疑是十分需要和正确的，在战略上也具有重大意义。如果这一行动能成功为事实的话，阶级斗争将推向新的高潮，给予封建统治者以更严重的打击。但青州黄巾军在进军途中遭到军阀公孙瓒的袭击，没有能冲破地主武装的包围，如愿和黑山军会合。

公元192年（初平三年）4月，青州黄巾军百万入兖州，杀任城相郑遂，又转入东平。这时的黄巾军人数虽然很多，但实际的军队只有三十万，具有很强的战斗力，所谓"黄巾为'贼'久，数乘胜，兵皆精悍"。

军阀刘岱欲击之，鲍信谏曰："今贼众百万，百姓皆震恐，士卒无斗志，不可敌也。观'贼'众群辈相随，军无辎重，唯以钞略为资。"作战时有男女老幼的家属相随，确实对农民军不利的，再加上军无辎重，"无辎重"的具体内容，我认为主要是缺乏粮食，这么多人数，占领兖州东平一带那样小的一块地区，粮食的供给是一个极为严重的问题。因而，鲍信提出："畜士众之力，先为固守，彼欲战不得，攻又不能，其势必离散，然后选精锐，据要害，击之可破也。"采用围困乘隙袭击的办法来打破农民军。刘岱没有接受这一建议，和农民军硬打被杀。

曹操和青州黄巾军交战时的总形势是：农民军有百万之众，战斗力很强，曹操要和农民军打硬仗是无法取胜的。另一方面，军阀混战局势已急剧展开，曹操要求削平割据势力，进行统一战争，要这样做，又必须扩充自己的实力，以便能达成重建封建统一政权的目的。故对青州黄巾百万之众的一战，对曹操来说，不论它在政治上或军事上都是重要的关键，具有重要的意义，在这样的时机，如何对付黄巾军，就不能凭曹操的主观愿望而决定，而其总的要求是：既能解决青州黄巾军的问题，

又能有利于统一战争的进行。

曹操出身于寒族地主,毕竟和世族地主袁绍之流不同,和人民的距离近些,关于这一方面,已有文章论及,这里不拟作详细分析。他在《对酒》诗中叙述自己理想中的太平世界是:

> 太平时,吏不呼门。王者贤且明,宰相股肱皆忠良,咸礼让,民无所争讼。三年耕有九年储,仓谷满盈。班白不负载。雨泽如此,百谷用成,却走马,以粪其上田。爵公侯伯子男,咸爱其民,以黜陟幽明。子养有若父与兄。犯礼法,轻重随其刑。路无拾遗之私。囹圄空虚,冬节不断,人耄耋,皆得以寿终。恩德广及草木昆虫。

在《度关山》的诗中也说:

> 天地间,人为贵。立君牧民,为之轨则。车辙马迹,经纬四极。黜陟幽明,黎庶繁息。于铄贤圣,总统邦域。封建五爵,井田刑狱。有燔丹书,无普赦赎。皋陶甫侯,何有失职?嗟哉后世,改制易律。劳民为君,役赋其力。舜漆食器,畔者十国,不及唐尧,采椽不斫。世叹伯夷,欲以厉俗。侈恶之大,俭为共德。许由推让,岂有讼曲?兼爱尚同,疏者为戚。①

曹操所写的《对酒》和《度关山》,可能是较后时期的作品,可是其思想渊源由来较早是可以肯定的,这说明着曹操的政治思想有其比其他统治者进步的一面。因而,在当时的客观现实面前,曹操就不像刘岱那样顽固,对青州黄巾军一面改用围困的办法,使农民军欲战不得,攻又不能,又无辎重,为饥寒所逼,势难持久,再"承间讨击"和"设奇伏,昼夜会战",②在军事上把农民军打败,逼使农民军投降;一面又"数开示降路",对农民军采取"宽缓"政策,具体的情况由于资料的不足,无从探知,但从《魏志·于禁传》中所载,曹操与张绣作战时兵败,退兵途中青州兵闯了祸,《于禁传》载这一经过说:

> 太祖与(张绣)战不利,军败,……虏追稍缓,禁徐整行队,鸣鼓而还。未至太祖所,道见十余人被创裸走,禁问其故,曰:为青州

---

① 《曹操集》,中华书局1959年版,第3—4页。
② 《三国志·魏志·武帝纪》。

兵所劫,……禁怒,令其众曰:青州兵同属曹公,而还为贼乎?乃讨之,数之以罪,青州兵遽走诣太祖自诉。

于禁要讨伐,曹操并没有听于禁的主张而加以追究,可见是比较"宽待"青州兵的。同时,从于禁传看来,青州兵被收编后,始终保持着独立作战的队伍,没有分散,也没有将其他的部队渗插进去,监视青州兵。投降的条件比较"宽缓"大概是可以肯定的,所谓"初黄巾降,号青州兵,太祖宽之"。因为如此,所以青州黄巾军没有和张角兄弟所领导的黄巾军那样坚决斗争到底,誓死不降,而是经过好几个月的酝酿,在不同的具体情况下,接受了曹操的收编。这种"宽缓"虽然是有限度的,但在当时的历史条件下统治者能这样做,已经不容易。尤其是在统一战争前提下的"宽缓",其意义更大,应该予以足够的估计,而他的前辈对农民军是大加杀戮的。如184年卢植剿压黄巾军时,"连战破贼帅张角,斩获万余人"。[1] 皇甫嵩更残酷,每次战争中都大量屠杀,特别是"攻(张)角弟宝于下曲阳,又斩之,首获十余万人,筑京观于城南"。[2] 袁绍剿压河北黑山军时,"斩数万级,皆屠其屯壁"。[3] 正如列宁所指示的,我们"判断历史的功绩,不是根据历史活动家没有提供现代所要求的东西,而是根据他们比他们的前辈提供了新的东西"。[4] 史载这次曹操"受降卒三十余万,男女百余万口",并"收其精锐者,号为青州兵"。[5] 青州兵增强了曹操的地主武装实力,使其能与袁绍、陶谦之流的军阀并峙抗衡。

关于青州黄巾军的投降问题,有人说黄巾军有百万之众,曹操不过几千人,两方没有经过激烈的战斗,黄巾军更没有打败,所以愿意接受曹操的收编,是因为曹操和农民军信奉同样的"黄老道",由于同"道"的缘故,曹操对农民军实行了"宽待",而农民军也愿意向曹操投降。对这一方面进行研究自然是好的。但是,如果从农民军所信的"道"的思想实质来看,如前所述,是因为反映了农民的某些基本要求,所以农民军信奉它。曹操信奉"道"的具体内容如何,由于缺乏史料无法作出明确

---

[1] 《后汉书·卢植传》。
[2] 《后汉书·皇甫嵩传》。
[3] 《后汉书·袁绍传》。
[4] 《列宁全集》第二卷,人民出版社1955年版,第150页。
[5] 《三国志·魏志·武帝纪》。

的说明，我们从曹操的政治思想来看，是地主阶级的改良思想，和农民的思想是有着本质的差别。因此，过分强调同"道"，在阶级分析上是值得商榷的。

有人认为黄巾军是流民，当他们流入兖州时，军无辎重，惟以钞略为资，明明是黄巾败后到处乱窜的余众，实已不成军，济北相鲍信对付不了，请曹操帮忙，曹操才去招降，安集了百余万人，否认曹操是剿压青州黄巾军。我们认为黄巾军不是流民，当黄巾军起义时，《资治通鉴》载："(张)角分遣弟子周行四方，转相诳诱，十余年间，徒众数十万，自青、徐、幽、冀、荆、扬、兖、豫八州之人，莫不毕应，或弃卖财产，流移奔赴，填塞道路。"①既然是弃卖财产，流移奔赴，可见不是流民，而是被压迫剥削的农民。反对者可能说，流民是指青州黄巾军，但我们根据《魏志·武帝纪》注引《魏书》"黄巾为'贼'久，数乘胜，兵皆精悍"的史料，可以知道青州黄巾军是张角黄巾军中的一部分，他们在张角兄弟失败后，仍坚持斗争。军队只有三十余万，而家属倒有六七十万，是由于当时地主阶级对农民军家属采取残酷屠杀的缘故，逼使农民军不得不带家属一起走，不能因为有家属随军就是流民。农民军在开始时也不是"军无辎重"，而是191年，被泰山太守应劭夺去"辎重二千两"，接着11月通过勃海地区渡黄河北上时，在东光（今河北东光）附近遭受军阀公孙瓒的偷袭，损失了"车重数万两"，自此之后才"军无辎重"。同时，也不是"溃不成军""到处流窜的余众"，而仍然是战斗力很强的一支部队，从刘岱、鲍信的被打死，和曹操初交战也遭遇失败，都说明了这个事实。曹操是剿压青州黄巾军的刽子手，是事实，不能给予开脱和否定。

事实上，出身于地主阶级的曹操，当阶级矛盾激化，农民起义爆发后，即本能地积极参加剿压农民军的活动，"光和末（183年）黄巾起，拜骑都尉，讨颍川'贼'"，有"功"，升"迁为济南相"。191年又配合袁绍打败濮阳一带白绕所率领的十余万黑山农民军，袁绍因"表"曹操为东郡太守。192年除了打败青州黄巾军外，又先后打败了魏郡西山一带于毒和内黄一带眭固所领导的黑山农民军。196年汝南颍川黄巾军起义，200年汝颍一带刘辟和龚都又相继领导黄巾军起义，212年河间人

---

① 《通鉴》卷五八《汉纪·孝灵皇帝》。

田银苏和郿县人梁兴起义,214年陆浑人孙狼及许昌人民起义,215年陈仓屯田客吕并起义,所有这些起义军都被曹操分别剿压下去了。因此,曹操是镇迫农民起义的罪恶能手,终曹操一生,遍身沾满着屠杀农民群众的鲜血,曹操是在屠杀农民军的血泊中起家的。

屯田制起了积极的作用,但不能说完全符合了农民的要求。曹操在剿压农民军的过程中,接受了农民起义的教训,知道硬剿硬打硬压是解决不了农民问题的。同时,为了削平割据势力,进行统一战争,必须"足食足兵",以保证有足够的经济力量和政治军事力量。所以在196年收降许下一带黄巾军时,鉴于汉末军阀混战,社会经济遭到很大的破坏,如关中"数百里中无烟火";①江淮一带"取给蒲蠃,民人相食,州里萧条";②繁盛的洛阳"宫室烧尽,街陌荒芜"。③人口也减少得非常多,史籍记载说是"十裁一在",④"万有一存"。⑤荒芜土地,随处可见。在这一状况下曹操接受了枣祗、韩浩的建议,利用农民军和募民在许昌屯田,一年之中,得谷百万斛,取得了比较满意的成绩。"于是州郡例置田官,所在积谷,征伐四方,无运粮之劳,遂兼灭群贼,克平天下"。⑥屯田的田租,规定"持官牛者,官得六分,百姓得四分;私牛而官田者,与官中分"。⑦屯田客可以获得十分之四或一半的劳动成果,这虽和佃种地主土地的田差不多,可是,屯田客是国家官田上的佃农,可以免去徭役,所谓"武皇帝特开屯田之官,专以农桑为业",⑧魏明帝抽调屯田农民营造宫室,遭到臣下的反对,正因为屯田农民可以不担负徭役,所以到了咸熙元年(264年)时,"是岁罢屯田官以均役政,诸典农皆为太守,都尉皆为令长"。⑨将屯田的独立组织系统撤销,其目的为了"均役政",可见屯田农民在一般情况下是不负担徭役的。汉末一般农民的徭役非常烦重,能免除,确实比汉代轻些。

---

① 《三国志·吴志·孙坚传》注引《江表传》。
② 《三国志·魏志·武帝纪》注引《魏书》。
③ 《三国志·魏志·董卓传》。
④ 《三国志·魏志·张继传》。
⑤ 《通考·户口考一》。
⑥ 《三国志·魏志·武帝纪》注引《魏书》。
⑦ 《晋书·慕容载记》。
⑧ 《晋书》,《三国志·魏志·司马芝传》。
⑨ 《三国志·魏志·陈留王奂》。

其次,曹魏的屯田,"不务及其顷亩,但务修其功力,故白田收至十余斛,水田收数十斛"。这个数字也许偏高些,但由于曹操重视屯田的生产,命令地方官吏注意修造陂堨,水利事业发达的结果,农产量的提高是完全可能的。如贾逵任豫州刺史时,"遏鄢汝,造新陂,又断山溜长溪水,造小弋阳陂"。徐邈为凉州刺史则"广开水田,募贫民佃之,家家丰足,仓库盈溢"。淮颍地区也"广开淮阳、百尺二渠,又修诸陂于颍之南北,溉田万余顷,自是淮北仓库相望,寿阳至于京师,农官屯兵相属焉"。司马孚在河内,于沁水累方石为门,"若天旱,增堰进水,若天霖雨,陂泽充溢,则闭防断水空渠"。屯田办法的实行和水利的兴修,不仅对当时经济的恢复确实起了积极的作用,而且,更重要的是屯田制在经济上有力的支持了统一战争的进行,所起的历史作用和意义,应该予以足够的估计。

有些同志根据屯田和经济恢复的事实,说当时农民对土地的要求,在于"耕"而不必在于"有",把流民安置在"国有"土地上,不能说不符合农民的要求,因而也不能说违背了黄巾起义的目的。

封建社会生产关系的基础是封建主占有土地和不完全占有生产者。封建土地所有制是地主剥削农民的基础,它是以农民对地主的人身隶属关系为前提。黄巾起义的目的,如前面所谈到的是要求土地和减轻人身依附关系。农民起义是刚失去土地的农民,希望仍旧能得到小块土地进行生产,所以起来暴动。他们既然"有"过土地,由于豪强地主的兼并而失掉了,农民对自己失去的土地,不想再有,实在有些想不通。屯田制度中的屯田客是国家佃农,农民起义仅仅是要求做这种佃农,也是难于理解的。既然农民起义的目的在做佃农,为什么不到多久时间又爆发了吕并领导的屯田客起义呢?!屯田客的起义,说明着当时的农民是反对剥削压迫仍然很重的屯田制度的。

的确,黄巾起义没有明确提出土地要求的口号,但是,在组织农民反抗"太平道"中,已经提出了"地平"的问题,我们研究历史,必须根据当时的客观事实进行具体的分析,不能因为历史上没有正面的记载,就肯定当时的农民没有土地的要求,在方法论上应避免犯资产阶级"默证法"的那种错误。

曹操实施屯田,主要是为了削平军阀割据,建立统一集权的国家政权。曹操通过屯田,使农民成为了国家佃农,国家则成为全国最大的地主,剥削农民的田租,为政府提供了雄厚的经济来源,正如列宁所指出的:"从前地主是主要势力——在农奴制度时代就是如此:谁有土地谁就有势力,有权柄。"①同时,屯田客是要服兵役的,并且屯田时实行军事管理,随时可以征调。农民仍然被紧紧控制在国家手里。这对曹操来说,一方面增加大量田租的收入,解决了军食问题,支援了统一战争的进行,同时,既解除了农民军的武装,又保证随时可以征调农民补充兵源,是再合算不过的事了。当然,我们并不因此就否定屯田制度,在当时的历史条件下,有它的积极的一面,农民失去土地后,能在剥削比较轻,不要负担烦重徭役的条件下,在一定的土地上进行生产,对流民安定生产起了一定的作用。而这一点又必须和当时历史发展的趋势——走向统一的道路,结合起来看,统一是符合人民利益的,由于屯田制的推行,为统一奠定了必要的物质条件,所以,我们肯定屯田是曹操的历史功绩。但同时也必须肯定安插了大批国家佃农进行生产,并不是真正解放了生产力,只有农民获得了自己的土地,才能更快地加速生产的发展,屯田制是不能满足农民要求的。

四、曹操顺应了历史发展的方向和要求,统一了北方

社会的主要矛盾由阶级斗争转化为割据与统一。曹操的一生剿压过农民起义,"是不是就应该受千年万代的咒骂"? 站在无产阶级的立场看来,这的确是一件不可原宥的罪过。但农民起义延续了几十年之久,前后的情况是不同的,曹操也不是除剿压农民外就没有别的活动。历史本来就是复杂的、迂回曲折的,历史人物的活动是不能离开当时的、历史背景的。因此,我们对曹操的评价,不能把它简单化,应该根据当时社会矛盾的发展转化,以及具体的历史任务出发,来全面的分析农民起义的历史作用和评价曹操。

---

① 列宁:《告农村贫民书》。

公元184年黄巾起义爆发开始至198年的一段时期,农民暴动和军阀混战虽相互交织着进行,但当时的主要矛盾是农民与地主阶级之间的阶级斗争,黄巾军和黑山军对地主阶级打击得越沉重,就越能摧毁旧有的社会制度,越能推进社会向前的发展。这个时期的曹操,虽然也主张统一集权,反对军阀分裂割据,但他主要的是站在农民阶级的敌对立场上,统率着地主武装剿压农民军,并在镇压农民起义的血泊中壮大了自己的势力,这显然是违反人民利益的重大罪恶行为。但曹操又是一位具有现实眼光的地主阶级政治家,农民暴动力量强大时,他集中力量剿压农民起义军,而192年青州百万黄巾军失败后,193年百万的黑山军也大部分被剿压下去,《后汉书·袁绍传》载:"(初平四年六月袁绍)讨于毒,围攻五日,破之,斩毒及其众万余级。绍遂寻山北行,进击诸'贼'左髭丈八等、皆斩之。又击刘石、青牛角、黄龙、左校、郭大贤、李大目、于氏根等复斩,皆屠其屯壁。"除张燕继续率领数万农民军和统治者战斗外,其他各部差不多都失败了。此后,各地虽有农民暴动发生,但人数很少,地区也小,所起的影响不大,阶级斗争开始转入低潮,社会矛盾的中心逐步转化为军阀混战。

在这样一个复杂的环境里,曹操一面感于农民群众威力的巨大,每剿压一次农民军都或多或少地实施了让步政策,对农民军采取了"宽缓"的态度,并且一直坚持到死。《魏志·臧霸传》注引《魏略》说:

> 建安二十四年(219年)霸遣别军在洛,会太祖崩,霸所部及青州兵,以为天下将乱,皆鸣鼓擅去。

从青州兵当曹操一死,以为天下将乱,公开鸣鼓相引去的事实中,反映了曹操对投降的农民军确实是"宽缓"的,另一方面也反映曹丕及其集团可能长期以来就反对曹操这种政策,所以,曹操死后,青州兵以为政策将要改变,故相引去。对这些青州兵,曹丕集团中就有人主张加以镇压。《贾逵传》注引《魏略》说:

> (太祖崩),青州军擅击鼓相引去,众人以为宜禁止之,不从者讨之。逵以为方大丧在殡,嗣王未立,宜因而抚之。乃为作长檄,告所在给其廪食。

这种"作长檄,告所在给其廪食"是统治者惧怕青州兵力量大,不得不如此作,同时,又是将计就计解散了青州兵。这些事实说明了曹操虽然打了农民军,可是,他和一般封建统治者不同,能"宽待"农民军,更重要的是曹操在军阀混战的局势下,顺应了历史的要求,主张建立统一集权的政权,对当时和以后的历史,都有较大的影响。

196年(建安元年)是标志着社会矛盾中心转化的一年。在这一年除实行了屯田制度和开始大力兴修水利,使社会经济得以逐步改善,缓和了阶级矛盾外;同时,在作风上也逐渐转变,不杀或较少地杀人了,而是团集大批希望重建统一政权的中小地主官僚分子,西迎汉献帝刘协都许昌,打出了讨伐军阀进行统一战争的旗帜,向削平分裂割据的局势迈进。社会形势和阶级状况都发生了很大的变化,封建制度正在农民战争所造成的客观基础上,朝向重新建立统一政权的道路向前发展。因此,社会矛盾的中心由阶级斗争转化为消灭分裂割据,完成统一所展开的地主阶级内部各阶层和集团间的斗争。

曹操是统治集团中要求重建统一政权的代表人物,同时又是完成这一任务的组织者、领导者。公元190年关东军讨董卓时,曹操即要求统一集权,坚持西进,讨伐董卓,反对分裂割据。之后,又反对"四世三公,门生故吏遍天下"的世族地主袁绍,拥立幽州牧刘虞为帝的企图。200年官渡之战,更打垮了袁绍世族军阀割据势力,北方局势已基本稳定下来,除个别地区外,差不多都已被曹魏所统一。在削平军阀混战,统一北方的过程中,曹操显示了他出色的军事才能,能灵活运用战略,如郭嘉所说:"以少克众,用兵如神,军人恃之,敌人畏之。"田丰说:"曹公用兵,变化无穷,众虽少,未可轻敌。"常常变被动为主动,以小胜大,以弱胜强,对北方的许多军阀,知所先后,各个击破,为缩短战争时间,减轻人民痛苦,作出了重要的贡献。

曹操的政策服属于统一。公元202年,袁绍病死,其残余势力在袁尚、袁熙率领下,逃奔三郡乌桓,曹操遂进军河北。念河北人民罹袁绍为首的世族地主的残暴统治,免除了当年的租赋。同时,并颁布了打击世族豪强的"重豪强兼并之法",全文如下:

袁氏之治也,使豪强擅恣,亲戚兼并,下民贫弱,代出租赋,衒鬻家财,不足应命。审配宗族,至乃藏匿罪人,为逋逃主。欲望百姓亲附,甲兵强盛,岂可得邪!其收田租亩四升,户出绢二匹,绵二斤而已。他不得擅兴发,郡国守相明检察之,无令强民有所隐藏,而弱民兼赋也。①

这个令文告诉我们几个问题:(一)在政治上声讨世族地主豪强兼并的罪恶;(二)命令地方官吏监督豪强世族地主;(三)在不妨碍地主根本利益的前提下,照顾人民不负担过重;(四)自耕农只负担土地税(田租)亩收四升,人户税户出绢二匹,绵二斤。和袁绍统治下的"兼赋"相比,无疑是轻得多,这对安定河北社会秩序,恢复生产,都起了好的积极作用。

在这以前,曹操早已注意了地方官吏的人选,派一些中小地主分子任州郡长官,贯彻统一集权和"轻徭薄赋"的政策。197年派钟繇守长安,数年之间,经济复苏,恢复了关中残破的局面。② 198年以吴敦为利州太守,孙观为北海太守,孙康为城阳太守,都在不同程度上打击了豪强世族大地主的割据势力,逐步地实施对农民的让步政策。199年卫觊到关中,更以官卖食盐所得的钱,购置牛犁等生产工具,安插流民进行生产。这些措施不论在政治上或经济上都起了良好的影响,为反对分裂割据的战争创造了有利条件。官渡之战后,如同年派刘馥任扬州刺史,单马到合肥空城,励行有利于生产的政策后,史籍记载说是数年之间,"百姓乐其政,流民越江山而归者以万数"。③ 次如杜畿为河东太守,也是"百姓勤农,家家丰实"。④ 梁习任并州刺史,更是号称"边境肃清,百姓布野,勤劝农桑"。⑤ 这些记载可能有所夸大,但经济在逐步苏复,社会秩序渐趋安定,则是不可否认的客观事实,这就为全国统一的到来在政治上、经济上开始奠定了基础。

由于这样一些具体的改良措施的采取和贯彻,以及自196年以后的十余年间,在北方进行的统一战争,是符合了农民群众的要求和利益的。因而,得到了人民群众的积极支持,黑山军即在这一新的形势下,

---

① 《三国志·魏志·武帝纪》注引《魏书》。
② 《三国志·魏志·钟繇传》。
③ 《三国志·魏志·刘馥传》。
④ 《三国志·魏志·杜畿传》。
⑤ 《三国志·魏志·梁习传》。

205年(建安十年)张燕所部十余万人,便向曹操投降。从各方面进一步支持曹操北方军阀的残余势力,彻底打垮了袁绍的儿子袁尚、袁熙,斩蹋顿,平定了三郡乌桓。北方出现了统一的局面。此后的历史任务是南北统一问题。

当曹操统一北方时,江南的孙权便攻打刘表,也想统一江南,造成南北对峙的均衡局势。这就逼使曹操不得不立即南伐,进攻荆州。打下荆州后,接着便率领原有及刘表投降部队二十余万人,进攻孙权,想乘胜统一江南。由于曹操在战略上的错误,北方南下军队长期作战不曾休息,客观条件还不十分成熟,以致和孙刘联兵在赤壁(今湖北嘉鱼县东北)会战时,遭受了暂时的失败,此后,曹操便致力整顿内部,积蓄政治、经济、军事力量,以便统一全国,但没有来得及完成这一事业,220年曹操便病死于洛阳。

统一北方,应作为评价曹操的历史地位的基础。关于曹操的历史作用,有些同志认为有功也有过,说曹操是一个有优点,有缺点,功劳很大,罪孽也不小的历史人物。这种论点表面看来似乎很公允,其实是有待商榷必要。马克思在批判蒲鲁东时曾说:"蒲鲁东先生认为,任何经济范畴都有好坏两个方面。他看范畴就像小资产者看历史伟人一样:拿破仑是一个大人物:他行了许多善,但是也作了许多恶。"①由此可见评论历史人物所谓有功也有过的论点,不是真正无产阶级的观点。

曹操参加政治活动,一开始即从事剿压农民军的罪恶勾当,并且是剿压起义军的能手,靠打农民军起家的,这的确是他的过,应该给予应有的谴责。但是,如果我们从历史发展的整个形势来衡量,曹操时代,阶级斗争在客观上已降为次要的地位,社会矛盾的中心,如前所述,已由阶级斗争转化为割据与统一。而这一个时期,曹操的若干活动,不论是从它们在历史上所起的作用,还是从它们的历史的长久来看,都具有重要的意义,对曹操个人来说,也是他一生中最重要的时期。

因此,我们评价曹操时,必须根据社会矛盾的转化,和历史发展的具体任务,来衡量个人的活动,将它放在恰当的地位上,分出主要与次要、基本和非基本的两个方面来,否则,对那些罪恶如山的坏人,如果做过一

---

① 马克思:《哲学的贫困》,《马克思恩格斯全集》第四卷,人民出版社1958年版,第145—146页。

点差强人意的小事,便也会一叶遮目地把他说成是既坏又好的人,反之,也同样。因此,我们认为当社会矛盾中心是割据与统一的问题,阶级斗争退居次要地位时,对于曹操剿压黄巾军起义的罪恶问题,就不应和曹操对统一所作出的贡献,摆在同等重要的地位上。统一北方和奠定南北统一的基础,是曹操的主要贡献,应作为评价曹操历史地位的主要根据。

五、简单的结论

曹操是封建地主统治者,从他和农民军的关系中,可以看出曹操是在剿压农民起义军的血泊中壮大的,是靠打农民军起家的,可以肯定地说:当时如果没有黄巾和黑山起义这样一场全国性的农民战争,那末一个非世族地主出身的曹操,在当时的历史条件下,是不可能作出什么巨大贡献的,曹操的"英雄"形象是人民塑造出来的。

阶级斗争尖锐时,曹操是剿压农民军的能手。但是,当社会矛盾中心转化为军阀割据和统一战争后,曹操站在地主阶级进步的一面,主张建立统一的封建集权国家,反对分裂割据,在这一前提下,曹操虽剿压了农民军,但对农民军实行了"宽缓"政策,缓和了阶级矛盾,加强了统一战争的力量,同时,在经济方面实行了屯田等重要措施,有力的支持了统一战争的进行。并在人民群众的支持下,曹操发挥了他出色的政治、军事才能,削平了北方军阀割据局面,进行了统一战争,安定了北方,使经济生产得以复苏和发展,给后来全国的统一奠定了基础。这是历史影响最大也是曹操一生中最主要的活动。根据当时社会矛盾的转化,和历史发展的具体任务,我们认为评价曹操的最高标准应是完成统一北方的统一战争的功的方面,不是剿压黄巾农民军的过的方面,必须把曹操剿压黄巾军事件,放在统一战争总原则下来评价。如果这点不错的话,那末,曹操是当时封建统治阶级中的杰出人物,是我国封建社会卓越的政治家和优秀的军事家之一。

(吴泽、束世澂等著:《历史人物论集》,华东师范大学出版社1959年版)

关于刘黑闼的评价问题

刘黑闼是隋末农民战争时的一位领袖,是窦建德起义事业的继承者。窦建德和刘黑闼的关系据《旧唐书·刘黑闼传》载:"(黑闼)与窦建德少相友善,家贫无以自给,建德每资之。"窦建德起兵反抗隋封建统治后,刘黑闼又参加了窦建德的部队,并成为起义军中的重要将领。

公元621年(唐武德四年五月),窦建德和李唐集团作战时,在虎牢一战中被李世民军所打败,建德本人也被李世民所俘获,不久被害于长安。窦建德失败后,刘黑闼在漳南地区继续起兵反抗李唐。其时,李唐统一全国的事业除少数地区外基本上已达于完成的阶段。在这样较为复杂的客观形势下继窦建德失败而起兵反抗李唐政权的刘黑闼,应该如何评价他才好呢?近年来,在报章杂志及专著中展开了较广泛的讨论,至今还存在着原则性的纷歧。

在评价刘黑闼起兵的意见中,有些同志认为刘黑闼的起兵是应当加以否定的,因为继窦建德而起兵的刘黑闼,搜罗了窦建德的旧部,并在突厥贵族的帮助下,占领了河北、山西等地区,争夺封建统治权。在当时的历史条件下,是违反人民对于统一的要求与意愿,同时利用突厥的力量内侵,破坏了中国某些地区的生产事业,从而违背了民族的利益。

有些史学工作者,则从另外一些角度考虑问题,认为李唐统一中国对于中国社会发展的总进程来说,虽然是起了积极的好的作用,然而却不能因此就"否认某些统一过程中的事件(如唐杀刘黑闼)……就其本身性质说,是封建剥削阶级对人民力量的一种摧残(重点是原有的)"。[①] 反对以统一事件在客观上具有良好的总效果,因而认为统治

---

① 赵俪生、高昭一:《中国农民战争史论文集》,第83页。

者摧残人民力量的行为还是合理的一种看法。

孙祚民先生在《关于刘黑闼的评价问题》和《中国农民战争问题探索》专著中,则进一步的认为"刘黑闼的起兵,并不是'为争夺封建统治权',而是'反抗唐政权血腥屠杀,争求生存的英勇斗争';说'这次起义正是广大劳动群众反抗唐政权残暴统治的意志的体现,是代表了广大人民群众的利益的'。强调刘黑闼起兵是唐统治者从'高压'转向'让步'的一个非常重要的关键,并因而促进了统一"。[①]

在上述的纷歧意见中,也不是没有一致的地方。大家认为隋末农民战争划分为前后两个阶段是正确的。前一阶段的主要任务是推翻隋政权,公元618年隋炀帝在江都被杀,这一历史任务即告完成,而转入后一阶段的封建统一战争。封建统一战争从当时社会历史发展的总进程来说,是具有进步的积极的意义。

但是,在封建统一战争的历程中,出现了较为复杂的情况,首先是在那么多的农民军领袖和地主武装割据的头目中,由谁来建立统一的新政权呢?对这个问题的答复必然出现两种情况,一种是地主阶级中的新兴集团,为了抢救封建统治政权,接受了农民革命所给予的教训,因而提出和推行一些有利于人民的改良措施,换句话说其首脑人物具备了"好"皇帝的条件,在实行所谓"轻徭薄赋"的政策下,取得了农民群众的支持,从而建立了政权。我们知道农民阶级是不可能建立自己的政权的,而这是和小农经济生产力水平分不开的。农民是个体分散的小生产者,每一单个农户,差不多都过着自给自足的生活,因此,广大的农民群众,如马克思所指出的,"是由一些同名数简单相加而成的……他们利益的同一性并不使他们彼此间形成任何一种共同关系……不能以自己的名义来保护自己的阶级利益。他们不能代表自己,一定要别人来代表他们",而"他们的代表一定要同时是他们的主宰,是高高站在他们上面的权威"。[②] 所以,农民不反对封建制度,只反抗个别的封建统治者。在所反对的封建统治者被打倒后,另一些统治者实行了某些有利于农业生产措施之后,便容易的取得了农民的信任。

---

① 请参阅《历史教学》1956年2月号,第40—44页。
② 《马克思恩格斯文选》(两卷集)第一卷,第371页。

另一种情况是农民军的领袖在封建统一战争阶段,也逐步朝向建立封建地主政权的道路上转化。因为农民阶级受生产力水平的限制,它所进行的斗争,只能在打击封建统治这一点上,来体现对社会的推进作用。至于要求科学地去解决一切摆在他们面前的问题,则只有在无产阶级和共产党的领导下,才可能做到这一点。如果以此去要求没有先进阶级帮助的农民阶级和领导这个阶级进行革命的领袖们,则是一种脱离实际的非历史主义的态度。因此,我们对农民革命领袖在封建统一战争阶段,建立地主政权,不仅是无可非难的,而且对其时代来说是正确的,不能把这些人物看成是反动的。问题倒是在能不能建立封建政权。

历史事实也正说明了这些问题,以李渊父子为首的统治集团,代表了前者。李渊出身于贵族官僚地主家庭,趁隋末农民战争基本上已摧毁了隋王朝的统治力量时,联络关陇地区的地主力量,以"强兵数万"从太原起兵反隋。由于他的政治地位和社会关系,起兵后迅速取得了地主阶级的支持,所谓"三秦士庶,衣冠子弟,郡县长吏,豪族弟兄,老幼相携,来者如市"。[①] 李渊集团在当时事实上已成为地主阶级新兴统治集团的政治和军事力量的体现者,在他们的周围团聚了一批渴望重建封建统一政权的地主知识分子,他们有较好的文化教养和丰富的政治经验,因而能够提出和运用比较正确的政略和战略,从而在和"群雄"斗争中取得了最后的胜利。但主要的是这一集团在隋末农民战争中,接受了农民革命的教训,迫使他们在保护地主阶级利益的前提下,相对的对农民作了一定程度的让步,在进入长安前后,实行了一系列的改良措施。因而,李渊集团就成为地主阶级中最具有结束所谓"群雄割据"局面的可能性的集团。

这时,农民起义领袖窦建德、刘黑闼等也在力图建立封建政权。如窦建德在称长乐王之前,"每获士人(地主分子),必加恩遇";[②]建立夏国后对地主阶级分子的优待更是有加无已。例如618年隋河间郡丞王琮被迫投降时,窦建德的部下曾因王琮在敌对期间杀伤了许多农民军,

---

[①] 温大雅:《大唐创业起居注》。
[②] 见《旧唐书》卷五四《窦建德传》。

要求杀掉王琮以复仇。但此时的窦建德却认为王琮是"忠良""义士",①不仅不杀,而且"大加擢用,以励事君者";②并进一步的告诫他的部下说:"往在(高鸡)泊中,共为'小盗',容可恣意杀人。今欲安百姓,以定天下",③不能再采取农民革命初期那样的作法了。所以,在打垮宇文化及的反动势力后,对所俘虏的隋朝官吏包括高级官僚如裴矩、崔君肃、何稠等在内,都加以重用,并以隋的各项制度作为夏国立法行政的准绳。这些史实给我们说明了窦建德已由农民立场转向地主阶级的立场上了。

621年秋刘黑闼在窦建德被害的同时,继起反抗李唐的统治,打着窦建德的旗帜起而号召,一切"设法行政,皆师建德",这也就是说他在窦建德的基础上,继续向建立地主政权转化,因而建德将吏和山东等地的所谓豪杰,④多起兵响应,从而得到了迅速的发展。有些史学工作者强调刘黑闼的起兵,"就是唐政权的暴虐统治所引起的尖锐的阶级矛盾",把这次起兵说成是"反抗唐政权残暴统治意志的体现",⑤这一论点是需要商榷的。因为我们如果不仅仅停止于一些片断史料的引证,从全面来考虑问题,自618—622年,李唐集团自起兵到进入长安到东向统一全国的整个进程来说,是贯彻着改良政策的。如进入关中地区时,严申军纪禁止士卒入村落侵暴,奖励部曲、徒隶有战功的,一体授勋,同时又大量招致农民军,所谓"旬日之间,京兆诸'贼',四面而至,相继归义";⑥进入长安后约法十二条,废除隋一切苛法;619年春颁布了征收租税的规定,"每丁租二石,绢二丈,绵三两,自兹以外,不得横有调敛",⑦这一规定比之隋末"头会箕敛,逆折十年之租",人民"安居则不胜冻馁,死期交急"⑧的情况来说无疑是宽减得多。也正因此在一定程度上缓和了社会矛盾,从而取得了人民群众的支持,奠定了李渊集团建

① 见《旧唐书》卷五四《窦建德传》。
② 见《旧唐书》卷五四《窦建德传》。
③ 见《旧唐书》卷五四《窦建德传》。
④ 请参阅《资治通鉴》卷一八九至一九〇。
⑤ 《历史教学》1956年2月号,第42页。
⑥ 温大雅:《大唐创业起居注》。
⑦ 《通考·田赋考》。
⑧ 《李密移郡县书》。

立封建统一政权的基础。把这一时期的唐政权看成为"残酷地迫害广大劳动人民,施行暴虐的统治,刑酷法峻",①等等,过分的强调这一方面,似乎与当时的历史事实有所出入的。而从这一论点出发又强调刘黑闼起兵的历史作用,把刘黑闼的起兵看成为直接给予李唐政权以严重打击和教训的最主要力量,从而抹杀或降低整个隋末农民战争的历史功绩,我们认为是有所不妥的,可以肯定地说,李渊集团在隋末农民战争中所受的教训,比之刘黑闼的起兵反抗所受的教训无疑要大得多深刻得多。因此,把刘黑闼的起兵看成为迫使李唐统治集团从"高压"转向"让步"的一个非常重要关键的论点,以及从这一论点所得出的结论,所谓刘黑闼的起兵促进了当时真正统一局面的出现和巩固的看法,也是需要商榷的。

我们知道,在刘黑闼起兵时,全国除少数地区外差不多已大部分为唐政权所统一,唐政权所采取的政策并没有因刘黑闼的起兵而作何重大改变,事实上,我们也找不到在刘黑闼起兵后,李唐政权从高压转向让步的带有原则性而又具有普遍意义的措施。因而,过分强调这一点是有所不妥的。至于李唐在统一全国后所实行的改良政策,我们认为首先应归因于整个隋末农民战争,自然刘黑闼的反唐统治集团的斗争也应当包括在内,我们认为刘黑闼的历史功绩只能摆在这样一种地位。

把刘黑闼的起兵,说成是"违背人民对于统一的要求与意愿",是"与当时农民要求出现一个统一的而又是剥削缓和的政权的利益看来"相抵触的论点,也是需要商榷的。因为这些意见,没有足够的重视刘黑闼和窦建德的一脉相承关系,没有把刘黑闼的起兵看成为是窦建德起义事业中的一部分,两者是不可分割的整体,而这正是问题的关键所在。因为有些史学工作者将两者割裂开来看的结果,得出了刘黑闼不应该起兵反抗李唐统治的结论。这样观察问题是和历史事实不一致的。

如前所述两者的起兵在时间上虽有先后,但却是密切的联系在一起,他们的起义事业是隋末农民战争中的一部分。因此我们从农民战争本身发展的方向、规律、进程等方面来看,贬斥刘黑闼是没有理由的。

---

① 《历史教学》1956年2月号,第41页。

在封建统一战争中,刘黑闼和李渊都同样具有重建封建统一政权的可能,刘黑闼之没有建立封建政权,是另有其客观原因的。我们知道刘黑闼出身于农民阶级中的无产者阶层,封建的史学家说他"无赖,嗜酒、好博弈,不治产业"。参加起义军后"果敢多奇略,宽仁容众,恩结于士卒",①成为农民军领袖。由于窦建德和刘黑闼进行了反隋封建统治的英勇斗争,因而在封建统一战争中,虽力图建立封建政权,但总不易取得地主阶级分子的合作;同时,向封建政权转化的标帜,也赶不上李唐本身就是封建贵族建立封建政权那样鲜明,因而不能像李唐那样能够取得地主阶级的支持。而农民群众也如前面所述,他们是皇权主义者,拥护"好"皇帝,他们支持一切能实行改良措施的封建统治者,"他们的代表一定要同时是他们的主宰,是高高站在他们上面的权威",因而刘黑闼等农民领袖,不能像在农民战争初期那样,取得农民群众的全部支持;再加上刘黑闼在策略上利用突厥贵族的力量南侵,以增强自己的军事力量,也影响了人民群众的支持情绪,使封建政权难于建立。但我们能不能因刘黑闼客观条件的不利,没有建立封建统一政权,便加以贬斥,便连他在统一战争中力图建立政权所作的努力都加以全盘的否定呢?我们认为不应该作如此的否定。我们不同意那种似乎窦刘义军在完成了前一阶段的历史任务后,便应向李唐投降,将自己的武装和政权都无条件的交给李唐统治集团,否则,就是违背人民对于统一的要求与意愿的论点。我们从农民战争发展的客观规律作不出这样的结论。我们不能也不应该要求农民军及其领袖们这样做。相反的,在当时的历史条件下,刘黑闼等农民领袖没有向李唐投降,正保持了农民阶级向封建统治者斗争的特点,鲜明地表明了他们的阶级立场。我们在农民战争的后期,在要求重建封建政权的阶段,有什么理由简单地要求农民军领袖应向封建统治者投降。在这样较为复杂的情况下,如何坚持阶级观点分析问题,是值得我们深思的。退一步说,即使农民军领袖在完成前一阶段的任务之后,将自己的武装和政权全部交给了李唐统治集团,能否取得地主阶级统治者的"宽容"呢?我们从《旧唐书》所载刘黑闼起兵的原因中,答复了这一问题,《旧唐书·刘黑闼传》载:"建德败,黑闼

---

① 《旧唐书》卷五五《刘黑闼传》。

自匿于漳南,杜门不出。会高祖(李渊)征建德故将范愿、董康买、曹湛、高雅贤等将赴长安,愿等相与谋曰,王世充以洛阳降,其下骁将公卿、单雄信之徒皆被夷灭,我辈若至长安,必无保全之理"。由此可见,刘黑闼的起兵,是由于李唐统治者对农民军领袖残酷屠杀的结果。同时,另一方面刘黑闼是在"我辈残命,若不起兵报仇,实亦耻见天下人物"①的情况下起兵的,这里的所谓"天下人物"实际上是指隋末农民战争中同时起义的农民军及其领袖,故其阶级性是异常鲜明的。不过由于在封建统一战争阶段,刘黑闼受其阶级条件和某些历史条件的限制,未能建立封建政权,在历史家的笔下便落得了"违背人民对于统一的要求与意愿",②以及"他的起兵没有丝毫进步意义"③等可悲的结论。写到这里我情不自禁的想起了朱元璋,假如他也没有建立统一的明帝国,我不知道历史家的笔下是不是也要下同样的结论。当然在另一方面,我们也不能抹杀农民阶级由于生产水平的限制,以及在思想意识上受到封建统治的长期锢闭,因而有它落后和狭隘的一面。作为这一阶级代表的刘黑闼集团,自然无法避免这样落后的一面,因而在反抗李唐力图建立政权的过程中,被突厥贵族所利用,违反了本国人民的利益,策略上的错误是应该给予应得的批判的。

突厥在隋末唐初时势力强大,是当时东亚的一个强国。突厥贵族的内侵,对唐国防的安全确是一个严重的威胁。但是我们也必须要注意到突厥作为一个国家来看,仍然"只是一些各有各的语言和生活方式的部落和部族的集合体",是一个"不巩固的军事行政的联合"。正如《大唐创业起居注》中所载,当时的情况是"外虽相附,内实相猜",内部存在着矛盾,唐太宗利用了这些矛盾才把突厥打败,因而对突厥的力量应作实事求是的估计。

刘黑闼的勾结突厥,是在李唐已基本上统一了全国的时候,随着统一战争的结束,突厥贵族的内侵,是否已上升为当时社会的主要矛盾呢?这个问题有待于这一方面的专家进一步的研究。如果我们肯定与突厥的矛盾,已发展为主要矛盾的话,那末李唐政权在当时的历史条件

---

① 《旧唐书》卷五五《刘黑闼传》。
② 《光明日报》1953 年 7 月 11 日《史学》。
③ 漆侠:《隋末农民起义》,第 105 页。

下,首先应缓和内部的矛盾,即对农民军及其领袖实行让步,以集中力量对付突厥贵族。但李唐不是如此,却仍然勾结突厥,集中力量屠杀农民军及其领袖。从而激起了刘黑闼等农民军领袖的反抗,这实质上是在新的历史条件下的阶级斗争,是前一阶段阶级斗争的继续。领导这一斗争的刘黑闼,由于其时客观形势的不利,为了增强自己的实力,采用了李渊统治集团618年太原起兵反隋时勾结突厥的办法,在策略上企图利用突厥贵族的力量,拉拢突厥贵族以疏远唐和突厥的关系,从而使唐失去突厥的支援,在外交上争取优势地位;一面又利用突厥的军事力量以打击李唐。刘黑闼采取这一错误策略的原因,是由于受农民阶级的落后性限制不能比较全面的观察问题。有些史学工作者强调刘黑闼落后的一面,认为他是"充当分裂中国和掠夺中国人民的工具",[①]而忽视这些情况产生的原因,以及李唐统治集团自太原起兵以来勾结突厥贵族的事实。并在李唐的统一全国是符合人民愿望的理由下,抹杀封建剥削阶级对农民军领袖的残暴行为。

总的看来,刘黑闼是继窦建德起义的农民领袖,是一位在斗争策略上犯有错误的农民领袖。

(《历史教学问题》1957年第1期)

[①] 漆侠:《隋末农民起义》,第105页。

唐初政权与政争的性质问题

——唐初武德、贞观年间的阶级斗争与统治阶级内部斗争

唐初武德、贞观年间的政权和政争的性质问题，史学界曾开展过一些讨论。关于政权性质，有些人着眼于唐初统治集团人物大多出身于世家大族，认为是世族政权；有些人从唐初政治措施上立论，认为李渊一开始就兼顾了世族权贵和寒族地主的利益；有些人结合了唐初政治经济的具体情况，认为是大贵族官僚地主政权。意见尚多分歧。唐初农民与地主间基本的阶级矛盾和阶级斗争的形势虽渐趋缓和，但其实质仍然是深刻的；统治阶级内部皇帝、世族地主官僚集团和庶族地主官僚集团间的矛盾斗争，更是复杂多变。武德年间，地主阶级内部各个集团或阶层间的政争，固然很尖锐，就是一向被封建旧史家赞誉"更良""法美"的"贞观之治"[①]的年代里，这种政争，也没有缓和。这些政争的性质和历史意义如何？必须用阶级观点和历史主义分析，揭露其阶级实质，并作适当的评价。

马克思主义经典作家从来就十分重视阶级和阶级内部各集团或阶层分析的。列宁曾赞誉马克思说："在许多历史著作中，马克思提供了用唯物主义观点研究历史、分析每个阶级以至每个阶级内部各个集团或阶层所处的地位的光辉而深刻的范例。"[②]毛泽东同志在《中国社会各阶级的分析》、《湖南农民运动考察报告》等著作中，更为我们树立了

---

① 唐人吴兢在《贞观政要·序》中说："太宗时政化，良足可观，振古而来，未之有也。……有国有家者，克遵前轨，择善而从，则可久之业益彰矣，可大之功尤著矣，岂必др尧舜，宪章文武而已哉。"元人戈直在同书《集论题辞》中也说："太宗文皇帝之嘉言善行，良法美政，……唐世子孙既已书之屏帷，铭之几案，祖述而宪章之矣；至于后世之君，亦莫不列之讲读，形之论议，景仰而效法焉。"

② 列宁：《卡尔·马克思》，《列宁全集》第二一卷，人民出版社1959年版，第40页。

卓越的典范。本文拟就唐初武德、贞观年间的政权的性质与政争的性质问题,试图作一阶级、阶层的分析和历史主义的评价,提出我们的一些粗浅的看法,请同志们批评指教。

一

隋末农民大起义具有反暴政的特点,许多中小地主以及遭受隋政权打击的旧世族地主,也参加了反隋斗争的行列,形成了以农民为主体的反隋大起义。

唐政权的建立者李渊,本为隋太原道安抚大使,因镇压农民起义有"功",大业十三年(公元617年)炀帝升他为太原留守。是时,王漫天自号历山飞,有众数万,结营于太原之南,攻上党,连破隋将慕容罗侯兵,进攻太原时,又杀隋将潘长文等,所向无敌。[①] 李渊率领了他的地主武装,凶恶地镇压了这支农民起义军,并从而增强了军事力量,巩固了他在太原的地位。但这时,全国的反隋斗争形势已起了巨大的变化,农民军已基本上摧毁了隋王朝的统治力量,隋末农民战争的性质开始逐步朝向封建统一战争转化,李渊眼看"隋历将尽",[②]遂趁机在太原起兵反隋,抢救地主政权。

李渊出身于军人贵族家庭,他的祖父李虎是北周时"荣盛莫与为比"的"八大柱国"之一,是当时阀阅集团中的显要人物。由于李渊的这一社会关系和政治地位,在当时的形势下,起兵后迅速取得了地主阶级的支持,首先是得到了世族地主官僚们的支持,如出身世族的裴寂、刘文静等直接促使和筹划李渊起兵外,"五陵豪杰,三辅冠盖,公卿将相之绪余",都投依前来,"咸畏后时,扼腕连镳,争求立效",[③]积极支持李渊。《唐会要》载:唐初"创业君臣,俱是贵族",是近乎事实的。如"宰相萧瑀、陈叔达,梁、陈帝王之子。裴矩、宇文士及,齐、隋驸马都尉。窦威、杨恭仁、封德彝、窦抗,并前朝师保之裔。其将相裴寂、唐俭、长孙顺

[①] 温大雅:《大唐创业起居注》卷一。
[②] 温大雅:《大唐创业起居注》卷一。
[③] 温大雅:《大唐创业起居注》卷二。

德、屈突通、刘政会、窦轨、窦琮、柴绍、殷开山、李靖等,并是贵胄子弟"。① 这些人是构成唐初上层统治集团的主要力量。

唐初的世代官僚贵族虽然仍有门荫和任子制度,可依父祖官资,凭门第做官,可依官位勋爵,接受赐田等经济政治特权,并且自夸为"世胄名家",门第观念和宗法组织仍然很强。但是,他们已没有荫户制和九品中正制以维护其特权,唐初的世族与魏晋南北朝的世族已有所不同。同时,隋末农民大起义时,农民军"得隋官及士族子弟,皆杀之",②唐初世族大地主的势力被进一步削弱,故其保守性和落后性都较魏晋南北朝时的世族要轻些浅些。他们的势力,在急剧的阶级斗争中被打击、制约着,在唐初当政时,大多能"以隋亡为鉴",接受农民起义的教训,害怕农民起义,积极革新政治,防止阶级矛盾恶化,维护封建地主统治政权。故当他们的皇帝李渊、李世民稍不警戒,广建宫室,耗伤民力,或推行其他足以激化阶级矛盾的措施时,他们为了维护其阶级利益和既得的统治权力,便随时进谏。如陈叔达就说:"臣以隋氏父子自相诛戮,以至灭亡,岂容目睹覆车,不改前辙。"③王珪也说:"昔秦皇汉武,外则穷极兵戈,内则崇侈宫室,人力既竭,祸难遂兴,彼岂不欲安人乎?失所以安人之道也。亡隋之辙,殷鉴不远。"④

贞观时期辅佐李世民的著名宰臣房玄龄、杜如晦、长孙无忌等,虽然都出身世族高门,但积极支持革新政治,防止阶级矛盾恶化。如杜如晦十分强调"天子有诤臣,虽无道不失其天下",他说:

> (虞)世基岂得以炀帝无道,不纳谏诤,遂杜口无言,偷安重位。……虞世基位居宰辅,在得言之地,竟无一言谏诤,诚亦合死。⑤

长孙无忌也说:"隋氏之亡,其君则杜塞忠谠之言,臣则苟欲自全。"他们的这些言论,和著名的庶族地主官僚魏徵对李世民的"匡过弼违",前后进谏二百余事是相类似的。

---

① 《唐会要》卷三六《氏族》。
② 《资治通鉴》卷一八三,隋炀帝大业十二年十二月条。
③ 吴兢:《贞观政要》卷五《论忠义第十》。
④ 吴兢:《贞观政要》卷五《仁义第十三》。
⑤ 吴兢:《贞观政要》卷二《任贤第三》。

世族地主官僚们在唐初统一战争和重建地主政权的过程中,确曾起过一些积极作用。他们确是唐初地主政权中的主要领导力量。

另一方面,李渊父子在起兵反隋时,曾"倾财赈施,卑身下士",争取中小地主阶层的支持,据《大唐创业起居注》载:"义旗拨乱,庶品来苏,类聚群分,无思不至";"三秦士庶,衣冠子弟,郡县长吏,豪族弟兄,老幼相携,来者如市";①"逮乎鬻缯博徒,监门厮养,一技可称,一艺可取……无不至者"。②这些参加李渊起兵和进行统一战争的寒门庶族地主,后来有相当部分的人挤入了上层统治集团。如文臣魏徵,"少孤贫,落拓有大志,不事生业,出家为道士","李密召征使典书记",③参加了瓦岗农民起义军;李勣"家多僮仆,积粟数千钟",④隋末也参加了瓦岗农民起义军;杜正伦"与兄正玄、正藏俱以秀才擢第",⑤进入上层统治集团中。武臣如尉迟敬德,隋末,"从军于高阳,讨捕群'贼',以武勇称,累授朝散大夫。刘武周起,以为偏将";⑥秦叔宝,"大业中,为隋将来护儿帐内",虽卑贱,"有志节";⑦程知节,"大业末,聚徒数百共保乡里,以备他'盗',后依李密,署为内军骠";⑧侯君集也是"以武勇自称";⑨张亮"素寒贱,以农为业","大业末,李密略地荥汴,亮杖策从之"。⑩这些人都先后在唐初担任中枢重要官职。

同时,李渊还极力利用农民军力量,如起兵时,"高阳郡灵寿'贼'帅郄士陵,以其党数千人款附,即授镇东将军,封燕郡公"。⑪当他进军至黄河东岸,就派人和关中起义军孙华、白玄度等联系,因而得以顺利地渡过黄河;进入关中后,又改编了许多支起义军,在极短的时间内得到了"胜兵九万",⑫军事力量因而大大增强。李渊的顺利占领关中,是依

---

① 温大雅:《大唐创业起居注》卷一、卷二。
② 温大雅:《大唐创业起居注》卷一、卷二。
③ 《旧唐书》卷七一《魏徵传》。
④ 《旧唐书》卷六七《李勣传》。
⑤ 《旧唐书》卷七〇《杜正伦传》。
⑥ 《旧唐书》卷六八《尉迟敬德传》。
⑦ 《旧唐书》卷六八《秦叔宝传》。
⑧ 《旧唐书》卷六八《程知节传》。
⑨ 《旧唐书》卷六九《侯君集传》。
⑩ 《旧唐书》卷六九《张亮传》。
⑪ 温大雅:《大唐创业起居注》卷一。
⑫ 温大雅:《大唐创业起居注》卷一。

赖和利用农民起义军力量的结果。所以温大雅说：李渊"怀济世之略，有经纶天下之心，接待人伦，不限贵贱"。① 褚遂良也说："大唐创历，任官以才，卜祝庸保，量能使用"。② 注意唐初的"创业君臣，俱是贵族"外，还得注意庶族地主乃至某些出身"卜祝庸保"、"卑贱者"分子在唐初统治集团中的地位和作用。

唐初的庶族地主阶层分子积极参预政治活动，是和当时社会经济的发展特别是商品经济的发展分不开的。自北魏实行均田制以来，各个时期的情况虽有所不同，但总的趋势是中小地主和自耕农的数量在不断增加。北周时，皇权曾依靠这一阶层势力的支持，取消世族的荫户制等特权，展开反世族的斗争，特别是如六镇起义等多次的大规模的农民起义，给予世族以严重打击。隋代，废除世族专政的九品中正制，创立科举制，培植新兴庶族地主官僚势力，建立了中央集权的新兴地主政权。

唐初武德年间，虽已从隋末农民战争转入统一战争时期，但阶级矛盾仍然很深刻，窦建德、刘黑闼等农民军续继着武装斗争，给李渊父子为首的封建统治集团的统一战争和政权的建制以很大的牵制和威胁，迫使他们集结了很大的兵力，化了好多年的时间，才把这些起义军镇压下去。窦建德农民军于武德四年被镇压，刘黑闼农民军于武德六年被镇压，继杜伏威而起的辅公祐义军直到武德七年才被镇压下去。唐初上层统治集团慑于隋末农民起义和当时的现实的阶级斗争的威力，要稳固其封建地主统治政权，不能不及时地在经济、政治方面采取缓和阶级矛盾的措施。

封建制度的基础是封建土地所有制，③封建社会的基本问题是土地所有制问题，所以唐初封建地主阶级缓和阶级矛盾的措施首先是从土地问题着眼。武德七年平定辅公祐义军后，唐政府下均田令，继续推行北朝、隋以来的均田制度，规定：

> 丁男、中男以一顷，老男、笃疾、废疾以四十亩，寡妻妾以三十

---

① 温大雅：《大唐创业起居注》卷一。
② 《旧唐书》卷七五《张玄素传》。
③ 斯大林：《苏联社会主义经济问题》，人民出版社1952年版，第37页。

亩,若为户者,则减丁之半。凡田分为二等,一曰永业,一曰口分。丁之田二为永业,八为口分。凡道士给田三十亩,女冠二十亩,僧尼亦为之。①

按照这一制度,确实可使农民占有一定的土地。赋役方面也有相对的减轻,如武德二年,规定"每丁租二石,绢二丈,绵三两,自兹以外,不得横有调敛"。② 六年三月,《简徭役诏》中也说:"念此黎庶,凋弊日久,……所以每给优复,蠲其徭赋,不许差科。……其河北、江淮以南及荆州大总管向西诸州,所司宜便颁下,自今以后,非有别敕,不得辄差科徭役,及迎送供承。"③ 七年,定均田租调庸法,规定"每丁岁入租,粟二石。调随土地所宜,绫、绢、绝、布。岁役二旬;不役则收其庸,日三尺;有事而加役者,旬有五日,免其调;三旬,租、调俱免。水旱虫霜为灾,什损四以上免租,损六以上免调,损七以上,课役俱免"。④ 这比之隋末"头会箕敛,逆折十年之租",是相对的减轻了些。在实行均田制的同时,采取这些措施,确实起有缓和阶级矛盾的作用。

当然,必须看到,隋末社会经济破坏,出现大量无主荒地,唐封建统治者为恢复农业生产,保证国家租调庸等项的剥削,必须把农民束缚在土地上,从事生产。这便是唐初均田制之所以继续实行的阶级实质。如果不切实际地美化它,不作阶级分析,是错误的。

其次,均田制规定按官品高低可以多占永业田,《通典》卷二《田制》下载:

> 其永业田:亲王百顷,职事官正一品六十顷,郡王及职事官从一品各五十顷,国公若职事官正二品各四十顷,郡公若职事官从二品各三十五顷,……男若职事官从五品各五顷。……诸永业田,皆传子孙,不在收授之限。

这些规定保障了贵族、世族官僚们的特权,有利于这一阶层势力的发展。但另一方面,又彻底取消了北魏时奴婢和耕牛授田的办法,对贵族

---

① 《唐六典》卷三《户部尚书》。
② 《通考·田赋考》。
③ 《唐大诏令集》卷一一一《简徭役诏》。
④ 《资治通鉴》卷一九〇,武德六年十二月条。

官僚的势力作了某种程度的限制。

第三,均田制还规定了勋田授与的办法,上引同书载:

> 上柱国三十顷,柱国二十五顷,上护军二十顷,护军十五顷,上轻车都尉十顷,轻车都尉七顷,上骑都尉六顷,骑都尉四顷,骁骑尉、飞骑尉各八十亩,云骑尉、武骑尉各六十亩。……诸永业田,皆传子孙,不在收授之限。①

这一办法使没有官爵或勋级低的人,在不同程度上也可以多占田地,并免除赋役,这固然是为了配合府兵制度,有利于中小地主、自耕农服兵役,但在经济上确实使他们获有大小不等的利益。而庶族的中小地主、自耕农又可凭借各种有利条件,在唐初地广人稀的情况下,多占土地,有利于这些阶层势力的发展。同时,唐初统治者为适应北周以来的商品经济发展的水平,对于工商业者减轻了限制,只规定宽乡工商业者减半授田。这样,使工商业者具有发展营业的机会,有利于商人、商人地主势力的增长。并且,均田法令中规定口分田可以卖充碾硙邸店之用,这就更给予了豪商富贾兼并的机会。本来商人兼并土地的事早已出现,而均田法中又默认了商人地主合而为一的状况。均田制对商人广占田地的宽容,正是土地私人占有形式发达的结果。

综上看来,由于均田制的实行,农民确是占有了或多或少的土地的,但随着社会经济的恢复和发展,土地日益被地主阶级所兼并。世族官僚地主的势力固然在不断发展,庶族地主更是地主阶级中一个新兴阶层,也迅速壮大发展起来。他们随着经济力量的不断强大,从而在政治上也不断地扩大统治权力,发展为一大新兴地主官僚集团。唐初封建地主统治集团主要便是由上述世族地主官僚集团和新兴庶族地主官僚集团构成的。

二

世族是在东汉末年形成的,发展到魏晋南北朝时,利用九品中正选

---

① 《旧唐书》卷四三《职官志二》也载:"凡官人及勋,授永业田。"

举制度,独占高官厚禄,垄断政权,建立了世族地主专政的封建政权。但经过多次农民起义打击后,南北的世族势力都先后衰落下去。如北方在六镇起义后,政治上分裂为东魏、西魏,政权落入庶族军人高欢、宇文泰等人的手中。北周时商品经济开始发展起来,庶族地主势力兴起,苏绰起草的六条诏书中,更明确宣布用人不拘门第,大力吸收庶族地主分子参政,为庶族地主政权开辟道路,故北周势力日强,逐步统一了中国北部。南方东晋后期的世族势力,据沈约《弹王源文》中所载,已出现"衣冠之族,日失其序,姻娅沦杂,罔计厮庶"的现象。梁时,侯景之乱后,世族势力更进一步衰落下去。赵翼说"南朝多以寒人掌机要",[1]南朝新兴地主经济政治势力和北朝一样在日益增长中。

  隋代时,在前代南北经济特别是商品经济发展的基础上,在新兴地主阶层和人民的支持下,对阻碍加强中央集权的世族实行打击,如采取清查荫户和输籍法等措施,夺取被世族地主控制的劳动人手,使隶属于世族豪强的农民成为一般的国家编户之民,从而削弱世族的经济力量。同时,在政治上打破"尊世胄,卑寒士"的界限和标准,承继了西魏北周以来的"官无清浊"[2]的精神,打击世族地主在政治上的特权外,隋文帝在具体斗争过程中对世族又进行诛杀,如开皇六年"上柱国郕国公梁士彦、上柱国杞国公宇文忻、柱国舒国公刘昉,以谋反伏诛;上柱国许国公宇文善坐事除名"。开皇十年江南的世族大地主反隋时,文帝派杨素和来护儿等统率大军,将武装叛乱镇压下去。由于皇权与世族官僚集团间斗争的尖锐,文帝在晚年差不多将所有的"草创元勋及有功诸将,诛夷罪退,罕有存者"。[3] 到炀帝时,又进一步打击世族大官僚势力,大业三年,"杀光禄大夫贺若弼、礼部尚书宇文弢、太常卿高颎、尚书左仆射苏威坐事免"。[4] 另一方面则下令求贤,宣布"待以不次,随才升擢",提拔庶族地主做官,以巩固中央集权,从而稳固新兴地主政权。政治是经济的集中表现,商品经济不断发展,新兴地主势力不断地壮大,新兴地主政权也随之而发展,壮大起来,这是当时地主政权发展的客观方向,

---

[1] 赵翼:《二十二史札记》卷八《南朝多以寒人掌机要》。
[2] 《隋书》卷七二《陆彦师传》。
[3] 《隋书》卷二《高祖本纪下》。
[4] 《隋书》卷三《炀帝本纪上》。

也是历史长河中不可阻挡的主流。

隋末农民大起义后建立的唐政权,基本上仍承袭了隋代的新兴地主政权,沿用了隋代的各种制度。但唐初武德年间的情况却较为复杂,上层统治集团的主要领导力量是世族贵族,他们操纵政治领导权,而历史发展的主流是朝向新兴地主政权的道路发展,不断壮大的新兴地主阶层势力要求取前者而代之,成为支配上层统治集团的势力。因此,两者间展开了激剧的矛盾斗争。这种斗争,实质上是历史发展的主流与逆流回旋间的曲折的矛盾斗争。

出身于阀阅家庭的李渊,不仅在思想意识上充满着门第等级观念,如他对裴寂说:

> 我李氏昔在陇西,富有龟玉,降及祖祢,姻娅帝室。及举义兵,四海云集,才涉数月,升为天子。至如前代皇王,多起微贱,勤劳行阵,下不聊生。公复世胄名家,历职清显,岂若萧何、曹参起自刀笔吏也。唯我与公,千载之后,无愧前修矣。①

而且在政治上走世族地主的道路,唐政权建立后所任命的中央政府的重要职位,几乎全由世族贵族分子担任。如初进长安时所任命的重要官僚,据《资治通鉴》载:

> 相国府长史裴寂为右仆射、知政事,司马刘文静为纳言,司录窦威为内史令,李纲为礼部尚书、参掌选事,掾殷开山为吏部侍郎,属赵慈景为兵部侍郎,韦义节为礼部侍郎,主薄陈叔达、博陵崔民干并为黄门侍郎,唐俭为内史侍郎,录事参军裴晞为尚书左丞,以隋民部尚书萧瑀为内史令,礼部尚书窦琎为户部尚书,蒋公屈突通为兵部尚书,长安令独孤怀恩为工部尚书。②

武德年间实际掌管政事的是裴寂和萧瑀二人,《资治通鉴》载:

> 上(李渊)待裴寂特厚,群臣无与为比,赏赐服玩,不可胜纪,命尚书奉御日以御膳赐寂,视朝必引与同坐,入阁则延之卧内,言无不从,称为裴监而不名。委萧瑀以庶政,事无大小,无不关掌,瑀亦

---

① 《旧唐书》卷五七《裴寂传》。
② 《资治通鉴》卷一八五,武德元年六月条。

孜孜尽力,绳违举过,人皆惮之。①

武德三年任命著名的世族分子封德彝为中书令,②六年又任命裴寂为左仆射,萧瑀为右仆射,杨恭仁为吏部尚书、兼中书令。③ 其间如武德五年虽有举荐所谓"岩穴幽居,草莱僻陋,被褐怀珠,无因自达"的孤寒之士的诏令,④以及科举考试所取进士孙伏伽、李义琛、李上德等人,据《唐摭言》载其中数人"家素贫乏",虽反映了庶族地主在上层统治机构中占有一定的地位。但总的说来,政权始终是掌握在世族手中。因此,世族贵族不仅生者身任高官厚爵,获得宠荣,就是遭受隋政权诛杀的死者也多加追赠。《新唐书》载:

> 赠隋太常卿高颎上柱国、郯国公,上柱国贺若弼杞国公,司隶大夫薛道衡上开府、临河县公,刑部尚书宇文𪟝上开府、平昌县公,左翊卫将军董纯柱国、狄道公,右骁卫将军李金才上柱国、申国公,左光禄大夫李敏柱国、观国公。诸遭隋枉杀而子孙被流者,皆还之。⑤

在《赠李金才李敏官爵诏》中,明确地指出了他们是"鼎族高门,元功世胄,横受屠杀,朝野称冤"。⑥ 这些史实说明遭受隋新兴地主政权打击的世族势力,到唐初又发展起来了。

唐政权建立后,上层统治集团中所孕育着的世族地主官僚集团和新兴地主官僚集团间的矛盾斗争,便逐步开展起来。恩格斯说:

> 在第一次大成功之后,胜利的少数通常是发生分裂,其中一部分满足于既经达到的成就,另一部分人则想继续前进,提出一些新的要求,这些要求是——至少是部分地——适合于广大人民群众的真正或臆想利益的。⑦

唐初的新兴地主官僚集团近似后一部分人,旧世族地主官僚集团近似

---

① 《资治通鉴》卷一八五,武德元年六月条。
② 《资治通鉴》卷一八八,武德三年三月条。
③ 《资治通鉴》卷一九〇,武德六年三月条。
④ 《唐大诏令集》卷一〇二《京官及总管刺史举人诏》。
⑤ 《新唐书》卷一《高祖本纪》。
⑥ 《全唐文》卷一高祖《赠李金才李敏官爵诏》。
⑦ 《马克思恩格斯文选》(两卷集)第一卷,第100页。

前部分人。旧世族官僚集团势力经过六年多来的发展，到武德七年时，竟企图利用权势恢复九品中正制，走世族地主专政的老路子。《资治通鉴》载：

> （武德）七年春正月，依周、齐旧制，每州置大中正一人，掌知州内人物，品量望第，以本州门望高者领之，无品秩。①

旧世族官僚集团这种走回头路的办法，是违反历史发展规律的，对北周隋代以来已经加强的中央集权制度起着严重的破坏作用。因此，这一复辟阴谋，在新兴阶层力量的制压下，很快就失败了，未成定制。故《通典·职官典》中，就没有武德七年依周、齐旧制，恢复中正制事实的记载。

其次，两大集团间的矛盾斗争，还集中反映在秦王李世民和皇太子李建成争夺皇位继承的问题上。

太原起兵前，李建成即"于河东潜结英俊"，起兵后为"左领大都督，领左三军"。李渊称帝后，他又以嫡长子而得为皇太子，除得到传统的封建宗法势力支持外，直接承继了父亲所领有的世族地主官僚集团旧势力，并因长期留守关中，在关中地区打下了相当坚固的基础。著名的世族分子如"礼部尚书李纲、民部尚书郑善果，俱为宫官，与参谋议"。②封德彝身任中书令也竭力支持他，宫中的妃嫔和一般"竞求恩惠"的贵戚也拥戴他。李建成集团主要是由世族和宗亲贵戚组成的。

李建成在生活上"荒色、嗜酒、畋猎无度"，显现出世族腐朽的本质，在政治上，"外结小人，内连嬖幸，高祖所宠张婕妤、尹德妃皆与之淫乱。复与诸公主及六宫亲戚骄恣纵横，并兼田宅，侵夺犬马"。③ 在两大集团斗争尖锐时，李建成惧怕李世民夺取帝位，采取了先发制人的手段，趁李渊离开长安游仁智宫，自己居守长安的时机，发动政变，夺取帝位，以造成既成事实，从而处于有利的地位来击败李世民。但李建成这一阴谋被人揭发后，李渊一度大怒，欲废建成为蜀王，然而由于世族官僚和宗亲贵戚的支持，所谓"元吉及内嬖更为建成请，封德彝亦阴说帝，由

---

① 《资治通鉴》卷一九〇，武德七年正月条。
② 《旧唐书》卷六四《隐太子建成传》。
③ 《旧唐书》卷六四《隐太子建成传》。

是意解,复诏建成居守,但责兄弟不相容,而谪王珪、韦挺、天策兵曹参军杜淹于远方"。① 李渊最后还是支持了建成。

后来,李建成又联结其弟元吉,多次谋害李世民,《新唐书》在叙述两大集团间"怨猜日结"的事实后载:"建成等召秦王(李世民)夜宴,毒酒而进之,王暴疾,呕血数升。"《旧唐书》也载:"太宗尝从高祖幸其(元吉)第,元吉伏其护军宇文宝于寝内,将以刺太宗,建成恐事不果而止之。"②

李世民的主要军事、政治干部,李建成也利用各种机会给予调走,以削弱李世民集团的势力。当突厥攻唐时,"建成乃荐元吉代太宗督军北讨,仍令秦府骁将秦叔宝、尉迟敬德、程知节、段志玄等并与同行;又追秦府帐,简阅骁勇,将夺太宗兵以益其府;又谮杜如晦、房玄龄,逐令归第,高祖知其谋而不制"。这说明当两大集团斗争时,李渊是支持李建成集团的,一直到李建成玄武门被杀前,都是如此。

李世民是李渊的次子,本亦是世族官僚集团分子,但由于自太原起兵反隋时起,他所统率的军队,率皆新附诸军,这些军队的成分,据《大唐创业起居注》载:

"贼"帅李仲文遣兄仲咸送款,……众将四五千。盩厔"贼"帅何潘儿、向志善等,亦各率众数千归附。宜君"贼"刘旻,又率其党数千人降。……令各于当界率众,便受燉煌公(李世民)部署。旬日间,京兆诸"贼"四面而至,相继归义,周有所遗。③

当李世民至盩厔时,"所过诸县及诸'贼'界,莫不风驰草靡,裹粮卷甲,唯命是从。……令燉煌公率新附诸军,自鄠县道屯长安故城"。④

在进行统一战争过程中,李世民曾连续镇压农民起义军和平定地主武装割据势力,因而又改编了大批农民军,罗致了大批人才,《旧唐书》载:"自大业末,群雄竞起,皆为太宗所平,谋臣猛将并在麾下。"⑤《房玄龄传》也说:

---

① 《新唐书》卷七九《隐太子建成传》。
② 《旧唐书》卷六四《巢王元吉传》。
③ 温大雅:《大唐创业起居注》卷二。
④ 温大雅:《大唐创业起居注》卷二。
⑤ 《旧唐书》卷六〇《河间王孝恭传》。

玄龄既遇知己,罄竭心力,知无不为。"贼寇"每平,众人竞求珍玩,玄龄独先收人物,致之幕府。及有谋臣猛将,皆与之潜相申结,各尽死力。①

了解这一点是很关重要的,毛泽东同志指示说:"从马克思主义关于国家学说的观点看来,军队是国家政权的主要成分。"②因此,我们在考察唐初的政权性质问题时,就不能撇开军队的问题不管。当然,这些农民军被李世民改编后,已起了本质的变化,不再是农民军,而是地主武装了,但他们毕竟经过了农民起义的锻炼,在政治要求上和旧军队是有所差别的;其军事骨干如前引秦叔宝、尉迟敬德、程知节、段志玄等绝大多数是出身寒族甚至是农民,在政治实践上都支持了李世民反对李渊、李建成为首的世族官僚集团的斗争。

必须注意,李世民在起兵反隋和进行统一战争过程中,曾镇压许多农民起义军,杀害过许多农民起义军领袖,这是他的反动罪行,必须进行揭发和批判;但另一方面,也要看到他和下层人民群众接触较多,亲身尝受了农民铁拳的教训,从而有可能使他对农民群众的威力和新兴地主阶层的要求有较多的了解。李世民在长期的军事斗争和政治实践中,体验到必须依靠新兴地主官僚集团势力,才能战胜以建成为首的官僚集团势力,于是逐步从旧世族官僚集团中分化出来,走上新兴地主官僚集团的政治道路。《旧唐书》载:

高祖呼太宗小名谓裴寂等:"此儿典兵既久,在外专制,为读书汉所教,非复我昔日子也。"③

便完全说明了这一问题。谈到这里,可能有人会说李世民除依靠上述力量外,关中世族分子亦有支持他的,这将作何解释?我们认为,李世民集团所代表的社会面较为宽广,它深入了地主阶级的各个阶层中,但是无可否认,凡是支持李世民的人包括世族分子在内,大多是愿意接受农民起义的教训,愿意实行对农民让步的政策,如房玄龄、杜如晦、长孙无忌等等都莫不如此。同时,李世民作为上层统治集团的领导者来说,

---

① 《旧唐书》卷六六《房玄龄传》。
② 《毛泽东选集》第二卷,人民出版社 1957 年版,第 535 页。
③ 《旧唐书》卷六四《隐太子建成传》。

他具有一定程度的复杂性,需要争取地主阶级中各个集团或阶层的支持,才能成为地主阶级的总代表,因而他与世族官僚集团的关系,有其矛盾斗争的一面,同时也有其统一合作的一面,把问题看得过于简单,是不符合历史实际的。

李世民从旧世族官僚集团分化出来以后,便逐渐成为新兴地主官僚集团的领导者,在客观上站到了地主阶级中比较为进步的集团和阶层的一边,积极展开反对李渊、李建成集团旧势力的斗争,《旧唐书·隐太子建成传》载:

> 高祖晚生诸王,诸母擅宠,椒房亲戚并分事宫府,竞求恩惠。太宗每总戎律,惟以抚接才贤为务,至于参请妃嫒,素所不行。初平洛阳,高祖遣贵妃等驰往东都,选阅宫人及府库珍物,因私有求索,兼为亲族请官。太宗以财簿先已封奏,官爵皆酬有功,并不允许。……太宗为陕东道行台,诏于管内得专处分。淮安王神通有功,太宗乃给田数十顷。后婕妤张氏之父,令婕妤私奏以乞其地,高祖手诏赐焉。神通以教给在前,遂不肯与。婕妤矫奏曰:"敕赐妾父地,秦王夺之以与神通。"高祖大怒,攘袂责太宗曰:"我诏敕不行,尔之教命州县即受。"[①]

两大集团间长期明争暗斗的结果,最后终于演成"玄武门之变"。武德九年(626年)六月四日,李世民在玄武门杀掉了建成、元吉,打败了旧世族官僚集团的势力。玄武门之变后六日,李渊被迫立李世民为皇太子,同年八月,李渊退位,李世民登上了皇帝的宝座,次年,改元贞观。

玄武门之变表面看来,如历来的旧史家所说是李氏兄弟间争夺皇位的政变,实质上,不是那末简单,而是地主阶级内部新兴地主官僚集团和旧世族官僚集团两大阶层势力的矛盾斗争,是两大阶层的官僚集团势力争夺国家政权的领导权的矛盾斗争。斗争结果,前者代表隋代以来新兴地主政权历史发展方向的李世民取得胜利,代表旧世族政权的李渊、李建成遭受了失败。

---

① 《旧唐书》卷六四《隐太子建成传》。

三

隋末炀帝统治时期,农村经济遭受了严重破坏,出现了"黄河之北,则千里无烟,江淮之间,则鞠为茂草"①的悲惨景象。至唐初太宗贞观初年,社会经济仍然十分破落,频年霜旱,谷贵饥荒,人多流亡,阶级矛盾仍然十分尖锐。唐人书中中曾综述当时的情况说:

> 贞观之初,荐属霜旱,自关辅绵及三河之地,米价腾贵,斗易一缣,道路之间,馁殍相藉。②

> 太宗自即位之始,……米谷踊贵,……是时自京师及河东、河南、陇右,饥馑尤甚,一匹绢才一斗米。③

自然灾害方面,贞观元年山东大旱,"关中饥,至有鬻男女者",二年"天下蝗","河南、河北大霜,人饥",三年"天下大水"。至贞观四年开始才连年获得丰收,但,贞观七年八月"山东、河南三十州大水",八年七月"山东、河南、淮南大水",十二年冬至十三年五月长时间天不下雨,故至贞观十五年,还是"自伊洛以东,暨乎海岱,灌莽巨泽,苍茫千里,人烟断绝,鸡犬不闻,道路萧条,进退艰阻"。④ 社会矛盾深刻太宗即位,被迫崇尚节俭,缩减开支,并省中央政府官员,强调不作"于民无益之事",说什么"劳弊之事,诚不可施于百姓"。同时,为活跃商品的流通,加强各地的经济联系,以促使社会经济的复苏,故继位后,即颁布诏令说:

> 关梁之设……遂使商旅寝废,行李(旅)稽留,……朕君临区宇,情深覆育,……思改前弊,以谐民俗,其潼关以东缘河诸关,悉宜停废,其金银绫绢等杂物,依格不得出关者,并不须禁。⑤

在政治上则继续打击旧世族官僚集团势力,除武德年间当权的窦威、窦琮、殷开山已死,屈突通、裴矩死于贞观初年,未遭贬废外;高祖"委以心

---

① 《隋书》卷七〇《杨玄感传》。
② 陆贽:《陆宣公翰苑集》卷二二《均节赋税恤百姓六条》。
③ 吴兢:《贞观政要》卷一《论政体第二》。
④ 《旧唐书》卷七一《魏徵传》。
⑤ 《册府元龟》卷五〇四《邦计部·关市》。

腹,凡诸政务,莫不关掌"的萧瑀,于贞观元年十二月坐事免官,①"当朝贵戚,亲礼莫与为比"的裴寂,也于贞观三年正月被放逐而死,《资治通鉴》载:

> 寂坐免官,遣还乡里。寂请留京师,上数之曰:"计公勋庸,安得至此,直以恩泽为群臣第一。武德之际,货赂公行,纪纲紊乱,皆公之由也,但以故旧不忍尽法,得归守坟墓,幸已多矣。"②

裴寂力荐的刘世龙,贞观初也"以罪配流岭南"。③ 封德彝、陈叔达等也分别被贬被废,给旧势力以沉重打击。

可是,辅佐李世民有功的一批世族如房玄龄、杜如晦、长孙无忌等势力却不断增长起来。《贞观政要》载:

> 贞观元年,封中书令房玄龄为邢国公,兵部尚书杜如晦为蔡国公,吏部尚书长孙无忌为齐国公,并为第一等,食邑实封一千三百户。④

这些新贵们,随着自己政治地位的日益稳固,一面与山东世族通婚,支持旧世族,"旧望不减";⑤一面操纵仕途,汲引所谓"经术之士"参政,聚结成一个元老勋贵的保守势力。这些曾一度接受隋末农民大起义教训,支持唐太宗打击裴寂、萧瑀旧世族官僚集团的新贵们,到贞观年间,又发展成为阻碍历史前进的保守落后势力了。在这一形势下,太宗力图"旁求俊乂",以为"匡辅之资",但是,政权机构被元老勋贵集团所控制,"求贤"政策,贯彻不下去。《贞观政要》载:

> 贞观二年,太宗谓右仆射封德彝曰:"致安之本,惟在得人。比来命卿举贤,未尝有所推荐。天下事重,卿宜分朕忧劳,卿既不言,朕将安寄?"对曰:"臣愚岂敢不尽情,但今未见奇才异能。"太宗曰:"前代明王使人如器,皆取士于当时,不借才于异代。岂得待梦傅说,逢吕尚,然后为政乎?且何代无贤,但患遗而不知耳。"德彝惭

―――――――――
① 《资治通鉴》卷一九二,贞观元年十二月条。
② 《资治通鉴》卷一九二,贞观三年正月条。寂归蒲州后,未几,又坐罪当死,流静州。
③ 《旧唐书》卷五七《刘世龙传》。
④ 吴兢:《贞观政要》卷三《论封建第八》。
⑤ 《资治通鉴》卷二〇〇,显庆四年十月条。

报而退。①

有些世族分子认为进贤,也应该进所谓"经术之士",并以历史为例说:

> 汉家宰相,无不精通一经,朝廷若有疑事,皆引经决定,由是人识礼教,理致太平。近代重武轻儒,或参以法律,儒行既亏,淳风大坏。②

他们企图从根本上阻塞那些出身"卑下"的"奇才异能"之士的仕进之途。

隋代创始的科举制度也是罗致"贤""才"的主要途径之一,唐太宗曾大力加以发展,开科取士,每每岁至千百之数。王定保《唐摭言》说:"进士科始于隋大业中,盛于贞观、永徽之际,缙绅虽位极人臣,不由进士者,终不为美,以至岁贡常不减八九百人。"但这个制度的本身是存在着若干缺点的,如"惟取其言词刀笔,不悉其景行,数年之后,恶迹始彰,虽加刑戮,而百姓已受其弊"。③ 太宗有鉴于此,曾和近臣讨论补救的办法,以便"可获善人"。世族分子即趁机反对科举制度,建议改用各州辟召的办法,《贞观政要》载杜如晦的话说:

> 两汉取人,皆行著乡闾,州郡贡之,然后入用,故当时号为多士。今每年选集,向数千人,厚貌饰词,不可知悉,选司但配其阶品而已。铨简之理,实所未精,所以不能得才。太宗乃将依汉时法,令本州辟召。④

旧贵族官僚集团建议太宗效法汉代乡举里选的办法,是企图把用人权力,从中央的吏部下放到地方的世族地主之手,使封建地方的"邦君",能够"自择其国之士",从而削弱中央政权对地方的控制。这时,太宗对旧贵族官僚的这套言论,已有所识别和警戒,借口"功臣等将行世封",及时地停止恢复"辟召"办法的议论,杜绝了复辟阴谋。

另一方面,太宗又极力选拔寒门庶族地主官僚出任中央政府要职,

---

① 吴兢:《贞观政要》卷三《论择官第七》。
② 吴兢:《贞观政要》卷一《论政体第二》。
③ 吴兢:《贞观政要》卷三《论择官第七》。
④ 吴兢:《贞观政要》卷三《论择官第七》。

"贞观元年，尚书左丞魏徵表荐（杜）正伦，以为古今难匹，遂擢受兵部员外郎。太宗谓曰：'朕今令举行能之人，非朕独私于行能者，以其能益于百姓也。'"①为"时论所讥"的戴胄，贞观四年虽罢吏部尚书，但太宗命"以本官（民部尚书兼检校太子左庶子）参预朝政"。② 贞观五年，出身孤贫，西游长安时，旅店主人不加款待的马周，因代中郎将常何上书，为太宗所赏识，"太宗即日召之未至，间遣使催促者数四"，后来，太宗尝曰："我与马周暂不见，则便思之。"③然而马周的被任用，却遭到旧贵族官僚集团的反对，如关中世族分子韦挺，"以周寒士，殊不礼之"。④ 出身不高的刘洎，也"自疏远而卒委钧衡"。⑤ 他如出身农家的张亮，贞观时官至刑部尚书，参预朝政，刑曹令史流外出身的张玄素，也任太子左庶子等要职，刘仁轨且自县尉迁任给事中。刘洎、马周所推荐的寒族地主出身的李义府，⑥太宗初次召见时，命赋咏乌诗，义府诗云："上林多许树，不借一枝栖。"太宗回答说："吾将全树借汝，岂惟一枝。"⑦从上述的史实中，可以看出太宗是极力选拔寒族地主参政，以增强新兴地主官僚集团的势力。

　　太宗为加强中央集权，在政治制度方面也进行了改革。唐初沿用隋制，以尚书、中书、门下三省最高长官尚书令、中书令和侍中为宰相。由于太宗在继位前曾一度担任过尚书令，他即位后臣下无敢再任是项高职，故自贞观年间开始。尚书省长官的左右仆射便代尚书令为宰相。如太宗谓左仆射房玄龄、右仆射杜如晦说："公为仆射，当洞开耳目，访求才贤，是为宰相弘益之道。"⑧至高宗时，左右仆射和侍中为宰相便成为固定的制度。

　　但是，皇帝为削弱尚书省的职权和地位，左右仆射为宰相的制度也不断发生变化，以至最终演变成中书门下两省长官及其官员兼掌两省事为宰相。这一演变过程自贞观时即已开始，贞观八年，尚书右仆射李

---

① 《旧唐书》卷七〇《杜正伦传》。
② 《旧唐书》卷七〇《戴胄传》。
③ 《旧唐书》卷七四《马周传》。
④ 《旧唐书》卷七七《韦挺传》。
⑤ 《旧唐书》卷三《史臣论》。
⑥ 《册府元龟》卷九七《帝王部·奖善》。
⑦ 刘悚：《隋唐嘉话》卷中。
⑧ 《通典》卷二二《仆射》。

靖卧病,太宗命其每"三两日,一至中书门下平章事",为"同中书门下平章事"(全称为"与中书门下同承受进旨平章事",简称为"同平章事")官衔之始;"同中书门下三品"(简称同三品)之名,则始于贞观十七年李勣为太子詹事"同中书门下三品"。① 所谓同中书门下平章事,是在中书门下一同平处政令章奏的意思。所谓同中书门下三品,是因为作为当然宰相的中书门下长官中书令和侍中皆为三品官,与中书令、侍中一同处理政务,谓之同中书门下三品。太宗采用这种平章政事和同中书门下三品的办法,目的在分散宰相的权力,同时,更重要的是给予资历较浅或门望较低的人担任宰相开辟途径,有利于限制或打击旧贵族官僚集团势力。高宗时,据《新唐书·百官志序》载,高宗总章二年,"张文瓘以东台侍郎同东西台三品",永淳元年,"以黄门侍郎郭待举、兵部侍郎岑长倩等同中书门下平章事",于是,"同三品入衔,自文瓘始……平章事入衔,自待举等始。自是以后,终唐之世不能改"。② 同中书门下平章事和同中书门下三品这两个名号,自高宗时便正式固定为非两省长官兼宰相的专号。

在军事制度方面,也积极进行改革,以压抑旧世族势力,加强中央集权。《新唐书》载:

> 武德初,始置军府,以骠骑、车骑两将军府领之。析关中为十二道(二年更道为军),……军置将、副各一人,以督耕战。以车骑府统之。六年,以天下既定,遂废十二军,改骠骑曰统军,车骑曰别将。居岁余,十二军复,而军置将军一人。军有坊,置主一人,以检察户口,劝课农桑。③

府兵在服役期间须自备资粮之能推行,是和均田制的实行及商品经济的发达分不开的。魏晋南北朝时行世族地主土地所有制,世族官僚利用地方宗族势力和军族,广占土地,役使家兵部曲,世代为其耕战。因此,世族的割据性很大,影响中央集权。北魏行均田制,西魏北周时商品经济日益发展,中小地主和自耕农普遍增加,从而封建国家中央直接

---

① 《旧唐书》卷六七《李靖传》及《李勣传》。
② 《新唐书》卷四六《百官志序》。
③ 《新唐书》卷五〇《兵志》。

控制的兵源大为增加,于是有了实现军队皇朝直辖和兵士自备资粮的可能。府兵制度的行施和发展,大大地加强了专制主义中央集权封建国家的统治。西魏、北周时,且广募豪右、籍民为兵,并逐步将地主官僚所掌握的乡兵纳入府兵组织系统,直接为中央政府所控制指挥。到隋代废除军户,府兵组织日趋严密,地方割据势力被进一步削弱。唐初采军民别籍的办法,至贞观十年,太宗明令改革这一制度。《新唐书·兵志》载:

> 太宗贞观十年,更号统军为折冲都尉,别将为果毅都尉,诸府总曰折冲府。凡天下十道,置府六百三十四,皆有名号,而关中二百六十有一,皆以隶诸卫。……凡发府兵,皆下符契,州刺史与折冲勘契乃发。

高祖时府兵制析关中为十二道,以道为军,专重关中一隅,目的在强固中枢所在地的关中,而军事领导权又多为旧世族所操纵。太宗改革这一制度,关中仅居三分之一左右,虽仍有强干弱枝的作用,但府兵已普及全国,其他地区之兵力已超过关中,起有均衡的作用。其次,太宗又改采军民合一制。《白氏长庆集》载:

> 太宗既定天下,以为兵不可去,农不可废。于是当要冲以开府,因隙地以营田,府有常官,田有常业,俾平时而讲武,岁以劝农,分上下之番,递劳逸之序。故有虞则为战卒,无事则散为农夫,不待征发而封域有备矣,不劳馈饷而军食自充矣。①

同时,政府统率各地的府兵,是各卫、率的大将军和将军。每个卫、率分领一定数目的折冲府,折冲府不属于州郡直接管辖,而点兵、练兵、发兵以及军需建置等方面,州郡又负有协同办理的责任,使二者互相牵制,不易构成反对中央政权的力量。府兵平时分番宿卫及战时出征则并入别一卫代为统率,高级将领由皇帝临时任命,战事结束后,府兵散归各府,将官回朝复命;而府兵驻守边疆时,有一定的年限,更代以后,是"兵不识将,将不识兵"。② 诸如此类的措施,都是为了一个目标:压抑旧世

---

① 《白氏长庆集》卷四七《策林三》。
② 《全唐文》卷二六《练兵诏》。

族势力,防制地方割据,加强皇权,加强新兴地主中央集权的封建地主国家统治权力。

四

由于太宗自贞观初年开始,即不断调整阶级关系,采取"与民休养生息"的政策,使人民群众得以在较好的条件下,辛勤地进行生产,故贞观后期社会经济已得到恢复,《贞观政要》综述贞观十九年时的治绩说:

> 马牛布野,外户不闭。又频至丰稔,米斗三四钱,行旅自京师至于岭表,自山东至于沧海,皆不赍粮,取给于路。入山东村落,行客经过者,必厚加供待,或发时有赠遗,此皆古昔未之有也。①

这里,自然有许多是统治阶级歌功颂德的夸辞。但农产品的增多,社会经济有所恢复,是无可置疑的事实。由于社会经济的逐步恢复,特别是商品经济的日益活跃,新兴地主阶层的数量也随之而增多,其中尤其是商人地主阶层,随着经济势力的上升,日益渗入统治机构中,分享统治和剥削农民的经济政治权益。如贞观十二年二月,旧贵族代表者谏议大夫褚遂良上疏反对"市井子孙"、"商贾之人"任官时说:

> 为政之本,在于择人,……市井子孙,不居官吏。大唐制令,宪章古昔,商贾之人,亦不居官位。陛下近许诸司令史捉公廨本钱,……但令身能估贩,家足赀财,录牒吏部,使即依补。大率人捉五十贯以下,四十贯以上,任居市肆,恣其贩易。每月纳利四千,一年凡输五万,送利不违,年满受职。……在京七十余司,大率司引九人,更一二载后,年别即有六百余人输利受职。……捉钱令史主于估贩,志意分毫之末,耳目廛肆之间,输钱于官,以获品秩。②

从上述事实可以看出新兴地主官僚集团的势力,在贞观时期已有所增长。到贞观十一年,这一集团的主要代表人物马周、刘洎等便纷纷上书

---

① 吴兢:《贞观政要》卷一《论政体第二》。
② 《唐会要》卷九一《内外官料钱上》。

指斥旧贵族官僚集团,两大集团间展开了激烈的斗争。

旧贵族官僚集团势力,具有深远的社会历史根源,经武德年间的发展,势力不断扩大,早在贞观元年时,萧瑀即曾建议太宗实行封建诸侯的旧办法,《旧唐书》载:

> 太宗常谓瑀曰:"朕欲使子孙长久,社稷永安,其理如何?"瑀对曰:"臣观前代国祚所以长久者,莫若封诸侯以为盘石之固。秦并六国,罢侯置守,二代而亡;汉有天下,郡国参建,亦得年余四百;魏晋废之,不能永久。封建之法,实可遵行。"太宗然之,始议封建。①

作为封建地主的皇帝的李世民来说,为了巩固统治政权,确实有须要实行封建诸侯的一面,他在所撰《帝范》中写道:

> 夫六合旷道,大宝重任。旷道不可偏制,故与人共理之;重任不可独居,故与人共守之。是以封建亲戚,以为藩卫,……昔周之兴也,割裂山河,分王宗族,内有晋、郑之辅,外有鲁、卫之虞,故卜祚灵长,历年数百。秦之季也,弃淳于之策,纳李斯之谋,不亲其亲,独智其智,颠覆莫恃,二世而亡。斯岂非枝叶不疏,则根柢难拔,股肱既殒,则心腹无依者哉!②

并以历史为例说:

> 魏武创业,暗于远图,子弟无封户之人,宗室无立锥之地,外无维城以自固,内无盘石以为基。遂乃大器保于他人,社稷亡于异姓。③

因此,至贞观十一年时,太宗乃"定制,勋臣为世封刺史",④允准以长孙无忌为首的世族贵族子孙以及皇室子弟,可以世代袭封刺史。⑤ 但是,另一方面,太宗也看到了世封制的坏处,《帝范》中有一段说:

---

① 《旧唐书》卷六三《萧瑀传》。
② 唐太宗:《帝范》卷一《建亲第二》。
③ 唐太宗:《帝范》卷一《建亲第二》。
④ 《资治通鉴》卷一九五,贞观十一年五月条。
⑤ 详请参阅《旧唐书》卷六五《长孙无忌传》,《贞观政要》卷三《论封建第八》载:"贞观十一年,乃定制以子弟荆州都督荆王元景、安州都督吴王恪等二十一人,又以功臣司空赵州刺史长孙无忌、尚书左仆射宋州刺史房玄龄等十四人,并为世袭刺史。"

> 汉初定关中,诚亡秦之失策,广封懿亲,过于古制,大则专都偶国,小则跨郡连州。末大则危,尾大难掉。六王怀叛逆之志,七国受铁钺之诛,此皆地广兵强,积势之所致也。①

特别是在旧贵族官僚集团势力不断增强的形势下,太宗更惧怕"封之太强,则为噬脐之患"。② 因此,当臣下激烈反对世封制时,太宗最后支持了这种意见,罢除了世封制。《贞观政要》记载李百药反对世封制的话说:

> 欲以百王之季,行三代之法,天下五服之内,尽封诸侯,王畿千里之间,俱为采地。是则以结绳之化行虞、夏之朝,用象刑之典治刘、曹之末,纪纲弛紊,断可知焉。……封君列国,藉其门资,忘其先业之艰难,轻其自然之崇贵,莫不世增淫虐,代益骄侈。……总而言之,爵非世及,用贤之路斯广;民无定主,附下之情不固。③

马周更急切上疏反对,他说:

> 伏见诏书令宗室勋贤作镇藩部,贻厥子孙,嗣守其政,非有大敌,无或黜免。……以尧、舜之父,犹有朱、均之子,况下此以还,而欲以父取儿,恐失之远矣。倘有孩童嗣职,万一骄逸,则兆庶被其殃,而国家受其败。……与其毒害于见存之百姓,则宁使割恩于已亡之一臣,明矣。……太宗并嘉纳其言,于是竟罢子弟及功臣世袭刺史。④

对贞观前期政治的"纲维不举","君臣理国多劣于前古"的原因,新兴地主官僚集团也反对元老勋贵王珪、封德彝等的看法,认为当时的问题,不在于没有任用所谓经术之士,不在于没有采取所谓乡举里选的辟召办法等等,而其症结在于勋贵官僚集团的本身。贞观十一年,治书侍御史刘洎明确指出说:

> 贞观之初,未有令、仆,于时省务繁杂,倍多于今,而左丞戴胄、

---

① 唐太宗:《帝范》卷一《建亲第二》。
② 唐太宗:《帝范》卷一《建亲第二》。
③ 吴兢:《贞观政要》卷三《论封建第八》。
④ 同上引。《旧唐书》卷七四《刘洎传》有同样记载,但在时间上作贞观六年,误。

> 右丞魏徵并晓达吏方，质性平直，事应弹举，无所回避。……比者纲维不举，并为勋亲在位，器非其任，功势相倾。凡在官僚，未循公道，虽欲自强，先惧嚣谤。所以郎中予夺，惟事谘禀；尚书依违，不能断决。……勾司以案成为了，不究是非；尚书用便僻为奉公，莫论当否。互相姑息，惟事弥缝。且选众授能，非才莫举，天工人代，焉可妄加？至于懿戚元勋，但宜优其礼秩，或年高及耄，或积病智昏，既无益于时宜，当置之以闲逸，久妨贤路，殊为不可。将相兹弊，且宣精简尚书左右丞及左右郎中，如并得人，自然纲维备举。①

其次，新兴地主官僚集团支持太宗慎选地方官吏的主张，太宗说：“为朕养民者，唯在都督、刺史，朕当疏其名于屏风，坐卧观之，得其在官善恶之迹皆注于名下，以备黜陟，县令尤为亲民，不可不择。”②马周于贞观十一年也上疏指出，要改进当时的吏治，必须重视地方官吏的人选，再从地方官中妙简贤才，担任中央政府要职，他说：

> 理天下者以人为本，欲令百姓安乐，惟在刺史、县令。县令既众，不可皆贤，若每州得良刺史，则合境苏息。天下刺史悉称圣意，则陛下可端拱岩廊之上，百姓不虑不安。自古郡守、县令皆妙选贤德，欲有迁擢为将相，必先试以临人，或从二千石入为丞相及司徒、太尉者。③

刘洎反对元老勋贵们的言论至为激烈，认为他们"无益于时宜，当置之以闲逸，久妨贤路，殊为不可"，因而，遭受到旧贵族官僚集团分子的阴谋陷害，最后以至于身死。《刘洎传》载，贞观十九年，"太宗辽东还，发定州，在道不康，洎与中书令马周入谒。洎、周出，(褚)遂良传问起居，洎泣曰：'圣体患痈，极可忧惧。'遂良诬奏之曰：'洎云国家之事不足虑，正当傅少主行伊、霍故事，大臣有异志者诛之，自然定矣。'太宗疾愈，诏问其故，洎以实对，又引马周以自明。太宗问周，周对与洎所陈不异，遂良又执证不已，乃赐洎自尽。洎临引决，请纸笔欲有所奏，宪司不与。洎死，太宗知宪司不与纸笔，怒之，并令属吏"。④ 由此可见，当时

---

① 吴兢：《贞观政要》卷三《论择官第七》。
② 《资治通鉴》卷一九三，贞观二年十二月条。
③ 吴兢：《贞观政要》卷三《论择官第七》。
④ 《旧唐书》卷七四《刘洎传》。

两大集团间斗争是相当剧烈的。

在这样复杂的情况下,太宗为加强皇权,于贞观十一年前后曾一再下诏求贤,以加强统治力量。如贞观十年《采访孝悌儒术等诏》中就明确提出:

> 朕以寡薄,嗣守鸿基,实资多士,共康庶政。①

贞观十一年四月的诏令中更直接指出:

> 齐赵魏鲁,礼义自出,江淮吴会,英髦斯在,山川所感,古今宁殊。……宜令河北、淮南诸州长官,于所部之内,精加访采。②

贞观十五年六月,又下诏曰:

> 尚恐山林薮泽,藏荆、随之宝;卜祝屠钓,韬萧、张之奇。……其令天下搜扬所部士庶之内,或识达公方,学综今古,……并宜荐举,具名以闻,限来年二月总集太山,庶独往之夫,不遗于版筑。③

其后,贞观十八年、二十一年,均曾下诏求贤。④ 二十二年撰《帝范》时,唐太宗又进一步提出说:

> 夫国之匡辅,必待忠良,任使得人,天下自治。……是明君旁求俊义,不以卑而不用,不以辱而不尊。……帝王之为国也,必借匡辅之资,故求之斯劳,任之斯逸。⑤

太宗培植寒族地主官僚势力,改进吏治,加强中央集权的心情,看来确是十分迫切的。

贞观十一年,宗教方面也展开了抑佛崇道的斗争。佛教自南北朝隋以来得到了很大的发展,僧侣地主不论在经济上、政治上都占有重要地位,并得到旧世族官僚如萧瑀之流的支持;⑥唐初在经济上亟待恢复,统治阶级采取休养生息的政策,故有必要提倡黄老思想;再加上道

---

① 《唐大诏令集》卷一〇二《采访孝悌儒术等诏》。
② 《册府元龟》卷六七《帝王部·求贤一》。
③ 《册府元龟》卷六七《帝王部·求贤一》。
④ 详请参阅《唐大诏令集》卷一〇二。
⑤ 唐太宗:《帝范》卷一《求贤三》。
⑥ 详请参阅《旧唐书》卷六三《萧瑀传》。

教所崇奉的老子姓李的关系,李唐的皇帝自认他们是老子的后裔,所谓"朕之本系起自柱下",在政治斗争上须要压抑僧侣地主和旧贵族官僚集团势力的要求下,太宗展开了抑佛崇道的斗争。唐释彦悰《护法沙门法琳别传》中载贞观十一年正月《道士女冠在僧尼之上诏》中说:

> 老君垂范,义在于清虚,释迦遗文,理存于因果。……佛法之兴,基于西域,爰自东汉,方被中华。……诸夏之教,翻居一乘之后,……思革前弊,纳诸轨物。况朕之本系,起自柱下,鼎祚克昌,既凭上德之庆,天下大定,亦赖无为之功,宜有改张,阐兹玄化。自今以后,斋供行法,至于称谓,道士、女冠可在僧尼之前。①

当时的斗争虽然是多方面的,但其最重要的关键是集中在反对世族制度和旧贵族官僚集团。世族制是建立在官僚世袭制和氏族制的基础上的,九品中正制虽早已被废除,世封制也因遭到反对,没有实行得了,但氏族制仍残存着,旧世族仍然利用《氏族志》标榜门第世资,搞门阀势力的活动。太宗为了更有效的堵击旧贵族官僚集团这一阻碍加强中央集权和改进吏治的逆流,贞观六年即命吏部尚书高士廉等修改《氏族志》。《贞观政要》载:

> 贞观六年,太宗谓尚书左仆射房玄龄曰:"比有山东崔、卢、李、郑四姓,虽累叶陵迟,犹恃其旧地,好自矜大,称为士大夫。每嫁女他族,必广索聘财,以多为贵,论数定约,同于市贾,甚损风俗,有紊礼经,既轻重失宜,理须改革。"乃诏吏部尚书高士廉、御史大夫韦挺、中书侍郎岑文本、礼部侍郎令狐德棻等,刊正姓氏,普责天下谱谍,兼据凭史传,剪其浮华,定其真伪,忠贤者褒进,悖逆者贬黜,撰为《氏族志》。……至十二年书成。②

可是,修改《氏族志》这一措施,旧世族固然反对,已与山东旧世族联婚的一些元老勋贵们,也不赞成,遇到很大的阻力。《资治通鉴》载:

> 太宗疾山东士人自矜门地,昏姻多责资财,命修《氏族志》,例降一等,王妃、主婿皆取勋臣家,不议山东之族。而魏徵、房玄龄、

---

① 《唐大诏令集》卷一一三载有同样诏文,唯正月作二月。
② 吴兢:《贞观政要》卷七《论礼乐第二十九》。

李勣家,皆盛与为昏,常左右之,由是旧望不减。①

贞观十二年,高士廉等所修撰的《氏族志》,仍以山东的世族头子崔干为第一等。太宗知悉后大怒,说:

"我与山东崔、卢、李、郑,旧既无嫌,为其世代衰微,全无官宦,犹自云士大夫。婚姻之际,则多索财物。或才识庸下,而偃仰自高,贩鬻松槚,依托富贵,我不解人间何为重之?今崔、卢之属,唯矜远叶衣冠,宁比当朝之贵?公卿以下,何暇多输钱物,兼与他气势,向声背实,以得为荣。我今定氏族者,诚欲崇树今朝冠冕,何因崔干犹为第一等,只看卿等不贵我官爵耶!不论数代已前,只取今日官品、人才作等级,宜一量定,用为永则。"遂以崔干为第三等。②

太宗虽极力运用皇权,命"止取今日官爵高下作为等级"。③ 但是,世族地主的门第世资观念,长期以来形成后,其社会基础虽早已动摇,然而在意识形态的领域中,仍然在起着作用。这次所修撰的《氏族志》,虽直接压抑了崔干等的等级地位,但总的升降标准,并没有按"官爵高下"定等级的原则,在旧世族及其支持势力的抵制下,太宗只得适可而止,没有能达到其彻底打击旧世族的目的。

两大集团间的矛盾斗争,随着社会经济的发展和政权的日趋巩固,而不断深化。贞观十一年前后起,寒族地主官僚刘洎、马周等在上层统治集团中,一度占居主要地位,但自贞观二十二年马周病逝后,长孙无忌任检校中书令知尚书门下省事,褚遂良任中书令,政权完全被旧贵族官僚集团所操纵。高宗继位后,永徽年间,旧贵族官僚集团势盛,因此,高宗、武则天继太宗之后,继承唐太宗的政治路线,积极培植新兴地主官僚集团势力,进一步开展反旧贵族官僚集团的斗争。

五

剥削阶级都是贪得无餍的吸血鬼。但在阶级斗争激剧的形势下,

---

① 《资治通鉴》卷二〇〇,显庆四年十月条。
② 吴兢:《贞观政要》卷七《论礼乐第二十九》。
③ 《旧唐书》卷六五《高士廉传》。

一些较为开明的统治者害怕赋敛不已,百姓弊疲,会爆发武装起义。他们说:"民之所以为盗者,由赋繁役重,官吏贪求,饥寒加身,故不暇廉耻耳。"①李世民自太原起兵和进行统一战争过程中,先后消灭了薛仁杲部、刘武周和宋金刚部,特别是在镇压农民起义军过程中,如武德四年镇压了窦建德农民军,次年又镇压了刘黑闼部农民军,一直到武德六年统一全国,深刻地体验到农民群众的威力。他做了皇帝后,仍然"常怀畏惧"之心,害怕人民会起来推翻他,所以在教诫儿子李治(高宗),以及和臣下论政时常说:

> 夫人者国之先,国者君之本。人主之体,如山岳焉,……兆庶之所瞻仰,天下之所归往。宽大其志,足以兼包,平正其心,足以制断。非威德无以致远,非慈厚无以怀人。②
>
> 舟所以比人君,水所以比黎庶。水能载舟,亦能覆舟。③
>
> 可爱非君,可畏非民。天子者,有道则人推而为主,无道则人弃而不用,诚可畏也。④
>
> 人言作天子则得自尊崇,无所畏惧。朕则以为正合自守谦恭,常怀畏惧,常谦常惧,犹恐不称天心及百姓意也。⑤

他认识到要稳定自己的统治政权,必须对农民作一定的让步,"去奢省费,轻徭薄赋,选用廉吏。使民衣食有余,则自不为盗",⑥亲作《戒盈篇》云:

> 夫君者,……俭则人不劳,静则下不扰。人劳则怨起,下扰则政乖。……徭役烦则人力竭,人力竭则农桑废焉。……赋敛重则人才遗,人才遗则饥寒之患生焉。乱世之君,极其骄奢,恣其嗜欲。土木衣缇绣,而人裋褐不全,犬马厌刍豢,而人糟糠不足。故人神怨愤,上下乖离,佚乐未终,倾危已至。⑦

---

① 范祖禹:《唐鉴》卷二。
② 唐太宗:《帝范》卷一《君体第一》。
③ 吴兢:《贞观政要》卷四《论教戒太子诸王第十一》。
④ 吴兢:《贞观政要》卷一《论政体第二》。
⑤ 吴兢:《贞观政要》卷六《论谦让第十九》。
⑥ 范祖禹:《唐鉴》卷二。
⑦ 唐太宗:《帝范》卷三《诫盈第七》。

他举出北齐后主高纬的事实为例说：

> 末代亡国之主，为恶多相类也。齐主深好奢侈，所有府库用之略尽，乃至关市无不税敛。朕常谓此犹如馋人自食其肉，肉尽必死。人君赋敛不已，百姓既弊，其君亦亡，齐主即是也。①

又说：

> 奢俭由人，安危在己。五关近闭，则嘉命远盈；千欲内攻，则凶沴外发。是以丹桂抱蠹，终摧荣耀之芳；朱火含烟，遂郁凌云之焰。以是知骄出于志，不节则志倾；欲生于心，不遏则身丧。②

一批经受过隋末农民大起义和唐初武德年间农民战争的开明些的地主官僚，慑于农民革命的威力，害怕阶级矛盾的继续深化，以"隋亡为鉴"，都支持唐太宗对农民实行让步政策。如贞观十一年，中书侍郎岑文本上封事说：

> 今虽亿兆乂安，方隅宁谧，既承丧乱之后，又接凋弊之余，户口减损尚多，田畴垦辟犹少。……是以古人譬之种树，年祀绵远，则枝叶扶疏；若种之日浅，根本未固，虽壅之以黑坟，暖之以春日，一人摇之，必致枯槁。今之百姓，颇类于此。常加含养，则日就滋息；暂有征役，则随日凋耗。凋耗既甚，则人不聊生；人不聊生，则怨气充塞；怨气充塞，则离叛之心生矣。③

同年，马周也上疏指出：

> 今百姓承丧乱之后，比于隋时才十分之一。而供官徭役，道路相继，兄去弟还，首尾不绝。远者往来五六千里，春秋冬夏，略无休时。……四五年来，百姓颇有嗟怨之言，……臣寻往代以来之事，但有黎庶怨叛，聚为盗贼，其国无不即灭，人主虽改悔，未有重能安全者。凡修政教，当修于可修之时，若事变一起而后悔之，则无益

---

① 吴兢：《贞观政要》卷八《辩兴亡第三十三》。"关市"是指征商税而言。同书卷一《论君道篇》也说："为君之道，必须先存百姓。若损百姓以奉其身，犹割股以啖腹，腹饱而身毙。"
② 唐太宗：《帝范》卷三《崇俭第八》。
③ 《旧唐书》卷七〇《岑文本传》。

者也。①

魏徵也一再地指出说：

> ……人不见德，而劳役是闻，……人怨则神怨，神怨则灾害必生，灾害既生，则祸乱必作，祸乱既作，而能以身名全者鲜矣。……可不念哉！②

贞观时代，由于统治阶级被迫采取了一些让步政策，社会经济有所恢复和发展，出现了所谓"贞观之治"的局面。很明显，这完全是农民起义阶级斗争的产物。农民反对地主阶级的斗争，是隋末唐初社会发展的动力。

太宗说："以铜为镜，可以正衣冠；以古为镜，可以知兴替；以人为镜，可以明得失"，③这便是旧史家一直赞誉的所谓"虚心纳谏的佳言"。唐太宗所以这样看，其目的无非是缓和阶级矛盾，以维护其地主阶级统治而已。他自己对臣下说：

"朕终日孜孜，非便忧怜百姓，亦欲使卿等长守富贵"，④这是多么简明的供词！

这样的"虚心纳谏"，又有什么可赞誉的呢？我们对于所谓"贞观之治"固然要看到他对人民群众让步的一面，同时也要看到为使封建统治者"长守富贵"，加强对人民统治的一面。当人民群众危及地主阶级的统治时，唐太宗必然露出他凶恶的本来面目，如贞观二年他对臣下说：

> 比有奴告主谋逆，此极弊法，特须禁断。假令有谋反者，必不独成，终将与人计之；众计之事，必有他人论之，岂藉奴告也。自今奴告主者，不须受，尽令斩决。⑤

这便是所谓"封建政治典范"的贞观时期政权的阶级实质。

李洲、李世民为首的封建地主阶级在隋末农民大起义的血泊中，劫夺了农民战争的果实，建立了唐封建统治政权。唐初封建地主统治阶

---

① 《旧唐书》卷七四《马周传》。
② 吴兢：《贞观政要》卷一《论君道第一》。
③ 刘𬤇：《隋唐嘉话》卷上。
④ 吴兢：《贞观政要》卷六《贪鄙第二十六》。
⑤ 吴兢：《贞观政要》卷八《论刑法第三十一》。

级在急剧的阶级斗争中被打击、被制约，不得不以"隋亡为鉴"，接受农民起义的教训，向农民阶级作某种程度的让步，进行一些政治革新防止阶级矛盾恶化，以维护其封建地主统治政权。就上层统治集团来说，旧世族势力在唐初确实有所发展，武德年间在中央政权机构中占居重要地位，操纵政权，因而有人认为武德年间的政权是世族地主政权。其实，如上文所述，唐初上层统治集团中除世族地主官僚外，还有新兴庶族地主官僚，忽视后者在政权中的地位和作用是不全面的。世族地主阶层早自南北朝后期商品经济发展以来，在政治上经过多次的大规模农民起义和北周、隋新兴地主政权的打击，荫户制被取消，九品中正选举制度被废，历史朝向专制主义中央集权封建国家的进一步加强和新兴地主政权的建立和发展。唐初武德年间的世族官僚，在反隋斗争中，其势力虽有所增长，且曾力图恢复九品中正制，复辟世族地主政权，但他们违反当时社会经济发展的历史规律，多次阴谋复辟，但都无法免于失败。

李世民从旧世族官僚集团中分化出来不是偶然的，他自太原起兵时起，即"折节下士，推财养客"，其下多是"群盗"、"大侠"，所统率的军队，主要也是新附"群盗"。在进行统一战争过程中，他又先后镇压窦建德、刘黑闼等农民军。在长期的军事斗争和政治实践中，他亲身尝受了农民起义军铁拳的教训，体验到只有依靠新兴地主官僚势力，实施对农民阶级的让步政策，才能稳定统治权，因而迫使他走上新兴地主官僚集团的政治道路。从而在客观上符合了唐初政权发展的历史方向，战胜了旧世族势力，确立了新兴地主政权，加强了专制主义中央集权封建国家权力。

贞观时期大体可以贞观十年（636年）为界划分为前后两个阶段。贞观前期社会经济仍然衰落，唐太宗继续实行均田和租调庸法，革新政治。同时，对残存的旧世族官僚势力进行斗争，其主要人物裴寂、萧瑀等均遭贬废。但是支持太宗的房玄龄、杜如晦、长孙无忌为代表的元老勋贵势力，又和旧世族势力结合起来，把持朝政，逐步成为对抗皇权与新兴地主官僚集团的势力。这时，太宗一面擢拔马周、刘洎等庶族地主官僚，一面修撰《氏族志》，压抑世族官僚集团势力。贞观后期，庶族地主官僚集团势力有所增长，马周、刘洎等当政，反对世封制，指斥造成弊政的原因，是"勋亲在位，器非其任"，主张慎选官吏，改进吏治，两大集团间再度展开了急剧的斗争。宗为太和阶级矛盾，压抑统治阶级内部旧贵族官僚集团的消极力量，社会经济开始恢复起来，出现旧史家所称誉的所谓"贞观之治"。

贞观时期，"供官徭役，道路相继，兄去弟还，首尾不绝"，"百姓颇有嗟怨之言"，蕴藏着深刻的阶级矛盾，太宗尝说："常怀畏惧，常谦常惧，犹恐不称天心及百姓意。"太宗联合庶族地主官僚反对旧贵族官僚集团的斗争，自始便在农民与地主间的阶级斗争基础上展开起来的，并受阶级斗争所决定和制约的。可是，封建的资产阶级的旧史家古今来一致地赞誉"贞观之治"，为"君有任贤纳谏之美，臣有辅君进谏之忠"，"太宗文皇帝之嘉言善行，良法美政"，"后世之君，亦莫不列之讲读，形之论议，景仰而效法焉"。[①] 美化为封建社会政治的典范。旧史家这么说，没有什么不可理解，可是近年来治唐史者仍多因袭旧说，不自觉地为古人效劳，宣扬封建主义；甚至和资产阶级学者一样忘掉了"贞观时期"的阶级性和阶级斗争的基础，不进行阶级分析，将当时统治阶级的内部这样复杂的斗争，简单化乃至庸俗化为一般的所谓"争权夺利"的斗争，怎能触及到问题的一点本质，揭示出与当时政权政争的一点阶级实质呢。

唐初武德、贞观年间，地主阶级内部各个阶层或集团间斗争的消长关系，是被农民与地主之间的基本的阶级斗争所制约和决定的。初期，世族和庶族地主官僚集团在隋末、唐初农民起义的打击和教训下，咸以"隋亡为鉴"，向农民让步，行均田、租调庸法，缓和阶级矛盾，维护地主统治政权。但随着社会经济的恢复，庶族地主势力增长，世族地主势力也随之而壮大起来。由于两大集团的经济利益的差异和分割农民租赋权益的争夺，展开了统治阶级内部的矛盾斗争。太宗联合庶族地主官僚集团反对旧贵族官僚集团的斗争，实行让步政策，与农民群众的部分利益有些一致之处，取得人民相对的支持，斗争胜利。反之，旧贵族官僚集团则遭受了失败。

历史唯物主义从来没有否认个人在历史中的作用，也从来没有忽

[①] 吴兢：《贞观政要·序》；戈直：《贞观政要·集论题辞》。

视统治阶级内部斗争与阶级斗争的关系,但,如果把唐太宗个人和魏徵、马周等人以及他们的新兴地主官僚集团的历史作用作过高估计,甚至加以美化,得出似乎唐初社会历史的发展,是他们推动出来的,似乎历史发展的动力是统治阶级中的个别人物和统治阶级的内部斗争的结论来,那是荒谬的。马克思、恩格斯说:"我们一直是最重视阶级斗争,认为它是历史的直接动力。"[1]列宁也说:"历史的真正动力是阶级之间的革命斗争。"[2]毛泽东同志更具体指出:"在中国封建社会里,只有这种农民的阶级斗争、农民的起义和农民的战争,才是历史发展的真正动力。"[3]历史的创造者是广大劳动生产者、人民群众,不是统治阶级,更不是统治阶级中的个别人物——帝王将相。历史发展的直接动力是阶级斗争,不是统治阶级内部斗争。历史发展的真正动力是阶级斗争,不是统治阶级内部斗争。这是我们分析和评价历史事件和历史人物时所应严格遵守的铁的马克思列宁主义基本原则。

(与吴泽合作,《历史研究》1964年第2期)

---

[1] 《马克思恩格斯文选》(两卷集)第二卷,第485页。
[2] 《列宁全集》第十一卷,人民出版社1959年版,第57页。
[3] 《毛泽东选集》第二卷,人民出版社1952年版,第617页。

百代英主　千古一帝
——论唐太宗的历史地位

一、承上启下的时代

任何杰出人物的出现，都不是偶然的，而是一定历史条件的必然产物。要正确地评价唐太宗的历史地位及其历史功绩，就必须把握住唐太宗所处时代的特点，而这一特点，又必须放在整个封建社会的发展过程中去考察。

中国封建制度自周秦开始，到清代覆亡，绵延了近三千年，按其过程来讲，大致可以分成两大段。上段以魏晋南北朝为终点，是封建社会发生、发展的时期；下段以隋唐为起点，是封建社会繁荣、强盛，转而衰弱、消亡的时期。唐太宗所处的时代，恰在繁荣、强盛的起点上，可以说，是一个承上启下的重要时代。

在经济上，秦汉以来中国农业的重心在北方，产粮基地主要分布在黄河流域以及江淮流域的部分地区。由于铁制农具的进步，南方的土地日益得到开发。尤其是西晋灭亡、永嘉东渡以后，大批北方世族地主裹挟着更为大量的北方农业人口，流向南方，带去了先进的农具和生产技术。大量劳动力和先进的工具，与远比北方优越的自然条件（土壤、气候、水源等）相结合，很快使南方的农业生产飞速发展起来，南方粮食产量在全国的比重日益上升。隋统一以后所开凿的闻名中外的大运河，正是这一发展变化的必然产物。大运河是隋唐以来封建王朝的重要漕运通道。假如把大运河，再加上从其中点洛阳西通关中长安的漕路，很像一个横躺着的"人"字形。其头身部分在长安、洛阳（隋唐的政治中心）；其两腿，一伸向广袤的华北平原，一伸向富饶的东南地区。很显然，全国的农业基地大为扩大，经济基础更为雄厚，中国封建王朝这个东方巨大的根基更为牢固了。此外，还有四川盆地、西北的河西走廊、东北的辽东地区等等的开发，都促进了中国封建经济的发展。

在生产技术和生产工具方面，这一时期也有着重要的发展。北魏贾思勰等《齐民要术》系统总结了北方农业生产的技术和经验，在北方地区得到普遍推广。三国时，曹操令韩暨推广以水排鼓风冶铁，为铁制农具的大量生产提供了有利的条件。尔后南北朝时冶铸业的新发明——灌钢法的出现，更对提高铁制工具的质量产生了重要影响。南北朝时，使用牲畜拉犁耕田比秦汉时普遍了。而隋唐时广泛使用的曲辕犁更是一大进步。这种犁在小块土地上便于转弯回头，能控制犁地的深浅，便于深耕，使农耕作业的生产效率大为提高。此外，播种农具、除草农具和收割用的镰刀都比秦汉时进步。在农田灌溉工具方面更有长足的发展。东汉末毕岚创制的龙骨翻车，经曹魏马钧的改进，运转轻便，连小孩也能操作。至唐代，北方又出现了汲水的水车，长江流域则出现了形似纺车的筒车。

生产工具的进步，是生产力进步的重要标志。而生产力的进步，必然引起生产关系的变化，继而引起上层建筑各个领域的变革。

中国封建土地制度的形态，大致可以分为两类。在封建社会的前期，士族豪强地主大土地所有制和部曲佃客制占据优势地位；在后期，普通地主（即非身份性地主）大土地所有制和佃户制占主导地位。唐太宗正处在普通地主大土地所有制和佃户制形成并走向成熟的时期。

在豪族大土地所有制下，农民的封建人身依附关系极强，其地位相当于农奴，劳役地租的比重很大。而豪族地主由于土地所有权比较牢固，盘踞地方，势力很大。汉代郡县长官曾由中央任免，但郡县佐僚则由郡县长官辟用，均由本地人充当。西汉末年，出现了不少世为郡县吏的著姓。东汉时，又出现了世代公卿和世吏二千石的名门。到魏晋时期，更形成了世族门阀垄断高官的九品中正制，出现了世族门阀垄断政权的局面。

由于生产力的发展，商品经济的逐步兴盛，旧的豪族大土地所有制和部曲佃客制逐步衰弱，代之而起的是普通地主大土地所有制和佃户制。在这种新经济关系中,农民的封建人身依附关系松弛了,劳役地租比重相对减小了,农民与普通地主的关系是非世袭的性质。这是普通地主经济区别于豪族地主经济的主要之点。由于经济地位的升降沉浮和长期广大农民群众的反抗斗争,腐朽保守的世族门阀再也不能垄断政权,门阀观念也逐步随之减退,而新兴的庶族地主地位却不断上升。南朝时,已出现"寒族掌机要"的局面。隋时,正式废九品中正制,科举制度应运而生,至唐更是大为发展。至此,原想依靠世袭庇荫而获得高官厚禄的纨绔子弟不能顺利爬上政治舞台,而才学兼优的庶族地主纷纷挤进统治上层。这是隋及唐初封建政治结构中的一个极重要的变化。

从豪族大土地所有制走向崩溃到普通地主大土地所有制发展成熟,中间有一个过渡的阶段,这就是北朝到隋唐实行均田制的时期。

从北魏中期到隋末唐初的一百三十多年中,尽管士族豪强地主的经济、政治力量曾经有过起伏,但社会发展的总趋势是均田农民在总人口中所占的比重逐渐增长。因为士族豪强地主经济衰落和崩溃的速度,要超过普通地主经济成长和发展的速度,当士族豪强地主经济已走向崩溃时,中小地主则不论在政治上或经济上,都还没有强大到能够进行大规模土地兼并、以控制大部分土地和农民的程度。这是均田制得到顺利发展的时期。在唐初以后的一百三十多年中,总的趋势则是均田农民中的自耕农民在总人口中比重逐渐缩小。因为士族豪强地主经济已基本上崩溃,而中小地主的经济势力则在迅速上升,经济地位本来不稳定的自耕农民便很快分化,逐步转化为普通地主的佃户,这是均田制走向崩溃的时期,同时又是租佃关系走向成熟的时期。唐代的均田令允许一般地主进行小规模的土地兼并,唐政府还用赐田和大量给勋赏功的办法来扶植新兴地主,因此唐朝的均田令和措施所起的作用,正是为普通地主经济的成熟奠定了基础。而唐太宗所处的时代,就是世族门阀地主走向崩溃,均田农民在总人口中比重最高,普通地主逐渐增长的时期。

魏晋南北朝,是我国历史上中原地区的汉民族与周围各少数民族在广阔的地域内一次大融合的时期。原先居住在西北部和北部边远地区的匈奴、鲜卑、羯、氐、羌等少数民族,它们的社会发展进程参差不齐,有的处在原始氏族社会阶段,有的已进入奴隶社会。它们于西晋末年内迁到黄河流域以后,与汉族人民错杂居住;而遭中原丧乱的汉族人,也有不少迁到北方和西北地区与少数民族混居。此外,南下的北方人民迁入了原先有大量山越人和蛮族人居住的荆、扬等州。这种长期的、广泛的民族混居,通过共同生活、互相影响,使民族间的融合产生了一次大的飞跃。少数民族吸收了中原封建文化的进步因素,摆脱了原始、愚昧的生产、生活方式,促使了内部社会的进化;而汉族人民吸收了少数民族的积极因素,给中原封建政治、经济、文化的发展输入了有益的新鲜血液。这一民族大融合的势头,在隋唐统一之后,仍在继续地发展。因此,这一时期民族间的隔阂、互相之间的歧视或仇视,都比封建社会历史上任何一个时期要来得轻。处在这一时代的唐太宗所采取的民族政策,不能不被打上鲜明的时代烙印。

中国的对外开放,在这一时期也出现了划时代的变化。主要是因为中国本部和外部的世界都发生了新的变化。

在传统的丝绸之路方面,中国与西域(这里指葱岭以西的中亚和西亚各国)的商业,主要是通过阿拉伯人和波斯人进行的,而对于中亚文化、地中海文化(希腊、罗马、波斯文化)的吸收,又主要是通过印度佛教作为媒介的。我们知道,汉武帝开辟丝绸之路时,印度佛教刚刚通过孔雀王朝的阿育王(前273—前232年)成为国教。佛教在开始时尚未有偶像崇拜。直到公元四、五世纪,印度笈多王朝把阿育王帝国相当大的部分统一起来,使印度出现了被人们颂扬的"黄金时代"。一些最精致的印度雕刻就是在这个时期产生的。五世纪的美术家所画的壁画,被认为是印度最完美的美术,而印度犍陀罗艺术(希腊风格的印度佛教艺术,这是希腊艺术传入中国的主要媒介地方,即今巴基斯坦白沙瓦地区),也主要是在公元二世纪到六世纪兴盛起来的。再看地中海沿岸,罗马帝国在公元前二十九年到公元前十四年,经奥古斯都·恺撒(渥大维)的统治以后,维持了罗马二百年的和平,建立起了好几十个兴旺的城市,使文明和艺术达到空前的兴盛,出现了罗马文学的"黄金时代",标志着地中海世界古典文明的顶峰。在公元六世纪,东罗马帝国(即拜占庭王朝)的查士丁尼曾经一度恢复了某种统一的局面。在君士坦丁堡,始终是在东方保存希腊文明的一个中心。此外,在丝绸之路上起有重要作用的波斯,在萨珊王朝时期重新兴旺起来,其时间约当公元前170年到公元七世纪前期。而七世纪初开始,阿拉伯半岛的人民在伊斯兰教缔造者穆罕默德(卒于公元632年,相当于唐太宗贞观六年)的率领下,开始了对地中海的征服,不久即建立了强大的阿拉伯帝国,其版图西及西欧,横跨亚非,再经中亚,一直延展到印度和中国的边界。至于中国本部,不言而喻,当时唐王朝的版图及其政治、经济、军事、文化,无论在哪一方面都是堪称世界之最的。在这样一种新的外部与内部条件之下,丝绸之路的空前繁荣也就不足为奇了。座落在丝绸之路上的敦煌莫高窟,凝聚了中国传统的艺术和印度、希腊艺术的精华,而成为举世瞩目的东方艺术宝库。其最初开凿的时间是在公元四世纪中叶十六国时的前凉永乐八年(353年),前距汉武帝始通西域约四百多年;其鼎盛的时代,恰在唐朝。这一简单的时间对比,极为生动地反映了中西文化交流在这一时期所发生的重大变化。

从中外交通的通道来看,隋唐以后,阿拉伯、波斯商人循印度洋和南海的海道,来中国东南部经商的逐渐多起来。当时的广州、泉州、明州(今宁波)和扬州,成为重要的国际贸易港口。这条海上丝绸之路与陆上丝绸之路齐驾并驱,大大开拓了中国对外开放的通途。

此外,处在大化革新前夕的日本和统一了朝鲜半岛三国的新罗,先后派出大批遣隋使或遣唐使者和留学生到中国,双方之间的商业往来、文化交流,规模都是空前的。

综观这一时代的基本趋势,封建社会正处在一个空前发展的转折点上,客观条件(主要是经济上的)已经大致形成。因此,唐之前结束了分裂割据局面的隋王朝,在三十多年的时间里,在经济上达到非常繁荣的程度,其国家粮仓的储备,几乎是中国历史上最富足的。中国历史上两大人工工程之一的大运河(另一为长城),之所以在隋代完成,并不是偶然的。毫无疑问,后起的唐王朝的繁荣是获益于大运河的。然而,隋王朝本身却为大运河付出了沉重的代价,在运河开发后不到十年,隋的帝国大厦便在农民起义的烈火中化为灰烬。一个强大富足的王朝,竟然短命而亡,九百多万户的人口降至不足三百万。这不能不引起唐王朝整个统治阶级严重的注意。总结历史经验和教训的严峻课题,严肃地摆到了唐初君臣们的面前。问题的焦点是:如何调整统治者与农民的关系?如何调整统治阶级内部的矛盾(主要是统治集团之间和君臣之间的矛盾)?由于隋朝统治者没有处理好这些问题,使得原先经济上的客观优势几乎丧失。历史要求唐太宗解决的,就是顺应客观的历史趋势,确立比较符合客观实际的统治思想,为社会的新发展扫除障碍,开辟道路。

承上启下,既是唐太宗所处时代的基本特点,也是历史赋予唐太宗的客观使命。把握好这一关键,是正确评价唐太宗历史地位的出发点。

二、唐太宗的历史功绩

唐太宗在世五十二年,做了二十三年的皇帝,如从他十八岁从军算起,他整整经历了三十五年的军事、政治生涯。他的一生功绩,可以简要地概括成六个方面。

第一,在军事上。唐太宗出身军事贵族,以行伍起家,他在做皇帝以前的十年,主要是在沙场上渡过。在起兵反隋的过程中,唐太宗从太原沿汾河南下,直捣长安。在统一战争中,唐太宗西征陇右,北克代北,东征洛阳,大战武牢,决胜洺水。从山西、陕西、甘肃,直到河南、河北、山东,纵横驰骋数千里,为推翻暴隋(当然,推翻暴隋的主要力量是全国性的农民起义)和统一全国作出了重要贡献。他所经历的战争规模及其在战争中所表现出来的卓越的军事才能和军事思想,可以与中国历史上任何一位著名的军事家媲美。举世公认,唐太宗是中国历史上最杰出的军事家之一。

第二,在经济上。经隋末丧乱之后,唐太宗在经济上面临的是十分严峻的局面:草莽千里,灾害频仍,连京师所在的关中,都连年闹饥荒。由于唐太宗采取了清静无为、轻徭薄赋的政策,比较关心民生疾苦,个人生活上崇尚节俭,比较少兴作工役,加上积极推行均田制,改善租庸调制,维持了农民基本的生存条件,使广大农民得到从事农业生产的时间,全国经济便以较快的速度复苏起来。当然,唐太宗时期的经济并没有达到十分繁荣的地步,至贞观末,全国人口还仅有三百余万户。这是因为经济从复苏到繁荣需要有一个过程。重要的是，唐太宗为日后唐代黄金盛世的出现，奠定了基础。尤其是他登位后，及时地"偃武修文"，转变了魏曹以来的尚武风气，注重恢复经济，确立"以农为本"的思想，这对他的后代有着重要的影响。

第三，在政治上。唐太宗十分重视总结历史经验，这是他在政治上有所作为的重要原因。他把历史作为一面镜子，特别是以隋炀帝败亡的教训作为镜子。他积极改善了朝廷君臣之间的关系，鼓励臣下说话，虚心听取不同的或反对的意见。同时，大胆选拔才能之士，不嫌出身贫寒，不计宿怨旧仇。致使贞观朝廷人才济济，天下英雄尽为太宗所用；并且在朝廷中出现了一种臣下可以畅所欲言、较为民主的气氛。纳谏如流，唯才是用，这就是为后世称道的"贞观之治"的主要内容。此后一百多年，唐代史臣吴兢将这些内容编成《贞观政要》，成了唐代统治者的一本重要政治课本。宋代司马光的《资治通鉴》也十分突出地记录了这些内容。唐以后的历史帝王，凡有所作为的，都彰扬唐太宗的用人、纳谏作风，并引为楷模；而大臣中的有识之士，也往往引唐太宗为例，来劝戒自己的君主。唐太宗在用人、纳谏方面的政绩，在中国历代帝王中是独一无二的，其影响是深远的。尤其一位封建帝王，更是难能可贵的。

此外，唐太宗还对政治制度进行了一系列影响深远的改革，他继隋之后进一步厘定了官制，确立了三省六部制。三省（中书、门下、尚书）是唐的宰相机构；六部（吏、户、礼、兵、刑、工）则是中央政府的职能机构。从秦汉的三公九卿制演变到隋唐的三省六部制，是中国国家机构的一大进步。特别是六部的确定，使得国家职能机构更加完善。唐以后直至清代，各种制度均有兴替，唯有六部沿用不改。在法制方面，唐太宗亲自颁定了《唐律》。在唐高宗时，又由贞观老臣长孙无忌撰定《唐律疏议》。这是唐王朝的根本成文法，也是我国封建社会保存下来的最古老、最完整的一部重要法典，对后世的封建法律有着重要影响。唐以后各王朝的法律，基本上都以《唐律》为依据。通过对唐律的研究，可以使人清楚地看到，当时中国的封建法律制度，在世界古代史上也是十分先进的。

唐太宗在科举制度、食封制度等方面均有所兴革，这里不一一赘述了。

第四，在文化方面。唐太宗出身于军事贵族家庭，自小演习弓马，同时也受到中国传统文化的优良教育。在未做皇帝以前,他即喜欢与士大夫交朋友。即位后,更精选天下文儒,设弘文馆学士,在正殿之左分班"宿值",当作自己决策的顾问。唐太宗对知识分子的重视,树立了良好的风气和楷模。唐太宗时期还广延四方儒士为博士,大力兴办学校。国学的学舍增筑了一千二百间,还吸引了高丽、百济、新罗、高昌和吐蕃等地的贵族子弟来入学。国学兴盛的局面是古昔未有的。唐太宗在位时,还不断提高孔子和儒学的地位,公开主张"以儒为师"。孔颖达等人撰定的《五经正义》就是唐太宗时颁行的。当然,唐太宗所兴复的儒学与汉儒有着很大区别,他不主张拘泥于经学及其章句之学,而是广采博收,兼收并蓄,鼓励各种学术、学派的发展,这种特点反映了当时在政治上讲究实效、励精图治的风貌。此外,唐太宗还十分重视史学,下令房玄龄、魏徵等人主持修纂了《周书》、《北齐书》、《梁书》、《陈书》和《隋书》,大大推动了中国古代史学的发展。中国古代目录学中,史部从经部中分离出来,而有了经、史、子、集的四部分类法,最早虽出现于晋,但由于魏徵编纂的《隋书·经籍志》中加以记载而受到重视,这是目录学的重大进步,这不能不说与唐太宗有着极大的关系。总之,唐太宗在保存和发展中国传统文化方面,是有重要贡献的。

第五,在民族政策方面。唐王朝是中国多民族国家形成的重要历史阶段,而这一历史进程的开端,则是唐太宗时奠定的。唐太宗时曾通过战争征服了东突厥,战胜了西突厥、薛延陀和高昌等部落,巩固了北部和西北的边境,维护了国内的和平环境,沟通了同新疆、吐蕃及四边少数民族的交往。唐太宗的可贵之处,在于并不以战争为根本目的,而是在战争之后,能采取比较少歧视少数民族的政策,及时正确地处理民族间的矛盾,注意改善民族间的关系。无论是被征服的还是主动归附的少数民族部落,唐太宗都不强行改变他们原来的生活方式,能够尊重他们的习俗,让他们原来的酋长负责统治其原来的地区和人民。还以宗室女嫁给各部落酋长,结成亲戚关系。其中尤以文成公主进藏最为著名,成为藏、汉民族交往史的一段佳话。唐太宗还让许多部落的首领留在京师任官,有的被任为重要军事将领,有的甚至在皇宫中负责警卫工作。对被任用的人,唐太宗一般都十分信任,与汉族官僚同等看待。

不少蕃将被授予行军大总管等要职领军征讨,在战争中发挥了自己的才能,立有奇功。由于唐太宗的信任,这些蕃将对唐太宗也十分忠诚。唐太宗病逝时,一些蕃将和酋长特别伤心,请求"杀身以殉"。后来根据唐太宗的遗嘱,允许将各部落酋长十四人琢石为像,并刻上姓名列于昭陵北坡的司马门内。一些蕃将死后,也被赐陪葬于昭陵。这是唐太宗对少数民族首领的宠遇,也是各少数民族对于唐太宗的敬慕。唐太宗在世时,曾被各少数民族共称为"天可汗",意思是"天下各族人民共同的君主"。可见,唐太宗的民族政策是十分有效的,他的确为促进中国各民族的和睦、融合,作出了杰出的贡献。

不过,唐太宗的重用蕃将在以后成了唐王朝社会变乱的一个祸根。历来的史家都这样看。当然,这不无道理。然而公平地说,唐太宗使用蕃将能够发挥积极作用,而唐太宗的子孙使用蕃将却起了消极的作用,这其中除了政策本身的客观因素外,应该还有施行者的主观原因以及变化了的客观历史原因。"此一时也,彼一时也",将子孙们失误的责任统统归咎于唐太宗是欠公正的。

第六,对外开放政策方面。由中国内部世界和外部世界新发展的客观趋势,促成了中外文化交流的繁荣。而唐太宗则顺应了这一趋势,采取了对外开放的政策,从经济、政治、文化等方面鼓励对外交往。大批阿拉伯和波斯商人,通过丝绸之路和海道来往于中国和中亚、西亚一带,从西北的葱岭到东南沿海的广州、泉州、扬州,进行频繁的贸易。中国政府还设立商馆招待外商,允许他们住在中国经商。据史载,当时在长安、洛阳、广州、扬州、泉州等城市的阿拉伯人和波斯人,均是成千上万的,其中尤以长安为多。他们经商似乎十分自由,有腰缠万贯的珠宝巨商,有以放债牟利的高利贷者,有卖波斯药材、开设酒坊的小商人,还有席地设摊卖胡饼的"穷波斯",五花八门,无奇不有。大量优良的植物品种和制糖等技术,被介绍到中国来,而中国特有的丝绸、茶叶等丰富的特产也源源运往四方。中国的商人为了发展对外贸易,适应西方消费者的需要,在丝织物中采用波斯风格的花纹图案。唐代的中国对外贸易达到非常繁盛的境地。当时与中国交往的国家有七十多个,来中国的外国使节、学者、艺人、僧侣,与商人一样频繁。在长安还有外国的常驻使团。唐太宗的信使甚至远及地中海东罗马和印尼群岛堕婆罗的王廷。据近人梁启超统计,中国学问僧西行取经的,在公元三世纪至八世纪中,以五世纪六十一人为最多,六世纪骤减至十四人,至七世纪又增至十六人。唐太宗(621—649年)处在七世纪的前期。贞观初期,由于边境战事未平息,僧人西去是受到限制的。著名的玄奘就是悄悄溜出去的。而当他十七年后返回长安时,唐太宗给了盛大的欢迎,为其译经著述予以优越的条件,表现出了对外部世界的浓厚兴趣。显然,七世纪初僧人西行求经的热潮,是与唐太宗不无关系的。唐代是佛教在中国的盛期。阿拉伯的伊斯兰教和波斯的景教和摩尼教也在这时传入中国。正是由于这些宗教的传播,印度、波斯和希腊的优秀文化也随之传入中国,对中国的音乐、舞蹈、绘画、雕塑以及文学艺术等发展,产生了重要的影响。至于当时中国高度先进的文化,对亚洲各国及世界其他地区的影响,则更是巨大的。中国四大发明之一的造纸术,就是在唐代(八世纪中)通过丝绸之路先传入阿拉伯,尔后传入欧洲及世界各地的。印刷术、指南针和火药的西传虽然比较晚,但也是循着唐代造纸术西传的途径传播到世界各地的。世界公认,中国四大发明的传播,对于改变世界文明发展的进程,是具有划时代意义的。此外,日本于公元645年(唐太宗贞观十九年)开始的大化革新,基本上以唐代的政治制度为蓝图。直至半个世纪后的日本奈良时期,在日本曾掀起一股对中国的一切,从哲学、文学、美术、舞蹈、建筑、武器以至文字系统,都加以赞美和模仿的高潮。朝鲜的三国时期以及统一后的新罗,也出现了与日本大致相仿的情形。

可以说,唐代是中国封建社会的黄金时代,也是历史上对外开放的"黄金时代"。对外开放,不仅促进了中国封建经济、文化的繁荣,也极大地提高了中国在世界上的地位。

三、唐太宗在世界史上的地位

最后,我们想从世界史的角度,进一步说明唐太宗的历史地位。

公元六世纪末,唐太宗诞生的时候,中国的封建制度已发展了一千余年,正进入一个新的发展阶段。统一的中央集权制度、高度先进的农业经济以及独特而先进的民族文化,都发展到相当成熟的程度,一个空前繁荣的"黄金时代"已在孕育之中。处在这样一个承上启下的伟大时代,出现了唐太宗这样一位杰出的人物,也就不是偶然的了。那么,这一时期在世界史上又是怎样的状况呢?

在中亚与中国近邻的印度,经历了孔雀王朝和笈多王朝的繁荣之后,从公元六世纪初起,政治上分裂为无数的小王国,被长期战争弄得支离破碎,直到公元十四世纪,渡过整整八个悲惨的世纪。位在西亚,名副其实的波斯帝国萨珊王朝,由于同罗马人之间长期而频繁的战争,日趋贫困和削弱。终于在七世纪初被新崛起的阿拉伯人所征服。当时阿拉伯帝国的版图,可与唐王朝相比(也是当时唯一可与中国匹敌的国家)。然而,穆斯林阿拉伯帝国,版图太大,人数太少,过于分散,不同成份的结合,聚之既速,散之也快。公元 750 年,倭玛亚朝哈里发旧政权被推翻,新建立了阿拔斯朝哈里发政权,首都从大马士革迁到巴格达,波斯人起来取代了叙利亚而成为阿拉伯帝国的中心。曾经统一过地中海世界的罗马帝国,在跨越世纪前后的近百年中,曾出现过两位伟大人物:伟大的独裁者尤利乌斯·恺撒和象征威严的奥古斯都·恺撒。四世纪时,罗马帝国分裂为东西两个罗马。五世纪时(476 年)西罗马帝国在蛮族的入侵中退出了历史舞台。只有在东方君士坦丁堡的东罗马帝国(拜占庭王朝),延续了约一千多年。东罗马的皇帝查士丁尼,由于编纂了一部伟大的罗马法典而获得了不朽的盛名。

从公元五世纪后期起,以罗马帝国的崩溃为标志,世界史进入了封建社会的中古时期。封建制度才开始在地中海地区及西欧形成,亚洲西部、南部及东部的广大地区才开始向封建制度过渡。封建初期的西欧,因地区经济联系十分薄弱,在政治上呈分裂割据的状况,充斥着无数细小的公国、伯国、城邦和主教国家。从六世纪到十一世纪,在西欧可以说是一个漫长的黑暗时代。九世纪初,法兰西王朝的查理曼曾建立起一个帝国,但它外表强大,内部并不巩固,只是一个"不曾有自己的经济基础,而是暂时的、不巩固的军事行政的联合"。[①] 法兰西民族国

---

① 斯大林:《马克思主义与语言学问题》,人民出版社 1961 年版,第 9 页。

家的真正形成，要迟缓得多。查理大帝一死，他的帝国也就垮了。在英国，七世纪初称为"七国时代"，互相争雄达二百多年，至公元900年左右，出现了一位阿尔弗勒德大王，他是英国唯一被尊称为"大王"的国王。然而他并没有完成对英格兰的统一。至于公元962年德国奥托大帝建立的神圣罗马帝国，更是徒有一个帝国的虚名而已，德意志也没有统一起来。同时，在东欧平原上的斯拉夫人，六世纪时还处在氏族社会阶段。九世纪末叶才由罗斯大公最后形成罗斯国家。

在西欧，从十一世纪至十四世纪，才陆续形成了大批的民族国家。如英格兰、法兰西、苏格兰、匈牙利、丹麦、挪威、瑞典、葡萄牙等。其中英格兰的威廉一世和法兰西的圣路易（路易九世），分别为各自的民族作出了不朽的贡献。不过这些国家的君主专制是在十五世纪以后才逐步完成的。至于中央集权的俄罗斯帝国的形成，也要在十三世纪以后。

综观世界中古前期和中期的历史（公元五世纪—十五世纪），唐王朝是当时世界上遥遥领先的先进国家，唐太宗是当时世界上最富于生气的军事家、政治家了。没有人能像他那样在巨大的历史舞台上，在政治、军事、法律、经济、文化、民族事务和对外关系等广阔的领域中，竖立起如此辉煌和不朽的丰碑。唐太宗作为一个历史人物，他又是中国古代文明发展的一个结晶，是值得我们民族骄傲的一份优秀的文化遗产，当然，我们在继承、彰扬这份文化遗产时，不能忘记唐太宗毕竟是一位封建帝王，他有着不可克服的阶级局限性，他不是十全十美的神，在他身上有伟大的一面，也有渺小、可卑的一面。他之所以成功，归根结蒂是他顺应了时代的潮流，集中了群众的智慧（包括人民群众和统治集团中的优秀分子），在一定程度上反映了人民的利益和要求。当他背离这一条历史规律时，他同样碰壁，陷入谬误。限于篇幅，这里不能深谈了。

我们相信，随着唐太宗研究的不断深入，这份优秀的文化遗产，将更光彩四射，绚丽夺目。

（与王界云合作，《人文杂志》丛刊1985年第6辑《唐太宗与昭陵》）

关于唐高宗的评价问题

在武则天评价的讨论中,吴泽同志提出要正确评价武则天,必须先端正高宗的评价。这一问题我们感到很大的兴趣。一千多年来,封建正统主义者由于仇恨武则天,抱怨于高宗,把高宗说成是"荡情于帷薄"、"溺爱衽席"的"昏愦之主"。解放后的一些历史著作中,对武则天已试图作一些新的评价,可是,高宗仍然被看作是"昏庸"的皇帝;近来戏剧界有些同志,为了显示武则天的才能,仍把高宗塑造成一位任人摆布的"糊涂皇帝"。因此,我们必须根据历史事实,给高宗以正确的评价。

一

高宗(李治)是唐太宗的第九个儿子,自幼聪明能干,获得了李世民的"特深宠异",十六岁时,在唐太宗的坚持和长孙无忌、房玄龄、李勣等人的拥护下,得立为皇太子,自这时开始就积极参预政治活动,"太宗每视朝,常令在侧,观决庶政,或令参议,太宗数称其善"。[①] 在太宗的亲自培养和实际锻炼下,高宗便成为一位坚毅果断的政治家,而且在作风上也深受父亲的影响,懂得继续贯彻改良政策,和接受臣下意见的重要,所以,永徽元年继位之后,即"召朝集使谓曰,朕初即位,事有不便于百姓者,悉宜陈,不尽者更封奏。自是日引刺史十人入阁,问以百姓疾苦及其政治";启望臣下陈奏的要求非常迫切,永徽五年,高宗又对五品以上的官僚们说,"顷在先帝左右,见五品以上论事,或仗下面陈,或退

---

① 《旧唐书·高宗本纪》。

上封事,终日不绝,岂今日独无事邪,何公等皆不言也"。① 故高宗一开始就继承太宗遗绪,力谋"励精图治"的君主。

高宗即位时的社会情况,一方面是唐太宗于隋末农民战争之后,采取有利于生产发展的措施,社会经济在逐渐恢复中,阶级矛盾和民族矛盾都处于相对缓和的阶段。另一方面阶层矛盾则由于世族势力的不断发展,他们在经济上兼并土地,破坏均田制,加深阶级矛盾,动摇唐政权的统治基础,在政治上把持仕进之途,阻碍皇权的加强。唐太宗为了削弱这一阶层的势力,曾实行科举制和厘定氏族谱等办法,在政治上给予严重的打击。但唐太宗时期,矛盾还不很尖锐。发展至高宗永徽前后,世族官僚集团势力进一步发展。如"(李)敬玄久居选部,人多附之,前后三娶,皆山东士族,又与赵郡李氏合谱,故台省要职,多是其同族婚姻之家,高宗知而不悦"。② 因此皇权与世族间的矛盾,日益深化。高宗为了维护皇权,维护集权统一,便进一步加强对世族贵族官僚集团的斗争;同时,寒族地主经唐初以来半个世纪的经济恢复发展,有了很大的增长,他们要求参政,分享经济政治权益,反对世族垄断政权,矛盾日益尖锐。高宗大力提拔新兴寒族地主官僚。如江南寒族地主秀才出身的许敬宗,高宗嗣位之初,授郑州刺史,至永徽三年便任命为"卫尉卿,加弘文馆学士,兼修国史。六年,复拜礼部尚书"。③ 中书舍人李义府,县丞子孙,为长孙无忌所恶,左迁壁州司马,高宗也留居旧职,在政治重心的中书省还任命了王德俭、崔义玄、袁公瑜等,以对抗世族官僚集团的势力。事实上,武则天回宫前,朝廷便已开展皇权和新兴寒族官僚势力相结合的反世族贵族官僚集团的斗争。

王皇后"出自名家"世族,其外家柳氏也是关中郡姓,在政治上并得到以褚遂良、长孙无忌为首的世族官僚集团的支持,事实上她已成为宫廷内部世族贵族势力的代表者和象征,走着和高宗相反的政治道路。这是高宗要废王皇后的主要原因。武则天出身于新兴商人地主家庭,她的父亲武士彠是一位木材商人,"殖货,喜交结,高祖尝领屯汾晋,休

---

① 均见《通鉴》卷一九九。
② 《旧唐书·李敬玄传》。
③ 《旧唐书·许敬宗传》。

其家,因被顾接",后来参加李渊起兵,但限于商贾"贱类",在唐政权中的地位一直很低。武则天生长在这样的家庭里,对新兴商人的政治要求,和受世族贵族压抑贱视的情况了解很深;第一次入宫后,也只是五品"才人",地位不高,在深宫内院势必受到轻视和排挤。这些都很自然地导致了武则天反对世族贵族。而这一点恰恰和高宗打击世族贵族势力,加强皇权的要求相一致,因而,武则天第二次入宫后,由于和高宗的根本政治原则相同,便获得高宗的深切宠爱。

高宗欲立武则天为皇后时,遭到世族分子激烈的反对,来济说是"王者立后,上法乾坤,必择礼教名家,幽闲令淑,副四海之望,称神祇之意";褚遂良也说:"陛下必欲易皇后,伏请妙择天下令族,何必武氏。"①但由于高宗的坚持,以及高宗所提拔的新兴官僚集团许敬宗、李义府等的支持,斗争胜利,武则天立为"皇后"。故高宗废立皇后的斗争已不是单纯的宫闱"争宠"问题,在实质上已和两大官僚集团间的政治斗争联系在一起了。当然,我们也不否认武则天的得立为皇后,和她的才色出众是分不开的,因为没有这一条件,武则天就不可能超出千百宫娥采女之上,赢得唐太宗和高宗的宠爱,忽视这一点是不必要的,也是不符事实的。因为,偶然性受必然性的决定和制约,而必然性又需要通过偶然条件才能显现出来。

二

高宗争立武则天为皇后的斗争胜利后,皇权便和新兴官僚集团的势力紧密结合起来,进一步开展对世族贵族官僚集团的政治斗争,废掉了几位皇太子,贬杀了褚遂良、长孙无忌、来济、上官仪等,《通鉴》的编者在论述高宗对这些具体问题的态度时,应用了封建伦理道德等传统观念,将高宗内心的矛盾和犹豫刻画得非常入微,十分合乎人情味。但尽管用这样的笔法,来宣扬封建的仁义道德,作为维护封建统治的说教,然而却无法掩盖内部矛盾的政治斗争实质,我们今天必须以马克思列宁主义为武器,透过这些复杂的现象,找出其政治本质来,从而对这些事件作出恰当的评价。

---

① 《通鉴》卷一九九,永徽六年条。

褚遂良是当时的顾命大臣,长孙无忌是高宗元舅,是世族贵族官僚集团的主要代表人物,因韦季方、李巢朋党案件而揭露长孙无忌等"谋反",据《通鉴》:"季方答云,韩瑗尝语无忌云,柳奭、褚遂良劝公立梁王为太子,今梁王既废,上亦疑公,故出高履行于外。自此无忌忧恐,渐为自安之计,后见长孙祥又出,韩瑗得罪,日夜与季方等谋反。"长孙无忌身为宰相三十年,和世族官僚褚遂良、韩瑗、柳奭、来济等相结合,在政府中的势力是相当大的,世族贵族官僚集团已成为当时政治斗争的主要对象,他们的被贬被杀,是无可避免的必然结果。

梁王李忠得立为皇太子,完全是出于世族贵族官僚集团的支持,《通鉴》载:"王皇后无子,柳奭为后谋,以忠母刘氏微贱,劝后立忠为太子,冀其亲己,外则讽长孙无忌等使请于上,上从之。"李忠既然走着和高宗武后相反的政治路线,他的被废是无法避免的。武则天亲子李弘为太子后,也仍然是"敬礼大臣鸿儒之士",走世族官僚集团的政治路线,所以"奏请数迕旨"。被废后李贤立为太子。史籍载李贤"颇好声色,与户奴赵道生等狎昵,……于东宫马坊搜得皂甲数百领,以为反具"。由此可见,几位皇太子的被废,完全是由于当时政治斗争的现实所决定,是打击世族官僚集团的必然结果。有人根据高宗对李贤"迟回欲宥之,天后曰,为人子怀逆谋,天地所不容,大义灭亲,何可赦也"的史料,说武则天残忍,而高宗又懦弱受制于武后。似乎高宗是不赞成废李贤的。其实他们夫妇之间在政治原则上是一致的,高宗的犹豫迟回只是处理上的分寸问题,而不是高宗的根本反对废皇太子。

显庆四年(659年)褚遂良、长孙无忌等被杀,于志宁等被贬后,世族贵族官僚集团的势力,已受到初步的打击,因而"政归中宫",接着在许敬宗、李义府等的推动下,继太宗之后,进一步修改《氏族志》,降低世族门阀的社会地位,《通鉴》载:

> 许敬宗等以其书(太宗时修改的《氏族志》——笔者)不叙武氏本望,奏请改之,乃命礼部郎中孔志约等比类升降,以后族为第一等,其余悉以仕唐官品高下为准,凡九等。①

---

① 《通鉴》卷二〇〇,显庆四年条。

按《旧唐书·许敬宗传》和《李义府传》，奏请修改《氏族志》都没有涉及因"不载武后本望事"，也没有"以后族为第一等"语。《新唐书·李义府传》中有"许敬宗以不载武后本望"语，但也无"以后族为第一等"语。不知《通鉴》所载是何依据。因为当时高宗健在，如何能"以后族为第一姓"呢？《通鉴》所载是靠不住的。

武则天成为高宗的得力助手，不是一朝一夕匆促出现的事实，是经过了高宗的较长时期的培养和实际考验后，在襄助高宗处理政事的过程中，由于"处事称旨"，才逐步委以政事的。《通鉴》载武则天正式公开参与"百司奏事"是从显庆五年（650年）开始的，并提出武则天自这年起，"权与人主侔矣"。注文中更明确地说："史言后移唐祚，至是而势成。"其实这是不符事实的臆测之辞。我们根据《通鉴》同卷龙朔元年（661年）的记载，高宗"欲亲征高丽，以象用武之势也"。四月，发三十五军兵马，进攻高丽，高宗"欲自将大军继之"。武则天反对高宗御驾亲征，夫妻间的政见不一，在内宫阻止不了，武则天只得公开上朝正式"抗表谏阻"。① 可见高宗的政治主张是坚定的，武则天在后宫不能轻易左右的。

一般人说高宗怕老婆，主要的根据是《通鉴》所载：

> （后）得志，专作威福，上欲有所为，动为后所制，上不胜其忿。有道士郭行真出入禁中，尝为厌胜之术，宦者王伏胜发之，上大怒，密召西台侍郎、同东西台三吕上官仪议之。仪因言皇后专恣，海内所不与，请废之，上意亦以为然，即命仪草诏。左右奔告于后，后遽诣上自诉，诏草犹在上所，上羞缩不忍，复待之如初，犹恐后怨怒，因绐之曰，我初无此心，皆上官仪教我。②

上官仪是支持太子李忠的世族官僚，"始忠为陈王时，仪为谘议"，是属于长孙无忌、褚遂良一党的。用"李氏天下""不可持国与人"的一套说法，怂恿高宗下诏废除"天后"。高宗和武则天在封建宗法思想上，存在着一定的矛盾也是可能的，但当时的主要矛盾是对付世族贵族官僚集团，高宗最后还是支持武则天，击败了上官仪的阴谋企图。同时，必须

---

① 《通鉴》卷二〇〇，龙朔元年条。
② 《通鉴》卷二〇一，麟德元年条。

指出,上官仪的下狱死,《新唐书·上官仪传》所载是"坐梁王忠事下狱死",因此上官仪的被杀,不是仅仅因"教"高宗废武则天的关系。

高宗在和世族官僚集团斗争的进程中,更加深了对武则天的赏识和"宠信",特别是身体不好,更感到武则天帮助的重要,所以,自麟德元年(665年)开始,"上(高宗)每视朝,天后垂帘于御座后,政无大小,皆与闻之,内外称为二圣"。① 武则天经过高宗十多年的培养和锻炼,已成为一位处理政事干练的政治家。另一方面高宗也认识到要能继续和反对派斗争,维护皇权,维护集权统一,担当起这一斗争的领导任务,除他自己外,只有武则天。因此到上元二年(675年)时,高宗"苦风眩甚,议使天后摄知国政"。② 关于这一问题,《旧唐书·郝处俊传》更明确指出:"高宗以风疹,欲逊位,令天后摄知国事。"但高宗传位给武则天的建议,首先遭受到宰相郝处俊等人的反对,郝处俊说:

> 昔魏文帝著令,身崩后尚不许皇后临朝,今陛下奈何遂欲躬自传位于天后。况天下者,高祖、太宗二圣之天下,非陛下之天下也。陛下正合谨守宗庙,传之子孙,诚不可持国与人,有私于后族。③

高宗传位既受阻于宰相,便召著作郎元万顷、左史刘祎之等所谓"文学之士",设立"北门学士"分宰相之权,以进一步加强皇帝权力。《旧唐书·刘祎之传》载:

> 上元中,与元万顷等偕召入禁中,论次新书凡千余篇。高宗又密与参决时政,以分宰相权,时谓"北门学士"。

"北门学士"的制度是高宗亲自主持和设立的,是无可疑议的事实,可是《通鉴》却不提高宗,只提武则天,所谓"天后多引文学之士,著作郎元万顷、左史刘祎之等,使之撰《列女传》、《臣轨》、《百僚新戒》、《乐书》,凡千余卷。朝廷奏议及百司表疏,时密令参决,以分宰相之权,时人谓之北门学士"。④

武则天进一步发展科举制度,重视文学之士,也是深受太宗高宗影

---

① 《旧唐书·高宗本纪》。
② 《通鉴》卷二〇二,上元二年条。
③ 《旧唐书·郝处俊传》。
④ 《通鉴》卷二〇二,上元二年条。

响的。我们知道,科举制虽创始于隋代,却"盛于贞观永徽之际",①尤其是高宗时,每年考选入流的人数多至千名以上,武后的破格用人,不过是在高宗的基础上进一步发展而已。其次,《通鉴》载:"太后自称制以来,多以武氏诸王及驸马都尉为成均祭酒,博士、助教亦多非儒士",②似乎轻儒术,是从武则天开始的。其实高宗很早就已经是"薄于儒术,尤重文史"的,③对"在官者以善政粗闻,论事者以一言可采,莫不光被纶音,超升不次,而儒生未闻恩及"。④从这些地方可看出高宗打击世族,压抑所谓儒士的系统思想。

后来,高宗病重,领导政务活动的记载比较少,武则天的活动接上来了,但是,从这些较少的记载中,仍然可以看出高宗并没有忘记国家大事,带病和武则天一同坐朝,处理政务,许多问题都由他亲自作出决定。关于这一方面,《通鉴》按年月的史实记载,为我们提供了很多证据。如麟德元年(664年),《通鉴》载"天下大权,悉归中宫,黜陟杀生,决于其口,天子拱手而已"。可是总章元年(668年)对高丽的战争,高宗对前线作战的情况了解得很细致,以便于指挥,《通鉴》载:"侍御史洛阳贾言忠奉使自辽东还,上(高宗)问以军事。……上又问辽东诸将孰贤,对曰,薛仁贵勇冠三军,庞同善虽不善斗,而持军严整……上深然其言。"⑤上元二年(675年)"上苦风眩甚",但对边事非常关心。如任李敬玄为洮河道大总管违命时,"上(高宗)曰,仁轨须朕,朕亦自往,卿安得辞"。其他重要官吏也很多是出于高宗亲自任命。武则天在长时期中始终处于内辅的地位。而高宗和武则天相处三十多年的关系来看,从废王皇后争立武则天为皇后起,一直到临死前都是深信不疑,如弘道元年(683年)高宗病重,知道离死期已不远,对太子李哲(中宗)还是很不放心,明确地遗诏说:"军国大事有不决者,取天后处分。"⑥从武则天参预政事,到想传位给武则天,以及临死前下诏授权给天后等一系列的重大政治行动,在史实的记载上,新、旧《唐书》和《通鉴》的编撰者,乃至于

---

① 《国史补》。
② 《通鉴》卷二〇六,圣历二年条。
③ 《旧唐书·儒学传序》。
④ 《旧唐书·刘祥道传》。
⑤ 《通鉴》卷二〇一,总章元年条。
⑥ 《旧唐书·高宗本纪》。

极端仇视武则天的《唐鉴》作者,都没有具体指出高宗这些行动,是受制于武则天,或出于武则天要胁的结果,这是因为高宗对武则天政治上的信任是坚定的一贯的,是无法否定的事实。同时,另一方面,武则天内辅国政,不是三五年的短时间,而是长达三十年之久,如果不是有共同的政治见解,遵循着相同的政治原则,仅仅凭借着武则天的什么美貌、"宠爱"、"弄权"、玩手段、制压,等等,是不可思议的事。因此,理解高宗和武则天之间的关系,离开了当时的政治形势,离开了政治原则,是得不到正确答案的。

但是,封建正统主义思想的旧史书编撰者,恶意地把武则天描写成一位"人非温顺"、"专作威福"、压制高宗,图谋篡夺政权的所谓"贼后"。高宗也被写成是一位受制压的"拱手而已"的所谓"昏愦之主"。这是旧史家们所惯用的史法,我们必须加以揭露和批判。

我们从高宗的争立父亲"才人"武则天为皇后,贬杀元舅和顾命大臣,患病时又想直接传位给武则天,这一连串事实,不仅违背了当时的封建传统精神,而且在作法上简直是猛烈地向封建正统道德观念宣战,但在政治上则坚持贯彻改良措施,坚持唐太宗打击世族官僚集团的政策,以加强皇权维护统一。从这些事实看来,高宗皇帝不仅不是什么"昏愦之主",而恰巧相反,是一位具有坚毅斗争精神的政治家,这些事情不是什么庸懦和糊涂皇帝所能够做得出来的。

三

唐初,承隋末农民战争之后,阶级矛盾和民族矛盾尚处于相对缓和的阶段,皇权与新兴地主对旧世族间的矛盾斗争,随着社会经济的恢复和政权的日益巩固,而成为社会的主要矛盾。高宗当政的三十年间,坚持唐太宗的反世族斗争的政治道路,继续完成太宗时所提出的政治任务,加强了皇权,维护了国内的和平统一,稳固和发展了"贞观之治",这对唐代社会经济的发展是起有积极的作用。旧史家不理解当时政治斗争的实质,把高宗宠信武则天,打击世族,简单地归结为高宗的"溺爱衽席"和"昏庸"、"懦弱",在封建正统主义者看来,高宗一生所走的政治道路是荒唐糊涂的。我们评价历史人物,是"以他对历史发展所起的作用为标准",高宗争立武则天为皇后,废皇太子,杀褚遂良、长孙无忌等,一直到要传位给武则天,不仅不是高宗的昏庸糊涂,而恰恰相反,正是高宗英明果断的所在,这个案我们今天应该彻底翻。

端正高宗的评价,并不是要抹杀武则天在高宗时所起的政治作用,相反的是要说明高宗、武后两人政治原则的相一致,由于这一点,武则天才获得了高宗的宠信,才能内辅国政三十年,尤其是高宗五十岁前后病重,对武后的依靠是可以想象的事实。这些依靠由于根本的政治原则相同,就谈不上什么武则天制压高宗的问题。我们认为,与其说武后制压高宗,倒不如确切地说武则天能代表高宗。因此,旧史家将旧社会怕老婆的一套看法,应用到政治原则上,强加在高宗的头上,是庸俗的观点,我们必须给予分析和批判。

高宗是应该肯定的正面人物,是唐代社会帝王中的一位政治家。

(吴泽、束世澂等著:《历史人物论集》,华东师范大学出版社 1959 年版)

关于唐玄宗李隆基的几个问题

唐玄宗开元、天宝年间,是唐代继太宗和高宗、武则天以来,所出现的第三个治世的高峰。它既是唐王朝的最鼎盛时期,又是唐王朝盛衰治乱的转折时期。处在这一时期的一代雄主李隆基,历来史家们多所论述,誉毁不一。

本文想就唐玄宗的继位、开元初的改革、开元中的括田和募兵、马嵬驿之变和太子李亨等四个问题,作一初步的探讨。

一、唐玄宗的继承帝位问题

李隆基之所以能登上皇帝宝座,实际上是李唐皇室和上层统治集团内部矛盾斗争的产物。李隆基是睿宗的第三子,而睿宗又是中宗的胞弟,按照封建正统的正常秩序,都不能继位做皇帝,为什么父子两人会成为最高的统治者呢?这是和当时的政治斗争分不开的。神龙元年(705年)正月,张柬之等发动政变,迫使武则天退位,拥中宗复辟继帝位;其后中宗被韦后毒死,群臣拥睿宗继帝位;到延和元年(712年)七月,睿宗又诏立李隆基为皇帝。其间七年半,唐政局纷乱,政变迭起,皇帝换了三个,像走马灯一样。之后,又发生太平公主与李隆基姑侄之间的矛盾斗争,由于李隆基获胜,政局稳定,睿宗方正式退位。事实表明,这一时期上层统治集团内部政治斗争异常尖锐,各种政治力量都在集中全力争夺皇位,李隆基就是在这种刀光剑影的环境中,踏上政治舞台的,他的继承皇位不是一般的父让子承,而是经过复杂斗争的结果。

李隆基生于武则天垂拱元年(685年),七岁便出阁开府置官,八岁封为临淄郡王,颇得祖母武则天的宠爱。神龙元年(705年)武则天退位,中宗复唐,李隆基刚好二十岁,已进入成年时期,他与其父均参预了这次政变,事成后,其父李旦被加封安国相王辅政。

政权由武氏手中转入李氏手中,客观上是顺乎当时朝廷内外人心所向的。在武则天执政时期,为了巩固自己的女皇地位,对李唐宗室及反对她的官僚势力,进行了残酷的打击。由她培植和重用的武氏集团及一大批酷吏,依仗权势,横行不法。晚年,她又大兴佛寺,任意挥霍浪费,种种弊政,越来越不得人心,从而使统治集团内部正统与非正统观念的斗争,重又激化起来。所以中宗复唐,不仅是李唐宗室的胜利,而且也是封建正统势力的胜利,它取得了大部分封建官僚的拥护。但武则天当皇帝十五年,临朝执政几近半个世纪,她统治的时间是较长的,在各方面均有巨大影响,一旦退位,政治天平上失去了一个大砝码,政局不可避免地动荡起来。首先是以武三思为代表的武氏集团,不甘心退出历史舞台,与李唐宗室势力继续角逐。其次是中宗的皇后韦氏和女儿安乐公主,以及武则天的女儿太平公主,都想步武则天后尘,野心勃勃,觊觎着皇位。总之,围绕皇位问题,封建上层统治集团内部各种政治力量,展开了新的斗争。在这些错综复杂的矛盾冲突中,初期李隆基处于边缘,他在一旁静观,积蓄力量,以便伺机而动。

张柬之等与"五王"拥中宗复位时,只杀了武则天的幸臣张易之兄弟,并未伤害武则天本人,也未杀武则天的戚族武三思等人,对武氏集团的势力大都未触动。中宗是武则天的亲生儿子,他只要求武则天交还皇权,并不以武则天为政敌,也不以武氏戚族及其政治势力为蠹害。相反,对武则天始终十分尊崇(这种倾向,在以后的睿宗、玄宗身上也表现得十分明显)。由于中宗政治上的麻木,武三思遂恣意利用韦后的特权,扩张自己的政治势力,并和韦后势力勾结起来,取得中宗的庇护。不久,"五王"便遭武三思构谗,被贬黜,有的还招致杀身之祸。此后,武三思进一步勾结韦后、安乐公主谋废太子重俊。太子重俊遂起兵诛杀武三思父子,继欲杀韦后、安乐公主,事未成,而重俊被中宗所杀。据说相王李旦与太平公主也"与太子连谋举兵"。[①] 可见武三思和韦后政治

---

① 《旧唐书》卷九二《萧至忠传》。

势力的膨胀,相王、太平公主是力加反对的。李隆基具体情况如何,不了解,但从以后的事实来看,他也是反对韦后、安乐公主集团的。

景龙四年(710年)六月,韦后、安乐公主与武三思集团勾结,毒死中宗,韦后欲效法武则天临朝称制,安乐公主欲立己为皇太女。唐朝的统治政权似乎又要回复到武则天那样的时代去,上层统治集团内出现新的政治危机,李唐宗室和封建正统维护者又面临新的挑战。就在这时,李隆基正确地分析了形势和力量的对比,纠集亲党刘幽求、钟绍京等人,率万骑入北门平乱,诛杀韦后、安乐公主、纪处纳、宗楚客等人。太平公主也参预了李隆基这次政变密谋。于是睿宗即皇帝位。史称睿宗本人未曾预其谋,李隆基在发动政变前未向其禀报,其原因是隆基考虑到相王身居朝廷,行动易引人注目,密谋容易泄露。并且估计到自己的力量能够解决问题,不必再惊动其父。这表明,李隆基在政治上已成熟,在围绕皇权的一系列政治斗争中,已积聚了相当大的力量,遂毅然投入了矛盾斗争的旋涡中心。

景云二年(711年),睿宗即位的第二年,李隆基便以皇太子身份监国。延和元年(712年)七月,睿宗立太子为皇帝,而自己退居为太上皇。睿宗为什么只做了不到三年的皇帝,便急急乎要让位呢?当时睿宗只有五十来岁,未入垂暮之年,如以其老弱而退位,理殊难通。究其原因,应该说是李隆基为首的咄咄逼人的势力,迫其不得不这样做的。睿宗在即位之初,事先并无组织上的准备,而李隆基的势力日益强大,又控制了禁军,诛韦后集团有功,朝野颇为属望。两相对比,强弱悬殊。这样,李隆基在复杂的政治形势中,将帝位攫取到自己手中,也就是很自然的事了。种种迹象也表明了这一点。据史载,景云二年(711年)二月,睿宗谓侍臣曰:"有术者上言,五日内有急兵入宫,卿等为朕备之。"太子侍读张说进曰:"此是谗人设计,拟摇动东宫耳。陛下若使太子监国,则君臣分定,自然窥觎路绝,灾难不生。"于是睿宗下制皇太子监国。[①] 又延和元年(712年)六月,有凶党因术人闻睿宗曰:"据玄象,帝座及前星有灾,皇太子合作天子,不合更居东宫矣。"于是睿宗又制皇

[①] 《旧唐书》卷九七《张说传》。

太子即帝位。① 这两条记载所称之"谗人"、"凶党",究谓何人,事难得知。但无风不起浪,术者所传,事出有因。尤其是两次术者上言,睿宗闻即下制,诏皇太子监国和即帝位,并称"传德避灾"。此"避灾"二字,可谓道破睿宗心里的隐衷。事实上,李隆基早已控制了朝廷军国大权,睿宗不过是一个有名无实的皇帝。

当然,李隆基之迫睿宗退位,还有一个重要原因,这就是太平公主势力的膨胀构成了对他的威胁。太平公主曾深受武则天的宠爱和熏陶,富有智略和权术,怀有很大的政治野心,一直在培植私党势力,妄图效尤武则天,重温女皇的美梦。韦后篡权时,她作为李唐宗室的成员,与李隆基联合反对韦氏势力。但李隆基掌握政治权力后,太平公主与他的争权斗争就突出起来。论实力,太平公主并不亚于李隆基,睿宗居位时,宰相之权几乎尽被她的私党萧至忠、窦怀贞、岑羲等人所把持,禁军将领中她的党徒也不少。自然,睿宗恣意太平公主,可能也有借其抑制李隆基势力的意图。而太平公主支持睿宗排斥太子李隆基势力,其最终目的是在为自己称帝扫平道路。显然,这是对李隆基的一个严重威胁。但这是一股企图拉历史倒退的腐朽势力,因而,在朝廷中受到正直官僚的抵制和反对。李隆基以太子监国后,一次太平公主"于光范门内乘辇伺执政以讽之",当众诋毁太子,宋璟即辩护说:"东宫有大功于天下,真宗庙社稷之主,安得有异议!"② 姚崇、宋璟还共同奏请太平公主移住东都洛阳,以除东宫之隐患。但由于睿宗支持太平公主,李隆基看看时机还不成熟,便以姚、宋"离间兄弟",请加罪,结果两人被贬斥。③ 姚、宋两人是朝臣中支持太子势力的主要官僚,李隆基主动要求贬斥他们,在当时有两个原因:一是太平公主在睿宗支持下势力相当强大,李隆基的准备工作还未完成,必须暂时退却一下,以掩盖自己的真实意图;二是姚、宋两人既已亮了相,怕睿宗、太平公主加害他们,将其贬出京师,反可得以保全。后来玄宗正式即位,即将两人召回委以宰相重任,便说明了这一事实。

---

① 《旧唐书》卷八《玄宗纪上》。
② 《旧唐书》卷九六《宋璟传》。
③ 《旧唐书》卷九六《姚崇传》。

又据《旧唐书·刘幽求传》载,刘幽求早在先天元年(712年)曾令右羽林将军张暐密奏李隆基,请以羽林军诛太平公主及其党羽,李隆基"深以为然"。过后,"暐又泄其谋于侍御史邓光宾,李隆基大惧,遽列上其状,睿宗下幽求等诏狱"。这里,李隆基上告刘幽求,并不是为了出卖他,而与姚、宋之事同出一辙,是为了迷惑对手,掩盖自己的密谋行动,并达到保全党羽的目的。

最后,至先天二年(713年)七月,李隆基一切准备就绪,时机成熟了,遂先发制人,以太平公主谋反,将其党徒一网打尽。睿宗至此势孤力单,无可奈何只得下诏:"朕将高居无为",退避三舍了。而李隆基则最终达到了夺取皇位的目的。

从对李隆基继位过程的分析,我们可以看到如下事实:

从神龙元年(705年)武则天的退位,到先天二年(713年)李隆基的继位,其间所发生的一系列政变,核心是复唐与反复唐、正统与反正统、进步势力与腐朽势力之间的斗争。从表面看,是李唐宗室、外戚集团之间围绕皇权的争夺,但实质上,斗争的胜负谁属,取决于地主阶级进步势力与腐朽势力的消长,取决于官僚集团中维护李唐正统的势力及其对立面的消长。封建正统观念,从根本上说是应当否定的,但在不同的历史时期还须作具体的分析。在唐代神龙至先天年间,它是作为一种维护正常的封建秩序而表现出来的,它意味着重建封建中央集权的政权,杜绝一切野心家的觊觎之路,使政权重趋稳定,因而代表着进步势力,符合人心所向。韦后集团和太平公主势力都十分腐朽,其失败是十分自然的结果。中宗、睿宗虽曾一度当了皇帝,但由于他们分别重用韦、武或太平公主集团的人物,因而背离了民心,好景不长。只有李隆基在当时的历史条件下,同腐朽势力韦、武和太平公主集团作坚决的斗争,因而深孚众望,得到广泛的支持,成为斗争的胜利者。

二、开元前期的改革

由于长期的政治动荡,武则天后期以来的弊政,不但没有革除,反而在中宗统治以来不断加剧,以致开元之初积重难返,百废待兴。为此,李隆基继位后即大刀阔斧地进行改革,而重建李唐中央集权政权的胜利,为这一改革准备了有利条件。开元改革,概括起来围绕着三个方面:一是巩固中央集权的皇权,二是刷新吏治,三是禁抑奢靡。

1. 巩固中央集权的皇权

神龙以来的频繁政变,至唐玄宗杀太平公主之后,基本告一段落,但是威胁中央集权的因素仍然存在,首先来自玄宗的兄弟诸王和李唐宗室。

宋王成器是睿宗的嫡长子,申王成义是玄宗的次兄,邠王守礼是高宗的长孙。他们在皇宫中的特有名分,很容易被人利用来作为谋取皇位的旗号;还有岐王隆范、薛王隆业,都是睿宗的皇子,曾分掌左右羽林军。为防患于未然,唐玄宗在以太子监国的时候,即将他们调离禁军,改任为太常卿和秘书监。岐王隆范、薛王隆业都有参预讨平太平公主之功,声望隆重。上述诸王在主观上可能还未产生觊觎皇位的野心,但是客观上毕竟是潜伏的危险因素。于是在开元二年(714年)六月,玄宗下令出宋王成器为岐州刺史、申王成义为幽州刺史、邠王守礼为虢州刺史。至七月,出岐王隆范为华州刺史、薛王隆业为同州刺史。五王均出任外州刺史,不得留住京师,这就可以防止他们在中央搞政变夺权。并且规定出任外州刺史的诸王皆"委务于上佐",①不准管理政事,让他们有职无权,从而防止他们利用地方实力反对朝廷。

与此同时,一些功臣由于涉嫌与诸王交通,亦遭贬黜。《资治通鉴》开元元年十二月条载:"姚崇既为相,紫微令张说惧,乃潜诣岐王申款。他日,崇对于便殿,行微蹇。上问:'有足疾乎?'对曰:'岐王陛下爱弟,张说为辅臣,而密乘车入王家,恐为所误,故忧之。'癸丑,说左迁相州刺史。右仆射、同中书门下三品刘幽求亦罢为太子少保。"刘幽求与张说同罢,可能也是涉及交通诸王。事隔两月,即第二年二月,刘幽求又贬为睦州刺史,太子詹事钟绍京贬为果州刺史,紫微侍郎王琚行边军未还,亦坐幽求党贬泽州刺史。②张、刘、钟、王四人,在诛杀韦后、太平公主事件中均有殊功,尤其是张、刘两人,一是玄宗为东宫太子时的侍读,

---

① 《资治通鉴》卷二一一,开元二年二月条。
② 《资治通鉴》卷二一一,开元二年二月条。

一是玄宗进行政变时的主要谋划者,关系非同一般。但由于涉嫌与诸王交通,便成为危害玄宗皇位的危险因素。这样,唐玄宗就不能不忍痛将他们贬出京师。

又《旧唐书·王琚传》载:"或有上说于玄宗曰:'彼王琚、麻嗣宗谲诡纵横之士,可与履危,不可得志。天下已定,宜益求纯朴经术之士。'"据此,则贬黜他们又与其"谲诡"莫测有关。这都是在开元初年,皇权亟待稳固的时候,非如此做不可。到了开元八、九年,皇权已臻稳固,外刺的诸王相继被召回京师,被贬的大臣如张说等人,也部分地复蒙重用。可见,玄宗并不绝对地将这些人看成"可与履危,不可得志"之辈的。

其次,玄宗对诸王、公主及贵戚的特权,也有所抑制。唐初食实封者不过二三十家,封户多的仅千余户。中宗时,食实封者增至一百四十家以上,封户多的达万户,尤其是诸王、公主的封户倍增。这样,不但使国家的租调大量落入贵族之家,而且食封贵族经济特权的膨胀也将有害于中央集权的巩固。唐玄宗即位后,下令规定:封家的租调一律由政府统一征收,然后由朝廷在京师统一发放,不许王侯贵族直接向封户催索。以后又进一步规定,限止诸王、公主的封户;子孙承袭实封的,更数减十分之二。

此外,一些贵戚权要,横行不法,也受到严厉打击。如三辅地区,"诸王公权要之家,皆缘(郑白)渠立碨,以害水田"。玄宗令京兆尹统统拆除,使"百姓大获其利"。① 又如薛王隆业之舅王仙童"侵暴百姓",御史弹奏,薛王为之说情,玄宗未予理睬,"由是贵戚束手"。还有,皇后妹夫尚衣奉御长孙昕因细故与御史大夫李杰不协,遂勾结其妹夫杨仙玉,在光天化日之下,"于里巷伺杰殴之"。玄宗闻之大怒,"命于朝堂杖杀,以谢百僚"。②

这些措施,打击了不法贵族的气焰,削弱了他们在政治、经济方面的特权,加强了朝廷对他们的控制,从而进一步消除了危害中央集权的不利因素。

2. 刷新吏治

中宗、睿宗二朝,宰相权柄多由武三思、韦后或太平公主集团的官

---

① 《旧唐书》卷九八《李元纮传》。
② 《资治通鉴》卷二一一,开元二年正月及开元四年正月条。

僚把持,吏治败坏。中宗时,又大肆卖官,以置员外、同正、试、摄、检、校、判、知等名目增加数千人,国家开支大大增加。玄宗即位后,即除弊革新,整饬吏治。

首先,他任用一批正直干练的人担任宰相等要职,下令"求直谏,废不急之务"。宋璟所进之言,玄宗"书之座右,出入观省,以诫终身"。[①] 史称:"姚、宋入用,刑政多端。为政匪易,防刑益难。谏诤以猛,施张用宽。不有其道,将何以安?"[②] 姚、宋是武则天后期所培养起用的比较正派的官僚,历经神龙以来的变乱,对武则天后期以来的弊政,有着痛切的感受,故怀有强烈的除弊革新、励精图治的愿望。姚、宋的入相,对革故鼎新、拨乱反正,开创开元之治的新局面,起了重大的作用。

其次,玄宗即位后,开始裁减冗官,"大革奸滥,十去其九",[③] 并停废闲散诸司、监、署十余所,精简了庞杂的官僚机构,提高了行政效率。

第三,唐玄宗比较严格地控制官吏的铨选,强调"量材授官"。官吏的升降必须履行考查,由专门机构按制度执行。开元四年(716年),玄宗鉴于县令流于冗滥,便对吏部录选的县令加以考试,结果有四十五人因不合格而被汰淘,"放归学问"。

这样,唐玄宗对中央及地方官吏,从组织上进行了有效的整顿,恢复了正常的选官、考官制度,从而保证了朝廷政令的贯彻执行。这是开元之治得以出现的重要条件。

3. 禁抑奢靡

魏晋以降,统治阶级奢靡成风,直至隋唐,有增无已。唐初太宗时略有节制,以后随着经济的复苏和发展,特别是到武则天后期又加剧起来。中宗、睿宗二朝朝政纷乱,奢靡情况就更严重。它集中表现在两个方面:一是大肆兴佛,建造寺院;一是享乐纵欲,奢侈无度。结果是增大了财政开支,加重了百姓负担,造成封建经济的危机。

武则天晚年崇佛抑道,耗用大量资财修建佛寺,许多人出家为僧尼,中宗时期,佛教势力继续膨胀,"贵戚争营佛寺,奏度人为僧,兼以伪妄,富户强丁多削发以避徭役,所在充满"。全国僧尼人数膨胀到数十

---

① 《旧唐书》卷九六《宋璟传》。
② 同上书,史臣赞。
③ 《通典》卷十九《职官一》。

万。开元二年(714年)正月,姚崇奏请"沙汰天下僧尼",结果有一万二千余人还俗。① 同年,玄宗敕:"所在毋得创建佛寺;旧寺颓坏应葺者,诣有司陈牒检视,然后听之。"②旋又下令"禁百官家毋得与僧、尼、道士往还","禁人间铸佛、写经"。③ 唐玄宗的禁佛,一方面抑制了僧侣势力的发展,但更为重要的是抑制了统治阶级中奢靡之风的发展。

在生活方面,中宗、睿宗二朝,无论是皇帝、后宫,还是贵戚大臣,无不穷奢极欲,可谓荡然无复纲纪。

开元二年(714年)三月,玄宗下令"毁天枢,发匠熔其铁(铸)钱,历月不尽"。又韦后曾于天街(京城朱雀街)作石台,高数丈,以颂功德,"至是并毁之"。④ 同年七月,玄宗"以风俗奢靡",乃下制:"乘舆服御、金银器玩,宜令有司销毁,以供军国之用;其珠玉、锦绣,焚于殿前;后妃以下,皆毋得服珠玉锦绣。"隔了三天,又敕"百官所服带及酒器、马衔、镫,三品以上,听饰以玉,四品以金,五品以银,自余皆禁之;妇人服饰从其夫、子。其旧成锦绣,听染为皁。自今天下更毋得采珠玉、织锦绣等物,违者杖一百,工人减一等"。并罢两京织锦坊。⑤

以上禁令,实际执行如何,难得而知。但玄宗即位之初,励精图治,生活上颇能克制,较为俭朴,因而对抑制奢靡之风的发展,起了一定作用是无疑的。

此外,唐玄宗一度还重视农业生产。他在河东、关内、河南、河西、陇右、河北、剑南诸道,大兴屯田,共有军屯九百九十二屯,垦田五百万亩左右。开元初,山东、河南、河北等地蝗灾十分严重,当时有些官吏、百姓为迷信所困,认为蝗从天降,杀蝗虫有祸,"民或于田旁焚香膜拜设祭而不敢杀"。⑥ 玄宗采纳姚崇的建议,毅然遣使分督各州县大力捕杀蝗虫,由是虽然"连岁蝗灾,不至大饥"。⑦

唐玄宗开元前期的改革,严格说,本身并没有什么根本性质的制度

---

① 《资治通鉴》卷二一一,开元二年正月条。《旧唐书·玄宗纪》作二万余人。
② 《资治通鉴》卷二一一,开元二年二月条。
③ 《资治通鉴》卷二一一,开元二年七月条。
④ 《资治通鉴》卷二一一,开元二年三月条。
⑤ 《资治通鉴》卷二一一,开元二年七月条。
⑥ 《资治通鉴》卷二一一,开元三年五月条。
⑦ 《资治通鉴》卷二一一,开元四年五月条。

变更,不可与历史上著名的改革同日而语。但这场改革,与他在神龙以来重建李唐政权的斗争,是有连贯性的。后者是前者的前提;前者是后者的必然结果。唐初近百年来在经济、文化等方面形成勃兴的势头,在神龙前后动荡的局面下,被阻扼了,历史面临着倒退的危险。唐玄宗击败腐朽势力,重建李家王朝的成功之举,以及随之而实行的开元改革,使动荡不安的社会,重新恢复了平静。而政治上的安定局面,保证了经济、文化勃兴的势头,使其得以充分发展。显然,开元初期的改革,顺应了历史潮流,反映了社会进步力量的愿望。正是在这个意义上,我们认为应该对开元初期的改革,予以充分的评价。

三、开元中的括田及募兵

开元九年(721年),玄宗起用一度被贬黜的张说为宰相。张说是当时著名的文坛领袖,起用张说,表明唐玄宗决心大兴文治的意愿。这是社会走向安定的必然结果,是开元之世转入中期的标志。在此期间,发生了两项制度方面的重要变更。

一是开元九年(721年),宇文融奏请搜括逃户。

开元初期,"天下户口逃亡,免役多伪滥,朝廷深以为患"。宇文融便奏请置劝农判官十人,并摄御史,分往天下,检括逃户和隐漏田亩。于诸道"括得客户凡八十余万,田亦称是"。对新附客户的处置办法是,"免其六年赋调,但轻税入官(每丁税钱一千五百)"。[①] 为此,宇文融深得唐玄宗的宠信。

高宗、武则天统治时期以来,户口逃亡日趋严重,这是唐代均田制逐渐破坏的结果。唐初人口少,荒田多,商品经济尚未十分发达,均田制在一定程度上得到了实施,但只限于宽乡,授田较足,而狭乡授田一般是不足的。到高宗、武则天时,人口渐有增长,尤其是玄宗时的人口,比太宗贞观年间几乎增长了二倍。这样,所能控制授予的土地越来越少,授田不足的均田农民,只有逃亡宽乡,另垦生荒,以谋生存。这是造成大量逃户的主要原因之一。其二,唐初以至开元,周边战事频繁,政

---

① 《旧唐书》卷一〇五《宇文融传》。

府开支逐年增大,地方官吏催逼租赋,百姓不堪负担。这在唐代杜甫等著名诗人的史诗中,有着充分的反映。其三,随着唐代经济的迅速发展,商品经济日趋活跃,在商品经济的刺激下,土地兼并日益加剧,均田农民大量破产,失去土地的均田农民,成为逃户的主要来源。其四,唐代租佃关系由于生产力的增长也随之发展,唐代租佃关系的普遍存在,已为大量吐鲁番文书及其他有关史料所证实。在租佃关系中,农民尽管仍受地主的剥削和束缚,但相对地讲,可以摆脱封建国家徭役的骚扰,在国家徭赋过分苛重的情况下,农民大量流向地主庄田,成为地主直接剥削的对象。

开元、天宝年间是唐代户口最盛的时期。以天宝元年(742年)与汉元始二年(公元2年)的人口数相比,唐大部分地区人口增长明显,但在黄河下游和淮南一带,唐人口数约少一千五百万人左右,约当西汉的55%。但就农业生产的情况看,这些地区仍是当时全国生产最先进的地区,也就是说唐代的垦田数实际不会少于西汉,户口数少是由于隐漏的缘故。① 逃户数量既然如此之多,均田制瓦解的程度就可以想见了。而均田制的瓦解,意味着国家租庸调收入的日渐减少,封建中央集权的实力受到削弱。因此,唐玄宗不能不考虑对均田制进行整顿,力图阻遏均田制的瓦解。不过唐玄宗采取的办法,只能是治表不治里,只是用绳索捆住农民这一头,而对大量兼并土地的地主,根本不予或很少触动。《唐律》规定占田过限要受制裁,可是开元时地主占田过限司空见惯,并不如何追究。如宇文融曾密奏吏部侍郎卢从愿"广占良田,至有百余顷"。玄宗只是责卢从愿"不廉"而已,并未加以处罚,事情不了了之。②

二是开元十年(722年),张说奏募兵取代府兵宿卫或戍边。

府兵制是以均田制为基础的军事制度。从高宗、武则天时期起,随着均田制的逐步破坏,府兵制也随之遭受破坏。唐高祖武德年间,府兵仅籍六等以上户充任。因为府兵番上宿卫或从军出征,都须自备器械、粮食,非具有相当家底的富裕户是无法负担的。可是到了高宗龙朔三年(663年)七月,有制曰:"卫士八等已下每年放还,令出军,仍免庸

---

① 参见《汪籛隋唐史论稿》。
② 《旧唐书》卷一〇〇《卢从愿传》。

调。"①则六等以下的贫弱户也被点充府兵了。这说明,由于唐初以来边境长期战争的需要,府兵数量不断扩大,乃至不得不征及六等以下户。另一方面,由于均田制的被破坏,富裕农民经济地位下降,兵源也就越来越困难。这两者之间的矛盾,至开元年间,发展得更为尖锐突出了。

其一,由于西部吐蕃势力强大,东北隅塞外的奚、契丹也渐趋强盛,为防其不时骚扰,边镇常驻重兵,其人数有六十余万。而唐时全国设六百余府,府兵总数不过六十万人左右,故无兵员可以更番,大批从征的府兵长期戍边,以至老死不得还乡。

其二,大量贫弱户充任府兵,负担不起,便纷纷逃亡,又无员可以补充,以致京师宿卫的卫士也常感不足。

其三,国内长期的安宁,生产的相对发展,百姓安土重迁,不愿当兵,而希望有更多的时间从事农业生产。原先,府兵的地位高,积极性也高;至唐中叶,府兵的地位日下,声誉日降,甚至京城市民耻与府兵同列。服役中的府兵,大多弱不能战,更不能适应抵御强敌的需要。

其四,贵戚、官僚和镇将任意役使府兵以营私。其时的情况是,从团队之长、偏裨、大将、行边大臣,乃至纨绔子弟、元戎之仆妾、幕府之墨客、过从之将士,以及弹筝击筑、六博投琼、调鹰饲犬之徒,"皆得而役之"。② 府兵已完全失去其原来的意义,成了供人任意役使的奴仆。

张说久在边镇任官,深知府兵败坏的实际情况。开元十年(722年),他奏罢边兵二十余万使还农。开始玄宗有些犹豫,张说奏曰:"臣久在疆场,具悉边事,军将但欲自卫及杂使营私。若御敌制胜,不在多拥闲冗,以妨农务。陛下若以为疑,臣请以阖门百口为保。以陛下之明,四夷畏伏,必不虑减兵而招寇也。"③玄宗遂同意减少府兵。后来张说又以"诸卫府兵,自成丁从军,六十而免,其家又不免杂徭,浸以贫弱,逃亡略尽,百姓苦之",建议"召募壮士充宿卫,不问色役,优为之制"。"旬日,得精兵十三万,分隶诸卫,更番上下"。后来更名为"矿骑"。④

---

① 《通典》卷六《食货典》赋税下。
② 王夫之:《读通鉴论》卷二二《唐玄宗》。
③ 《旧唐书》卷九七《张说传》。
④ 《资治通鉴》卷二一二,开元十年八月条;《旧唐书》卷九七《张说传》。

而边镇亦允许以募兵取代府兵,名为"长征健儿"。

募兵的实行,标志着府兵制度的彻底瓦解。旧史俱言,"唐养兵之弊始于张说",①并认为募兵是藩镇坐大的肇端。其实,那只是募兵在后来特定历史条件下演变的一种结果,而藩镇的坐大也并非募兵的必然趋势。平心而论,开元中府兵既已败坏,而宿卫京师和镇守边关又不可或省,在这种情况下,募兵之取代府兵,是自然的趋势。所以王夫之说:"穷之必变,尚可须臾待哉?而论者犹责玄宗、张说之改制异于古法,从事于君子之道以垂法定制而保国安民者,不宜如此之卤莽也。"②

括逃户和募兵,都是经唐玄宗同意而施行的,在他身上两者是统一的。有趣的是,主持这两事的宇文融和张说之间的矛盾却很深。张说竭力反对宇文融括逃户,所谓嫌其"扰人不便",宇文融每有奏请,必抑之。③这反映两人在对现实问题的认识上,存在着很大的差异。本来,两人的改革,都与均田制的瓦解有关。不过宇文融似乎是主张扭转现实,力图维护均田制的继续贯彻,其出发点是改善国家财政收入。而张说看到均田制的破坏无法维持,故主张承认现实,顺其自然,其出发点是维护国家的现状,保持政局的稳定。但是玄宗更看重前者,其原因在于国家财政收入的迫切性。据裴耀卿的一次奏对说:"往者贞观、永徽之际,禄廪数少,每年转运不过一二十万石,所用便足……今国用渐广,漕运数倍于前,支犹不给。"④可见开元年间的开支比贞观、永徽增长了数倍,故玄宗之特别重视括逃户以维护均田制,也就可以理解了。继宇文融之后,凡对改善财政收入有所作为的,或安集逃户、或改革漕运、或使府库充溢之类的人,都受到玄宗的青睐。于是,张说尽管身为玄宗的亲信大臣,但由于压抑宇文融,特别是在现实政策上的分歧,结果还是被罢黜了相位。

至于张说的募兵之议,开始时并无大臣反对,包括宇文融等人在内。而边镇战争的需要,促使玄宗毅然同意改易府兵之法。于此可见,边镇战争与政府财政收入,是当时议事日程上唐玄宗十分重视的两件

---

① 《资治通鉴》卷二一二,开元十年八月条胡注。
② 《读通鉴论》卷二二《唐玄宗》。
③ 《旧唐书》卷九七《张说传》。
④ 《旧唐书》卷九八《裴耀卿传》。

大事。

在这方面,有一个人的态度颇值得注意,那就是张九龄。张九龄是张说提携的,与张说叙为昭穆,尤受亲重,九龄"亦依附焉"。① 开元二十二年(734年),张九龄被任为中书令。他于天长节向玄宗上寿时,进呈了一份《金鉴录》,其中对募兵进行了激烈的批评。他说:"近年来府兵之法寖坏,……而徒应一时之事者,乃一切募士宿卫……而府兵荡然无复存焉矣。夫不遵祖宗之制而补修之,徒妄更改,今一更改,后来不知何所废弛。……今节制之权,几重于京师,而禁卫之兵,久怠于邦域。臣恐日复一日,年俟一年,将来摇动边境,扰侵乡国,有莫可以常情测度物论几及者。"②

在这里,张九龄对府兵制废弛后,全国军事重心外移,边将权重,有害于中央集权之症结,揭示得十分明确,似乎已预测到将发生边将谋乱的事变。这些迹象,在十年前初行募兵时,可能还没有表露出来。可是在十年后,有些问题就暴露出来了。于是张九龄出于封建士大夫忠于职守的观念,顾不得私人情面,对募兵的做法提出了严肃的批评,甚至呼吁恢复府兵旧制。

然而开元后期的唐玄宗,由于热衷于扩大战争,正不惜大力增强边将的职权和地位。他似乎不是不认识全国军事"内轻外重"的危害,而是更相信自己的威望、权术及驾驭武将文臣的能力。他想用自己赐给武将的恩宠,以换取边将的效忠而赢得战争;同时,想通过抬高边将的地位,来牵制日趋严重的朝廷内部官僚集团的矛盾。因而,张九龄的进言,犹如风贯牛耳,根本没有引起玄宗的反应。不久,张九龄倒因竭力反对玄宗启用边将牛仙客入相,而被罢职。

应该说,唐玄宗在开元中实行括田和募兵,在客观上都有其必然性和必要性。可是,当开元后期所潜伏的矛盾一旦显露出来,尤其是边镇军事集团对中央集权的威胁日益明显时,唐玄宗竟固执拒谏,不及时采取措施,以防后患,这不能不说是他的一个重大过错。

上述情况的出现,并非偶然。自张九龄罢相后,便开始了李林甫及

---

① 《旧唐书》卷九九《张九龄传》。
② 张九龄:《千秋金鉴录》卷四《治府兵第七》。

其死后杨国忠独霸朝政的局面。这表明,唐玄宗的用人,从选用比较正直有作为的官僚,转到任用腐朽的官僚方面去了。而他本人正是在这时,从前期的富于进取精神,比较有所作为,逐步变得枕安纵乐,无所作为了。尽管天宝年间,一度还曾保持着社会的繁荣,但朝廷已是邪佞当道,弊端丛生,社会危机四伏,终于不可收拾了。

四、马嵬驿之变和太子李亨

天宝十四载(755年)十一月,范阳兼平卢、河东节度使安禄山,以诛杨国忠为名,举兵谋反。这是天宝后期统治集团内部矛盾急剧发展的必然结果。最后收拾这一残局的是太子李亨。他在马嵬驿事变中,似乎没有扮演主角,只是匆忙之际带了一支人马奔赴西北,最后主宰了全国的局势。然而事情远非如此简单,那是太子李亨经过缜密的考虑才决定和玄宗分道扬镳的。

安史之乱的第二年六月,唐玄宗离京仓皇西逃,行至马嵬驿,士兵哗变,杀死杨国忠,又逼玄宗缢死杨贵妃。新、旧《唐书》的本纪,均谓此事的发难者为龙武将军(领禁军)陈玄礼。但有些列传的记载,却透露出太子李亨是参预其谋的,而且就其政治地位来说,应是主谋者。《旧唐书·杨贵妃传》载:"玄礼密启太子,诛国忠父子。"[1]《韦见素传》谓:玄礼"与飞龙马家李护国(即李辅国)谋于皇太子,请诛国忠"。[2]《资治通鉴》则载:"陈玄礼以祸由杨国忠,欲诛之,因东宫宦者李辅国以告太子。"[3]

杨国忠被杀和杨贵妃死后,太子李亨理当随玄宗继续西去川蜀,但士兵却吵吵嚷嚷,或曰北去灵武、太原,或曰东返京师。接着就发生百姓遮道请留太子的事件。由此,太子李亨得与玄宗分道扬镳,领兵北上,并因此而得以称帝。这一事件的演变过程,据《旧唐书·李辅国传》载:当杨国忠被杀后,李辅国"献计太子,请分玄宗麾下兵,北趋朔方,

---

[1] 《旧唐书》卷五一《后妃》上。
[2] 《旧唐书》卷一〇八《韦见素传》。
[3] 《资治通鉴》卷二一六,至德元载六月条。

以图兴复"。① 《承天皇帝倓传》也说：建宁王倓力促父亲李亨北上，广平王俶"亦赞成之"。② 可见，所谓"遮道请留"，也是李亨同他的两个儿子和亲信宦官精心策划安排的。李亨出于某种原因，不便亲自出面要求分兵，便打起百姓请命的旗号，并授意儿子和部下出面百般谏留。这样，既使玄宗无法拒绝，又使玄宗面子上过得去。当时李亨派儿子广平王俶"驰白上"，玄宗见势不可移，遂无可奈何哀叹曰："天也！"③

从马嵬驿门之围，到遮道请留，再到李亨灵武即位，显然是一系列紧密相联的有计划的行动，其目的都是为了逼玄宗交出政权，退居太上皇的地位。而长年护卫玄宗的禁军首领陈玄礼，并不是这一事件的主谋。这一点，玄宗心里是清楚的，故当禁军杀了杨国忠，陈玄礼去向玄宗请罪时，玄宗并没有惩罚他，并且继续由他保护去西蜀。蜀中是杨国忠的发迹地，是其势力老巢，太子李亨就"不敢西行"，④连一般将士也懂得："国忠反叛，不可更往蜀川。"⑤可是，陈玄礼去了，并且在蜀中一直侍从玄宗，直至京师光复，又随返长安。上元元年（760年），陈玄礼被肃宗（李亨）罢职。所有的事实都表明陈玄礼并不是李亨的私党，而是玄宗的心腹侍从。马嵬驿之变中，陈玄礼很可能只是一个被迫的支持者，而这一点后来也得到了玄宗的谅解，否则，他是不可能继续担任禁军首领，护卫玄宗安全的。

安史之乱爆发后，玄宗在离京之前，曾想以皇太子李亨担任天下兵马元帅，监护军国事。结果"国忠大惧，诸杨聚哭。贵妃衔土陈请，帝遂不行内禅"。⑥ 可见当时李亨与杨国忠之间的矛盾是相当尖锐的。而李亨随玄宗西行时，他的儿子广平王俶、建宁王倓皆"典亲兵扈从"。⑦他们控制着一部分禁军，要在行途中发动一场政变，是完全有力量的。更何况，太子李亨一向不受玄宗的器重，他们之间的矛盾由来已深，太子李亨早就在等待着机会，摆脱父亲玄宗的控制。而马嵬驿事件正好

---

① 《旧唐书》卷一八四《宦官》。
② 《旧唐书》卷一一六《肃宗代宗诸子》。
③ 《资治通鉴》卷二一八，至德元载六月条。
④ 《旧唐书》卷五一《后妃上》序。
⑤ 《旧唐书》卷一〇八《韦见素传》。
⑥ 《旧唐书》卷五一《后妃上》。
⑦ 《旧唐书》卷一一六《肃宗代宗诸子》。

提供了这样一个机会,他当然要尽可能地利用了。

唐玄宗当年继位,名义上是父亲睿宗主动传位的,实质上是他利用政治手腕迫父传位的,所以当他做了皇帝后,便拿着这个经验去防备自己的储君,一向对太子不怎么信任,加上玄宗在位时间长,立为太子的年龄都比较大,都有一定的政治经验,于是他的戒备之心也就更重了。开元末,前太子瑛被废黜。当时,武惠妃得宠,宰相李林甫支持武氏,劝玄宗立她所生的寿王瑁为太子。玄宗畏惧宰相与太子纠合,没有允准立寿王瑁,而立了李亨为太子。这是玄宗想利用几种政治力量相互牵制,以便于自己从中操纵。史称:"太子之立,非林甫意。林甫恐异日为己祸,常有动摇东宫之志。"①从个人利害关系出发,李林甫有此想法是自然的。然问题的根源还在于玄宗,假如玄宗真心实意要稳固太子地位,他能容忍李林甫危及太子吗?纵使大臣与太子间有矛盾,两者亲疏关系毕竟不同,玄宗还是可以利用自己的权力加以妥善解决的。然而,事实并没有这样。李林甫得宠的诀窍,正是在于"善伺上动静,奏对常称旨"。所以李林甫的"常有动摇东宫之志",至少玄宗是知道而且听之任之的。以后杨国忠得势,也照样排斥太子,其原因都是玄宗疑忌太子的结果。

至于太子李亨,处在这样一种境地,日子是不好过的。虽说玄宗年事渐高,自己的继位只是时间问题,但废太子瑛的下场,殷鉴未远,外朝权臣又皆是自己的对头,不能有所作为。如果听其自然,必致坐以待毙。史载,天宝五载(746年)李林甫为构陷太子李亨制造了一宗大案,牵累众多。然细察其事亦非全属无中生有,太子私党事实上是存在的。

太子私党的中心人物为韦坚、皇甫惟明及李适之等。韦坚是太子妃兄,主管江淮租庸转运,以"通漕有宠于上,遂有入相之志,又与李适之善"。②李适之是恒山王承乾(贞观时的废太子)之孙,同李林甫一样,以宗室入相。但与李林甫"争权有隙",矛盾颇深。韦坚交结李适之,就使太子李亨在朝廷相臣中,争取到一位支持者。皇甫惟明任陇右节度使,手握重兵,颇有边功,原为"忠王友"。忠王是李亨立为太子前

---

① 《资治通鉴》卷二一五,天宝五载正月条。
② 《资治通鉴》卷二一五,天宝五载正月条。

的封号,按唐制,"王友",从五品上,掌陪侍规讽。皇甫惟明出任边将后,"见林甫专权,意颇不平",曾"乘间微劝上去林甫"。① 皇甫惟明与太子关系亲密,又握有兵权,在太子集团中的地位十分重要。

可以说,正是皇甫惟明的明确表态,超越了玄宗所能容忍的限度,于是对太子集团下手了。

天宝五载(746年)正月望夜,"太子出游,与坚相见,坚又与惟明会于景龙观(位于长安城中崇仁坊)道士之室"。被李林甫所遣杨慎矜侦知,因奏韦坚戚里与边将皇甫惟明结谋,"欲共立太子"。② 由此太子集团人物大遭贬抑,皇甫惟明贬播川太守,韦坚贬缙云太守(后改江夏别驾,复长流临封),李适之贬宜春太守,太常少卿韦斌贬巴陵太守,嗣薛王琄(隆业之子,韦坚之甥)贬夷陵别驾,睢阳太守裴宽(与李适之善)贬安陆别驾,河南尹李齐物贬竟陵太守,韦坚两弟韦兰、韦芝皆贬岭南,坐流贬者数十人。太子李亨被逼与妃韦氏离异。第二年韦坚兄弟、皇甫惟明和李适之,皆于贬所被害死。

与此同时,太子良娣杜氏父赞善大夫杜有邻,与女婿左骁卫兵曹柳勣,"妄称图谶,交构东宫,指斥乘舆",因内部矛盾而败露。柳勣"喜交结豪俊",淄川太守裴敦复、北海太守李邕、著作郎王曾等名士,皆与之为友,则此乃又一支持太子集团的势力。结果五人皆被杖死,杜良娣出为庶人,此案更使"中外震栗"。③

此外,太子集团中还有两位重要人物,一是李泌,一是王忠嗣。李泌天宝中待诏翰林,供奉东宫,太子李亨遇之甚厚。李泌曾赋诗讥诮杨国忠、安禄山等。杨国忠疾之,诏斥置蕲春郡。后李亨在灵武即位,立即派人访召,视为师友,动皆顾问,权逾宰相。④ 这是李亨重要的智囊人物。王忠嗣为朔方、河东节度使,又兼河西、陇右节度,幼时留与李亨生活在一起,"情意相得",⑤曾公开宣称:"早与忠王同养宫中,我欲尊奉太子。"⑥于天宝六载(747年)十一月,贬为汉阳太守。

---

① 《资治通鉴》卷二一五,天宝五载正月条。
② 《资治通鉴》卷二一五,天宝五载四月条。
③ 《资治通鉴》卷二一五,天宝五载十二月条。
④ 《旧唐书》卷一三〇《李泌传》。
⑤ 《旧唐书》卷一〇六《李林甫传》。
⑥ 《旧唐书》卷九九《李适之传》。

在此,有必要着重说明一下王忠嗣与皇甫惟明两人。唐天宝年间,天下军镇分为九节度使。如按地区和防御对象,则大致可分为三大军事地区:西北包括安西、北庭、河西、朔方、陇右,主要防御突厥、吐蕃、大食等;北方包括河东、范阳、平卢,主要防御奚、契丹;西南为剑南,防吐蕃、南诏等。当时北方诸镇为安禄山所领,是李林甫的势力;西南镇将为鲜于仲通,是杨国忠的势力;而王忠嗣、皇甫惟明分领陇右、河西和朔方军,与太子李亨关系较为密切。玄宗天宝年间,朝廷三大政治势力与三大军事集团勾结,当然其间又有交错,但各自形成的壁垒是分明的。唐玄宗居其上,利用它们之间的矛盾以互相牵制。但是,越到后来边镇的军事实力越大,全国军事重心移到边镇,中央已到了无法控制的地步。于是玄宗利用权术,一方面利用各地区的军事势力互相钳制,一方面利用官僚集团分别加以控制。如安禄山对一般朝臣皆孤傲无礼,唯见李林甫"以为神,每见,虽盛寒必流汗"。① 玄宗任李林甫与其"相厚",实则是倚李林甫以控制他。李林甫死后,杨国忠便无法再进行控制,玄宗遂直接对安禄山进行笼络。不少大臣(包括杨国忠、太子李亨也在内)都进谏过说安禄山必谋反,但玄宗都未采取果断措施加以铲除。这倒不是因为玄宗晚年昏庸拒谏,而是因为他想利用恩宠来稳住安禄山,使其至少在自己生前不发动暴乱。

须要说明的是,唐玄宗对太子与军镇交结是严加防范的,一旦发现李亨和王忠嗣、皇甫惟明等西北军事将领有联系,即及时进行打击。但是,太子要想继位也只有依靠西北军事力量,正因为如此,李亨在马嵬驿之变得手后,即向平凉发展,明确依靠西北军镇力量。事实也正是这样,李亨一到平凉,便得到西北军镇和地方势力的支持。杜鸿渐、魏少游、崔漪、卢简金、李涵等为之策谋,迎其赴灵武即帝位。这样,李亨就将号令全国的权力和旗号抢在自己的手中,以便能名正言顺地进行平乱,并在这一过程中确立自己的皇位,将玄宗逼上太上皇的地位。

事实表明,李亨是个颇有谋略的人。他长期在玄宗和权臣李林甫、杨国忠的夹击中,政治上得以生存并最后取得胜利,在当时来说是很不容易的。特别当王朝兴亡的关键时刻,玄宗逃亡川蜀,他北上平乱前

---

① 《新唐书》卷二二五《安禄山传》。

线,顺应了当时的民心,因而取得全国军民的支持和拥护。而玄宗呢,玩弄权术,钳制太子,自以为聪明得计,以至马嵬驿老谋失算,仍不醒悟。李亨北上后,玄宗在下诏皇太子为天下兵马元帅,都统朔方、河东、河北、平卢节度使时,又明令永王璘、盛王琦、丰王珙分领天下四方节度,其用心还在牵制太子李亨。然而,李亨到了灵武就立即称帝,玄宗鞭长莫及,不得不承认既成事实,吞下了自己手植的苦果。

这是唐玄宗后期背离民意,重用腐朽官僚,加深社会矛盾的必然下场。

(与王界云合作,中国唐史学会编:《唐史学会论文集》,陕西人民出版社1986年版)

略论有关"安史之乱"的几个问题

"安史之乱"是唐朝由盛而衰的转折点,是影响唐朝社会历史发展的重大问题之一。关于这次叛乱爆发的原因,史学界似乎早有定论。其中有三点尤为引人注目:一是均田制、府兵制的败坏;二是李林甫专权;三是安禄山得宠,唐玄宗昏庸受骗。这些看法,长期以来成为定论。然而,当我们深入史料细细探索时,里面有不少问题是很值得再思考的。比如:均田制、府兵制的瓦解,究竟是社会进步还是倒退的结果?唐玄宗后期为什么要委政于李林甫?又为什么要超乎常规的宠遇安禄山?是不是全由于唐玄宗昏庸受骗所致?下面,将我们的想法写出来,以求教于大家。

一、均田制的瓦解与"安史之乱"的关系问题

唐代的均田制是一个颇为复杂的问题,就其性质来说,目前史学界有土地国有制、公社农民份地制、土地私有制和国有、私有兼具诸说;在施行问题上,有未施行、未彻底施行、部分地区施行和完全施行,众说纷纭,暂时难于取得一致。但有几点是可以肯定的:(一)均田制或均田令是唐政府沿袭北魏以来继续推行和实施的,是封建政权颁行的有关各级官府和官、民私人土地占有的法令规定。(二)均田制的土地有各种来源,例如有继承祖业、买地、向官府请地等方式,也就是说官府管理的无主土地授给无地、少地的民户只是其来源之一。(三)田令关于民户土地收授的规定,不是按期收授所有民户的土地,只是将一些无主或丧失土地主权的民户土地授给民户,是官府处置无主耕地的办法,并未

改变土地的民有性质。(四)均田令作为封建政府的重要法令,应该说是在全国各地普遍实行的。但唐朝的疆域辽阔,各地情况不同,官吏执行的宽严会因各时期、各地区的不同而有极大的差异,不可能按照均田令彻底施行。(五)民户的永业田和口分田都属于法令的"私田"。当然,这种"私田"不是绝对自由的土地私有权,而是按照均田令规定的有限的私有权。因此,在唐代土地私有制进一步发展,特别是地主大土地占有制进一步发展的情况下,客户(佃户)的数量增多是确切的事实。由于国家和大地主对农民的残酷压榨剥削,出现了大量的逃户,唐玄宗时,逃户问题的严重性有增无已,"朝廷深以为患。"① 从开元九年(721年)起,至十二年(724年)底,唐玄宗起用宇文融充使,检括天下逃户和籍外占田。

宇文融括户、括田,在当时朝廷臣中曾引起争议,历来史家也多对宇文融持否定态度。如《资治通鉴》载:自宇文融起,"始广置诸使,竞为聚敛,由是百官浸失其职,而上心益侈,百姓皆怨苦之。"又称:"是后言财利以取贵仕者,皆祖于融。"胡三省也说:"史言唐玄宗时,开利孔自宇文融始。"②

但是,如果就解决逃户问题来说,宇文融括户其实是比较成功的。在大约四年时间里,"括得客户八十余万,田亦称是","岁终,增缗钱数百万"。③ 据唐代的户口统计,中宗神龙元年(705年)为 6 171 141 户,玄宗开元十四年(726年)为 7 069 565 户,共增 91 万余户,其中括户所得约占 90%。也就是说,开元中之括户,使唐政府掌握的户口数增长了约 13%。

更令人值得注意的是,这次括户所实行的一些新政策。其一,逃户自首后,"或于所在附籍,或牒归故乡,各从所欲。"也就是说,允许逃户选择落户地点(或返回原籍,或于新居地附籍)。其二,规定新附客户免五年或六年赋调,采取"轻税入官"的办法。所谓"轻税入官",即在归籍后的五、六年间,每丁只税钱一千五百文,租赋杂徭俱免,以鼓励逃户附籍。

---

① 《资治通鉴》卷二一二,开元九年正月条。
② 《资治通鉴》卷二一三,开元十七年九月条及胡三省注。
③ 《资治通鉴》卷二一二,开元十二年八月条。

唐初为维护均田令,限制农户流移,曾制订了严格的律令。规定"居狭乡者,听其从宽,居远者,听其从近;居轻役之地者,听其从重"。又规定:"畿内诸州,不得乐住畿外;京兆、河南府不得住余州;其京城人得住余县;有军府州不得住无军府州。"①而开元中之括户,却允许逃户"务从所乐,令所在州县安集,遂其生业"。② 显然对原有的政令,作了很大的变通。

又如:按唐令的规定:"凡丁新附于籍帐者,春附则课役并征,夏附则免课从役,秋附则课役俱免。"③唐玄宗颁布的第一个括田令,是在开元九年的二月,规定逃户必须在"百日"内自首。如按旧令办,逃户在春夏自首附籍,仍免不了要纳税从役,即使在秋季附籍,也只能免当年税役。而宇文融在新政策的实施中,只要求新附客户每丁税钱一千五百文,便可免除五年或六年的租庸调,这是对旧有法令的又一重要变动。

可以说,在括户中对政令所作的重大修改,它实际上是在某种程度上对均田制无法维持的既成事实的承认。正由于这一缘故,开元中的括户、括田才进行得比较顺利,从而使武则天以来所存在的严重的"逃户"问题,得到一个相对的解决。

但唐代均田制的瓦制,并不是经济败坏的象征,而是经济进一步发展的必然结果。自北魏迄隋唐,每当新王朝初起时,封建政府掌握较多的荒地及无主土地,为均田法令的推行提供了可能条件。而随着经济的发展、人口的增长,可授给民户的土地愈来愈少,旧的经济关系容纳不了新发展的生产力,均田制由一度有利于生产逐渐演变成为经济发展的障碍。唐代均田制的瓦解便是在这种情况下发生的,而租佃经济的发展却十分引人注目。

唐代的租佃经济,事实上在"安史之乱"前已有相当程度的发展,这已为唐史研究者所公认。这种租佃经济的大量发展正是以均田制的瓦解为其前提的。开元中逃户严重的地区,每每是经济比较发达的地区,也是租佃经济比较发达的地区。

汪篯先生在比较唐天宝元年(742年)与汉元始二年(公元2年)的

---

① 《唐六典》卷三,户部郎中员外郎条及注。
② 《资治通鉴》卷二一二,开元十一年八月条。
③ 《唐六典》卷三,户部郎中员外郎条及注。

人口数时,指出:唐大部分地区人口增长明显,但黄河下游和淮南一带,唐人口数约少一千五百万人左右,约当西汉时的55%。然而就农业生产的状况看,这些地区仍是当时全国最先进的经济地区,也就是说唐代这一地区的垦田数和耕种人数,实际上不会少于西汉,其户口数减少当是民户"逃"往本地区其他各处的地主田庄,大量隐漏的缘故。换句话说,开元、天宝年间全国经济最发达的黄河下游和淮南地区,租佃经济是颇为盛行的。①

在均田法令下,均田农民本质上还是封建国家的依附民,要受到相当大的人身束缚(主要表现为劳役租的剥削);而租佃经济以地主私有土地所有制为基础,佃农对于地主的人身依附关系相对来说较轻。所以租佃制对均田制来说是一大进步,随着经济的发展,均田制下的农民纷纷逃往租佃制下的地主田庄,就不是偶然的事了。

开元中,唐玄宗已或多或少地感觉到了这一事实,所以在括户时被迫对旧田令作了较大的修改。同时,括户到一定程度时也就及时"刹车"。开元后期玄宗尽管还颁布过几次关于处理逃户的诏令,但再也没有掀起过大规模的括户运动。特别是天宝年间,隐漏户口的情况其实比开元中或开元前更为严重。据杜佑估计,天宝时唐廷实际控制的垦田面积约六百二十余万顷左右,户约八百九十余万。这是唐政府据以课税的土地数和户口数。而实际上隐漏的土地约在一百八十万顷至二百三十万顷之间。② 隐漏的户数则有四五百万之多。③ 隐田、隐户分别相当于国家所掌握的土地数、户口数的三分之一甚至二分之一弱。然而,天宝时唐玄宗并没有对逃户继续进行检括。这是什么原因呢?归纳起来大约有如下两条:

其一,隐漏户既然是逃往租佃经济下的私人地主田庄,那么用旧的田令便无法彻底解决逃户问题。也就是说,尽管均田制已名存实亡,但只要以均田制为前提的租庸调制度不改变,那么逃户问题是不可能得到根本解决的。

其二,天宝年间,唐代的封建经济并没有倒退,而是比开元年间更

---

① 详参见汪篯著:《隋唐史论稿》。
② 详参见汪篯著:《隋唐史论稿》。
③ 此据杜佑的估计,而汪篯先生估计隐户的三四百万。

为繁荣,封建政府掌握的户口数也达到了空前的程度。虽然大量隐漏户的存在,在一定程度上会影响封建国家财政收入的增加,但唐政府在发展了封建经济中已获得了极大的收益,它所掌握的户口数、土地数量所提供的租调庸及其他收入,已足够维持它的巨额开支,故不必亟亟于隐漏户的检括和籍外占田的清查。

依据开元、天宝年间的历史事实,可以得出以下几点认识:1.唐代均田制的瓦解,并未对唐封建经济带来消极性的影响,恰恰相反,这正是唐封建经济进一步发展的结果,而正在普遍化起来,并终将取而代之的租佃经济,又大大促进了社会经济的进一步繁荣。可以说,这正是开元、天宝年间经济空前富盛的前提。2.既然均田制的瓦解、租佃经济的普遍化是经济发展的结果,因此,土地兼并日甚,大地主土地所有制急速膨胀,均田制瓦解,虽然使农民与地主间的阶级矛盾尖锐起来,但是,就全国范围来说,社会矛盾并没有激化到非推翻唐政权不可的程度。这时的唐政府既未对在籍的农户加重剥削(相反天宝时期唐廷蠲复的诏令特别多),也未对租佃经济下的隐漏户横加追索。所以在"安史之乱"时,仍然是"人心思唐",广大农民群众基本上是支持唐朝政府的。有两个地区的情况更典型。一是河北道,是隐漏户口情况较为严重的地区,属安禄山的势力范围中心地区。然而,叛乱发生后,河北人民群众自发地起来进行抵抗斗争,最为普遍,最为持久,对唐军的支持和叛军的打击,都十分重大。二是江淮地区,这里的均田制可能没有施行、或至少是没有像北方有些地区那样实行过,而隐漏户口的情况却颇为严重。安史叛乱后,叛军始终没有能攻入这一地区,其时江淮地区也没有爆发规模较大的农民起义。在安史之乱期间,江淮地区以巨额财富和物质转运北方,全力支持唐廷的平乱战争。

安史之乱在性质上是统治集团内部的矛盾抗争,是唐中央政府与地方军阀割据集团之间的矛盾抗争,唐中央集权势力的削弱,原因是多方面的,是复杂的,其间与均田制的崩溃虽然不无关系,但主要是由于沿边节度使的设立及其权力的扩大。正如《新唐书·兵志》所说,"及府兵法坏而方镇盛,武夫悍将虽无事时,据要险,专方面,既有其土地,又有其人民,又有其甲兵,又有其财赋,以布列天下。然则方镇不得不强,京师不得不弱"。由于节度使集军事、政治、财税大权于一身,成为称霸一方的土皇帝。尤其突出的是掌握了数量庞大的武装力量。天宝元年(742年)沿边所设立的十节度使拥有兵士(健儿)四十九万人,[①]而当时全国兵士(包括健儿、团结、纩骑)总数不过五十七万四千七百三十三人,[②]边兵在数量上较中央及内地竟达六倍之多。于是出现了"猛将精兵,皆聚于西北,中国无武备矣"[③]的情况。致使内地和边镇兵力失去平衡,内轻外重,精兵悍将都聚集在边镇上,一有其他条件的配合,节度使的叛乱和藩镇割据问题的出现便无法避免。而且,一旦边镇节度使拥兵发动叛乱,唐中央政府如果处置失宜,便很难加以控制。

　　府兵制的破坏,论者每每单纯归咎于均田制的破坏,就经济基础与上层建筑的关系来说,是顺理成章的,可是人们忽略了封建的政治对它具有更直接、更明显的影响。在均田令贯彻较好时,兵役与租庸调分别由农民及一部分地主负担的情况下,府兵制得以推行。而当生产逐渐发展,土地占有不能适应均田令规定,租庸调制也遭到破坏时,府兵制便行不通。[④] 自高宗、武则天以来,边镇战事不断,需自备衣粮从军的府兵,由于服役时间长,仅靠均田令而来的一点土地上的收入,已无法负担,故采取各种办法加以逃避,或虽应征入伍也大量逃亡。尤其是到了唐玄宗时,他锐意开边,战争频繁,所设的十节度使,其九为西北边徼,唯河东一镇治太原,较居内地,别有岭南经略使,长乐、东莱、东牟三守捉,亦皆边地。战线这么长,和内地相隔又这样远,在当时的交通运输条件下,府兵往来,长途跋涉,其劳弊情况可想而知。对此,占有一点土地的府兵焉能承受得了?因此,不管均田制是否被破坏,府兵制度是无法适应当时战争的需要,其改革势在必行。事实表明,不改行募兵制,便无所谓长住边军,无长住边军便无法组成训练有素的守边劲旅,也就无法在边镇长期抵御强敌。在府兵制破坏的过程中,出现了纩骑,同时团结兵日益推广,防人则演变为官健,三者都趋向于官给身粮、家粮或有其他赐予,而且都趋向于长期从军。到后来所有军队中,都召募

---

① 《资治通鉴》卷二一五,天宝元年正月条。
② 同上,"考异"。
③ 《资治通鉴》卷二一六,天宝八载四月条。
④ 详参阅谷霁光:《府兵制度考释》,第241页。

长征健儿,官给家粮、春冬衣。这种官健是长期从役的职业兵,故又称"长从兵"或"长征健儿"。开元末年,全部官给的镇兵增加到四十九万,他们有固定驻防地,是分驻各地的一种常备兵。如果无视这些具体史实,而一味强调"均田制的破坏,导致了府兵制的破坏,从而削弱了中央集权",显然是片面的。吕思勉先生早在其所著《隋唐五代史》中提出:"安史之乱,诚为乘虚而入,然使是时,府兵而在,亦断不足以御之,而不见默啜、李尽忠之蹂躏河北乎?其时府兵曷尝废也?故以府兵之废为玄宗、张说、李林甫咎,玄宗、张说、李林甫不任受责也。不惟玄宗、张说、李林甫,即自高宗以下之君臣,亦不任受责也。何者?势之所趋,固非人力所能挽,而其制亦本祇宜于周时,此时不必维持耳。"①

同样,均田制瓦解之后,地主大土地所有制进一步得到了发展,租庸调制也到了必须改革的地步,尤其是在天宝年间,租庸调之外的户税和地税的收入,已占了很大的比重。如果"安史之乱"不发生,唐玄宗在天宝后期能顺应土地关系所发生的变化,使两税法提前施行,唐王朝中叶以后的历史必将以另一种面貌展现在人们面前。当然,历史是不容假设的。但天宝后期已存在着施行两税法的条件,是不容否定的历史事实。

二、玄宗重用李林甫的问题

在开元前期对于选相用人以及相权的限制一向十分谨慎的玄宗,为什么在后期会听凭形成李林甫专相的局面?其深层的原因何在?这是值得进一步探讨的。

唐玄宗任用宰相,自李林甫开始,确实发生了极大的变化。玄宗前期限制宰相专任,不管所任宰相的实际政绩如何,多则四五年,都必须按期更换。如名相姚崇、宋璟、张九龄、裴耀卿等莫不如此。然而在玄宗后期,李林甫任相却长达二十年,除去开元二十三年与二十四年(时张九龄、裴耀卿分任中书令、侍中,李林甫以礼部尚书、同中书门下三品列相),则其垄断相位和操纵政权长达十八年之久。这一情况的出现,

---

① 吕思勉著:《隋唐五代史》,第 1216 页。

如果仅以李林甫之奸佞险诈或唐玄宗的沉溺后宫为原因,是缺乏说服力的,因为那只是表层的原因。通观史书所载,可以说,玄宗从来也没有放弃过所掌握的政治大权,李林甫处处主动迎合玄宗的意图,即说明了这一点。据我们看来,李林甫专相的原因,至少有两个方面,一是相权集中的政治需要,二是朝廷的政治斗争促使的结果。

宰相三省分列的制度,确立于隋代。唐初沿袭隋制,亦以三省长官为宰相。但演变的趋势是相权重心逐步由尚书省转向中书、门下两省。贞观末年、永徽初年,尚书省长官从相权结构中析离出来,三省制演变为两省制。尽管尚有他官以同中书门下三品或同中书门下平章事名称为宰相,进入政事堂处理军国大事的,但那在相权结构中,一般是居于次要地位的,而且那每每是升为正相(中书令或侍中)的预备职衔和必经阶梯。

三省制虽有其优点,但也有流弊,其互相纠驳的职能,如五花判事之类,或流于形式,或变成互相扯皮,反而影响朝政的效率和加剧党派之争。因此,相权分裂的制度,很自然地朝向相权集中的趋势演变。特别是在玄宗开元后期和天宝时期,由于初唐以来商品经济的发展,土地占有关系也发生了重大变化,大地主大土地所有制得到了进一步发展,致使阶级、阶层关系日趋复杂,只有加强中央集权,具体说来就是加强相权,由分散走向集中才能适应经济、政治形势的客观需要。故玄宗继位后,相权逐渐集中的演变趋势就更为明显了。

开元之前,中书令和侍中的任命,一般各有两人,《大唐六典》中也是这样规定的。① 从开元年间开始,唐玄宗所任命的中书令、侍中一般只有一人。而且,在中书令与侍中的配置格局中,往往担任中书令的人较为强干决断,担任侍中的人则较为随和应付,似乎中书令为正相,侍中则为副相。如姚崇与卢怀慎,就是如此,故时人称姚崇为"救时宰相",称卢怀慎为"伴食宰相",很形象地说明了这一问题。宋璟与苏颋、张说与源乾曜也是如此,相权重心实际上已在中书令一边。相反,若两相在权力之间不能以主次相分,那就不能为玄宗所容忍。如李元纮与杜暹互相争权,在处理军国要务时,"多所异同,情遂不叶,至有相执奏

---

① 分见《大唐六典》卷九,门下省侍中条;及卷九,中书省中书令条。

者",玄宗为此而罢了两人的宰相之职。又如中书令萧嵩本以为韩休"柔和易制",故荐引他为相,拜黄门侍郎、同中书门下三品。孰料韩休"性方直",在担任宰相后,对萧嵩遇事"辄不相假",还常与萧嵩在玄宗面前"廷争",结果两人都被罢去相位。互相纠驳本来是中书、门下两省不可侵犯的职能,而现在"至有相执奏者",反而成了罪状,相权构成的变化,于此可见一斑。

在开元中,张说为中书令时,相权的集中已达到了相当高的程度。所以在开元十一年,张说奏改政事堂曰中书门下,其政事堂印改为中书门下之印。政事堂本来在中书省,政事堂印即中书门下之印,实际上已为中书令所垄断。再分设吏房、枢机房、兵房、户房、刑礼房等五房分别负责庶政,几乎包括了尚书六部(惟少工部),这是中书令集中相权非常重要的一步。开元十三年,玄宗前往泰山封禅时,又封张说(中书令)和源乾曜(侍中)分兼尚书省的左右丞相之职,这在唐代官制史上是破天荒的。尽管这只是名义上的,但唐玄宗欲使相权集中的意图,是显而易见的。

中书省内,中书侍郎是次于中书令的副长官,对处理政事本有较大的发言权。但开元时中书侍郎的权力则愈来愈小,所谓"承宣制命皆出宰相,侍郎署位而已"。对此,中书侍郎崔沔曾对张说不满道:"设官分职,上下相维,各申所见,事乃无失。侍郎,令之贰也,岂得拱默而已!"按中书侍郎的职权来说,这话并没有错,但结果崔沔反被调离中书省,到山东当刺史救灾去了。① 中书侍郎地位的下降,进一步说明作为正相的中书令之权力更加集中了。

相权的集中,尽管有着各任宰相个人的主观因素,但更重要的是有着客观现实的需要,是当时客观形势发展的必然结果。所以到了李林甫时的专相,不能只看作是单纯的个人主观因素造成的,它与开元以来相权集中的演变趋势有着内在的联系,是不容忽视的事实。

此外,李林甫的专相又与当时朝廷内部的尖锐斗争有着密切的关系。开元二十二年前后,唐玄宗遇着两个很棘手的问题,一是欲立武惠妃为皇后,一是欲废太子瑛。在这两件事上,中书令张九龄都持反对的

---

① 《资治通鉴》卷二一二,开元十二年六月条。

态度,玄宗拿不出解决的办法。另外,唐玄宗为贯彻开边政策,故着急提高边将的地位,欲引边将牛仙客内调担任宰相之职,又遭张九龄的反对。而张九龄的反对牛仙客入相,其目的也是在于反对唐玄宗的边镇军事政策,反对对兵制进行改革。(安禄山为平卢兵马使时,因败绩当斩,张九龄反对赦免,也是一例。)当时只有李林甫在这些重大问题上能给唐玄宗以有力的支持。为此,唐玄宗罢了张九龄、裴耀卿的相位,而任李林甫为中书令,并任牛仙客为侍中。尔后,唐玄宗又与太子李亨之间产生矛盾,李林甫又站在玄宗一边,对太子亨的势力集团实行了残酷的打击。正是由于李林甫善于揣摩玄宗的政治意图,并且忠实地贯彻执行其旨意,所以深得玄宗的信任。

而且,李林甫"城府深密",在处理朝政重大军国要务时,是个颇为老练的官僚,据说是"每事过慎,条理众务,增修纲纪,中外迁除,皆有恒度",①具有较强的行政能力,在廷臣中颇具威慑作用。《旧唐书·李林甫传》载其:"自处台衡,动循格令,衣冠士子,非常调无仕进之门。所以秉钧二十年,朝野侧目,惮其威权。"《新唐书·李林甫传》也说:他"练文法,其用人非诡附者一以格令持之,故小小纲目不甚乱,而人惮其威权"。《资治通鉴》也作如是说,可见这些事实基本上是可信的。另一方面,唐玄宗为加强边镇的军事力量,培植了一批边镇节度使、大将的势力,对这些军事领将,玄宗的态度是既要重用又必须加以控制掌握。对此,李林甫是个十分得力的辅臣。如玄宗新扶植起来的握有雄厚兵力的安禄山,目空一切,看不起朝廷诸臣,惟独李林甫对他恩威并用,使安禄山俯首贴耳,对他十分尊敬畏惧。这正符合唐玄宗对安禄山"以恩易忠"的意图。而同样是宰相的杨国忠,在这一方面就远远不如李林甫。如果说李林甫是个大贵族、大官僚、大地主阶级的政治家,那么,杨国忠只是个玩弄权势的纨绔小丑。杨国忠执政后,很快便激化了安禄山之间的矛盾,从而推波助澜地促使了安史之乱的爆发。

正因为李林甫具有这些长处,所以唐玄宗"自得李林甫"后,便"一心委成",并让他专相十八年。旧史称,玄宗委权李林甫,是因为"在位

---

① 《旧唐书》卷一〇六《李林甫传》。

多载,倦于万机,恒以大臣接对拘检,难徇私欲"。① 这可能是一方面的原因。但如果作为宰相的李林甫不能在重大问题上按照玄宗的旨意办事,或者没有控制朝政的较强能力,或者不能使社会秩序相对稳定,特别是社会经济不能继续向前发展,至少是保持一种虚假的繁荣局面,玄宗岂能安心让他担任近二十年的宰相? 可以说,唐玄宗委政于李林甫,并不是对朝政撒手不管,在天宝年间,他始终操纵着军国大权,只是通过李林甫的专相的新形式,去达到自己的目的罢了。因为到了开元末期和天宝年间,随着社会局势的稳定,经济生产蓬勃发展,达到了唐代的高峰。这时的玄宗认为自己的统治成功了,从而认定了自己当政以来的方针政策完全正确,沉醉在政治上的所谓辉煌成就中。在他自己看来,开元后期及天宝年间的问题是如何继续贯彻执行前期所实行的方针政策,并在制度上定下来,因而有《大唐六典》和颁行新定《令》、《式》、《格》及《事类》一百三十卷于天下。总之,玄宗这时认为在政治上是如何守成的问题,而不需要再作什么改革和进取。因此,必须找一位能善于领会自己政治意图的人来担任宰相,来继续执行自己已往所定的大政方针,以便巩固和发展开元以来的成果。通过实践说明,李林甫正是他所需要的合适人选。

天宝三载,唐玄宗曾对亲信宦官高力士说:"朕不出长安十年(案:自开元二十四年至此时,李林甫为中书令恰十年),天下无事,朕欲高居无为,悉以政事委林甫,何如?"

事实上,玄宗在委权李林甫之后,也没有放弃对宰相的箝制作用。玄宗对自己的大权是十分重视的,对自己亲生的太子尚且猜忌提防,何况对宗室出身的李林甫。因此对李林甫的赏赐虽然是优厚的,但在礼遇方面却十分注意分寸。开元初年,玄宗对待姚崇、宋璟十分尊重,"两人每进见,上辄为之起,去则临轩送之。及李林甫为相,虽宠任过于姚、宋,然礼遇殊卑薄矣"。②

《新唐书·李林甫传》有一段对话颇耐人寻味。"安史之乱"玄宗在潼关失守后匆忙逃至四川成都,与给事中裴士淹论及开元以来的廷臣,

---

① 《旧唐书》卷一〇六《李林甫传》。
② 《资治通鉴》卷二一一,开元四年年末条。

谈及李林甫时,玄宗说:"是子妒贤疾能,举无比者。"裴士淹因面奏说:"陛下诚知之,何任之久邪?"玄宗"默不应"。可见,玄宗对李林甫之为人了解还是比较清楚的,对其在朝中的所作所为,也是心中有数的,只是因为李林甫在大政方针方面能贯彻自己的意图,所以才听之任之,不予计较。李林甫专权的主要原因,是由于符合唐玄宗政治上的需要,而不是其他。因此,天宝后期祸乱的肇生,作为宰相而且专权那么长时间的李林甫,自然不能辞其咎,负有严重的责任,但更应该负责任的是唐玄宗,因为李林甫不迎合或秉承唐玄宗的意旨,是很难处理军国大政的。然而,旧史在论到天宝祸乱时,往往仅指责玄宗"沉迷声色"、"溺于衽席"之类,似乎他在朝政方面是不闻不问,一切弊政都是宰相李林甫等所造成的。显然这只是表层的皮象的肤浅看法,其作用在为皇帝的唐玄宗开脱或减轻罪责。这是不符历史实际的。

三、玄宗宠遇安禄山的问题

玄宗从开元末年起,对安禄山就大加宠信,将他从一个普通的平卢兵马使,逐渐提升为范阳、平卢、河东三节度使,且兼河北道采访使,掌握了强大的军事力量,其结果却养虎为患,给安禄山的叛乱创造了条件。唐玄宗为什么要这样做?是不是仅仅由于他的昏庸糊涂等个人主观因素?恐怕不是。安禄山的被重用,必须摆在当时东北边防形势中,特别是摆在全国整个国防形势中加以深入考察,才能得出符合实际的正确结论。

唐代是我国多民族国家大融合的重要时期之一。在我国从东到北到西南依次分布着靺鞨、奚、契丹、突厥、西域(葱岭以东)诸国及吐蕃、南诏等等。各族间的关系既表现为和平的交往、臣服、融合,也表现为战争、掠夺和骚扰。玄宗时为了唐王朝所辖地区的安宁和扬威四边,也积极地向周边区进行过战争,有时是抵御性的,有的也是为了使周边少数族首领臣服的。沿边九节度使的设立,从唐朝的东北边境往西、再稍南,恰好形成一道戍防奚、契丹和突厥、吐蕃、南诏的防御线,节度使长官的设立,标志着唐边镇防区的全面完善,完成了全国性的防御体系。

开元后期唐玄宗大胆提拔少数族出身的领将担任节度使的计有安禄山、夫蒙灵詧、哥舒翰、高仙芝、赵国珍、李献忠、安思顺等。这是在魏晋南北朝以来各民族大融合的基础上才有可能出现的。同时,唐玄宗又是继承了唐初太宗以来任用少数族出身的人担任军事将领的传统的结果。当然,唐玄宗在任用这些人时,和李林甫的支持是分不开的,他曾向玄宗建议说:陛下若能对蕃将"抚而将之,使其必死,则夷狄不足图也"。而安禄山的特别受到唐玄宗君臣的重用,又是和东北边防的形势分不开的。

我们知道,唐初以来对周边的用兵,主要集中的焦点是在东北和西北两个战场上。西北边防问题可暂存而不论,就东北边防来说,为防御奚、契丹的进攻,长期来一直是隋、唐政权多次未能解决的最感棘手头痛的问题。

开元前二十年,唐一直以幽州为防线,未有大的军事行动。开元二十一年(733年),幽州副总管郭英杰在和奚、契丹兵战斗中阵亡,玄宗提升张守珪为幽州节度使,安禄山即其部将,以骁勇著称,军功累迁至将军,后因失律战败,囚至京师治罪。玄宗见其骁勇,赦免其死罪。命他带兵出战赎罪。此后安禄山屡立战功,开元二十九年八月,唐廷即提升安禄山为营州都督,充平卢军使,并兼两蕃(奚、契丹)、勃海、黑水四府经略使。这时,玄宗已下决心稳定和解决东北地区的边防问题,遂重用安禄山为范阳、平卢、河东三节度使,以便他能集中更多更强的兵力对付奚、契丹。可见,特别看重和眷顾安禄山,也是出于当时客观形势的需要,而不是其他。事实上,在安禄山担任范阳等三镇节度使之后,以其强大的兵力抵住了奚、契丹的进攻,使东北边镇得以相对地稳定下来,在一定程度上解除了唐初以来长期的东顾之忧,达到了唐玄宗预期的要求和目的。

在玄宗看来,像安禄山这样的粗俗蕃将,最能以恩宠笼络其心,使其为己效死。因此,玄宗采取超越常规的办法特加封赏。而安禄山也是乖巧人,猜透了玄宗的心理,故千方百计地大献殷勤,甚至装疯卖傻,以显示自己的愚忠。如安禄山腹垂过膝,玄宗开玩笑说:"此胡腹中何所有?其大乃尔。"安禄山立即回答道:"更无余物,正有赤心耳。"玄宗听了便大为高兴。决非由于昏蔽而乐意听奉承话,而是觉得从安禄山的愚昧、粗鄙中看到了他的"忠直",故明知其妄而不加戳破。玄宗以为只要安禄山忠于自己,其他一切皆可以不予计较的。

玄宗认为安禄山在政治上是一"无能"之辈,用不着担心他会造反。相反,认为安禄山是愚而可制,故多年来一直放心地加以宠任。

安禄山在地位上升之后,其政治野心有一个发展的过程,并不是一开始就想反唐的。直到李林甫死后,杨国忠任宰相继起执政,情况才发生了巨大的变化。杨国忠促使和加速了安禄山起兵叛乱,故杜佑在《通典·兵典序》中说:"禄山称兵内侮,未必素蓄凶谋",是符合当时事实的。杜佑分析当时的情况说:"哥舒翰统西方二师,安禄山统东北三师,践更之卒,俱授官名,郡县之积,罄为禄秩,于是骁将锐士,善马精金,空于京师,萃于二统。边陲势强既如此,朝廷势弱又如彼,奸人乘便,乐祸觊觎,胁之以害,诱之以利。禄山称兵内侮,未必素蓄凶谋,是故地逼则势疑,力侔则乱起,事理不得不然也。"①正是各种矛盾积聚在一起,造成了"安史之乱"的爆发。

安禄山的叛唐有一个过程。开始时杨国忠也想拉拢收买安禄山为己所用,但杨国忠缺乏这种才能和威望,无法使安禄山为之折服。杨国忠的打算落空之后,又想借唐玄宗之手以除掉安禄山,竭力罗织安禄山反状并促其速反。对此,玄宗固执地加以反对,甚至还要将上告安禄山反状的人押送范阳。是不是唐玄宗对安禄山的阴谋野心毫无觉察,对其打算造反毫无思想准备呢?不是。

史载:玄宗曾派心腹宦官藉故前往范阳察看实情;他曾拟任安禄山为宰相,将他召入京师以便直接控制;后又准备解除安禄山的节度使职务,连诏书也起草好了。但由于种种原因和顾虑未能实现。其主要原因不外是:一、安禄山既已羽翼丰满,如处理不当,反将激使叛乱突发。二、东北边镇的防御问题如何妥善解决?唐统治集团中一时找不出适当人选,可以担当这一方面的重任。三、唐玄宗是时还存有幻想,企图继续以恩宠的办法来稳住安禄山。因而在安史叛乱的前夕,安禄山的一切非分要求,玄宗一一答允。天宝十三年,安禄山最后一次入

---

① 杜佑《通典》卷一四八《兵典序》。

京,玄宗大加抚慰,仍然相信自己能稳住他,这才放虎归山,让其安返范阳。

这里,有一段对话很难说明问题。高力士对玄宗说:"臣闻云南数丧师,又边将拥兵太盛,陛下将何以制之。臣恐一旦祸发,不可复救,何得谓无忧也。"①高力士在天宝十三载也就是叛乱爆发的前一年所说的这段话,是切中当时弊害的,玄宗本人也看到了军事力量内轻外重所造成的严重后果。但冰冻三尺,非一日之寒,玄宗此时已无可奈何,拿不出改变这种局面的良策和办法。唯一的出路只有继续稳住局势,不让矛盾过早激化,所以他告诫高力士不要再说,以免把话传出去,捅出乱子来。唐玄宗甚至在最后还抱着一种侥幸心理,希望至少将目前的现状维持到自己死后。因此,对局势采取拖的办法,继续用收买抚慰的政策。胡三省的《通鉴》注文中即指出:"高力士之言,明皇岂无所动于其心哉!祸机将发,直付之无可奈何,侥幸其身之不及见而已。"②

然而,作为宰相的杨国忠与唐玄宗的想法却不一样,他千方百计地"激怒安禄山,幸其速反",以此来证明自己意见的正确。并且在实际行动上,利用宰相职权,先是除掉了安禄山在京师的死党吉温,接着又派兵抄了安禄山在长安的私宅,杀了安禄山的门客,时在天宝十四载正月。这样一来,玄宗的幻想只能破灭。其时,玄宗仍然召安禄山入朝(时在天宝十四载十月),想把安禄山骗来临潼。然而这只能是守株待兔,安禄山再也不愿接受唐玄宗的恩宠了。唐玄宗在临潼华清宫所等到的,只是"渔阳鼙鼓动地来"的叛乱之声。

(与王界云合作,《新疆大学学报》1990年第3期)

---

① 《资治通鉴》卷二一七,天宝十三载六月条,以及胡三省注。
② 《资治通鉴》卷二一七,天宝十三载六月条,以及胡三省注。

试论唐代藩镇割据的几个问题

唐代中后期的藩镇割据,是唐代历史上的重大问题。"自天宝以后,天下分裂而无纪,至于大历,乱少息而泮散尤甚"。[①] 不仅河北、山东列镇相望,而腹心之地,也遍设节度使,形成了中央和藩镇,以及藩镇相互间的战争,其时间长达一百多年。形成这种局面的原因是什么?为何藩镇会割据一方,并且能持续下去,其社会基础是什么?解决藩镇分裂割据的关键在哪里?本文拟就上述问题,进行一些探索。

一

封建社会的国家统一,是和专制主义中央集权分不开的。唐代前期,"制天下以为十道,统之以都督,遐荒四达,合为一家",在各地没有设立什么节度使。唐中期,统治集团为加强对周边少数民族的压迫剥削,镇压各族人民的反抗,自睿宗景云元年(710年)到玄宗天宝元年(742年),在沿边设立了十个节度使。然而"其九皆西北边徼也,唯河东一镇治太原,较居内地。别有岭南经略,长乐、东莱、东牟三守捉,亦皆边也,而权抑轻。若畿辅内地,河、雒、江、淮、汴、蔡、荆、楚、兖、泗、魏、邢,咸弛武备,幸苟安,而倚沿边之节镇,以冀旦夕之无虞,外强中枵,乱亡之势成矣"。[②] 沿边节度使的设立,不仅加深了唐时的阶级矛盾和民族矛盾,削弱了唐廷中央集权的力量,其严重恶果,如《新唐书·兵志》所说:"及府兵法坏而方镇盛,武夫悍将虽无事时,据要险,专方

---
① 马令:《南唐书》卷三十《建国谱》。
② 《读通鉴论》卷二二,第776页。

面,既有其土地,又有其人民,又有其甲兵,又有其财赋,以布列天下,然则方镇不得不强,京师不得不弱。"《资治通鉴》也说:"及李林甫为相,奏诸军皆募人为之,兵不土著,又无宗族,不自重惜,忘身徇利,祸乱遂生,至今为梗。向使府兵之法常存不废,安有如此下陵上替之患哉!"[1] 旧史家将藩镇割据问题的出现,归之于府兵制的破坏的看法虽然是片面的,但它说明了内地和边镇力量失去平衡,内轻外重,精兵悍将都聚集在边镇上,一有其他条件的配合,出现尾大不掉的现象是无法避免的。

另一方面,"安史之乱"直接促使了藩镇割据局面的出现。安禄山起兵叛乱时,力量不能说是很大的。但由于以唐玄宗为首的统治集团对安禄山的叛乱,先是麻痹轻敌,指挥错误,后则狼狈逃往四川。肃宗在灵武即位,依靠西北边军的力量平乱。他一面撤回郭子仪、李光弼已经进入山西、河北的军队,一面又依靠陇右节度使薛景仙保持了长安西面的地区,使江淮的赋税收入,能由襄阳经汉中运到扶风,以支持和稳定他建立的政权。他的谋臣李泌估计当时的军事形势说,安禄山的反叛,只有蕃将替他出力。汉人为之用者,不过是周挚、高尚等一小撮人,其余都是胁从。他建议肃宗"诏李光弼守太原,出井陉,郭子仪取冯翊,入河东,则史思明、张忠志不敢离范阳、常山,安守忠、田乾真不敢离长安,是以三地禁其四将也。随禄山者,独阿史那承庆耳。使子仪毋取华,令贼得通关中,则北守范阳,西救长安,奔命数千里,其精卒劲骑,不逾年而弊。我常以逸待劳,来避其锋,去蹙其疲,以所征之兵会扶风,与太原、朔方军互击之。徐命建宁王为范阳节度大使,北并塞与光弼相犄角,以取范阳。贼失巢窟,当死河南诸将手"。[2] 这个作战计划在战略上是有一定道理的。如果依照这一作战方案进行,是可收到预期的目的。肃宗本人也认为这一战略是可行的。但是肃宗欲速得长安,没有采纳李泌的正确意见,其原因是当时玄宗在蜀,掌握有相当一部分力量,在平乱的进程中,且有"诸王分节制之命",如"永王璘已有琅邪东渡之雄心矣"。因此,肃宗在当时虽已称帝,但其地位并不稳固,正如王夫

---

[1] 《资治通鉴》卷二三二,中华书局版,第 7471 页。
[2] 《新唐书》卷一三九《李泌传》。

之所指出的,"肃宗若无疾复西京之大勋,孤处西隅,与天下悬隔,海岱、江淮、荆楚、三巴分峙而起,高材捷足,先收平贼之功,区区适长之名,未足以弹压天下也。故唯恐功不速收,而日暮倒行,屈媚回纥,纵其蹂践,但使奏效崇朝,奚遑他恤哉?决遣敦煌王以为质而受辱于虏帐,其情然也"。①

　　肃宗虽然花费很大的力量收复了长安和洛阳,但矛盾并没有解决。正如李泌所预计的,"必得两京,则贼再强,我再困","贼得休士养徒,必复来南"。② 事实上,后来中原地区经过反复争夺,一直到公元763年(广德元年),代宗才平定这一叛乱。叛乱之得以平定,并不是因为唐廷军事力量强大,而是由于安史叛乱集团内部矛盾斗争,安禄山、史思明均被其子所杀,唐廷乘其敝而且依靠回纥的兵力才得以打败。正因为如此,所以当唐军于公元762年进击史朝义在河北的余党时,采取姑息的政策,凡是投降者,对其所受伪官伪职"一切不问",这样,叛军的将领、官吏,一变而为唐廷的节度使。如张忠志是安禄山的勇将,受到特别宽容,任他为成德军节度使,统原有恒、赵、深、定、易五州,赐姓名为李宝臣,藩镇成德镇从此成立。公元763年,唐廷任命田承嗣为魏、博、德、沧、瀛五州都防御使(当年升为节度使),藩镇魏博镇从此成立。又任命李怀仙为幽州、卢龙节度使,占有幽、涿、营、平、蓟、妫、檀、莫八州,藩镇幽州镇从此成立。河北三镇节度使的设立,虽然和唐负责平乱的统帅仆固怀恩怀有自己的打算有关,因他"恐贼平宠衰,故奏留(薛)嵩等及李宝臣分率河北,自为党援"。③ 这虽然是原因之一,但不是主要原因。主要原因是朝廷本身腐朽无能,表现在"复东京而志已满,回纥归,子仪弱,威力不足以及河朔",④"厌苦兵革,苟冀无事,因而授之"。⑤ 在朝廷看来,只要诸叛将名义上承认了朝廷,瓜分河北就不认为是最重要的损失。以致在肃宗时形成了割据局面,到代宗时这一局势便完全固定下来。

---

① 《读通鉴论》卷二三,第794页。
② 《新唐书》卷一三九《李泌传》。
③ 《资治通鉴》卷二二二,第7141页。
④ 《读通鉴论》卷二三,第799页。
⑤ 《资治通鉴》卷二二二,第7141页。

从代宗广德元年(763年)平定安史之乱起,到德宗(763—805年)死后四十多年间,是北方藩镇最为跋扈的时期。这一时期河北三镇的割据头目互相商定,要在本镇确立传子的世袭制度。公元779年(大历十四年)魏博镇田承嗣死,田悦继位,李宝臣要求朝廷加以任命,承认田悦的继承权,代宗就予以承认了。公元781年(建中二年)成德镇李宝臣死,其子惟岳继位,援例请朝廷承认一下,但是唐德宗认为只有天子可以世袭,臣下不能父子相传,不同意李惟岳的请求;田悦出面向朝廷说情,也没有获得允许。于是田悦、李正己、李惟岳便互相勾结,为争取实行传子制,共同出兵和朝廷作战。结果,唐军虽然取得了一些局部性的胜利,但由于德宗指导思想的错误,无法补救整个局面的大破败。德宗不仅没有能挫败割据者的野心,改变分裂割据已久的形势,相反,这一战争还没有结束,立即又发生另一次战争。自泾原兵变后,就改为采取"务为姑息"的政策,藩镇割据的势力反而增强。藩镇间"递相胶固,联结姻好,职贡不入,法令不加,率以为常。仍皆署其子为副大使,父死子立,则以三军之请闻,亦有为大将所杀而自立者。自安史以后,迄至于贞元,朝廷多务优容,每闻擅袭,因而授之,以故六十余年,两河号为反侧之俗"。① 这些藩镇"盘根结固,相为表里",成为独立的小王国。他们恣意要挟朝廷,有时联合起来反对朝廷,有时彼此纷争不休,加深了人民的痛苦,严重地破坏了社会经济。

二

唐代的河北道,不仅包括现今的河北地区,而且包括黄河以北的今河南、山东部分,以及辽宁的大部分地区。卢龙、魏博、成德三镇所直接控制的地区全在河北一道之内。因此,要了解具有典型意义的三镇割据的社会基础,首先就要研究河北道的经济。这一地区的南部,即长城以南的地区,是农业相当发达的地区;北部的长城以北,是少数民族和汉族杂处的地区,其中以奚、契丹族为最强。他们除了经营农业以外,畜牧业也占很重要的地位。"自唐以上,财赋所自出,皆取之豫、兖、冀、

---

① 《旧唐书》卷一二四《李正己传附师道传》。

雍而已足,未尝求足于江淮也"。① 唐初,太宗李世民说河北是"蚕绵之乡,而天府委输,待以成绩"。② 正由于河北地区丝织业生产的繁荣发达和珍货众多,故成为唐王朝和贵族官僚的垂涎和攫取的对象。如中宗时宠臣宗楚客、纪处讷、武延秀、韦温之流,"各食实封,遍河南河北",进行残酷的榨取。玄宗开元、天宝年间,唐王朝的经济生产达于极盛,河北地区的社会生产也得到了巨大的发展。《金石萃编》卷八一《北岳神庙碑》载:"冀州既载,惟彼陶唐,提封庶品,波委雾合,财力豪赡,货殖繁滋,遗风祠宇,岿然无易。"李华也说:"天宝以来,东北隅节度位冠诸侯,案数军钲鼓,兼本道连帅。以河北贡篚征税,半乎九州"。③可见其财富的丰足。唐代后期,杜牧曾对河北地区的经济特点及其与三镇割据的联系作过如下的论述,他说:"河北者俗俭风浑,淫巧不生,朴毅坚强,果于战耕,……加以土息健马,便于驰敌,是以出则胜,处则饶,不窥天下之产,自可封殖,亦犹大农之家,不待珠玑然后以为富也。天下无河北则不可。河北既房,则精甲、锐卒、利刀、良弓、健马无有也。"④

由于河北地区的经济条件如此优越,藩镇割据者便凭借了这一物质力量,作为他们进行割据一方的经济基础。杜牧在《樊川文集》中关于河北地区地位的重要性,曾十分中肯地指出:"山东(主要指三镇),王者不得,不可为王;霸者不得,不可为霸;猾贼得之,是以致天下不安。"⑤当然,藩镇割据者之所以出现,除了有其可以凭借的经济条件以外,还必须有其他条件配合。其主要条件是大地主经济与军阀势力相结合。这一情况的出现,是和河北地区尖锐复杂的社会矛盾紧密联系的,是唐中央集权和统一势力严重衰落的必然结果。

河北在唐以前是山东世族地主的巢穴,广大农民群众所受的压迫剥削极其残酷。隋末农民起义给了这一地区的世族地主势力以严重的打击,其残余势力虽然还存在着,但世族地主的地位毕竟发生了巨大的变化,取而代之的是唐王朝新的地主、官僚、贵族。河北地区和其他地

---

① 《读通鉴论》卷二三,第789页。
② 《通鉴考异》卷九。
③ 《全唐文》卷三一六,李华《安阳县令厅壁记》。
④ 《樊川文集》卷五《战论》。
⑤ 《樊川文集》卷五《罪言》。

区一样,在唐前期实施均田制的时候,同时并存着三种土地占有的形式。一种是地主占有永业田(包括通过各种途径所占有的私有土地);二是按均田法占有的土地,其中有永业田二十亩;三是无田百姓,得不到官田,自己垦种十亩五亩小块土地。在地主豪强的激烈兼并下,农民纷纷失去土地,被迫沦为地主的佃客。武则天当政时,狄仁杰在《请曲赦河北诸州疏》中说:"近缘军机,调发伤重,家道悉破,或至逃亡,拆屋卖田,人不为售。"①李峤在《谏建白马坂大象疏》中也指出:"天下编户,贫弱者众,亦有佣力客作,以济糇粮,亦有卖舍贴田,以供王役。"②这里所指的"天下编户"虽然范围很广泛,但李峤是河北赵州人,而且当时的河北战争较多,徭役繁重,"卖舍贴田"、"佣力客作"的情况较其他地区当更为严重。

就经济条件方面来说,本来唐朝的边镇多进行屯田或营田,由中央直接控制。以后节度使设立,多带度支、营田使。安史乱后,节度使财赋如河北各镇不归中央掌握,完全控制在自己手中,因此,这些屯田、营田的土地事实上就为节度使所有。此外,节度使自己还有大量的土地,成为大土地私有者或者是大庄园主。藩镇割据的本身,其实质就是一种用武力掠夺土地和人口的表现。他们为了维持本镇大地主对农民的剥削利益,不让唐朝中央或他镇染指,因而这种地方割据的藩镇军阀,得以维持并发展起来。在一定的经济力量的支持下,藩镇们得以拥兵割据。如前人所谓"唐之中叶,节度使各有其兵,而非天子所能左右,其势成矣。察三军之志,立其所愿戴者,使军效于将,将效于国,亦不容已之势也"。③横海节度使乌重胤也指出:"河朔藩镇所以能旅拒朝命六十余年者,由诸州县各置镇将领事,收刺史、县令之权,自作威福。向使刺史各得行其职,则虽有奸雄如安、史,必不能以一州独反也。"④而大地主分子也往往和藩镇割据势力相结合,《樊川文集》卷九载:"秀才卢生,名霈,字子中。自天宝后,三代或仕燕,或仕赵,两地皆多良田蓄马。"卢生之流的人,只会"击球饮酒,马射走兔,语言习尚,无非攻守战

---

① 《全唐书》卷一六九。
② 《全唐文》卷二四七。
③ 《读通鉴论》卷二三,第801页。
④ 《资治通鉴》卷二四一,第7768页。

斗之事",①为藩镇割据势力服务。地主阶级知识分子,为寻求个人的出路,每每投靠藩镇头目。如安禄山的主要谋士高尚,本是雍奴人,在唐中央政权内找不到出路的情况下,"客河朔不肯归",说什么"吾当作贼死,不能龁草根求活也","遂与严庄语图谶,导禄山反"。② 安史乱后,出现藩镇割据局面,地主知识分子投靠藩镇的情况仍然继续下去。如董邵南,寿州安丰人,德宗贞元年间,他中进士后不得志,出游河北。韩愈写了一篇《送邵南游河北序》,说:"董生举进士,连不得志于有司,怀抱利器,郁郁适兹土,吾知其必有合也。"③《新唐书·李石传》也载:"德宗多猜贰,仕进之涂塞,奏请辄报罢,东省闭阒累月,南台惟一御史。故两河诸侯竞引豪英,士之喜利者多趋之,用为谋主,故藩镇日横,天子为旰食。"由于大地主势力与军阀势力相结合,遂成为藩镇割据的阶级基础。

唐初统治者对少数民族的剥削压迫虽仍然继续,但对战争持慎重态度,有一定程度的克制,所以,"边帅皆用忠厚名臣,不久任,不遥领,不兼统,功名著者往往入为宰相。其四夷之将,虽才略如阿史那社尔、契苾何力犹不专大将之任,皆以大臣为使以制之"。④ 可是到了唐玄宗时期,在政策上出现了巨大的变化,以玄宗为首的统治集团,凭借着搜刮来的巨大财富,扩大剥削面,想在对少数民族的战争中大立声威,所谓"天子有吞四夷之志,为边将者十余年不易,始久任矣;皇子则庆、忠诸王,宰相则萧嵩、牛仙客,始遥领矣;盖嘉运、王忠嗣专制数道,始兼统矣",⑤逐渐形成军阀势力。不仅如此,而且玄宗听宰相李林甫的话,批准安禄山以蕃将代汉将的请求,因而形成了以少数民族出身为主的蕃族军阀势力。而蕃族军阀安禄山、史思明又利用河北地区的民族矛盾和阶级矛盾,壮大和发展自己的军事力量和经济力量,并从而发动叛乱。以后的藩镇割据者也都利用民族矛盾,利用少数民族的上层势力,割据一方,对抗中央统一势力。

---

① 《樊川文集》卷九《唐故范阳卢秀才墓志》。
② 《新唐书》卷二二五《安禄山传附高尚传》。
③ 《韩昌黎集》卷二十。
④ 《资治通鉴》卷二一六,第 6888 页。
⑤ 《资治通鉴》卷二一六,第 6889 页。

三

安史乱时,河北等中原地区遭受了严重的破坏,《通鉴》永泰元年(765年)条载:"今师兴不息十年矣,人之生产,空于杼轴。拥兵者第馆亘街陌,奴婢厌酒肉,而贫人羸饿就役,剥肤及髓。长安城中白昼椎剽,吏不敢诘,官乱职废,将堕卒暴,百揆隳刺,如沸粥纷麻,民不敢诉于有司,有司不敢闻于陛下,茹毒饮痛,穷而无告。"负责平乱的统帅之一的郭子仪,目睹当时的情况也说:"东周之地,久陷贼中,宫室焚烧,十不存一。百曹荒废,曾无尺椽,中间畿内,不满千户。井邑榛棘,豺狼所嗥,既乏军储,又鲜人力;东至郑汴,达于徐方,北自覃怀,经于相土,人烟断绝,千里萧条。"[①]代宗时刘晏写给元载的信中也说:"函陕凋残,东周尤甚,过宜阳、熊耳,至于武牢、成皋,五百里中,编户千余而已。居无尺椽,人无烟爨。"[②]安史之乱虽然被平定了,但经济遭受了惨重的破坏,唐王朝统一集权的局面被打破,河北等地区为藩镇所割据。藩镇或者联兵对抗中央,或者相互间为争夺地盘而彼此攻战,以致经常有变乱发生。如公元777年(大历十二年),"平卢节度使李正己先有淄、青、齐、海、登、莱、沂、密、德、棣十州之地,及李灵曜之乱,诸道合兵攻之,所得之地,各为己有","自于境内筑垒,缮兵无虚日"。[③] 社会经济进一步遭受破坏,人民不能安心生产,生活很痛苦。特别是藩镇统治下的人民,赋役和兵役的负担十分沉重。如田承嗣在魏博,"重加税率,修缮兵甲,计户口众寡,而老弱事耕稼,丁壮从征役"。[④] 平卢淄青节度使侯希逸"政事怠惰,尤崇奉释教,且好畋游,兴功创寺宇,军州苦之"。[⑤] 李正己占有淄、青、齐、海、登、莱、沂、密、德、棣及曹、濮、徐、兖、郓等十五州之地,"为政严酷,所在不敢偶语"。[⑥] 至于在淮西地区的吴少阳,更是"随

---

① 《旧唐书》卷一二〇《郭子仪传》。
② 《旧唐书》卷一二三《刘晏传》。
③ 《资治通鉴》卷二二五,第7249—7250页。
④ 《旧唐书》卷一四一《田承嗣传》。
⑤ 《旧唐书》卷一二四《侯希逸传》。
⑥ 《旧唐书》卷一二四《李正己传》。

日赋敛于人,……劫商贾,招四方亡命"。① 汴宋节度使刘玄佐,为了收买部下,"轻财重义,厚赏军士,故百姓益困",②人民处于水深火热之中。至于在战争时期,人民所受损失更大,生活极端痛苦。如德宗兴元元年(784年),军阀李怀光军劫掠泾阳等十二个县,鸡犬无余。"贞元二年(786年)河北蝗旱,米斗一千五百文,复大兵之后,民无蓄积,饿殍相枕"。③ 又如宪宗元和九年,吴元济"悉兵四出,焚舞阳及叶,掠襄城、阳翟,……剽系千余里"。④ 彰义节度使李希烈"性惨酷,每对战阵,杀人流血盈前,而言笑饮馔自若。……其攻汴州驱百姓,令运土木筑垒道,又怒其未就,乃驱以填之,谓之湿梢"。⑤ "山东大兵者五,……骨尽暴野"。⑥ 田神功率军"至扬州,大掠百姓商人资产,郡内比屋发掘略遍,商胡波斯被杀者数千人"。⑦ 汴州刺史李忠臣,"军无纪纲,所至纵暴,人不堪命"。⑧ 这是一方面。另一方面,唐中央政权为着对付藩镇,养兵很多,军费开支浩大,因而加重对人民的剥削,致使人民负担繁重。如宪宗元和二年,由朝廷发给军饷的军队有八十三万人,比天宝年间增加了三分之一,而担负赋役的税户却比天宝时四分减三,粗略的估计是"大率二户资一兵"。⑨ 以后军队还续有增加,当然更要加重人民的负担。唐末,河北人民身受的灾难更加痛苦,《新唐书》卷二一二《刘仁恭传》载,昭宗天祐三年(906年),朱温攻沧州,"仁恭悉发男子十五以上为兵,涅其面曰定霸都,士人则涅于臂曰一心事主。卢龙间里为空,……人相食"。又"筑馆大安山,掠子女充之。又招浮屠与讲法,以堇土为钱,敛真钱,穴山藏之,杀匠灭口。禁南方茶,自撷山为茶,号山曰大恩,以邀利"。

从上述事实中可以看出,唐代中后期的藩镇割据,给人民带来了无穷无尽的灾难,是不得人心的。

---

① 《新唐书》卷二一四《吴少阳传》。
② 《旧唐书》卷一四五《刘玄佐传》。
③ 《旧唐书》卷一四一《张孝忠传》。
④ 《新唐书》卷二一四《吴元济传》。
⑤ 《旧唐书》卷一四五《李希烈传》。
⑥ 《旧唐书》卷一四二《王武俊传》。
⑦ 《旧唐书》卷一二四《田神功传》。
⑧ 《旧唐书》卷一四五《李忠臣传》。
⑨ 《资治通鉴》卷二三七,第7648页。

由于各地的藩镇割据者,对其辖境内的人民,竭尽残酷压迫剥削之能事,故阶级矛盾极其尖锐,地方割据政权完全失去了人民的支持。在阶级矛盾的制约下,各个割据集团的内部也是矛盾重重。有的同志认为,藩镇割据的社会基础在于割据地区的军士,节度使只有代表他们的利益,执行他们的意志,才能站得住脚。理由是:军士的成分主要是破产农民和无业游民。他们以当兵为职业,依靠丰厚的待遇、赏赐和不法的收入来养活家口。这些,只有支持藩镇割据一方才能做到。另一方面,这些军士都是来自本地,被他们拥立的节度使也大部分是本地人。因此,他们的乡土观念和地方色彩非常浓厚,安土重迁的思想、习惯和据地自肥的物质利益,促使他们支持藩镇割据。就历史事实说,确实存在过这些现象,但是,军士的成分,并不能直接决定军队的性质,关键是这些军队归那个阶级领导,代表那个阶级的利益,是为那个阶级的政治利益和经济利益服务的。在唐代中后期的藩镇割据事实中,确实出现过所谓军士拥立或反对的情况,因而导致某些藩镇头目得以掌权或者垮台。但是,我们认真分析一下有关史料,在广大军士无权的情况下,往往是军队中的一些军官或野心家,利用军士拥立或反对一些藩镇,这不能看作是军士意志的体现,而是成为某些军官或野心家利用的工具。当然,在事情成功之后,军士也获得了一部分赏赐,但不能因此说藩镇就执行了他们的意志。至于所列举的牙军、银刀军的事实,更不能作为普通军士支配藩镇的事例。"魏之牙中军者,自至德中,田承嗣盗据相、魏、澶、博、卫、贝等六州,召募军中子弟置之部下,遂以为号。皆丰给厚赐,不胜骄宠。年代浸远,父子相袭,亲党胶固。其凶戾者,强买豪夺,逾法犯令,长吏不能禁。变易主帅,有同儿戏,如史宪诚、何进滔、韩君雄、乐彦祯,皆为其所立。优奖小不如意,则举族被害"。① "初,王智兴得徐州,召募凶豪之卒二千人,号曰银刀、雕旗、门枪、挟马等军,番宿衙城。自后寖骄,节度使姑息不暇。田牟镇徐日,每与骄卒杂坐,酒酣抚背,时把板为之唱歌。其徒日费万计,每有宾宴,必先厌食饫酒,祁寒暑雨,卮酒盈前,然犹喧噪邀求,动谋逐帅"。② 史料中已说明,前者是"召

---

① 《旧唐书》卷一八一《罗威传》。
② 《旧唐书》卷十九上《懿宗纪》,咸通三年七月。

募军中子弟置之部下",后者是"凶豪之卒",都不是一般的农民子弟所组成,更不是破产农民和无业游民所组成,似不能作为农民支持藩镇割据的例证。这两支军队与一般军队不同,是藩镇所直接依靠和亲自统率的军队,因其"父子相袭,亲党胶固",最易为军中的将领和野心家所控制和利用,表面看来是军士拥立或反对藩镇,事实上则为地主阶级的军官或野心家所操纵。正因为如此,所以藩镇割据者要采取种种办法,来维护自己的统治地位。

第一,藩镇割据者对其部下采取分散兵权的办法,使部下的军官或野心家无法集中强大的兵力反对自己。宪宗时宰相李绛根据当时的实际情况曾指出:"臣窃观两河藩镇之跋扈者,皆分兵以隶诸将,不使专在一人,恐其权任太重,乘间而谋己故也。诸将势均力敌,莫能相制,欲广相连结,则众心不同,其谋必泄;欲独起为变,则兵少力微,势必不成。……跋扈者恃此以为长策。"① 但是,这种办法只有在藩镇割据者本人控制和操纵其部下的能力很强时,才"粗能自固",起到一定的作用,使部下的各种力量互相牵制,将割据局面维持下去。如果这一主观条件发生变化,割据者本人不能决断大事,失去对各种力量的控制能力,军府大权旁落的话,就必然出现"诸将厚薄不均,怨怒必起,不相服从"的事实,其结果必然如李绛所预料的"向日分兵之策,适足为今日祸乱之阶也"。② 历史的进程表明,魏博镇的田氏割据政权,就是在这种情况下灭亡的。自田承嗣四传至田怀谏时,怀谏年幼,"不能事,政决于私奴蒋士则,数易置诸将,军中怒,取田兴为留后,所谓田弘正者,以怀谏归第,杀士则等十余人",才解决了问题,并在田弘正(即田兴)的主持下,魏博镇一度回到了唐中央政权的怀抱,接受了唐廷的领导。

第二,藩镇割据者为了取得部下将领和军士的支持,也每每实行重利收买的政策。如田悦、李惟岳、朱滔、李怀光之流实行割据、对抗唐廷时,"将吏士卒皆有不愿从逆之情,抗凶竖而思受王命"时,他们即抛出剥削所得的大量财物,所谓"以利啖之而众暂食其饵也",使被收买者为其"所驱使"。如"田绪杀田悦,虑将士之不容,乃登城大呼,许缙钱千

---

① 《资治通鉴》卷二三八,第 7692 页。
② 《资治通鉴》卷二三八,第 7693 页。

万,而三军屏息以听;李怀光欲奔据河东,众皆不顾,而许以东方诸县听其俘掠,于是席卷渡河。嗣是以后,凡据军府结众心以擅命者,皆用此术而盅众以逞志"。① 这种以重利收买的政策,也只能暂时起到一些作用,它建立不起统治秩序,更不能在其所统辖区内确立一套政治军事制度,因而只要客观条件一发生变化,其作用即随之而消失。例如谷从政和李惟岳的一段对话中便完全说明了这一问题。谷从政说:"将士受赏,皆言为大夫尽死,苟一战不胜,各惜其生,谁不离心!"并且指出,更可怕的是"大将有权者,乘危伺便,咸思取尔以自为功矣"。② 因为地主分子都是自私自利的,他们必然为了取得更大的封赏,或者为了避免更大的损失,而出卖自己的主子,或者为了保全一己的性命而转换主人。

第三,藩镇割据者采取严刑峻法,大肆诛杀,使其部下不敢叛离自己。如淄青横海镇,"自(李)正己至师道,窃有郓、曹等十二州六十年矣,惧众不附己,皆用严法制之。大将持兵镇于外者皆质其妻子,或谋归款于朝,事泄,其家无少长皆杀之。以故能劫其众,父子兄弟相传焉"。③ 次如成德镇,公元781年(建中二年),李宝臣"欲以军府传其子行军司马惟岳,以其年少闇弱,豫诛诸将之难制者深州刺史张献诚等,至有十余人同日死者"。④《旧唐书·李宝臣传》谓:"诸将不服,即杀大将辛忠义、卢俶,定州刺史张南容、赵州刺史张彭老、许崇俊等二十余人,家口没入。"⑤ 李正己、李师道、李宝臣之流的藩镇对其部下虽然采取了如此残酷严厉的措施,仍没有能够维持住其割据政权之不覆亡。李宝臣进行诛杀后,"诸将离心"。⑥ 李宝臣死,惟岳继任,谷从政即向他指出:"先相公所杀高班大将,殆以百数,挠败之际,其子弟欲复仇者,庸可数乎!"⑦ 正因为内部关系紧张,所以有些藩镇割据者的神经也非常紧张,以致"闻风动鸟飞,皆疑有变",对付的办法是严禁"亲识宴聚及道路偶语,犯者有刑"。⑧ 即使这样做,也无法避免他们覆亡的命运。

---

① 《读通鉴论》卷二四,第845页。
② 《资治通鉴》卷二二六,第7294页。
③ 《旧唐书》卷一二四《李师道传》。
④ 《资治通鉴》卷二二六,第7292页。
⑤ 《旧唐书》卷一四二《李宝臣传》。
⑥ 《旧唐书》卷一二四《李师道传》。
⑦ 《资治通鉴》卷二二六,第7294页。
⑧ 《资治通鉴》卷二四一,第7766页。

如李惟岳对他的部将王武俊猜忌百端,倍加防患,但一命王武俊带兵出外作战时,即率兵"倒戈还府","杀人廷中,无亢者。乃传令曰:'大夫叛命,今且取之,敢拒者族!'士不敢动",遂杀李惟岳及其左右亲信数十人。① 由于割据集团内部矛盾错综复杂,有些新继任者认识到自己力量的薄弱,估计到前途的危险,不敢继任节度使。如公元773年(大历八年)昭义节度使、相州刺史薛嵩死,"嵩子平,年十二","军吏欲用河北故事,胁迫薛平知留后务。平伪许之,让于叔父崿,一夕以丧归"。② 又如公元820年(元和十五年),成德军节度使王承宗死,诸将及邻道争以故事劝其弟王承元继任为节度使,"承元皆不听"。宪宗命王承元改任义成军节度使,然而"将士喧哗不受命",王承元加以解释后,诸将仍不谅解,他只好把自己的想法直告他们说:"昔李师道之未败也,朝廷尝赦其罪,师道欲行,诸将固留之;其后杀师道者亦诸将也。诸将勿使承元为师道,则幸矣。""因涕泣不自胜。"③结果还是接受了唐中央政权的命令,到义成军去赴任。

第四,各藩镇之间为了扩张自己的势力,侵占邻近藩镇的土地,也是矛盾错综复杂,而一些势小力弱的割据势力会被兼并。如"大历中,薛嵩死,及李灵曜之乱,诸道共攻其地,得者为己邑。(李)正己复得曹、濮、徐、兖、郓,共十有五州"。④ 唐中央政权也每每利用藩镇割据势力间的矛盾,联合一些藩镇消灭另一些藩镇。如宪宗时李绛所说,有些地方藩镇如果"不倚朝廷之援以自存,则立为邻道所齑粉矣"。⑤ 唐中央政权在不同时期,确曾利用过藩镇之间的矛盾,削弱和消灭了一些藩镇割据势力。

由于以上原因,特别是由于藩镇割据不得人心,失去人民群众的支持,这就从根本上决定了分裂割据政权不可能不是短命的,多者数十年,少者几年就被推翻了。如魏博镇是当时割据势力中较强的一镇,自田承嗣窃取政权开始,到传至田怀谏时,共四十九年便覆灭了。继起的

---

① 《新唐书》卷二一一《李宝臣传附惟岳传》。
② 《旧唐书》卷一二四《薛嵩传附平传》。
③ 《资治通鉴》卷二四一,第7786页。
④ 《旧唐书》卷一二四《李正己传》。
⑤ 《资治通鉴》卷二三八,第7693页。

割据者史宪诚,只七年,就为何进滔所取代。而何氏割据政权也只传了三世,四十二年,又为韩允中所夺取。韩氏割据势力勉强维持了十二年,又被岳彦祯所夺取。岳家割据势力经过短短的七年为罗弘信所夺取。唐亡后,罗弘信被朱温所吞并。其他各镇的情况也和这差不多,都是短命而亡的。如成德镇的割据者李宝臣只传给了他的儿子李惟岳,李惟岳继位不久即为王武俊所夺取。王武俊也只传了二世,又为王廷凑所夺取。卢龙镇的割据者更改了三姓,传了五世。淄青镇自公元765年李正己开始割据,势力最强,但也只五十四年就亡了。宣武节度使只传了四世,其他如沧景、彰义、泽潞等割据势力都只传了三世而亡,可说都是短命的。国家的统一是中国历史发展上不可阻挡的总趋势,也是长期以来中国各族人民共同一致的要求。

四

唐中后期,藩镇割据的产生,封建史家往往归咎于肃宗在平定安史之乱时"不听邺侯(李泌)之策,并塞以攻幽燕,使诸贼失可据之穴,魂销于奔窜,而后受其归命之忱,薄录其将,解散其兵,乃可以受降而永绥其乱。失此不图,遽欲挽狂澜以归壑,庸可得哉?"[1]藩镇割据的出现,虽然与肃宗有关,但不是决定性的因素;决定性的因素是均田制、府兵制被严重破坏后,阶级矛盾尖锐,失去了支持中央集权统一的力量,再加上节度使们利用边镇地区的民族矛盾,扩大自己的实力,以及唐统治集团本身的腐朽。所以在德宗时,虽然出现了"田悦、李惟岳、朱滔、李怀光之叛,将吏士卒皆有不愿从逆之情,抗凶竖而思受王命"[2]的有利时机,仍不能削平割据势力。正如德宗所说:"贼本无资以为乱,皆藉我土地,假我位号,以聚其众耳。"[3]武宗时宰相李德裕也说:"河朔兵力虽强,不能自立,须藉朝廷官爵威命以安军情。"[4]事实上也是如此。早在宪宗时,魏博节度使田季安死,他的儿子田怀谏继位,是个十一岁的小

---

[1] 《读通鉴论》卷二三,第 799、800 页。
[2] 《读通鉴论》卷二四,第 845 页。
[3] 《资治通鉴》卷二二六,第 7293 页。
[4] 《资治通鉴》卷二四八,第 8010 页。

孩,"当时人心扰扰,不属孩童,其敢于奋决,推所尊爱者,亦以朝命未至,政繇妇人,一国三公,惟众是从尔。李绛(宰相)料怀谏乳臭,诸将必不服从,起而代者,必归命天子。及魏博监军奏状,请即降白麻除(田)弘正(即田兴)节度使,制命一至,魏人鼓舞"。① 这是由于唐廷正确分析和估计了当时的形势,对魏博镇的有关事项处置得宜,因而收到了预期的效果。但是,更多的情况是由于唐中央政权对藩镇割据势力采取了错误的政策和作法,造成了割据局势的加深和发展。如魏博节度使田悦本来在开始时"事朝廷犹恭顺",听命于朝廷。然而由于朝廷所派的河北黜陟使洪经纶"不晓时务",既没有分析客观形势,也不采取切实可行的措施,一听说田悦有军队七万人,即轻率地下令罢遣四万,没有妥当的安置办法,以致给田悦钻了空子。田悦表面上接受了朝廷的命令,实际上玩弄政治阴谋,召集四万被罢归农的士兵,对他们说,"'汝曹久在军中,有父母妻子,今一旦为黜陟使所罢,将何资以自衣食乎!'众大哭。悦乃出家财以赐之,使各还部伍。于是军士皆德悦而怨朝廷"。② 田悦采用这种办法,挑拨士兵与唐中央政权的关系,用语言激怒士兵,之后,又加以收买,收到了士兵们反对中央政权的预期效果。其次,当藩镇割据的头目死亡时,朝廷的习惯做法是"皆先遣使吊祭,次册赠,次近臣宣慰,度军便宜乃与节,军中不许出,乃用兵,大抵不半岁不能定,故警将逆子皆得为之备"。③ 由于唐廷采取这种一成不变的拖延时日的官僚主义做法,使藩镇割据的头目们得以从容准备对付朝廷,致使在进行斗争时,中央政权往往遭受失败而告终。这样的事例很多,藩镇们也习以为常。有时,朝廷一改变做法,就收到良好的效果。如义成节度使刘从谏死,从子刘稹继位,"初不意帝怒见讨,及(王)茂元录诏示稹,举族号恸,欲自归,而愚懦不决",④结果朝廷出兵进讨时被杀死。

唐德宗是一个轻举妄动、刚愎自用的人物。开始时,他对讨伐河北三叛镇十分坚决,以为只要用大军进攻,三镇就可以垂手而得。可是当三镇割据者田悦、李正己、李惟岳联兵起来反抗时,以德宗为首的统治

---

① 张溥:《历代史论》十一。
② 《资治通鉴》卷二二六,第7277页。
③ 《新唐书》卷二一四《刘悟传附稹传》。
④ 同上书,《刘悟传附稹传》。

集团却掉以轻心,并无用兵计划,也不设立统兵之帅,诸将由朝廷直接指挥,其结果当然不可能取得预期的胜利。这一问题的整个进程反映了唐中央统治集团已腐朽了,已失去或正在失去驾驭统治政权的能力。因此,当这一次战争还没有结束时,立即又爆发了另一次战争。建中三年(782年),"时河北略定,惟魏州未下。河南诸军攻李纳于濮州,纳势日蹙。朝廷谓天下不日可平"。① 由于上层统治集团对形势作了错误的估计,采取了错误的处置措施,任命成德镇降将张孝忠为易、定、沧三州节度使,王武俊为恒、冀二州团练使,另一降将康日知为深、赵二州都团练使,分给朱滔德、棣二州。朝廷这样做的目的,意在分散成德镇的力量。但是,王武俊自以为亲自杀死了反叛中央的前节度使李惟岳,"功在康日知上",而和他地位相等的张孝忠已担任了节度使,他与康日知都只担任都团练使,因而拒绝接受朝廷任命。朱滔欲长期霸占深州,屯兵据守,拒绝把地盘交给康日知。发展到后来,王武俊首举叛旗,反抗朝廷,接着朱滔也跟着叛乱。于是,田悦、李纳、王武俊、朱滔互相勾结,共同起兵反叛,藩镇的声势又振。王武俊等四人分别称王,并勾结淮西节度使李希烈起兵叛唐,战事从河北扩展到河南。接着又激起泾原兵变,京师长安被叛军占领,德宗狼狈逃往奉天,亲自尝到了藩镇们给他的苦头。从此以后,德宗再也不敢过问藩镇有关问题。如《资治通鉴》所说:"德宗自经忧患,务为姑息,不生除节帅;有物故者,先遣中使察军情所与则授之。中使或私受大将赂,归而誉之,即降旄钺,未尝有出朝廷之意者。"②《旧唐书·李师道传》也说:"自安史以后,迄至于贞元,朝廷多务优容,每闻擅袭,因而授之,以故六十余年,两河号为反侧之俗。"③

从上述史实中,可以清楚地看出,藩镇割据问题的产生以及其势力的扩大和巩固,其关键都在唐中央政权。而要解决这个问题,关键也在中央政权。

宪宗时发诸道兵征讨淮西节度使吴元济,战争进行了四年之久没有能够取得胜利,其最大原因是当时的宰相李逢吉、王涯之流和藩镇割

---

① 《资治通鉴》卷二二七,第7319页。
② 《资治通鉴》卷二三七,第7627页。
③ 《旧唐书》卷一二四。

据势力相勾结,成为藩镇势力在朝廷的代言人,千方百计阻碍和破坏削平藩镇割据战争的进行。朝廷所任用的一些作战统帅,自然受到他们的影响,或者是他们一派的人,或是与他们有关系的人担任统帅。如第一任平淮西军的统帅严绶,即为藩镇割据势力在中央政权内的代表人物,这样的人担任统帅自然不可能也不愿意为平淮西而尽自己的力量,结果自然以"无尺寸功"而收场。继任者韩弘也是个怀有"异志"的军阀,不仅"不愿淮西速平",而且是打算"倚贼自重",利用讨伐淮西军阀的机会,来扩大自己的实力,实现自己的政治野心。在此期间,讨伐淮西的统帅虽然换了不少,但都是怯懦无能之辈,怎么能取得平淮西战争的胜利呢？李逢吉、王涯之流正是想利用讨伐淮西战争的失败,来表明藩镇割据势力是无法削平的,以此来要胁宪宗放弃讨伐淮西军阀的战争,并进一步承认德宗以来的藩镇割据局面。但是,宪宗在另一部分势力支持下,坚持削平藩镇割据势力的斗争,罢免了阻挠讨伐淮西战争的宰相李逢吉为代表的一大批官僚,于是"人情始安",平淮西的建议才得以"日闻献替"。由于执行了正确的政策,任用裴度、李愬等人主持平淮西的事宜,终于取得了平淮西战争的胜利。这次战争的胜利,发生了很大的作用和影响,当时其他地区的藩镇割据者,看到淮西镇被朝廷打败后都十分害怕,纷纷听命于朝廷。公元818年,横海镇程权自请离镇做朝官,中央政权收复沧、景二州。幽州镇刘总也上表请归顺朝廷。王承宗上表要求自新,并交出德、棣二州之地,其余所部诸州,录事以下各官请求朝廷任命。在裴度等人的支持和谋划下,宪宗又命魏博镇的田弘正等讨伐不听朝命的淄青镇李师道,公元819年杀李师道,收复了淄青等十二州。拔除了淄青镇,所有的藩镇割据势力也就基本上被消除,唐朝的统一暂时实现。如王夫之所说:"元和十四年,李师道授首,平卢平;其明年,王承宗死,承元归命,请别除帅,成德平;又明年,刘总尽纳其土地士马,送遣部将于京师,为僧以去,卢龙平;田弘正徙镇成德,张弘靖出师卢龙。自肃、代以来,河北割据跋扈之风,消尽无余。唐于斯时,可谓旷世澄清之会矣。"[①]可见,只要唐中央政权实行正确的政策,朝廷内部的问题解决了,藩镇割据势力是不难对付的。

---

① 《读通鉴论》卷二六,第902页。

但是，由于朝廷内部腐朽势力的不断发展，故宪宗的暂时统一还不到三年，"而朱克融囚张弘靖以起，王庭凑杀田弘正以据成德，乱更酷于前代，终唐之世，迄不能平"。王夫之认为其原因是："穆宗荒宴以忘天下，而君非君；崔植、杜元颖闇浅不知远略，而相非相；张弘靖骄贵不接政事，而帅非帅；求以救宁天下也，诚不可得。"①事实上，唐自中期开始，宦官专权跋扈，皇帝和朝廷大臣都被其逐步控制和操纵，军队也由宦官监军。到了德宗时期，宦官势力进一步发展，他们"威权日炽，兰锜将臣，率皆子蓄；藩方戎帅，必以贿成；万机之与夺任情，九重之废立由己"。②唐朝后期，由于宦官掌握政权，加上朝官与宦官之间的斗争和朝官之间的朋党斗争，地主统治政权已完全腐朽，日益走上衰亡的道路，朝廷根本没有力量对付藩镇割据问题，致使河北等地区完全被藩镇所占据，所谓"一寇死，一贼生，迄唐亡百余年，卒不为王土"。③藩镇割据局面遂终唐之世不能解决。

（中国唐史研究会编：《唐史研究会论文集》，陕西人民出版社1983年版）

---

① 《读通鉴论》卷二六，第902页。
② 《旧唐书》卷一八四《宦官传序》。
③ 《新唐书》卷二一〇《藩镇魏博传序》。

王仙芝受敌诱降问题初探
——唐末农民战争问题研究之一

一、问题的提出

唐末农民革命，是一次拥众百万、转战南北、坚持斗争十年之久、给唐政府腐朽黑暗反动统治以致命打击的规模宏大的农民大革命。毛主席在《中国革命和中国共产党》中列举中国自秦汉到太平天国时期重要的农民革命和农民革命领袖时，便是把领导这次革命斗争的王仙芝和黄巢并称为唐代农民革命领袖的。在现存的新、旧《唐书》、《资治通鉴》等旧史籍中，一致记载王仙芝曾在蕲州受敌刺史裴偓诱降，引起义军内部分裂，与黄巢"分兵"；后来，又在安州受敌监军杨复光诱降，遣尚君长等出使长安"奉表""请降"，遭敌招讨使宋威劫杀，是位具有几次受敌诱降而妥协、动摇的政治污点的人。虽然如此，就其总的历史作用说，并不以此而影响其为农民革命领袖的地位。作者在研究唐末农民战争过程中，发现史籍所载王仙芝事迹，不仅各书所载，乃至同书的纪、传之间，矛盾错舛，存在着很多疑问。再三探求，认为传统说法，确多不实之处。如何正确分析、运用，这是有关唐末农民战争的历史真实和革命传统的问题，是农民战争研究中应予重视的实际课题之一。这里，一面揭出矛盾，提出问题；一面试行探索这些问题，并将初步意见，发表如下，提供大家参考和讨论。

二、关于王仙芝在蕲州受敌裴偓诱降并与黄巢分道问题

王仙芝，濮州人，唐末僖宗乾符二年（875年）正月，率众数千人，起

义于濮州濮阳县。起义时，传檄诸道，指责唐政府"吏贪沓，赋重，赏罚不平"，声言要以暴力打垮唐政府的这种不平不均的黑暗反动统治。斗争一开始，王仙芝在尚君长、尚让等的拥戴下，被尊为"天补平均大将军兼海内诸豪都统"。"天补"有天授意，"海内诸豪都统"是全国诸道义军豪帅之意。斗争目标，并不止于夺取一、二道藩镇节度使等地方军事和政治权力，而是直接攻取洛阳、长安两京，推翻唐政府整个黑暗反动的封建地主政权，建立"平均"的革命政权。平均思想虽然是农民思想，在当时，作为反对封建地主的黑暗反动统治的思想来说，是具有其一定进步性的。唐末农民革命的斗争目标明确，旗帜鲜明，号召力大，故不到几个月，便攻占了曹州、濮州。夏，黄巢亦募众数千人，起义响应，数月之间，众至数万。

农民革命斗争，在河南、山东及淮河南北，全面发展起来。十二月，王仙芝率义军进攻沂州，于翌年（乾符三年）三月下之。僖宗以青州平卢节度使宋威为行营招讨使，遣重兵进行反攻。七月，义军受挫，退出沂州。宋威"妄奏仙芝已死，百官皆入贺"；未三日，仙芝已转趋河南，进逼颍、陈、宋、许诸州。八月，义军攻占了许州的阳翟和汝州的郏城等地。僖宗急忙调兵遣将，任曾元裕为招讨副使，加派重兵镇守汝邓要津，以保卫东都洛阳和长安咽喉的潼关。《资治通鉴》唐僖宗乾符三年八月条载：

> 八月，仙芝陷阳翟、郏城，诏忠武节度使崔安潜发兵击之。……又命昭义节度使曹翔将步骑五千及义成兵卫东都宫，以左散骑常侍曾元裕为招讨副使，守东都；又诏山南东道节度使李福选步骑二千，守汝、邓要路。仙芝进逼汝州，诏邠宁节度使李侃、凤翔节度使令狐绹选步兵一千，骑兵五百，守陕州、潼关。

九月，义军西进，甚为顺利，迅速地攻占了汝州，敌刺史王镣也被俘虏。接着攻占了郑州的阳武。进取郑州城时，为敌重兵所阻。十月，引兵南进，进攻唐州、邓州。十一月，破复、郢二州。十二月，攻隋、安、申、光、庐、舒、黄、蕲等州。正当义军高举"天补平均大将军"义旗，吹着响亮的胜利号角，浩浩荡荡向今湖北、安徽地区挺进，进攻蕲州的时候，《新唐书》《资治通鉴》等旧史书载，王仙芝受敌蕲州刺史裴偓诱降，并

因此而引起义军内部的分裂,与黄巢"分道"的事件。《资治通鉴》所载最详:

> 王仙芝攻蕲州,蕲州刺史裴偓,王铎知举时所擢进士也。王镣在"贼"中,为仙芝以书说偓。偓与仙芝约,敛兵不战,许为之奏官,镣亦说仙芝许以如约。偓乃开城延仙芝及黄巢辈三十余人入城,置酒,大陈货贿以赠之,表陈其状。诸宰相多言,先帝不赦庞勋,期年卒诛之。今仙芝小"贼",非庞勋之比,赦罪除官,益长奸宄。王铎固请,许之。乃以仙芝为左神策军押牙兼监察御史,遣中使以告身即蕲州授之。仙芝得之甚喜,镣、偓皆贺。未退,黄巢以官不及已,大怒曰:"始者共立大誓,横行天下,今独取官赴左军,使此五千余众安所归乎?"因殴仙芝伤其首,其众喧噪不已。仙芝畏众怒,遂不受命,大掠蕲州,城中之人,半驱半杀,焚其庐舍。偓奔鄂州,敕使奔襄州,镣为"贼"所拘。"贼"乃分其军三千余人从仙芝及尚君长,二千余人从巢,各分道而去。

按:九月间,王仙芝攻占汝州之役,黄巢、尚让是参与这次战役的。《旧唐书·黄巢传》载:黄巢率黄揆等兄弟及部众投依尚让后,便和尚让一同在王仙芝领导下,引兵西击,陷汝州,虏王镣。攻占汝州后,义军便分兵作战。《旧唐书·僖宗纪》载汝州之战前后军事形势变化情况说:

> 七月,"草贼"王仙芝寇掠河南十五州,其众数万。是月,"贼"逼颍、许,攻汝州,下之,虏刺史王镣。刑部侍郎刘承雍在郡,为"贼"所害。"贼"遂南攻唐、邓、安、黄等州。时关东诸州府兵不能讨"贼",但守城而已。

汝州地处中原腹地,为洛阳、开封外围的重要防区,汝州大捷,是具有重大政治和军事意义的一次战役。但这时,郑州、开封、洛阳诸地,唐政府已派有重兵驻守,河北地区长期为藩镇所割据,阻力较大;只有东、南面的山东和河南、湖北一带,敌军防守力量较薄弱。义军鉴于大军集中一地对敌作战,易遭敌包围,陷于被动;为了争取主动攻势,发展力量,王仙芝与黄巢、尚君长、尚让等,便开始分兵作战。

王仙芝自汝州引兵南攻唐、邓、隋、安等州，最后，并攻占了蕲州。黄巢和尚君长、尚让则仍转战陈、蔡、颍、嵖岈山一带。黄巢并引兵东击，攻略青、濮诸州。据《实录》载：

> （乾符）三年十二月，招讨副都监杨复光奏，"草贼"尚让据嵖岈山，官军退保邓州。

《资治通鉴》亦将杨复光所奏"尚君长弟让据嵖岈山"事，列在乾符三年十二月条下。王仙芝攻占蕲州时，尚让在嵖岈山，不在蕲州。《旧唐书·黄巢传》说：

> （尚）让……率部众入嵖岈山，黄巢、黄揆昆仲八人，率"盗"数千依让。月余，众至数万。陷汝州，虏刺史王镣，又掠关东，官军加讨，屡为所败。

尚让据嵖岈山，是在九月攻占汝州之前。黄巢率众入嵖岈山后，和尚让一起对敌作战。王仙芝率军攻占蕲州时，尚让和黄巢均在蔡、颍、嵖岈山一带，并未和王仙芝一同南攻蕲州。

王仙芝攻占蕲州后，翌年（乾符四年）春攻占鄂州时，黄巢从嵖岈山一带向北进军，攻略曹、濮、郓、沂诸州。《资治通鉴》载：二月，"王仙芝陷鄂州，黄巢陷郓州"。"三月，黄巢陷沂州"。夏"四月，黄巢与尚让合兵保嵖岈山"。《新唐书·黄巢传》载有关当时分兵作战的情况：

> 尚君长入陈、蔡，巢北掠齐、鲁，众万人。入郓州，杀节度使薛崇，进陷沂州，遂至数万，繇颍、蔡保嵖岈山。

可知，在黄巢"北掠齐鲁"时，尚君长、尚让在嵖岈山陈蔡一带，敌人来攻，黄巢移军颍蔡，"保嵖岈山"。黄巢和尚君长、尚让均在北方作战。七月，黄巢围攻宋州时，王仙芝则转战于安州、隋州一带。八月下安、隋二州，旋即转攻复、郢二州。

义军在攻占汝州后，王仙芝南向攻略蕲、鄂一带，尚君长、尚让据陈、蔡、颍、嵖岈山一带，黄巢则常由嵖岈山引兵东北向，攻略郓、沂诸州。王、黄分兵东南向，尚让居间，路线很清楚。《旧唐书·黄巢传》说："巢徒党既盛，与仙芝为形援。"因距离较远，很少会合，只是在战略上互为"形援"。《太平御览》"形援"二字作"影援"，相互配合之意益明。

敌人在这一时期的军事部署上,也分两路,抵御义军。宋威在亳州一带抵御黄巢、尚让;曾元裕在蕲黄一带抵御王仙芝。《资治通鉴》载:

> (郑畋)上言,自沂州奏捷之后,仙芝愈肆猖狂,屠陷五六州,疮痍数千里。宋威衰老多病,自妄奏以来,诸道尤所不服,今淹留亳州,殊无进讨之意。曾元裕拥兵蕲、黄,专欲望风退缩。

义军攻占汝州后,已开始分兵作战。王仙芝攻占蕲州时,黄巢、尚让在嵖岈山陈蔡颍一带作战。《资治通鉴》载:黄巢、尚君长与王仙芝一同入蕲州城,王仙芝曾参加围攻宋州之战等说法,已有人怀疑,认为两路义军各有数十万大军,并受敌宋威、曾元裕的重兵牵制,用兵何能如此飘忽。黄巢、尚君长等不在蕲州,《资治通鉴》所说:"仙芝及黄巢三十余人入城",黄巢反对仙芝投降,"仙芝畏众怒,遂不受命";《惊听录》所说:"巢与仙芝俱入蕲州。"《资治通鉴》引《考异》所说:置酒欢宴时,"君长亦在座"。这是多大的矛盾。汝州战后,义军便已分兵作战,蕲州分兵之说,作何解?且就义军人数来说,据《旧唐书·僖宗纪》载:"七月,'草贼'王仙芝寇掠河南十五州,其众数万","迫颍、许,攻汝州。"汝州战后,《旧唐书·黄巢传》说:王仙芝"引众历陈、许、襄、邓"时,"众号三十万"。十二月,进攻黄蕲二州,和攻克蕲州时,其人数当更多,这里说只有五千人,自相矛盾。《资治通鉴》等说:"'贼'乃分其军三千余人从仙芝及尚君长,二千余人从黄巢,各分道而去。"这段话更将作何解?《资治通鉴》引《考异》云:"仙芝、巢初起时,云数月间,众至数万,至此才有五千者,盖乌合之众,聚散无常耳。"这种解说,可谓颠错不伦至极。

再就敌人方面的情况说,《资治通鉴》唐僖宗乾符三年载:

> 九月……丙子,王仙芝陷汝州,执刺史王镣。镣,铎(王铎)之从父兄弟也。东都大震,士民挈家逃出城。乙酉,敕赦王仙芝、尚君长罪,除官以招谕之。

义军攻占汝州后,两京敌酋惊恐万状,一面继续调兵遣将,守御两京冲要地区,一面便施展招降阴谋,企图绞杀农民军。因此,在其汝州失守后的第九天(乙酉),僖宗便下所谓《讨草贼诏》。下面是诏文中的几段:

> 盖以逆顺相悬,幽明共怒。近者庞勋拒命,王郢挺灾,结聚至

多,猖狂颇甚。寻则身膏原野,喉毙仆姑,资财分散于他人,亲戚诛夷于利刃,亦有方从叛乱,忽寤归降,回吉凶于反掌之间,变祸福于交谈之际。

在这段卑鄙无耻的收买利诱言辞之后,便耍一套假慈悲,诱骗义军投降:

> 朕以宽弘致理,慈愍居心,每念苍生,皆同赤子,恨不均其衣食,各致丰肥,宁忍迫于锋锉,断其身首,是以诞敷文诰,且务招携,如或不龚,用兵无悔。其王仙芝及诸道"草贼"头首等,见制敕后,各宜洗心悔祸,解甲收兵,诣所在州府投降,便令申奏,必当超授官爵,厚赏资财,永作忠臣,常居禄位。其节级自补职掌等,亦于大藩镇内,量材与职额衣粮;其抛弃田园,胁从队伍者,并当抚绥慰劳,各令归业营农。

接着,摆出纸老虎的威风恫吓威胁说:

> 如或顽傲不悛,凶强自恃,犹缠兵甲,尚困乡闾……,令诸道帅臣,选练骁勇将卒,分兵截道,并力合威,必务剪除。

这道诏书发布后,各地长吏便向义军展开招降阴谋活动。王仙芝在诱降诏下后,十月和十一月,拥众三十万,攻唐、邓,下复、郢;十二月,进迫蕲州,声势浩大,敌人为之丧胆。正如郑畋所说,当时宋威"衰老多病……淹留亳州";曾元裕"拥兵蕲黄,专欲望风退缩",都"无进讨之意"。正是义军革命高潮时期,揆之常理,王仙芝怎会在这时受敌诱降妥协、动摇呢? 使人难以索解。显然,问题的关键,不在义军方面,而在积极施展诱降阴谋的纸老虎唐政府方面。

照上面的引文看来,当时的情况似乎是这样的:义军进攻蕲州城时,蕲州刺史裴偓自知无力抵御,遂就朝廷既定政策,向义军施展招降阴谋活动。其时,王仙芝命王镣致书说偓,促裴偓开城投降。裴偓回书王仙芝,"宣谕"僖宗招降诏文,"约敛兵不战,许为之奏官"。王镣从中活动,"说仙芝许以如约"。王仙芝为了争取不战而下蕲州城,利用自己的优势兵力和敌人的招降阴谋,一面约会裴偓,一面大军攻城,把敌人打得措手不及,裴偓狼狈地逃窜鄂州,长安派来的敕使也逃奔襄州,义军顺利地占领了蕲州城。

乙酉《讨草贼诏》主题内容是："赦王仙芝、尚君长罪，除官以招谕之。"所除左神策军押牙兼监察御史这个官职，在"下诏"时当即已有所定夺。《资治通鉴》载诸宰相反对，说"仙芝小'贼'"，"赦罪除官，益长奸宄"。经王铎"固请"，才授予等语，与招降诏既定意图相矛盾。显然，这是御用史臣们为唐政府撑面子的饰辞。

黄巢、尚君长与王仙芝同入蕲州城，与裴偓酒宴，黄巢怒责仙芝受敌诱降事，已多不实之处。《惊听录》和《资治通鉴》且说黄巢"以官不及己，大怒"，"因殴仙芝，伤其首"，"各分道而去"。这是对义军的恶毒挑拨和污蔑。

最值得我们注意的，《新唐书》和《资治通鉴》等写得那末具体重大的王仙芝蕲州被招降事件，《旧唐书》的《黄巢传》和《僖宗纪》中，没有只字记载。我们怀疑王仙芝在蕲州受敌诱降事，是唐末五代后宋人扩大铺演而成的！

三、关于王仙芝在安州受敌杨复光诱降和尚君长等出使长安请降遭敌劫杀问题

王仙芝在攻占蕲州后，翌年（乾符四年）七、八月间，又连下安、隋二州，并俘获了隋州刺史，接着又转略复郢二州。黄巢在三月间攻占沂州，七月围攻宋州，大败平卢、宣武、忠武三道敌军，宋威也被围于宋州。义军声势越盛，宋威和曾元裕越"无进讨之意"。早在王仙芝攻进蕲州时，郑畋便已看到这种趋势，故建议僖宗，及时撤换宋威、曾元裕招讨使职，加强作战力量。同时，催促诸道积极执行招降政策。宰臣间对作战前途估计不一，郑畋和杨复光等主张以招降为主，卢携和宋威等主张以武力镇压为主。随着义军威势的强盛，郑畋、杨复光招降派的招降活动益急。十月间，王仙芝在安州，攻略复、郢、襄诸州甚急，宋威、曾元裕无力抗拒。郑畋主张及时罢黜宋威，并进一步策动招降阴谋。《资治通鉴》乾符四年载郑畋上疏说：

宋威欺罔朝廷，败衄狼藉。又闻王仙芝七状请降，威不为闻

奏。朝野切齿，以为宜正军法。迹状如此，不应复典兵权，愿与内大臣参酌，早行罢黜。

宋威虚报军功，"欺罔朝廷，败衄狼籍"是事实；说王仙芝"七状请降，威不为闻奏"，似属谣传。新、旧《唐书》有关纪、传，均无此事记载。照《资治通鉴》所说，郑畋也只是说传"闻"，并无实据，僖宗并未据此而准郑畋的奏请。但进一步策动招降阴谋，是符合当时形势和既定政策的。因此，新、旧《唐书》及《资治通鉴》等旧史书中，便出现了十一月间王仙芝在安州"表请符节"向敌乞降和尚君长、蔡温球等出使长安，"奉表""请降"，遭敌宋威劫杀事件的记载。

《旧唐书·僖宗纪》说：王仙芝"致书于（宋）威求节钺"。《新唐书·黄巢传》也有仙芝"还威书求节度"语。《旧唐书·黄巢传》说：

　　时仙芝表请符节，不允。……（杨）复光遣判官吴彦宏谕以朝廷释罪，别加官爵，仙芝乃令尚君长、蔡温球、楚彦威相次诣阙请罪，且求恩命。时宋威害复光之功，并擒送阙，敕于狗脊岭斩之。

《资治通鉴》记载较详，乾符四年载：

　　十一月……招讨副使、都监杨复光遣人说谕王仙芝，仙芝遣尚君长等请降于复光，宋威遣兵于道中劫取君长等。十二月，威奏与君长等战于颍州西南，生擒以献。复光奏君长等实降，非威所擒。诏侍御史归仁绍等鞫之，竟不能明，斩君长等于狗脊岭。

这时义军节节胜利，王仙芝怎会向敌人"表请符节"乃至"七状请降"呢？诱降阴谋是唐政府在汝州之战后的既定政策，如果王仙芝果真请降，哪有"不允"之理！所载杨复光遣人"谕以朝廷释罪，别加官爵"，"说谕王仙芝"，是符合唐政府的既定政策和实际军事形势的。《资治通鉴》载王仙芝攻占安州隋州后的军事形势说：

　　王仙芝陷隋州，执刺史崔休徵。山南东道节度使李福遣其子将兵救隋州，战死。……李昌言将凤翔五百骑赴之，仙芝遂转掠复、郢，忠武大将军张贯等四千人与宣武兵援襄州，自申、蔡间道逃归。诏忠武节度使崔安潜、宣武节度使穆仁裕遣人约还。胡注云："约还者，戒约将士，使还赴援也。"

义军愈战愈强,敌人则士气沮丧,连增派的援军也"间道逃归"。无意作战。唐政府在这样的处境下,自必加紧策动招降阴谋活动。《旧唐书·杨复光传》有如下一段记载,颇值得注意:

> 乾符中,"贼"渠黄巢之犯江西,复光为排阵使,遣判官吴彦宏入城谕朝旨,巢即令其将尚君长奉表归国。招讨使宋威害其功,并兵击"贼",巢怒,复作剽。朝廷诛尚君长。

传中所载,杨复光遣判官吴彦宏向义军"宣谕"朝旨的对象,不是王仙芝而是黄巢,接受敌人诱降,派遣尚君长去长安请降的,不是王仙芝而是黄巢。问题更复杂了。究竟是怎么回事呢?

按:《新唐书·黄巢传》载:义军分兵作战后,"尚君长入陈蔡"。《惊听录》也载义军分兵后,"尚君长劫陈蔡间"。尚君长、尚让、黄巢确在陈蔡颍崟岈山一带,合兵作战,不在安州。《旧唐书·杨复光传》所载杨复光遣判官吴彦宏说降黄巢是可能的。杨复光遣吴彦宏同时向王仙芝和黄巢二人说降,也是可能的。黄巢和尚君长均属王仙芝部下,《资治通鉴》等书所载"说谕王仙芝",亦无不可。《杨复光传》是就当时实际情况记载的。但尚君长与黄巢在陈蔡间,故其说遣尚君长出使请降事,也说是黄巢派遣的,不是王仙芝派遣的。

十一月里,正当杨复光千方百计向义军进行招降阴谋活动时,"宋威害其功",率大军向义军发动疯狂的进攻。尚君长等与宋威军大战于颍州西南,不幸战败被俘,壮烈牺牲。《资治通鉴》所载:"(宋)威奏与尚君长等战于颍州西南,生擒以献",后被杀于狗脊岭。这基本上是符合当时实际情况的。但据杨复光奏,尚君长等是奉王仙芝命出使前去长安"奉表"、"请降"、"归国",路过颍州时为宋威所劫杀的。照杨复光所奏,宋威所为不仅虚报军功,更严重的是违背诏旨,破坏招降阴谋。这不只证明了宋威又一次"欺罔朝廷"之罪,而且表述了他自己致力招降已将成功的功劳。宋威在唐政府中本来就已被认为"老且闇,不任军",威信扫地,甚至传说他蓄有"留贼"作"二臣"的"异志"。所谓"完军顾望,帝亦知之"。在这种情况下,杨复光所奏,是易于取得信任的。加以尚君长等被杀后,激起各路义军莫大的愤怒,向敌人展开猛烈的攻势。十二月,王仙芝攻略荆南,黄巢连克匡城濮州,因而唐政府愈益埋怨宋威之失策。翌年（乾符五年）正月，沙陀统治者和曾元裕军败王仙芝于荆门和申州东。唐政府便以曾元裕代宋威为招讨使，以张自勉为副使，宋威被黜还青州。旧史书的编撰者们，对杨复光的积极执行招降阴谋，多取卫护态度；对宋威招讨无"功"，怀着不满情绪，故记述宋威在作战时擒获尚君长等事迹时，多从杨复光所奏，加以贬抑。

问题发生后，唐政府曾派人审问尚君长等。但奇怪的是"竟不能明"。若果尚君长等确系"实降，非威所擒"，在被讯问时决不会加以否认的，怎么会"竟不能明"呢？尚君长等承认"实降"，僖宗、郑畋等自必据此而立即把宋威治罪，何待翌年正月间；同时，也正是向尚君长等进行谈判"授官职"、"议奖升"，进一步诱降王仙芝、黄巢，绞杀农民革命的时机，怎么会遽而把尚君长等斩杀了，破坏自己的招降阴谋呢？朝臣们埋怨宋威擒杀尚君长等失策，为什么不埋怨僖宗下诏斩杀尚君长等更为失策呢？

《新唐书·黄巢传》所载另一种情况，也值得注意：杨复光上奏后，僖宗即"命侍御史与中人驰驿即讯"。《旧唐书·僖宗纪》称："威乃斩君长、温玉（一作球）以徇。"同书《僖宗纪》也说："宋威杀之。"尚君长等并未械送长安，就在宋威军中被杀害了。僖宗派人前去查讯，尚君长等已死，审不清，只得不了了之。如果确是这种情况，那末杨复光预计朝廷查讯时，无法反证尚君长等非"实降"，非于"请降"途中被宋威"劫取"。杨复光的奏告，对宋威来说，确是一次沉重的打击。

按杨复光所奏，虽然尚未能最后证成宋威的假报军功的罪状，但，确实恶毒地诬构了农民革命领袖王仙芝、黄巢向敌"请降"，和尚君长出使"请降"被劫杀的事迹。五代、两宋以来旧史书编撰者们，怀着贬抑农民革命领袖、卫护唐政府招降阴谋的反动观点，长时间加以罗织，日益精致，以至千余年来少见人们为此置一疑辞。其实，不论是那一种情况，稍加分析，便矛盾百出，疑问处处蒙混不了的。

四、几句结语和附论

本来，封建社会中的农民不同于近代无产阶级，农民革命领袖也不同于无产阶级革命领袖;农民领袖在革命过程中,发生某些分化,受敌诱降、妥协、动摇事件,是完全可以理解的。科学的态度是实事求是的态度。像封建史学家那样丑化农民领袖,固然是不能容忍的,如果我们对农民领袖作不切实际的美化,也是非历史主义的。假如旧史书所载王仙芝受敌诱降和妥协、动摇的政治污点是确实的话,我们毫无必要为其作任何掩盖或洗刷。但是,如上所说,旧史书所载王仙芝两次受敌诱降事迹,各书间存在着很多矛盾和疑问,其中可能有被封建史学家丑化污蔑之处。兹特试作如上的探索,所得初步结论是:王仙芝领导的农民革命,一开始便高举"天补平均大将军兼海内诸豪都统"义旗,斗争目标,是推翻唐政府黑暗反动的封建地主政权,建立"平均"的革命政权。当义军攻打蕲州、安州的革命高潮时,说王仙芝为了"求"个地方节度使,便背叛部众,向敌人"请降"、"归国",是不可能的。

义军攻占汝州后,革命力量迅速发展起来,唐政府下诏招降,令诸道长吏积极施展招降阴谋活动。义军攻打蕲州时,敌刺史裴偓致书王仙芝进行说降,这是事实。但,王仙芝并未妥协动摇,受敌诱降,很快攻占了蕲州城,裴偓和中使狼狈逃窜。《新唐书》和《资治通鉴》等旧史书所载王仙芝在蕲州受敌招降,引起农民军内部的分裂并和黄巢"分道"之说,失实。

王仙芝在安州、隋州攻略复、郢诸州时,敌监军杨复光派吴彦宏向王仙芝(其实是黄巢)说降,也是事实。但,王仙芝(或黄巢)并未受敌诱降,尚君长、蔡温球等是在颍州西南与宋威作战,战败被俘,壮烈牺牲。新、旧《唐书》和《资治通鉴》等旧史书所载王仙芝在安州受敌诱降,遣尚君长等出使长安"奉表"、"乞恩"、"归国",路过颍州道中被宋威劫杀之说,伪。

中国是一个富于革命传统的民族国家。王仙芝是唐末农民革命的首义者,是唐末农民革命前期一位杰出的农民革命领袖。

这里,还要附论几句。新、旧《唐书》、《资治通鉴》等唐史纪、传文献所载王仙芝史事,矛盾错舛之多,为其他史书所少见。考其原由,固然和编撰者的粗疏有关,但主要的是编撰者们都是封建地主官僚御用史臣,他们对现实的乃至于历史上的农民革命和农民革命领袖,怀着刻骨的阶级仇恨,恶意污蔑,记述农民革命史实时,不可能无歪曲失实之处。特别是汝州战后,唐政府便一贯行施招降阴谋,各地长吏和中央宰臣们积极策动招降活动,因此,各地和中央的统治阶级中散播着许多不情不实的有关王仙芝"请降"、"受降"奏章、传闻、杂录,旧史书的编撰者们,各自就这些奏章、传闻、杂录等,苦心罗织,甚至不惜造伪诬构,以故记载错乱,矛盾百出。中国是一个具有丰富的文化遗产的国家,大量的古籍文献,给我们民族国家的历史保存了丰富珍贵的史料,我们应珍惜这份宝贵的遗产,容待我们及时地去整理、研究。当然,这类旧史书,受封建史学家的阶级性的局限,其中,关于历代农民革命的部分,记载较简较少,且多歪曲不实之处,我们如果能紧紧地注视其阶级性,在整理、分析乃至运用这些史事立论时,做好"去粗取精"、"去伪存真"的资料考证工作,进行严肃的阶级分析和历史分析,是可以依之揭示出一定的真实历史来的。反之,如果对旧史书采取"见诸经传"和有"正史为据"的客观主义态度,特别是农民起义部分,便有误植并误传反动的封建主义历史观点的危险,这是值得我们警惕的!

(与吴泽合作,《文汇报》1961年5月12日第3版)

黄巢"乞降"问题考辨
——唐末农民战争问题研究之二

黄巢是唐末杰出的农民革命领袖,史学工作者和戏剧工作者的意见是一致的。但新、旧《唐书》、《资治通鉴》、《平巢事迹考》和《北梦琐言》等旧史书记载,说王仙芝牺牲后,从黄巢称"黄王"领导农民起义起,到占领长安的一段时期里,曾不断向唐统治者"乞降":在攻略沂州、濮州时,"遗书"天平节度使张裼"请奏""乞降";继又"诣""天平军乞降",后"叛去";攻略江西、浙江时,又"请"越州节度使崔璆"奏乞"天平节度使;攻打广州时,再与崔璆书"求"天平节钺,随即又自己"上表""乞"广州节度使;攻占广州后,又"挟"广州刺史李岩草表"乞降",李岩拒绝后,又自己"抗表求节钺";后来在渡江北上时,又"伪降"于坐驻扬州的招讨都统高骈等等。认真读过这些旧史书的人,一面认为黄巢转战南北,建立"大齐"农民政权,给唐政府黑暗反动的封建统治政权以致命的打击,起了巨大的推进社会发展的历史作用;一面又感到这样一位杰出的农民领袖,怎么会这样一而再的自动向敌人"乞降"呢?如何正确整理、分析、运用这些史料,正确揭示唐末农民战争的历史真实,给予黄巢以正确的评价,引起莫大的困难。作者在近年来,对这一问题,曾进行过一些探索,发现旧史书所载事迹,错综矛盾,存在不少问题。如何正确处理这些问题,也进行了一些初步的试探,获得一些初步的意见,试论如下。

关于黄巢在淮北时,"遗书"张裼"请降"事,和撤离中原渡淮南进时"伪降"高骈问题

唐末僖宗乾符二年(875年)正月,王仙芝、尚君长、尚让等率众在

濮州濮阳起义,攻占濮州、曹州后不久,黄巢即募众数千人起义响应。当王仙芝率领义军转入河南,攻略颍、陈、宋、许等州,尚让占据嵖岈山时,黄巢便率黄邺、黄揆等兄弟及部众,投依尚让,①为义军判官,②在王仙芝领导下,与尚让一同西击。翌年(乾符三年)九月,攻占汝州,③声势大盛。为了更有力的打击敌人,使分兵作战:王仙芝自汝州南下,连破复、郢、蕲、黄、隋、安等州,尚君长、尚让转战陈、蔡、颍、许等州一带,黄巢则东进攻略郓、濮、沂、海诸州,军事上取得了巨大的进展,打得唐政府惊惶失措。至乾符五年(878年)二月,南下义军受挫,王仙芝壮烈牺牲于黄梅。尚让等坚持革命斗争,加强领导,使推黄巢为义军最高统帅,尊黄巢为"黄王",建元王霸,置官属,号"冲天大将军"(《新编五代史平话》记载为:"冲天太保均平大将军"),明确地宣布继续以武力革掉唐政府黑暗反动统治政权的命。义军在黄巢、尚让的领导下,承继王仙芝的遗志,斗志昂扬,迅速地攻占濮、沂二州,攻略滑、宋、汴、郑、许、汝等州,人数发展到十万左右。

这时,河北中原地区,藩镇长期割据,节度使操纵政治、经济、军事实力,虽然不受朝廷节制,但当义军攻占他们的"封疆"时,为了保持其权利,是会拼命抗拒的。这时的唐政府,鉴于义军声势日益强大,急速在洛阳、潼关等地设置了重兵。④义军虽已发展到十万之众,就全面敌我军事力量对比来说,要西击洛阳、潼关,直取长安,兵力是不够的;而且继续在这些地区作战,易遭敌人包围,战略形势是不利的。这时,江、淮、两浙地区,节度使势力较弱,藩镇割据局势尚未形成;同时,江南八道又是全国最富庶的地区,安史乱后,北方藩镇割据,不纳贡赋,唐政府

---

① 《旧唐书》卷二〇〇《黄巢传》载:"先是(尚)君长弟让,以兄奉使见诛,率部众入嵖岈山。黄巢、黄揆昆仲八人,率'盗'数千依止,月余,众至数万。"《太平御览》卷一一六"黄巢"所载,基本内容相同。按旧传所载尚让在尚君长牺牲后,才入嵖岈山之说,误。
② 南唐刘崇远撰《金华子·杂篇》卷下:"黄巢本王仙芝'贼'中判官。"宋钱易撰《南部新书》卷戊亦有同样记载。
③ 参阅唐皇甫枚著《三水小牍》卷上"董汉勋宴阵没同僚"。
④ 《资治通鉴》第二五二,僖宗乾符三年条。当时唐廷在洛阳潼关的军事设置说:"昭义节度使曹翔将步骑五千及义成兵卫东都宫;以左散骑常侍元裕为招讨副使,守东都;又诏山南东道节度使李福选步骑二千,守汝、邓要路。仙芝进逼汝州,诏邠宁节度使李侃、凤翔节度使令狐绹选步兵一千,骑兵五百,守陕州、潼关。"

便以江南地区作为财政经济搜刮的重点。① 这些地区的人民,除担负苛重的常额租赋外,还受着所谓"羡余"等其他苛杂徭役的剥削,激起各地的农民起义。右补阙张潜说:

> 藩府财赋,所出有常,苟非赋敛过差,及停废将士,减削衣粮,则羡余何从而致?比来南方诸镇,数有不宁,皆此故也。②

宣宗大中十三年(859年)浙东地区的裘甫起义,便是在这种情况下激发出来的。在镇压这次起义的过程中,如右拾遗内供奉薛调说:"兵兴以来,赋敛无度,所在群盗,半是逃户,固须剪灭,亦可闵伤。望敕州县税外,毋得科率。"③这些记载,说明江南人民,由于"赋敛无度"和"税外科敛",长期以来与统治阶级之间的阶级矛盾异常尖锐。当时,黄巢、尚让率领义军转辗中原,不利,被迫撤离中原,向南方进军,发展军事力量,俟实力强大后,再挥军北上,直取洛阳、长安。这一战略计划决定后,随即迅速向淮北进攻,展开了争夺江淮地区的战斗,敌人无力抵御,纷纷向长安唐廷告急。宰相豆卢瑑等衡量各地军事力量,自知抵御不了义军的进攻,遂建议采用招降阴谋,绞杀义军。《资治通鉴》载:

> 初,黄巢将渡淮,豆卢瑑请以天平节钺授巢,俟其到镇讨之。④

敌人的这套恶毒的诱降阴谋活动是徒劳的。黄巢率领大军冲破敌军的遮截,顺利地从山东河南渡过淮河,给敌人以沉重的打击。三月里,全军又顺利地渡过长江,占领吉州、饶州、信州,直到虔州。可是,在这种形势下,《资治通鉴》僖宗乾符五年却说:

> 巢袭陷沂州、濮州,既而屡为官军所败,乃遗天平节度使张杨书,请奏之。诏以巢为右卫将军,令就郓州解甲,巢竟不至。

这段话和上引《资治通鉴》所载情况完全不同,前者明确地指出由于黄巢率军渡淮,淮北一带官军纷纷向长安告急,豆卢瑑等宰臣们建议僖宗

---

① 《新唐书》卷五一《食货志》载:"元和中,供岁赋者,浙西、浙东、宣歙、淮南、江西、鄂岳、福建、湖南八道。"
② 《资治通鉴》卷二四九,宣宗大中十二年条。
③ 《资治通鉴》卷二五〇,懿宗咸通元年条。
④ 《资治通鉴》卷二五三,僖宗纪广明元年条。

皇帝授巢天平节度使,行使诱降阴谋;后者却把这件出自长安敌巢的阴谋,说成是黄巢"遗""书"天平节度使张杨"请奏""乞降"。这是怎么回事呢?按《旧唐书·张杨传》载:

> 张杨,乾符三年出为华州刺史,其年冬,任检校吏部尚书、郓州刺史、天平军节度观察等使。四年,卒于镇。

《资治通鉴》载:黄巢称王,攻占沂州濮州,率军渡淮是乾符五年二月事。是时,张杨已死,黄巢如何能够"遗书"张杨"请奏""乞降"呢?而且,正因为张杨已死,故豆卢瑑有"请以天平节钺授巢"诱降之谋,如张杨此时未死,又曾受黄巢"遗书"而为其上表"乞降",豆卢瑑怎能请以张杨的天平节度使授与黄巢呢!

其次,《旧唐书·黄巢传》载黄巢于乾符五年(878年)二月称王后,南进渡淮时,曾有一次"伪降"于高骈事。原文如下:

> 时高骈镇淮南,表请招讨"贼",许之,议加都统。巢乃渡淮,伪降于骈。骈遣将张璘率兵受降于天长镇,巢擒璘杀之,因虏其众。寻南陷湖、湘,遂据交、广。

"伪降"的具体过程,并无只字交代。有人认为黄巢为了顺利渡淮,利用统治阶级诱降阴谋,而"伪降于骈",取得胜利。据《旧唐书·高骈传》载:高骈任郓州刺史天平军节度使后,于乾符四年改任润州刺史、镇海军节度、浙江西道观察等使。乾符四年冬,五年初春,王仙芝义军过江表,占领荆、襄。《高骈传》载:"天子以骈前镇郓,军民畏服,仙芝党徒郓人也,故授骈京口节钺,以招怀之。"乾符五、六年间,高骈任镇海军节度使。任淮南节度使则是乾符六年冬的事。因此,乾符五年二、三月间,黄巢率军渡淮时,高骈在京口,不在淮南。既不在淮南,何来黄巢与高骈及其部将张璘作战于天长及伪降于天长之事呢?

《旧唐书》编撰者是在向壁虚造吗?不尽然。《高骈传》中有一段记载:

> 广明元年夏,黄巢之党自岭表北趋江淮,由采石渡江,张璘勒兵天长欲击之。骈怨朝议有不附己者,欲"贼"纵横河洛,令朝廷耸振,则从而诛之。……乃止诸将,但握兵保境而已。其年冬,"贼"

陷河洛。①

广明元年夏天,黄巢率义军自广州北趋江淮,向中原进军时,曾与高骈将张璘战于天长镇。义军并以优势兵力围逼天长四十余天,最后擒杀张璘,突破敌军的封锁,"遽过长淮","纵横河洛"。于此可见,《旧唐书·黄巢传》所载黄巢于乾符五年二月间"伪降于骈"、"张璘受降于天长镇"、"巢擒杀之"等史实,原来就是由广明元年义军回师北趋江淮,进军中原时的"天长之战"移置过来的。

《旧唐书·郑畋传》记载黄巢渡淮进军江浙湖湘地区时情况说:"黄巢起曹郓,南犯荆襄,东渡江淮,众归百万,所经屡陷郡邑。"《高骈传》也说:黄巢"复陷湖南、浙西州郡,众号百万"。义军渡淮后,以百万雄师的雷霆万钧之势,"冲"翻了唐王朝东南半边"天",长安的敌酋们为之丧魂失魄,无以为计。但《新唐书》的编撰者们,不满《旧唐书》的这些记载,对上列史实作了完全相反的描述:

> 巢兵在江西者,为镇海节度使高骈所破;寇新郑、郏、襄城、阳翟者,为崔安潜逐走;在浙西者,为节度使裴璩斩二长,死者甚众。巢大沮畏,乃诣天平军乞降,诏授巢右卫将军。巢度藩镇不一,未足制己,即叛去,转寇浙东,执观察使崔璆。②

这段记载,编撰者们夸张了唐军的部分战果和义军的部分失利,抹杀义军的巨大胜利,掩饰敌军的可耻失败,把义军从十余万迅速发展为百万之众的有利军事形势,写成"死者甚众,巢大沮畏";而且接着写黄巢"乃诣天平军乞降"!黄巢在刚称王建元,高举着"冲天大将军"义旗,以革唐王朝反动统治之命相号召,全军将士奋勇作战,战事节节获得胜利的形势下,怎么会"诣"天平军"乞降"呢?事实与此相反,如上所述,是长安的僖宗皇帝和豆卢瑑等宰臣们害怕义军威力,所策动的诱降阴谋。他们用"诣""乞"几个字,便把诱降阴谋"隐"掉了,说成是义军"乞降",不仅是"乞",而且上"诣"了,接受了右卫将军的官职后,才"叛去"的。显然,这是和当时的实际情况不相符合的。

---

① 《平巢事迹考》亦有类似记载:"广明元年,淮南将张璘及巢战于大云仓,败之。"
② 《实录》载:"巢自称黄王,建元王霸,连为王师所败,诣天平军乞降,除右卫将军,复叛去,自是兵不能制。"(见《通鉴考异》引)《新唐书·黄巢传》亦根据《实录》记载,并进一步加以扩充罗织。

《资治通鉴》在叙述黄巢这段史实时,进一步综合《实录》、新、旧《唐书》等记载,作了更细致的罗织。但也感到对《新唐书》和《实录》所载"诣天平军乞降"、"除右卫将军"、"复叛去"之类的言辞,距离《旧唐书》所载太远,如前文所引,改为"诏以巢为右卫将军,令就郓州解甲,巢竟不至"。并把张祎奏请授官诱降一事,改为巢"遗天平节度使张祎书,请奏之"。用"遗书"、"请奏"等字,着重"乞"、"降"两字的贬挞之义,用意更坏。

关于黄巢在攻略浙江广州时,崔璆李岩曾几次奏请招降,和挟李岩草表及抗表求节钺问题

黄巢率领百万义军连克江西吉、饶、信、虔和浙西州郡,进至浙东时,浙东观察使崔璆惧,急忙上表奏请授巢天平军节度使,力言义军"势难图,宜因授之"。企图把义军羁縻在天平一带,不使北上,"以绝北顾之患"。① 当时义军主力部队,是由虔州逾大庾岭向广州进发;一部由信州开往衢州,沿仙霞岭主峰向建州挺进,旋即攻克福建诸州郡,十月,占领福州。崔璆的奏请,随着军事形势的迅速发展变化,很快失去时效,唐廷无何措施。故《旧唐书·黄巢传》记载此事很略:

> (巢)寻南陷湖、湘,遂据交、广,托越州观察使崔璆奏乞天平军节度,朝议不允。

这段记载,书于义军在天长镇擒杀张璘之后,在时间和军事形势上都很错误。《平巢事迹考》中根本没有提及这一史实。

有人据《新唐书·黄巢传》说黄巢"诣天平军乞降"后,便"叛去",转攻浙东,执观察使崔璆,崔璆奏请招降义军,是崔璆被俘在巢营中,受黄巢之"托"而进行的。这种说法,不啻承认黄巢又一次的"乞降"行为。但据《旧唐书·郑畋传》载:

> 广明元年,"贼"自岭表北渡江浙,房崔璆,陷淮南郡县。

---

① 《旧唐书》卷一七八《郑畋传》。

可见崔璆被虏,系在广明元年(880年)黄巢占领广州后一年,回军北上经过江浙时事,在这之前,崔璆并没有为义军所俘虏,当然不会在义军营中。因此,《新唐书》所载黄巢威迫崔璆奏请"乞降"和"朝廷不允"的问题,便不攻自破了。

乾符六年(879年)夏五月,黄巢大军进围广州时,浙东观察使崔璆预料广州难以抵御,再次上表建议授巢广州节度使,招降义军。广州是当时岭南军事重镇,同时也是商税收入最大的城市。长安敌巢皇帝和宰臣们惊慌万状,僖宗召集朝议,展开了激烈的争论。宰相郑畋派主张招降,授巢南海节度使,以暂为"制縻",等待时机进行扼杀。他说:

> 巢"贼"之"乱",本因饥岁。人以利合,乃至实繁,江淮以南,荐食殆半。国家久不用兵,士皆忘战,所有节将,闭门自守,尚不能枝。不如释咎包容,权降恩泽。彼本以饥年利合,一遇丰岁,孰不怀思乡土?其众一离,则巢贼几上肉耳,此所谓不战而屈人兵也。若此际不以计攻,全恃兵力,恐天下之忧未艾也。①

腐朽的唐政府军,此时虽然兵员尚多,但士无斗志,藩镇节度使也"闭门自守","尚不能枝",这就是以郑畋为首一派反对硬打,主张"计攻"的原因。也暴露了统治者们一贯所施行的"招降"政策,实为"计攻"的阴谋。但是,左仆射于琮和宰相卢携坚持反对意见。于琮说:"南海有市舶之利,岁贡珠玑,如令'妖贼'所有,国藏渐当废渴。"②于琮是从财政经济所谓"国藏"上反对的。宰相卢携则勾结高骈,"欲立奇功",以扩大高骈军事势力,从而便于自己擅断朝政,因此力加反对,"坚言不可假'贼'节制,主张"止授率府率"。③僖宗也舍不得这笔重大的"市舶之利"和珠玑贡物,想侥幸一下,把希望寄托在高骈身上。事实上,高骈是个如何人呢?退朝后,郑畋和卢携在中书吵起架来,郑畋骂卢携说:

> "妖贼"百万,横行天下,高公迁延玩"寇",无意剪除,又从而保之,彼得计矣。国祚安危,在我辈三四人画度。公倚淮南用兵,吾

---

① 《旧唐书》卷一七八《郑畋传》。
② 《旧唐书》卷一七八《郑畋传》。
③ 《旧唐书》卷一七八《卢携传》。

不知税驾之所矣。①

卢携大怒，拂衣而起，衣袖染了砚台里的墨汁，把砚台也打破了！僖宗闻之怒曰："大臣相诟，何以表仪四海"，令"二人俱罢政事，以太子宾客分司东都"。② 从郑畋的话里，可以看出，长安统治集团是怎样的害怕义军势力，急于遂行其"计攻"的招降阴谋；另一方面官僚集团间又乘机专权弄政，大演狗打架的丑剧。可是，这些与正在胜利大进军中的义军领袖黄巢有什么关系呢？

崔璆这次上表，据《旧唐书·卢携传》载，明言"浙帅崔璆等，上表请假黄巢广州节钺"，可见黄巢围攻广州时，崔璆仍是浙东观察使，并未被黄巢义军俘虏。这次上表，完全出自崔璆执行唐政府既定的招降阴谋，并没有受黄巢的什么"书"、"托"。可是在《旧唐书·黄巢传》中却说是黄巢"托"崔璆"奏乞"的，前后矛盾。不仅如此，而且在同《传》中还载黄巢看到授所谓率府率的诏文后，"大诟执政，又自表乞安南都护广州节度，亦不允"之类的言辞，象煞真有那么一回事儿。事实上是《旧唐书》的编撰者们，在给郑畋、卢携之流在朝中狗打架的丑剧作掩饰的结语而已！

其次，《册府元龟》和《旧唐书》载：

> 懿(僖之误)宗乾符六年，黄巢陷桂管。五月，"贼"围广州，仍与广南节度使李岧、浙东观察使崔璆书，求保荐，乞(天)平节钺。岧、璆上(表)论之，诏公卿议其可否。③
>
> (乾符)六年五月，"贼"围广州，与李岧崔璆书，求天平节钺，璆、岧上表论之。④

李岧是广州节度使，当义军围攻广州时，他和崔璆上表请授黄巢官职招降解围是可能的。但统治者却歪曲事实，硬说黄巢在围攻广州城时，不仅"与"书崔璆"乞降""求保荐"，而且还"与"书李岧"乞降""求保荐"。这，揆之于当时形势，是不可能的。不仅如此，《旧唐书·卢携传》还说：

---

① 《旧唐书》卷一七八《郑畋传》。
② 《旧唐书》卷一七八《郑畋传》。
③ 《册府元龟》卷三三三。
④ 《旧唐书》卷一九《僖宗纪》。

> （巢）陷广州，杀节度使李岧，遂抗表求节钺。

这个记载，增加了黄巢在九月攻占广州，执杀了李岧后，自己又上表"求节钺"的事实。《北梦琐言》又进一步说：

> 黄巢入广州，执李佋（即岧），随军至荆州，令佋草表，述其所怀。佋曰："某骨肉满朝，世受国恩，腕即可断，表终不为。"寻于江津害之。①

《新唐书·黄巢传》也说：

> 十月，巢据荆南，胁李迢（即岧）草表报天子，迢不可，巢杀之。

《北梦琐言》和《新唐书》都说李岧不是在黄巢攻占广州时被杀的，而是在义军由广州回师北上，军至荆州时，因拒绝为黄巢草表而被杀的。李岧究竟是死在广州，还是死在荆州？早死或晚死些时日，都无关大旨，暂置不论（详见后文），但于此却说明黄巢攻占广州时，并无挟李岧草表乞降事。

《资治通鉴》的编撰者们为了使黄巢"乞降"史迹更能取信于人起见，引用上述那堆互相矛盾、破绽百出的史料时，确也做了一番煞费苦心的"考异"工作。他们"取"黄巢在攻占广州时杀李岧事和黄巢因挟李岧草表见拒而怒杀李岧事，"去"掉了李岧随军到荆州被杀事，组成黄巢在攻占广州时"乞降""史实"。其原文如下：

> 黄巢与浙东观察使崔璆、岭南东道节度使李迢（即岧）书，求天平节度使。二人为之奏闻，朝廷不许。巢复上表求广州节度使，……亦不许，乃议别除官。六月，宰相请除巢府率，从之。……九月，黄巢得率府率告身，大怒，诟执政，急攻广州，即日陷之，执节度使李迢，转掠岭南州县。巢使迢草表述其所怀，迢曰："予代受国恩，亲戚满朝，腕可断，表不可草。"巢杀之。②

《平巢事迹考》所载与此略同。《资治通鉴》可说是集了《实录》、新、旧《唐书》、《北梦琐言》之类史书有关黄巢在广州"乞降"说之大成。

---

① 孙光宪：《北梦琐言》卷十。
② 《资治通鉴》卷二五三，唐僖宗乾符六年条。

其实,如上所述,黄巢义军进围广州时,拥众"百万,横行天下",正是农民革命高潮时期,逼使统治集团中的崔璆、李岩等积极策动招降阴谋,以扼杀农民军。不可能发生黄巢致书崔、李"乞降"、"求节钺"事的。而且《实录》还说:"迢、璆上表论请"时,"词甚怨激",竭力主张招降。同是一个李岩,怎么能那样"忠""贞"地拒绝为黄巢草表"乞降"?自相矛盾。不仅如此,《旧唐书·黄巢传》中还进一步说黄巢在攻占广州后,"以士众乌合,欲据南海之地,永为巢穴,坐邀朝命。"似乎,黄巢也和割据军阀安禄山、朱泚之流一样,在连续"乞降"、"不允"之后,搞武装割据,坐待"招安"。《资治通鉴》编撰者们也感到这和黄巢进据广州后,旋即回军北上,直取洛阳、长安的军事行动,太不相符,故并"去"而不用,也没有作何"考异"。《旧唐书》编撰者刘昫等,身为高官,满脑子升官发财的粪臭思想,他们照着自己那副丑恶的思想面貌去丑化恶辱农民革命领袖,只不过是其自己的丑恶思想的又一次自我暴露而已!

关于黄巢在信州及渡江北上时,致书高骈"乞降"和"伪降"问题

乾符三年七月,王仙芝黄巢攻占汝州,长安惊惧,僖宗与郑畋等便设定了招降阴谋,下所谓"讨'草贼'诏",搞反革命的两手。自此诏令各地方长吏,随时"晓谕"招降。其后,蕲州刺史裴偓和招讨副都监杨复光在蕲州及安州两次诱降王仙芝,张祎、崔璆、李岩等多次奏请招降黄巢,都是在长安敌酋既定的招降政策下策动的。应当指出,农民毕竟不是无产阶级,农民领袖是皇权主义者,敌人的这种阴谋活动,曾经起过一些作用的。如秦彦、李罕之、许勋、毕师铎等一些动摇分子,当义军处于困难不利的境地时,在敌人的诱降政策的煽惑下,先后叛变革命,投降敌人。《旧唐书·毕师铎传》载:毕师铎,"乾符初与里人王仙芝啸聚为'盗',相与陷曹、郓、荆、襄"。王仙芝在黄梅牺牲后,便投降了高骈。[①] 故当义军从广州回师北上,声势浩大,敌人难以遮截时,一面积极调兵遣将,加强江淮兵力,以防遏义军北归进攻洛阳长安;一面进一步策动

---

① 《旧唐书》卷一八二《毕师铎传》。

招降阴谋,进行"计攻",以期不战而收大功。因此,敌酋僖宗于公元八八〇年下诏改元"广明"时,再下"招降"诏,重申"招降"政策,号召各地长吏,对义军加紧进行"告谕""招降"。并明令豁免义军所过和所在地农民的"诸色税赋",企图以此缓和阶级矛盾,瓦解农民革命军。从如下的几段"招降"诏文,不难看出敌人的全套猫哭老鼠、假仁假义地欺骗人民的险恶面貌来:

> 朕祗膺宝祚,勤劳八载,实欲驱黎元于仁寿,致华夏之升平。而国步犹艰,群生寡遂,灾迍荐起,"寇"孽仍臻。窃弄干戈,连攻郡邑,虽输降款,未息狂谋。江右、海南,疮痍既甚,湖湘荆汉,耕织屡空。言念疲羸,良深轸恻,我心未济,天道如何?

> 近日东南州府,频奏"草贼"结连。本是平人,迫于饥馑,驱之为"盗",情不愿为。委所在长吏,子细晓谕,如自首归降,保非诈伪,便须抚纳,不要勘问。如未倒戈,即登时剪扑。

> 东南州府遭"贼"之处,农桑失业,耕种不时。就中广州、荆南、湖南,"盗贼"留驻,人户逃亡,伤夷最甚。自广明已前诸色税赋,宜令十分减四。其河中府、太原府,遭"贼寇掠"处,亦宜准此。①

当时,北方诸道节度使如平卢节度使宋威之流,被王仙芝和黄巢义军沉重打击后,力图蓄积力量,保守"封疆";坐镇徐州的时溥和浙西的周宝等,都是些新起的军阀,各自就地搜刮,发展军事力量,搞地方割据;招讨都统淮南节度使高骈,在淮南拥有较多兵力,更怀着割据一方、"并吞江东"之志,为了保存其实力,是不愿和义军打硬仗的。统治阶级内部矛盾重重,军事实力不是加强,而是进一步的分崩离析。黄巢义军攻占广州后,军事力量已发展到"百万之众",回军北上直取洛阳、长安的军事条件已日趋成熟;同时,看到敌人内部如此分崩离析,正是挥军北上的大好时机;义军将士们也纷纷"劝请北归,以图大事"。因此,黄巢随即发布文告,在政治上再一次揭露唐政府反动统治的宦竖柄政,诟蠹纪纲;诸臣与中人赂遗交构,铨贡失才等罪状,宣告天下,义军"北归"就是要打到长安去,摧毁唐政府的黑暗反动统治政权。据《续宝运录》

---

① 《旧唐书》卷一九《僖宗纪》。《唐大诏令集》卷五《改元广明诏》所载只有第一段内容。"近日东南州府频奏"句下缺,此处引文从《旧唐书》。

载,文告后明确地署名"义军百万都统黄巢"。就在九月间,百万义军,高举"冲天大将军"旗帜,浩浩荡荡进军北上。义军的这一大规模的由北到南,又由南到北的流动作战的斗争策略和行动,在旧史书中完全被写成为偶然事件。如《旧唐书·黄巢传》说:

> 是岁自春及夏,其众大疫,死者十三四。众劝请北归,以图大事。

近人的一些论著也受旧史书的影响,说广南为瘴疠之乡,尤以夏季为甚,义军发生疾疫,死亡甚多,"因而决定北上"。当时,义军发生疫病,有所死亡,但绝不是"决定北上"的主要原因。《黄巢传》虽然把这次"北归"的原因,归之于偶然的自然灾害——疫病,但仍透露了"众劝请北归,以图大事"这句话,揭示了当时百万义军将士迫切要求打到洛阳长安夺取唐政权的革命意愿。于此可见,前引《旧唐书》等所说黄巢义军"欲据南海之地,永为巢穴,坐邀朝命",等候招降的说法,显然全是出自于封建地主官僚史臣们的主观推论。

黄巢义军从广州出发,取道桂林,经永衡诸州,很快到达潭州(湖南长沙),在潭州一役,大败敌军,把敌人杀得"流尸塞江"。[①] 尚让率领五十万大军,乘胜进迫江陵,江陵守兵不满万人,敌都统王铎弃城逃奔襄阳,义军顺利地占领了湘湖重镇江陵。义军从广州回军,以压倒声势,进入荆南。在"北归""以图大事"的政治目的下,和这样胜利发展的军事形势下,怎么能产生黄巢向敌人"乞降"的问题呢?前引《新唐书·黄巢传》和《北梦琐言》等所载,黄巢据荆南时,胁迫被执在军中的李岩"草表""乞降"事,是不可靠的。李岩在广州时已被义军所俘杀。[②]

义军进据江陵后,本拟集中兵力攻襄阳,从襄阳渡江,可进至河南南阳,进而攻汝州洛阳;也可出平泽关,进攻陈、蔡诸州,回到北方。可是,当义军欲攻襄阳时,王铎缩回江陵,江西招讨使曹全晸与山南东道节度使刘巨容守荆门,沙陀统治者并驱五百名骑兵进击义军,义军遭敌

---

① 《册府元龟》卷四四三载:"广明初,'贼'自岭南'寇'湖南诸郡,(李)系守城自固,不敢出战。'贼'编木为栰,沿湘而下,急攻潭州,陷之。系兵五万,皆为'贼'所杀,投尸于江。"《旧唐书·僖宗纪》也自认"兵士五万,皆为'贼'所杀,流尸塞江"。
② 孙光宪是唐末五代时人,所著《北梦琐言》,载唐末五代事迹,均系官场传闻,并非实录,不尽可信。

人伏兵的截击,损失较大。[1] 进攻驻有重兵的襄阳不利,便转攻鄂州,仍从江淮地区北上。三月,连克饶、信、杭、衢、宣、歙、池等十五州地区。长安的统治集团惊慌了,深怕义军"北归",捣其巢穴。遂罢王铎都统职,再度起用卢携为相。卢携奏授淮南节度使高骈为诸道兵马都统。他们知道江淮为控制义军"北归"的要害之地,因此,调遣重兵,防守江淮,把阻遏和消灭义军的希望寄托在高骈身上。就在五六月间,黄巢义军屯驻信州,积极准备渡江渡淮北上之际,旧史籍又遍载黄巢在信州致书高骈"请降"事。《旧唐书·僖宗纪》载:

> 春末,"贼"在信州疫疠,其徒多丧。淮南将张璘急击之,"贼"惧,以金赂璘,仍致书高骈乞保命归国。骈信之,厚待其使,许求节钺,时昭义、武宁、义武等军兵马数万赴淮南,骈欲收功于己,乃奏"贼"将殄,不在诸道之师,并遣还北。"贼"知诸军已退,以求节钺不获,暴怒,与骈绝,请战。骈怒,令璘整军击之,为"贼"所败,临阵杀璘。"贼"遂乘胜渡江,攻天长、六合等县,骈不能拒,但决阵登水自固而已。朝廷闻"贼"复振,大恐。

《资治通鉴》及《平巢事迹考》所载此事的内容和文句,大同小异。究竟是怎么回事呢?高骈不仅是个老奸巨猾、富于政治军事经验的军阀官僚,而且掌握了比较强大的军事力量。《旧唐书·高骈传》说:"骈至淮南,缮完城垒,招募军旅,土客之军七万,乃传檄征天下兵,威望大振,朝廷深倚赖之。"[2]而外地调来的昭义、武宁、义武等诸道军数万兵马屯集淮南,扼守渡江渡淮的要地。高骈在当时确是义军的一个凶恶敌人。义军叛徒毕师铎对高骈说:

> "妖贼"百万,所经镇戍若陷无人之境。今朝廷所恃者都统,破"贼"要害之地,唯江淮为首。彼众我寡,若不据津要以击之,俾北渡长淮,何以扼束,中原陷覆必矣。[3]

高骈统率着较强大的反动武装,屯驻渡江要津之地,以逸待劳对付义

---

[1] 《新唐书》卷二二五《黄巢传》。
[2] 《旧唐书》卷一七八《郑畋传》。卢携也说:"高骈将略无双,淮土甲兵甚锐。"
[3] 《旧唐书》卷一八二《高骈传》。

军,这是他的有利方面。但其内部矛盾错杂交织,首先是高骈集团与唐中央间的矛盾突出。《旧唐书·高骈传》载:"骈方持兵柄,闻朝议异同,心颇不平之";又说:"骈怨朝议有不附己者,欲'贼'纵横河洛,令朝廷耸振,则从而诛之。"后来,听了毕师铎的话,本拟"即令出军"。但其亲信将领吕用之接着向高骈说:

> 相公勋业高矣,"妖贼"未殄,朝廷已有间言。"贼"若荡平,则威望震主,功居不赏,公安税驾耶?为公良画,莫若观衅,自求多福。①

高骈接受了吕用之的意见,"乃止诸将,但握兵保境而已"。

同时,高骈与邻近地方军阀如浙西周宝、徐州时溥间的相互兼并,日趋急烈。高骈想凭借较强的兵力,兼并浙西,致使周宝日夜戒备,淮南与浙西间,交通为之梗塞。② 周宝也不断收容反对高骈的将领士兵。③ 徐州的时溥和高骈间争夺地盘的斗争也很激烈,④彼此间,虎视眈眈,形势相当紧张。在这一处境下,高骈一面趁其将张璘在饶州一带对义军作战稍获胜利,又乘义军疾疫较重,加紧调集兵马,对义军进行袭击;一面,也是主要的一面,又害怕义军威力,保存不了自己的实力,采取"观衅,自求多福"和"握兵保境"的政策,同时,他也想及时抓住义军在信州、饶州作战失利和疫疠这个暂时不利形势,积极对义军"晓谕"僖宗的诏旨,施展诱降阴谋,企图侥幸,以收全功。

有人认为农民是皇权主义者,农民军在对敌斗争过程中,发生动摇、妥协乃至投降是常事,因此,对上引旧史书所载黄巢在渡江北上时

---

① 《旧唐书》卷一八二《高骈传》。传中所说:"闻朝议异同"、"怨朝议有不附己者"、"朝廷已有间言",当即指黄巢围攻广州时,郑畋与卢携、于琮在僖宗面前朝议崔璆奏请招降义军事,郑畋指责"高公迁延玩'寇'"等事。
② 崔致远《桂苑笔耕集》卷一一《答江西王尚书》云:"疑惑于渑池,谓矜夸于践土,便见戒严,城壁阻塞,津途构猜嫌,而信有小人。"
③ 请参阅崔致远:《桂苑笔耕集》卷一一《答浙西周司空》。
④ 崔致远《桂苑笔耕集》卷一一载高骈于中和二年(882年)七月《答襄阳郡将军书》说:"自去年春知'寇'侵秦甸,帝幸蜀川,欲会兵于大梁,遂传檄于外镇,练成军伍,选定行期,便被武宁忽兴戎役,先侵泗境,后犯淮濡,声言则顾旧封,实意则鲸吞弊镇,长驱猛阵,直犯近畿,是以分遣偏裨,果殄凶丑。"又《旧唐书·高骈传》也明确地说:"中使促骈讨'贼',冠盖相望,骈终逗挠不行,既而两京覆没,卢携死,骈大阅军师,欲兼并两浙,为孙策三分之计。"按上列事实,在时间上虽在黄巢义军渡江渡淮后发生的,可是,高骈欲割据江淮,和周宝、时溥间的矛盾是很久以来就存在的。

的"乞降"问题,不稍置疑。也有人认为义军自广州回师北上后,兵力虽有所发展,但先则在荆门与刘巨容战失利;至信州、饶州,与张璘战,又患疫疠,伤亡甚重;江淮冲要地区又有强敌扼守,这次渡江战争是十分艰巨的。因此,黄巢为了在渡江战争减少牺牲和取得胜利,利用敌人招降阴谋,将计就计,作次战略伪降,是可能的。可是,细一分析具体历史事实,问题还是很多的。

义军虽然在荆门、信州、饶州等战争和疾疫中,有所伤亡,但,并不很大。《资治通鉴》说:

> 时江淮诸军屡奏破"贼",率皆不实,宰相已下表贺,朝廷差以自安。①

《资治通鉴》编撰者对江淮诸军,虚报战功,言辞间就已深表不满。因而,对义军失利和渡江困难不宜过分夸大。再就义军人数说,义军在七月间渡江进围天长时,高骈上表告急,"称'贼'六十余万屯天长,去臣城无五十里。"可见,当时义军仍有六十余万之众,而淮南军仅七万,合昭义、武宁、义武诸道军不过十万左右,过低估计义军兵势,也欠妥。在这样形势下,如《僖宗纪》所载,黄巢又一次主动地"致书高骈,乞保命归国"的可能性,也存在问题的。

高骈此时的政策,主要的是"握兵保境","自求多福"。同时,向黄巢进行招降活动,招降阴谋能侥幸成功,更好;不成,便"放狐脱网",使义军"纵横河洛,耸振朝廷",自己便可据淮南、兼并江东。因此,已经调来淮南的昭义、武宁、义武诸道军,在其既定政策的执行上,反而增加了困难,当时,黄巢与高骈间曾进行一些战略周旋,高骈便以黄巢即"将"投降("'贼'将殄")为辞,把诸道军"并遣还北"。黄巢"致书"高骈"乞保命归国"事,便是高骈为了遣还诸道军时上奏的。

当诸道军遣还后,义军便抓紧时机,迅速渡江,围攻天长,擒杀了张璘。《僖宗纪》说:义军在十月里便已"悉众渡淮",顺利地"纵横河洛"了。高骈的这种做法,长安的敌酋们怎不愤怒怨恨。僖宗严厉指责高骈的诏文中,有一段明确地指出高骈"放狐脱网"的鬼心思:

---

① 《资治通鉴》卷二五二,唐僖宗广明元年条。

寻闻围逼天长,必谓死在卿手,岂知鱼跳鼎釜,狐脱网罗,遽过长淮,竟为大憝。都统既不能御遏,诸将更何以枝梧? 致连犯关河,继倾都邑。①

高骈作战失败,不得不百般掩饰,把自己的"罪""过",完全归结在其似乎是忠实执行中央招降阴谋,而误中黄巢"伪降"之计所致。张璘战败被杀事,高骈说是在"率兵受降于天长镇"时被义军所截杀的,这确是可能的。

黄巢在北上渡江战争中,利用敌人的内部矛盾和招降阴谋,与之作一定的战略周旋,确是可能的,也是必要的;但,并不是真正的乞降。

从高骈《檄黄巢》书等
看黄巢多次"乞降"问题

义军在江淮地区给敌诸道兵马都统高骈以重大打击,进入淮北地区后,声势益盛。《旧唐书·僖宗纪》载:

> 黄巢自号率土大将军,其众富足,自淮已北,整众而行,不剽财货。

诗《北山》云:"普天之下,莫非王土,率土之滨,莫非王臣。"黄巢义军所要"冲"翻的"天",不是部分地区,而是唐政权统治下的整个"普天";"率土",不是个别地区,而是唐政权统治下的全国领土。"率土大将军"的斗争目标是洛阳长安的唐中央政权,不在什么"郓州节度使"、"天平节度使"或"广州节度使"。如何正确理解这次农民革命的目的和斗争目标,是考虑黄巢会不会真正向敌人"乞""求"个什么"节钺"、"节度使"的全部问题的实质和关键所在。诚然,昏聩糊涂的长安统治者们,是不会、也不可能正确理解到这一点的。他们一直在按照自己的主观愿望,梦想其招降阴谋的实现。即使当黄巢渡过长江,擒杀张璘,义军胜利地驰骋淮、泗,向洛阳长安进军途中,长安的宰臣们如豆卢瑑等还在白天做梦,继续搞招降阴谋,请"授巢郓州节度使"。王坤《惊听录》云:

---

① 《旧唐书》卷一八二《高骈传》。

> 宰臣豆卢瑑奏,缘淮南九译便至泗州,恐高骈固守城垒,不遮截大"寇"。黄巢必若过淮,落"寇"之计,又征兵不及,须且诱之,请降节旄,授郓州节度使,俟其至止,讨之不难。①

这里也证明了,如果黄巢真曾致书高骈"乞保命归国",那有什么"以求节钺不获"之理呢?

再就后来的历史事实看一下罢。《资治通鉴》载,十一月,义军进入汝、郑一带后,便开始向洛阳、长安大进军。当时,义军将士们精神焕发,斗志昂扬,一致为不日即将直捣敌人巢穴,实现王仙芝在濮州树起"天补均平大将军"义旗发难以来的革命宏愿而欢呼,尚让等为追念王仙芝并鼓舞将士斗志起见,将黄巢的"率土大将军"称号,改尊为"天补大将军"。②战斗目标,更加鲜明,革命形势发展到了最高潮时期。进军洛阳、长安前,黄巢晓谕各地敌军将士们说:

> 各宜守垒,勿犯吾锋。吾将入东都,即至京邑,自欲问罪,无预众人。③

《通鉴》胡注:"言自欲问罪于朝廷,于众人无预也。"这个晓谕,是起了相当作用的。各地敌军,但保境自守,不敢抵抗。

僖宗闻知,忙召集宰臣们议守御之策,计无所出,"君臣相对洒泣",慌作一团。义军很快攻克洛阳,下潼关,十二月三日,僖宗带领少数的后妃和大臣匆匆出走,到四川逃命去了。义军高举"天补大将军"大旗,金鼓齐鸣、浩浩荡荡地开进长安。十三日,黄巢称帝,建立了"大齐"政权。

黄巢义军的斗争目标,是要求打到长安推翻唐政权的腐朽黑暗统治,是广大被剥削被压迫的农民群众向唐政权革命的问题,不是黄巢个人搞不搞什么节度使的问题。如果黄巢只要求当个什么节度使而愿意向唐统治集团投降,敌人是求之不得的。我们知道,自安史之乱以来,早已长期形成藩镇割据的局面,《杨志诚传》说,"自安史之后,范阳非国

---

① 王坤《惊听录》,见《资治通鉴考异》引。
② 《资治通鉴》卷二五四,唐僖宗广明元年条:"汝郑把截制置都指挥使齐克让奏:黄巢自称'天补大将军'。"按《续宝运录》谓王仙芝"自称天补均平大将军兼海内诸豪帅都统"。
③ 《资治通鉴》卷二五四,唐僖宗广明元年条。

家所有"。头目由兵士拥"立为帅,国家因而命之"。① 河北三镇的节度使,"年代寖远,父子相袭,亲党胶固",士兵在统治者的利用下,"变易主帅,有同儿戏"。② 唐廷是照例加以承认的。至僖宗时期,江南及其他地区,很多拥有万人乃至数千人军事实力的,即赶走当地的节度使之流,搞成割据局面,唐政府是就既成事实,加以承认授予官职的。例如僖宗时高安人钟传,"聚蛮獠依山为堡,众至万人",王仙芝攻占抚州后退出,钟传即入据其地,僖宗"诏即以为刺史"。闵勖据潭州,也是先授湖南观察使,后又加授镇南节度使。黄巢的实力在当时是全国莫与为比的,唐政府一直在进行诱降阴谋的,如果黄巢果真屡次乞降求节钺,唐政府怎会如此吝惜起来,左一个"不允",右一个"不许"呢?所谓"不允""不许",显然是敌人掩饰其招降阴谋失败后的饰辞。

黄巢没有乞降,从下面的事实中也可以得到反证。

广明二年(即中和元年),郑畋为相,充京西诸道行营都统,号召诸道会兵"勤王"。二月,义军由尚让指挥进攻凤翔,被郑畋将宋文通败于龙尾坡。四月至六月,唐弘夫、王重荣、拓跋思恭等分别率军进至长安周围,逐渐形成了对义军的包围形势。③ 在军事力量的对比上,义军也开始向它的反面转化,逐步处于不利的地位。这时,朝廷屡次催促高骈出兵"赴难",高骈本有并吞江东之志,无意北上,但看到义军形势不利,又恐为郑畋等邀了大功,显得自己无能。因此,趁义军失利时,想不出兵而再度招降黄巢,七月八日高骈发出了《檄黄巢》书,有下列语句:

> 广明二年七月八日,诸道都统检校太尉某告黄巢:夫守正修常曰道,临危制变曰权。……比者我国家德深含垢,恩重弃瑕,授尔节旄,寄尔方镇。尔犹自怀鸩毒,不敛枭声,动则啮人,行为伏主。乃至身负玄化,兵缠紫微,公侯则犇窜危途,警跸则巡游远地,

---

① 《旧唐书》卷一八一《史宪诚传》。
② 《旧唐书》卷一八一《罗弘信传》:"节度使韩简、乐彦祯,光启末,彦祯子从训忌牙军,出居于外,军众废彦祯,推赵文玼主军州事;众复以为不便,因推(罗)弘信为帅。先是有邻人密谓弘信曰,某尝夜遇一白须翁,相告云,君当为土地主,如是者再三,弘信窃异之。及废文玼,军人聚呼曰:'孰愿为节度者?'弘信即应之曰:'白须翁早已命我。'众乃环而视之,曰:'可也。'由是立之。僖宗闻之,文德元年四月,诏加工部尚书,权知节度留后。"
③ 《太平御览》卷一一六"黄巢"条载:"四月,泾原行军唐弘夫之师屯渭北,河中王重荣之师屯沙苑,易定王处存之师屯渭桥,鄜延拓跋思恭之师屯武功,凤翔郑畋之师屯盩屋。六月,邠宁朱玫之师屯兴平,忠武之师三千屯武功。"

> 不能早归德义,但养顽凶。斯则圣上于汝有赦罪之恩,汝则于国有辜恩之罪。……况周鼎非发问之端,汉宫岂偷安之所,不知尔意,终欲奚为?……汝其无成胶柱,早学见机,善自为谋,过而能改。若顾分茅列土,开国承家,免身首之横分,得功名之卓立,无取信于面友,可传荣于耳孙。此非儿女子所知,实乃大丈夫之事。……尔须酌量进退,分别否臧,与其叛而灭亡,曷若顺而荣贵。……立期豹变,无执愚夫之虑,坐守狐疑。某告。①

这篇檄文是出自高骈都统衙门里的幕僚崔致远的手笔,后来由崔致远收编在其所著《桂苑笔耕集》内,是最原始的第一手资料。我们细读该文后,不难了解敌人多次招降时所搞的那套卑鄙无耻的"劝降"内容。更重要的是,如果黄巢以往确曾多次乞降过,高骈在此檄文中为什么只字不提,相反,明确地指出国家"授尔节旄,寄尔方镇","尔犹自怀鸩毒,不敛枭声。"可见,唐政府曾多次以"节旄"、"方镇"、"招降"黄巢,黄巢似未动摇,因而高骈才指责"圣上于汝有赦罪之恩,汝则于国有辜恩之罪"!可知,新、旧《唐书》、《资治通鉴》等书所载黄巢多次"乞降"问题,是不可信的。高骈的指责,一面提供了唐政府对黄巢"赦罪"开"恩""招降"阴谋的供状;一面证明了黄巢一贯坚持革命斗争的精神。对敌人"有辜恩之罪",就是对革命的无限忠贞,正是义军及义军领袖们的光荣。

在此,还想谈一个问题。黄巢退出长安,围攻陈州失败,在中牟渡汴时,遭沙陀统治者李克用骑兵截击,败退到兖州泰山狼虎谷自刎时,《新唐书·黄巢传》载:

> 巢计蹙,谓林言曰:"汝取吾首献天子,可得富贵,毋为他人利。"言,巢甥也,不忍。巢乃自刎,不殊,言因斩之,函首将诣时溥,而太原、博野军杀言,与巢首俱上。

《旧唐书·黄巢传》也说:

> (巢)至狼虎谷,巢将林言斩巢及二弟邺、揆等七人首,并妻子皆送徐州。

---

① 崔致远:《桂苑笔耕集》卷一一《檄黄巢书》。

黄巢退至狼虎谷,众尽途穷,追军渐近时,林言的叛逆思想,已为黄巢所察觉,然而迫于形势,自度无法免于追军和林言杀害之祸,故决心自刎。自刎前对林言所说的那段话,正是他揭露和谴责林言内心深处的卑鄙无耻的叛逆思想的言辞。《新唐书》的编撰者满脑子肮脏污浊思想,怎么会理解农民起义领袖的义烈之气,竟把这段话写成正面话,似乎黄巢活着时求降不得,没有做到官,临死前,还在教导他的外甥林言,干那"出卖人头"以求富贵的叛徒行为!林言斩了死人头,本来是想向敌人献功求赏的,可是自己的头反被敌人砍掉了,和黄巢的头一同被敌人拿去当作求赏的功绩了!叛徒林言的这种可耻下场,可为后人殷鉴,革命领袖黄巢忠贞义烈的精神,是我们中华民族永不磨灭的光荣革命传统!

黄巢虽然英勇地牺牲了,起义的主导力量失败了,但在黄巢教导下的余部,在其从子黄浩率领下继续坚持斗争。黄浩带领七千多人转战各地,一直到天复初年还在湖南一带展开急剧的武装斗争。《新唐书·黄巢传》载:

> 巢从子浩,众七千,为"盗"江湖间,自号"浪荡军"。天复初,欲据湖南,陷浏阳,"杀略"甚众。湘阴强家邓进思,率壮士伏山中,击杀浩。

《九国志》中也载有此事,并较《新唐书》为详。他说:

> (邓)进忠,湘阴人,世为士豪。兄进思,唐中和初为浏阳镇将。黄巢之"乱",江湖荒馑,进思阴养死士千人,以防"寇盗"。会巢弟黄浩领"恶少"数千,"剽劫"江左,号浪宕军,转入湖外,"大掠"浏阳。进思患之,乃与进忠谋,率壮士伏山冢间,候浩军半过,横出击之,浩军大败,前后皆遁走,浩仅以身免。[①]

黄浩为巢从子,非弟,是战死,还是战败遁走?待考。但黄浩在黄巢死后,继续坚持革命斗争,坚贞不屈的精神,未稍变易。

其次,黄巢及家人首级献给僖宗,黄巢的姬妾被俘获后,也被械至

[①] 《九国志》卷一一《邓进忠传》。按黄巢兄弟之参加起义的共七人,据《新唐书·黄巢传》载:"兄存、弟邺、揆、钦、秉、万通、思厚",七人中无浩,均在狼虎谷被林言所杀。其下文即云:"巢从子浩",可知浩为巢从子,非弟。

成都,受僖宗讯问和迫害时,一些主要姬妾也毅然不屈,慷慨陈辞。《资治通鉴》引张彩《锦里耆旧传》载:

> 上(僖宗)……宣问姬妾,汝曹皆勋贵子女,世受国恩,何为从"贼"?其居首者对曰,"狂贼'凶逆,国家以百万之众,失守宗祧,播迁巴蜀,今陛下以不能拒"贼"责一女子,置公卿将帅于何地乎!上不复问,皆戮于市。人争与之酒,其余皆悲怖昏醉,居首者独不饮不泣,至于就刑,神色肃然。

答辞中的什么"狂'贼'凶逆"、"失守宗祧"、"不能拒'贼'"等语,当然是经过统治阶级文饰过了的,但仍能看出她们是如何在面对敌酋慷慨陈辞,坚贞不屈,和不饮不泣,肃然临刑的就义精神来。从子、姬妾如此,何况黄巢本人呢。

几句结语和附论

旧史书中所载黄巢多次"乞降"问题,错综矛盾,存在很多问题,这些问题,经过如上的初步探索,得出如下的一些初步意见:黄巢称王率军攻占淮北一带时,是唐中央宰臣豆卢瑑秉承僖宗既定的招降阴谋奏请招降,黄巢遗书张祎请降事,出自《资治通鉴》编撰者们的误释;撤离中原渡淮南进时伪降高骈之说,也是出自《旧唐书》编撰者们的误植;黄巢在攻略浙江、广州时,崔璆、李岩曾几次奏请招降,非黄巢遗书托崔、李请降;攻占广州后,挟李岩草表和抗表求节钺之说,出自统治者们的诬构;黄巢在信州及渡江北上时,为了击败高骈,顺利渡江,曾与之作战略周旋,不是真正乞降。

黄巢是唐末农民战争后期的一位坚贞不屈、战斗到底的杰出的农民革命领袖。关于黄巢多次"乞降"问题,先是当时的官僚军阀们,为了迎合唐政府的一贯招降阴谋,和掩饰其本身无力抵御义军的腐朽无能,歪曲事实曲奏而成;继则由于封建地主官僚史臣们对农民革命和农民领袖,存在着刻骨的阶级仇恨,为了达到诬蔑农民革命和其领袖的目的,隐蔽唐政府所一贯施展的招降阴谋活动,长期罗织而成。

中国是具有丰富的文化遗产的国家,"经传"、"正史"之类旧史书古文献，给我们保存了很多民族历史的珍贵史料，需要我们去大力深入发掘与研究，继承好这份珍贵的遗产。当然，这些史料出自封建地主官僚史臣们的手笔，为其阶级性所规定，特别是农民革命部分，如上所论，某些史实和政治性的结论，可能有所不真不实，受到歪曲、污蔑之处，只要我们能运用历史唯物主义这个理论武器，认真做好"去伪存真"、"去粗取精"的整理、分析工夫，进行深入研究，对唐末农民革命和农民领袖，是可以揭示出历史的真实面貌和正确评价来的。

中华民族是具有光荣革命传统的民族，自秦末陈胜、吴广起义到唐末王仙芝黄巢起义，已经经历了多少次大规模的农民战争，多少农民革命领袖忠贞节烈地战斗到底，壮烈牺牲了！这种革命传统，是值得我们好好地学习的。我们史学工作者应做好这种总结研究工作。但，封建社会中的农民，毕竟不是近代无产阶级，农民革命领袖为其阶级性和历史条件所局限，具有皇权主义、流寇主义等等的特点，在革命过程中，不可避免会犯许多错误，导致最后的失败，确是令人浩叹的。科学的态度是实事求是的态度，如旧史书所载，如果黄巢确曾有多次向敌"乞降"等政治性的污点，并不需要也不应该为其作何掩饰。继承是有批判的继承，值得我们继承的部分，更需要做好"去其糟粕"和"取其精华"的批判工作。是加强批判的问题，不是为其洗刷或掩饰的问题。

黄巢是唐末农民革命杰出的农民领袖。作者在阅读旧史书所载黄巢多次"乞降"事迹，发现很多矛盾、疑问，这里把问题提出来，并作了些初步的探索，试图解决这些疑问。探索结果，发现旧史书所载，很多歪曲、诬蔑之处，并不全是那么回事。因此，全文为之解说的多、批判得少。研究历史，探索问题，解说问题，务宜实事求是。封建地主和资产阶级恶意丑化黄巢，是可以理解的；我们如果不切实际地加以美化，也是非历史主义的！上面的考辨，限于水平，如有所偏差、疏误之处，请读者、专家们，多予批评和指正。

（与吴泽合作，上海《学术月刊》1961年第5期）

唐代财政重心的南移与两税法的产生

两税法的产生,与中唐以后土地兼并盛行,均田制崩溃和租庸调制难以继续施行,有着极为密切的联系。两税法与唐代土地所有制变化的内在联系,已为今日治唐史和中国经济史者所公认。[①] 除此之外,安史之乱后财政重心南移对两税法的产生也具有十分重要的意义。

一、安史之乱后唐财政重心南移,赋税所入主要出自江南道

安史之乱的爆发,不仅黄河流域遭受了巨大的战争灾祸,而且波及淮河两岸。唐天宝以前赋税所入主要地区由河北、河东、河南诸道逐步移到了南方。唐代所谓南方,应该包括江南道、淮南道、山南道、剑南道和岭南道。代宗永泰年间,曾将赋税所入地区划分为东西两大块。史载:"永泰二年,分天下财赋:铸钱、常平、转运、盐铁,置二使。东都畿内、河南、淮南、江南东西、湖南、荆南、山南东道,以转运使刘晏领之;京畿、关内、河南、剑南、山南西道,以京兆尹、判度支第五琦领之。"[②]我们从贞观时所置十道来看,永泰二年所列的赋税区有关内、河东、河南、淮南、江南、山南、剑南七道。其中河南道的情况是"东周之地,久陷贼中,中间畿内,不满千户。井邑榛棘,豺狼所嗥,既乏军储,又鲜人力。东至郑、汴,达于徐方,北自覃怀,经于相土,人烟断绝,千里萧条"。[③]

---

① 岑仲勉、王仲荦、金宝祥诸先生在对两税法的产生与均田制的瓦解、租庸调难以维持具有密切关系这一点上有共同的认识。参见有关论著。
② 《新唐书》卷五一《食货一》。
③ 《旧唐书》卷一二〇《郭子仪传》。

"函、陕凋残,东周尤甚,过宜阳、熊耳,至武牢、成皋,五百里中,编户千余而已。居无尺椽,人无烟爨,萧条凄惨,兽游鬼哭"。① 河南道得以列入财赋区内,主要因为它是漕运江淮财赋的重要通道。关内道和河东道尽管遭受的战祸不及河南、北道,但也是"关中北至河曲,人户无几"。② 据李吉甫《元和郡县图志》所载,关内道和河东道在元和时的户数只及开元时的三分之一,故至安史之乱后,它们在财政上的重要性是远远不敌江南、淮南、剑南、山南诸道的。安史之乱后唐代财政所依靠的南方地区,实即江南、淮南、岭南、剑南诸道。

财政收入的先决条件之一,是政府必须掌握一定数量的垦田和户口数。故每当唐代财政入不抵出、发生危机时,便有括户、括田之举。而依据每一地区的垦田、户口数并配以当时征税的具体方法,可以得知该地区所负担的赋税量。现在对南方地区的垦田和户口数作一估计。

唐代的垦田数,在史籍中缺乏区域性的统计。但据《通典》卷十二所载天宝八年各道所存义仓储粮数,仍可以推算出各道的垦田数。据《通典》:天宝八年义仓储粮总 63 177 660 石。其中江南道 6 739 270 石,淮南道 4 840 872 石,山南道 2 871 668 石,剑南道 1 797 228 石。又《通典》卷六《食货》六记"天宝中天下计帐户约有八百九十余万,其税钱约得二百余万贯,其地税约得千二百四十余万石"。按《通典》卷六说天宝中岁入地税 1 240 万石,则可知《通典》卷十二所记天宝八年义仓储粮数 63 177 660 石,应为五年之积。③ 而江南、淮南、山南、剑南诸道义仓储粮数亦应为五年之积。以江南道计,义仓储粮 6 739 270 石,按五年储算,则一年纳 1 347 854 石,贞观年间定制义仓亩纳二升,后来虽在高宗永徽时改按亩征收为按户征收,然不久仍行亩纳二升之制。据此,可知江南道在天宝时至少在政府掌握中的垦田数已达 673 927 顷。而江南道、淮南道、山南道、剑南道合计,岁入地税约 3 249 880 石,约合垦田 1 624 904 顷。

唐代各道户数,安史乱后仅见于《元和郡县图志》。据《元和郡县图志》,江南道 1 058 484,山南道 213 849,剑南道 163 367,岭南道 145 210。

---

① 《旧唐书》卷一二三《刘晏传》。
② 《新唐书》卷五三《食货三》。
③ 参见《汪篯隋唐史论稿》中有关论文。

该书淮南道户数已逸,依《通典》和《新唐书·地理志》所记淮南道天宝时有户 39 万余,倘以江南道元和时户数只及开元时三分之二计,则元和时淮南道至多有 26 万余。五道相加,约有户 184 万左右。

安史之乱前后,南方地区有垦田 162 万余顷,户 184 万左右,我们大体上可以将其看作唐代财政收入,尤其是两税法推行时依靠的基础。

据《新唐书》卷五十二《食货二》:"至德宗相杨炎,遂作两税法,……岁敛钱二千五十余万缗,米四百万斛,以供外;钱九百五十余万缗,米千六百余万斛,以供京师"。关于建中年间施行两税法后的赋税收入,史籍所载差距甚大,本文取《新唐书》说法。① 按《新书》所记建中岁入钱三千余万缗,米二千余万石,这是实行两税法后的赋入总数。在这一赋入总量中,南方地区所占比重如何呢? 以前面所知垦田 162 万顷计,假定此时纳米数依然是按大历年间所定夏秋二税上田亩纳一斗一升,下田亩纳七升,平均以亩纳一斗计,则南方地区可得米 1 620 万石。② 南方地区其时有户 184 万,以每户纳钱十贯计,③则可得钱 1 840 万贯。由此可知,南方地区赋税在唐中央财政收入中之重要地位了。

从总体上看,安史之乱后唐代财政重心从黄河流域移到了南方。然而南方各道之间的经济发展不平衡。因此,它们在经济上、赋税上的重要性也就不同。我们从史籍中了解到唐人议论财赋时对江淮地区较为重视。如第五琦在安史之乱爆发不久,即向唐玄宗指出:"方今之急在兵,兵之强弱在赋,赋之所出,江淮居多。"④ 而后来的杜牧更有"今天下以江淮为国命"之说。⑤ 据元和二年李吉甫撰元和国计薄所云"每岁

---

① 如《旧唐书·德宗纪》建中元年赋入 13 056 070 贯(《通鉴》略同),以时价米一石需钱二贯计,(此数出处见注③)岁入合米 652.8 万石。以南方有垦田 160 余万顷计,每亩纳米仅四升,尚少于大历年间亩纳一斗之规定,足见其不可信。
② 《旧唐书》卷四八《食货志上》:"(大历四年十二月)敕:其京兆来秋税,宜分作两等,上下各半,上等出田税一斗,下等每亩税六升。""五年三月,优诏定京兆府百姓税。夏税,上田亩税六升,下田亩税四升。秋税,上田亩税五升,下田亩税三升。"
③ 据《毗陵集》卷一八记,大历年间舒州刺史独孤及答杨贲处士书云"昨据保簿数,百姓并浮寄户共有三万三千,比来应差科者唯有三千五百,……每岁三十一万贯之税,悉锺于三千五百人之家"。以两税法之征收原则,舒州一地岁入三十一万贯之税,应由三万三千户共同负担,则每家平均纳税约十贯。又据《李文公集》卷九李翱《元和末疏改税法》云:"建中元年初定两税,至今四十年矣。当时绢一匹为钱四千,米一斗为钱二百,税户之输十千者,为绢二匹半足矣。"则可知两税法制定前后,每户纳钱十贯左右,按当时钱轻货重的情形分析,只相当于纳绢二匹半或纳米五石,故负担并非很重。
④ 见《通鉴》卷二一八。
⑤ 《樊川文集》卷一六。

赋入倚办,止于浙江东西、宣歙、淮南、江西、鄂岳、福建、湖南等八道,合四十九州,一百四十四万户"。① 根据江南道和淮南道在南方地区的经济地位,我们把它们当作唐朝政府赋税重心南移中之重点区域,显然是符合历史事实的。江南道有垦田 673 927 顷,得米 674 万石,占南方地区纳米总数的 41.6%,有户 106 万,得税钱 1 060 万贯,占南方地区税钱总数的 57.6%。虽然安史之乱后江南道在整个唐朝财赋收入中并没有达到韩愈所说的"赋出天下而江南居十九"②的程度,但江南道作为唐朝财政重心南移后赋税所出的主要地区,却是可以肯定的。

我们认为,不能将唐代财政重心的南移同唐代经济重心的南移混为一谈。唐代财政重心南移与唐代经济重心南移是两个虽有联系但却不能等同看待的问题。经济重心的南移,主要应从比较南北地区农业、手工业、商业等诸种经济因素在整个经济中所占的不同比重中得出结论。目前还很难证明唐代经济重心已南移,但财重心南移却是确定无疑的。事实表明,唐代财政重心南移的主要原因是由于安史之乱的爆发和此后的藩镇割据,使唐朝中央政府失去了对黄河中下游农业区的控制,无法收取该地区的赋税,这样,长江流域的赋税收入在中央财政中才占据了重要的地位。南方地区在赋税上的重要性超过了北方,并非由于此时的南方地区生产水平一下子提高了许多,故可供较多的赋税所致。因此,我们对经济重心南移这一中国经济史上的重大问题,尚需进一步深入研究。

二、两税法按赀纳税原则与南方地区经济状况的关系

德宗时实行两税法,在纳税主体、纳税标准、纳税手段等方面,都与租庸调制大相径庭,确定了不同于租庸调制的新原则。按赀纳税的原则,就是其中一项课税新方法。

按赀纳税,这是后人对两税法征税原则的概括。而在史籍上,只有

---

① 《旧唐书》卷一四。
② 《韩昌黎集》卷一九。

"人无丁中,以贫富为差"九个字。① 在对两税法征税内容的理解上,有好几种不同的看法。我们认为两税法中不仅沿用了地税、户税的征纳原则,而且在"按赀纳税"中,每一纳税户拥有的垦田数,是两税征纳的主要依据。换言之,两税法按赀征纳之原则,据我们的理解,也可称之为"履亩而税"之原则。② 那么,两税法按赀纳税原则与南方地区经济现状的关系何在呢?

安史之乱后,唐代财政出现了两个大问题。第一,财政收入锐减,天宝年间岁入达5 700余万,③至大历时岁入只1 200万。④ 第二,财政重心从北方南移,赋税收入重点落到江南道。肃宗以后各代财政官员的主要任务,必定是尽一切方法在南方地区,特别是江淮地区收取最大量的财赋。而所有理财的言论和实际措施,无不为这两个因素所左右。肃宗时,任用第五琦为江淮租庸使,替刚上台不久的肃宗政权搜括东南财赋,时朝中权贵房琯对此大不以为然,曾向肃宗进谏,但肃宗却很明确地对他说"六军之命方急,无财则散。卿恶琦可也,何所取财?"⑤从肃宗到德宗,理财名家如第五琦、元载、刘晏、杨炎等人想了不少办法,对赋税制度进行了一系列的改革,增加了不少临时性和经常性的新税目,使本来就难以继续维持下去的以租庸调制为主体的旧税法更加混乱,终于导致德宗朝两税法的推行。两税法中按赀纳税原则是和适应南方地区经济状况分不开的,也是为了有利于搜括南方财赋而采取的措施。

据《通典》卷十二记载,安史之乱前的天宝八年,正仓储粮十道总计16 167 400石,⑥其中江南、淮南、剑南、山南四道共2 034 899石,占总数12.59%。义仓储粮总63 167 687石,江南、淮南、剑南、山南四道共16 249 038石,占总数25.72%。又义仓储粮等于五年之储如前所述,故可知江南、淮南、山南、剑南四道义仓岁入为3 249 807石。正仓收

---

① 《新唐书》卷五二《食货二》。
② 关于两税法之内容,本文作者另有专文探讨,此处只取结论。
③ 《通典》卷六《食货》六。
④ 《唐会要》卷八七《盐铁总叙》。
⑤ 《新唐书》卷一三九《房琯传》。
⑥ 《通典》卷一二记正仓储粮总42 126 184石。但根据所列十道储粮数,相加仅16 167 400石。故可知42 126 184石约为三年之储数。

入,以租庸调所征之租为主,义仓收入,以据地收税、亩纳二升为主。①南方地区,在唐玄宗时,据地收税的义仓收入已超过了据丁收税的正仓收入,这一现象是颇耐人寻味的。因为在玄宗朝,地税额还较轻。当安史之乱爆发后,各种税地名目如青苗钱、地头钱、增加地税税额等等情况的出现,履亩而税的优势必将更形突出。江南地区义仓所入在赋税上的重要性,早在安史之乱爆发前已为唐朝中央政府所注意。本来义仓是为了备荒备灾而设,但当政府财政发生困难时,往往将义仓储粮挪作他用。尤其是南方地区,义仓所入既多,这种情况更是难免。以至开元年间,玄宗特地下诏停运江南义仓糙米入京。②但不久裴耀卿上书言漕运利弊时又提到以江淮义仓米运送入京,③当他主持漕运后,所运江淮粮食中,其一部分即为义仓所储。④这一因素,为以后改租庸调为两税法,两税法按赀纳税所本。

　　安史之乱爆发后,南方地区成了唐财政重心所在区域。此时,实行全面的按赀纳税,也即以履亩而税为主的新税法,对唐朝政府大量搜括南方地区的财赋来说,是具有很大意义的。我们可作一比较。以安史之乱后南方地区有户184万,垦田162万顷为基数,如此时继续推行租庸调制,按唐代每户有口6人计,⑤则184万户得口1 104万。又以课口占总人口15%计,⑥则得课口165万余。按租每丁二石,绢每丁二丈计,则可得租330万石,绢82.5万余匹。而实行两税法,按赀纳税,如以大历年间规定亩纳一斗计,则垦田162万顷可得米1 620万石,以每户纳钱10贯计,则可得钱1 840万贯。按当时匹绢钱四千计,⑦折合得绢460万匹。租庸调与两税法在南方地区实施后的财政收入效果,显而易见,是后者优于前者。故当杨炎建议实行两税法时,尽管受到一些

---

① 《通典》卷二六:"凡天下仓廪:和籴者为常平仓,正租为正仓,地子为义仓。"
② 见《唐会要》卷八八"仓及义仓":开元四年五月二十一日诏。
③ 《旧唐书》卷四九《食货志下》。
④ 见史念海《河山集》,第224页。
⑤ 据《通典》所记天宝十四载户口分布材料分析,江南道平均每户6.05口,淮南道5.82口,剑南道5.03口,山南道4.2口,岭南道2.35口。又据《旧唐书》卷三八《地理志》记,开元28年有户8 412 871,口48 143 609,平均每户5.72口,可知唐时平均户口数在6口上下。
⑥ 据《通典》卷七记,天宝十四载有口52 919 309,其中课口仅8 208 321,占总人口15.71%,乾元三年口总16 990 386,课口2 370 799,占总人口14%。本文取15%计。
⑦ 见《樊川文集》卷一六所引《李翱疏改税法》。

人的反对，德宗还是坚决实行了。其内因，除土地兼并，人户流亡，均田制瓦解，地主土地所有制进一步发展这一决定性因素外，实行两税法更有利于南方地区赋税的增加，也应是一个直接的因素。

事实上，在唐德宗实行两税法之前，肃宗、代宗年间的一系列税制变动，已经在财赋重心南移的影响下朝着按赀纳税的方向走了。

履亩而税，在安史之乱以前，仅有义仓地税一项。而到安史之乱后，除地税外，最先实行履亩而税的正是南方地区。唐肃宗至德二年七月十二日《遣郑叔清往江淮宣慰制》曰："逆贼未平，师旅淹岁，军用匮竭，常赋莫充。所以税亩于荆吴，校练于淮海，从权救弊，盖非获已。"① 唐肃宗上台不久，即派郑叔清等人到南方江淮一带搜括财赋。据《新唐书》卷五十一记载"肃宗即位，遣御史郑叔清等籍江淮、蜀汉富商右族訾畜，十收其二，谓之率贷"。大概郑叔清此次到江淮等地收取赋税，主要是以大商贾和大地主为对象的，而这批人在土地兼并盛行的情况下，拥有大量的土地。郑叔清秉承肃宗旨意，让他们按亩出税，按赀户纳赋，并且十收其二，重重地搜括了一笔财赋。这样，就开了履亩而税的先河。其后，代宗又明令税天下青苗钱。"代宗广德二年税天下地亩青苗钱给百官俸料，起七月给"。② 这笔青苗钱的收入，在永泰二年即已达到490万贯。③ 到了大历年间，根据"按赀纳税"的精神，对地税、青苗钱和户税重新作出了规定，进一步提高了纳税的税额。④ 经过这些变革，到德宗时实行两税法，也就成了顺理成章，很自然的事了。

南方地区实行按赀纳税的课税法，与按丁课税相比可以获得更多的财赋，作为唐代财政重心所在，改租庸调制为两税法，对唐朝中央政权来说，是最佳的选择方案。这就是南方地区经济现状与两税法产生之间的内在联系。而这种内在联系，与决定两税法产生的最根本因素——土地私有制的进一步发达也是紧密相联系的。南方地区自东晋南朝以来，地主土地所有制就比较发达。入隋后，南北混一，普遍推行均田制和租庸调制。但与北方黄河流域农业区相比，南方地区推行均

---

① 《唐大诏令集》卷一一五。
② 《册府元龟》卷五〇六。又可见《新唐书》卷六及《通鉴》卷二二三。
③ 《旧唐书》卷四八《食货上》。
④ 《旧唐书》卷四八《食货上》。

田制的时间既晚,且又无明文记载,所以,从均田制实施的具体情况分析,南方显然不及北方。① 到唐高宗武则天后,土地兼并大盛。南方地区大庄园的材料为数不少,"庐州营田吏施汴,尝恃势夺民田数十顷,其主退为其耕夫,不能自理"。② 这只是无数记载南方地区兼并和庄园所有制材料中的一例。于此也可窥见南方地区土地私有制的发达程度。这一因素,决定了南方地区在安史之乱后的经济现状,从而最终决定变租庸调为两税法的赋税改革。

三、两税法中以钱为赋税本色原则与南方地区的关系

两税法除了按赀纳税原则外,征税时以钱作为纳税本色的原则,也是新税法不同于租庸调以实物为本色的一项重大改革。对两税法"定税之初,皆计缗钱"③的原则,治唐史者有认为"建中元年的颁布两税法,可谓集中地反映了商品货币关系的发展。因为如果没有商品货币关系的发展,……不可能有以货币地租为主要内容的两税法的颁布"。④ 然而,我们认为,在分析两税法以钱为赋税本色原则时,除了必须从纵的方面,也就是历史发展过程中注意唐代商品经济和货币关系的发展对两税法纳钱原则的影响外,还应该从横的方面,也就是从唐代不同地区商品经济,尤其是货币关系发展的差异上进行探讨。两税法之所以规定"钱"为征税本色,是与南方地区钱的大量流行,成为经济生活中主要的交换手段密切相关的。

两税法"计钱定课",其原因是"自初定两税,货重钱轻,乃计钱而输绫绢"。⑤ 贞元十二年河南尹齐抗上德宗书中也谈到"定钱之初,钱轻货重,故陛下以钱为税"。⑥ 这些议论,虽然没有触及到两税法"以钱为税"的实质,但说明了一个重要的现象,即"钱轻货重"是导致两税法"以

---

① 可见范文澜《中国通史简编》。
② 《太平广记》卷一三四。
③ 《陆宣公翰苑集·奏议六》"均节赋税恤百姓"第二条。
④ 见金宝祥《唐史论文集》,第261页。
⑤ 《新唐书》卷五二《食货》二。
⑥ 《新唐书》卷五二《食货》二。

钱为税"的重要因素。影响钱轻货重的因素是多方面的,也是较为复杂的。但在交换中,必须有大量的钱币流通,而且钱币的流通量大大超过交换所需的钱币量,则是出现钱轻货重现象不可或缺的重要因素。唐代自高祖制定"开元通宝"钱,统一货币制度后,虽然钱币已作为法定的交换手段在流通领域占据了主导的地位,但在南北各地经济发展中,钱币的使用情况是很悬殊的。大致说来,北方地区实物交换比南方发达,而钱币在交换中的作用却远不及南方地区。

南北地区交换关系中实物和钱币使用程度的差异,我们首先可以追溯到魏晋南北朝时期。魏晋南北朝时,从总的经济发展水平看,由于战争的破坏,生产力的发展受到严重阻碍,农业、手工业和商业的发展都较缓慢,自然经济色彩十分浓厚;在交换中,以绢帛布谷等实物作为货币使用的情况非常突出,尤以北方为甚。北方自十六国割据至北魏太和年间,除了少数情况如后赵石勒曾有过铸造"丰货"钱之举外,[①]长期没有铸钱,史称"魏初至于太和,钱货无所周流"。[②] 太和十九年虽铸成太和五铢钱,但"京城及诸州镇,或铸或否,或有只用古钱,不行新铸,致商货不通,贸迁颇隔","而河北诸州,旧少钱货,犹以他物交易,钱略不入市也"。[③] 直到北齐时仍然"冀州之北,钱皆不行,交贸者皆以绢布"。[④] 而南方统治区内,尽管交换中杂用实物的现象也很普遍,但历代不断铸钱,加之民间私铸恶钱以牟利,所以在交换中钱币的作用逐渐抬头,特别是在一些经济比较发达的地区,占据了主导地位。据《隋书·食货志》,梁初使用钱币的主要地区有京师、三吴、荆、郢、江、湘、梁、益。《隋书》指出的这些地区,在当时及此后南方经济发展中占有举足轻重的地位。到陈时,《隋书》所指出不用钱币的地区,只提到"岭南诸州,多以盐米布交易,俱不用钱"。所以,我们从南北地区钱币使用情况看,在唐代以前,南方已比北方普及。

唐代自唐高祖武德四年铸"开元通宝"钱始,遂结束了南北朝以来因分裂割据和改朝换代而造成的币制混乱状况。又因社会经济的恢复

---

① 《晋书》卷一○四《石勒载记》。
② 《魏书》卷一一○《食货志》。
③ 《魏书》卷一一○《食货志》。
④ 《通考》卷八《钱币考》。

和发展,商业流通和商品交换的逐渐发达,钱币在货币中的地位渐趋重要。但实物交换的作用仍很显著,可以说,终唐之世,实物交换在流通领域中仍占一定比例,尤以绢布为最主要。特别在中唐以前,"钱帛兼行"是唐代经济发展中一个很引人注目的现象。有关唐代"钱帛兼行"的事实和它所反映的唐代经济的实质,已有不少史家详加阐述。[①] 本文想提出的是,作为货币作用的绢帛,它的生产地区和流通地区基本上应是一致的。也就是说,在盛产绢帛的地区内,人们较易于按受绢帛作为商品交换的价值尺度和流通手段,使绢帛在流通领域发挥货币的职能。而在非生产绢帛的地区,绢帛的货币职能就不能大量地、经常地得到发挥。唐代前期生产绢帛地区,据研究主要集中在河南、河北道,也即集中在黄河中下游农业区域内,其次是巴蜀地区(山南道一部与剑南道全境)。[②] 根据《唐六典》卷二〇所载,唐代作为货币使用的绢,依据各州所产质量优劣,可分为八等。以十道排列:

河南道:

　　一等:宋、亳。二等:郑、汴、曹。三等:滑、陈、泗、兖、濮、徐。四等:许、齐、郓、豫。五等:颍、淄、青、沂、密。

河北道:

　　二等:怀。三等:魏、卫、相、冀、德、贝、博。四等:沧、瀛、莫、棣、深、恒、定、赵。五等:易、幽、仙(仙州属渤海,近河北道)。

剑南道:

　　六等:彭、蜀、汉、简、梓、剑、遂、绵、褒、益。七等:普、陵、龙、嘉、雅、眉、资、邛。八等:合。

山南道:

　　五等:唐、随。六等:襄、邓。七等:壁、集、洋、渠、阆、果。八等:通、巴、蓬、兴、利、开、均、金。

江南道:

　　五等:安、黄。八等:泉、建、闽(唐时只有闽县而无闽州,闽县属福州)。

---

① 李埏:《略论唐代的钱帛兼行》,载《历史研究》1964年第1期。
② 详见《汪篯隋唐史论稿》及史念海《河山集》。

河东道：

　　四等：邢、洺。

淮南道：

　　五等：寿。

　　从《唐六典》所定作为货币使用的绢的分布看，五等以上绝大部分集中在河北、河南两道，其次才是剑南，山南道。江南、淮南等道则只有个别州县才得以列入。这与唐代绢帛生产地区的分布基本上是一致的。所以，唐代"钱帛兼行"的主要地区，应该是在黄河中下游丝织品的主要生产区内。①

　　从唐代绢帛作为货币流通的地区分布看，南方不及北方。南方除了部分地区以特殊生产物如岭南以银等作为货币使用和前期曾以布行使过货币职能外②，在商品交换中起主要作用的是钱币。这一点我们可以从南方地区"恶钱"大量流行和民间私铸极多中看出。

　　唐高祖武德年间初铸"开元通宝"钱，史称"议者以新钱轻重大小最为折衷，远近甚便之"。③ 当时规定在洛、并、幽、益等州官置钱监铸钱。其后不久又于桂州置监。④ 从唐初钱监分布的地区看，洛、并、幽分别在北方地区的河南、河东、河北道。益、桂在南方的剑南、岭南道。而南方主要经济地区的江、淮等道，则没有设监铸钱。北方地区，一方面，政府在主要经济区内设置了钱监负责钱币的铸造，另一方面，北方地区又有绢帛代替钱币行使货币职能的传统，在商品流通中和交换中，钱帛可以兼行，所以，北方地区因钱币短缺而发生"钱重物轻"的情况以及恶钱大量流行，私铸极多的情况是少见的。而南方地区则出现了矛盾。一方面，政府在江淮等地没有设监铸钱，另一方面，南方地区并不如北方那样，绢帛可以广泛地代替钱币的货币职能，因此在商品流通和交换过程中，出现了钱币相对短缺的情况。于是，南方地区，尤其是江南道内，私铸大盛，恶钱泛滥。唐代对民间私铸钱币是严行禁止的，"诸私铸钱

---

① 此处颇受王永兴《试论唐代前期布的货币职能》一文的启发，特此志之。
② 见王永兴《试论唐代前期布的货币职能》，载《中华学术论文集》。
③ 《旧唐书》卷四八《食货上》。
④ 《旧唐书》卷四八《食货上》。

者,流三千里;作具已备,未铸者,徒二年;作具未备者,杖一百"。① 但自唐高宗起,民间犯禁私铸钱币者逐渐增多,而且绝大部分集中在南方。民间私铸"荆、谭、宣、衡,犯法尤甚",高宗要侍臣"严加禁断,所在追纳恶钱,一二年间使尽",但只是"当时虽有约敕,而奸滥不息"。② 武则天长安时,也是"江淮之南,盗铸者或就陂湖巨海,深山之中,波涛险峻,人迹罕到,州县莫能禁约"。③ 到唐玄宗开元时,宋璟知政事,雷厉风行地下令禁止私铸和恶钱的流通,当时因为"江淮钱尤滥恶","璟乃遣监察御史萧隐之充江淮使。隐之乃令率户出钱,务加督责。百姓乃以上青钱充恶钱纳之,其不恶者或沉之于江湖,以免罪戾。于是市井不通,物价腾起,流闻京师。隐之贬官,璟因之罢相,乃以张嘉贞知政事。嘉贞乃弛其禁,人乃安之"。④ 一场禁止恶钱流通和私铸的运动在江淮地区竟搞得"市井不通,物价腾起",可见江淮地区恶钱在交换中地位之重要。

恶钱的出现和大量流通,是由商品流通和交换中钱币的需要量与钱币的实际流通之间的矛盾决定的。交换中需要大量钱币,但钱币却严重不足,这样,私铸者才能以恶钱牟利。而恶钱泛滥,一方面固然可以说明钱币不足,另一方面也足证钱币在交换中的重要地位。唯有交换中普遍地使用钱币,才会在法定钱币不足的情况出现时,民间接受恶钱以补充钱币之不足。这正是该地区钱币在交换中占据主导地位的明证。

我们将南北朝以来钱币使用的情况和唐代北方"钱帛兼行"以及南方恶钱大量泛滥的诸种现象综合加以分析,可以证明唐代南方,特别是江淮等地在交换中普遍地、大量地使用钱币。而这一因素的存在,与南方恶钱大量流布又是相辅相成的。恶钱的出现,其始于钱币的不足,但私铸既多,恶钱便大量泛滥,当它超过了流通和交换中对钱币的需要量后,势必出现"钱轻物重"的现象。

安史之乱后,唐代财政重心南移,赋税收入一下集中到南方地区,

---

① 《唐律疏议》卷二六《杂律》。
② 《旧唐书》卷四八《食货上》。
③ 《旧唐书》卷四八《食货上》。
④ 《旧唐书》卷四八《食货上》。

政府搜括财赋仍以实物为主,"钱轻物重"现象便越演越烈,对经济发展和社会稳定形成威胁。两税法确定"以钱为税"的征纳原则,如果不把它放到南方地区"钱轻物重"这一前提下考虑,是很难准确地确定它的实际意义和历史意义的。两税法"以钱为税"的原则,在它实行不久后,的确起到了遏止"钱轻物重"的作用,只是因为定法之初还有欠考虑,制度不完善,遂从"钱轻物重"走向了另一个极端,形成"钱重物轻"的局面。

四、结束语

本文从"按赀纳税"和"以钱为税"两个方面对两税法的产生和南方地区经济发展之间的关系进行了初步的探讨,试图揭示它们之间的内在联系。"按赀纳税"和"以钱为税"是两税法不同于租庸调的主要之处。从唐代经济发展的过程看,安史之乱前,租庸调制已难于继续维持下去,安史之乱后,新税制的出现,已是历史的必然趋势,南方地区经济的发展,此时已具备了"按赀纳税"和"以钱为税"的条件,而安史之乱后唐代财政重心南移,则将两税法的产生与南方地区经济发展的现状紧紧地联系了起来。虽然两税法的出现受到了当时许多人的非议,但由于它适应财政重心南移后南方地区的经济现状和政府对财赋的大量需要,故终究在唐代赋税史上开创了一个新的纪元,在中国封建经济史上占据了一席之地。

(与李晓路合作,《首都师范大学学报》1985年第3期)

唐代文风南兴及其经济原因管窥

近人论述唐代国力强盛之表现,除疆域开拓、经济富庶外,当推文化事业的兴旺发达。文化现象并不是一种孤立的现象,蕴含在文化现象背后的是深刻的政治、经济、社会现象。此政治、经济、社会现象可能成为支撑文化发展的基础,也可能受文化发展的影响与左右。在唐代文治武功均足称道的历史事实中,有一个值得重视而又被人们忽视的现象,即唐代文风的南兴。

所谓唐代文风的南兴,其含义包括:唐代南方文化的迅速发展及其唐代文化重心的南移。本文要探讨的是唐代文风南兴的表现及其经济原因。

唐代政权,主要是依靠关陇贵族军事集团,利用农民大起义的成果,在武力征服全国的基础上建立起来的。因此,唐初中央政权在其人员组成结构上,表现出两个显著的特点:一为武臣势力很大;一为北人占据优势。武德九年十月,唐太宗登基不久,就对唐初创业诸臣论功行赏,定食实封等第,根据各人功绩大小,分为九等,第一至第九等各食实封自1500户至300户不等。在这个食实封功臣名单中,共开列了43人,计有裴寂、长孙无忌、王君廓、尉迟敬德、房玄龄、杜如晦、长孙顺德、柴绍、罗艺、赵郡王孝恭、侯君集、张公谨、刘师立、李勣、刘弘基、高士廉、宇文士及、秦叔宝、程知节、安兴贵、安修仁、唐俭、窦轨、屈突通、肖瑀、封德彝、刘义节、钱九陇、樊兴、公孙武达、李孟尝、段志玄、庞卿恽、张亮、李药师、杜淹、元仲文、张长逊、张平高、李安远、李子和、秦行师、马三宝,[①]在这43名食实封功臣名单中,除了裴寂、长孙无忌、房玄龄、

[①] 《旧唐书》卷五七《刘文静传》,同书卷二,《新唐书》卷八八《裴寂传》同。

杜如晦、高士廉、唐俭、肖瑀、封德彝、张亮、李药师、杜淹11人为文臣外,余皆为武将。此与唐以武功起家不无关系。

唐初以马上得天下,然究未能以马上治天下,故史称太宗"既平寇乱,留意儒学,乃至宫城西起文学馆,以待四方文士"。① 太宗所延揽文才,号为十八学士,有杜如晦、房玄龄、于志宁、苏世长、薛收、褚亮、姚思廉、陆德明、孔颖达、李道玄、李守素、虞世南、蔡允恭、颜相对、许敬宗、薛元敬、盖文达、苏勖。② 其中除褚亮、陆德明、虞世南、许敬宗为南方士族外,余皆为北方关中、关东士人,可见在唐初十八学士中,北方文士明显占多数。

唐代的长安,因京城所在,四方文士聚集,遂为政治文化中心,但关中地区素非文化发达之域,秦汉以来,即有"关西出将,关东出相"之说。唐初的关东、江淮地区继承前代文化传统的余绪,在各自的基础上不断向前发展着,是为唐代文化的两个主要区域。对此,唐代统治者是看得十分清楚的。太宗、高宗两朝屡屡下诏要求关东、江淮等地地方长官注意选择,推荐该地区各类人才以备中央选用。如贞观十一年四月下诏"……齐赵魏鲁,礼义自出,江淮、吴会,英髦斯在。山川所感,古今宁殊? 载伫风猷,实劳梦想。宜令河北、淮南诸州长官,于所部之内,精加采访"。③ 永徽×年十月诏曰:"宜令河南、河北、江淮以南州县,……可明加采访,务尽才杰,州县以礼发遣。"④ 上元三年十二月又诏:"山东、江左,人物甚众,虽每充宾荐,而未尽英髦,……委巡抚大使咸加采访,伫申褒奖。"⑤ 一个地区文化的发展情况,可以从该地区文化的普及程度及其对周围地区文化的影响力两个方面得到认识。文化的普及,是整个文化赖以生存、发展乃至提高的基础。同样,文化影响力的高低、强弱,则更集中反映了每一地区文化的发达程度。从唐初关东、江淮两大区域的文化影响力看,关东地区似乎高出江淮一筹。

首先,关东地区的文人在中央政权中的代表人物,不但人数众多,

---

① 《旧唐书》卷七二《褚亮传》。
② 《旧唐书》卷七二《褚亮传》。
③ 徐松《登科记考》卷一。
④ 徐松《登科记考》卷二。
⑤ 徐松《登科记考》卷二。

而且常常身居端揆,握中枢之大权。著名的如房玄龄、魏徵、高士廉、封德彝等等。而江淮地区的文士除萧瑀相高祖外,贞观初年无一人任相,至贞观末年,南方文士任相者才渐多,其代表人物有褚遂良、许敬宗等。

其次,唐初诸臣对待南、北文化的态度亦是重北轻南。唐太宗号称知人善任,虞世南、薛收并为当时南北名士。虞世南为越州余姚人,少受学吴郡顾野王,文名甚著,号称五绝:德行、忠直、博学、文辞、书翰,唐太宗曾赞其为"当代名臣,人伦准的"。① 薛收乃蒲州汾阳人,史称其"辩对纵横"、"言辞敏速",②论文才在虞世南之下,但却颇受太宗赏识,"与房玄龄、杜如晦特蒙殊礼,受心腹之寄",③唐高祖初授太宗策上将、尚书令时,唐太宗曾命薛收与虞世南并作让表而"竟用收者",④可见太宗重北轻南之一斑。又唐初惩汉魏六朝经义出诸多门,歧误百端,故有统一说之举,"太宗以经籍去圣久远,文字讹谬,令师古于秘书省考定五经",⑤当时参与其事者还有孔颖达、司马才章、王恭、王琰诸人,后撰成《五经正义》180卷。颜师古为雍州万年人,孔颖达为冀州衡水人,司马才章为魏州贵乡人,王恭为滑州白马人,均为当时关中、关东大儒。《五经正义》的颁行,影响至深,后世应举者无不以此为读经、释经之蓝本。关东地区虽然素以礼仪经学见称于世,但此举仍可视为关东地区文化影响力大增的主要表现之一。然此事亦受到南方文士的反击。"时校书郎王玄度注《尚书》、《毛诗》,毁孔、郑旧义,上表请废旧注,行己所注者,诏礼部集诸儒详议。玄度口辩,诸博士皆不能诘之。郎中许敬宗请付秘阁藏其书,河间王孝恭特请与孔、郑并行。仁师以玄度穿凿不经。乃条其不合大义,驳奏请罢之。诏竟依仁师议,玄度遂废"。⑥ 王玄度注《尚书》、《毛诗》,受到南方士人许敬宗的支持,但终为山东世族崔仁师所抑,未能行之于世。

关东地区与南方地区的文化特点有较明显的差别。关东文化以经学为主,南方文化以辞章为优,如果说在唐初关东文化占优势的情况

---

① 《旧唐书》卷七二《虞世南传》。
② 《旧唐书》卷七三《薛收传》。
③ 《旧唐书》卷七三《薛收传》。
④ 《旧唐书》卷七三《薛收传》。
⑤ 《旧唐书》卷七三《颜师古传》。
⑥ 《旧唐书》卷七四《崔仁师传》。

下,南方文化只是以渗透的方法表现自己的话,那么,随着高宗、武则天时期进士科的抬头和日显,南方文化的影响力则逐步扩大。到了安史之乱以后,随着北方士人的大量南迁与南方经济的稳步发展,南方地区的文化得到了较迅速的扩张,最终出现了文风南兴的局面。

何以谓进士科之兴盛与文风南兴有相关性呢?唐武宗时,山东士族李德裕曾竭力反对进士科,他对唐武宗说过一句耐人寻味的话:"臣祖天宝末以仕进无他伎,勉强随计,一举登第。自后不于私家置《文选》,盖恶其祖尚浮华,不根艺实。"①李德裕父子以《文选》浮薄无用,故置之不谈,可见《文选》与进士科之兴盛当有内在联系。进士科初时亦考经义,然以诗赋词藻为主,《文选》者,乃应进士举者不可不读之书,故唐代讲授《文选》亦成为专门学问。此一学问,大兴于江淮间。"曹宪,扬州江都人。仕隋为秘书学士,每聚徒教授,诸生数百人,当时公卿已下,亦多从之受业。……所撰《文选音义》,其为当时所重。初,江淮间为《文选》学者,本之于宪,又有许淹、李善、公孙罗复相继以《文选》教授,由是其学大兴于代"。②"江淮间为《文选》学者,起自江都曹宪。贞观初,扬州长史李袭誉荐之,征为弘文馆学士。宪以年老不起,遣使就拜朝散大夫,赐帛三百匹。宪以仕隋为秘书,学徒数百人,公卿亦多从之学,撰《文选音义》十卷,年百余岁乃卒。其后句容许淹、江夏李善、公孙罗相继以《文选》教授"。③《文选》学大兴于江淮,故江淮士人多从《文选》学,应进士科者遂众。江淮文化之影响,于是通过进士而大大增强。唐玄宗时,"上谓宰相曰:'朕每读书有所疑滞,无从质问,可选儒学之士,日使入内侍读。'卢怀慎荐太常卿马怀素。九月,戊寅,以怀素为左散骑常侍,使与右散骑常侍褚无量更日侍读"。④"马怀素,润州丹徒人也。寓居江都,少师事李善"。⑤李善以教授《文选》著称,马怀素从李善学,精通词章无疑。"褚无量,字弘度,杭州盐官人也,……尤精《三礼》及《史记》"。⑥唐玄宗两侍读均为江南名儒,此可表明经高宗、武则

---

① 《旧唐书》卷一八上《武宗纪》。
② 《旧唐书》卷一八九《儒学士》。
③ 《大唐新语》卷九《著述》。
④ 《资治通鉴》卷二一一,开元三年条。
⑤ 《旧唐书》卷一〇二《马怀素传》。
⑥ 《旧唐书》卷一〇二《褚无量传》。

天朝的发展,南方文化的影响力已开始膨胀。更可注意的是,高宗、武则天朝以后进士科的渐显,使不少山东士族江南士族刮目相看。如崔湜出于博陵著姓,"湜美姿仪,早有才名,弟液、涤及从兄涖并有文翰,居清要,每宴私之际,自比东晋王导、谢安之家。谓人曰:'吾之一门及出身历官,未尝不为第一。丈夫当先据要路以制人,岂能默默受制于人也。'"①崔湜自负如此,但却对江南士族陆象先十分推重。"初,太平公主将引中书侍郎崔湜知政事,密以告之。湜固让象先,主不许之,湜因亦请辞。主遂言于睿宗,乃并拜焉。……湜每谓人曰:'陆公加于人一等。'"②陆象先乃苏州吴县人,史称其"言论高远,雅为时贤所服",③时人称道"陆氏兄弟皆有才行,古之苟、陈,无以加也"。④ 此类事实玄宗以后日渐增多,前引玄宗时卢怀慎荐马怀素亦为一例。

　　安史之乱以后,由于北方陷入长期战乱状况,不少士人纷纷南迁,关东、关内文化发展大受影响,呈停滞状态。与此同时,南方地区的文化由于受北方士人南迁的影响,大大增强了活力,出现了文化重心南移的趋势,这正是唐代文风南兴的一个重要内容。学术界过去论述北方人口南迁时,从经济角度探讨其作用和影响的较多,而从文化角度估价其影响的则较少。事实上,北方人口的南迁,除了为南方地区增添了大量劳动人手和带来了不同的生产技术经验外,北方士族(这些人是文化知识的主要代表)的南迁,同时也促进了所迁居地区文化的新发展,或者使自己的文化与迁居地区原有文化通过交流而不断融合,产生出新的文化因素。唐代北方士族南迁对南方文化发展的影响,较显著的是北方士族客居南方后的授业讲学,培养了不少学生,促进了南方地区文化的发展。如"王质字华卿,太原祁人,五代祖通字仲淹,隋末大儒,号文中子。……少负志操,以家世官卑,思立名于世,以大其门。寓居寿春,躬耕以养母,专以讲学为事,门人受业者大集其门"。⑤ 又如"杨收字藏之,同州冯翊人,自言隋越公素之后。……父遗直,位终濠州录事

---

① 《旧唐书》卷七四《崔江师传附崔湜传》。
② 《旧唐书》卷八八《陆元方传附家生传》。
③ 《旧唐书》卷八八《陆元方传附家生传》。
④ 《旧唐书》卷八八《陆元方传附家生传》。
⑤ 《旧唐书》卷一六三《王质传》。

参军,家世为儒。遗直客于苏州,讲学为事,因家于吴"。① 江淮地区私人讲学,原本已很流行,又得到北方士族南迁后的助力,因此私人讲学之风大盛。"唐咸通中,荆州书生号唐五经,学识精博,实曰鸿儒,志趣甚高,人所师仰,聚徒五百,以束修自给"。② 而私人讲学习业之所,大多集于山寺。如无锡惠山寺,"太和五年四月,予自江东将西归浐阳,路出锡邑,因肄业于惠山寺"。③ "金陵之属郡毗陵南无锡县,有佛寺曰惠山寺,潜家山也。贞元、元和中,先丞相太尉文肃公(李绅)心宁色养,家寓是县,因肄业于惠山"。④ 广陵灵岩寺"论三代之文,则有河东薛大信,……大信与予最旧,始以孝弟余力,皆学于广陵之灵岩寺"。⑤ 常州善权寺"臣大和中在此习业,……寺前良田极多"。⑥ 此外如"(李)端,赵州人,嘉祐之侄也。少时居庐山,依皎然读书,意况清虚,酷慕禅侣。大历五年李搏榜进士及第,授秘书省校书郎"。⑦ 南方私人讲学之风的盛行,使不少地区成为文化特别发达之地。"江陵在唐世,号衣冠数泽,人言琵琶多于饭甑,措大多于鲫鱼"。⑧ 湖州地区"其冠簪之盛,汉晋已来敌天下三分之一"。⑨ 五代至宋时,南方地区出现了以私人讲学为主的书院,而两宋著名书院又大多集中于南方,其滥觞,不能不说是起于中唐以后的私家讲学山寺之习俗。

随着南方文化事业的发展,南方士族的代表人物终于在学术上压倒了北方士族。中唐以后,世称儒家,代修国史者当推蒋乂柳澄、沈传师三家。"蒋乂字德源,常州义兴人也。……蒋氏世以儒史称,与柳氏、沈氏父子相继修国史实录,时推良史,京师云《蒋氏日历》,士族靡不家藏焉"。⑩ "柳澄字成伯,河东人"。⑪ "沈传师字子言,吴人"。⑫ 三家良

---

① 《旧唐书》卷一七七《杨收传》。
② 《太平广记》卷二五六《唐五经》。
③ 《全唐文》卷七二四,李骘《题惠山寺诗序》。
④ 《全唐文》卷八一六,李濬《惠山寺家山记》。
⑤ 《全唐文》卷六二八,吕温《送薛大信归临晋序》。
⑥ 《全唐文》卷七八八,李蜕《请自出俸钱收赎善权寺事奏》。
⑦ 《唐才子传》卷四"李端"。
⑧ 《太平广记》卷二六六"卢程"。
⑨ 《唐文粹》卷七三,顾况《湖州刺史厅壁记》。
⑩ 《旧唐书》卷一四九。
⑪ 《旧唐书》卷一四九。
⑫ 《旧唐书》卷一四九。

史,两家出于江南,此可视为文化重心南移的标志之一。开元二十五年,曾对全国各地选送赴京应试科举的人数作过一项规定:"应诸州贡士,上州岁贡三人,中州二人,下州一人。"①这次规定贡士人数多少的原则,是以州的等级为标准的。至会昌五年,又重新颁布了一项新的应试人数的规定。② 这次规定,是以不同地区作划分贡士人数多少的标准的。在这项规定中,如以选送人数多少作分类的话,除国子监、宗正寺、东监、同华不算外,每州进士十五人、明经二十人为第一级;每州进士十人、明经十五人为第二级;每州进士七人、明经十人为第三级。而南方大部分州均列入第一级,北方,尤其是关东地区大部分州则列入第二级。按地区选送贡士人数的此种差别,特别清楚地说明了中唐以后南方文化的发展超出了北方,这是唐代文化重心南移的一项主要标志。

  唐代文风的南兴,除了政治上、文化传统上的诸种因素外,与南方地区,尤其是长江中下游地区的经济发展有着十分密切的关系。探究唐代文风的南兴,不能不对此作深入的探讨。有关唐代南方经济发展的一般情况,已有不少著作涉及。③ 限于篇幅,这里着重从安史之乱以后东南七道的发展入手,以此为例证明文风南兴的物质基础及与唐代后期南方经济发展间的内在联系。

  安史之乱以后,东南七道浙江东、西、宣歙、福建、湖南、鄂岳、江西。淮南道因户口数缺,故不列入基本未受战乱的影响,故农业经济保持了稳步发展的势头。我们探讨东南七道农业经济的发展水平,可以紧紧抓住关系当时农业发展的两大因素,即人口与水利。

  据冀朝鼎《中国历史上的基本经济区与水利事业的发展》一书统计,在大致与唐代东南七道相当的区域内,水利事业的兴修次数,计为江苏18次,浙江44次,江西20次,福建29次,湖北4次,湖南7次,共122次。冀朝鼎的统计大多取材于省志。另据张弓《唐朝仓廪制度初探》统计,唐代江南道(其区域大体上与东南七道相符)共兴修水利工程

---

① 《唐摭言》"贡举厘革并行乡饮酒"。
② 《唐摭言》"会昌五年举格文节"。
③ 参见史念海《隋唐时期长江下游农业的发展》,载《河山集》;韩国磐《五代时南中国的经济发展及其限度》,载《隋唐五代史论集》;郑学檬《五代十国商品经济的初步考察》,载《唐史研究会论文集》。

76处,其中安史之乱以后兴修的有50处,占江南道兴修水利工程总数的三分之二。东南地区多江湖河汊,易涝易灌,水利对农业生产尤为重要。安史之乱以后,东南地区的农田水利建设不仅未曾停顿,而且比前期发展更快,在修建的水利工程中,还有不少规模较大的,如扬州境内"有堤塘,溉田数千顷,元和中,节度使李吉甫筑"。① 润州之练塘"周八十里,永泰中刺史韦损因废塘复置,以溉丹阳、金坛、延陵之田,民刻石颂之"。② 绛岩湖"麟德中令杨延嘉因梁故堤置,后废,大历十二年,令王昕复置,周百里为塘,立二斗门以节旱暵,开田万顷"。③ 常州之孟渎"引江水南注通漕,溉田四千顷,元和八年,刺史孟简因故渠开"。④ 明州之仲夏堰"溉田数千顷,大和六年刺史于秀友筑"。⑤ 宣州之大农陂"溉田千顷,元和四年宁国令范某因废陂置"。⑥ 这些水利灌溉工程溉田规模从十万亩至上万亩不等,其中润州之练塘,规模很大,可溉周围三县之田,特别是该塘修筑于安史之乱尚未平息之永泰年间,说明此地区农业生产不仅未因中原乱起而受太多影响,而且预示着农业生产的进一步改善。

安史之乱以后,东南七道的户数从《元和郡县图志》看,大大不如安史之乱以前,下降幅度大。但我们认为,《元和郡县志》所记东南七道元和年间户数大可存疑,下面先就《新唐书·地理志》所载东南七道天宝时户数与《元和郡县志》所载元和时户数作一比较,然后再作探讨。

东南七道天宝、元和户数比照表

	天宝户数	元和户数		天宝户数	元和户数
浙西观察使			浙西观察使		
润州	102 023	55 400	苏州	76 421	100 808
常州	102 633	54 767	湖州	72 206	43 467

---

① 《新唐书》卷四一《地理五》。
② 《新唐书》卷四一《地理五》。
③ 《新唐书》卷四一《地理五》。
④ 《新唐书》卷四一《地理五》。
⑤ 《新唐书》卷四一《地理五》。
⑥ 《新唐书》卷四一《地理五》。

(续表)

	天宝户数	元和户数		天宝户数	元和户数
浙西观察使			江西观察使		
杭州	86 258	51 276	洪州	55 530	91 129
睦州	54 961	9 054	饶州	40 899	46 116
小计	495 602	224 772	虔州	37 647	26 260
浙东观察使			吉州	37 752	41 025
越州	20 279	20 685	江州	19 025	17 945
明州	42 207	4 083	袁州	27 093	17 126
衢州	68 472	17 426	信州		28 711
处州	42 936	1 926	抚州	30 605	24 767
婺州	144 086	48 036	小计	248 551	293 079
温州	42 814	8 484	福建观察使		
台州	83 868	缺	福州	34 084	19 455
小计	514 662	118 440	建州	22 770	15 480
鄂岳观察使			泉州	23 806	35 571
鄂州	19 190	38 618	漳州	5 846	1 343
沔州		2 262	汀州	4 680	2 618
安州	26 809	5 054	小计	91 180	74 416
黄州	15 512	5 054	湖南观察使		
蕲州	26 809	16 462	潭州	32 272	15 444
岳州	11 740	1 535	衡州	33 688	15 444
小计	95 572	73 750	彬州	33 175	16 437
宣歙观察使			永州	27 494	894
宣州	121 204	57 353	连州	32 210	5 270
歙州	38 320	16 754	道州	22 551	28 338
池州		17 581	邵州	17 073	10 880
小计	159 524	91 695	小计	198 463	95 230
			诸道总计	1 803 454	1 061 433

从上表中可知，东南七道元和时户数只有天宝时户数的58%左右，也就是说，从天宝至元和年间，东南七道的户数损失了大约五分之二，这样严重的户数损失，发生在未受战乱破坏的东南地区，我们认为是不可思议的，理由如下：

一、安史之乱对东南七道并无直接影响，受害最烈的为河北、河东、河南数道，其次为关内、淮南道，"禄山自范阳起兵，河北之邦，首撄其锋，思明继之，寇暴滋甚，故河北归于残破"。① "东周之地，久陷贼中，中间畿内，不满千户。井邑榛棘，豺狼所嗥，既乏军储，又鲜人力。东至郑、汴，达于徐方；北至覃怀，经于相土，人烟断绝，千里萧条"。② "如闻东都到淮泗，缘汴河州县，自经寇难，百姓凋残，地阔人稀"。③ 而东南七道境内，除发生了永王李璘及刘展的兵乱但很快被平定外，基本上社会秩序是稳定的，经济也未受到大的破坏，前引润州练塘水利工程修筑于永泰年间，即为明显例证。故东南七道成为北方逃乱难民的主要避难所，此类记载甚多，如："中国新去乱，仕多避处江淮间"，④ "时荐绅先生，多游寓于江南"，⑤ "两京蹀于胡骑，士君子多以家渡江东"，⑥ "天宝末，安禄山反，天子去蜀，多士奔吴为人海"，⑦ "自中原多故，贤士大夫以三江五湖为家，登会稽者如集芥之集渊薮。"⑧许多避难者多是举家、举族来奔，如"天宝之乱，元结自汝坟，大率邻里南奔襄汉，保全者千余家"，⑨柳宗元亦称其"先君……举族如吴"。⑩ 大量逃难人口的迁入，在本地区无巨大混乱震荡的前提下，从理论上说，应该使东南七道人口比以前有所增加，退一步说，也可弥补该地区的户口损失，但统计数字显示的却是东南道元和年间户数只有天宝年间的五分之三，这是一个较大的疑点。

---

① 《旧唐书》卷一四一《田承嗣传》。
② 《旧唐书》卷一二〇《郭子仪传》。
③ 《全唐文》卷四六，代宗《缘汴河置防援诏》。
④ 《韩昌黎集》卷二四《考功员外卢君墓志铭》。
⑤ 《全唐文》卷五〇〇，权德舆《王公神道碑铭》。
⑥ 《旧唐书》卷一四八《权德舆传》。
⑦ 《全唐文》卷七八三，顾况《送宣歙李衙推八郎使东都序》。
⑧ 《全唐文》卷七八三，穆员《鲍防传》。
⑨ 《太平广记》卷二〇二"元结"。
⑩ 《柳河东集》卷一二《光侍御史府君神道表》。

二、按唐令规定"诸户以百户为里,五里为乡,四家为邻,五家为保"。① 依此,则唐代每一乡的户数按规定当为 500 户,虽然实际乡户数可与此有一定出入,但如果我们将其视为唐代乡的大致规模的话,还是能够反映出当时的实际情况的。我们将《元和郡县志》上开元、元和时期东南七道乡、户数记载均存的州作统计分析,共得开元时乡 1 930 个,户 1 056 544,平均每乡有 547 户左右,这一数字,与唐令规定每乡 500 户的令文相比,每乡多出了 44 户。元和时乡 1 801 个,户 694 172,平均每乡有 385 户,比规定少 105 户。从开元、元和两个时期每一乡的户数情况看,开元户数是较接近令文规定的,而元和户数则与令文规定差距太大,这是我们对《元和郡县志》所载东南七道元和年间户数致疑的又一所在。

三、唐代州县,按其地理位置及户数多少,划分出不同的等级:"开元十八年三月十七日敕,太平时久,户口日殷,宜以四万户已上为上州,二万五千户为中等,不满二万户为下州,其六雄十望州、三辅等及别敕同上州都督及畿内州并同上州,缘边州三万户已上为上州,二万户已上为中州,其亲王任中州下州刺史者升为上州,王去后仍旧,……以六千户已上为上县,三千户已上为中县,不满三千户为中下县,其赤畿望紧等县不限户数并为上县,去京五百里内并缘边州县,户五千已上亦为上县,二千已上为中县,一千已上为中下县。"州县分上中下三等,其根据主要是户数的多少,因此,假如州县由下等升为中等,或由中等升为上等,则表明该州县户数的增加,反之亦然。据此,我们将《唐会要》卷七〇"州县分望道"所记载东南七道天宝末至元和年间升等的州县列举于下:

雄:苏州,大历十三年二月十一日升。

上:虔州、袁州、抚州、饶州。元和六年九月升。

中:岳州,大历五年六月升。

望县:润州丹徒县,大历十二年二月二十六日升。常州武进、无锡县,大历十二年二月二日升。苏州长洲县,大历十二年二月二十六日升。苏州嘉兴县,大历五年三月升。越州诸暨、郯县,大历十二年二月

---

① 《通典》卷三《食货三·乡党》,参《唐六典》卷八户郎中员外条。

九日升。婺州东阳、永康县,大历十二年一月一日升。湖州乌程县,大历十二年二月二十一日升。衢州信安县,大历十二年一月七日升。鄂州江夏县,贞元十一年九月升。

紧县:越州肖山县,大历十二年一月升。衢州龙邱县,大历十二年一月十九日升。婺州兰溪县,大历十二年一月十九日升。鄂州武昌、永兴县,贞元二年九月升。洪州建昌县,大历十二年十二月二十四日升。潭州长沙、湘乡、湘潭、衡阳县,大历四年二月二十四日升。

上县:鄂州唐年、蒲圻县,元和六年九月升。岳州巴陵县,元和六年九月升。华容县,大历六年九月升。澧州石门县,元和六年九月升。潭州益阳县,贞元十二年二月升。衡州衡山、来阳县,大历四年二月二十四日升。洪州武宁、新吴县,元和六年九月升。江州彭泽县,元和六年九月升。郴州平阳县、虔州信丰县、南康县、袁州萍乡县、杭州新城县、抚州南丰县,均元和六年九月升。睦州分水县,大历六年六月升。歙州婺源、黟县,元和六年九月升。

中县:洪州分宁县,贞元十五年二月升,改分宁为武宁县。

上举升等的州共有苏、虔、袁、抚、饶、岳六州。在这六个州中,只有苏州、饶州的户数元和间比天宝间增加了,其它四州的户数都是下降的,而且按其元和户数看,根本不够升等的资格,如虔州由天宝37 647户降为元和26 260户;袁州由天宝时27 093户降为元和时17 126户;抚州由天宝时30 605户降为元和时24 767户,岳州由天宝时11 740户降为1 535户。岳州元和时只有1 535户,只够下县标准,而大历时却从下州升为中州,说明当时其户数必定超过了二万户,那么为什么从大历至元和间,户数骤降至1 535户,只及原数的7%?其它各州的情况也是这样,这是我们致疑的又一所在。

那么,《元和郡县志》所载户数究竟当作何解呢?我们认为,《元和郡县志》所载东南七道元和年间户数,只是当时的纳税户,而大批逃避税役的不税户,并不包括在内。据《唐会要》卷八五"定户等地"载元和六年正月衡州刺史吕温奏:"当州旧额户一万八千四百七,……堪差科户八千二百五十七,臣到后,团定户税,次检查出所由隐藏不输税户一万六千七。"按《元和郡县志》所载衡州元和户为18 047,与吕温所奏大致相同,而吕温查出不输税户有 16 007 户,如将此不输税户与当州旧额户相加,应为 34 414 户。而《新唐书·地理志》载衡州天宝户为 33 688,与衡州元和时实际户数大致相近,这说明,《元和郡县志》所载衡州户数只是税户数,而衡州逃匿不税户几近税户数,也就是说,有近一半的户数没有从《元和郡县志》上反映出来,两者相加,又几乎等于衡州天宝时户数。以此类推,这就使我们有理由认为,东南七道户数,由于逃户大量存在,所以元和时实际户数,应该是《元和郡县志》所载户数的一倍,至少应与天宝户数相当。对此,我们还可举出两个旁证。据《樊川文集》卷一六"上宰相求杭州启"言"今天下江淮为国命,杭州户十万,税钱五十万,刺史之重,可以杀生",而《元和郡县志》载杭州元和户只有 51 276,恰是杜牧所言之数的一半(杜牧上启约在会昌年间),又据《毗陵集》卷一八载大历年间舒州刺史独孤及《答杨贲处士书》:"昨据保簿数,百姓并浮寄户共有三万三千",按《新唐书·地理志》载舒州天宝时户数为 35 353,与大历年间大致相近。因此,我们推测,元和时东南七道的户数,实际上应该在 180 万至 210 万之间,而东南七道的经济,正是在此基础上得到继续发展的,史称:"浙右之疆,包流山川,控带六州,天下之盛府也,国之盈虚,于是乎在。"[①]"其江西、湖南,地称沃壤,所出尝倍他州。"[②]"浔阳,古郡也,地方千里,江涵九派。缗钱粟帛,动盈万数,加以四方士庶,且夕环至,驾车乘舟,叠毂联樯。"[③]正是南方经济的稳步发展,为此地区文化事业的繁荣发达提供了丰厚的物质基础,为唐代的文风南兴创造了条件。

(与李晓路合作,江苏省六朝史研究会、江苏省社科院历史所编:《古代长江下游的经济开发》,三秦出版社 1989 年版)

---

① 《文苑英华》卷八〇三,李观《浙西观察判官厅壁记》。
② 《册府元龟》卷四七四《台省部》。
③ 《册府元龟》卷四七四《台省部》。

"五代十国"历史中几个问题的探索

一、分裂割据局势形成的原因

"五代十国"在我国历史上虽然是一个短暂的时期，然而它却是由唐后期藩镇割据过渡到宋统一全国的重要阶段，时间虽只有五十多年，而内容却十分复杂。

由于这一军阀割据局面的出现，是紧接着唐末农民战争之后，因此有人认为这是农民革命的"恶果"。但只要我们深入去探索，自必会看出，唐末农民战争是在唐后期藩镇割据的局势下产生的。唐末农民群众的革命威力虽基本上摧毁了唐王朝，但对藩镇割据者的势力却没有能够彻底消灭，他们在唐政权亡后继续割据各个地区。五代十国的所谓君主绝大部分便是唐末的节度使，这些政权的建立实际上都是由于节度使之流的互相篡夺，互相攻击而造成的，因而此种局面应该看作是唐藩割据互争的继续。

在这里我们要研究一下：为什么自八世纪中期安史之乱起一直到宋统一全国止，二个多世纪里长期陷于分裂割据局面的原因何在？

安史之乱后，唐中央政权被削弱，对于跋扈的方镇采用姑息政策，藩镇们各自独霸一方，与唐廷俨然有似敌国，唐中央政权和藩镇以及藩镇间发生了许多屠杀和抢劫的悲剧战争。以及随着私家田庄和工商业的发展，统治者为扩大土地和财富，产生了基于封建关系的争权夺利集团，出现了宦官和朋党之争，从而加深了对人民的残酷剥削。因此在"五代十国"时期的前后，社会经济受到严重的破坏。生产比较发达的山东、河北、河南出现了满目荒凉，"疮痍数千里"[①]的惨象。山西更是

[①] 《通鉴》卷二五二。

"赤地千里",①人迹断绝。北方地区的经济破坏情形如《旧唐书·秦宗权传》所说:"西至关内,东极青齐,……北至卫滑,鱼烂鸟散,人烟断绝,荆榛蔽野。"繁荣的长安破坏后成为"荆棘满城,狐兔纵横"。② 洛阳也"井邑穷民,不满百户"。③ 南方的破坏程度也不下于北方,淮南"士民转徙几尽",④著名的扬州是"饥民相杀而食"。⑤ 因此在八世纪中期至十世纪初期,由于生产事业的严重破坏,因而失去了统一全国的经济基础。

由于维系统一全国的经济基础的破坏,因而体现在政治斗争上,便是各军阀集团在短时期内,没有一个军阀集团能成为比较突出的力量,建立全国统一的封建政权。另一方面这种局面的产生,和统治阶级经受农民革命的打击后,其内部情况极不稳定也是分不开的,部分野心家趁统治阶级内部混乱的时机,利用士兵拥立自己或其集团中的人为最高统治者,而士兵是一种雇佣兵,为谁服务都可以的,这种情况尤其在社会秩序不安的形势下,更容易被人所利用,因此在当时出现了皇帝怕大将,将领又怕士兵的局面,酿成了北中国拥立皇帝"如同儿戏"的现象。

其次,五代局势的发展,山西地区的军阀占有重要的地位。五代的君主除后梁外,其余各朝代的统治者,几乎都出自或与这一地区的集团有关。这一集团的首脑人物如李克用父子、李嗣沅、石敬瑭、刘知远等都是少数族的贵族,他们由于历史条件的限制带有落后性。李克用的"亲军万众,皆迈部人,动违纪律","或陵侮官吏,豪夺士民,白昼剽攘","人甚苦之"。但李克用不敢束之以法,对他的左右说:"此辈胆略过人,数十年从吾征伐,比年以来,国藏空竭,诸军之家卖马自给。今四方诸侯皆悬重赏以募勇士,吾若束之以法,急则弃吾,吾安能独保此乎?"⑥ 这样,自然不可能得到人民群众的支持。

同时,李克用集团又容纳了唐政权亡后的大批官僚地主分子,所谓

---

① 《新五代史》卷四。
② 《旧唐书·僖宗纪》。
③ 《旧五代史·张全义传》。
④ 《十国春秋》卷一。
⑤ 《新五代史·吴世家》。
⑥ 《旧五代史·武皇纪下》。

"丧乱之后,(唐)衣冠多逃难汾晋间"。① 宦官伶人也大量涌进了这一集团。这些人一方面对后唐政权的建立起了支持的作用,加强了后唐统治阶层的力量;但另一方面对后唐政权也起了坏的影响,如"宦官怙宠,广侵占居人第舍","伶官用事",直接担任州刺史等重要官职,②残酷剥削人民加深了阶级矛盾。在政治制度方面,"皇太后行诰命,皇后刘氏行教命,互遣使人宣达",③与皇帝诏令发生同等作用,造成了政治上的紊乱不堪。故李克用父子为首的军阀集团在这样的形势下,要建立全国的统一封建政权是不可能的。然而,这一集团的军事力量较雄厚,凭借着山西进可攻退可守的地理形势,利用中原地区的矛盾,在其他客观因素的配合下,紧紧地控制了北方的政局,造成了军阀互争的混战局势。

因此,在唐后期藩镇割据战争和残酷剥削的情况下,社会生产受到严重的摧残,破坏了维系全国统一的经济基础,以及其他客观因素的存在,"五代十国"局势的形成是当时历史发展的必然结果。

二、社会阶级阶层关系的变化

"五代十国"虽仍为唐藩镇割据的延续,但在农民战争后二十多年的社会历史中,毕竟产生了一些新的变化,农民革命的威力打垮了旧的藩镇势力,其结果如割据势力最大时间最长的河北三镇,魏博、承德二镇被并于朱温,卢龙被李克用所消灭,其余镇节也被消灭了,唐安史事变后所出现的相对稳定的割据局面被打破了。继起的割据者多出身于农民、手工业工人和商人阶层中。如朱温"贫不能为生,与其母佣食萧县人刘崇家"(佣工);郭威年十八以勇力应潞州留后李继韬募为军卒,可能是出身于破产的农民家庭;柴荣是贩卖过茶和雨伞的小商人。南方诸国的割据者如杨行密"少孤贫",应募为州兵;徐温曾"盐贩,为盗",参加过农民革命,其养子李昪也是"世本微贱";钱镠的家庭"世田渔为

---

① 《旧五代史·李袭吉传》。
② 参看《旧五代史·庄宗纪六》。
③ 参看《旧五代史·庄宗纪六》。

本",其本人虽后来参加了"土团",对抗过农民军,但他也曾"贩盐为盗";王审知的父亲"世为农民",他本人是"起自陇亩";①马殷"少为木工";割据四川的王建是一个"屠牛盗驴贩私盐为事"②的人;刘隐是商贾出身;高季兴"少为汴州商人李让家僮"。③这些人在农民革命之后,虽然有些人是农民革命队伍里的叛徒,但对农民群众的威力和要求是了解得更深刻一些,他们在建立政权后,纷纷在自己狭小的统治区内实行让步政策,采取有利于生产发展的措施。

在唐末到宋初经济发展过程中,农业生产的恢复是比较迅速。北方地区的后梁虽在战争频繁的条件下,仍"外严烽堠,内辟污莱,厉以耕桑,薄以租赋"。④后唐明宗时也是"兵革粗息,年屡丰登",期年之间,府库充实,在位八年,出现了所谓"小康"现象。至后周时生产更进一步得到恢复和发展,这点我们在后面还要谈到。

南方地区的生产恢复得更快,如在毕师铎、秦彦和高骈等军阀集团混战时惨遭破坏的扬州,经过杨行密的"轻徭薄赋,招抚流移,未及数载,几复承平之旧",⑤"大兵之后,井邑萧条"⑥的江陵,经过高季兴的所谓招辑抚绥,"民皆复业",奠定了荆南建国的基础。至于两浙地区由于吴越的水利事业非常发达,促使了农业的发展,故"钱塘富庶,甲于东南"。自古为天府之国的四川地区,前蜀时生产的发达体现在财政收入上是"仓廪充溢",⑦后蜀时是"斗米三钱",⑧可见农产品是很多的。其他如两湖地区的经济作物茶桑的种植都比以前有了增加。

手工业生产的技术也有了进步,突出的如越瓷的秘色瓷器在水平已超过了唐代,⑨南唐所出产的"澄心堂纸",在造纸技术上也是很高明的,这种纸连后来的宋人都很宝贵,据说欧阳修曾经赠给梅圣俞两张这

---

① 《册府元龟》卷二二九。
② 《新五代史·前蜀世家》。
③ 未注明出处的均见旧、新《五代史》有关世家。
④ 《容斋随笔》卷一〇。
⑤ 《十国春秋》卷一。
⑥ 《十国春秋·荆南武信王世家》。
⑦ 《五国故事》卷上。
⑧ 《蜀梼杌》卷上。
⑨ 请参阅陈万里著:《中国青瓷史略》。

样的纸,梅圣俞曾写诗描述这种纸的质量道:"滑如春冰密如茧。"①这种纸虽为少数人所能使用,觉得珍贵,但这样高的技术对于当时普遍使用的纸张的制造术,是不可能不起影响的。

从手工业产品的数量方面来看,也是很多的,如南方诸国向北方政权进贡的贡品(包括商品在内),常见的有茶,加工过的金银饰品,以及绫、罗、漆器、瓷器,特别是瓷器的数量据《宋两朝供奉录》载:吴越在北宋初贡给宋的"金银饰(边)陶器一十四万事",其数量是相当大的。在手工业产品数量较大的前提下,商业就特别发达,如惨遭破坏的扬州,杨行密"称号淮海时,广陵殷盛,士庶骈阗";②吴越的杭州"开肆三万室",③钱塘江内"舟楫辐辏,望之不见其首尾",④这些船或到北方或远航朝鲜半岛、日本等地,商业贸易是很发达的。

楚国在财政收入上更是依靠商业贸易,卖茶一项就"岁收数十万,国用遂足"。荆南主要是靠商税过活,所谓"东通于吴,西通于蜀,皆利其供军财货而已"。⑤闽和南汉两国则主要是对外贸易的收入来维持政府开支,如闽在福州、泉州"招徕蛮裔商贾,敛不加暴,而国用日以富饶"。⑥

由于商业的发达,和在唐末农民战争后,世族大地主的势力被彻底打垮,把自两晋南北朝以来支配政治和社会的门第制度和观念彻底清除了,最突出的表现就是从五代以来,维持门第的谱系之学已不为人所重视。《通志·氏族略》卷二十五载:"自隋唐而上,官有簿状,家有谱系。官之选举必由于簿状,家之婚姻必由于谱系。……所以人尚谱系之学,家藏谱系之书。自五季以来,取士不问家世,婚姻不问阀阅,故其书散佚,而其学不传。"世族地主势力的消灭,轻视商人的观念的改变,在商品经济日益发达的客观情况下,经营商业的除商人和一般的商人地主外,当权的统治者也纷纷经营商业或拉拢商人。五代的第一个王朝的建立者朱温,一到开封即"收买商人,不遗余力","选富家子有材力

---

① 梅圣俞:《宛陵集·永叔寄澄心堂纸二幅诗》。
② 《钓矶立谈》。
③ 《全唐文》卷三一六。
④ 《旧五代史》卷一三三。
⑤ 《通鉴》卷二九一。
⑥ 《新五代史·闽世家》。

者,置之帐下,号曰厅子都"。① 所以后来后唐的军事将领周德威与朱温作战时,骂朱温的部队为汴宋佣贩儿。②

后唐统治者来自太原。太原这一地区和北方的少数族接壤,是互市发达的地区,因而商业也很繁盛。李克用末年时,李嗣昭守潞州,是靠他的妻子杨氏经商所得货财来接济军中用度的。③ 庄宗(李存勖)妻刘皇后也"分遣人为商贾,至于市肆之间,薪刍果茹,皆称为中宫所卖"。④ 这一时期江南商人也是成群结队到北方去的,据925年知唐州晏骈安奏称"市肆间点检钱帛,内有锡镴小钱,拣得不少,皆是江南纲商挟带而来"。足见后唐庄宗时期,虽商税较烦但商业并未衰歇。此后明宗也曾下令"不得邀难商旅"。⑤

五代时官僚经商的也很多,后梁的赵在礼"历十余镇,善治生殖货,积财巨万,两京及所莅藩镇,皆邸店罗列"。⑥ 在晋、汉、周各代都做官的王祚,"频领牧守,能殖货",并以自己的"俸钱募人开大秦山岩梯路,行旅感其便",又修复颍州通商渠,⑦等等,都是有利于商业的发展。南唐则"富商大贾,遗赂内官",⑧商人在政治上有一定势力。楚国是"富商大贾,布列在位",⑨政权直接被商人势力所操纵。

特别重要的是许多藩镇将领,也纷纷经营商业,尤其是边地互市被边将控制。据《宋史·张永德传》载:"五代用兵多姑息,藩镇颇恣部下贩鬻,宋初功臣犹袭旧事。"

官僚和军事将领经商的结果,他们的利益便和商人的利益结合起来了。而分裂割据对商业的发展是不利的,因此,他们也要求统一全国以利商业的发展,而这批官僚、军事将领和商人在统治阶级中是具有相当力量的,他们的要求结束割据对统一全国局势的到来是起了加速的作用。这和唐藩镇割据时的阶层关系上是起了极大变化的。

---

① 《旧五代史·王晏球传》。
② 《新五代史·周德威传》。
③ 《新五代史·李嗣昭传》。
④ 《新五代史·唐家人传》。
⑤ 《旧五代史·唐书》卷一二。
⑥ 《旧五代史》卷九〇。
⑦ 《宋史·王溥传》。
⑧ 《南唐书》卷一八。
⑨ 《新五代史·楚世家》。

同时，由于社会经济恢复和发展的结果，经济联系的加强，对统一的要求也加强了。特别是当各国的封建割据者，在后期对人民实行残酷的榨取，如南唐"按籍编括……关司敛率尤繁……一日宴于北苑，烈祖(李昪)谓侍臣曰：'畿甸雨，都城不雨，何也？'……(申渐高)曰：'雨惧抽税，不敢入京。'"①吴越在后来"科敛苛惨，民欠升斗，必至徒刑……其民多裸行，或以篾竹系腰"。② 闽、南汉、蜀等国的残酷剥削情形也大体类似。这样，人民就更迫切要求统一，以减轻生产进一步发展的障碍。

在人民和部分统治者都迫切要求统一全国的形势下，当北方的强大统一力量出现时，南方诸国除南唐对宋有所抵抗外，对荆南、楚是有征无战，望风而降。吴越则不劳一兵一卒，自动献地于宋。后蜀在宋进军时"则四十万军齐解甲"，引起孟昶的"吾与先君以温衣美食养士四十年，一旦临敌，不能为吾东向放一箭"③的无限感慨。

三、统一趋势的出现

郭威建立后周政权后，积极采取有利于生产发展的政策，951年下令免除历年欠税，禁收斗余称耗，953年废牛租，废除营田务，"天下系官庄田以万计，悉以分赐见佃户"，"以其民隶州县，其田庐牛农器，并赐见佃者为永业"。这些措施不仅改变了现有佃户成为自耕农，从而提高了他们生产的积极性，同时也争取了陷身辽国的中国北部人民南返，以及南方各国因阶级矛盾尖锐劳动人民纷纷北上，使后周增加了劳动人口，为生产的恢复提供了有利条件。

柴荣继位后，955年正式颁布了逃户庄田的处理办法，"逃户庄田并许人请射承佃，供纳租税"。规定"三周年内本户来归者，其桑田不计荒熟，并交还一半，五周年内归业者，三分交还一分，五周年外归业者，其庄田除本户坟茔外，不在交还之限。其近北地诸州，应有陷蕃人户，自蕃界来归业者，五周年内来者三分交还二分，十周年内来者，交还一

---

① 《南唐书·申渐高传》。
② 《江南余载》卷上(见《知不足斋丛书》)。
③ 《新五代史·后蜀世家》。

半,十五周年来者,三分交还一分,十五周年外来者,不在交还之限"。① 同时又放免军队中的老弱归农,以及命令僧尼还俗,进一步的增加了农村的劳动力。另一方面又减轻人民负担,重视水利的兴修等等,都促使了北方地区农业生产得以恢复和发展起来。在农业生产恢复发展的基础上,商品经济也跟着活跃起来了,南方地区的茶和瓷器,大量运往北方出售,北方成为南方各国的主要市场,南方各国在商业上和北方发生了紧密的联系,特别是汴京地当运河要冲,成为接纳南北物资的交通要道,正如955年柴荣的诏令所说:"东京(开封)华夷辐辏,水陆会通,时向隆平,日增繁盛","坊市之中,邸店有限,工商外至,络绎无穷……屋宇交连,街衢湫隘。"②开封已成为联系南北各地区的重心,故开封除为当时的政治中心外(除后唐建都洛阳外,其余各代均都开封),同时也成为联系全国经济的中心。

后周又扩大了它的占领区,伐蜀取得了秦、阶、成、凤四州。秦州当关陇之会,是关中重镇,后周据此可保障关陇地区的安全,解除后蜀的威胁;阶州通道陇蜀,山川险阻,在地理形势上制两川之命;成州也是内保蜀口,外接秦陇,山川险阻的要地;凤州也是险要之地。③ 这四州土地之取得对平蜀提供了有利的条件。

在收取四州的军事行动将要胜利结束时,柴荣又发动了对南唐的进攻,占领了南唐的江北十四州,获得了淮盐产地和农业生产发达地区。这时后周占有的土地和户口,比十国中任何一国都大,就户口而论柴荣时有户一百二三十万,十国中南唐的户数是最多的,也不过六十五万,比后周少一半。户口是统治者榨取的对象,后周既然有了广大的土地和众多的户口,因而就具备了支持其统一全国的基本条件。特别是采取了有利于生产发展的措施后,后周的经济力量得到了加强,培养了统一全国的经济基础。

与实行政治改革的同时,军事方面也进行了整顿,通过高平之战,将临阵逃走之高级将领樊爱能、何徽等七十余人统统杀掉,军纪得到了

---

① 《旧五代史》卷一一五。
② 《旧五代史》卷一二五。
③ 参看顾祖禹:《读史方舆纪要》。

整顿,"自是骄将惰卒,始知所惧",克服了畏惧将帅士兵的素习。这不仅提高了柴荣个人的威望,而且在实质上是提高了皇权,开始扭转唐末五代以来皇权低落的现象。

高平之战后,柴荣又"大简诸军精锐之士,选骁勇之士,升之上军,羸弱者去之。又以骁勇之士多为藩镇所蓄,选其尤者为殿前诸班,其步骑诸军,各命将帅选之"。军队经过这样一番改造,"由是士卒精强,近代无比,征伐四方,所向皆捷"。[①] 中央禁军的战斗力提高后,就直接巩固和加强了皇权,控制了藩镇的势力,制止了地方藩镇夺取帝位的可能。此后夺取帝位的已不是像朱温、李嗣沅、石敬瑭、刘知远等节度使之流的军阀,而是中央禁军统帅的赵匡胤了,他们虽然都是军阀身份,但就中央与地方的藩镇这一点来说,是有显著差别的。

由于经济的恢复和发展,军事力量的增强和中央政权的稳定,特别是阶级矛盾的缓和,使北中国的社会起了重大的变化,后周国家的力量日益增强,因此有了进一步统一全国的要求。这种要求反映在后周君臣意识中的事件就是柴荣命令近臣写《为君难为臣不易》和《平边策》等策论中,讨论有关统一全国的问题。

959年柴荣为了收复失地,解决和辽国的矛盾以增强北方的国防力量,自将北伐,收复了瀛、莫、易三州及津益、瓦桥、淤口三关之地,正当进攻幽州,光复燕云十六州的严重关头,柴荣突然患重病,被逼退军,柴荣回到开封便病死了。其子柴宗训继位。但不久政权即被赵匡胤所夺取,建立北宋王朝。

后周政权的存在虽然只有短短的十年,但由于新的历史条件的出现,南北劳动人民的辛勤生产,促进了地主经济的恢复和发展,从而增强了政治、军事力量,为北宋的统一全国奠定了基础。

四、结 束 语

从上面的分析,可知五代十国分裂割据局势的产生有它客观的原因,同时也是历史发展必经的过程。五代十国时期在经济上获得了迅

[①] 《通鉴》卷二九二。

速的恢复和发展，其主要关键是唐末农民战争。农民革命的威力一方面冲击了唐后期藩镇割据相对稳定的局势，促进了新形势的产生；一方面又打击了整个地主阶级，减轻了生产关系对生产力的束缚，促进了社会经济的发展，从而才有宋统一局面的出现和经济的进一步发展。正如毛主席所指出的："在中国封建社会里，只有这种农民的阶级斗争、农民的起义和农民战争，才是历史发展的真正动力。"

(《历史教学问题》1957 年第 5 期)

关于辽宋夏金元史中的几个问题

继唐五代所建立的北宋政权,是在封建经济特别是作为封建经济补充的商品经济进一步发展的基础上建立起来的。自960年至979年近20年的时间内,北宋政权次第消灭了各个割据势力,结束了自安史之乱以来的长期分裂割据局面,统一了中国;同时在统一的过程中,又建立和加强了君主专制中央集权制度。这就中国封建社会发展的总历程来说是有其进步意义的。

但两宋时期由于商品经济向前发展的结果,在阶级和阶层的关系上出现了较为复杂的情况;同时这一时期在民族问题方面也由于北方契丹、党项、女真、蒙古等族的先后兴起,各族的统治者力图扩大剥削面,相继南向发展,建立了辽、夏、金、元等国家,和汉族的宋王朝产生了剧烈的民族斗争。在北宋的时候,由于大地主、大商人、大官僚阶层操纵政权,这一阶层为着保护他们对农民的剥削特权和商业的利益,故对外坚主求和;而对内由于大量集中土地,抢夺财富,造成了阶级间和统治阶级内部的尖锐对立。因而北宋的统治者便把主要力量放在对国内人民的镇压和统治集团内部的严厉控制上,企图防止一切足以危害专制统治的因素,致使国防软弱无力,周边各族统治者便趁机南下发展。因此,贯串这一时期历史发展过程的主要线索,就是交互错综在一起的阶级矛盾和民族矛盾,以及各族的广大人民群众在和统治阶级的各种斗争中,增强了联系和了解,彼此相互帮助,坚持生产斗争,将经济推向更高的发展阶段;在文化上也作出了辉煌的贡献,丰富了中华民族的历史内容,使这一时期的中国历史在世界文化宝库中占有重要的地位。兹就教学中的几个重要问题提出一些个人的看法,分述如下。

一、北宋统一和君主专制中央集权制度的特点

在唐末五代分裂割据的局面下,由于人民群众坚持生产斗争,南北经济得到了恢复和发展,因而加强了全国各地区间的经济联系,要求建立封建统一政权,以使经济能进一步得到发展。同时在商品经济日益发展的过程中,阶级间的对立和统治阶级内部的矛盾也日趋复杂和尖锐,地主阶级为着更有效的维护自身的利益,稳定统治权;以及由于民族斗争的激烈,汉族为防御少数族统治者的南侵,在在都需要统一各个割据势力建立强有力的政权。赵匡胤统治集团顺应了这些要求,建立了封建统一政权的宋王朝,并加强了中央集权制度。这一君主专制中央集权制度,和以往的封建王朝的中央集权制度究竟有些什么不同呢?为什么会产生这些特点呢?是我们要注意的第一个问题。

北宋君主专制中央集权制度,是一套复杂的政治制度。赵匡胤为着制止地方割据的再现,首先继承后周柴荣收地方精兵为禁军的政策,以削弱地方而加强中央的军事力量,并进一步收诸将的兵权,有如《通考·兵考》四所说:"太祖、太宗平一海内,惩累朝藩镇跋扈,尽收天下劲兵,列营京畿,以备藩卫。……诸镇之兵,亦皆戍更。……将帅之臣,入奉朝请,以备指踪。犷悍之民,收隶尺籍,以给守卫。兵无常帅,帅无常师,内外相维,上下相制,等级相轧,虽有暴戾恣睢,无所厝于其间。"

其次是削节镇权。赵匡胤即位之初,虽仍有节度使的设立,但已逐步削弱其所掌握的军政、财政、民政、司法等权力,重要的如乾德元年(963年)置诸州通判,凡军民之政皆得统治,且事得专达,使知州、通判间的权力互相制约,以达到集权中央的目的;同时又以文臣知州事,代替握有军事实力的方镇。故宋太宗时中央对地方的控制达到了"虽边庭亦如内地"①的效果。作为支持地方割据的财政权也收归了中央,乾德三年(965年)后蜀平,赵普为相,"命诸州度支经费外,凡金帛以助军

---

① 《水心集》卷五《纪纲三》。

费,悉送都下,无得占留,复置转运使以司之"。① 在官制方面更巧妙地实行了所谓差遣制度,使官无常职以"分化事权"、"官职相殊"、互相牵制等手段削弱官僚及其机构的权力。

北宋政权通过了上列各项措施,集中一切权力归中央,提高了封建专制制度的中央集权程度,在中国封建专制主义的历史上进入了新的阶段。但其结果,并没有像唐代那样,使中国成为富盛的国家,相反地成为贫弱的王朝。其原因由于这个制度是当时社会各种矛盾关系的反映。宋王朝在阶级矛盾日益激化的情况下,既要加强军事实力用于对内镇压,但又怕士兵造反;既要依靠官僚机构统治人民,又怕其权力过大。于是设下种种办法强固君主专制中央集权的统治。因而在对外关系方面便不得不采取错误的妥协退让政策。使北宋王朝一开始便陷于严重的社会危机中。

二、阶级矛盾

宋代经济无论在农业、手工业和商业方面都比唐代有了进一步的发展,特别是出现了如东京(开封)、成都、兴元、杭州、明州、广州等全国性的大都市,县城和比县城较小的部分墟镇也已分别发展成为大小的商业城市。② 故北宋商税总额巨大,占政府财政收入中的比重很大。这些情况反映了当时商品经济有了进一步的发展。因而商业资本侵入了社会经济结构内,使土地在北宋王朝一开始便向少数人(包括"势宦"、"寺院"、"形势户"、"豪右"、"兼并之家"、商人和高利贷等)手里集中。到英宗时,大地主阶层占有全国耕地约六分之五以上,土地虽如此的高度集中,但占有大量土地的大地主所应担负的赋役,却因他们操纵政权,享有种种特权避免负担,将这些负担完全压在农民和中小地主及其他阶层人民的身上。大地主们虽"丁口隐漏,兼并冒伪"却"未尝考按",正如丁谓所说:"二十而税一者有之,三十而税一者有之"。有些更

---

① 《宋史》卷六七《百官志》。
② 参看《宋会要稿》第129—130册《商税门》。

利用"税籍残缺,吏多增损,辄移税入他户"等办法,使"代输者类不能自明"。① 因此在当时"天下之田,有一亩而税钱数十者,有一亩而税数钱者。有善田而税轻者,有恶田而税重者";②以至于"富民买田而不收税额,谓之有产无税,贫民卖田而不推税额,谓之产去税存"。③

此外,宋代人民其他方面的负担也是远重于前代的,如南宋李心传说:"身丁钱者,东南淮、浙、湖、广诸路皆有之。……余尝谓唐之庸钱,杨炎已均入二税,而后世差役复不免焉,是力役之征既取其二也。本朝王安石令民输钱以免役,而绍兴以后,所谓耆户长、保正雇钱复不给焉,是取其三也。合丁钱而论之,力役之征,盖取其四也。而一有边事,则免夫之令又不得免焉,是取其五也。……布缕之征,有折税,有和买、预买,川路有激赏,而东南有丁绢(始于仁宗皇祐中),是布缕之征三也。粟米之征,有税米,有义仓,有和籴,而斗面加耗之输不与焉,是粟米之征亦三也。通力役之征而论之,盖用其十矣。"④

李心传的记载虽是指南宋情况,但除了如"耆户长雇钱不给"与"川路激赏"两项是南宋绍兴以后才有的负担外,其余各项北宋都有,人民是难于负担如此沉重的赋役,皇祐中韩琦说当时的"州县生民(因负担苛重的徭役——笔者)……有孀母改嫁,亲族分居,或弃田与人,以免上等,或非命求死,以就单丁"。⑤ 有的则离弃乡井,到其他地区去作地主的佃户,因而在北宋的史籍记载中出现了许多所谓"逃户"、"客户"。"逃户"和"客户"既然失去土地,自然是无税可交,可是他们却得受地主阶级的残酷剥削。

在这种沉重的赋税和徭役之下,农民无法生活,因而在宋初(993年)即爆发了王小波、李顺的起义,宋人沈括所写的《梦溪笔谈》里说:"(李)顺初起,悉召乡里富人大姓,令具其家所有财粟,据其生齿足用之外,一切调发,大赈贫乏。录其材能,存抚善良。号令严明,所至一无所犯。"李顺明确提出"吾疾贫富不均,今为汝均之"的口号,反映了在商品

---

① 《宋史》卷一七四《食货志》。
② 《续通鉴长编》卷二二四,熙宁四年六月条。
③ 《王安石政略》卷三《方田均税》。
④ 李心传:《建炎以来朝野杂记》甲集十五《身丁钱》。
⑤ 《宋史》卷一七七《食货五上》。

经济日益发展的过程中,阶级分化逐渐趋于贫富两极化的情况,而农民所明确提出的平均主义口号,成为中国农民起义史中划阶段的一页。

在商品经济发展的过程中,随着阶级的迅速分化,阶层间的对立也逐渐在发展着。由于宋初"垦田即为永业"和土地自由买卖的结果,中小地主的数量和其他中间阶层的势力都不断的在增加。他们所占有的土地被大地主阶层利用各种办法进行疯狂兼并,故他们所占土地的数量比之大地主阶层是要少得多,但却要负担沉重的赋役,因而其内部存在着直接的矛盾。另一方面,中小地主阶层又直接剥削农民,和农民间存在着不可调和的阶级矛盾。因而他们支持现政权同时要求它施行改良政策,以改变自己的困难地位。这就是王安石变法的社会基础。

王安石变法前夕的社会矛盾比宋初更加尖锐。在国内由于把主要力量用之于镇压农民起义,以及自赵匡胤以来的传统政策,认为养兵可以为百代利,所谓"凶年饥岁则有叛民而无叛兵",再加上对辽夏作战的需要,故大量扩大兵员,太祖开宝时,有兵三七八,〇〇〇人,到真宗天禧时,则增加到九一二,〇〇〇人,到仁宗庆历时扩大至一,二五九,〇〇〇人,但这些雇佣兵数量增加愈多则作战能力愈差,作战时总是"十出而九败",兵骄将惰,造成严重的军事危机。然而,养兵的费用却非常浩大,占国家开支的百分之六十。再加上冗官冗费的开支数字庞大,因而使北宋政府的财政极端困难,英宗时亏空已高达一千五百万缗以上,到神宗做皇帝时国库已是一空如洗了。

因此,缓和尖锐的社会矛盾,增加财政收入和加强国防力量,就成为北宋政权急切需要解决的问题。在此形势下,中间阶层形成为一股力量,在富国强兵的口号下,要求改革当时的政治。王安石长期做州县官,对民间的状况了解得较为深刻,他从稳定现政权出发,感到需要缓和矛盾,挽救社会危机。因此,以他长期从政的经验,结合其广博的学识,孕育成一些具体的代表中小地主、中小商人阶层的改良方案。新法实行的效果是显著的,缓和了社会矛盾,加强了国防力量,增加了财政收入,促进了社会生产的向上发展,从1070—1085年这十几年内的物价,不仅与宋仁宗时相比较普遍低落了百分之三十乃至四十左右;而且长时期处在较稳定的状态之中,假如没有向上发展的物质资料的生产作为具体的保证,是不可能获得这样效果的。

因此,王安石的变法,具有很大的意义和影响,直接延续了北宋的统治寿命。

但王安石的新法不能代表大官僚、大地主、大商人阶层的利益,因而不为其政治集团所认可,而这一集团在统治集团中具有最雄厚的实力,可以左右朝政,王安石在这一阶层的代表人物如司马光、韩琦、文彦博之流的压力下,退出了政治舞台。新法被推翻后社会情况更日趋恶化,阶级矛盾和民族矛盾都日益激化。

北宋徽宗宣和年间,爆发了一连串的农民起义,著名的如淮南刘五为首的起义,京东宋江的起义,而规模最大的则为浙西的方腊起义,统治者集中力量镇压,被屠杀的人民群众在二百万以上。历次的农民起义虽先后被镇压下去,但严重的民族矛盾继之而起,在北宋末南宋初这一时期,民族矛盾上升到主导地位,但腐朽的宋统治者不能依靠人民抗战,致使中原沦陷,宋政权被逼南迁,于杭州成立南宋政权。

在金统治者南侵的过程中,北中国人民奋起抗金,到处树立义旗,建立抗战的根据地,其中"八字军"、"红巾军"、"忠义社"的力量尤为强大,南方钟相也派他的儿子钟子昂率领农民北上抗战,南宋官军中部分优秀的爱国将领和广大的士兵群众,英勇奋战,因而粉碎了金人灭亡中国的幻想,保卫了南宋政权。

但南宋统治者害怕人民抗战力量的强大,认为平日受其奴役的人民,一旦武装起来,比金军更可怕,故仍坚持对外妥协退让,对内高压的政策,杀害了著名的抗金民族英雄岳飞,使抗金斗争遭到严重的挫衄。

南宋王朝事实上是腐朽的北宋王朝的继续,领土不及北宋三分之二,但"中兴以来,朝廷之经费日夥,……于常赋之外,别立名色,以取之百姓",[①]并且直接掌握大量官田,其剥削所得成为政府财政来源中很重要的一部分。大地主阶级也和北宋一样,大量集中土地。因而加深了阶级矛盾和统治阶级内部的矛盾,以至于为元朝所灭亡。

---

① 《文献通考》卷二四《国用二》。

三、民族问题

五代石晋政权时辽占领了燕云十六州,势力强大。北宋初本想收复失地,但自高梁河和歧沟关两次战役失败后,就采取了消极的防御政策。此后两国间较大的冲突为 1004 年时辽国皇帝亲率大军南侵,宋真宗在人民坚决要求抵抗和部分爱国官僚如寇準等的压力下虽勉强亲征,但由于采取妥协退让的政策,因而在战争有利的形势下,和辽订立了"澶渊之盟"。宋辽之间的战争停止后,开展了正常的贸易,长期的维持了和平关系。然而宋统治者自此更腐朽下去,国防武备松弛,因此辽的南下侵略除对北方生产严重破坏外,同时开了后来金和蒙古侵略的先声。

西夏在唐五代时还处于部落生活阶段,属图伯特族,[1]《宋史》称西夏为党项羌。唐嘉弘先生在《关于西夏拓跋氏的族属问题》的论文中,认为"正式建立西夏的元昊,是拓跋赤辞的后裔……赤辞的拓跋氏属于鲜卑族系,而不是羌系的党项羌。所以,西夏居民的统治者与被统治者,是不同的族系"。"西夏居民绝大部分,是羌人(即党项羌),还有少数的汉人,鲜卑族系的人(即吐谷浑部众)、蕃人、女真人、蒙古人,以及回鹘、鞑靼、突厥人等"。[2] 至元昊时始仿中国的政治制度建元称帝。

由于宋对西夏的关系处理不善,引起了西夏的反抗,宋太宗想占领西北党项族所居的土地,进一步扩大剥削面,利用党项内部的矛盾,对其统治者施加压力,令李继捧亲至开封朝觐,并要求献所据五州之地及其家族留居开封。因而其弟继迁挈其家族,率其甲兵,并取得辽国的支持,时常攻宋,由于长期的战争,宋夏均疲弊不堪,遂于 1044 年(宋庆历四年)议和。至 1227 年(南宋理宗宝庆三年)西夏为蒙古所灭亡。

十二世纪初女真族兴起,在反抗辽和高丽的压迫斗争中壮大了自身的力量,1115 年时阿骨打称帝正式建立了大金帝国。这一新兴力量引起了北宋统治者的注意,发动联金灭辽,欲借金人势力收复燕云失

---

[1] 吕振羽著:《中国民族简史》。
[2] 《四川大学学报》(社会科学版)1955 年第 2 期,第 177 页。

地,再借此来缓和人民对腐朽政权的反抗。宋金二国的外交关系本来应该是平等的,但宋一开始就向金谈判交纳岁币的问题,初许三十万,而终与四十万谈判成功,充分暴露宋王朝的无能和腐朽。

1125年辽亡后,金成为北宋新的威胁,在金兵南侵的过程中,腐朽的宋统治者不能依靠人民抗战,北部中国为金统治者所占领。金占领北方后,一切赋税制度,除沿用北宋末年制度外,并夺取许多肥沃耕地作为牧场,以及刮民田刷良田以与猛安谋克,此外,统治者还实行豪夺强占民田,使土地高度集中。另一方面又实行所谓检刮法,每年检查人民财产,"使者所至,以残酷妄加民田产,捶击百姓,至有死者"。[1] 由于金人的残酷剥削,生产急遽下降,如金宣宗时,河南军民田总数197万顷,但实际耕种的止96万顷;南京一路旧垦398 500余顷,也只实耕99 000顷。人民生活痛苦不堪,反抗运动像潮水般的高涨。由于阶级矛盾的尖锐,这一政权在宋和蒙古的夹击下,于1234年被灭亡。

十三世纪初蒙古族兴起,先后灭亡了西夏和金国,同时大举西征。蒙古军进攻南宋时受到中国人民的坚决抵抗,先后费时七十年才侵占了整个中国。

元统治中国的特点:由于蒙古游牧经济的需要,对中国社会高度发展的经济与文化严重地加以破坏。中国人民遭其屠杀,如"中使别迭等佥言:虽得汉人,亦无所用,不若尽去之,使草木畅茂,以为牧地",[2] 这一政策在后来虽有所改变,但在侵宋战争中据说曾"屠二百城","两河山东数千里,城郭丘墟",淮北河南地区则"州郡皆空城,无兵食可因",长江之南,如常州被屠仅七人因避桥下得免。

在剥削方式上也实施奴隶制和农奴制的掠夺和剥削,除掠夺大量土地作为牧场外,在农业生产方面也是役使汉人为其作无偿的或是代价很少的劳动,生产物大部由朝廷和军户分别占有。在工业方面集中全国工匠生产兵器和为少数贵族生产消费品,各地屠城,惟工匠得免,而工匠被俘获后便沦为工奴,进行残酷的剥削,使他们丧失了劳动兴趣。同时严重地破坏了民间手工业的经营,阻塞了商品经济发展的泉

---

[1] 《金史·完颜永元传》。
[2] 《元文类》卷五七《中书令耶律公神道碑》。

源。因而使中国社会发展在一世纪之久的时期里陷于停滞和衰敝。

然而,我们在讲述落后族特别是元朝的历史时,只强调其对社会生产破坏的一面也是不够全面的,因为即使在这样残暴的统治下,劳动人民仍然坚持生产斗争,同时元统治者为着稳定它在中国的统治权,也在某些时候,施行了一些企图缓和阶级矛盾的政策。在农业方面明令减租,如世祖至元二十二年,卢世荣请诏减江南田主收佃客租课减免一分,① 成宗大德八年正月曾"诏江南佃户私租太重,以十分为率,减二分,永为定例。是后顺宗十四年,又诏民间私租,十分普减二分"。② 水利的兴修也很注意,郭守敬、贾鲁在这方面都有突出的成就,明薛尚质著常熟水论中也载:"元人最善治水";另一方面这一时期农业专业书籍如官编《农桑辑要》和王桢《农书》的出现,也可反映元对农业生产的注意和农业在技术上有一定程度的发展。手工业方面个别技术如制兵器、漆器、瓷器、建筑之类也有进步,故《经世大典序录》说:"我朝诸工,制作精巧,咸胜往昔"。

同时,由于元朝的版图横跨欧亚大陆,中西交通发达,故在客观上促进了经济和文化方面一定程度的交流,使我国文化有新的成分加入并促使了它的发展。如郭守敬在天文学方面的贡献是了不起的,他所创的《授时历》,可以说是集当时古今中外之大成,发明日缠三差术,定出岁实有三六五・二四二五天,和现行格里阁莱历(即公历)的一年周期相同。但时间前者比后者早了三百多年。

此外,由于元统治者实行残酷的阶级压迫和民族压迫,在元统治中国的九十年中,中国人民都进行了英勇的反抗斗争,爆发了不同规模的农民起义,直到推翻元的统治为止。这说明了阶级斗争,结束了元的黑暗统治,并为以后的经济发展建立了前提。同时由于中国人民斗争的胜利,鼓舞了这个大帝国其他地区被压迫人民的斗争,因而颠覆了蒙古贵族的统治。

自十世纪六十年代至十三世纪七十年代末这一时期内,少数民族历史和民族间的关系,在教学中如何处理,确是一个复杂的问题。我们

---

① 《元史》卷二〇五《卢世荣传》。
② 《续通考》。

应掌握其基本关键即运用马克思列宁主义对于民族问题的观点,正确分析历史材料。把各族的劳动人民摆在历史上主人的地位,中国的历史是各族人民共同创造的。各族人民在长时期的历史过程中,是互相合作的,在一定的历史条件下,能够互相接近和融合起来。这是主要的本质的一面。各民族间的战争是由统治阶级的民族压迫或掠夺行动所造成的。[①] 我们在处理民族矛盾时应坚持阶级观点,各族的人民之间本来是没有对抗性矛盾的,各族之间之所以发生战争,主要是由于各族的统治者想扩大剥削面而奴役其他各族(包括本族在内)的人民所造成的。因而保卫各族免受侵略的民族英雄,如汉族的岳飞、文天祥、李庭芝、姜才,固然应该歌颂和赞扬,以贯彻爱国主义教育。就是各族的统治者,在其本族刚兴起时,也进行了反对其他族压迫的斗争,如契丹耶律阿保机、女真阿骨打、蒙古铁木真等,在反民族压迫这一点上,对其本民族的历史发展是起了积极的作用,故同样的应该歌颂和赞扬。

四、结　语

辽、宋、夏、金、元的整个历史时期中,封建经济总的说来是有进一步的发展,但由于统治阶级在复杂的社会矛盾中,对劳动人民实施了残暴腐朽的统治,阻碍了社会经济的发展。而广大的人民群众在和各族的统治者作斗争的同时,坚持了生产斗争,因而仍然在各方各面推进了历史向前发展,在经济和文化各方面都作了重大的贡献,使这一时期的历史在世界上占有重要的地位。

(《历史教学问题》1957年第2期)

[①] 《历史教学》1956年7月号,第22页。

明末农民战争矛盾转化问题研究

一

明末农民战争是十七世纪初叶爆发的一次反封建的伟大斗争,前后持续了二十年之久,胜利地推翻了明帝国的黑暗政权,在农民起义史上写下了光辉的一页。这次农民战争是在我国封建社会晚期历史阶段爆发的,同时李自成农民军进入北京后,紧接着的是清军的入侵,和镇守山海关的明廷主将吴三桂的降清,清统治者在汉族腐朽地主阶级的帮助和支持下,在明王朝的废墟上建立了清政权。因此,这次农民战争比过去任何一次农民大起义的情况都来得复杂,很多问题都需要我们作进一步的研究,本文仅拟就明末农民战争爆发的原因、矛盾的转化和失败问题,提出一些个人的看法,是否妥当,有待于同志们的指正。

二

农民起义,在我国封建社会的历史上,大小爆发过数百次,每次起义爆发的原因,在本质上都是由于地主阶级大量兼并农民的土地,对农民进行残酷的剥削压迫,加上封建统治者的暴政,急速地加深阶级矛盾,在这样的情况下,严重的自然灾害如天旱或水灾,往往又成为起义爆发的导火线。但是,这不等于说在封建社会发展的不同阶段上,农民起义爆发的原因、性质和特点就完全相同。事实上,这些问题是和封建主义生产方式发展的阶段性紧密相联系的,不同的历史条件下所爆发的农民起义,它的具体情况必然有所差别。

明末农民战争爆发的原因,在解放前的一些专著中,认为是"饥荒、兵变、加派和裁驿"。① 解放后刊出的一些研究论文,对明末农民大起义首先在陕西爆发,也仅仅归之于陕西地旷土瘠,生产落后,封建统治最为腐朽黑暗,加派特别加重了人民的负担,边兵乏饷叛变,以及普遍的大饥荒成为大起义爆发的导火线,等等。这些意见在史实上都有所根据,在原则上也是不错的,但稍嫌于就事论事,没有将这些问题放到整个中国封建社会发展的阶段上加以全面的考察,没有充分考虑到明末的历史特点。

明末的中国封建社会已发展到了晚期阶段,封建生产方式已经跨过了它的全盛时期,而走上了缓慢的解体过程,在封建社会的母体内孕育着资本主义的萌芽,与此相联系的农民的阶级斗争,也发展到了一个新的阶段。这一时期的农民已自发地向自由小生产者和小商品生产者的道路上发展,迫切要求获得自己的耕地。可是,地主阶级由于商品经济发展的刺激,引起他们对货币追求欲望的提高,而纷纷兼并土地,加速了土地的高度集中和农民的破产,激化了阶级矛盾。

但在商品经济发达的历史条件下,某些地区虽然土地集中在少数大地主手里,并不一定就首先爆发农民起义,如江南可说是土地最为集中的一个地区,早在嘉靖年间,就有"豪家田至七万顷,粮至二万"②石的,顾亭林也说:"吴中之民,为人佃作者十九",③这一记载在时间上虽较前者稍后一些,但苏州的农民十分之九丧失了土地,是长期以来存在的事实,不是一朝一夕造成的结果。正因为如此,所以,连明朝晚期的首相张居正看了都很担心,在他答应天巡抚的信中说:

> 每闻存翁(徐阶,嘉靖晚期担任过内阁首辅)言,其乡人(即江南)最无天理。及近时前后,官于此土者,每呼为鬼国,云"他日天下有事,必此中创之"。④

但明末农民大起义并没有首先发难于江南地区,而且,由于这一地区的

---

① 李文治:《晚明民变》,中华书局1948年版,第15页。
② 《张文忠公全集·书牍六·答应天巡抚宋阳山论均粮足民》。
③ 顾炎武:《日知录》卷一〇。
④ 《张文忠公全集·书牍七·答应天巡抚论大政大典》。

地方经济发达,大地主阶级有力的配合明中央政权,用各种方法镇压农民的反抗;另一方面,也由于江南的工商业比较发达,可以容纳一些脱离土地的人口。特别是长江三角洲地带,不堪于苛重压榨的农民大部分流向城市,变为手工业作场的雇工,或当小贩,过着勉强可以糊口的生活。

但商品经济的发展各地区是极不平衡的,就农民战争首先爆发的陕西来说,陕西各地的商品生产是比较落后的,如延安所生产的农产品不能加工制成商品,有丝不会织成绸,有棉花不会织成布,有毛皮不能制成毯毡,只好把这些原料以很低的价格出卖,而以高价买进所必需的日用品。[1] 然而商业却很发达,其原因是由于陕西是当时的边防重地,又是从首都北京通往西北及四川云南的孔道,是西北驿站的总枢纽。陕商的经济活动利用了这一条件,输粟于边塞,治盐于淮扬河东,运茶于川蜀,贩布于吴越,往来于这些地区。如商人李月峰是一个很典型的代表:

> 起为边商,输粟延安之柳树涧上,主兵常谷,客兵常谷数千万石,食安边、定边、安塞军数万人,通引淮扬,给冠带,自按部御史而下,率礼待之。[2]

外省商人也在陕西大作赚钱的生意,如宜川城内各乡镇都有山西商人的足迹,他们"盘踞渔猎""坐致奇赢"。[3]

陕西商人的资本与地位,虽没有像秦汉时关中大贾那么煊赫的声势,也赶不上同时代的山西、安徽、江、浙、闽、粤等地商人的雄厚实力,但陕西和山西商人具有一定的商业资本是可以肯定的,这些资本侵入农村,或则营放高利贷,"春放秋收,子或敌母",[4]造成了"间阎贫窭,甚于他省";或则直接掠夺农民土地,促使了农民的破产。而农村破产后所游离出来的农民,商品生产落后的城市无法容纳,形成大批失业无法生活的农民群。再加上连年的严重自然灾害,饥民吃草根树皮,以至人

---

[1] 转引自李文治:《晚明民变》,第8页。
[2] 李因笃:《受祺堂文集》卷四《先府君李公孝贞先生行实》。
[3] 《延安府志》卷三九《习俗》。
[4] 张瀚:《松窗梦语》卷四。

相食,僵尸遍野的悲惨境况,起义已到了一触即发的阶段。在这一社会矛盾极端尖锐的基础上,人数众多的边兵(约有37万多人),很久拿不到粮饷,大批的驿卒也因裁驿而失业,这些人都饥不得食、寒不得衣,纷起暴动,所谓"贼首多边军之豪及良家世职,不欲以姓名闻,恐为亲族累,故相率立诨名"。① 明政府兵科魏呈润也奏称:"流贼有饥民、有镇兵、有回夷,而河曲之贼最狡,多东征之逃兵,而延安、西安之贼,又久惯之边盗。"②这些边军驿卒的暴动队伍,与广大饥民的起义汇合起来,并以后者为主体掀起了规模巨大的明末农民的武装斗争。

揭开大起义序幕的,是1627年(天启七年)以王二为首的农民军杀澄城知县张斗耀的起义。王二的发难,好像在干枯的草原上燃起一把烈火,顷刻间便成燎原之势,就在次年(1628年),府谷王嘉胤、汉南王大梁、宜川王左挂、安塞高迎祥等著名农民领袖,都领导了群众起义,大规模的农民战争便展开了。农民军在起义开始时,即利用了有利的地理条件,据《怀陵流寇始终录》卷四载:"'流贼'有三大巢穴,在陕西之北境,则有东川、西川;在陕西、河南、湖广、四川四省之交界,则有商南、雒南、卢氏、永宁、内乡、淅川、南召、郧阳,联绵山谷;在江北则有英山、霍山。'流贼'始于东川、西川,而横于余二、西川、东川深谷大山,绵亘数百里。北即塞外,东至绥德,西至庆阳,又西至西安。所镇原县则属平凉府地,南通子午岭、黄龙山达鄜州,由芦保岭、马兰山达中部、宜君、同官、耀州;近宁塞者有金汤山、吴旗营、铁角岭,环县之北有槐安堡、月落堡、米钵堡,皆与东西川接境,为贼巢穴。"

明朝统治者看到陕北农民起义军的迅速发展,大为震惊,急派大军围攻,起义军因各自分散,牺牲很多。王嘉胤等部遂渡河进入山西,途中嘉胤被叛徒所杀。王自用继起领导,起义队伍重新振作起来,发展成为雄霸山西的"三十六营"。1633年(崇祯六年)三十六营在明军围剿下被逼转入河北,王自用于济源中箭身死,三十六营也分别遭受了失败。

1634年到1636年起义军以高迎祥部为中心力量,转战于河南、陕

---

① 《怀陵流寇始终录》卷一。
② 《怀陵流寇始终录》卷四。

西、湖北、四川四省边境地区,明统治者又组织强大的兵力向起义军展开大规模的围攻,在陕南鄂西的会战中,农民军损失很大,并且误入陕南兴安附近的车箱峡,以财货贿赂明守军主将陈奇喻左右和诈降,高迎祥才得于出峡。但随后又被洪承畴所率领的明军所围剿。1635年农民军十三家七十二营的首领遂在河南荥阳召开军事会议商讨对策,通过李自成所提出的坚决抵抗,争取主动,四路攻战的策略,将农民战争推进到新的阶段。1636年8月,高迎祥于黑水峪(盩厔县东南)中明伏兵,被俘牺牲。自此以后,起义军的整个力量,便逐渐形成以李自成、张献忠领导的两大集团,在这两位杰出的领袖领导之下,虽经过了许多次的挫败,但终于集结了革命群众的力量,历尽了千辛万苦,打败了明反动武装的顽强力量,胜利地推翻了明王朝的腐朽封建统治政权。

李自成农民军势力得到巨大的发展,能够胜利地推翻明政权,除了斗争经验的丰富、军事策略的正确外,同时和"贫富均田"、"平买平卖"口号的提出是分不开的,这两个鲜明的口号有力的组织和动员了群众参加起义。我们知道,农民在起义时明确提出这样的口号,在历史上还是第一次,这是王仙芝、黄巢、王小波、李顺所提出的均贫富的口号的进一步发展。正如列宁所指出的,这是"业已历尽千辛万苦并经多年压迫所锻炼出来的要求",[①]是经过长期以来阶级斗争的不断总结经验所提炼出来的。

李自成所提出"贫富均田"的口号,否定了地主阶级垄断土地的特权,深刻地表达了农民群众的意愿和希望。因而,极大地鼓舞了农民群众的革命热情,积极支持和踊跃参加起义队伍,壮大了李自成农民军的力量。

其次,对城市工商业者所提出的"平买平卖"的口号,也具有积极意义。我们知道,在封建社会里的商人阶层,是欺骗和剥削农民的,农民对他们是怀有仇恨的。但李自成农民军自1640年开始,即提出了争取城市工商业者支持起义军的口号,这一方面反映了资本主义萌芽关系的增长,城市工商业者已成为阶级斗争中不可忽视的力量,争取了他们

[①] 列宁:《社会民主党在1905年至1907年第一次俄国革命中的土地纲领》,1950年,莫斯科,中文版,第93页。

的合作，就削弱了地主阶级的力量；同时，另一方面这样做也有可能，当时的城市工商业者已饱受封建统治者的压迫和掠夺，地主阶级统治者在城市里"贪风流行，……官之稍有良心者，(买物)尚给以价，(但)比市价十去五六，其无良心者，直票取如寄。吏胥缘之，奸孔百出"。① 他们和封建统治集团之间是存在着一定的矛盾的，因此明统治者"议借贷而不能得之于商贾"。②

李自成提出"平买平卖"的政策是正确的，所以每当农民军进攻城市时，除个别城市外，一般说来是没有遇到过什么大的阻力的。如崇祯十四五年李自成农民军进攻开封时，乡民踊跃抬大车门板之类，协助攻城；城内的铁匠，"锻者孙忠，私造铁箭镞数百，怀之出城，为门军搜出，怀手摺一个，称贼为天兵老爷"。③ 在进攻襄樊时，"汉水以东的老百姓，焚香杀牛备酒远迎；樊城的民众并且领导着自成的军队绕过敌人所设的伏雷暗弩和汉水的险滩。自成的军队逼近荆州，陆师赟倡议守城，县民都不肯响应；但自成的军队一到，士民反屠猪杀羊打着旗帜来欢迎"。④ 有些商人甚至直接参加了起义军，《怀陵流寇始终录》卷七载：崇祯七年(1634年)正月一部农民军往荆州时，"其渠皆昔年布商也"；手工业工人也参加了起义，著名的农民领袖"刘宗敏者，蓝田锻工也"。⑤《明季北略》卷五也载："其兵尝云：'我王原是个打铁的，今后军都督府张家，原是个补锅的'。"正由于工商业者参加起义和积极支持农民军，因而，使农民军能打破地区的局限性，进行反复的有计划的流动大作战，发展成为全国性的农民战争。

1644年(崇祯十七年)李自成农民军以排山倒海之势进入北京，最高统治者朱由检(崇祯皇帝)自杀，明王朝的反动统治政权被摧毁了，反明封建残暴统治的目的已经达到，明末农民战争获得了伟大的胜利。

这时的形势是：一方面明地主阶级的残余力量继续坚守相当大的地区，力图顽抗反扑；一方面是山海关外的清统治者，蓄谋已久，伺机大

---

① 《谀闻续笔》卷二。
② 《卢忠肃公文集》卷一。
③ 白愚：《汴围湿襟录》。
④ 转引自李文治：《晚明民变》，第107页。
⑤ 《罪惟录·李自成传》。

举入关,而且山海关以外的广大地区都已被其占领,进攻的矛头久已指向北京。因而当时的整个形势是国内阶级矛盾仍很尖锐而且复杂,而民族矛盾则随着局势的变化,正在向着主要矛盾转化。

农民战争的本身也随着明政权的垮台,如何建立全国的统一的统治秩序,这个政权建设问题,提到历史的日程上来了。李自成为首的领导者能否适应这一历史发展的客观要求和趋势,是大顺政权的成败关键所在。

处在这种错综复杂,瞬息万变的重大转变时期,大顺政权领导集团内部,出现了两种不同的政治主张和政治路线。一派以牛金星为首,身任丞相,担负着实际的政治领导责任,进入北京后,忙于筹备李自成做皇帝的大典,招揽门生,开科取士等等,这标明着大顺政权已开始向封建政权的道路上转化。然而,他们在政治原则上却没有提出符合地主阶级某些要求和具体措施,从而取得地主阶级的支持和合作,相反地,牛金星等没有针对着地主阶级内部的不同情况,采取分别对待的政策,而是不分贪污与"清廉"、抗命不降和归降,对所有文武官吏,一律对待,进行追赃刑杀,以致顽固地和大顺政权对抗,阶级矛盾未能及时缓和下来。另一派以李岩、宋献策等为首,李岩进入北京后,曾向李自成提出四点建议:

>……一、文官追赃,除死难归降外,宜分三等:有贪污者,发刑官严追,尽产入官;抗命不降者,刑官追赃既完,仍定其罪;其清廉者免刑,听其自输助饷。一、各营兵马仍令居城外守寨……不宜借住民房,恐失民望。一、各镇兴兵复仇,边报甚急,……主上不必兴师,但遣官招抚各镇,许以侯封各镇父子,仍以大国封明太子……则一统之基可成,而干戈之乱可息矣。①

可是,这一意见李自成看到后,"不甚喜,既批疏后,知道了,竟不行"。宋献策也主张及时停"刑",②力望李自成、牛金星改变政策也没有成功。后来,且因政见的不同,李岩等被牛金星所杀。

大顺政权没有能够适应当时形势发展的需要,及时缓和矛盾,稳定

---

① 计六奇:《明季北略》卷二三《李岩谏自成四事》。
② 同上书卷二〇《二十五癸丑拷夹百官》。

封建统治秩序,是有它深刻的社会原因的。一方面由于当时的阶级矛盾异常尖锐,被残酷剥削压迫的农民群众对地主阶级有着刻骨的仇恨,许多农民军及其领导者在与明反动武装作战的过程中,迭受明地主阶级军队的剿压而英勇牺牲,要他们在胜利后对地主分子不实行严厉的镇压,是不可能的;何况农民阶级的本身,由于历史条件的限制,不可能全面正确的来考虑各方面的问题。另一方面,地主阶级在经受农民军的打击后,怀恨在心,与农民军处于尖锐的敌对地位,特别是当时清军入侵已成为主要矛盾,客观形势瞬息万变,他们在等待时机,反对大顺政权。

三

由于李自成农民军推翻明政权后,紧接着的是清统治者利用汉族内部的矛盾,削弱了本身力量的时机,取得了腐朽的明地主阶级的支持和帮助,打败了农民军和抗清力量,并建立了统治全国的清政权。因而这次农民战争失败的原因就来得比较复杂,史学界对这一问题的看法也很不一致。

封建史学家将李自成农民军的失败,归结为吴三桂的降清,强调明清两个王朝的废兴递遭是由吴三桂降清一举所造成的,夸大渲染吴三桂个人的作用。而吴三桂的所以降清,又隐蔽其大地主军阀的阶级本质,说成是由于其爱妾陈圆圆被李自成部将刘宗敏夺去了,因此愤而降清,援引吴伟业所作《圆圆曲》本事,所谓"冲冠一怒为红颜",最后归咎于"祸水"的女人。

近几年来,关于研究明末农民战争史的专著或论文中,对于这次战争失败的原因,主要归结为两个方面:一是农民军领导者进入北京后,被胜利冲昏了头脑,脱离了群众;士兵也随之而享乐腐化,抢掠民财,因而不得民心,失去了过去所具有的战斗力。二是李自成等领导者对吴三桂的降清,和清统治者入侵的警惕性不高。

这些看法,如果我们根据当时的史实进行具体的分析,是很难令人心服的,而且在论点的提法上,也值得商榷。

我们知道，1644年（崇祯十七年）3月19日，朱由检（崇祯皇帝）与太监王承恩同缢于北京煤山（景山）山亭，起义军才进入北京，至4月13日李自成即亲自率领大军出征，4月23日即与吴三桂军和清军大战于山海关。从3月20日至4月13日，其间不过二十多天，在这样短短的时期内，经过十多年艰苦斗争和具有严密组织的几十万农民军，进入北京后即处于明地主阶级残余势力的"各镇兴兵复仇，边报甚急"的紧张状态中，究竟蜕化变质到了什么程度，是不是由于这一原因而丧失战斗力，是一个很大的疑问，我们认为如果过分夸大渲染农民军及其领导者的享乐腐化，是很难令人相信的，因为其时间不过是二十天左右。何况，有些记载的本身就否定了农民军关于所谓享乐腐化的事实。《燕都志变》的作者聋道人，据他亲自目睹当时的情况说：

> （农民军对明官僚进行）严刑拷讯追赃充饷，多者数万，少者数千……大抵贼酷虐，诸刑备具，而夹棒最厉，务以得赍称意而止。……余寓宅在刑部街，密迩伪都督刘所，虽室中藏尽为攫去，至淫夺斩杀之事则犹未见也。

又说：

> （四月）十三日，闯贼领兵从齐化门出，将太子及永定二王拥之马前去，百官拜送门外，城中所留贼兵不过十之一二。数日后，有在城娶妇者，有挟重赍而逃者，即东去贼兵，往往有脱回者。[①]

李自成进入北京后，"召见兵政府侍郎梁兆阳于文华殿，兆阳曰：'先帝无甚失德，只是刚愎自用，至使君臣之谊否隔不通，以至万民涂炭，灾害并至。'自成答道：'朕只为这些百姓，才起义兵。'兆阳又叩头道：'我皇上救人水火，自秦入晋，历恒、代抵燕都，兵不血刃，百姓皆箪食壶浆以迎，可谓神武不杀，比隆尧舜，若汤、武不足道也。'"[②]其中也没有提到农民军的所谓淫杀抢掠民财问题。

明兵部尚书史可法叙述农民军的情况也说：

> 以敌（李自成农民军）之强若彼，而我之弱如此；以敌之收拾人

[①] 聋道人：《燕都志变》，三怡堂丛书。
[②] 转引自李文治：《晚明民变》，第136页。

心若彼,而我之渐失人心如此;臣恐恢复之无期,而偏安未可保也。①

史可法的《请讨贼疏》中都如此承认李自成农民军深得民心,那么该是千真万确的事实,否则,对农民军充满阶级仇恨的史可法是不可能这样说的。因此,我们必须抛开地主阶级的那些别有用心污蔑农民军的不真实的记载,实事求是地具体分析当时的情况,享乐腐化、蜕化变质等等,显然不是农民军失败的根本原因。

其次,关于李自成为首的领导者对"近在肘胁的关外大敌,他们似乎全不在意"的说法,与历史事实也不完全符合。当农民军进军北京,京师指日可下的时候,李自成目睹明统治者为了集中全力剿压农民起义军,放松了对关外清军的防御,致使山海关外土地全被清军占领,民族矛盾日趋严重。而民族矛盾实质上就是阶级矛盾,如清统治者入关,对汉族人民的奴役和剥削,将更为残酷,所以在这一形势下,农民军以坚定的爱国立场,李自成派投降太监杜勋入见崇祯皇帝,告之"愿以劲兵,助制辽藩"。② 这一事实表明:只要统治阶级决心抗清,和改良政治,减轻对人民的剥削压迫,人民是能够忍受暂时的痛苦,支持统治者抵抗清军的入侵,以避免受清统治者的残暴奴役。

可是,以崇祯皇帝为首的顽固统治集团,害怕农民军比害怕清侵略者更甚,断然拒绝李自成的正确建议,一再作与清统治者谈和的打算,以集中力量对付农民军。到此,腐朽的明王朝不仅是压迫剥削人民的统治工具,而且已成为人民抗清的障碍物。李自成农民军推翻这样腐朽反动的封建政权是完全正确的。同时,这一事实的本身也说明着李自成为首的领导者,对清军的入侵保持着一定的警惕性。

李自成进入北京后,即派唐通和大顺政权兵部尚书王则尧带银四万两到山海关犒师,许以封吴三桂为侯的爵赏。吴三桂接受了犒银,并让唐通的兵屯驻临榆县(山海关东北三十里的九门口),事实上已分段负责防守长城了,由3月20日至4月11日,吴三桂军和李自成农民军之间并没有发生战斗,吴三桂在这一时期中也绝未以明王朝的孤臣孽

---

① 《史忠正公集》卷一《请出师讨贼疏》。
② 钱䎖:《甲申传信录》。

子自居,而是一面接待大顺政权的使者进行谈判,谋取高官厚禄,一面又犹豫观望,别作打算,最后,谈判破裂,吴三桂降清。吴三桂不接受大顺政权的领导,决心降清的根本原因,不是什么爱妾陈圆圆的问题,而是大顺政权的政治原则不符合大地主阶级的要求,而清统治者在阶级利益上却和吴三桂是一致的,所以吴三桂为维护大地主阶级的利益,不惜向清统治者投降,成为出卖祖宗的"奴才"。

清统治者久已蓄谋伺机侵入山海关内广大地区,如皇太极(清太宗)当政时期,初则与明廷接洽和议,争取时间整顿内部,以蓄积更大的力量;在军事上进军朝鲜以绝后顾之忧,征服内蒙古、降喀尔喀、哈喇沁、插汉诸部,以清除侵明道路上的障碍物。另一方面,又设计利用明统治集团自己杀害抗清派的主要领导者袁崇焕,瓦解抗清力量。最后,时机成熟,各方面的准备工作都已完成,遂集中兵力消灭明朝的抗清军事力量。在这一过程中皇太极继续采取分化政策,孤立明廷抗清的军队。如1642年向明进攻时,皇太极对其部下说:

> 我军至明,彼或遣使求和,尔等即应之曰,我等奉命来征,惟君命是听,他无可言,尔如有言,其向我君言之,必吾君谕令班师,方可退兵。如遇流寇(农民军),宜云尔等见明政紊乱,激而成变,我国来征,亦正如此,以善言抚谕之。申戒士卒,勿误杀彼一二人,致与交恶。如彼欲遣使见朕,即携其使来,或有奏朕之书,尔等即许转达,赍书来奏。可将朕此旨,向外藩将士再三晓谕。①

1644年(清顺治元年)1月清帝又写信给农民军的领导人说:

> 大清国皇帝致书于西据明地之诸帅:朕与公等山河远隔,但闻战胜攻取之名,不能悉知称号,故书中不及,幸毋以此而介意也。兹者致书,欲与诸公协谋同力,并取中原,倘混一区宇,富贵共之矣,不知尊意何如耳。惟速驰书,使倾怀以告,是诚至愿也。②

但另一方面,清统治者又认清了明地主阶级统治者已不是他们的对手,早在崇德七年(1642年)四月,清统治集团分析当时的形势说:

---

① 《大清太宗文皇帝实录》卷六三。
② 《明末农民起义史料》,中华书局版,第455页。

"南朝(按指明廷)盗贼蜂起,饥馑载途,兵力竭而仓廪虚,征调不前,中原势如瓦解;关外所恃者,止有九城,已破其四矣,辽(东)之兵将已失十之八九矣,倚赖之武职,重托之文臣,皆为我擒矣。明国之君,审天时度人事,自知气运衰败,文臣不能效谋,武职不能宣力,欲战无术,欲守无资,我兵再举,彼南迁必矣。"①

清军在策略上则采取步步进攻,逐渐消灭明有生力量的办法,崇德七年八月有人建议皇太极直接攻取燕京,但皇太极不同意,他说:

取燕京如伐大树,须先从两旁斫削,则大树自仆。朕今不取关外四城,岂能即克山海?今明国精兵已尽,我兵四围纵略,彼国势日衰,我兵力日强,从此燕京可得矣。②

崇德八年六月皇太极进一步估计当时的形势又说:

以朕度之,明有必亡之兆,何以言之,彼流寇内讧,土贼蠢起,或百万,或三四十万,攻城掠地,莫可止遏。明所恃者惟祖大寿之兵,并锦州松山之兵,及洪承畴所领各省援兵耳。今皆败亡已尽,即有召募新兵,亦仅可充数,安能拒战。明之将卒,岂但不能敌我,反自行剽掠,自残人民,行赂朝廷,诈为已功。朝臣专尚奸谀,蔽主耳目,私纳贿赂,罚及无罪,赏及无功。以此观之,明之必亡昭然矣。③

我们不厌其详地引证上述的资料,目的在于说明民族矛盾,在农民军没有进北京前,已非常尖锐。清统治者认为灭亡明廷是不成问题的,真正的劲敌不是明朝廷,而是所谓"流寇"的农民军。这从顺治元年(1644年)四月清廷大学士范文程上摄政王启中的一段话,说得非常明白。《世祖章皇帝实录》载:

乃者有明,流寇踞于西土,水陆诸寇环于南服,兵民煽乱于北陲,我师燮伐其东鄙,四面受敌,其君若臣能相保耶?……窃惟成丕业以垂休万祀者此时,失机会而贻悔将来者亦此时,何以言

---

① 《大清太宗文皇帝实录》卷六〇。
② 《大清太宗文皇帝实录》卷六二。
③ 《大清太宗文皇帝实录》卷六五。

之,……盖明之劲敌,惟在我国,而流寇复蹂躏中原,正如秦失其鹿,楚汉逐之,我国虽与明争天下,实与流寇角也。①

因此,清统治者进攻的矛头早在农民军进入北京和吴三桂降清前,已对准着农民军了。

所以,当农民军三月间进入北京后,清统治者即于四月初向北京进军,由摄政和硕睿亲王多尔衮统率大军,师次辽河地方,以军事谘洪承畴,承畴上启曰:

> 我兵之强,天下无敌,将帅同心,步伍整肃,流寇可一战而除,宇内可计日而定矣。今宜先遣官宣布王令,示以此行,特扫除乱逆,期于灭贼,有抗拒者,必加诛戮,不屠人民,不焚庐舍,不掠财物之意。……
>
> 流寇初起时,遇弱则战,遇强则遁。今得京城,财足志骄,已无固志,一旦闻我军至,必焚其宫殿府库,遁而西行,贼之骡马,不下三十余万,昼夜兼程,可二三百里,及我兵抵京,贼已远去,财物悉空,逆恶不得除,士卒无所获,亦大可惜也。今宜计道里,限时日,辎重在后,精兵在前,出其不意,从蓟州、密云近京处,疾行而前。贼走则即行追剿,倘仍坐据京城以拒我,则伐之更易。②

清统治集团的骨干大臣范文程也说:

> 此行或直趋燕京,或相机攻取,要当于入边之后,山海长城以西,择一坚城,顿兵而守,以为门户,我师往来,斯为甚便。③

清军正在向北京进军途中,恰巧碰上了吴三桂所派的投降谈判使者,《清实录》载这一经过说:

> 摄政和硕睿亲王师次翁后(地名),明平西伯吴三桂,遣副将杨坤、游击郭云龙,自山海关来致书曰:……不意流寇逆天犯阙,……悯斯民之罹难,拒守边门,欲兴师问罪,以慰人心。奈京东地小,兵力未集,特泣血求助。……况流寇所聚金帛子女,不可胜

---

① 《大清世祖章皇帝实录》卷四。
② 《大清世祖章皇帝实录》卷四。
③ 《大清世祖章皇帝实录》卷四。

数,义兵一至,皆为王有,此又大利也。……速选精兵,直入中协西协,三桂自率所部,合兵以抵都门,灭流寇于宫廷。①

由于吴三桂的降清,清统治者遂改变战略和进军路线,急行军赶至山海关,接受了吴三桂及其所统率军队的投降,并随即利用这一力量进攻李自成农民军。

吴三桂在降清前后,对李自成采取欺骗的卑鄙手法。李自成进入北京后,吴三桂正式接待了大顺政权的谈判代表,其时间在半个月以上,但始终不明确表示自己的态度,依违于两可之间。李自成为首的领导者们,对这一情况自然十分关心和重视,因为当时吴三桂及其军队的向背问题,是整个大局的安危所系。所以,当派去的谈判代表得不到吴三桂明确的答复时,李自成便于4月13日亲率大军约10万人(一说20万,一说6万),并带同明太子、定永二王及吴三桂的父亲吴襄等前往山海关,和吴三桂进一步开展谈判,以便使问题能够得到更快更好的解决。

从上面的史实看来,那种认为李自成农民军被"胜利冲昏头脑,好象天下就已经太平了一样",以及对"近在肘胁的关外大敌,他们似乎全不在意"的说法,是没有根据当时的事实进行分析。无可辩驳的事实表明了李自成为首的领导者,是十分重视吴三桂和清军的动态的。问题是由于受阶级和时代的局限,虽重视而没有能加以正确的解决。

李自成的错误在于对吴三桂大地主阶级的本质认识不足,上了吴三桂卑鄙狡猾欺骗的当,如清兵已进至山海关时,李自成还派唐通和吴三桂谈判,吴三桂对唐通还继续欺骗说:"……前日使者言之无绪,使我一时忿躁,遂致决裂如此。今家君见在羁囚,恐旦夕不保,桂方悔恨,幸将军驾临,自当改弦易辙,共建百世之功。但东国之兵,已入内地,势难挽回,惟一战败之,然后可卷甲趋朝耳。通曰,通虽驽弱,愿随鞭征。三桂曰,桂业已东国有约,若回兵直指,无以为辞,烦大兵先出,东兵恃桂相助,战必无谋,我兵出不意,从后夹攻,一战可灭矣。"②李自成听信了吴三桂的话,将农民军开赴作战不利的一片乱石地区,致使农民军处于

---

① 《大清世祖章皇帝实录》卷四。
② 计六奇:《明季北略》卷二〇。

吴三桂军和清军的联合夹击之下,而遭受了失败。

农民军在山海关一战失败后,退军至永平,吴三桂又进一步玩弄他的阴谋手段,派代表继续和李自成谈判,《明季北略》载这一经过说:"(四月)二十一戊寅,自成驻兵永平,三桂使人议和,并请太子。自成命张若祺奉太子赴三桂军中,请各止战,三桂允之,约自成回军,速离京城,吾将奉太子即位。"①李自成当民族矛盾已上升为主要矛盾时,眼看着清军有侵入关内的危险,站在坚定的爱国立场上,遂同意吴三桂所提出的条件,率军回到北京。另一方面,又估计当时的形势,清军有入侵的极大可能,为了便于号召全国人民共同抗清,回到北京后正式称帝,并随即退出北京,向山西、陕西方面撤退,进行新的军事布署。

吴三桂向北京进军的途中,又极力隐瞒清军入侵的事实,假借明太子的名义,"传谕京中官民,各宜整肃静候,……北京诸臣迎候于朝阳门外,传呼奉太子至,多官望尘俯伏,及登舆,知非东宫也"。②而是辫发虬髯的清统治者多尔衮,这时虽然是"官民皆相顾失色",但为时已晚,吴三桂和清军已进入了北京城。③吴三桂和清统治者的这一骗局,使他们在进入北京的沿途中,没有遇到任何抵抗,就轻易地占领了全国政治中心的北京,清廷并以北京作为征服汉族和其他各族的司令台。

清统治者进入北京后,继续隐蔽和缓和民族矛盾,强调阶级矛盾,多尔衮声言:"此次出师,所以除暴救民,灭流寇以安天下",范文程所草的檄文中也说什么"义兵之来,为尔等复君父仇,所诛者惟闯贼"。④一直到顺治皇帝自沈阳迁都北京的诏书仍然在说:"用解倒悬,非富天下"等等,以欺骗汉族和其他各族人民。

同时,大量起用明廷大官僚大地主分子,所谓"各衙门官员俱照旧录用",利用他们为清政权服务,使以满族为主体的满汉地主政权得以迅速建立,并通过这一措施,来缓和汉族地主阶级内部的矛盾。更恶毒

---

① 计六奇:《明季北略》卷二〇。
② 计六奇:《明季北略》卷二〇。
③ 《怀陵流寇始终录》卷一八的记载也说:"都人(北京官民)不知三桂事,谓奉太子至,降贼者见前檄颇自安。已丑,吏部侍郎沈惟炳、户部侍郎王鳌永,锦衣卫指挥使骆养性等,备法驾卤薄出迎。有骑兵数万至,迎者伏道左,及升辇则胡服垂辫者也,莫不心碎失色。关宁兵前骑疾走入城,城上尽立白旗,九王子入宫居武英殿。"
④ 《清史列传》卷五《范文程传》。

的办法是派熟悉各地情况，与某些地区有密切联系或影响的大官僚地主分子，分赴各地进行所谓招抚。如"以故明天津副将娄光先为总兵官，招抚各城，稽核天津粮储诸务"；"以故明真定知府丘茂华为井陉道，署巡抚事"；调"故明井陉道方大猷为监军副使，招抚山东"；"令户部右侍郎王鳌永招抚山东、河南"。① 没有进入四川以前，汉奸官僚黄纪启就建议说："大兵自晋临秦，贼势不支，必走汉中奔西蜀，窜踞一方，所关甚巨。请令该部将见在京师蜀中旧弁陈联芳、卢进忠、简化龙、李芝秀四人，檄发陕西军前，俾相机先驰入蜀。征废将，连乡勇，号召土司与在籍诸臣秦良玉等，戮力前进。不惟穷寇成擒，西蜀底定，滇黔楚粤之间，不烦一旅而定矣。"② 臭名昭著的降清汉族奴才洪承畴也被派赴"招抚江南各省"。③ 这批汉奸至各地区后，拉拢腐朽的封建势力，分化和瓦解人民的抗清力量，对清政权迅速占领全国起了极大的作用。

这时出卖祖宗的"奴才"们又制造出"杀吾君者吾仇也，杀吾仇者吾君也"的荒谬逻辑，为向清投降制造理论依据和借口，地主分子在清廷有计划的搜罗下，纷纷降清。他们乘农民军集中力量抗清，以及大顺中央政权发生动摇时，纷纷起来推翻大顺的地方政权，杀农民军所派的地方官吏，如山东济南附近的刘孔和为首的地主武装，"起兵长白山中，有众三千人，执伪县令狗于众，诛之。传檄旁县，所擒戮伪令数人"；④ 青州的李士元更是直接听从吴三桂的命令，杀害大顺政权派去的姚将军等数百人；⑤ 邹漪所写《明季遗闻》中记载：明兵部尚书张缙彦，原被农民军拘禁于河南新乡，农民军退出北京后，他即乘机发动武装反抗，"杀府县诸伪长"，于是"南连汝颍，北尽（太）行山，河朔之势成矣"，在他的号召下，"山东河南豪杰四起"。致使大顺政权纷纷瓦解，造成了农民军在抗清斗争中的不利局面。

南明福王政权建立的目的，也是为剿压农民军，福王即位诏书中明确提出："大行皇帝……龙驭升遐……贼囚（农民军）屠杀我百官，杀掠

---

① 王先谦：《东华录》，顺治二。
② 王先谦：《东华录》，顺治三。
③ 王先谦：《东华录》，顺治五。
④ 王士祯：《渔洋山人文略》卷五。
⑤ 请参阅安致远：《玉碨集》。

我百姓,滔天之罪,盖载不容,神人共愤。……益激父母之仇,矢不俱生,志图必报"。① 连富有民族气节的史可法,也充满着对农民军的切齿仇恨,《明史·史可法传》载他上弘光帝的奏章中说:"先皇帝死于贼,恭皇帝(福王常洵,由崧父)亦死于贼,此千古未有之奇痛也!庶民之家,父兄被杀,尚思穴胸断胆,得而甘心,况在朝廷,顾可莫置?臣愿陛下速发讨贼之诏,责臣与诸镇悉简精锐,直指秦关。"正因为它的进攻矛头是指向农民军,清统治者利用这一点,初期对福王政权采取拉拢承认的政策,号召他们和清合力对付农民军。清政权发出的檄文中说:"予闻不共戴天者,君父之仇,……其不忘明室,辅立贤藩,戮力同心,共保江左,理亦宜然,予不汝禁。"明腐朽的地主阶级和清侵略者,在剿压农民军的共同目标下合流起来了,造成了在阶级力量对比中农民军处于劣势的地位。这一点连当时比较开明的地主分子也是直认不讳的,朱之瑜在其所著的《阳九述略》中说:"普天沦丧,非逆虏之兵强将勇,真足无敌也,皆士大夫为之驱除难耳。"由于明大地主分子的降清,支持清贵族,致使抗清斗争陷于失败的境地。

而这时李自成农民军也存在着内在的矛盾,特别是当民族矛盾上升为主要矛盾后,清军入关,北部局势发生剧变,形势急转直下的时候,农民军领导集团内部又因政见的不同,李岩、李牟等重要将领被牛金星所杀,造成了"自成将相离心",②农民军的战斗力受到很大的削弱。明地主阶级支持下的清军,分为两大部分追击农民军,一路由大同进军延安榆林,由陕北南下;一路由河南攻潼关,自成于1645年被迫放弃西安,出武关南下襄阳。清统治者英亲王阿济格和吴三桂率军跟踪追击,李自成一面率军抵抗一面后撤,作新的布署。由武昌退往湖北东南部通山县的九宫山时,"亲卒十余骑上山觇形势,予金住僧命炊饭,僧疑其逃将,有重赏,窃下山语村民,竞持锄挺上山,乱击之,顿毙"。③ 李自成牺牲的消息传出后,起义军"满营聚哭",哀悼这一伟大领袖的死亡。其遗部五十多万人后来参加了南明政权的抗清斗争,成为汉族人民抗清的主力军。

---

① 顾炎武:《明季实录》。
② 计六奇:《明季北略》卷二三。
③ 钱澄之:《所知录》卷一。

当清军全力对付李自成农民军时，张献忠部农民军占领了整个四川地区，并于1644年12月在成都建立了大西政权。但在明反动地主武装剿压下，不久被迫放弃成都，撤退到西充的凤凰山。这时（1647年1月）清军在吴三桂的带领下，攻入四川，农民军奋起抗战，张献忠遂英勇牺牲于凤凰山。其遗部由四川转入贵州，后来也参加了南明政权的抗清队伍，成为保卫西南地区的主要力量。

四

明末农民战争爆发于1627年，至1646年联合南明永历政权共同抗清止，前后奋斗了二十年之久，以反明封建腐朽统治开始，反清侵略结束。

1644年李自成农民军进入北京后，胜利地推翻了腐朽的明王朝，严重地打击了明地主阶级，农民战争获得了伟大的胜利。明政权推翻后，农民战争性质便由反封建统治转化为封建统一战争。但大顺政权因当时阶级斗争的尖锐，阶级矛盾没有得到及时的缓和，因而没有能够转化为建立封建政权。在阶级矛盾仍然十分尖锐的情况下，吴三桂为了维护官僚大地主的利益投降清军，清统治者趁机利用汉族内部的矛盾，取得腐朽的明地主阶级的支持，建立了满汉地主阶级共同剿压农民军的联合阵线，造成阶级力量相差悬殊，致使农民战争遭受了失败。从这里使我们深刻的认识到，民族矛盾实质上就是阶级矛盾这一事实。

但人民群众毕竟是真正的爱国主义者，民族矛盾上升为主要矛盾后，农民军领导人民坚决抗清，给清统治者以沉重打击，逼使清统治者入关后对人民不敢实行过重的压迫剥削，采取有利于生产发展的让步政策，为十八世纪经济的恢复，和资本主义生产关系的进一步发展奠定了基础。明末农民战争是推动历史滚滚前进的真正动力。

（《华东师范大学学报》1960年第1期）

论清代民族进一步融合中的若干问题

我国是一个由多数民族结合而成的拥有广大人口的国家,除百分之九十几以上为汉人外,"还有蒙人、回人、藏人、维吾尔人、苗人、彝人、僮人、仲家人、朝鲜人等,共有数十种少数民族,虽然文化发展的程度不同,但是都已有长久的历史"。[①] 前些年关于民族形成问题(主要是汉民族形成问题)曾经展开了讨论,[②]但直到现在为止,由于缺乏足够研究汉民族形成问题的资料,因而虽有不少史学家作过若干的努力,尚没有作出比较一致的结论来。而民族形成和多民族国家的形成又是两个不同的概念,在我国还没有形成近代的民族和民族国家之前,在很远的历史时代,就已经建立了封建中央集权制的多民族国家,经历了长久的时间,各民族间建立了牢不可破的血肉关系。本文拟就清代民族进一步融合中的有关问题,提出一些个人的看法,错误之处请同志们批评和指正。

一

清统治者入关后,慑于各族人民反清斗争的威力,在顺治、康熙年间采取了一系列有利于生产发展的措施,相对地缓和了生产关系对生产力的束缚,在人民群众的辛勤劳动下,社会经济得到了迅速的恢复和发展,如农业生产方面耕地面积由 1661 年(清顺治十八年)的民田五百四十九万三千五百余顷,上升到 1766 年(清乾隆三十一年)的民田、屯

---

① 《毛泽东选集》第二卷,第 616 页。
② 请参阅:《汉民族形成问题讨论集》,三联书店 1957 年北京版。

田合计七百四十一万四千四百九十余顷,比明末时已有所增加。而在农业生产中经济作物如棉花、烟草、甘蔗、茶的种植面积又较以前有了很大的增加,大家所熟知的:"(江苏)松江府、大仓州、海门厅、通州并所属之各县,逼近海滨,率以沙涨之地宜种棉花,是以种花多,而种稻者少。每年口食全赖客商贩运。"①烟草的种植也遍及全国,陆耀在其所写的《烟谱》中说:"烟草处处有之。……第一数闽产,而蒲城最著,彼土甚嗜者,连食不过一二筒。……以余耳目所睹记,如浙江之塘西镇,山东之济宁州,衡烟以衡州名,川烟以四川名。……余尝随宦至山西之保德州,凡河边淤土,不以之种禾、黍,而悉种烟草。尝为河边叹云云,盖深怪习俗惟利是趋,而不以五谷为本计也。"这反映了农业经济中商品经济的继续增长。

18世纪时的手工业,不但恢复了16世纪的繁荣,而且还有所发展。突出的如江南地区的纺织业,在乾隆三十五年至四十五年(1770—1780年)的十年时间内,苏州的织机发展到一万数千部,湖州也有四千部,如果连同杭州、宁波、绍兴、盛泽镇等地的织机合计,总数在三万部左右。其他地区的纺织业也很发达,可以这样说,纺织业在全国各地差不多都普遍发展起来了。就商业方面说,这时从南到北,从内地到边疆,到处都熙熙攘攘,显现出市场的繁荣景象,北方以天津为"商贾通津"的重地,东南方面除苏松嘉湖杭等城市和环绕着它们的许多乡镇之间,"商人往来如织,客店林立",形成一个广阔的工商业活跃场所外,同时,长江中游的汉口也已作为交换的中心之一了。由内地通往边疆要道的一些城市,商业也异常发达,张家口是通往蒙古的重要城市,"凡内地之牛马驼羊476取给于此,贾多山右人,率出口以茶布兑换",②当时内地的商人为加速货币的流通与转运,以及保证其安全与有效限期,著名的山西票号即在库伦、乌鲁木齐等地设有分号;通往西藏的四川打箭炉,"百货完备,商务称盛,在关外可首屈一指。常年交易,不下数千金,俗以小成都名之"。③

特别须要着重提出的是,兄弟民族所居住的边疆地区,如蒙古、新

---

① 《皇清奏议》卷六一,高晋《奏请海疆禾棉兼种疏》。
② 秦武域:《闻见瓣香录》甲卷。
③ 《清稗类钞》第十七册,农商类。

疆、西藏等地都早已发展为封建社会,在这一时期内,商业城市又不断的增多,商品经济有了巨大的发展。《新疆纪略》载:"(昌吉城)店铺栉比,市衢宽敞,人民杂辏,茶寮酒肆,优伶歌童,无一不备。"次如新疆的叶尔羌城,"中国商贾,山陕江浙之人不辞险远,货贩其地。而外藩之人,如安集延、退摆特、郭酬、克什米尔等处,皆来贸易"。① 青海的西宁以及河州、松番等地据《清朝通志》所记载,商业都比较发达。边疆地区的经济尤其是商品经济的发展,必然加强和内地的经济联系,因为各族人民在共同向前发展的过程中,迫切感到需要彼此在经济上的互助,所以这种经济联系的加强除了为各族人民的紧密联系奠定了物质基础外,同时随着经济纽带的加强必然发展为政治上联系的加强。而且,这种要求的加强又和我国在很远的历史时代,就已经建立了中央集权制的多民族国家分不开的。蒙古族、维吾尔族、藏族、苗族、汉族以及其他兄弟民族之间,长期以来建立了经济文化上的血肉联系,并且多次联合抵抗了外来的侵略,因而历史发展的结果,就形成了一种不可抗拒的必然趋势,那就是共同生活在统一国家的多民族大家庭中。正如周恩来总理所指出的,"中国作为一个统一的、多民族的国家,是长期历史发展的结果"。1688年(康熙二十八年)蒙古族卫拉特②和喀尔喀的封建主们之间爆发了战争,双方都求援于清统治者,喀尔喀部失败后,有人主张就近投入俄罗斯,但在举行的一次特别会议上,绝大多数人支持了大喇嘛哲布尊丹呼图克图的建议,"呼图克图曰:'俄罗斯素不奉佛,俗尚不同我辈,异言异服,殊非久安之计。莫若全部内徙,投诚大皇帝(清康熙皇帝——笔者),可邀万年之福。'众欣然罗拜,议遂决"。③由此可见,统一的多民族国家的形成,是长期以来民族融合的必然结果。

在这样的历史前提下,清政权也由于全国社会经济广阔繁荣发展的结果,一方面提高了自己的政治威望,一方面则具备了雄厚的政治、经济和军事力量,并在这样的一个基础上发动了对兄弟民族的战争。

---

① 《西域闻见录》卷二。
② 卫拉特即瓦剌,根据名从主人的原则,在顺治入关以前,据《明史》译为瓦剌;在顺治入关以后,据清人记述译为卫拉特。
③ 《蒙古游牧记》引松筠《绥服纪略图诗注》。

二

蒙古族在16世纪以后（明嘉靖间）分为三大部：即漠南蒙古、漠北喀尔喀蒙古、漠西厄鲁特蒙古。漠南蒙古在清军未入关以前已被清统治者所征服，人数很少的满清贵族用互通婚姻等办法来巩固满蒙封建主之间的联系。漠北喀尔喀蒙古分为土谢图汗、札萨克图汗、车臣汗三部，他们都是成吉思汗的后裔。厄鲁特蒙古分为和硕特、准噶尔、杜尔伯特、土尔扈特四部，是也先、瓦剌的后裔；除和硕特部据青海外，其他三部分牧于天山北路。

1677年（康熙十六年）准噶尔部的噶尔丹汗统一厄鲁特四部，据有天山北路、科布多、青海等地；1678年时又控制了天山南路；1688年又控制了喀尔喀蒙古，拥有军队几十万人，成为清帝国西北边疆的劲敌。1690年噶尔丹再度向东进攻，深入内蒙古的东部。清圣祖亲自带兵作战，打败了噶尔丹军；到1697年清军再败噶尔丹军，这时清帝国已控制了喀尔喀蒙古。阿尔泰山以东都归入了清帝国的版图。

维吾尔族居住于天山南路和北路的部分地区，信仰伊斯兰教。清代称天山南路为"回部"，称北部为"准部"。清廷对维吾尔族初期采取笼络和招降的政策，在打败天山北路的准部后，1758年（乾隆二十三年）便命兆惠将军等移师南进，进攻大小和卓木（圣裔的意思），到1760年清军遂占领了天山南路。从此，天山南北路均归清帝国版图，改名新疆，在伊犁驻将军，统领全疆。

1791年（乾隆五十六年）廓尔喀人侵入西藏，整个西藏有被侵占的危险，达赖、班禅于是派代表向当时的中央政府清廷求救，清廷遂派军入藏打败了侵略者，巩固了祖国西南的边疆，进一步增进了西藏人民与祖国各族人民之间的情谊。

大小金川位于四川成都的西北，靠近青海东南部，是藏族的聚居地。1746年两金川的土司内部发生矛盾，1747年（乾隆十二年）清统治者利用这一矛盾派兵进攻两金川，由于两金川人民的英勇抵抗，清廷前后用兵六年，费饷七千万两，才占领了地不逾千里的两金川地区，隶属于四川省。

清入关后,军事统治力量尚薄弱,还无力直接干涉西南兄弟民族社会内部的政治经济,因而继续采用明朝的政策,利用土司制度进行统辖。土司制度在我国历史上渊源很早,唐设羁縻州,于兄弟族"部落列置州县,其大者为都督府,以其首领为都督刺史,皆得世袭,虽贡赋,版籍多不上户部"。① 已是土司制度的刍型了。但土司成为一种政治制度,所见记载则以明代较为完备,《明史·土司传》说:"西南诸蛮……历代以来,自相君长,原其为王朝役使,自周武王时孟津大会,而庸、蜀、羌、髳、微、卢、彭、濮诸蛮皆与焉。及楚庄蹻王滇,而秦开五尺道,置吏,沿及汉武,置都尉县属,仍令自保,此即土司土吏之所始欤。迨有明踵元故事,大为恢拓,分别司郡州县,额以赋役,听我驱调,而法始备矣。"土司就是世袭的土官土目,由清统治者就兄弟族原来的酋长按地区大小给予官职,清廷通过这些人来间接统治兄弟民族,实行一种贡纳制的剥削。苗、瑶、彝、僮等族的土司土目,有不少是贵族化了的地主土豪等等,他们在对其族内广大人民行使阶级的压迫剥削是和清政权有一致之处,就在这根本相同的一点上,清廷便利用被征服的兄弟族内上层分子原有土司土目的统治地位,使之服属于自己的统治。故"土司制度"在实质上,是统治的压迫与压迫相结合的所谓"以夷制夷"的一种特殊的民族统治的形式。

但土司与清统治者在阶级剥削利益有其相一致的一面外,同时,少数族的统治者和清廷之间又存在着民族压迫的矛盾,清廷对土司土目的军事势力的发展,隐忧很深,一面希望土司有足以"钳制"人民的力量,但又惧怕土司拥兵反叛,在经济方面清廷也力图加强对兄弟族人民的剥削。因此,土司制度的统治方式,是出于无可奈何的暂时之计,等到历史条件一转变,这一制度就无法维持。因此,当雍正初年,南明抗清斗争结束之后,就有"改土归流"政策的建议。从1726—1781年(雍正四至九年)清统治者集中优势兵力,压迫四川、云南、贵州、广西各兄弟族中的土司"改土归流"。土司土目在清廷的军事进攻下,被迫投降"缴印纳土",清统治者把这些"纳"来的土地,分置府县,一面派流官为

---

① 《新唐书·地理志》。

知府、同知、总兵等等,一面继续利用苗族的上层反动分子,担任官职,缓和统治阶级之间的矛盾,取得他们的支持。"改土归流"的目的,是在于废除土司的统治,而代之以流官的统治,直接加强对兄弟族人民的剥削压迫和控制。"改土归流"之后,清统治官僚集团和汉满地主阶级加深了对西南少数族的残酷压迫剥削,曾激起了以苗族人民为首的英勇反抗,直接给予封建统治者以严重打击。但从另一方面来说,"改土归流"又有其进步的一面,首先是消除各族酋长间无休止的战争。第二,消除了土司的世袭剥削制度,在"改土归流"之前,土司经常以纳贡为借口,加倍剥削人民,所谓"一年四小派,三年一大派,小派计钱,大派计两。土司一取子妇,则土民三载不敢婚;土民有罪被杀,其亲族尚出垫刀数十金,终身无见天日之期"。[①]

三

清代的康雍乾三朝,对边疆的蒙族、维吾尔族、藏族以及西南的苗瑶等族,进行了长期的战争,对这些战争我们如何看法,是一个比较复杂的问题。历史上的部族或民族战争,主要是由统治阶级的剥削和压迫其他民族所引起的,故民族战争实质上是阶级斗争的特殊形式。但历史上的民族战争在内容方面往往较为复杂,有些战争虽然是由统治阶级发动的,但在客观上却基本或部分地符合人民的利益,因而获得人民群众的支持、参予而开展起来的;有些则是违反或基本违反人民利益的战争,统治者纵或用蒙蔽欺骗的方法,利用人民群众作战,但一旦被人民群众发觉之后便会起来反对这种非正义战争,故统治阶级发动的民族战争的成败,基本上要视战争本身是否与人民利益相符而定。所以在分析民族战争时,对于战争爆发的原因和结果是重要的,而且必须抓住这一面;在战争过程中双方所采取的方法和手段则是次要的,当我们在评价战争时,如果单纯从战争的手段来判断战争的性质是不妥当的。

清军在进入天山南北路时,以将军兆惠为首的统治者,对"准部"、

---

① 魏源:《圣武记》卷七。

"回部"的人民进行了残酷的大屠杀,如果仅以这一点就肯定它是非正义的战争是不妥当的,对具体的问题要进行具体的分析。列宁在《社会主义与战争》的著作中指示说:"历史上常有过这样的战争,它们虽然带来了必然伴随一切战争而产生的种种惨祸、暴行、灾难和痛苦,而终究是进步性的,即它们是有利于人类发展的。"列宁又说:"我们社会主义者,无论何时都谴责国际战争为野蛮的残酷的事情。但是我们对战争的态度,和资产阶级的和平主义者(和平的拥护者说教者),和无政府主义者,有原则性的不同。"[①]这就是说,如果某些战争能"有利于人类的发展",虽然,在战争的手段上是野蛮的残酷的,但不能因此就抹煞其积极的一面。当然,这并不是说战争中的残酷屠杀也应当肯定,恰恰相反,马克思列宁主义者不论在何时都是坚决反对残酷屠杀战争的。但把战争的手段孤立起来作和平主义的或无政府主义的评判也是我们所不能同意的。

另一方面,在评价民族战争时,我们社会主义者和狭隘的民族主义者不同,民族主义者(不论是大民族主义或地方民族主义)在分析历史上的民族战争时,总是把眼界束缚在狭隘的个别民族在战争中的某些动机、成败利害方面来评价。因此,他们不是偏在大民族主义一面,便是偏在地方民族主义的一面,无法摆脱民族主义旧传统的错误。社会主义者则重视战争的客观效果,视其是否符合各族人民的利益,是否有利于当时各族的社会经济的发展,是否有利于其后社会主义民族融合的形成,以及今日社会主义革命和建设事业的发展。有利于今天的社会主义革命和建设事业,则应该加以肯定,反之则加以否定。

就清廷征服"准部"和"回部"的战争来说,18世纪时,英俄资本主义国家的殖民势力已伸展到新疆和西藏地区。准噶尔部噶尔丹汗就曾说,他要借六万名俄国鸟枪兵向东作战;其后,阿睦尔撒纳也逃入俄境,为俄国所利用而"复出滋事"。1820年到1830年时利用张格尔(志汗吉尔即大和卓木之孙)进行叛乱;1864—1873年时英国特务浩罕将军阿古柏窃据新疆(僭称喀尔噶尔王国毕条勒特汗),和清帝国发生残暴的民族战争;同时对其本族人民实行更为苛暴残酷的剥削压迫,特别是

[①] 列宁:《社会主义与战争》,苏联外国文书籍出版局,1954年中文版,第7页。

英资本主义国家特务们的凶恶,给"准部"、"回部"人民以可怕的面貌。因此,新疆、西藏人民一旦认清了他们的卖国反动统治后,便起而反对张格尔、阿古柏之流,卫护祖国。因为新疆、西藏人民和内地人民长期以来有着经济上的紧密联系,在民族关系上有着源远流长的血肉关系,很早就奠定了民族大家庭牢不可破的亲密友谊。

当然,就清廷来说,是个封建大地主政权,对新疆、西藏兄弟民族实行阶级的和民族的压迫。因而,张格尔、阿古柏之流便利用了人民这种反对清统治者的斗争情绪,掀起了反清斗争。但清统治者对新疆、西藏地区人民的剥削和资本主义国家的残酷掠夺比较起来,又是比较轻些。故当地的"农民和城市居民是在最初支持张格尔之类的和卓们,一旦受到了他们的专横和暴虐,便迅速离开他们了,这就是为什么居民有时会像欢迎自己的救星一样地欢迎中国军队的原因"。[①] 到过喀什噶尔的英国官吏也说:"可是他们统治不了几个星期,到处人们也讨厌这些无耻的色鬼,咒骂他们是残忍的暴君,他们到处都在中国军队面前奔逃,而到处人们欣然欢迎异教徒(清政府)政权底恢复……因为政权恢复之后,就能受到保护,就有法律有贸易和物质福利,而当这些卑鄙的冒险家和卓们的匪帮进行掠夺和不成体统时,是一样都没有的。"[②]清军在维、藏等族人民的支持下获得了战争的胜利,新疆、西藏地区人民安定地生活在祖国的怀抱之中了。从此,中国境内民族间的战争逐渐消除了,各族之间的经济文化交流畅顺地发展起来。从此,汉、满、蒙、维、回、藏、苗等几十个民族结合起来,共同起来抵抗英俄等国殖民主义者对新疆西藏地区的武装侵略,有助于中国国防的安全乃至于亚洲的和平。清朝对"准部"、"回部"的战争不是非正义的战争。

我们在分析这次战争的性质时,要慎防大满族主义或大汉族主义是对的,但也要注意地方民族主义的危险,应该把各族的历史,放到当时整个中国和亚洲乃至整个国际形势中去衡量。看其客观效果是否符合各族人民的利益,是否推动祖国历史的发展,是否有利于今天社会主义民族的融合和形成,是否有利于今天的社会主义革命和社会主义建

---

① 萧扬、罗焚译:《为正确阐明苏联中亚细亚各民族底历史问题而斗争》,第211页。
② 同上书,第211—223页。

设事业的发展,而且从历史上看这又是必然的发展趋势和结果。只有根据这些原则然后才能作出恰当的评价。

在论述这一问题时,必须注意几千年来中国境内几十种民族彼此之间建立了深厚的友谊,和紧密的政治经济上的联系。虽然有关这方面的史实由于封建统治阶级史学家不重视也不可能重视,没有把它详细记载下来,但可以肯定地说这种联系是血肉不可分的。同时,在许多民族中汉族不论在经济上和文化上都比较发达,正如斯大林同志所指出的那样:"在这种多民族的国家里,有一个比较发展的民族居于首领地位,又有其余不大发展的民族,它们在政治上、乃至后来在经济上都是服从统治民族。"①再加上我国中央集权国家的形成,由于各种原因的需要,其出现过程"既比人们形成为民族的过程快些,所以在这里便形成了由几个民族构成的混合国家,这些民族尚未形成为近代民族,但已经联合而为一个共同的国家了"。② 在分析新疆、西藏等地区归入清帝国版土时,这些重要的条件是不能忽视的,如果忽视这样一些重要条件,就会把这种战争的客观效果,离开经济基础及其他重要条件,作出纯暴力论的错误结论来。暴力、战争,从来就是为经济服务的,服属于一定的经济和政治目的的!

由于蒙古、维吾尔、回、苗、满和汉族共同生活在统一的多民族的大家庭中,虽然统治阶级总是施行民族压迫政策,造成了民族间的隔阂,但历史发展的趋势则是各族的紧密联系,在共同反清的斗争中创造了共同的政治命运。由于各族人民的团结一致,共同发展生产,因而在经济上兄弟民族聚居的边疆地区都有了较大的发展,如新疆大量开垦屯田,广西、云南、贵州、四川、甘肃等地的耕地数字都有显著的上升,这突出地说明各族人民共同勤劳生产,加强经济发展的优异成果。其他如盐、铁、茶、马、皮毛、药材等各种日用品的交换。在各民族之间本来已有悠久的历史,从此起彼此的血肉关系更为密切牢不可破了。

(《历史教学问题》1959 年第 5 期)

---

① 斯大林:《马克思主义与民族、殖民地问题》,人民出版社 1953 年版,第 150 页。
② 同上书,第 150 页。

史 学 史

顾炎武的社会政治思想和爱国思想

顾炎武(1613—1682)是我国明末清初主张社会改革和抗清爱国的学者。昆山(今江苏昆山)人,初名绛,清兵破南京时,他图谋恢复,更名炎武,字宁人,后因避仇变姓名为蒋山佣,学者称他为亭林先生。今年是他诞生三百五十周年。

顾炎武在明末是地主阶级反对派,在清初更是热烈的抗清爱国运动者,著作《天下郡国利病书》和《日知录》等书,社会改革思想和爱国思想以及政治理想是他毕生学术思想中最基本的部分,他在文学、经学、史学等方面的成就,都是和这一思想分不开的。本文拟就这一方面提出一些初步看法,请同志们批评指正。

一、明末顾炎武的地主阶级
反对派的社会改革思想

明清之际,正是中国封建社会急剧变化的时期。明代末年,内则封建专制统治日益腐朽,赋繁役重,土地高度集中,农民和手工业者贫困不堪,激起了以李自成、张献忠为首的农民大起义,摧毁着封建地主政权;外则清贵族兴起于东北,其势力步步向关内进迫,先后攻占抚顺、开原、辽阳、沈阳、广宁等重要城市,争夺封建统治权,严重地威胁着明王朝的安全。在这阶级矛盾和民族矛盾交织的情况下,产生了一系列的重大社会问题,迫使着一些较为开明的士大夫们,思考着如何及时地进行社会改革,以缓和这些矛盾,抢救垂危的地主政权。

顾炎武出生于"乡宦豪绅"家庭,到他祖父、父亲时,家道中落,不断

变卖田产以维家计。他的祖父是一个十分关心时事政治的人，面对着当时社会杌陧不安的现象，一日指庭园中草根对顾炎武说："尔他日得食此幸矣！"乃教诲他"当求实学，凡天文、地理、兵农、水土及一代兴革之故，不可不熟究"。[①] 因此，命他读古兵家《孙子》、《吴子》及《左传》、《国语》、《国策》、《史记》、《资治通鉴》等书，顾炎武的"经世致用"的"实学"思想，是和他的家世分不开的。

明天启六年（1626年），顾炎武年十四，即和同里归庄等加入复社，参预政治活动。复社是一些不满当时黑暗政治而怀有改革愿望的地主阶级反对派，在论学的形式下呼吁改革朝政的组织。顾炎武参加复社后，得有机会和当时许多名士往来，讲学论道，开阔了视野，使他对当时社会问题的研究逐步地深入下去。崇祯十二年（1639年），顾炎武二十七岁，就开始撰作《肇域志》和《天下郡国利病书》。他在《天下郡国利病书·自序》中说，他于科举考试未被录中后，即"退而读书，感四国之多虞，耻经生之寡术。于是历览二十一史，以及天下郡县志书，一代名公文集及章奏文册之类，有得即录"。《天下郡国利病书》的主要内容，是研究全国各地的农田、赋役、水利、盐法、矿产、交通和各地的疆域、关隘要塞、兵防等情况的，他企图从这些方面来了解明末所以衰败的原因，筹划镇压农民起义和抵御清贵族向关内进攻的方略，以便针对"时弊"，进行改革，以挽救垂危的明政权。

《天下郡国利病书》是顾炎武在作了长编之后尚未定稿的著作，但从全书看来，他要求改革的意图已很明确。

土地高度集中，是当时农民反抗地主斗争的基本原因之一。《利病书》中除揭露"近京各州县及各省开垦水田，往往既垦成熟，被势豪及经管地主混占告夺"的一般情况外，对贵族官僚地主广占土地以及江南豪强地主抢夺沿江上下芦洲新地，表示极端愤慨。

卫所屯田也遭受破坏，这不仅关系到官有土地的被兼并，而且直接影响到卫所军制的崩溃，所以他对屯田的破坏很是注意。他摘录了《泗州志》的话说，屯田"侵隐之弊，已非一朝"，明确指出，"屯田耗减之病，世官其膏肓也，旗军其骨髓也，未见膏肓骨髓之病而医能疗之者也"。

[①] 《亭林余集》，《三朝纪事阙文》。

他殷切地期望"有清理屯政之责者审诸"。①

赋役问题也是当时严重的社会问题之一。《利病书》载：当时田既有夏税秋粮，又增之以"地差"，"差出于门丁，而反去其门银，是田不止于租，而家可无调也，非法古之意矣"。而且有田者都诡隐，故有田未必有粮，因此，粮税都转嫁于"单弱之丁"。民贫赋重，相率逃亡的情况非常严重。如何改进这一弊政呢？他引《清河志》的话说：

> 欲拯之，必略仿井田之法，相地势污仰，每数十里即为一井，居民田庐，分布其中，外为沟洫以环之，……则荒莱可垦，经赋可完矣，此百世之利。②

特别是役，不公不实，"被役之家，无不立破"。③ 充役之人，无不卖田鬻产，如赴死地。而且役的负担多落在穷苦的人民身上。顾炎武看到赋役太重，民不堪命时，是会发生暴动起义的。为了缓和阶级矛盾，稳定统治政权，他认为必须及时改进赋政和役政。

他鉴于唐末王仙芝、黄巢农民大起义，是由于禁私盐而引起的。明代的"九边军实，半仰给于盐课"，故盐禁之严，过于唐代。当时的情况是"禁之愈严而价愈涌，价愈涌而私贩愈多，……至于今日，名为贩而实为盗矣"。认为要及时改革盐政，以免蹈唐亡覆辙。改革这一弊政的办法，他同意耿橘《平洋策》中的意见，说：

> 不大弛盐禁而欲靖江海之盗，必不得之数也。惟盐禁弛，则贩盐者无不讳之名，得与诸商贾等；与诸商贾等，自无用多招亡命，厚设兵械，亦不必豪猾之民始为之。……夫天下有禁之而反以炽，弛之而反安于无事者，此计是也，此化盗为良之最上策也。④

顾炎武学过兵家书，他对兵防问题也是十分重视的，特别是在所谓"近者，'流寇'往来攻掠，无所禁御"的农民起义全面开展起来的情况下，更为关心。他主张寓兵于农，行保甲之法，以加强镇压农民的地主武装和保甲组织。

---

① 《天下郡国利病书》，四部丛刊本。
② 同上书。
③ 同上书。
④ 同上书。

二、清初统一战争时期顾炎武的抗清运动和爱国思想

明崇祯十七年(1644年)五月,清贵族在吴三桂为首的汉族大地主官僚集团的支持下,利用汉族内部的阶级矛盾以及农民军在推翻明政权后在政略上和战略上的一些错误,很快地进入北京,建立了清封建统治政权。这时的顾炎武寄希望于南明福王政权,并受命为福王政府的兵部司务。撰写了《军制论》、《形势论》、《田功论》、《钱法论》等文章,正面提出了他对当时军事政治形势的看法以及社会经济的具体改革办法。

在政治上他目睹当时"军政废弛"[①]的现象,强调必须进行改革。《军制论》中说:"法不变不可以救,今已居不得不变之势,而犹讳其变之实,而姑守其不变之名,必至于大弊。"并强调"不亟变,势不至尽驱民为兵不止,尽殴民为兵,而国事将不忍言矣"。"今日之军制,可谓高皇帝之军制乎?其名然,其实变矣。而上下相与守之至于极,而因循不改,是岂创制之意哉?"当然,他所强调的"变",是在不触动封建统治制度的前提下实行某些修修补补的改革而已。[②] 如《田功论》论及垦殖时说:"募土豪之忠义者,官为给助,随便开垦,略计所耕可数千顷,明年此时便收地利,可食贱粟。况耕田之甿,又皆可用之兵,万一有警,家自为守,人自为战,……不惟可以制虏,而又以防他盗之出入,不数年间,边备隐然,以战则胜,以守则固。"[③]这种利用"田甿""制虏""防盗"的所谓"田功"论,完全是维护地主阶级利益的论调。同时,他继续撰述《天下郡国利病书》,研究当时存在的各种社会问题,作为改革的张本。

1645年清兵渡江南下,占领南京,福王政权垮台,苏杭等城也不战而定。这时,他先则参加太湖王永祚所领导的抗清义军,后又与同里归庄、吴其沆等于昆山起兵抗清,均遭失败,被逼过着亡命生活。在这期间,他的家庭也遭受了惨祸。昆山被清兵占领后,他的四弟、五弟被清

---

① 钱邦彦校补:《顾亭林先生年谱》。
② 《亭林文集》卷六,《军制论》。
③ 《亭林文集》卷六,《田功论》。

兵杀死,生母何氏被砍断了右臂,常熟城破后,嗣母王氏又绝食殉国,临死时,遗命炎武说:"汝无为异国臣子,则吾可以瞑于地下。"这些骨肉间的惨事,对他来说,确是有力的锤炼,使他的抗清思想更加坚定。这时,他写下了《京口即事》、《千里》、《秋山》等充溢着爱国热情的壮烈的诗篇。他在《京口即事》一诗中,热烈地期待着:"河上三军合,神京一战收。"把自己比作祖逖,所谓:"祖生多意气,击楫正中流。"《千里》诗中也说:"千里吴封大,三州震泽通。戈矛连海外,文檄动江东。王子新开邸,将军旧总戎。登坛多慷慨,谁复似臧洪。"①

清兵在覆灭福王政权后,随即进攻浙东之鲁王政权和福建唐王政权,抗清斗争的形势虽然十分艰危,但顾炎武仍坚定地接受了唐王授予的兵部职方主事的职务,并亲赴海上。② 不久,鲁王和唐王都失败而亡,抗清斗争再度遭受挫折。这时,顾炎武仍没有灰心,继续满怀着复国的希望,北至镇江一带,审察时势,闻山东农民军丁可泽、谢迁攻克淄川,执杀降清的官僚地主孙之獬,他欣喜之余,作《淄川行》说:"鼓逢逢,旗猎猎,淄川城下围三匝。围三匝,开城门,取汝一头谢元元。"闻郑成功起兵海上反清时,复作《海上》一诗说:"长看白日下芜城,又见孤云海上生。"他的斗志是昂扬的。

昆山的降清地主富豪叶方恒,欲兼并顾炎武的田产,乃勾结顾家世仆陆恩,向清廷告发顾炎武通郑成功反清事。陆恩对顾炎武在明亡后参加过苏州、昆山的反清起义,以及和鲁王、唐王发生过联系等等情况,自然是知道的。因此,顾炎武采取了断然的手段,将陆恩沉死水中,借以灭口。叶方恒利用这一案件采取各种毒辣手段迫害顾炎武,致使他在家乡无法立足,1657年春,顾炎武北上至山东。

他弃家北游,不是单纯为了避仇,而是具有结纳各地抗清志士,集结力量,图谋恢复之意。

他在山东所结交的朋友徐夜、张尔岐,山右、关中的朋友傅青主、李因笃、戴廷栻、王宏撰等,都是坚贞的抗清志士;同时想亲览山川形势,人情风俗,以作将来军事进展的准备。亭林所久居的山东章邱,曾经是

---

① 《亭林诗集》卷一。
② 徐嘉:《顾亭林先生诗笺注》卷四。

农民军在胶东的根据地,代北平阳则是山西方面清兵久攻不下的农民军据守地,便说明了这一问题。他长期往来于山东、河北一带,特别是对于形胜之地,如山海关、居庸关、古北口、昌平、蓟州、昌黎等地,都作过实际调查,著有《营平二州地名记》、《昌平山水记》等书。后又遍游山西、陕西和河南的一些重要地区,并在代北与二十几个朋友合伙垦荒,他给潘次耕的信中说:"文渊、子春并于边地立业;足下倘有此意,则彼中亦足以豪。"①最后,定居华阴也说:"遍观四方,惟秦人慕经学,重处士,持清议。而华阴绾毂关河之口,虽足不出户,而能见天下之人,闻天下之事;一旦有警,入山守险,不十里之遥。若志在四方,一出关门,亦有建瓴之势。"②直到晚年,他的复国思想仍然萦回无已!

顾炎武和其他地主阶级一样,对农民群众怀着阶级仇恨,他把明末的农民军及其领袖李自成等,乃至历史上的农民军及其领袖王仙芝、黄巢等等,统称为"流寇"、"盗贼";竭力主张用"寓兵于农"乃至保甲制等的政策,加强地主武装和地方组织,镇压所谓"寇盗"等农民起义。他虽然曾经对于山东农民军丁可泽攻克淄川的抗清斗争表示赞扬,以及后来居住在农民军根据地章邱等地,但并无联络农民军和依靠农民军抗清的意图。他的抗清活动,仅仅局限在封建士大夫地主阶级抗清派的圈子内。这种没有以农民军为主力的抗清斗争,怎不落空呢?

三、康熙三年后顾炎武的政治理想和启蒙思想

康熙三年(1664年)前后,全国抗清斗争的形势发生了很大的变化。西南的永历政权由于上层统治集团的昏庸腐朽,内部派系斗争异常激烈,特别在排挤、打击农民军抗清联合力量后,严重地削弱了自己的战斗力,因而在清兵的强大压力下,迅速地由广东移至广西、贵州、云南一隅之地,最后永历帝也为吴三桂俘杀于昆明;东南抗清力量的主要领导者郑成功病死台湾;西南抗清的领导者李定国也遭受了失败;扼守

---

① 《亭林文集》卷六《与潘次耕书》。
② 全祖望:《亭林先生神道表》。

荆襄巴东一带的农民军抗清领导者李来亨也于康熙三年英勇牺牲。至此,全国的抗清斗争在政治上和军事上转入了低潮,清贵族统治者的地位相对地稳定下来,民族矛盾日益缓和,阶级矛盾提升起来,满汉地主联合统治进一步加强。因此,当时一些抗清爱国士人,陷于悲观失望,动摇妥协,一般地主官僚的民族意识,日益模糊。顾炎武针对清军入关时采取的所谓"义兵之来,为尔等复君父之仇",以及康熙年间进一步笼络汉族地主官僚模糊民族意识的言辞和政策,加以揭露说:

> 有盗于此,将劫一富室,至中途而其主为仆所弑,盗遂入其家,杀其仆,曰:"吾报尔仇矣。"遂有其田宅货财,子其子,孙其孙,其子孙亦遂奉之为祖父。呜呼!有是理乎?《春秋》之所谓乱臣贼子者,非此而谁邪!①

在他看来,清贵族统治者不仅是所谓"乱臣贼子",而且还是"夷狄之人","夷狄之种,乱于中国",是必须坚决加以抵抗的。因此,他认为清之亡明,其意义不同于一般的改朝换代,所谓"君臣之分,所关者在一身,夷夏之防,所系者在天下",②"保国者,其君其臣,肉食者谋之;保天下者,匹夫之贱,与有责焉耳"。③他强调:"夫子之意,以被发左衽之祸,尤重于忘君事仇也。"④这时,他的抗清爱国思想,显然是狭隘的大汉族主义的。

同时,在当时的客观形势下,顾炎武也已看到以前企图推翻清廷统治政权的做法,短时期内已难有成效,自知自己当时应做、能做的只有"著书待后",把自己的政治理想,写作成书,以待后起的"王者"得有所"师"法。他给黄宗羲的信中说:"天下之事,有其识者未必遭其时,而当其时者或无其识,古之君子所以著书待后,有王者起,得而师之。"所以,他自五十岁开始,即"笃志经史",集中精力撰著《日知录》,并对较为重要的问题,写成《郡县论》、《钱粮论》、《生员论》等专篇,以发挥其政治理想。

---

① 黄侃:《日知录校记》,第2页。
② 《日知录》卷七"管子不死子纠"条。雍正时钞本作夷夏,今本改作华裔。
③ 《日知录》卷一三《正始》。
④ 黄侃:《日知录校记》,第3页。

《日知录》一书是顾炎武的政治理想所在，他在初刻本《日知录·自序》中说得很清楚，他著这本书的目的，是在：

> 明学术，正人心，拨乱世以兴太平之事，……以待抚世宰物者之求。

在写给朋友的信中他也说：

> 某自五十以后，笃志经史，……著《日知录》：上篇经术，中篇治道，下篇博闻，共三十余卷。有王者起，将以见诸行事，以跻斯世于治古之隆，而未敢为今人道也。①

他的这种"待后"思想并无消极情绪，如在五十岁生日所吟的诗句中就曾满怀希望地说："远路不须愁日暮，老年终自望河清。"②《日知录·素夷狄行乎夷狄》条中也说："夫亡有迭代之时，而中华无不复之日，若之何以万古之心胸，而区区于旦暮乎？"

《日知录》中所表现的民族意识仍然相当重。

当抗清斗争转入低潮后，清贵族统治者一面进一步加强满汉地主联合政权，以取得汉族地主阶级的全面支持，一面加强对抗清势力的镇压。这时，一些倒向清贵族统治集团的官僚地主分子，提出所谓"素夷狄行乎夷狄"的说法，作为自己"靦颜事仇"的借口，顾炎武针对这种情况力加驳斥说：

> "素夷狄行乎夷狄"，然则将居中国而去人伦乎？非也。处夷狄之邦，而不失吾中国之道，是之谓"素夷狄行乎夷狄"也。……汉和帝时，侍御史鲁恭上疏曰："夫戎狄者，四方之异气，蹲夷踞肆，与鸟兽无别，若杂居中国，则错乱天气，污辱善人。"夫以乱辱天人之世，而论者欲将毁吾道以殉之，此所谓悖也。孔子有言："居处恭，执事敬，与人忠，虽之夷狄，不可弃也。"夫是之谓"素夷狄行乎夷狄"也。若乃相率而臣事之，奉其令，行其俗，甚者导之以为虐于中国，而借口于"素夷狄"之文，则子思之罪人也已。③

---

① 《亭林文集》卷四《与人书二五》。
② 《亭林诗集》卷三《五十初度时在昌平》。
③ 黄侃：《日知录校记》，第3页。

其次,清贵族统治者的薙发、变易汉族人民的衣冠风俗等政令,他在《胡服》条也极力反对。

这时,清贵族统治者在政治上实施了一系列的让步政策,阶级矛盾已有所缓和,从属于阶级矛盾的反满民族矛盾也随之而有所缓和,当然,缓和不等于消失,顾炎武仍然图谋恢复汉族地主政权,成为他政治理想中的主要组成部分之一,不是偶然的。但,他的这种抗清爱国思想,确是十分狭隘的封建主义的大汉族主义思想。

顾炎武认为郡县制的弊害很大,必须及时改革,他说:"方今郡县之敝已极,而无圣人出焉,尚一一仍其故事,此民生之所以日贫,中国之所以日弱,而益趋于乱也。"他强调说,由于行施郡县制度,致使"国无强宗,无强宗是以无立国,无立国是以内溃外畔,而卒至于亡"。如何改进呢?他提出所谓"寓封建之意于郡县之中"和"寓封建之意于士大夫之中"的办法,他说:

> 尊令长之秩,而予之以生财治人之权,罢监司之任,设世官之奖,行辟属之法,所谓寓封建之意于郡县之中,而二千年以来之敝可以复振。①

> 唐之天子贵士族而厚门荫,盖知封建之不可复,而寓其意于士大夫,以自卫于一旦仓黄之际,……欲藉士大夫之势以立其国者,其在重氏族哉!其在重氏族哉!②

而且强调人性私利之说,认为只有"顺其私利",才能致治。他热情地想象着说:

> 天下之人,各怀其家,各私其子,……一旦有不虞之变,必不如刘渊、石勒、王仙芝、黄巢之辈,横行千里,如入无人之境也。于是有效死勿去之守,于是有合从缔交之拒,非为天子也,为其私也。为其私,所以为天子也。……此三代之治可以庶几,而况乎汉唐之盛,不难致也。

顾炎武为增强郡县的权力,反对君主的"独治"而主张"众治"。指

---

① 《亭林文集》卷一《郡县论》。
② 《亭林文集》卷五《裴村记》。

出"人君之于天下,不能以独治也,独治之而刑繁矣,众治之而刑措矣"。

顾炎武一面强调人们的私利欲望,认为"天下之私,天子之公",一面又主张"以天下之权,寄之天下之人",反对专制主义君主制的专制统治,反映了某些市民意识。

顾炎武的政治理想是在其社会改革的基础上发展出来,并贯彻着他的社会改革的要求的。例如,他很注意农业生产和兴学校,认为只要"土地辟,田野治,树木蕃,沟洫修,城郭固,仓廪实,学校兴",就可缓和阶级矛盾,稳固地主政权。反之,贫富相争,社会就会大乱。而官府的苛敛暴虐,更迫使人民的逃亡,因此,他主张去官田之弊,他说:"皇有庄,示天下私,宜尽赋以予民。"又提出,去苛敛,减粮额,禁阻私租等主张,他说:"如此则贫者渐富,而富者亦不至于贫。"[①]在他看来,贫富均了,阶级矛盾缓和了,他们的地主政权就可长治久安了。

四、顾炎武晚年的民族气节

清廷为牢笼汉族地主阶级的反清分子,特开明史馆以罗致之,主持馆事的熊赐履曾宴请顾炎武,欲请他参预馆事,他说,"果有此命,非死则逃",坚决加以拒绝。吴三桂死后,清廷又于康熙十八年(1679年),特开博学宏儒科,征举国内的反清名儒,官为资送,利诱威逼,迫使他们担任清廷的官职。顾炎武的学术气节,为当时的朝野所推重,有人欲荐他应选,他写信给京师的学生说:"刀绳具在,无速我死。"次年,又大修《明史》,史馆中人又欲荐之,他写信给叶讱庵说:

> 先妣未嫁过门,养姑抱嗣,为吴中第一奇节,蒙朝廷旌表,国亡绝粒,以女子而蹈首阳之烈。临终遗命,有"无仕异代"之言,载于志状,故人人可出而炎武必不可出矣。……七十老翁何所求?正欠一死!若必相逼,则以身殉之矣!一死而先妣之大节愈彰于天下,使不类之子得附以成名,此亦人生难得之遭逢也。[②]

在他的严辞拒绝下,得以幸免,但有人问他说:"先生盍亦听人一荐,荐

---

① 别本《菰中随笔》卷二上。
② 《亭林文集》卷三《与叶讱庵书》。

而不出,其名愈高矣。"他笑答:"此谓钓名者也!今夫妇人之失所天也,从一而终,之死靡慝,其心岂欲见知于人?若曰盍亦令人强委禽焉,而力拒之,以明吾节,则吾未之闻矣。"①

顾炎武对媚事清廷的官僚是极其厌恶的,徐乾学、徐元文是他的外甥,深得清贵族统治者的信任,高官厚禄,气焰逼人,炎武至京师,徐氏兄弟曾设宴夜饮,他怒说:"古人饮酒,卜昼不卜夜,世间惟淫奔、纳贿二者皆夜行之,岂有正人君子而夜行者乎!"②后徐乾学还江南,开书局于洞庭,为清廷招揽东南人士,欲延请他的学生潘次耕入幕,炎武闻讯后即写信给潘次耕力加劝阻。

徐乾学兄弟穷困未"达"时,炎武在经济上曾给以帮助,故至其晚年时乾学兄弟劝其南归,愿以别业居之,且为买田以养老。他也婉辞谢绝。

康熙二十一年(1682年)春,顾炎武病逝于曲沃,结束了他毕生的事业。

五、结　语

顾炎武的思想和活动,可分为三个时期:一、明亡以前,顾炎武是地主阶级反对派,在阶级矛盾激化时,他思考着如何及时地进行社会改革,以缓和矛盾,抢救地主统治政权,因而致力于《肇域志》、《天下郡国利病书》的撰述,研究明末社会经济、政治各方面的具体问题,寻求改革方案;同时,注意各地形胜、兵防的研究,筹划镇压农民起义和抵御清贵族的进攻。二、清贵族进入北京建立政权,进行具有民族征服特点的统一战争时,顾炎武一方面寄希望于南明政权,参加江南的抗清斗争,失败后,弃家北游,图谋恢复;一方面继续撰著《天下郡国利病书》,致力社会改革的研究。三、康熙初,抗清斗争转入低潮,民族矛盾缓和,满汉地主联合统治相对稳定后,他转入经史之学的研究,撰著《日知录》等著作,一面进一步发挥他的社会改革思想,一面表达自己的政治理想,

---

① 《亭林文集》卷四《与人书二十四》。
② 江藩:《汉学师承记》。

"著书待后",等待"后起王者"。

他的社会改革思想,虽然具有地主阶级反对派的特点,致力于"天下郡国利病"的研究,注意农田、赋役等社会经济的改革,但只是就某些"弊政"作些"修补"而已,改革目的,只是抢救垂危的明朝的地主统治而已!无何新义!顾炎武的抗清活动,由于阶级的限制,看不到农民军在抗清斗争中所起的主力作用,不知联络和依靠农民群众,只是辗转于山东、山西、陕西、河北等地的封建士大夫地主阶级内,没有农民军为主力的抗清斗争,是无法免于失败的。中国是个多民族国家,顾炎武的抗清爱国思想是极端狭隘的封建的大汉族主义思想,但在清初的历史条件下,反对较为落后的清贵族入关争夺封建统治权,反对清贵族对汉族人民所行施的扬州十日、嘉定三屠等等野蛮的残暴的屠杀和统治,是具有一定的积极意义的。他的"寓封建之意于郡县之中"、"寓封建之意于士大夫之中"等政治理想中,虽存在着"设世官"、"重氏族"等等不少的糟粕东西,但其中确认人性私利和反对君主专制等主张,含有民主思想,反映着某些市民的思想意识,具有近代启蒙的意义,对其后思想界起有一定的影响。

(与吴泽合作,《文汇报》1963年6月23日第3版)

略论清乾嘉时赵翼的史学

清乾嘉时史学的特点是考据学占据统治地位，学者们只从事具体的研究，只考史而不敢论史，埋头于故纸堆中，搞烦琐的考证，研究领域十分狭窄，史学家的聪明才智被引向对古文献的整理、诠释上去。赵翼史学虽也受这一时代思潮的影响，未能摆脱其束缚，但是他能集辞此事，用归纳法进行比较研究，以观盛衰治乱之源，不局促于狭义的考证，在考据之风弥漫学术界时，他独树一帜，举起经世的大旗，将其所写的《廿二史札记》比为"顾亭林《日知录》，谓身虽不仕，而其言有可用者，则吾岂敢"。[①] 委婉地道出他继承顾亭林以来的学术经世思想。

赵翼字云崧（一作耘松），号瓯北，清江苏阳湖（今常州）人。生于雍正五年（1721年），卒于嘉庆十九年（1814年）。出身贫寒，父亲是塾师，以教书维持生活，并且早逝，故其家境益困。十六岁便开始以课童维持全家生计。乾隆十四年（1749年）因失业入京谋求出路。次年，在京应顺天乡试中举人，受到座师汪由敦的赏识，将其聘为私人文书和家庭教师。汪家藏书丰富，可以供其随时翻阅，文学上也受到汪的直接指点，故学业大进。乾隆二十年，授为内阁中书，旋入值军机处，因敏于应奉文字，颇得大学士傅恒、汪由敦倚重。时值西陲用兵，军报旁午，凡诏旨与进奏文字，多出其手。曾四次扈从乾隆帝木兰狩猎，戎帐中无几案，则伏地起草，顷刻千百言。二十六年中进士，已内定为状元，因乾隆帝说陕西未出过状元，将其与第三名陕西人互换，于是赵翼只得了探花。授翰林院编修，寻充方略馆纂修官，予修《平定准噶尔方略》，后又参与修《通鉴辑览》，担任过顺天武乡试主考和会试同考官等。三十一年

[①] 《廿二史札记》小引，《廿二史札记校证》，中华书局1984年版，第1页。

(1766年)冬,特授广西镇安府(今广西德保)知府,从而结束了他十七年的京城生活。四年后,调广州知府,旋升任贵州贵西兵备道。到任仅一年,有人揭发他在广州知府任内纵因为违律,吏部议降一级调用,赵翼便乘机以母老年高,愿回家侍养为辞请退。从此,他在家读书,并开始其著述生活。他任京官和地方官多年,阅历丰富,且才华横溢,以诗文著称于时。当时常州当运河之冲,过往者多,著名学者如袁枚、王文治、钱大昕、卢文弨、毕沅等多与之建交,交流学术研究上的心得。赵翼著作有:《陔余丛考》、《皇朝武功纪盛》、《廿二史札记》、《簷曝杂记》等,其中以《廿二史札记》为其代表作,影响较大,与王鸣盛《十七史商榷》、钱大昕《廿二史考异》齐名。

一

《札记》是赵翼读《史记》、《汉书》等二十四部史书所写的札记汇编。而取名为《廿二史札记》,不过是沿用了明人旧称的习惯。成书于乾隆六十年(1795年),其后又续有增补改订,至嘉庆五年(1800年)才最后写定。赵翼叙述其写作过程说,辞官回乡后,"闲居无事,翻书度日",一心攻读史书,"爰取为日课,有所得辄札记别纸,积久遂多",编成是书。又说:"此编多就正史纪、传、表、志中参互勘校,其有抵牾处,自见辄摘出,以俟博雅君子订正焉。"但其着眼点,主要是"古今风会之递变,政事之屡更,有关于治乱兴衰之故"[1]的资料和问题。他这样做的目的,是在于经世致用,因为在他看来,"历历兴衰史册陈,古方今病辙相寻,时当暇豫谁忧国,事到艰难已乏人","九仞山才倾篑土,一杯水岂救车薪。书生把卷偏多感,剪烛徬徨到向晨"。[2] 又说:"一事无成两鬓霜,聊凭阅史遣年光。敢从棋谱论新局,略仿经笺载古方。千载文章宁汝数,十年辛苦为谁忙?袛应纸上空谈在,留享他时酱瓿香。"[3]

可见他的治史实为载"古方"以医"今病",因而他不仅考史,也评史论史,着重史学的功能作用。他抓住中国封建社会中具有关键意义的

---

[1] 《廿二史札记》小引,《廿二史札记校证》,第1页。
[2] 《瓯北集》卷四二《读史》。
[3] 同上书卷四一《再题廿二史札记》。

一些问题,胪列诸多相类的史实,分析出这些历史事件发生的原因,以及可以吸取的经验教训,作为札记的形式加以论述,如《两汉外戚之祸》条说,"两汉以外戚辅政,国家既受其祸,而外戚之受祸亦莫如两汉者"。外戚之祸是如何形成的呢？赵翼认为,"推原祸本,总由于柄用辅政,故权重而祸亦随之。西汉武、宣诸帝,东汉光武、明、章诸帝,皆无外戚之祸,由于不假以权也。成帝柔仁,专任王氏,而国祚遂移。东汉多女主临朝,不得不用其父兄子弟以寄腹心,于是权势太盛,不肖者辄纵恣不轨,其贤者亦为众忌所归,遂至覆辙相寻,国家俱敝"。[①] 这就讲清了外戚之祸形成的原因,促使封建统治者应引以为戒。

又如赵翼对唐亡的原因,根据新、旧《唐书》的有关材料,对唐末政治作了分析,认为宦官擅权和方镇跋扈是唐朝衰亡的两个重要原因,在《唐节度使之祸》条指出,唐代方镇不仅统兵握有军权,而且统领数州,节度使身兼按察使、按抚使、支度使数职,有土地,有人民,有甲兵,有财赋,于是方镇之势日强,故"安禄山以节度使起兵,几覆天下"。赵翼接着分析说,安史之乱虽然平定,节度使权却有增无已,"力大势盛,遂成尾大不掉之势",以致"天子力不能制",只好姑息养奸,任其愈骄。这种局面发展下去,天下当然要"尽分裂于方镇,而朱全忠遂以梁兵移唐祚矣"。赵翼认为方镇割据势力形成的原因,"推原祸始,皆由于节度使掌兵民之权故也"。因此,他肯定宋朝"以文臣知州事",解决了"弱干强枝"[②]的祸患问题。在《唐代宦官之祸》条中尖锐地指出:"东汉及前明宦官之祸烈矣,然犹窃主权以肆虐天下,至唐则宦官之权反在人主之上,立君,弑君,废君,有同儿戏,实古来未有之变也。"他分析这种局面出现的原因,是因为君主过分信任和依赖亲近自己的宦官,"使之掌禁兵,管枢密,所谓倒持太阿,而授之以柄,及其势已成,虽有英君察相,亦无如之何矣。"他认为"身在禁闱,社鼠城狐,本易窃弄威福,此即不典兵,不承旨,而燕闲深密之地,单词片语偶能移动主意,轩轾事端,天下已靡然趋之"。这是因为二者皆极要重之地,"有一已足揽权树威,挟制中外,况二者尽为其所操乎。其始犹假宠窃灵,挟主势以制下,其后积

---

① 《廿二史札记校证》卷三,第 68 页。
② 同上书卷二〇,第 429—430 页。

重难返,居肘腋之地,为腹心之患,即人主废置亦在掌握中。"①其他如《宋制禄之厚》《宋恩荫之滥》《宋冗官冗费》《明分封宗藩之制》《万历中矿税之害》《明代宦官》诸条,则对宋、明弊政及亡国原因作了不同程度的分析。如认为宋统治者为加强中央集权,建立了庞大的官僚机构,同时又以厚禄巨费笼络官员,致使耗尽无穷之经费,竭民力以冗官冗员,尖锐地指责"恩逮于百官者惟恐其不足,财取于万民者不留其有余",并肯切地说,"此宋制之不可为法者也"。② 又列举明万历中设监横征滥税,刻剥百姓,骚扰天下,不断激起人民反抗的史实,指出"明之亡,不亡于崇祯而亡于万历"。③ 是近于事实的。赵翼的这些评论,显然是在引起统治者鉴戒,以避免重蹈覆辙。

赵翼在《札记》中还大量揭发了封建统治者的滥刑酷法。他写到汉武帝滥刑时说,是时诏狱特多,"二千石系廷尉者,不下百余人,其他逮案一岁至千余章,大者连逮证案数百人,小者数十人,远者数千里,近者数百里。……廷尉及中都诏狱,逮至六七万人,吏所增加又十有余万。是可见当日刑狱之滥也"。他感叹唏嘘地说:"民之生于是时,何不幸哉!"④在《五代滥刑》条中,不仅揭举了五代时的腰斩、断舌、决口、断筋、折足等使人"宛转号呼而死"的种种惨毒之刑,而且指出"五代乱世,本无刑章,视人命如草芥,动以族诛为事"。其时的种种滥刑,"毒痛四海,殃及万方",使天下"皆被其祸"。⑤

鉴于清廷的文字狱之祸,赵翼对历史上的文字狱也详加揭露,如《秦桧文字之祸》条中说:"秦桧赞成和议,自以为功,惟恐人议己,遂起文字之狱,以倾陷善类。因而附势干进之徒承望风旨,但有一言一字稍涉忌者,无不争先告讦,于是流毒遍下天。……其威焰之酷,真可畏哉!"⑥这实际上是借古以讽今,是针对当时文化专制的黑暗统治而立言的。类似这样的史实,如《明初文字之祸》等条中也列举了朱元璋以文字狱迫害知识分子的史实。

---

① 《廿二史札记校证》卷二〇,第 424—425 页。
② 同上书卷二五,第 534 页。
③ 同上书卷三〇,第 797—798 页。
④ 同上书卷三,第 58 页。
⑤ 同上书卷二二,第 478—479 页。
⑥ 同上书卷二六,第 566—568 页。

鉴于清代民族关系比较复杂和清廷未加妥善处理的情况，赵翼通过金代有关史实评论说，由于金统治者未处理好民族关系，以至"初则种人倚势虐平民，后则平民报怨杀种人"，推其缘由，是因为"种人与平民杂处"以至矛盾重重，处理不善，遂成为衰亡的重要原因。这显然是在告诫清统治者必须吸取教训，以避免类似事件的发生。此外，在极少数地方，赵翼也通过论史的方式而直接对当时事发表一些看法。如乾隆年间，英国曾遣使向清廷要求占有舟山群岛以作为其贸易屯泊据点，他列举事实证明，舟山"乃浙海中要地，番人得之即可据为巢穴，固不可轻授也"。①

在元史部分，赵翼着眼于当时治理黄河的问题，在总结贾鲁治河的事实时，指出元代所用"疏、濬、塞之方，及用土、用石、用铁、用草、用木、用杙、用纽之法，至今治河者犹莫不遵用"。在总结元代治理黄河的经验和教训的基础上，进一步提出清代应如何治理黄河的建议，他说："河之所以溃决者，以其挟沙而行，易于停积，以致河身日高，海口日塞，惟恃两边堤岸为之障束，一遇盛涨，两堤之间不能容受，则必冲破而泛滥不可制。今欲使河身不高，海口不塞，则莫如开南北两河，互相更换。……如此更番替代，使汹涌之水，常有深通之河便其行走，则自无溃决之患。即河工官员兵役亦可不设，芦楷土方埽木之费亦可不用，但令督抚就近明管，自保无虞。"他特别强调："此虽千古未有之创议，实万世无患之长策也。……区区之见，颇自谓有一得之愚，或取其言而行之，当有一劳永逸之利耳。"②

《札记》中也有一些肯定先朝政治和吏治的条目和言论，如《上书无忌讳》、《籍没财产代民租》、《遣大臣考察官吏》等，但其数量不过十数条，比起揭露和评论古代政治黑暗的条目数，真可谓小巫见大巫，可见赵翼对前朝政治基本上是取否定态度的。

赵翼在《札记》中写了那么多的史事评论，不是偶然的。一方面由于赵翼运用归纳法作为他治史的主要方法，用之于对二十四史的考订整理过程中，很自然地会归纳出有关古代政治各种情况的条目，并形成史论。另一方面，就是他治史的经世思想，使他能集中一些关键性问

---

① 《廿二史札记校证》卷三四，第790页。
② 同上书卷三〇，第715—717页。

题,进行综合分析。他这样做,也是具备了自己的优越条件,即他阅历丰富,写史识的指导思想明确,因而能达到预期的目的。但由于当时的客观形势和他所处的地位,他所持的经世思想,既不能公开宣扬,也不可激烈,只能采取隐蔽而温和的形式表达,从而形成他的"经世"的特点,所谓"隐蔽",就是他把对今弊的不满通过对古代弊政的揭发和评论中发泄出来,把对今弊的改革或建议通过对古事善例的赞叹表露出来。所谓"温和",是指《札记》虽然对古代政治作了很多揭发和批判,却无一字是公开批评当朝的,相反,倒直言褒扬了清政府,前后计有四次之多。这种情况说明了赵翼"经世"的怯弱和温顺,是由他的地主阶级上层知识分子的地位所决定的。他的"经世"既赶不上顾亭林,和同时的章学诚的"经世"也不好相比。他的"经世"是为巩固清廷统治服务的。不过他比同时代的其他乾嘉学者好一些,他并没有完全陷入繁琐考据的泥坑,他对社会问题发表了一些有价值的看法。事实表明,赵翼的史学思想是某些进步倾向与落后思想交错的混合体,我们不能全盘加以肯定或否定,而应细心地进行鉴别,这样才能比较正确、客观地评论这位大家,从而从他身上总结出一些有益的东西。

二

赵翼在历史考据学上的贡献主要表现对历代正史进行了系统的考订。考订了从《史记》至《明史》的作者、编纂经过、成书年代、资料来源、编纂体例得失等,通过纠缪、考异、辨误等形式,进行了辨析与纠正。《札记》中写有《史记自相歧互处》、《梁南二史歧互处》、《新旧(唐)书互异处》、《宋元二史不符处》、《金元二史不符处》等多条。在这些条目中,赵翼一一摘出各史于同一历史事件记载有不同的部分,分析其造成记载不相符的原因。如《南史与齐书互异处》条指出,同是鱼复侯子响之死,《齐书》说是"赐死",《南史》说是文惠太子派萧顺之"缢杀"。经过考订,赵翼肯定《南史》记的是事实,而《齐书》的记载是为"文惠讳,且顺之即梁武之父,兼为顺之讳也"。[①] 赵翼指出,正史中这种避讳的事实很

---

① 《廿二史札记校证》卷一〇,第214页。

多,他在《札记》中以大量的史实,反复揭露正史的曲笔回护处。如《三国志多回护》、《宋书书法》、《陈书书法》、《薛史书法回护处》、《宋史各传回护处》、《金史避讳处》、《元史回护处》等条,他严正地指出,正史并不完全可信,认为造成这种现象的主要原因有二:一为迫于当时统治者的压力,如沈约纂《宋书》,原多载宋明帝刘彧的丑闻,齐武帝看后说:"我曾经事明帝,卿可思讳恶之义。"于是只得大加删除。至于涉及当时统治者阴篡夺等种种见不得人的行为,更须小心回避,甚至歪曲事实颠倒黑白,这些考订客观上暴露了正史作为封建权威的御用实质和虚伪性,对人们正确认识正史的价值和面貌有一定的意义。

赵翼考史的范围十分广泛,除上文所述外,还指出正史记载史料方面的错误之处,如《三国志误处》条说:"《魏武纪》,建安二年(197年),汝南黄巾'贼'何仪、刘辟、黄邵、何曼等,众各数万,操进军破之,斩辟、邵等。是辟已就戮矣。而建安五年,操与袁绍相拒于官渡,汝南'降贼'刘辟等叛应绍,略许下,绍使刘备助辟。是辟初未尝死,但降于操,至此又叛应绍也。一纪中已歧互若此。而《于禁传》,禁从征黄巾,刘辟、黄邵等夜袭操营,禁击破之,斩辟、邵等。此事叙在从战官渡之前,即建安二年事也,则辟实已死也。《蜀先主传》,操与绍相拒于官渡,汝南黄巾刘辟等叛曹应绍,绍遣先主与辟等略许下,则又是建安五年事,而辟尚在也。何以纪、传又适相符耶,岂其时有两刘辟耶?"①同条中又指出:"《高堂隆传》,魏明帝大营宫室,隆疏谏曰:'今吴、蜀二贼称帝,若有人来告权、备并修德政,陛下闻之,岂不惕然。'案蜀先主崩于魏文帝黄初四年,何得于明帝时尚称权、备,此必有误字也。"又在《宋史各传错误处》指出,《韩世忠传》中关于韩世忠领兵在金山龙庙伏击金兀术事必有误,因为金山在水中,"岂能骑而入,又骑而逃?"认为《舆地纪胜》的解释较为合理并近于事实。类似这样纠缪的条目很多,可见其谈史时之细心和功力之深。

《札记》中对正史中的一些传闻和故事也进行了辨误,如《通惠河不始于郭守敬》条,对传闻的"通惠河始于郭敬"的传统说法提出了不同看法,指出在金代泰和年间韩玉就开过此漕,后以金都城自金宣宗时由燕

---

① 《廿二史札记校证》卷六,第128页。

京迁至汴后,"迨元世祖至元十一年始来都之,其间荒废者已四五十年,旧时河道久已湮没,守敬得其遗址而开濬之,遂独擅其名耳"。①

正史中处理得比较好的史实记载,赵翼亦加以肯定,如《李福达之狱》条指出:"李福达之狱,翻案改坐,大小官黜革问罪者至四十余人,为嘉靖年间一大事。"由于事实繁纷,真假难分,各种说法不一,因而有"作史者宜何从"问题,赵翼认为,"今试平心论之,张寅被薛良首告,指为李福达,此事在郭勋未嘱之先,马录即据以定谳,非逆知有勋之来嘱,而预坐福达以谋反重罪也。则寅之为福达,不待辩也。及勋嘱书至,录据以劾勋,公侯大臣为妖人游说,其挟权挠政,固已罪无可逭,原不必论福达之真伪也。迨张、桂欲藉此为勋报复,则不得不反此狱,而以寅非福达为词,谓朝臣欲陷勋,而故坐寅以谋反重罪,然后勋之罪益重,以此激帝怒。于是公案尽翻,至颁刻《钦明大狱录》以示天下,而寅非福达遂成铁案矣。修史者于此中推透当日情事,故于《马录传》既叙明福达之改名张寅,而于传末又言寅、福达姓名错误,人亦疑之。迨其孙李同复以妖术事发,跟究由来,而福达之狱益信。又于《唐枢传》载其全疏,确指寅即福达之处,历历有据,而此狱更无疑义。于是马录诸臣之枉,张、桂等之诬,皆了然共见,可见修史时之斟酌的苦心也"。②

又在《袁崇焕之死》条说:"袁崇焕之死,今日固共知其冤。而在当时,不惟崇祯帝恨其引我朝兵胁和,即举朝之臣,及京城内外,无不訾其卖国者,杨士聪平心而论,亦但言其罪不至此,而不知其所以得祸之由。……直至我朝修史时,参校《太宗实录》,始知此事乃我朝设间,谓崇焕密有成约,令所获宦官杨姓者知之,阴纵使去。杨监奔还大内,告于帝,帝深信不疑,遂磔崇焕于市。于是《崇焕传》内有所据依,直书其事,而崇焕之冤始白。使修史时不加详考,则卖国之说久已并为一谈,谁复能辨其诬者。"他特别指出,"于此可见《明史》立传之详慎,是非功罪,铢黍不淆,真可传信千古也"。③

赵翼认为编纂历史著作是万世公论,不可草率行事,或仓促而就。《札记》中多次批评了魏收《宋书》、薛居正《旧五代史》、明编《元史》一年

---

① 《廿二史札记校证》卷二八,第 638 页。
② 同上书卷三一,第 727 页。
③ 同上书卷三一,第 728—729 页。

成书的草率做法,以致这些史书不过是前朝旧史或实录的抄袭和再版,史实真伪不分,谬误百出,甚至闹出了如《元史》一人二传的笑话。他充分肯定清修《明史》的作法,认为化几十年时间,动用几代名臣硕儒,"古来修史未有如此之日久而功深者也"。因此,在史实上能够做到立论准确,所谓"功罪互见,枉幸并呈,几于无一字虚设,虽篇幅稍多,而非此不足以尽其曲折,执笔者不知几经审订而后成篇。此《明史》一书实为近代诸史所不及,非细心默观,不知其精审也"。① 在他看来,"《明史》立传多存大体,不参校他书,不知修史者之苦心也"。② 从对史书的褒贬中,可以看出赵翼对编纂史书的严肃认真的态度。

赵翼不仅致力于古代史的考订,也较留意当代史事。由于清代文网深密,私家研究当代史极易开罪封建统治集团而招来不测之祸,他当然也不敢贸然从事,只能以探讨清代朝章国故的方式来记载自己所了解的当代史事。他在这方面的著作主要《簷曝杂记》和《皇朝武功纪盛》。

《簷曝杂记》以掌故笔记的形式记载了自己的见闻,有些内容对研究清代政治制度有较高的史料价值。如清廷于雍正七年(1730年)正式设立军机处,从而将权力集中于皇帝一人之手,使封建中央集权制度更趋加强,这是清政治制度史上的一桩大事。赵翼本人在内阁、军机处任职有年,对其内部制度了解较深,因而得以在书中记载了不少有关军机处情况,如《军机处》、《廷寄》、《军机大臣同进见》、《军机不与外臣交接》等,并联系魏晋以来中央权力机构变迁的历史对军机处的设立过程及其作用作了考察,指出雍正以来,"本章归内阁,机务及用兵皆军机大臣承旨,天子无日不与大臣相见",宦寺固不得参与,"即承旨诸大臣,亦只供传述缮撰,而不能稍有赞画于其间也"。③ 点出了皇帝独揽大权的实质。又如清朝皇帝每年都要举行盛大的木兰狩猎活动,这既是一种大规模军事演习的方法,又是一种笼络和控制西北少数民族上层贵族,协调民族关系的手段,赵翼曾四次扈从乾隆帝木兰行猎,书中《木兰杀虎》、《跳驼獠脚杂戏》、《蒙古诈马戏》等条,便记载了有关这方面的情

---

① 《廿二史札记校证》卷三一,第721—723页。
② 同上书,第723页。
③ 《皇朝武功纪盛·自序》。

况,从中不仅可见清帝和蒙古上层人物的具体交往,还可窥见当时当地的宗教信仰、风土人情和杂技艺术等。此外,书中对其时科举考试,官场见闻,军政事务乃至京城社会风貌、官僚文人行迹等也都有所涉及。另一方面,由于赵翼在广西、云南、广东、贵州任官期间,较注意搜访地方人情风俗有关情况,《簷曝杂记》中还留下了不少有关西南少数民族婚姻习俗、民间传说,奇珍特产和社会生活方面的记载,这些材料,对少数民族史或民俗学的研究也有一定的参考价值。

《皇朝武功纪盛》是一部记载清前期武功的纪事本末体史书,包括《平定三逆述略》、《平定朔漠述略》、《平定准噶尔前编、正编述略》、《平定缅甸述略》、《平定两金川述略》、《平定台湾述略》等七篇,其中大部分资料依据官修方略,即使这样,因系当代史,他还是不得不惴惴不安地表示:"臣旧史官也,推皇上宣示天下之意而演述之,庶不蹈僭妄之罪。"[①]与清官修的《方略》比较起来,内容固然简略,但也有一些特点,如平准噶尔时,赵翼正值军机缮写谕旨,抄录奏折,对内情较熟,后又参与用兵缅甸之役和镇压台湾林爽文起义事宜,因而有些记载仍有一定史料价值,如谓清廷台湾地方官府"日事朘削",任意杀戮无故土居百姓和焚毁村庄等暴行,是激起人民起义反抗的重要原因,书中对清地方官兵的腐败情形也有一定的反映。

三

赵翼在史学上所取得的成就,和他应用比较好的治史方法分不开。我们知道,乾嘉学者的治学崇尚朴实求是,注意分析问题的逻辑性,赵翼也不例外。他不执单词孤事以论史,每每胪列众多相类的史实,"参互勘校",以史证史,这实际上是用比较方法。即将同类之事,相涉之文,皆参伍错综,比其异同,由其异同,寻其可疑,究其矛盾。这种方法看起来虽然简单,但史实真相往往藉之而出。如他将《宋书》和《南史》对勘,发现两书都缺沈田子、沈林子两位功臣列传,进一步查阅后,他恍然大悟,《宋书》不是没有二人的事迹,而是写到撰者的《自序》中,沈约

[①]《皇朝武功纪盛·自序》。

这样安排是为了"显其家世勋伐,故《功臣传》缺之",而《南史》则写到了《沈约传》中,李延寿这样做是因为他"但就正史删节之,离合之,不复另加订正也"。又如《明中叶南北用兵强弱不同》条说:"有明中叶,战功固不足言,然南北更有迥异者。大率用兵于南则易于荡扫,用兵于北则仅足支御。如山云讨广西蛮,斩首万二千二百六十。方瑛讨贵州苗,俘斩四万余。陶鲁破广东贼,斩二万一千四百余。其他斩馘以千计者,指不胜屈也。至用兵于北,自宣德以后,瓦剌、俺答、小王子诸寇,先后扰边,中国宿重兵以御之,仅仅自保,间有战胜,亦无可纪。如王越红盐池之捷,禽斩三百五十;威宁海之捷,斩首四百三十余。石彪与杨信斩鬼力赤,生擒四十余人,斩五百余,论者俱以为西北战功第一。……可知北强南弱,风土使然,固非南剿者皆良将,北拒者尽庸将也。"①同书之中,则用本纪与传相比较,如《札记》中《史记》自相歧异处、《魏书》纪传互异处、《北史》纪传互异处、新旧(唐)书各有纪传互异处等条,都是以本书纪传互校,由其矛盾,证其谬误。

赵翼还应用归纳法以考证和分析史事。他从正史中收集了大量史料,将类似或有关的材料集中一起,进行分析研究,从中发现和提出问题。如《札记》卷七《关张之勇》条,搜集《三国志》、《晋书》、《宋书》、《齐书》、《南史》、《魏书》等有关材料,归纳出关羽、张飞皆为万人之敌;《九品中正》条,汇集了各号有关资料,从归纳分析中找到了九品中正制产生的原因、特点及其流弊,并指出其所以历魏晋南北朝四百年而莫能改的原因,说:"盖当时执权者即中正高品之人,各自顾其门户,固不肯变法,且习俗已久,自帝王以及士庶皆视为固然,而无可如何也。"②

比较方法与归纳方法,都属于形式逻辑范围,它对考辨一时一事或某些具体问题确能起到作用,但对于探索历史发展规律便无能为力了,这便是赵翼虽能在考史上取得一些成就,而在探索古今治乱兴衰之故时却提不出多少深刻见解的重要原因。赵翼的史学经世思想虽然主张并力求探讨历史兴衰之故,但其考察历史,由于受史观和方法论的限制,使其考察历史时,眼光往往局限于政治或社会风气等表面现象,如

---

① 《廿二史札记》卷三四,第774页。
② 同上书卷八,第167页。

北魏孝文帝迁洛和改革,主观上是出于巩固北魏政权的需要,同时也是北魏政治经济发展和鲜卑族进一步封建化的必然结果,但赵翼却把这场改革解释为孝文帝本人"优于文学,恶本俗之陋"的天性所致,认为"其急于迁洛,欲变国俗而习华风,盖发于性灵而不自止也。"① 完全抹杀了这场改革对促进当时国内民族融合,发展北方经济的重大意义。可见这种方法研究历史的局限性是很大的。但是,必须看到,赵翼和同时的史学家王鸣盛、钱大昕等相比,他又比他们二人做出了更为出色的贡献,因为王、钱等史学家局促于狭义的考证,或订一字,或校一讹,或补史实之阙,其成就和赵相比,相去几不可以道里计。故梁启超评论说:"乾嘉以还,考证学统一学界,其洪波自不得不及于史,则有赵翼之《廿二史札记》,王鸣盛之《十七史商榷》,钱大昕之《廿二史考异》,洪颐煊之《诸史考异》,皆汲其流。四书体例略同,其职志皆在考证史迹,订讹正谬。惟赵书于每代之后,常有多条胪列史中故实,用归纳法比较研究,以观盛衰治乱之原,此其特长也。"② 又说:"赵翼之《廿二史札记》,虽与钱大昕、王鸣盛之作齐名,然性质有绝异处。钱、王皆为狭义的考证,赵则教吾侪以搜求抽象的史料方法。昔人言'属辞比事,《春秋》之教',赵书盖最善于此事也。"③在考据学风靡当时的乾嘉时代,赵翼在史学上所作的贡献是难能可贵的。

(《历史教学问题》1991年第4期)

---

① 《廿二史札记》卷一四,第309页。
② 梁启超:《清代学术概论》,第86—87页。
③ 梁启超:《中国历史研究法》,第26页。

周济与《晋略》

《晋略》的作者周济,是鸦片战争前夕地主阶级改革派史学家,字保绪,一字介存,晚号止庵,江苏荆溪人。生于乾隆四十六年(1781年),卒于道光十九年(1839年)。嘉庆十年举人,翌年成进士,铨选知县,改就淮安府学教授。因反对知府,被迫称病回家。他年青时,在学术界批判乾嘉考据学的影响下,认识到考据学的无用,即致力于经世致用之学,并与志趣相同的同郡李兆洛、张琦、泾县包世臣等相往返,讨论经世之学,后又结识魏源,成为挚友,在学术上相呼应。鉴于当时国内的农民起义已不断爆发,国外资本主义国家侵略我国的战争也随时可能爆发,故他积极学习军事方面的知识,所谓学兵家言,并练习骑射等技术,作参加实战的准备。为取得实际经验,又与江淮的豪杰之士相结交,向他们学习后尽通其术,并了解训练营阵的制度。时蔡牵率水军经常进攻江浙沿海一带,地方官无对付办法,宝山知县田钧延请周济往商海防,因客居宝山数年。后寓居扬州,两江总督大学士孙玉庭约见纵谈兵事,认为他是将才,命其负责缉两淮私盐贩,淮北各营伍及州县兵均听周济调遣。时淮北私盐贩千百成群,器械精锐,周济招豪士数千人,兼募巡卒,教以击刺之法,私盐贩不敢近,往往弃盐而逃。以所获盐随地卖之,集金数万。尝言愿得十万金,当置义仓义学,赡养族属和亲戚,并购书数万卷,招东南士友之不得志者,分治经史,各尽所长,不令旅食干谒废学。曾游历齐鲁晋楚等地区,遇山川形势关隘险要之地必穷其要领,十分注意地理形势的研究。道光八年,年四十七,知不获用于当世,乃尽抛弃其技艺,由扬州移居金陵之春水园,致力于学术的研究,撰写著作,著有《说文字系》四卷、《韵原》四卷、《介存斋诗》六卷、《味隽斋词》一卷、《味隽斋史义》二卷、《晋略》六十六篇等。

一

周济编撰《晋略》时,正处于清朝由盛转衰之际,嘉庆一朝继乾隆后期,吏治日益腐败,阶级矛盾激化,农民起义接连不断;到了道光中叶时,因河工兵饷费用的激增,更进一步弄得民穷财尽,国家衰乱日甚一日,正如龚自珍所指出的,已经到了"人畜悲痛,鬼神思变置"的地步。如何改变这种局面,成为当时士大夫思想的中心,因而对于乾嘉时期脱离现实,为学问而治学问的风气感到迂腐无用,在学术界出现了批判汉学的新思潮。周济在批判乾嘉汉学的思潮影响下,抛弃乾嘉考据学的治学方法,着眼于乱世历史的研究,企图在乱世的历史中,总结出一套维护封建统治的经验,即所谓寻求至治之理,以有补于现实,以达到经世致用的目的。两晋(包括五胡十六国)的乱世历史正符合了周济的选择要求。西晋是一个统一的王朝,它结束了三国时期几十年的分裂局面,但是它的统一又是短暂的,旋即发生了中原地区的大混战,此后又出现了东晋和十六国,南朝和北朝的长期对立,经过了很长时间的一段"乱世"。司马氏夺取曹魏政权建立晋王朝时,正是"三国分争,天下苦兵革久矣",人民迫切要求结束纷争,能出现一个"以治易乱"的局面,而司马炎平吴,统一全国之际,确实出现了"销锋灌燧,与之休息"的情况,在这样一个有利形势下,用周济的话来说,"于时民气未动,虽以庸主临之,犹足绵延数世",但事实上西晋王朝建立不久,即分崩离析,陷于覆亡,其原因何在?

唐太宗曾亲自为西晋王朝奠基人宣帝(司马懿)和完成统一大业的武帝(司马炎)二帝写了史论。在《武帝纪》史论中,特别指出司马炎"居治而忘危","不知处广以思狭",指责他"以新集易动之基,而无久安难拔之虑"等等之外,还认为司马炎不易太子,不除刘渊为晋亡的重要原因。他说:

元海(即刘渊)当除而不除,卒令扰乱区夏;惠帝可废而不废,终使倾覆洪基。夫全一人者德之轻,拯天下者功之重,弃一子者忍之小,安社稷者孝之大;况乎资三世而成业,延二孽以丧之,所谓取轻德而舍重功,畏小忍而忘大孝。圣贤之道,岂若斯乎!虽则善始于初,而乖令终于末,所以殷勤史策,不能无慷慨焉。①

西晋之亡主要是由于统治阶级对汉族人民和各少数人民残酷剥削压迫,八王之乱更加深了他们的痛苦,加速了灭亡的进程。当汉族人民展开反对西晋黑暗统治斗争的时候,各少数兄弟民族的人民也起来一道和汉族人民反抗西晋的统治阶级,是在阶级斗争和民族斗争结合在一起的形式之下进行的。后来,运动的领导权落入少数民族的部落渠帅如刘渊之流的手里,使民族矛盾发展得更为广泛,他们利用扩大民族间的矛盾,灭亡了西晋,建立了他们的统治政权。因此,唐太宗的上述评论,虽然看到了导致晋亡的某些历史现象,然而没有也不可能触及晋亡的实质。故周济从另一个侧面,提出了不同见解。他认为只除掉刘渊,也不能解决问题,因为"汉末之乱,并(州)割西垂,雍(州)亏北蔽,凉(州)失东藩,魏氏争衡,西南未遑董理,戎索蔓延,根株硕大,晋平吴会,曾是弗图,平阳、河东无维城拥护之重,太原、西河有转石建瓴之势,一刘渊除,复一刘渊出,芸芸豪酋可胜既乎?"明确地认为晋亡的主要原因不在易太子,除刘渊。

《晋书》系唐代官修,是唐太宗取何法盛等十八家之书,命房玄龄等重加编撰,是书在资料方面虽极穷博,而治乱之源却不可能详述清楚。周济指出了这一点是正确的。他用了二十多年的时间,研究两晋的历史,并且自认为"深达治源"。虽然,他和其他封建史家一样受其阶级局限,是不可能真正认识社会治乱之源的。但必须看到周济和乾嘉考据派史学家不同,他不是用考证资料的方法去考史,而是冲破乾嘉学派的樊笼进而论史了,这在当时的历史条件下,是难能可贵的。书成于1837年(道光十七年),次年刊刻问世。

周济敢于面对现实,勇于反对乾嘉学派的烦琐考据,进而论史,对乾嘉正统史学是重大的突破。周济在分析具体史实时,不可能摆脱传统的封建史学观点,仍然是"重人事,天运变"的一套。例如,他认为"人

---

① 《晋书》卷三《武帝纪》后制曰。

事修",就能"天运变",在观点方面明确提出:"依于涑水(即司马光),庶几无悖资治之意。"可知他之所谓推求"致治之理"的主要视野,仍然注目于"人事"上。

在周济看来,司马炎在泰始初年,掌握国家政权时,如果不急于夺取帝位,而是着重于"植纲纪,别俗匿,以培元气",于当时的政局"或可补救于万一"。但司马炎没有这样做,而是匆忙篡魏称帝,结果造成了"三纲沦斁,九服摧颓,朝靡十稔之安,野空百室之聚,专制僭逆之臣,鱼贯而乘势","缁流妖诞幺麽细琐之辈","幸而思逞"的局面,从而出现了如下的许多严重问题。

第一,晋初亲贵当权,造成了政治制度和权力上的纷乱。司马炎在即位以后,尤其是在平吴之后,志得意满,"耽于游宴,宠爱后党",不以政事为意,朝政操纵于亲贵手中,卖官鬻爵,正直有为的官僚被排斥,反对亲贵的官僚被镇压打击,周济列举了"毋丘、诸葛之属,下至嵇康、吕安皆见诛翦,石苞以佐命元功,片言见疑,几至禽戮,而王、郑、荀、何独荣宠,稠叠以没其世,彼既内结心膂,外张爪牙矣,其视群公特赘焉"[①]等事实,来说明晋初亲贵大臣众多,导致了政柄杂,造成了政治制度和权力上的纷乱。

周济认为人才难得,有人才而使用得当尤难。他说:

> 才犹兵也,善用之则足以卫身,不善用之,则足以杀身,其于国也亦然。是以任政务在崇德课功,德者才之柄,功者才之程,操其柄,稽其程,才有所服而无所屈,斯可以从容就范矣。[②]

晋武帝司马炎的不懂人才的重要性,不能用人才的原因是和他得国时的情况分不开的,他之所以能夺取曹魏政权,是由于"藉曹氏之宠,以享丰厚者竞与输心佐命"的结果,故不理解人才的重要,而当政以后又实行箝制迫胁之术,对臣下极尽压抑之能事,但是周济认为"智计所防虽巧而有限",如司马炎恃皇孙聪睿,没有废掉白痴的太子(惠帝),但又虑皇孙非贾后所生,恐不为其所容。遂用王佐之谋,遣太子母弟秦王柬都督关中,楚王玮、淮南王允并镇守要害之地,用宗族来增强皇室的

---

① 《晋略》列传二后论曰。
② 《晋略》本纪四后论曰。

力量。又任王佑为北军中候,以牵制贾后之党杨骏的势力。武帝临死前夕,又诏汝南王亮辅政,但为杨骏所抑未能成为事实。其结果产生了八王之乱,为武帝始料所不及。周济认为武帝的失策在于没有树立气节,没有任用有气节的人担任要职,如"傅咸、刘颂执节不回,确然已信于前事,虽汉之汲黯何以加焉,不早拔擢,使登台鼎,王浑、石鉴徒取备员"等等,《晋略》强调,如果气节之士受到重视,必能改变晋初的政治局势。

第二,实行分封制度,产生了八王之乱。司马炎鉴前代之失,遂大封宗室,欲通过分封制度,以固王朝磐石之安,但旋即出现了八王之乱。因此,有人提出:"晋崇亲亲复封建,竟遭同姓之变,洛都非覆于刘石,而覆于八王,建康不倾于桓、刘,而倾以两录,以此见亲亲之不可恃,封建之不可复。"①周济认为问题的实质不在于分封制度,不能因出现八王之乱而否定分封制度,因为加以轻易的否定,则自唐虞至战国二千年来,实行分封制度稳定了统治政权的史实便难于解释。他说:

> 昔先王疆理天下,因势众建,列侯千数,岂不知后世之必争哉。地分故才智易显,争频故苑结薄而发泄不敷。自唐虞以至战国二千年来,共主易代不闻覆宗,百姓虽遭暴君污吏,未尝无所控诉,征伐虽不息,而破军杀将亦未至如后世之酷也。②

周济生当鸦片战争前夕,他不可能了解唐虞至战国二千年间,经历了原始社会、奴隶制社会、封建社会三个不同的阶段。更不可能了解封建社会的西周至春秋战国时,所以实行分封制,其情况和西晋时的分封制有巨大的差别。周济认为西晋建都洛阳后,对于作为洛阳屏障的古都长安,和河南地区的许昌、邺城一带,都没有建成军事重镇,派亲王监军及设重将镇守,而山西平阳一带自唐以来即成为北面的军事重镇,却被刘渊所占据,任其势力壮大发展,以至成为灭晋的主要军事力量。再加上司马炎大封宗室的同时,首忌齐王攸,造成宗室内部的不睦;太康年间平吴以后,外戚势力膨胀,武帝又缺乏驾驭的能力,周济认为西晋祸乱,"实始于斯"。认为"洛都之乱,正始于不亲亲",没有真正实行分封制的

---

① 《晋略》列传二八后论曰。
② 《晋略》表一序。

结果。他提出:"制治者务崇其实,论古者必穷其原,然后可以决上世之隆替,定一朝之法守,晋复封建,舍其实而趣其名,……可胜叹哉!"①周济在政治上和魏源、包世臣等人一样,主张改革当时的政治,可是清王朝统治下的封建社会已临到了解体崩溃的前夕,在历史观上肯定分封制度,企图以此作为先王良法美意而应用于现实清王朝的改制,显然是一种复古和倒退。

二

周济认为一国之政的基础在立政本,政本不立,则败亡莫不随之而至。他的所谓政本是指"寓士于农",主张重农和整齐士气,提出"帝王之治,犹农夫之力穑,民之性情,穑之根本"。重农口号早在汉代已经提出,是封建统治者的传统观点,周济增加了新的内容,其特点是"寓士于农"。他说:

> 夫帝王所以鼓舞天下者爵禄也,爵禄所加者士也。欲重农莫若使士必出于农,非农不得为士,非士不得受爵禄,大小之官必其家世力田,而能修孝弟忠信达于从政者也。……仕路既一,则父兄顾念子弟,必相率而致力于南亩,工商杂流亦将舍末业而趋于田,此重农之本计也。②

周济的重农,主要是在政治上重农民"入仕",而"农"的概念又十分含混,未指明是自耕农、佃农?还是中小地主?从要求农民子弟能入仕做官,除少量自耕农能挤入地主统治集团外,似乎主要是中小地主才能符合周济所提出的要求。何况出身于农民家庭的官吏,也不能代表农民群众的阶级利益。不仅是一般的官吏不能代表农民的利益,即使出身于农民的朱温、朱元璋,在做了皇帝之后,也背叛了农民阶级的利益,而成为剥削压迫农民的地主阶级总头目。因此,周济所描绘的"重农",只能成为一幅美丽的图画和幻想,在现实政治中是不可能实现的东西。这也就是秦汉以来封建统治者一再强调重农,而农始终重不起来的根

① 《晋略》列传二八后论曰。
② 《晋略》列传六《傅咸传》后论曰。

本原因。正因为如此,周济也不得不感叹地说:"欲崇俭莫若去浮奢,庶人在官者与夫异端游手坐食以耗天下,自古迄今莫不欲禁之,而其势若不可禁者",其原因也在于地主阶级是崇奢侈,因而地主阶级中个别有识之士,虽然一再提倡去浮奢,崇节俭等等,其结果几乎都变成了讽刺现实的空洞口号。即使依靠法律的强制执行,采取所谓"非切于日用者不得坐列贩卖,司市物楬而为之目,目所弗楬而入市取者弗禁,则淫巧废矣",①也是达不到目的的。因为社会历史的发展是不以人们的意志为转移的。事实上,明中叶以来,资本主义已开始萌芽,手工业和商业在迅速发展中。周济把工商业看成"淫巧",他要废"淫巧",是背时之谬论。而他所提出的重农主义在封建晚期来说是反动的,是"逆时"的谬论。

另一方面,周济为了贯彻其重农的主张,还提出了"吏之权可以夺相,徒之权可以夺将"②的问题,认为封建政权中的下层吏胥、徒隶应该掌权,使"权力下移"。力图通过这一办法来夺取贵族官僚大地主手中所掌握的政权,以改变其腐朽状况,用下层官吏的力量来稳定整个地主阶级统治政权。其具体做法:一是官吏处理政事,以法令为标准,而不以经义比附解释,因为经义的解释权大多掌握于贵族官僚大地主手中;二是提高徒隶的地位和权力,改变地方的大地主以乡官的名义,以礼武断乡曲的局面。他反经义,重法令,"任人以治"的主张,是和他的出身成分、职业、经历有关,是和当时贵族大地主统治集团已经腐朽有关,他企图用中小地主阶层来取代上层的贵族官僚大地主。所以"寓士于农"还是维护地主政权,维护清王朝的统治,绝不可能是农民代言人。

周济又提倡礼治与法治用来维护地主阶级的统治。他说:

> 礼管乎人情,故至纤至悉,而不可厌也。法则举其大而不苛其细,细微违礼谓之过失,是教之所及,非刑之所及也。上以名治天下,则礼必谨以密,法必约以疏,以利治者反是。③

周济概括历史上的情况,认为"人心趋于名,则其去刑也固远矣,人心趋

---

① 《晋略》列传六《傅咸传》后论曰。
② 《晋略》列传六《傅咸传》后论曰。
③ 《味隽斋史义》卷二。

于利,则其去刑也固不远矣。近之故巧避之,上不听其巧避也,故曲防之。……于是奉法者不以为治而以为利,上下出入以长其奸,小臣受其颠倒而不敢争也,则毁廉隅而附之矣。寖假而大臣弗能诘也,则委纪纲以随之,寖假而人主弗能革也,则黜陟之柄潜移焉"。周济运用这一观点分析两晋时的历史情况,认为魏晋时功名利禄之路已大开,廉耻之防已丧尽,故欲维护当时的地主阶级统治,非提倡名教,绌利权不可,认为这是当时的君臣"所当皇皇日夜以图之者"。但是使他很失望,其时以司马炎为首的统治集团对礼法之治却"姑置之",不予重视,是重大的失策,成为晋亡的原因之一。问题的关键不在于司马炎是否抓住礼治与法治,而是周济所强调的"去雕琢之饰,制奢俗以变俭约,止浇风而反淳朴"[1]完全是主观唯心的一套。我们知道,魏晋时江南地区工商业已发达起来,"人心之欲利"是必然趋势!周济还是沿用历史上那一套重农抑商思想,唱滥调,尤其是在鸦片战争前夕,阐发如此的史评,是在开历史倒车。

周济在《晋略》中虽然也指出了司马炎在政治措施上,没有着重考虑减轻农民的负担,是晋亡的原因之一,但他又从另一角度明确地提出了乱每自上起,多非下"叛","峻刑密网,固足以禁持愚贱,农民蚕妾,固可磨牙侈吻而鱼肉之哉!"在周济看来,农民群众虽处于"水火煎逼,痛深骨髓,小濡忍之,冀犹延命,故未肯以冻馁之余生,出蹈锋镝",[2]这当然是对农民的诬蔑和错误估量。他为了强调其主要论点,即晋统治集团没有抓住礼教、刑法、仁义等等为纲,完全从上层建筑,以思想意识作为制治的根本,表现出历史唯心主义的观点。

同样,他在《晋略·秃发傉檀传》后论中虽然提出:"涉攻取之世,不务安其民,而欲以力劫之,未有能久存者"的可贵论点,具体论述了秃发傉檀在没有占有姑臧以前,"其势熊熊炎炎,若不可遏",可是在占领之后,持其暴力,所谓"彼其以兵为爪牙,日搏以噬,草芥敌人之民以及其民,是以弃捐哲谋,挑衅稔怨",[3]故败不旋踵。周济将其失败的原因,归咎于"轻中国,薄《诗》《书》",认为问题还是出在未搞礼法之治方面。

---

[1] 《晋略》本纪二后论曰。
[2] 《晋略》国传三后论曰。
[3] 《晋略》国传一〇。

殊不知秃发傉檀是鲜卑族人,其祖先从塞北迁到河西,原是游牧部落,由部族酋长秃发疋孤渐渐于河西定居下来,除了畜牧业外,也从事农业生产。在生产关系上和中原地区的汉族政权相比,自有其少数民族和阶级结构上的特点,还有一个接受汉化程度的深浅和多少问题,忽视这些方面,以所谓"薄《诗》《书》",以所谓不搞礼法之治作为南凉覆亡的原因显然是不恰当的。

周济认为一个政权"并兼匪难,坚凝为难"。他说:"当其兴也,股肱有同体之卫,及其衰也,骨肉成操戈之势。"以晋来说,司马炎平吴统一全国,这时从历史现象上看来,"民和俗静,家给人足,聿修武用,思启封疆。决神算于深衷,断雄图于议表。马隆西伐,王濬南征,师不延时,獯虏削迹,兵无血刃,扬越为墟。通上代之不通,服前王之未服。……霸王之业大矣"。①晋王朝的统治似乎很稳固,但曾几何时,即发生了"外戚专朝,嬖后纵虐,八王蹈隙而窥伺"②等重大政治事件,特别是"八王之乱","自古兵祸之酷,发于同姓,未有若此者也"。③"其为祸败乃更甚于七国,惠帝流离播迁,怀帝局促受制,愍帝号呼罔应",西晋覆亡。故周济认为"并兼匪难,坚凝为难",晋以此失,石赵、苻秦政权踵之。《晋略》载石勒并关中,崇文学,几几乎无事矣。石虎以残暴笼禄,屠胔糜灭起于骨肉,卒身死国灭。苻坚以百万之师下江南,投鞭可以断流,但淝水一战失败,内部即四分五裂,旋即败亡。又如刘宋政权,"翦燕铲卢,收蜀复秦,虽成刘宋之霸业,实延衰晋之余祚,诸臣才略功绩烂然义熙之世矣。穆之殄陨,遂弃百二名将,于焉摧折,爱子几为俘虏,固由(刘裕)移鼎之谋孔亟,亦征坚凝之势更难也"。④周济推其致败之由,疏其合散之迹,课其隆污之效,"莫不政怠于威畅,俗荒于财聚者也。"因此,为了解决坚凝之难的问题,周济提出命世之杰,必须了解和分析一国政权坚凝之难的原因和症结,必须内度其积累之厚薄,食报之当否,民情之向背,子孙之能负荷而早为之所,则可以辑宁邦家而纾天下之祸,并以西晋政权为例说,"向使咸宁不贪荆扬之富,建元不矜凉益之

---

① 《晋书》卷三《武帝纪》后制曰。
② 《晋略》列传五《和峤传》后论曰。
③ 《晋略》列传一〇《八王传》后论曰。
④ 《晋略》列传三五《朱龄石传》后论曰。

胜,抑其外竞,析其内理,基安勿崇其墉,宇峻务塞其隙,庶几哉沸鼎之鱼稍知生乐焉",①而坚凝之难或可解决,西晋王朝或不致迅速败亡。

世族地主在两晋南北朝时期占有重要的政治地位,周济在《晋略》中没有系统论述世族地主的有关重要问题及其影响,致使《晋略》一书未能反映世族地主在两晋统治集团中应有的地位,及其对当时所造成的种种危害,因而不可能触及晋王朝灭亡的实质。

三

周济十分重视地理条件与封建王朝兴亡的关系,于《晋略》纪、传论赞中对攻取防守地势必反复曲折进行论述,俾读者对当时的情况有更深刻具体的了解。他说:"近世毕氏(沅)、洪氏(亮吉)于两晋疆域颇勤搜辑,然仅掇拾残缺,既不究其时事,又不稽诸图牒,是以牴牾脱谬,靡所甄明。"②他之所以要研究地理形势与封建政权兴亡的关系,目的是"志存综核,欲使一代成败之由,昭然可睹"。例如他在论及西晋历史的时候,认为西晋初期,君臣合以谋吴,故其建置割巴阆隶梁,分阴平武都属秦,大拓豫境,总江淮之会。这样做的原因,是西晋统治集团认为三分鼎足已六七十年,少有宁宇,要统一江南,就非采取这一措施不可。但是,周济认为先统一江南是错的,他说:

> 夫阳辙易鉴,阴蹊难烛,见败于已形,忘祸于未发,此庸才所以苟安,非所语于开基之哲后,立功之上佐也。当泰始、咸宁之时,北边六州民徙地弃,全仍魏旧,羌胡数扰,盈庭动色。羊祜、张华、杜预、王濬之俦,奋庸选事,耽耽江表,未尝一日忘之,孙氏归命,罢州郡之兵财,存武吏数十人,郭钦皽皽发策不售,论者惜之。且以秦凉之急,盬嚅陷胪之患,而犹莫之省。……而欲动安即危,释甘茹苦,复秦汉之旧境,立中外之大防,徙三魏之丁壮,实西河之旷土,岂所及哉,岂所及哉!③

---

① 《晋略》表一序。
② 《晋略》表二序。
③ 《晋略》表二序。

由于晋初统治集团平吴之后,"展地辟境方数千里,塞下叛虏次第降获,此诚志意盈溢,侈情涂饰之会","建武、太兴之际,无复北问中原之志,惟务安集江汉之间,以宁南纪"。致使西晋王朝所处的地理条件,如都城洛阳及三辅地区、长安、许昌、邺城虽都已成为重镇,但是树为屏障的军事要地平阳、河东一带,没有直接控制在自己手中,在地理形势上出现"肩背缺而心腹披","俯察地势则无秦汉金汤之固"。[1] 因此,即使在西晋全盛时期,已经忧伏肩背,故"内衅迭起,外虞坐大,太阳孟津,东西并亟,手足之扞不及头目,而枝叶披矣"。周济认为这是造成西晋之所以速亡的原因之一。至于东晋,"建康新造,忧在腹心,荆江馈运,殚于疆事,连城百数,上供道绝,局成反制,加以跋扈,商贩一断,饥穷莫告,而本根拔矣"。本根拔则政权一定土崩瓦解,认为这是东晋政权之所以被篡夺和覆亡的原因。从地理形势来说,全国的关键地区北方在山东和关右,而山东、关右的人力物力大致相等,并州则处两者之中,势若悬衡,然而关右得之则足以并山东,山东得之则仅仅足以自立。周济分析其原因是由于关中上流惟有秦陇,秦陇底定,梁凉自服,"于是据四塞之绝险,资陆海之厚实,奋其全力,以争太原、上党,二郡向风,则山东无坚城矣"。而山东之地,赵魏为重,北资幽平之马足,南虞兖豫之津济,招揖幽平,连缀兖豫,然后可以南规河洛,西通上党。周济认为在当时的形势下,要完全做到这一点是困难的,即使全部做到了,也是东西兵食声势相隔,处于当时交通工具不发达的情况下,进退援引,费时很久,故周济说:"譬犹骑阚而斗敌,跬步之际,罣阂存焉,自非北收上郡,南通商雒,徒争胜于蒲潼,未见其能立决也。"[2]

他分析当时各个政权所以能立国的地理条件,说:"冥陉者南北之限,太行者东西之脊也,雍州四塞之国,北昊岳九嵕巀嶪,南终南太白,西陇山萧关,是以北有夏,南有蜀,西有西秦,西秦负河据洮,是以有凉。凉南洪岭,西天山,是以有南凉,北金山东合黎,是以有北凉。酒泉、敦煌既长且狭,易以中断,是以有西凉。"[3]等等。并州具有特别重要的地位,因为它左山右河,马足乘,铁足兵,惟一的缺憾是粮食的严重不足,

---

[1] 《晋略》序目。
[2] 《晋略》表二序。
[3] 《晋略》表三序。

其地常为兵家所必争。刘渊曾命十将据上党,而赵魏兖豫莫不动摇。"刘曜弗能用也,以灭于石勒,慕容暐弗能用也,以灭于苻坚,慕容永弗能用也,以灭于慕容垂,慕容宝弗能用也,以灭于拓跋圭,是无立国也,句注拥之,是以有代"。① 另一重要地区是山东,它左海右太行,"太行之陉,自居庸以东傅海,是以有燕。泰山特起,苍莽之中临济为阓,是以有南燕"。② 南北分争时,江淮虽号为重门,岂不恃冥陁哉。"方数百里之地,蜒以平冈,重叠周折,间以塘泺沮洳,敧仄践冈,则纡回倍蓰而不得了涉,登径行则车覆马踬,人徒缘蛇而不得比肩,或择便而邀之,则立尽耳,就其出险,固不待接刃而自愈矣"。③ 因此在江淮地区,必须西捍襄汉,东捷汝颍,建之襄阳寿春,则淮足以卫外,而江足以保内也。④

两晋南北朝时期割据之国所凭藉的,"任山者什之九,任水者什之一"。但是,周济并不认为地理条件决定一切,他说:"山川丘陵可依而不可阻也,通津广原可掎而不可扼也。"指出"用险有道,存乎面势",⑤ "常人知用其所用,智者知用其所不用,以不用为用,则是未守而先固,未攻而先克也。"⑥ 强调人可以改变地理条件,如三国时北人利陆战,吴筑濡须则夺其长,南人利水为屏障,魏迁合肥则致其短,因为形势虽本乎自然,利用人的力量可以加以改变。因此,"善谋国者所当长虑而却顾,盱昃而不遑者也。夫天下固未有耗坏其藏府托命之处,而晏然得以久存者也"。⑦ 例如,三国的孙吴政权,虽有江淮有利的地理条件,但由于进行残酷的压迫剥削,人民处于水深火热之中,其被司马氏晋政权灭亡是很自然的。又如东晋和南朝各个政权,"无复北问中原之志,惟务安集江汉之间,以宁南纪,然而八州军府寓诸四郡(司、豫、兖、徐、青、冀、幽、并八州皆侨寄丹阳、毗陵、广陵、淮南之境),虽云严卫京邑,乃是胶剥疲甿,将吏猥多,赍用俭薄,送迎割没,日月相继,夫妇有垫隘之困,士马无饱腾之实,荆土有衅,雍湘莫制,从逆则傅之羽翼,守正则俄为煨

---

① 《晋略》表三序。
② 《晋略》表三序。
③ 《晋略》表三序。
④ 《晋略》表三序。
⑤ 《晋略》表二序。
⑥ 《晋略》表三序。
⑦ 《晋略》表五序。

尽,岂非储偫有赢绌,舟楫有坚脆,利钝悬殊,人事先定,难以尽责之地利哉。是故语其变也,则金汤或委之而去;语其常也,则三七莫蹔而逾,通材雅筹,固莫能偏恃而偏废也"。①

周济为了阐明地理形势的重要性,提出"形势之说贵负嵎以制中区"的论点,他说"并州有平城马邑之援,幽州得鲜卑乌桓之助,兖州连青渤以包琅邪,斯皆进堪致果,退足自完者已"。这些地区在地理形势方面居于十分有利的地位,如运用得当是可以大有利于政治军事斗争的。如西晋时石勒率兵南攻襄阳时,虽获得胜利,但城垒未立,加之军粮不接,士兵死疫大半,其时任兖州刺史的苟晞,已集结有相当的兵力,并且凭藉山东的有利地理形势,如能取得幽州鲜卑乌桓的支持,并州地区军事力量的配合,是不难将石勒势力扑灭的,可免去其对中原人民的屠戮和经济生产的惨重破坏。可是,由于苟晞内部"猜嫌自生,同仇罔念",使石勒得以肆志屠戮中原各地。因此,周济认为"地利不如人和",只有人和才能利用有利地理形势,取得军事斗争的胜利。另一方面,他又举出不善于利用地理形势而导致了失败的事例,他说:"刘渊初据平阳,南阳王模全督关右,陈安、淳于定、赵染之徒皆健将也,麹允、索綝、贾疋咸策名守土,刘琨枕戈阳曲,志存雪耻,张轨效忠武威,贡计续路,于斯时也,可以有为,而(王)模武不能出一旅之师,文不能通一介之使,蒲坂反噬,长安面缚,是为不善用关中矣。"又说曹操发轫兖州以平河北,及乎石勒先残兖豫,乃都襄国,认为兖州亦山东之枢机也。但是"苟晞为督,先以酷暴失人心,及其奔走高平,自顾不暇,然后膺上将之重寄,握六州之符节,方且纵欲壑,瑱忠规,颈虽甫锁于蒙城,魄固早夺于屠伯矣"。他认为如果苟晞在任兖州刺史之初,能够布德行,减轻对人民的剥削,缓和社会矛盾,确立较好的统治基础,则石勒率兵进攻时,三齐之民且将与之并命,尽力支持苟晞抵抗石勒的斗争,则曹嶷蜣聚之众乌能有所震撼哉!"此亦有山东而不能用者也"。② 司马炎建立晋朝时,蜀亡吴弱,其势似乎足以统一全国,可是他的运筹帷幄之臣,"意存南牧,坐失事机,夫往而不可追者时也,蹶而不可复者势也,区区江外,

————————

① 《晋略》表二序。
② 《晋略》表二序。

奔进转测之余,内难未宁,乃思恢复,不亦远乎?"[1]

《晋略》在历史编纂学上也有其自己的特点,他编纂《晋略》是"勉就刺剟,彰其要害,事即前史,言成一家,将以喻志",并且明确提出:"若夫搜览丛残,掇拾遗佚,以资考据,世有君子,鄙人谢不敏焉。"[2]关于这一点,包世臣在《与周保绪论〈晋略〉书》中也说,是书既以略名,"是无取矜博眩奇矣,然必综镊得失,著名法戒,以伸作者之志,故凡事之无系从违,人之无当兴衰者,举可略也"。周济的学生鲍源深在跋中也指出,"吾师止庵先生撰《晋略》一书,举《晋书》中之繁芜浮诞及义所未安,言之不顺者悉汰之,事以类附,例以义起",采取类传的办法,使"事归一线,简而有要,切而不俚,抉得失之情,原兴衰之故",[3]撰本纪六,表五,列传三十六,国传十一,汇传七,序目一,共六十六篇,使读者对两晋历史一目了然。这说明周济在鸦片战争前夕,主张经世致用,反对乾嘉历史考据学,终于冲破了乾嘉学者们停滞于"考史"的樊笼,进而"论史"了,可以说是从乾嘉史学中破门而出了。他站在地主阶级下层的立场上,提出了"人事修",就能"天运变",主张"寓士于农","权力下移",贵族官僚大地主掌握的政权转移到吏胥、徒隶手中,反对经义,重视法令等等。如果周济的主张真的成为现实的话,那末清廷的大权势必掌握在汉族中小地主集团的手中,这在当时政治上来说是有一定的进步意义,然而就其重农主张来看,又是复古倒退的,是在重复历史上的重农抑末的老调。在鸦片战争前夕,提出这样的历史观点,显然是逆时代的潮流的。

(吴泽主编:《中国史学集刊》第1辑,江苏古籍出版社1987年版)

---

[1] 《晋略》表二序。
[2] 《晋略》序目。
[3] 《晋略》序目。

夏燮与《明通鉴》研究

《明通鉴》是继司马光《资治通鉴》和毕沅《续资治通鉴》之后所作的明代编年史。作者夏燮，字谦甫（嗛父），一字季理，别号谢山居士、江上蹇叟，生于一八〇〇年（清嘉庆五年），卒于一八七五年（清光绪元年），安徽省当涂县人。他的父亲夏銮是一位"学宗程朱"的学者，伯兄炘也是"学兼汉宋"，仲兄燠、叔兄燠都是精通诸经注疏、声韵之学的研究者。[①]夏燮本人除了精通音韵之外，"兼深史学，留意时务，持论宏通"。[②] 他们一家都是读书治学的人，并且"自相师友"，互相影响，可谓家学渊源。

夏燮于一八二一年（道光元年）中举人，初任青阳训导，一八五〇年任直隶省临城县训导，一八六〇年参加当时两江总督曾国藩的幕府。其后，官江西永宁县知县等，《明通鉴》便是署这一官衔的。他写了很多书，除《明通鉴》一百卷外，尚有《五服释例》二十卷、《述均》十二卷、《中西纪事》二十四卷、《粤氛纪事》二十卷；又校勘明《陶安学士集》、吴应箕《楼山堂集》、《国朝汪莱算学书》、《校汉书八表》等，俱刊行。没有刊行的有《明史纲目考证》、《明史考异》、《谢山堂文集》等书。

一、冲破"钦定《明史》"的束缚，以编年体经纬有明一代史事

夏燮是鸦片战争后系统地研究明史的第一人，他之所以从事这方面

[①] 《清儒学案》卷一五五《心伯学案》："夏銮，字德音，学宗程朱，笃行，为时所称。伯兄炘，字心伯，学兼汉宋，尤尊紫阳，粹然儒者，著有《景紫堂全书》十七种。仲兄燠，少承家学，兄弟自相师友，治诸经注疏，旁及六书音韵，著有《夏仲子集》。叔兄燠，诸生，精声韵之学，著有《四声切韵表详校》。"

[②] 《清儒学案》卷一五五《心伯学案》。

的研究，是和当时的社会情况及其本人的学术思想分不开的。

鸦片战争失败后，清廷签订了丧权辱国的《南京条约》。紧接着，美、法侵略者也跟踪而至，趁火打劫，分别胁迫清廷与它们签订了中美《望厦条约》和中法《黄埔条约》等。外国资本主义势力在不平等条约的保护下，进一步侵入中国各地，中国社会逐渐发生了重大的变化。正如毛泽东同志所指出的："帝国主义列强侵略中国，在一方面促使中国封建社会解体，促使中国发生了资本主义因素，把一个封建社会变成了一个半封建的社会；但是在另一方面，它们又残酷地统治了中国，把一个独立的中国变成了一个半殖民地和殖民地的中国。"[1]早已暮气沉沉的清朝统治阶级，更深刻地暴露了它的腐朽无能。阶级矛盾由于鸦片战争的失败也更加深化，使乾嘉以来紧张的阶级关系更加激化，人民反抗清贵族统治的斗争已汇成不可阻挡的洪流。在民族矛盾和阶级矛盾交织的形势下，统治阶级内部也存在着尖锐的矛盾。鸦片战争前，执掌着朝政的清贵族虽然基本上是联合汉族地主共同统治中国，同时，清贵族统治集团对汉族地主官僚又怀着极大的戒心，对他们的权限不仅作了各种限制，而且每每采取排挤的政策，限制他们势力的发展。鸦片战争后，情况发生了变化，清贵族的势力日趋衰落，对汉族地主官僚由限制排挤转而为依赖和依靠，对汉族地主势力也无力控制而逐渐松弛了。社会如此急剧动荡和变化，人民群众的反侵略反封建的斗争，不能不在思想领域中产生十分深刻的影响。

清代的文化界，在乾隆、嘉庆时期，考据学曾盛极一时，许多知识分子在清王朝的高压与笼络下，埋头故纸堆中，不问世事，穷年累月地一味从事古代典籍的训诂校勘、辨伪、辑佚等工作，虽然也取得了不少成绩，但史学的研究和编撰，却长期地陷于停滞，其中尤其是对明史的研究被视为禁区，几乎无人敢于问津。其原因是由于从清初顺治十八年起，一直到清中期乾隆年间，文字狱从未停歇过，而私撰明史，就是其中的主要罪状之一。在清廷的严酷摧残下，明史的研究受到严重的戕害。另一方面，清自顺治二年（1645年）着手《明史》修纂，一直到乾隆四年（1739年）成书时止，首尾用了九十五年。在清廷诏谕严格规范下进行

---

[1]《中国革命和中国共产党》，《毛泽东选集》，第593页。

编纂和修改的"钦定明史"颁布后,就奉为官方的权威性著作。尔后,不仅是《明史》的本身,而且凡是清廷主持的大规模典籍的编纂,有关事例都得以本书为准绳,有关内容都得以本书为皈依。在清廷文字狱的淫威下,长期来,学者都恪守官书,对这部钦定《明史》,即使悬诸国门,也是千金无人敢易一字的。

鸦片战争前后,在社会危机日益深化,清贵族统治政权日益腐朽,西方资本主义势力的侵略活动又步步紧逼的形势下,一部分地主阶级知识分子开始摆脱占统治地位的汉学与宋学的羁绊,揭起"经世致用"的旗帜,把视线转向社会现实。在史学研究上也逐渐摆脱乾嘉考据学的束缚,开展对元史、西北地理、清史诸方面的研究,对钦定《明史》也敢于公开议论批评了。如魏源通过地理沿革的考辨,提出《明史》之外国沿革,无一不谬"。① 并且申明,他之所以予以考辨的目的,指出其中的谬误,是为了给《明史》"以祛正史之污,并以祛后来诸国之惑"。② 这无异向人们公开宣称,一向不准碰一碰的钦定《明史》是有错误的,必须重新进行研究,予以纠正,以免谬种流传。

夏燮对《明史》的看法,首先认为参加《明史》编纂的人,"半系先朝遗老,亡臣子孙,其中或以师友渊源,或因门户嫌隙",不可能写出符合明代史实的《明史》来。他说:"近阅明季稗史,参之官书,颇有《本传》所记铮铮矫矫,而野史摈之不值一钱,亦有野史所记其人之本末可观,而正史贬抑过甚者,岂非恩怨之由!"又说:"若谓野史不可信,则正史何尝无采自野史而折衷者,安见登之正史遂无传闻之误乎!"③他认为野史中存在的错误是容易辨识的,因为"野史之原于正史,正史之本于《实录》,明人恩怨纠缠,往往藉代言以侈怼笔。如《宪宗实录》,丘濬修隙于吴(与弼)、陈(献章);《孝宗实录》,焦芳修隙于刘(健)、谢(迁);《武宗实录》,董玘修隙于二王(王琼、王守仁);而正史之受其欺者遂不少,弇州所辩,十之一二耳。至如《洪武实录》再改而其失也诬,《光宗实录》重修而其失也秽"。④ 编撰《明史》所依据《实录》的情况是如此的。而初稿

---

① 《西南洋·南印度海中锡兰山岛国沿革》,《海国图志》卷三。
② 《西南洋·北印度以外疆域考》,《海国图志》卷三三。
③ 《与朱莲洋明经论修明通鉴书》,《明通鉴》卷首。
④ 均见《明通鉴》卷首《义例》。以下凡引自《明通鉴》者,均只于行文中注明卷数。

的实际编撰和审定者是万季野,万卒后由王鸿绪续成和修改。"季野当鼎革之际,嫌忌颇多,其不尽者,属之温晒园,别成《绎史》。"可见《明史》在修纂时,就存在很多问题,后来修改时又"多不能辨,率以窜改之《实录》阑入其中,殊非信史"。由此可知,《明史》确实存在着很多问题。

《明史》经过清廷反复修改后,出现的问题更多。夏燮指出,明亡前后的史实,钦定《明史》或者是不敢如实记载,或者是记载太简略。特别是一些重要人物不为之立传,如张煌言在明亡以后,坚持抗清,失败后"流离海上,与宋之陆秀夫相似;就刑杭城,与宋之文天祥相似;若其身膏斧锧,距我大清定鼎已二十年,疾风劲草,足以收拾残明之局,为史可法以后之一人。列之《忠义传》犹非其例,况无传乎!"有些重要的历史事实,"如太湖义旅,但载云间,山寨殷顽,不登只字,以及沈寿民不附《黄道周传》中,顾杲不列《吴应箕传》后,此则不无可议者耳"。

其次,《明史》记载史实时,在时间上也不够确切。他说:"《明史》《纪》、《志》之文,皆本之《实录》、正史,而《列传》则兼采野史。"所以《明史》本纪就其叙事时的月日干支虽然最为详细,但是和有关传、志所载史实进行核对,则时间多不合。因为《实录》所记攻战剿抚及克复郡邑之类的事件,多据奏疏至京师的月日,而传中所记事,本之原奏者多据交绥月日,"故有近者数十日,远者数月不等。然准系月、系日之例,则原奏中如有事系确凿之月日,俱宜考证书之,方为纪实,若但据奏至月日,则叙事参错,而先后之次第不明。"(均见卷首《义例》)夏燮指出这一点是很重要的,因为不搞清楚历史事实的时间,就无法发现史事产生错误的原因。他说:"夫记事之体,偶差旬日,不足为病,而干支一误,遂至此后之朔、闰、大小建皆不可推,则关系非细也。"因而他主张"先推历而后系事"。《明通鉴》视此为第一事。所谓"考年月以定事系,一年之朔望既准,乃考定干支日分,排入月纬中,择其事之宜系者,提之为纲,日之所不能定者,则系以'是月';月之所不能定者,则系之以'是春''是夏'之等。又不能定则系以'是岁'"。从而使历史事实年经月纬,以达到历史事实产生的时间在记载上真确。

一八六二年他在《与朱莲洋明经论修明通鉴书》中,对《明史》所存在的问题归纳为十个方面,其重要者,一是许多重要史实,如庚申、建文等事,《明史》不载,应该就各家引证之书而补之。二是有些史实众说纷纭,如建文帝出亡,《从亡》、《致身》二录虽不可信,而明人野史,汗牛充栋,无以惠帝为自焚者。自焚之语,仅见《永乐实录》,进行考实后,应当删除其不可信而信其所可信者,应据有关资料进行增补或删除。三是梃击、红丸、移宫三案本末,后人都认为是疑案,实则梃击非疑案也。他认为要叙述三案,必须详明首一案以间执后世讹讹之口。尤为重要的是,"甲申之变,正史语焉不详,所记殉难诸臣,亦多遗漏。宜博采《北略》、《绎史》、《绥寇记略》及甲申以后之野史,必使身殉社稷之大小臣工,悉取而登之简策,以劝千秋忠义也"。至于明清之间的关系,以及清灭明的事实,清统治者更是讳莫如深,尽量加以隐瞒、歪曲、篡改,这一方面的问题,夏燮在当时的条件下还不敢触及。

在夏燮看来,《明史》既然存在着这么许多问题,则另行编纂一部明史的史学著作,是刻不容缓的事。与他具有同样看法的人,有明末清初的谈迁和清季的陈鹤,他们分别著有《国榷》和《明纪》,可是夏燮没有能够看到这两部著作,因此三书的体例和详略都不很相同。夏燮认为有明一代关系之大事,"非《通鉴》不足以经纬之"。而这样做,他也是具备条件的。他说:"年来校证贵池书(即吴应箕次尾《楼山堂集》),搜辑明季野史无虑数百种,以《明通鉴》无书,慨然欲辑之。"①他的朋友们也支持和鼓励他这样做,如当时的知名学者平步青写信给他说:

> 近时史学凋废,魏默深《元史新编》、张南山《后南北史》,似皆未成。徐霱之《纪年》,规抚《纲目》,李瑶之《绎史》,盗盐晒园。其余从事乙部者,大都史纂、史考之流,何足以语著作。……执事起衰自任,覃精五十年,聚书千百种,贯串考订,卓然成一家言,于以风示海内,不朽之盛业也。②

夏燮以《明史》、《御撰资治通鉴纲目三编》两书的资料为主,参考《明会典》、《一统志》、王弇州《史料》、朱氏《大事记》、徐氏《典汇》、孙氏《春明梦余录》、王氏《续文献通考》、秦氏《五礼通考》以及其他稗官野史数百种,对有明一代朝廷纪纲、礼乐、刑政、天文、历法、河道、漕运以及

---

① 《与朱莲洋明经论修明通鉴书》,《明通鉴》卷首。
② 平步青:《樵隐昔寱》卷四,《与夏嗛父书三》。

营兵、练饷、折色、加赋,所谓有关于一朝治乱之源者,都曾加以研究,在《明通鉴》中都有较详细的记载。特别是对明廷的"治乱之源"的发展过程,年经月纬,叙述得较为详尽。全书反映了明代社会矛盾加深的过程及其发展情况,企图以这些得失为鉴戒,总结出明代的"治乱之源",为当时的封建腐朽政权找到一条出路。本书一八七三年(清同治十二年)初刻于江西宜黄官署,一八九七年(清光绪二十三年)又由湖北官书处重校刊行。

二、反对春秋笔法,主张寓"评"于"编"中

夏燮对当时的政治并不直接批评,但有些侧面批评,也很厉害。他是以论学的形式谈政治的,终究掩盖不了他对当时封建君主专制主义,特别是政治上严刑峻法的封建文化专制主义极为不满的情绪。他既反对钦定《明史》的有些观点和所载的一些内容,也反对以乾隆帝署衔御纂的另一部关于明史的著作——《御纂资治通鉴纲目三编》(下简称《三编》)。但因为署了皇帝御纂,他不敢明加反对,于是采取了另一种手法,即从两种不同的史体上加以明确的区分,说《通鉴》一类的史体著作,和《纲目》体是有所不同的。前者"取记事而已,固不敢操笔削之权",后者则是效法孔子作《春秋》,以褒贬为主,其目的是在于使"乱臣贼子惧"。关于这一点,《三编原叙》中表白得非常清楚,明确提出"《通鉴纲目》盖祖述《春秋》之义,虽取裁于司马氏之书,而明天统,正人统,昭监戒,著几微,得《春秋》'大居正'之意"。夏燮提出他编撰《明通鉴》和《纲目三编》不同,他主要是记事,而书法则较宽,而且因为《明通鉴》是专记有明一代之史事,故采取了"义取简明,不主褒贬"的办法。[①] 并且明确提出:"史评自有专书,《四库书》别为一类。"因此,他认为凡是不属于史评一类的史学著作,应当是"直书其事而得失劝惩寓焉"。实际上,夏燮是以史学著作体例的不同作借口,以反对《三编》的"春秋笔法",即反对当时清廷的封建文化专制主义的统治。当然,由于夏燮是

---

① 《明通鉴》卷首《义例》:"《纲目三编》于姚广孝之卒特书曰死,恶而贬之也。《通鉴》义不主褒贬,故勋戚、大臣、宰辅、七卿,亦多系其官于姓名之上,若权奸误国之诸臣及庸碌无所表见者,或罢或卒,虽不书其官无嫌也。"

站在地主阶级立场上,并且身为清政府的中下层官吏,没有也不可能彻底反对《三编》中的春秋笔法的史学观点。在《明通鉴》中所作的史事评论,绝大部分是直接转引《三编》"御批"作为自己的意见,即说明了这一点。另外,《明通鉴》记事也大部分以清朝的官书为标准,尤其是对农民起义,对国内少数民族的史实的记载,都站在清官书同样的立场上,任意进行诬蔑和侮辱。至于明朝末期对满洲的交涉,明和满族的关系,更完全依据满洲贵族所歪曲史实的记载。如拿它和谈迁所著《国榷》相对照,谈迁就较客观地记载了当时一些史实的真相,在史料价值上《明通鉴》远不及《国榷》。但不能因此不看到夏燮主张"史家之例,叙而不断,然直书其事而得失劝惩寓焉",和《三编》相比,观点还是有所不同的。问题是他没有也不可能完全摆脱封建正统史观的束缚。从《明通鉴》全书的观点来看,他是倾向于改革派的。

夏燮明确提出:

> 考其事之本末,则其事之是非自见;听其言之公私,则其言之诚伪自见;观其人之与居与游,则其人之清流浊流自见;若必欲臧否而短长之,非史事也。(卷首《义例》)

因此,要了解夏燮的史学观点,必须从《明通鉴》如何记载史实,从字里行间透露出来的一些问题,细加分析,以及从他对历史人物和历史事件所作的少量评论中所反映出来的观点,才能得出比较正确的结论来。

古今中外,从来没有超阶级超政治的历史学,也没有超阶级超政治的历史学家,夏燮也不能例外。他主张"苟事有鉴于得失,义有关于劝惩,虽稗官外乘,亦宜择而书之",明确提出"知人论世者折中一是耳"。他的所谓"得失"、"劝惩"、"折中一是",等等,便须依据一定的观点进行衡量。事实表明,他并不反对史评,他所反对的不过是春秋笔法的史评原则,而立其为改革政治服务的史学评论观点。

因此,《明通鉴》中对改革方面史实的记载是重视的,凡是《明史》、《三编》所没有记载的史实,他都加以搜集和增补。如朱元璋洪武元年闰七月诏征天下贤才至京,授以守令条下,即增辑了朱元璋"谕中书省曰:'布衣之士,新授以政,必先养其廉耻,然后责其成功。定制:自今除府州县官,赐白金十两,布六匹'"。以及"又谕新授北方守令曰:'新附之邦,生民凋瘵,不有以安养之,将复流离失望矣。尔等宜体朕意,善拊循之,毋加扰害,简役省费以厚其生,劝孝励忠以厚其俗。能如朕言,不特民有受惠之实,即汝亦获循吏之名,勉之!'"(卷一)

关于提倡"节俭"方面的资料,夏燮也尽量予以增补,洪武元年即增辑了朱元璋所谓"节俭"的事实,如臣下奏请"乘舆服御应以金饰,诏用铜。有司复言:'万乘尊严,此小费,不足惜。'上曰:'朕富有四海,岂吝乎此!第俭约非身先无以率下,且奢泰之习,未有不由小而致大者。'卒不许"。诸如此类的话,《明通鉴》中增补了很多。

对一些曾整顿吏治的大臣,夏燮也极力标榜。如张居正是明朝后期整顿吏治的主要代表人物,但由于张居正存在着所谓"褊衷多忌,刚愎自用"的严重缺点,当政后又"威柄震主"等等原因,自来的封建统治者对他毁誉不一。《明史》编撰者在《张居正传》后的"赞"中说:"张居正通识时变,勇于任事。神宗初政,起衰振隳,不可谓非干济才。而威柄之操,几于震主。卒致祸发身后。《书》曰:'臣罔以宠利居成功',可弗戒哉!"《明史》编撰者虽肯定了张居正的有利于封建统治者的所谓"功绩",然而就《张居正传》的全文来看,还是贬多于褒的。夏燮认为这是和事实不相符的,他在《与朱莲洋明经论修明通鉴书》中提出:

> 江陵当国,功过不掩,訾之固非,扬之亦非。《明史》所载,似不如《(明史)纪事本末》之据事直书,为得其实。至于结冯保,构新郑,固不能为之词。而至援高拱自撰之《病榻遗言》,则直是死无对证语。高、张二人易地为之,仍是一流人物。今但取正史可信者书之,而闰月顾命等词,一律删汰,以成信史。

因此,夏燮对张居正的评价,虽然引用了《三编》的评语作为自己的看法,但更应该看到夏燮在《明通鉴》中记载张居正有关的事实时,采取了"叙而不断","直书其事而得失劝惩寓焉"的办法。从记载张居正的有关史实中来看对张居正功过得失的肯定或否定。

另一方面,夏燮对明朝君主专制主义的严刑峻法,也十分不满,他收集了许多《明史》和《三编》中没有记载的史实,按年月编入《明通鉴》中,并加以评论。如洪武四年三月条载刘基谏朱元璋减缓严刑峻法时,他评论说：

> 观太祖惩元宽纵失天下，当时臣下，多以峻法绳之。故元年王忠文之上书也，曰："上天以生物为心，春夏长养，秋冬收藏，其间岂无雷电霜雪，然可暂而不可常。若使雷电霜雪无时不有，则上天生物之心息矣。"刘文成（即刘基）之致仕也，上手书问天象，条对而焚其草，大要言："霜雪之后，必有阳春。今国威已立，宜少济以宽大。"呜呼，二公所论，岂非仁人之言哉？而卒不能止太祖晚年之诛戮，岂太祖之明反出齐景下哉？毋亦狃于其自用者专而虚受之意少也。

又说：

> 观太祖当日召对元臣，谓"以宽失天下，吾未之闻"，及手书问天象，则谓"元以宽失天下，朕救之以猛"，何其言之相反也！盖为子孙之远虑，欲遗之以安强。重以勋旧盈廷，猜嫌易起，而不嗜杀人之志，惜未能始终以之。若使如二公之言，培养元气，感召天和，安知不足以弭靖难之变哉！（卷四）

对朱元璋加强封建君主专制统治，夏燮是通过史实多方加以揭露和论列，认为严刑峻法在某一特定的条件下，实施一下是可以的，但是，如果依赖它来维护和巩固统治政权是不可能的。他说："夫去杀期以百年，兴仁俟之必世，自古渐仁摩义之主，犹恐浃于天下，不能得之于其身，况积其威约之势而欲遗子孙之安，诚未见其可也。"（卷七）这虽然是在论证明史，但是也在以这一事实告诫清统治者，靠加强君主专制统治是不可能"遗子孙之安"的。

对明中后期阶级矛盾、民族矛盾和统治集团内部矛盾的情况，夏燮罗列了当时臣僚奏疏中的许多话，来说明其时的情况。如严嵩、仇鸾以及宦官的暴虐，《明通鉴》中按年月增载了许多事实。嘉靖二十年，他在"上经年不视朝，日事斋醮，工作烦兴，严嵩等务为谄谀"的记载后，引杨爵奏疏中的话说："今天下大势，如人衰病已极，腹心百骸莫不受患，即欲拯之，无措手地方。且奔竞成俗，赇赂公行，遇灾变而不忧，非祥瑞而称贺。逸诡面谀，流为欺罔，士风人心，颓坏极矣。诤臣拂士日益远，而快情恣意之事，无敢龃龉于其间，此天下大忧也。"（卷五七）

嘉靖三十一年二月己巳,"建内府营,上以营制既定,命改旧内教场为之,以操练内侍"。夏燮引《三编》《发明》的评论,作为自己的见解,说:"明之末造,营务尽领于中官,而宿卫禁军之制渐就隳废,史称内臣之势,惟嘉靖时为少杀,乃忽创为内府营以练诸内侍,实则惩于庚戌之变,京兵不足御敌,而为此苟且之计。夫兵之怯弱,由于将帅非人,改弦而更张之,岂无良法?区区内侍,即使简练有方,又岂足以厚拱卫备寇警?徒使阉侍习兵,贻患来世。"(卷六〇)内侍权力的增大,是君主专制统治的产物,是皇帝利用亲信(内侍)作为加强君主专制的手段。夏燮反对内侍权力的增强,事实就意味着反对君主专制。

嘉靖四十五年世宗病死,以徐阶为首的一些人欲借此时机革除一些弊政,以世宗的名义载入遗诏中,俾继位者得以实施。但遭到了同列高拱、郭朴的反对,郭提出"徐公谤先帝,可斩也"。夏燮引《三编》的话评论说:"观徐阶所草诏,犹能切中当时弊政。为高拱、郭朴者,自当赞助其成,何至以己未与之故,而遂生忌嫉,……甚至数年后拱专国政,一切尽反阶之所为。而启其衅者,实惟郭朴一言,朴安得无罪哉!"(卷六三)

明末崇祯时期,农民群众反抗封建统治者的斗争已发展至最高潮,明末农民大起义的序幕于天启七年(1627年)三月已揭开。这一时期的史实《明通鉴》也记载得较多,尤其是统治集团为抢救政权的各种建议、活动以及对弊政的揭露,都作了较详的记载。如在崇祯三年十二月,增田赋条下,追记了"户部尚书毕自严,以度支大绌,复列上十二事……括河滨滩荡之租,核京东水田之赋,开殿工冠带之例,上悉允行,而兵食犹不足"。又载这时兵部尚书梁廷栋的话说:"今日间左虽穷,然不穷于辽饷;一岁之中,阴为加派者,不知其数。"指出"今日民穷之故,唯在官贪"。认为加派加赋的政策如不改变,其结果必然形成无地非兵,无民非贼,刀剑多于牛犊,阡陌决为战场,其前途是不堪想象的。

另一方面,对明代一些重要的政治争论,夏燮也提出了自己的看法。世宗初年对自己的本生父亲议加尊号的议礼问题,是统治集团各派争论最为激烈的问题之一。对此,他认为"大统之干,在帝与不帝之分,非皇与不皇之异也;帝则未有不皇,而皇则容有不帝者"。提出加皇于"帝"之上则"皇"是专称,如果殊"皇"于"帝"之外,则"皇"是通称。故皇考、皇妣可以通用于所生之父母,若以"帝""后"尊号而追崇其不为天子的父母,则自开创之天子外,没有这样的事例。他引证蔡邕《独断》中的话说:"汉高得天下而父在,上尊号曰'太上皇',不言'帝',非天子也。"后来的汉宣帝、光武帝都不敢加尊号于祖父,汉殇帝追尊所生父清和王为孝德皇,桓帝追尊所生父蠡吾侯为孝崇皇。以这些史实作为他反对世宗追尊其父为皇帝的立论依据。他批评大臣杨廷和等对上述问题不敢力争,而徒较量于皇字之有无,迨至争"考"争"皇"不得,乃议加"本生"二字。他认为这是添足续胫之赘文,因之希旨进谀者,反以为自外其亲之词,于是激而称"皇考"、"皇帝",与继体之祢先君无异矣。乃至最后激而去"本生"二字,导致出现考兴献,不考孝宗,而黜孝宗为皇伯的错误。他评论说:

> 夫以孝宗为伯父,是臣之也。非但臣之,向也以考孝宗而兄武宗,遂使武宗无后。今又以考兴献而伯孝宗,遂使孝宗亦无后。何者?世宗而后兴献,则将使兴献上为宪宗后,而孝、武两朝之世次俱灭,此则议礼之大变,国家之奇祸。一时杨慎等三百余人,大呼高孝皇帝而哭于左顺门者,诚以有明一代之统至此几绝,而世宗入为天子,若汉、晋之分为东西,宋之分为南北,所谓统绝而复续者,岂不可为痛哭哉!(卷五一)

明末梃击、红丸、移宫三案,也是官僚集团间展开斗争的主要方面之一。夏燮认为"三案者,天下之公议",但是记载三案的《三朝要典》一书,却是出自内侍逆竖之手,故倪文正说它是宦官魏忠贤的私书的结论是对的,但不能因此就否定三案的事实。问题是对《三朝要典》史臣如何论断,因为当日张差的口供,法司原谳,具载其中,故《明史·王之寀传》全录其词,是具有深意的。夏燮的结论是"与其毁之以资逆焰之扬灰,曷若存之以作妍媸之对镜也",(卷八一)较为妥当。

鸦片战争前后,自然科学知识进一步发达,但是,夏燮仍然坚持传统的所谓借神道以设教的观点,可看出他的识见有些方面不免陈腐狭隘。如司马光《通鉴》竭力避免语怪,夏燮在《明通鉴》中却杂有很多关于灾异和鬼神的迷信记载。如洪武十三年六月丙寅,《明通鉴》载:"雷

复震奉天门,上避正殿,省愆。"他认为这是由于"尊贵罪所不加,圣人因天地之变,自然之妖以感动之",并评论说:

> 盖五行之气,乖则致戾,人自召之,天何与焉!观于十三年之震者二,正胡惟庸之狱后事,二十六年之震者一,正蓝玉之狱后事。是二人者,皆以谋逆诛,宁得谓太祖用刑之失!而二狱之株连三万余人,死于狱者不知凡几,死于桎梏箠楚之下者不知凡几,而诛戮其显焉者耳。阴气郁而阳不得宣,则激而为雷,岂非感伤和气之所致哉!(卷七)

将自然现象如打雷之类,视为灾异告警,上天垂戒,说在洪武三十二年的一段时间里,"雷之震宫门者凡三,震殿者四,而震谨身殿者三",提出这是"何天独警太祖之深也?"处于近代社会开始阶段的夏燮,顽固坚持这种观点,可见其受正统史观束缚之深。

三、怀念明朝汉族地主政权,表彰抗清的封建忠节思想

夏燮的强烈爱国思想,在其另一著作《中西纪事》中表现极为突出。而他怀念明朝汉族地主政权的思想,则贯穿在《明通鉴》全书中。万历后期,满洲贵族统治集团对明不断发动军事进攻,直至灭亡明朝。在记述这些战争时,夏燮站在汉族"爱国"的立场上,对明表现出无限的同情和支持。在《明通鉴》的字里行间表露出他是支持明朝抗击清兵入侵的战争的。如崇祯十一年(1638年)清兵侵入至北京附近,京师戒严,诏宣大总督卢象升率兵入卫。《明通鉴》载卢象升至武英殿见帝时,说:"'臣主战'。上色变,良久曰:'和乃外廷议耳。'象升因奏备豫形势甚悉,上壮之,而戒象升持重。"(卷八六)并命与主降派杨嗣昌、高起潜商议。之后,又载杨嗣昌、高起潜为削减卢象升兵力,一再调走他所统辖的军队,使其所部不及二万人。载卢象升斥责杨嗣昌沮师不准抗清的话说:

"公等坚主和议,独不思城下之盟,《春秋》所耻!长安口舌如

锋,恐袁崇焕之祸立见。"嗣昌赪赤,曰:"公直以上方剑加我矣!"……嗣昌曰:"公毋以长安蜚语陷人!"象升曰:"周元忠赴边讲和,往来非一日事。始于蓟镇监督,受成于本兵,通国闻之,谁可讳也!"(卷八六)

不久,卢象升战死,杨嗣昌派人察其死状,察者归,言"象升实死。嗣昌怒,鞭之三日夜,且死,张目曰:'天道神明,无枉忠臣。'于是天下闻之,无不欷歔恚嗣昌矣"。(卷八六)这些话,对投降派的丑恶嘴脸揭露无余,同时也可看出他同情主战派的立场。

夏燮对明末抗清的封建忠节之士,也极力表彰。在他没有编撰《明通鉴》前,即校证吴次尾《楼山堂集》,并编撰了《忠节吴次尾先生年谱》。吴次尾是明末复社的领导者之一,明亡后,清兵南下时,他在家乡安徽组织义兵抗清,后被清兵俘虏杀害,据说他在英勇就义时不去明朝衣冠,"其受刑处血迹洗之不去,持其首入国门如生,历三日不变,观者咸异之"。在年谱中对吴次尾充满着同情和敬意。

对于明末抗清志士的事迹,他认为《明史》和《三编》记载极少,遗漏太多,在《与朱莲洋明经论修明通鉴书》中,明确地提出:

甲申之变,正史语焉不详,所记殉难诸臣,亦多遗漏。宜博采《北略》《绎史》《绥寇纪略》及甲申以后之野史,必使身殉社稷之大小臣工,悉取而登之简策,以劝千秋忠义。

他一面说《明史·忠义》一传,于封疆死事及甲申前后殉节诸臣,详加采摭,著其事实。中间牵连附录,多至数十人、百余人不等。"钦定《明史》"成书后,清廷又下令编撰《通鉴辑览》及重修《三编》,后又撰《钦定胜朝殉节诸臣录》,肯定其这一方面的成绩。另一方面又指出明末的忠节之士除《明史》所见者外,散见于《大清实录》、《一统志》、各省《通志》,多至三千六百余人,这些人都是《明史》所没有记载的。他叙述清代官书逐渐搜集明末忠节之士的有关资料的经过说,重修《三编》时其人数较《辑览》时增多数倍。后又续辑《唐、桂二王本末》,又较前修之《辑览》逐渐加详,遂有《殉节录》,所遗而续补者。如《三编》载甲申殉难之巡视中城御史赵譔,云南人,骂"贼"被杀,乾隆四十一年追谥为"忠愍",《殉节录》没有记载他的事迹。辑唐、桂二王事时，所记顺治三年在广信殉难的都司刘芳伯以下十三人，四年记太湖地区先后阻兵的镇南伯、金公王以下十五人，俱赐谥入祠有差，但是在《殉节录》中则佚其姓名。他慨叹地说，"然则湮没而不彰者，可胜道哉！"（卷首）他说《明通鉴》所记明季死事诸臣，以《明史》《辑览》《三编》为主，参之《殉节录》，旁稽野史，凡正史所不载者，俱附著在《考异》中。

按夏燮所补辑的所谓忠节之士，在性质上可分为两种，一为对抗明末农民大起义，在战争过程或其他阶级斗争形式中被杀的官僚地主，夏燮强调他们的"忠"。表彰那些对抗农民起义军的地主分子事迹，其目的是在当时的阶级斗争尖锐尤其是在太平天国革命运动前后，起有鼓励地主阶级对抗农民起义的反动作用，从而表明其地主阶级的鲜明立场。二为在清军入关和南攻时，汉族人民和其他各族人民因抵抗而牺牲生命的忠节之士。关于他们的抗清事迹（主要是地主分子的抗清事迹），夏燮在《明通鉴》中增辑了不少，有些突出的代表人物并作了评论。如评论张煌言说：

> 自奉迎监国后，支持十九年，委蛇于干弱尾大之侧，转徙于蛎滩鳌背之间，中历黄、王之交哄，熊、郑之强死，屠、董诸君子之大狱，零丁皇恐，有人所不能堪者。……直至鲁王之死，灰心夺气，始散其军，其亦可为流涕者矣！

> 若夫南田被执，在宁有肩舆之迓，入浙无桎梏之加，其可以求死者亦自易易，而恐委命荒郊，志节不白。故煌言之授命杭城，与文信国之就刑西市，先后同揆。而《明史》不为之立传，宁毋贻刘道原失之瞠眼之讥乎！

> 残明自福王以后，遗臣之死事者，楚、粤则何腾蛟、瞿式耜，浙、闽则钱肃乐、张肯堂，而煌言殿其后，遂以收有明二百七十年滕水残山之局，其所系岂浅鲜哉！（卷六）

这是夏燮在鸦片战争后，清政权日暮穷途，腐朽无能，他从抢救地主阶级统治政权出发，因而搜集明末的抗清忠节之士的事迹，以表达他对清贵族统治者的不满。另一方面，也藉此激励汉族人民感情，起来与清贵族统治集团进行斗争。为表明鲜明的汉族地主阶级立场，因而在《明通鉴》中"所载明季殉难诸臣,其书赠谥者,皆明之恤典"。他藉口遵循过去的史例,拒不记载清廷对这些人所加的追赐专谥,说"若《殉节录》所载,皆出自本朝追赐专谥、通谥者,以非明事,故不入,亦史例也。至死封疆,而一时传闻之误,遂为恤典所不及者,如贺世贤之战没,有疑其叛降者,遂不予赠谥;孙传庭没于阵,或言其未死,帝疑之,故不予赠荫;而二人死事之烈,具见《明史》本传中。如此之类,皆人正文,而附著我朝追谥于《考异》中,然非例也。南都赠谥,去取未公,不足为重。而以系明事,故于正祀、附祀之等亦见《附记》中"。(卷首《义例》)应当提及的是他在搜集明末抗清的事迹时,采集了当时禁书中的许多记载,在史料的搜集范围突破了清贵族统治集团所作的种种限制,使史料较为丰富全面,在客观上,为我们研究明史提供了有利的条件。

四、肯定南明为明史,使明史首尾完备

崇祯十七年(1644年)三月,李自成农民军进入北京,胜利地推翻了明王朝的反动腐朽统治政权。紧接着,明朝大军阀、出卖民族利益的大汉奸吴三桂出于大地主大官僚阶级的利益,勾结清兵入关,不到四十天功夫,清贵族统治者就入据北京,建立全国性的封建地主统治政权,全国各地展开了英勇的反抗,并发展成为历时四十多年没有停熄的伟大的抗清斗争。

在各族人民奋勇抗清时,明地主阶级为了重建统治政权,以便镇压农民起义军,于一六四四年五月,支持福王在南京建立了政权,其后又相继于绍兴建立了鲁王政权,闽中建立了隆武政权,西南建立了桂王政权。这些以明皇室亲王为首所建立的政权,虽然是明腐朽政权的延续,但在地主阶级抗战派特别是人民的强烈支持下,都在不同程度上进行了抗清斗争。当时民族矛盾和阶级斗争交织在一起,情况十分复杂,这一时期的历史很重要,应当加以研究和编撰。可是,清贵族统治集团害怕因此激起汉族抗清的感情,对清统治者不利,遂利用政治高压手段,不准研究这一阶段的历史,不准将它的史实编入《明史》内,致使《明史》中南明部分的主要史实付之阙如。

夏燮站在汉族地主阶级的"爱国"立场上，对南明时期的抗清斗争是同情和支持的。尤其是在鸦片战争后，清贵族统治政权腐朽无能，屈服于外国资本主义国家侵略势力，他的这种感情更强烈，促使他在编撰《明通鉴》时，将南明的历史纳入明史的体系内。但清廷的皇皇诏令，以及残酷的文字狱的余威犹在，身为中小官吏的夏燮，对此是不寒而栗的。他既要把南明史列入《明通鉴》中，以表达他的反清之志，但又害怕遭受清廷的迫害，于是煞费苦心，致力于找出清乾隆帝的诏令作护身符，是在所谓"谨遵""圣谕"的原则下进行编撰的；一方面又凭藉史著体例的不同作理由，将南明史作为附编而列入《明通鉴》中。他说由于是书是明史的专门著作，所以在崇祯十七年五月以后，始纪清顺治元年，而对南明福王、鲁王、唐王、桂王等政权概不书伪，以保持史实的真实记载。

《明通鉴附编》中，依照时间的先后，依次记载了福王政权、鲁王政权、唐王政权、桂王政权等建立的经过，以及统治集团内部矛盾斗争的事实；农民军坚持抵抗清军入侵的史实；以及扬州、江阴、嘉定人民的抗清斗争和郑成功的抗清斗争的史实。在叙述南明的历史时，虽然还嫌简略，赶不上其后的徐鼒所著《小腆纪年》、《小腆纪传》所载的详细，但徐书是以纲目体的春秋笔法为主，是站在拥满的立场上，是为对付太平天国农民起义而写的。夏燮的立场和徐鼒不同，他是反对纲目体的春秋笔法，是不满于清廷封建君主专制统治而写的。《明通鉴》记事扼要，对明史（包括南明史在内）的全貌作了叙述。更为重要的是夏燮对南明的历史不仅系统地搜集了有关资料，进行了研究和编撰，而且将它纳入明史的范畴和体系内，使明史首尾完备，成为一部完整的著作，这在明史的研究和编撰上具有新意，是开创者。其后南明史进一步受到学术界的重视，并成为政治思想战线上反清斗争的一个侧面。资产阶级民主革命时期，南社的学者和章太炎、孟森、朱希祖等人都进行了研究，写了不少文章揭露清贵族的残暴，对当时的反清斗争起有重要的影响。

夏燮在记载南明各政权时，既叙述了地主阶级勉强建立政权的经过，又记载了腐朽的官僚集团如何操纵政治，导致了各个政权的被清一一灭亡的经过。如南京福王政权，在史可法、高弘图、姜曰广为代表的抗清派的支持下，冲破重重困难，使福王政权得以勉强建立起来，但仍被腐朽透顶的马士英、阮大铖之流所操纵，倒行逆施，只知内部争权夺利，置国家民族安危于不顾。如清统治者南侵，并已攻"下邳、宿，可法飞章报闻，马士英大笑不止。坐客前谕德杨士聪方自北来，问故，答曰：'君以为诚有是事邪？此史公妙用也。岁将暮，防河将吏应叙功，耗费军资应稽算，此特为叙功算地耳！'识者以是知南都之将亡也"。(《附编》卷一）

作为南京弘光政权首脑的福王本人，生活异常腐朽，当其统治政权危如压卵之际，他还在征逐歌舞，醉生梦死，说什么"梨园殊少佳者"，"时宫中楹句有'万事不如杯在手，一年几见月当头'，旁注'东阁大学士王铎奉敕书'"。具体史实表明南明各政权是明腐朽政权的继续，是不可能担当起领导抗清斗争的重任的。夏燮以大量的篇幅记载南明各政权内部官僚集团，尔虞我诈，互相矛盾斗争的种种事实，以及军阀间争夺地盘，互相兼并攻击，结果在清兵的进击下一一败亡，终于导致了南明政权的覆亡。

五、对通鉴编年体例史学传统的继承和发展

《明通鉴》在体裁上虽承袭了司马光《资治通鉴》和毕沅《续资治通鉴》的编年体的形式，记载了有明一代的历史事实，它不仅继承了通鉴编年体例的史学传统，而且在编年体例上有所发展。他说："温公《通鉴》，汇正史之本纪、志、传，合而成书。朱子因之，修《纲目》以法《春秋》，纲则孔子之经，目则丘明之传也。"但是，他认为这种编纂体例是有缺点的，因为《纲目》体以书法为主，而对于时间相隔不远的历史事实，多汇集在目中，中间系以"先是"、"至是"及"初"字、"寻"字之等，而对时间相隔较远的，则递著其年月而统系之一纲下，故其书法严而对史事发生时间的先后则不甚严格。因此，它在体例上虽然仍属于编年体，但和《通鉴》记载史事严格按时间的先后相比较，情况是不相同的。夏燮认为《通鉴》主要着重于记事，因而对于史事发生的时间在记载上必须严格，其方法是以事系日、以日系月、以月系时，以时系年，严格地按年、月、日的先后次第记载。他说："今撰《明通鉴》，以此为第一事，盖系年、

系月，编年之专例然也。"(卷首)

但是，他又提出如果完全按照《通鉴》的办法编撰《史书》，还是存在着问题的，因为"正统改元"，须要"先明授受"。如明太祖朱元璋之得天下，虽然是取之于元，但不是受之于元，其情况和宋太祖赵匡胤之受周禅是完全不同的。他以汉高祖刘邦纪年的史实为例说："汉高之即帝位在五年，而元年至霸上，秦王子婴降，则亦有所受之矣。汉时无建元事，乃以子婴降之年为元年，以继秦统，此史例也。若明太祖，自元至正十二年（1352年）归郭子兴，越十五年始即帝位建元，又七月始克元都，中间起兵拓地，节目繁多，非洪武元年（1368年）之下所可追叙者。"因此，他对通鉴的编年体例作了一些改进，将有明一代历史分为《明前纪》《明纪》及《附编》三大部分。《明前纪》的时间，始于至正十二年（1352年），终于至正二十七年（1367年）。他说："凡此皆以元纪年，非关涉明事者不书。"自洪武元年（1368年）至崇祯十七年（1644年）五月一段的历史事实为《明纪》。《附编》自崇祯十七年五月清兵入京师，福王建立政权于南京起至一六六四年止。他说这样做，是由于"崇祯十七年甲申五月，我大清兵入京师，福王称号于南京，逾年明亡，《三编》、《辑览》仍存弘光年号二年五月之前，乾隆间复奉诏附《唐桂二王本末》于《辑览》后。今谨遵其例，列为《附记》于大清纪年下。别书曰'明'，以存闰位也；不曰'纪'，以非帝不纪也。凡此皆取关涉明事者书之，亦别为卷目"。(卷首)

夏燮明确地指出，上述做法是前此《通鉴》未有之创例。他就是创用这种新体例，把南明时期的历史事实，尤其是抗清斗争的事实，完全网罗在《附编》中，使其与明其他部分的历史联成一体，因而在某种意义上恢复了明的正统，纠正了清贵族统治者出于政治斗争的需要，不准研究和编撰这一段历史的严重缺陷。由于他长期的努力，致力于搜集南明时期的有关史实，尤其是抗清斗争的许多可歌可泣的事迹，使我们对南明时期的历史，特别是当时的抗清斗争情况有较具体的了解。鸦片战争后，中国社会逐渐沦为半殖民地半封建社会，南明时期历史事实的收集和编撰，有助于唤起人民奋起向清贵族的反动腐朽的统治展开斗争。

夏燮又说："温公《通鉴》，以所受者为正统，故于汉建安二十五年之正月，即去汉统书魏黄初元年（是年十月始受汉禅），朱子谓其夺汉太速，予魏太遽。《纲目》虽以正统予蜀，而用分注例，遂为后世史法。"他说他也采用分注例，按照《御纂通鉴纲目》的办法，用一岁两系之例。所以洪武元年仍首书元顺帝至正二十八年，而分注洪武元年于其下，直至闰七月元亡以后，乃以明统为正。南明部分的历史也是依照"圣谕，于崇祯十七年甲申五月以后，始纪顺治元年，其福王立于南都，仍从分注例，逾年五月始去明统，以示大公。今撰《明通鉴》，谨遵此例"。(卷首)他以这些理由为根据，力图说明："于明自福王以后鲁、益诸王，亦从例概不书伪，而诸臣将吏，亦不没其残明所授之官。惟李定国自附桂王后，尽瘁边陲，迄无异志；而郑成功窃据一方，犹拥明号；即李成栋父子，托名反正，终于一死，亦似之较金声桓、王体仁差胜一筹；今革其爵号，书其姓名，仍系之残明下。若孙可望附'贼'叛明，罪无可宥；而金、王之等，目为叛将，亦复何词！盖《通鉴》取记事而已，固不敢操笔削之权，亦取与《纲目》之例稍别也。"(卷首)

其次，夏燮又提出，《明通鉴》专记明一代事，自应以明为主，朱元璋即皇帝位，就直书太祖即位于洪武元年正月，而以元至正二十八年入分注中。又如英宗天顺元年，又为代宗景泰八年，而分注天顺元年于其下。夏燮在这种史学体例的基础上又稍加变通，采用一月两系的办法，于天顺元年正月丙戌英宗后纪，而以正月丙戌以前，则书景泰八年，存其年号。至于万历四十八年以后书泰昌元年，出自当时所定，以存光宗之统，《三编》说这一情况和一岁两系之例是不相同的。夏燮进一步说明这是明代一朝之所特有的专例，其他朝代并不存在这种情况。

夏燮编撰《明通鉴》时，参考明人记载和著作，有几百种之多，有时对于同一件史实，众说纷纭，莫衷一是，"而同异得失之间不能无辨，遂有一事非累幅不能了者"。他采取的对付办法，是"择野史之确然可信者，参之《明史》及《明史纪事本末》等书，入之正文，而以杂采稗乘疑信相参者，夹行注于其下，是即裴松之注《三国志》之例"。他说在《明通鉴》内，"采野史者不过十中之一二，而其为世所传而实未敢信者，俱入之《考异》中，其正史有未敢信而删之者，亦入之《考异》中。《四库书提要》谓温公特创此例，自著一书以明其去取之故，故较之《三国志》裴注

又加择焉"。(卷首)

夏燮继承了司马光考证史事真伪的方法,把不敢深信的史事,仿照司马光《通鉴考异》的办法另撰成《考异》,并依胡三省注《通鉴》例分注正文之下。这在史学方法上可说是比较完善的。另一方面,他在《明通鉴》中所引证的各种资料,尤其是他撰《考异》所引用的有关资料,今天大部分已散佚,《明通鉴》中所保存的资料,有些是很可宝贵的,为我们研究明代历史提供了较多的资料。尤其是他在《考异》中,坚持先推历,按时间的先后,找出某些史实的致误之由,除了使我们明了某些史实的真相外,在方法上也可为我们所借鉴。

鸦片战争后,外国资本主义势力进一步侵入中国,在民族矛盾上升为主要矛盾的情况下,地主阶级中一些比较开明的士绅和中下层官吏,有其忧时爱国的一面。夏燮"留意时务",感到清朝国弱民贫的原因,在于清贵族统治者腐朽无能,在于汉族地主官僚不能发挥作用。他从不满于清贵族统治的立场出发,与魏源同时致力于明史的研究。他自称用了二十多年的精力,"参证群书,考其异同",写成《明通鉴》这部二百万字的巨著,在明史的研究上作出了贡献,其中特别是将南明史纳入明史的范畴和体系内,著成一部首尾完备的史书,具有重要的意义。其后,资产阶级民主革命时期,南明史进一步受到重视,成为政治思想上反清斗争的一个侧面,对当时的反清斗争起有重要的影响。

但由于夏燮只凭个人的力量,搜集的史料不可能十分完备,因此该书免不了有许多缺点,特别是因为作者站在地主阶级立场上,坚持旧的封建史学传统和观点,因而识见不免陈腐狭隘。尤其是对农民起义,对国内少数民族和国外邻邦,都任意污蔑和侮辱。但由于该书较全面地记载了有明一代的历史,而且繁简较为适当,并附有《考异》,便于参考,在明史的研究上是不可缺少的一本资料书。

(《历史研究》1980 年第 1 期)

徐鼒的封建正统主义史学思想

一、徐鼒的生平与《小腆纪年附考》写作的时代背景

徐鼒是中国近代史上的封建主义史学家。字彝舟,号亦才,江苏六合人,生于一八一〇年(清嘉庆十五年),死于一八六二年(清咸丰十二年)。出身于"家世业儒"的大地主家庭,并以"弱冠而游黉序"自诩。十七岁时"折节力学",[①]读经史著作。二十二岁,取明清"诸名家文,探索源流",而"尤好方桀如《集虚斋槀》,批点至再"。二十七岁时赴北京,应科举考试,未中,遂留京任司寇史问山家塾师,得尽读其家所藏之丰富典籍,学业大进,并先后结交陈卓人、梅蕴生、薛介伯等,切磋学问。一八三八年二十九岁,撰《读书杂释》,成《戴记、吕览、蔡氏月令异同疏解》四卷。次年,专力治《易》,辑《周易旧注》,后又成《老子校勘记》。一八四五年三十六岁中进士,[②]选授庶吉士。一八四七年任翰林院检讨。两年后又著《务本论》两卷,阐述其"崇节俭,务农桑,固国家之元气"的见解。一八五〇年起着手编撰《小腆纪年附考》(下简称《纪年》),随后又就同一资料和内容,写成正史体裁的《小腆纪传》(下简称《纪传》),前者以年为经,后者以人为纬。此外,尚有《未灰斋文集》(下简称《文集》)、《诗集》以及《敝帚斋主人年谱》等著作。

徐鼒着手编撰《小腆纪年附考》时,正是社会矛盾异常尖锐的时期。一方面由于清王朝的腐朽统治,造成土地高度集中,民不聊生;另一方

---

① 徐鼒:《敝帚斋主人年谱》,《未灰斋文集》(下简称《文集》)首册,光绪丁丑仲冬重刊本。
② 同上书,中华书局《小腆纪传》出版者说明,谓徐鼒于道光丁未(1847年)中进士,误。

面在鸦片战争后,外国资本主义势力侵入中国,民族矛盾激化,更加深了清廷的统治危机。徐鼒站在大地主阶级的立场上,认为要挽救清政权,必须从事于"汲汲以正人心,维世运"的工作,明确提出:"彝伦叙则人心未死,天理犹存,兵戈水旱之灾,人力可施其补救。彝伦斁则晦盲否塞,大乱而不止。"他在清史馆担任协修官和纂修官后,读了乾隆帝表彰史可法、刘宗周、黄道周,嘉庆帝称赞郑成功等文,深有体会,感到在社会矛盾日趋急剧的形势下,表彰"忠臣"、"义士"确是刻不容缓的事。因此,他在史馆阅读南明史书六十多种,随即从事于南明史的编纂。

一八五一年,徐鼒受到曾国藩的赏识。曾向清廷力加推荐,引起了咸丰帝的重视。次年,徐鼒在北京负债累累,遂作出京打算,趁朝廷准许翰詹科道可捐外任官的机会,乃请假返乡,筹款捐官。这时,洪秀全领导的太平天国革命运动早已爆发于广西,并迅速扩展至广东、湖北、湖南、江西及安徽等省。徐鼒在这一革命力量迅猛发展的形势下,急急忙忙赶至金陵拜谒该城守官,"请扼九江、安庆,以御'贼'冲",力谋阻遏太平军的进展。一八五三年太平军攻克九江,直逼金陵时,徐鼒在家乡六合积极筹办团练,组织地主武装;并上书清军统帅,要求"留兵守蒲口六合",防止太平军向北发展,以免清廷被摧毁。一八五四年因办团练有"功",奉旨加赞善衔,仍命留籍办理团练。在清廷的鼓励下,他亲至前线同太平军对仗,成为屠杀太平军的刽子手。清地方官上徐鼒"功",特命以知府任用,先换顶戴。一八五八年任福建福宁知府,辑《徐氏本支系谱》一卷。次年又于福宁创团练法,令沿海各村编户口,出壮丁,筑望楼,修战舰、炮台,积极镇压人民反抗运动。一八六二年病死,年五十有二。

二、太平天国革命前《务本论》中
重本抑末的正统保守观点

清封建专制主义统治下的中国社会,早在所谓乾嘉盛世时,由于土地高度集中和统治阶级日益腐朽,就曾爆发回民大起义、苗民大起义以及规模巨大的白莲教大起义,沉重地打击了清贵族统治者,动摇了清政权的统治基础。同时,由于封建社会内部资本主义因素的滋长,自给自足的封建经济不断地衰落,加以外国殖民主义者的入侵,特别是英国殖民主义者可耻的鸦片贸易,造成了清政府财政的枯竭。清廷面临着严重的统治危机,地主官僚纷起亟谋补救之法。徐鼒认为当时的情况和西周初期有些相像,一八五〇年清道光帝死,咸丰帝继位,社会杌陧不安;周初时也是"武王新崩,成王方幼,胜国之余烬犹存,懿亲之流言复起,此诚危急存亡之秋也"。[①] 这时的周公,"慨念先王之业,不避猜嫌,讨除凶丑,以靖国家,此所谓圣人之权也"。他希望这时的清廷也能出现一位周公,以挽救垂危的局面。

对清廷的财政危机,徐鼒也反对"经费之不足,由于银少"的看法,更反对用"开矿助饷"的办法来解决财政问题。他认为:"国用之不足,非银少也,恃银以为用之弊也。"[②]在他看来,"自古国家未有恃银以为用,而国不贫者,银愈多则贫愈甚"。徐鼒解释其原因是,"银者非耕之能生,织之能成者也",银藏于"深山穷谷之中,非如仓库之所有可启钥而取也","万一矿开无获,承办官员惧获罪遣,势且挪借库银,亏短正额,是裕国帑而实耗国帑也"。他指出矿不可开之原因有六,而其焦点则在恐惧阶级矛盾之加深和人民反抗斗争之加剧,所谓"银少之病浅,开矿则病益深,银少而病发之迟者,开矿则病且发之愈速"。他在《拟上开矿封事》中明确提出说:

> 饥寒失业之民,散四方以糊口,一旦开矿之令下,则旬日之间召募或千百人,事诚不难集也。顾此应募而来者,欲以矿穴为生者也,而矿穴之开,又不能如开垦田亩可久为业者也。或穴无银,或熔不成锭,今日开之,明日闭之,此千百应募之人,将何以为之所乎?平时逃亡山泽之间,鼠窃狗偷,所以不能大为害者,以其散处而势不能聚也。今聚千百万人于一乡一邑之间,露宿野居,饥寒交迫,小则劫掠商贾,大则啸聚山林,固势之所必有也。夫招人以煮盐,灶户裁而枭匪出矣;招人以运漕,水手多而强劫出矣,自来大众聚之甚易,散之甚难,秦汉以来盗贼之兴,由于工役,其已事也。

---

① 《文集》卷六《金縢我之弗辟句当从孔传说》。
② 《文集》卷三《务本论·自序》。

另一方面,他又指斥工商业是所谓"奇技淫巧",说什么"民之所以乐商贾而不乐耕织者,耕织劳而商贾逸,耕织之所获少,而商贾之所获多也"。① 在封建经济日趋衰落,资本主义因素不断增长,特别是外国商品涌入中国市场的新形势下,他提出所谓"今之筹国用者在于重农桑而已矣"的错误救时药方。他和同时代的林则徐、魏源等人不同,不是地主阶级的改革派,而是代表大地主利益的保守派,力图阻碍历史的发展,将农民永远束缚于土地上,提倡所谓"务本"的复古办法。

他说:"夫治病者贵知病源,治国者贵知国本","崇节俭,务民桑,固国家之元气者也,金银其旁为通者也","病在元气,而欲以外本内末之剂,枯竭其血脉以求强于肢体肤革,则元气伤而病且不可为矣。"因此,他强调:"今之筹国用者在于重农桑而已矣。"如何重农桑呢？他分为两个方面。首先,重农桑的前提,"必先贵粟帛;贵粟帛,必先禁淫侈;淫侈禁,而后商贾之利微。商贾之利微,而后耕织之人众;耕织之人众,而后粟帛之所出多。粟帛之所出多,而后银价贱;银价贱,而后泉货之源通"。② 其次,重农桑的具体办法有六,"广开垦,开西北水利,讲树艺,广教习,设爵赏,节烟酒"。而贵谷帛的方法,据他说也有五,"酌征收,定支销,立市法,易关税,核奸伪"。

这些主张,看不出有什么新的东西,其实质不过是传统的"重本抑末"思想在新的历史条件下的重现而已。他丝毫没有触及当时清廷统治机构的腐败,不敢揭露清贵族统治者的罪恶,不敢揭露汉满间的民族矛盾,更谈不到走上反清的道路,对于外国资本主义的入侵所造成的严重危机,感觉也非常迟钝。在新的历史条件下,仍然提出重农桑,抑工商,禁淫侈,所谓"厌布而帛,厌素而华,则锦绣纂组之事兴,而纺绩之人少矣。厌棉而裘,厌常而珍,则口外元狐、海龙、百兽之皮,外洋羽毛、大呢、哈喇之属布于中国,而棉絮、丝茧之利微矣"。③ 而为了贯彻这一套主张,又寄托于"辨尊卑,抑奇巧",他说:

> 辨尊卑何？今自卿士大夫以下逮工商皂隶,衣服玩好之无别,

---

① 《文集》卷三《务本论·罄辨篇第六》。
② 《文集》卷三《务本论·自序》。
③ 《文集》卷三《务本论·罄辨论第四》。

岂特无以明等威哉！亦非所以节省物力也。……今宜裁之以礼，庶人无顶戴者，夏葛冬棉，妇人首饰用骨角，不得衣皮饰银。生监以上八品官员以下，夏细葛冬羊皮，妇人首饰用珐琅银器，不得衣狐鼠皮饰金珠……违者论如僭侈律。①

由此可见，徐鼒力图用等级制和严刑峻法来抑制人的情欲，力图在保持农民最低生活水平的状况下，将农民永远束缚于土地上，以维持地主阶级长治久安的局面。徐鼒的这种主张，无疑是反动的，因此也是行不通的。

三、徐鼒从事南明史研究，力图以明亡的史实，告诫清朝统治者

一八五〇年，徐鼒编撰《小腆纪年附考》时，正是太平天国运动爆发的前夕，清政权已呈现出岌岌可危的局势。他从事南明史研究，力图以明亡的史实告诫清朝统治者，故在论及一六四四年二月明崇祯帝下诏罪己时，语重心长地指出："苛政既深，寇氛日迫，铤而走险，何知爱君！有国者尚省厥愆于民心未去之日也。"②他强调帝王当思过于民心未去之日，晚了是不成的；又说，当农民起义势力已经壮大，统治阶级已无力扑灭时，"谋国者，贵识时"，③应如永历帝封孙可望为秦王那样处理，否则就将"长'贼'氛而损国威"，发展至不可收拾的地步。

徐鼒为了向清朝统治者提供借鉴，在《纪年》、《纪传》中，以很大的篇幅来揭露明末和南明统治时期的腐朽情况。例如，在论及明崇祯帝时，虽肯定其所谓殉国是"亡国之正，千古一人"，但对他的刚愎自用，信任非人，仍有所谴责："思宗好谀恶直，见延儒、体仁、嗣昌辈语多迎合，又猥捷便巧；（蒋）德璟不免戆直，口操闽音，以此见斥，而曰'朕非亡国之君，卿等皆亡国之臣！'亶其然乎？日召对乞罢，见思宗之刚愎，不能

---

① 《文集》卷三，《务本论·条法篇第一三》。
② 《小腆纪年附考》（下简称《纪年》），中华书局1957年版，第64页。
③ 同上书，第660页。

用直言也。"①又说："思宗信任匪人,回惑大计,驯至祸败,岂无咎焉?"②

对于明亡的史实,他集中在下列几个方面进行评述。首先,在记载明裁九江额饷,总督袁继咸疏争之不听的事实后说:

> 书继咸请罢何？伤良臣之失职也。以良玉之骄悍,而继咸能驯扰之,非特忠义感动激发,亦其才足以驭之也。使当日畀以重权,收集溃散,则朱浮能御彭宠,温峤可制王敦,何至以石头之师兴晋阳之甲哉！所由太息痛恨于马、阮也。③

皇帝既然不能任用"良臣",臣下"亦不以廉耻自待",因而当王朝覆灭时,诸臣"不能以死报国,又不能遁迹保身,依违不决,以陷于囚虏,辱亦甚矣"。④

他认为臣不能以死报国,是君不能信任其臣的结果,故在记载明中旨以吏部右侍郎张有誉为户部尚书的事实后,评述说:

> 书中旨何？惜会推之法废而幸进之门开也。然则会推之法无弊乎？明季朋党之祸,激于会推,我朝列圣之谕曰："台谏把持,最为明季陋习。黜陟之权,朕自操之,诸臣不得与闻。"盖以会推为殷鉴也。然则何以惜之？一人独断,群工钦承,此圣明天子之事,非可论于中主也。是时王政不纲,奸邪在侧,会推不废,则正论犹存;中旨频行,则私门日进。上下不交,小人道长,明之所以亡也。⑤

其次,徐鼒对明代宦官的祸害也深恶痛绝,他写道:

> 吴伟业之言曰：自崔、魏以后,内珰视权宠为固然；见主上之且信且疑,王裕民、刘元斌未能免于刑戮,虽恩礼弗改,将必有以大失其心,一遇危急,即涣然离矣。……呜呼！三百年来,君臣阔绝,其密迩万不及北司,人主孤危,已落近幸之手。虽以帝之明察,前后左右罔非刑人,兵制军机,牵于黄门之壅遏,不能厘举,缘此抵于危亡,而终与宦者同绝。可以见宫府之情暌,而安危之计误也。其

---

① 《纪年》,第37页。
② 同上书,第100页。
③ 同上书,第323页。
④ 同上书,第134页。
⑤ 同上书,第232页。

所由来,非一日之积矣,可不戒哉!①

在叙及明以宦官韩赞周为司礼监秉笔太监,卢九德提督京营的事实后,他述说:"特书何?伤宦官之害与明相终始也。《诗》曰:'殷鉴不远,在夏后之世。'启、祯中官之害,南都君臣所耳闻而目睹者,奚俟远鉴哉!朝政维新,革除宜急,胡愦愦若是也。呜呼,此明之所以亡也。"②

在记载明逆案杨维垣疏论三朝党局,命宣付《三朝要典》于史馆的事实后,也说:

> 特书何?伤之也。……明之季也,三案实始终之。其始也,诸君子意气过激,既不足以服群小之心,而又操之已蹙,致其君亦不能不以朋党相疑;迨乎势去柄移,报复为事,而肆焉翻案者,遂荡然无复有是非羞恶之心。清议既亡,国亦随之,元丰绍述,后先相望,悲夫!③

综观徐鼒在《纪年》中所揭露的明末和南明时期的腐朽情况,其笔下是很带一些感情的,这是因为有所指而发的,是针对着当时清廷政治腐败而言的。他害怕清政权也像历史上的宋、明那样,先后败亡。因此,他在叙及明代统治者的腐朽史实时,一则说此"明之所以亡也",再则说"后先相望,悲夫",力图借此告诫清廷,赶快以明亡为鉴,团结汉族地主官僚,集中力量镇压农民革命,以挽救垂危的地主政权。

四、徐鼒怀念明故国,是为了表彰忠君思想,以巩固清朝政权

鸦片战争前后的清朝学者,怀念明故国,有两种不同的情况。一种是由于帝国主义入侵中国,民族危机加剧,如与徐鼒同时代的魏源、夏燮等人满怀爱国热情,愿为救中国贡献出自己的力量,但因清朝统治者对汉族地主官僚有所戒备,不能使他们有所作为,因而存在着不同程

---

① 《纪年》,第94—95页。
② 同上书,第172—173页。
③ 同上书,第304页。

度的反清情绪,对明故国产生了惓惓怀念之情。另一种如徐鼒之流,在太平天国革命力量给清廷以沉重打击,清王朝处于风雨飘摇之际,企图通过明末的史实,表彰忠君爱国思想,以激励当时的臣下忠于清室,强调"国亡君死,为人臣者,仗戈匡复,宏济艰难,计之上也"。①

徐鼒在《纪年》中极尽表彰忠君之能事。如叙及明崇祯帝打算南迁未成事实时,虽然指责崇祯帝爱其名,不敢决断南迁,但更主要的是指责"臣惜其死",说什么"盈廷聚讼,无肯执咎,哀哉!"②在论及史可法率师勤王问题时,更尖锐地指责说:

> 曰(明南京兵部尚书史可法誓师勤王)次于浦口何?讥之也。顾炎武之言曰:陪京向称重地,兵马整饬有素,一闻"贼"逼京师,即当星驰赴援,奋不返顾。今先帝大行旬余日矣,至是始议勤王,于被发缨冠之义何居!……使诸君子先期誓众,卷甲星驰,则怀光至而奉天围解,西平入而九庙重安,又何至以柏举之亡,劳申包胥倚庭之哭,……君子谓秦伯河上之师,不足以言勤王也。③

对于史可法没有"一闻'贼'逼京师,即当星驰赴援,奋不返顾",徐鼒虽力加谴责,可是,对于他后来的忠君仍然是加以肯定的。特别是因为清乾隆帝曾表彰过史可法,因此,在《纪年》中史可法也成为评述的重点人物了。

徐鼒认为,史可法是支撑南明政权的关键性人物,但由于受到马士英、阮大铖之流的排挤,未能尽展其才,并被迫离开中央前往扬州督师。清兵南下时,他在扬州坚决抵抗,成为抗清死难的著名英雄人物。清初,在满清贵族看来,史可法自然是他们的敌人,是不可能表彰他的。但是,到了乾隆后期,汉满间的民族矛盾已渐趋缓和,农民与地主间的阶级矛盾则日趋尖锐。在这个新形势下,清朝统治者有可能也有必要通过表彰史可法来激励当时的臣下忠于清廷。故在乾隆四十一年(1776年),乾隆帝便说"史可法之支撑残局,力矢孤忠,终蹈一死以殉",是忠臣,是"一代完人",并追谥为"忠正公";同时还大骂钱谦益(曾

---

① 《纪年》,第126页。
② 同上书,第71页。
③ 同上书,第145页。

迎降清廷，后来又著文诋毁清朝），以打击曾经对清廷有功的"贰臣"，并下令国史馆特地编纂《贰臣传》，把清初入关时降清的明臣一百二十人写了进去，加以斥责。这是在新的历史条件下，乾隆帝为了适应清朝统治阶级利益的需要所采取的一种手段，其目的是为了告诫清朝的臣子要死心蹋地地忠于主子。

徐鼒表彰史可法等人的目的，和乾隆帝是完全相同的。他认为，在不同的历史条件下，应该谅解某些历史人物所处的困难地位，不作不切实际的批评；应该采取一切办法，集中统治阶级内部的力量，以对付新的形势。因此，他极力反对王秀楚所著的《扬州十日记》，明确指出其中所记载和评论史可法的事实是错误的。他说：

> 予读王氏《扬州十日记》，言可法抑万里长城之黄得功，而用狼子野心之高杰，至谓坏东南之天下者，史道邻也。此盖书生率意妄语，无足论也。夫得功与杰之优劣，愚夫妇皆知之，岂可法反茫然莫辨哉！得功诚万人敌，而兵微将寡，难抗大敌；高杰拥十三总兵之众，所部皆西北人。杰暴抗不能为人下，抑之则乱不可止，驭之以爵赏，感之以忠悃，优而柔之，使迁善悔过而为我用，此则化强暴为忠义之微权也。……向使……人人如渡河之高杰，成败未可知也。……予悲可法之孤忠亮节，故辨论者之惑，而撫书史八夫人之事，以见忠烈一门之盛焉。[①]

徐鼒对农民起义军及其领袖，怀着刻骨的阶级仇恨。太平军占领其家乡六合后，其兄"吉芝骂'贼'被杀"，[②]子侄承祐、承禄及妇女姚氏、吴氏等多人皆同日死，他的房屋也被烧毁。据他自己说："自粤匪窃踞金陵、瓜州，吾邑弹丸之地，四面'贼'境，鼒家无一椽，僦屋聚处，有类寄居，俯仰随人，斧柯莫假"；[③]他所写的《小腆纪年附考》，"方冀故乡友朋参证访阙，乃五载金汤，一朝瓦碎，向时家藏之书毁焉无复存矣。登陴听讲之人，较书中死事之人为更惨矣"。[④] 可是，为了维护清朝封建统

---

① 《文集》卷六《唐肃宗灵武即位论》。
② 《文集》卷四《吉芝长兄行状》。
③ 《纪年》，第 623 页。
④ 同上书，第 3 页。

治,鼓励农民军领袖"忠君",他采取了表彰的手法。如在记载"明刘文秀复取重庆"之后说:

> 书之曰明李定国、明刘文秀何?进之也。二人起家扰攘之中,卒能束身归正,感激驰驱,图存危难,人臣之义,盖无愧焉。吾故表出之,以告夫勋戚大臣之忘其君者。①

他叙述其记载李定国史实的原则说:"自桂王入缅后,凡李定国事皆书爵以褒之,何也?国灭矣,君亡矣,收合余烬,图存万一,崎岖以死,百折不回,事更难于厓山,节不让乎孤竹,蓴乡董氏谓为古之烈丈夫,谅哉!"②徐鼒的表彰,和李定国在民族矛盾成为主要矛盾时,以民族、国家利益为重,率领农民军支持南明政权的抗清斗争,是两码事。徐鼒所强调和表彰的,是李定国等人的所谓"束身归正"、"乃心王室",是他的"忠君亮节"的一面,其用意显然是鼓励农民军投降变节,是一种别有用心的卑鄙阴谋。

五、"晓然于君父之义,怵然于名节之防"的"春秋笔法"

徐鼒在社会矛盾重重,阶级斗争异常激烈的情况下,极力主张"明君臣之义,正人心而维世运",提出所谓"世运治乱之大小"是"人心之邪正分之也"。他说:"两汉近古,气节未尽泯亡,其祸变亦数十年而即定。自魏、晋、南北朝以及隋、唐、五代之季,人心波靡,伦纪荡然,或一人而传见两史,或一官而命拜数朝,荣遇自夸,恬不知耻。故其间篡弑相仍,两千年中,可惊可愕,绝无人理之事,层见迭出;盖人心之变,世运之穷极矣。"又说,自朱熹作《资治通鉴纲目》一书之后,"稍识文字者能读之而知其说,于是愚夫妇亦晓然于君父之义,怵然于名节之防",收到了所谓"正人心而维世运之明效大验","故自南宋后七八百年中,有递嬗之世,无篡立之君"。③徐鼒以继承朱熹的事业自任,用他自己的话来说,

---

① 《纪年》,第682页。
② 同上书,第743页。
③ 《纪年·自序》,第1页。

是"仰遵纯庙(即乾隆帝——笔者注)圣谕,窃取《春秋》、《纲目》之义,汲汲以正人心,维世运之愚衷",因而他编纂《纪年》、《纪传》两书时,所采取的方法,是"本《春秋》依经立传之例,或大书特书,或连类而书",方式虽然有所不同,其目的则是为了"诛乱贼之反复,而明臣子之大防也"。可见,他是站在封建正统派的立场上来论证南明史实的。

明代后期,满清贵族即不断利用各种机会壮大自己的势力。一六四四年农民军李自成部进入北京前后,清统治者便利用汉族内部的矛盾,加紧向明进攻。当明政权被农民军推翻后,清统治者又趁机出兵,勾结和收买以吴三桂为首的大官僚、大军阀集团,并在其支持下进占了北京。此时,汉满间的民族矛盾已成为当时的主要矛盾。但徐鼒竟抹煞这一主要矛盾,他说:

> 诸书载明"流贼"闯、献事,庸人偾国,烈士死绥,与夫骄将悍卒之蔑上无等,可惊可愕、可歌可泣之事不一端,《明史》既不能尽载之,而稗官家言又舛驳不可复记,本《春秋》依经立传之例,列而考之,而当日天下大势可得指陈焉。夫二"贼"明之"贼",而非大清之"贼"也,曷为不曰明闯"贼"、明献"贼"也?传曰:天下之恶一也,圣人天下一家,中国一人,弧矢之威,何分内外,山海关之捷,凤凰坡之诛,盖亦阪泉、涿鹿之师哉!①

在记载"明蓟辽总督王永吉、巡抚杨鹗、吏科都给事中吴麟徵,请撤宁远总兵吴三桂入卫;不果行"的事实后,他评述说:

> 不果行何?惜之也。计六奇曰:寇氛日逼,三辅震恐,撤兵入关,西行遏寇,亦救急之一策,阁臣持之,盖泥于前说而不知变也。初年方内安谧,无故弃边地,失天险,是汉弃凉州之议也,故识者谓为非计。至末年,寇蹒中原,名都大藩溃陷相望,而关外所存止于六城,缓急轻重,大异昔日,而庸臣胶柱之见,犹不知释疆场之忧,救堂奥之急,卒至强寇压境,京师沦陷,悲夫!②

徐鼒从地主阶级共同的利益出发,置汉满民族矛盾于不顾,而强调应该

---

① 《纪年》,第57页。
② 同上书,第62—63页。

首先救所谓"堂奥之急",这在当时太平天国革命力量猛烈打击清王朝时,难道不是号召汉族地主分子不必介意"夷夏之防"而应该赶快团结起来支持摇摇欲堕的清政权吗?

另一方面,徐鼒在解释南宋以后七八百年间没有出现过如五胡十六国、五代十国时期那样的分裂割据局面时,把它归结为"正人心而维世运之明效大验",归结为朱熹作《通鉴纲目》的结果。这说明他完全把社会意识看成是决定社会存在的东西,因而必然对历史事实作出反科学的、历史唯心主义的解释。

作为封建正统派史学家的徐鼒,正如恩格斯所指出的,他"是不知道任何依据于物质利益之上的阶级斗争的,而且是一般地不知道任何物质利益的"。① 因此,他认为"史家之法,以人事为主也"。② 在《纪年》中就单纯地集中于人事方面进行评论褒贬。例如,吴三桂对汉族来说是罪人,是镇压农民起义军的刽子手,对清廷来说则是有"功"之臣。在徐鼒"圣人天下一家,中国一人,弧矢之威,何分内外"的笔法下,吴三桂是应当加以褒奖的。但是,鉴于吴后来又叛清,为乱臣贼子戒起见,他又认为吴三桂是个无"君父"之小人。

对明末一些地主官僚降清的史实,徐鼒认为应分别对待,提出所谓"降有辱义,叛则乱称"的论点。对于那些在前线作战,"兵败途穷而崩角马前者,迫于畏死之念,非有无君之心,诛其降而赦其叛,《春秋》不为已甚之义也"。至于那些"输情敌国,贪一日之荣利"的人,徐鼒则口诛笔伐,说这种事情"禽兽所不肯为,靦然人面而为之,其蛇虺枭獍之性,乌可以以降臣例哉!"如果就事论事来说,这种批判并不是什么大错。但在当时的客观形势下提出这一口号,实际上是号召地主官僚分子作清朝的孤臣孽子,不要作新朝的贰臣,诚如他自己所说:"我纯皇帝于《国史贰臣传》甲乙以等差之,创史家未有之例,实圣人精义之学也。"

徐鼒是最重视寓褒贬的"名与器"的人,一再强调"唯名与器,不可以假人",否则就无法进行所谓"维世运,正人心"的工作。他坚决主张"诛乱贼之反复而明臣子之大防",故在记载"降将金声桓以南昌叛我大

---

① 恩格斯:《反杜林论》,人民出版社1956年版,第25页。
② 《纪年》,第3页。

清,复归于明"的事实时即评论说:

> 《纪年》一书遵纯庙圣谕暨钦定《恤谥考》之义,例自文武大吏以及草莽之臣,惓惓不忘故国者,表而出之。而如金声桓、李成栋之流,方其倒戈故主,既无不狙存鲁之心;既已授钺新朝,又忘豫让国士之报,视君父如传舍,刈人命如草菅,此辈之肉又足食邪!直书为叛,而不复以反正之义相假借者,所以诛乱贼之反复而明臣子之大防也。①

徐鼒从维护封建正统的立场出发,对宗法嫡嗣爵位制极力加以宣扬。在记载明刘孔昭弑其叔父莱臣的事实后,他议论说,"莱臣,嫡嗣也,应袭诚意伯爵","孔昭诱而毙之",因而得以承袭爵位。但是在笔法上,徐鼒不书刘孔昭袭爵的事实,说是以"黜之也",企图以此来维护宗法嫡嗣爵位制。

对臣下是如此,对君上也是如此。如对于南明福王之立为帝,以史可法为首的较为正派的官僚集团持否定态度。福王的昏庸腐朽,是人们有目共睹的;在当时的政治形势下,他也不可能担当起抗御清军进取中原和缓和阶级矛盾的重任。可是,徐鼒对这位明朝皇室的嫡孙,却寄于无限的同情和希望。一则说,当时"神京倾复,宗社丘墟,立君既不可缓,福王未为失正"。再则说:"观其谕解(左)良玉,委任(袁)继咸,词气婉而处置当,而且拒纳银赎罪之请,禁武臣罔利之非,盖非武、熹之昏骏比也。使得贤者辅之,安知偏安之不可为邪!"②企图罗列一些个别事例,来掩盖福王的腐朽堕落的本质。而对于较福王稍有作为的潞王,徐鼒则因其系庶出,不惜抓住一些事实进行贬责,说:"潞王之在杭州也,命内官博访古玩,拒监国之请,稽首归命。是其懦弱无能。岂所谓贤明可定大计者乎!"③事实上,潞王的这些罪状,福王是有过之而无不及的。可是,徐鼒从维护封建正统的立场出发,在许多史实上可以为尊者讳,理由是"《春秋》之讳不书者,圣人有不忍书者也"。④ 因此,他对福

---

① 《纪年》,第573页。
② 同上书,第327页。
③ 同上书,第157页。
④ 《文集》卷六《春秋书子同生说》。

王的评论便采取了所谓恕辞的办法,如在记载福王走卫辉的事实后说:

> 不曰弃其母何?恕辞也。中宵仓皇,路隅涕泣,骨肉离散,事非得已,诋以弃母,无乃刻诸。南都立君,有福王不忠不孝之议,至有疑王宝无存,为世子窃以献"贼"者。由崧虽愚,胡乐为此!此盖恶之者已甚之词,非笃论也。①

《纪年》在"晓然于君父之义,怵然于名节之防"的基础上,又进一步提出了奖善惩恶的问题,认为"君子有不善而讳之,则或以君子小恶为无伤;小人有善而没之,则或以小人为善为无益。君子不惧于失足,而小人无望于盖愆;无惑乎为善者之少,而为不善者之多矣。随事见褒贬而无所假借于其间,所以明是非之公而大劝惩之义也"。②他的这一观点,渗透到各个历史人物和历史事件之间,围绕着维护和巩固封建统治这一问题,确实起了"春秋笔法"的作用。

《纪年》对明末农民起义的杰出领袖李自成、张献忠等,则极尽口诛笔伐之能事。全文称"闯贼"、"献贼",不书名字。什么理由呢?徐鼒说:"书盗之义也。"崇祯十七年(1644年)正月,起义军推戴李自成为皇帝,国号大顺,建元永昌。徐鼒却抹煞这一事实,记载为"'闯贼'僭称王于西安"。他说:"曰僭称王何?别于称帝之辞也。"为什么只能记载称王,而不能记载称帝呢?因为在他看来,帝位是出自天授的。李自成虽有"过人之才",能够"驱驭群'盗',横行海内",③但其"荡神京,残原庙",但结果仍"不能全躯命而逭天诛,虽曰凶恶使然,抑孰非天为之哉!特书之,见神器之不可力争也"。④他抽掉了汉满地主联合镇压农民军的阶级实质,把李自成的失败归咎于天命,这种唯心主义的解释当然是极其错误的。同时,他为了替清军入关建立清王朝辩护,把农民军摧毁腐朽的明王朝说成是天假李自成"为斧斤,使斫丧明室,而佑启圣人",⑤似乎清贵族得以亡明称帝,不是利用汉族内部的矛盾和得到汉族大官僚大地主阶级支持的结果,而是出自天授。这自然是漫天大谎,

---

① 《纪年》,第59页。
② 同上书,第241页。
③ 同上书,第26页。
④ 同上书,第146页。
⑤ 同上书,第26页。

不值一驳的。

为了"嘉死节",鼓励地主分子对抗农民起义,《纪年》不仅记载"死难"事实特详,而且对"死节"事实作了各种不同的书法。对于"仗戈起义,而殉故国",以及爵赏之滥和欺君罔上等方面的事实,给予"特书"的地位。有些人虽"死节",但"不能倡义",则给予"大书"的地位,因为这些人"奋不顾身,事虽无成,志则可取"。有些则为了"嘉死节,并录其功"起见,采取了"冠之首"和"变文起例"的笔法。如在记载"明义僧晞容起兵破献'贼'于豹子硐"的事实后写道:"义僧何?变文以起例也。《纪年》之录忠义也,先录其功,妇女也,奴仆也,僧也,概以义许之。将以愧夫士大夫之不如妇女、奴仆与僧者。"①有些则采取"备书""死难"者的官爵的办法,所谓"备书官何?嘉死节也"。如三关总兵周遇吉、兵备副使王孕懋,在山西全省被农民军攻克,独"宁武一关,岌然孤注,而乃以即墨未下之城,效睢阳死守之义,虽螳螂当车,有类丸泥之势,而老罴卧道,足寒貉子之心",故给予"备书官"的地位。对于那些所谓"孤忠伟绩"之士,更是极力标榜。如在记载"明使臣左懋第犹在京师,谕降不屈,死之"的事实后说:"书曰犹在京师何?见懋第之从容就义也。曰使臣何?懋第于是乎不辱命矣。"

总之,徐鼒的"春秋笔法",在评论史实的方式上虽然多种多样,所谓"随事见褒贬而无所假借于其间",但总的来讲,是站在封建正统派的立场上,集中于表彰忠君,集中于调动地主阶级的各种力量以对抗农民起义军。这在当时的历史条件下,确实起了反动的作用和恶劣的影响。

六、《小腆纪年附考》、《小腆纪传》在南明史学中的地位和影响

一六四四年(明崇祯十七年)三月李自成农民军进入北京,推翻了明政权以后,福王由崧在地主阶级支持下,复在南京建号称帝。直到一六八三年(清康熙二十二年)台湾为清王朝统辖并止,残存的明王朝的名义还维持了四十年。记载这四十年历史的书籍不下三百多种,但大

---

① 《纪年》,第293页。

都局限于一时一地，且传闻互异，多有出入。鸦片战争前夕，注意明史和南明史研究的有魏源、夏燮等人。夏燮在《明通鉴》中对南明史作了系统的研究和记述，将南明史正式纳入明史的体系和范围内，在晚清阶段揭开了南明史研究的新篇章。但由于他只是把南明史作为明史的一部分，而没有单独编撰成专著，因此，在叙述时比较简略，在征引史料的广度和深度上受到一定的限制。比较全面地搜集资料并加以系统记载的南明史专著，在太平天国革命时期当首推徐鼒的《纪年》、《纪传》两书。两书在内容上虽然是叙述同一时期的史事，但体例是不同的。前者以年为经，采用纪年体；后者以人为纬，采用纪传体。两书并行，对研究南明史有很多方便之处。

徐鼒于一八五〇年（道光三十年）进入清朝史馆后，参考前人所著南明史书六十多种，以及各省府县志和诸家诗文集等有关资料，着手编撰其著作。林鹗、宋光伯在"参校诸同人跋语"中说："《小腆纪年》一书详叙福、唐、桂三王始末，自南都立国，至台湾郑氏止，有《明史》所未及载，而其人其事不容湮没而不彰者，固人人所欲目而睹之，而又不敢笔而书之者也。徐鼒以一人之力，搜罗野史，博采稗官诸家之说，会萃而成此书。"①徐鼒在《小腆纪年附考·自叙》中也说，他研究南明史时下列著作给了极大的帮助：

考而知其梗概者：则王鸿绪《明史稿》、温睿临《南疆绎史》、李瑶《绎史摭遗》、黄宗羲《行朝录》、谷应泰《明史纪事本末》、杨陆荣《三藩纪事本末》也。参考而订其谬误者：甲申三月以前，则吴伟业《绥寇纪略》、邹漪《明季遗闻》、李逊之《三朝野纪》、文秉《烈皇小识》、钱䞇《甲申传信录》、陈济之《再生纪》、某氏《国变难臣钞》、戴田有《桐城子遗录》、《保定》、《榆林城守纪略》暨国子监《进士题名碑》、《贡举考》也。福王南渡事，则顾炎武《圣安本纪》、黄宗羲《弘光实录》、李清《南渡录》、《三垣笔记》、夏允彝《幸存录》、文秉《甲乙纪》、许重熙《甲乙汇略》、应廷吉《青燐屑》、戴田有《伪东宫伪后事略》、某氏《弘光大事记》、《金陵膡事》、《扬州殉难舭》、《福人录》暨

---

① 《纪年》，第795页。

各省郡县志、诸家诗文集也。唐、桂二王事，则钱秉镫《所知录》、瞿昌文《天南逸史》、闽人《思文大纪》、刘湘客《行在阳秋》、沈氏《存信编》、鲁可藻《岭表纪年》、冯甦《劫灰录》、某氏《南粤新书》、《粤游见闻》、《东明闻见录》、范康生《仿指南录》、何印甫《风倒梧桐记》、杨在《纪事始末》、邓凯《滇缅纪闻》、《遗忠录》、《求野录》、《也是录》、黄晞《江阴城守纪》、某氏《赣州乙丙纪略》、徐世溥《江变记》、沈荀蔚《蜀难叙》、郑元庆《湖录》暨闽、广各志书也。鲁监国及赐姓成功事，则冯京第《浮海纪》、鲍泽《甲子纪略》、陈睿思《闽海见闻》、汪光复《航海遗闻》、某氏《江东事案》、《江南义师始末》、《鲁乘》、《舟山忠节表》、《江上孤忠录》、黄宗羲《朱成功始末》、江东旭《台湾外纪》暨《台湾》、《厦门志》，海外诸遗老诗文集也。

由此可见，徐鼒在编撰《纪年》和《纪传》时，对南明的有关历史资料是搜集得比较丰富的，这对我们今天进行南明史的研究，提供了许多可供参考的宝贵资料。但由于徐鼒的立场观点反动，他在对史料的解释和运用上，会存在着不少歪曲和颠倒历史的事实。因此，《纪年》、《纪传》作为资料参考时，我们必须重加审订，作阶级分析。

［吴泽主编，袁英光选编：《中国近代史学史论集》（上），华东师范大学出版社1984年版。初载《华东师范大学学报》1964年第2期］

魏源与《圣武记》

魏源是鸦片战争前后封建地主阶级的改革派，是中国近代史上先进的思想家和史学家。生于一七九四年（清乾隆五十九年），卒于一八五七年（清咸丰七年）。他的著述很多，在史学方面的重要著作有《圣武记》、《海国图志》、《元史新编》等。其中《圣武记》凡一十四卷，成书于一八四二年，是一部研究满洲贵族入关前和在全国建立统治政权后所谓"盛清武功"的重要历史著作。

一、《圣武记》的编撰及其版本问题

在清中期以前，清史研究是一个禁区，无人敢于问津，而魏源《圣武记》研究有清一代历史，是有着主客观两方面的原因和条件的。从客观上看，首先是政治方面的原因。道光、咸丰年间，中国封建社会已逐步解体，并开始向半殖民地半封建社会急剧转化。这时，封建主义和人民大众的矛盾日益尖锐，外国侵略者和中华民族的矛盾迅速上升为中国社会的主要矛盾。就统治集团来说，在共同的阶级利益面前，满汉统治集团间的矛盾斗争因而逐步缓和。这种缓和是以清贵族统治力量的腐朽削弱为前提的，清廷为维护统治政权，越来越需要依靠汉族官僚地主势力，他们之间的畛域已不似清前期那样严重尖锐，诸如文字狱之类事件日益少见，文化思想方面的禁锢被迫放松了，汉族地主官僚中的一些有识之士，为了解决当前现实政治问题的需要，不能不溯本追源，研究清代的历史，这样做对维护清廷的统治是有利的，从而出现了清史研究的新局面。

就学术思想方面说,自嘉庆至咸丰年间,日渐处以贫弱交困的状况,奉为正统的考据学无法解决现实问题,于是一批有识的青年学者,感当时形势之急迫,目睹汉学之无用,转而提倡经世之学,以图国家之富强。这样就不能不追根溯源,牵涉到对清史的研究。

就主观方面看,魏源生活于清朝由盛转衰的时期,经历了鸦片战争前后两个不同的历史阶段,深切体会到社会危机与民族危机。在《圣武记》自叙中,自称为"荆楚以南"的"积感之民",表明了他当时的忧虑心情,因而促使他重视经世致用之学。因此,他极力批判了那些"锢天下聪明智慧,使尽出于无用之一途"的"训诂"之学,[①]热情推崇"学以致用"的今文经学。他在《默觚上·学篇九》中提出:

> 曷谓道之器?曰"礼乐";曷谓道之断?曰"兵刑";曷谓道之资?曰"食货"。道形诸事谓之治;以其事笔之方策,俾天下后世得以求道而制事,谓之经;……士之能九年通经者,……则能以《周易》决疑,以《洪范》占变,以《春秋》断事,以《礼》、《乐》服制兴教化,以《周官》致太平,……毕生治经,无一言益己,无一事可验诸治者乎?乌乎!古此方策,今亦此方策;古此学校,今亦此学校;宾宾焉以为先王之道在是,吾不谓先王之道不在是也,如国家何?[②]

"如国家何?"可以说是魏源思想的中心,他宣扬今文经学的"通经致用"之说,目的在于阐明社会应当进行改革的思想。他主张因事制宜,只要国事的需要就可变更法度,提出"天下事,人情所不便者变可复,人情所群便者变则不可复"。[③] 龚自珍提出"更法"的口号于前,他倡言"变法"的呼吁于后,彼呼此应。当然,他们所要求的改革,并没有触动封建统治制度的实质。魏源对清廷的黑暗统治虽有揭露,但较含蓄,远不及龚自珍那样强烈。

龚、魏同是今文派,同以公羊三世说来评释其时的形势,龚自珍抱着愤恨情绪,咒诅之为"衰世",是比较近乎事实的看法,而魏源却看作是"圣清"的"太平世",这一观点贯串在他所编写的《圣武记》中,因而对

---

① 《武进李申耆先生传》,《魏源集》,中华书局 1976 年版(下同),第 359 页。
② 《魏源集》,第 23—24 页。
③ 同上书,第 48 页。

清代的所谓"武功",就极尽歌颂宣扬之能事。

《圣武记》的编撰大约始于一八二九年(道光九年)左右。这一年他遵例纳赀为内阁中书,遂利用内阁所藏的丰富典籍,着手进行清史的研究。经过多年的努力,不仅对清开国至道光初年用兵的本末了如指掌,而且对有清一代兴衰的原因也了解得比较清楚。他在任内阁中书的十年左右时间里,确是为《圣武记》的编撰工作进行了充分准备。

一八四〇年(道光二十年)鸦片战争爆发,魏源参加裕谦幕府,在浙江抗击英国侵略军,由于投降派操纵权柄,使战争归于失败,签订了屈辱的《南京条约》。魏氏对此极为不满,他愤国事之日非,慨世情之日下,"有感而著《圣武记》"。他说:

> 晚侨江、淮,海警沓至,忾然触其中之所积,乃尽发其椟藏,排比经纬,驰骋往复,先出其专涉兵事及尝所论议若干篇,为十有四卷,统四十余万言,告成于海夷就款江宁之月。①

所谓"海夷就款江宁之月",即中英鸦片战争中国失败,被迫签订《南京条约》之月。但其编撰究始于何时,一直未见明确的记载,据徐珂《清稗类钞》中魏默深著《圣武记》条中说,龚自珍曾手书楹帖题《圣武记》:"读万卷书,行万里路,综一代典,行一家言。"按龚氏卒于道光二十一年八月,可证其编撰于龚氏未死以前已著手矣。

《圣武记》为纪事本末体裁,前十卷叙事,分述清初建国、平定三藩、绥服蒙古、戡定回疆、抚绥西藏、戡定金川等等,将其始末说得非常清楚。后四卷则为作者的议论,对于练兵之方,整军之策,筹饷之法,应敌之略等等,论述尤为详细。故包世臣在《答魏默深书》中说:"国家武功之盛,官书卷帙浩繁,不可究诘。足下竭数年心力,提纲挈领,缕分瓦解,较原书才百一,而二百年事迹略备,其风行艺苑,流传后世,殆可必世。"但包氏不同意魏源编撰《圣武记》的方法和排列次序,提出:"惟仆则以为兵制武功之本,必宜列为卷首。次则军法、军实,宜挨顺前后,逐案编纂,而不必以地分类,藉使事因时出,义随事见,得失之机,了然心目。"②可是,魏源没有采纳这一建议,而是在自序中首先提出人材之进

---

① 《圣武记·序》。
② 包世臣:《齐民四术》,《安吴四种》卷三五。

退,作为国家富强之大本。

另一方面,他列举史实,证明欲振萎靡之人心,莫如行军法之治,所谓"帝王处蒙业久安之世,当涣汗大号之日,必虩然以军令饬天下之人心,皇然以军事军食延天下之人材。人材进则军政修,人心肃则国威遒。一喜四海春,一怒四海秋。五官强,五兵昌,禁止令行,四夷来王,是谓之战胜于庙堂,是以后圣师前圣,后王师前王"。

所谓"后王师前王",就在于总结前王的历史经验教训,使后王有所借鉴。可见魏源对史学的作用和影响,是有较深的认识和体会的。因而他力图从历史行进的长河中,主要是从有清一代的史实中,探求出何者当兴,何者当革,找出其兴革之由,俾有益于当时日趋衰微的清廷统治。

魏源在鸦片战争失败后,歌颂清初"盛世"武功,希望中国转弱为强,整武备,雪国耻,不受外国资本的侵略,并且成为"军政修"、"官强"、"兵昌"、"令行"、"四夷来王"的强大国家,这种强烈的反侵略的爱国主义思想,与当时顽固派的卖国思想,恰成鲜明对照。正因为如此,所以当《圣武记》于道光二十二年以古微堂名义刊出后,立刻受到读者的欢迎,正如他在自记中所说,"是《记》当海疆不靖时,索观者众,随作随刊"。是为本书的第一版(下简称二十二年本)。

两年后,即道光二十四年作者对本书作了重大修改,他说:

> 是《记》付刊之后二载,阅历益多,疏舛时感,重加厘订,其全改者如廓尔喀、俄罗斯等篇,其半改者,如雍正征厄鲁特篇,其余诸记,亦各有损益,而武事余记数卷,更定尤多,是为《圣武记》第二次重订本(下简称二十四年本)。

这次修订是在苏州进行的,魏氏感慨地说:"学问之境无穷,未审将来心目,又复何似,灾黎之悔,其有既乎?"果然,又隔两年,即道光二十六年在扬州居住时又作了第二次修订。他说:

> 是《记》当海疆不靖时,索观者众,随作随刊,未遑精审。阅二载,重订于苏州。又二载,复重订于扬州。如征苗、征缅甸及道光回疆向止一篇者,今皆增为上、下篇。其全改者如廓尔喀、俄

罗斯等篇；其半改者，如雍正征厄鲁特篇，其余诸记亦各有损益。至《武事余记》第十二、十三卷，旧多冗沓，今移其琐事，散附各记之末，而更正其体例。是为《圣武记》第三次重订本（下简称二十六年本）。

第三次重订本即是现在通行的《圣武记》的定本。

若以二十四年本、二十六年本与二十二年本相校核，在目录方面，二十二年本、二十四年本，除《嘉庆川湖陕靖寇记》略有出入，二十二年本列在卷十内，二十四年本、二十六年本列在卷九内，其余基本相同。二十六年本与二十二年本相校，二十六年本卷四增《道光回疆善后记》，卷六增《俄罗斯附记》，并有《乾隆征缅甸记》上、下，卷七增《嘉庆湖贵征苗记》，卷十增《嘉庆川湖陕靖寇记八》、《嘉庆川湖陕乡兵记》。又卷一《开国龙兴记一》二十二年本、二十六年本有附考，二十四年本无。卷二末，二十六年本附有《闽中纪略》、《固山贝子平浙纪略》。卷三《国朝绥服蒙古记二》后，二十六年本增附录《夜谈随录》；又《雍正两征厄鲁特记》卷末，二十二年本有《按岳钟琪行状》、《新疆识略》、《一统志》曰，二十四年本无上述内容，而附有《啸亭杂录》曰，二十六年本除附有《啸亭杂录》外，又加附《新疆识略》，内容与二十二年本卷末所附同。卷五《国朝抚绥西藏记》上，二十六年本增有附录《康辅纪行》，《国朝抚绥西藏记》下，增附录《蒙古源流》节录。《乾隆征缅甸记》二十二年本与二十四年本同，二十六年本始分上、下篇。卷八，二十四年本增《嘉庆湖贵征苗记》、《嘉庆东南靖海记》，二十二年本、二十六年本均附有《礼亲王啸亭杂录》。又《嘉庆宁陕兵变记》，二十六年本卷末有《附杨芳南山靖贼事》。卷十，二十六年本增《嘉庆川湖陕乡兵记》及《附严如熤前后乡兵行》。卷十二《武事余记》十六年本增《故礼亲王啸亭杂录》。

三种版本大致可分为三种情况，分述如下。

一是前后的看法不同。如二十二年本卷一《开国龙兴记二》："诏万祀，讵惟是大白、小白之乘，天弧天角之御，气驱风云，祥烛东海也。注文云：昭陵有石马二，曰大白、小白，文皇所御也，铠重体丰，凡马弗能胜，惟乘小白，日行百里，乘大白日行五十里。又实胜寺尊藏两朝甲胄，数人弗能举，所遗弓，壮士弗能开，矢长四尺余，射及二百步外，中必叠双。明季每日暮望东北方,红光烛天,或谓塞外烧荒,或占主旱,不知乃我朝东兴之祥。"①二十四年修改时,魏氏感到宣扬祥瑞无借鉴作用,遂删除上段注文,改作:"诏万祀,夫惟知武烈之不易,则知王业之艰难,知王业艰难,则不敢谓祖宗朝侥天之幸,以一旅取天下。"②二十六年本与此同。诸如此类的修改很多,不一一赘述。

二是对具体史实的补充或删除。如卷一《开国龙兴记二》,二十二年本、二十四年本载:"御史王象恒力言敌无衅可乘,出塞非策,不如用李牧守赵边之法,俟机会,不听。二月二十有一日出师,我国尽征各路屯塞之兵集城中,戒严以待。"③二十六年本改作:"御史王象恒力言非策,引哥舒翰出潼关为戒,不听。期以二月二十一日出塞,大雪期泄。二十四日,我太祖尽征各路屯塞之兵集城中,戒严以待。"④

第三,史实内容基本相同,但在文字上作了较大修改。

二、历述清初武功,推求致治之理,以期重振清王朝的声威

魏源所处的时代,正是清朝衰微时期,资本主义列强对中国进行侵略和瓜分时期。目睹这种现象,他非常痛心,故积极寻求富强之道。他深切地体会到史学与政治的密切关系,非常重视历史经验,重视史学与史学研究。他说:"沿习不察,积非成是,始于士大夫不讨掌故,道听涂说,其究至贻误于家国。"他提出:"故国家欲兴数百年之利弊,在综核名实始。欲综核名实,在士大夫舍楷书帖括,而讨朝章讨国故始,舍胥吏例案而图讦谟图远猷始。"⑤把史学看作是研究拨乱之道,匡时之策的一种重要学问。他反对当时的"史官以蝇头小楷,徘律八韵为报国华国之极事"的无聊做法。一八四五年(道光二十五年)他在写给邓湘皋的信中说:"源羁寓无聊,海艘迭警,不胜漆室之忧,托空言以征

---

① 《圣武记》,古微堂本,道光二十二年版(下简称二十二年版),第21页。
② 《圣武记》,古微堂本,道光二十四年版(下简称二十四年版),第42页。
③ 同上书,第15页。
④ 《圣武记》,二十六年本,第11页。
⑤ 《圣武记》,世界书局版,第351—352页。

往事,遂成《圣武记》十四卷,《海国图志》五十卷,已次第刊成,寄请诲正。……以不入史馆为源歉,则非源志也。今日史官以蝇头小楷,俳律八韵为报国华国之极事,源则其间,何以为情?不若民社一隅之差为近实耳!"①

在魏源看来,历史著作要达到"垂法戒之"的目的,必须本着"功则功,罪则罪,胜则胜,负则负,纪事之文贵从实"的原则。他指出"近人纪皇朝武功七篇,往往言胜不言败,书功不书罪。如三藩之役,顺承郡王、简亲王逗留于楚,贝勒洞鄂失几于陕,总督金光祖、将军舒恕观望于粤。准噶尔之役,蒙古王丹津,纵寇于鄂尔昆河,一概不书。即傅尔丹和通泊之败,额楞特喀喇乌苏之败,亦略一及之而不详。参赞额勒登额逗援于缅甸,温福偾事于金川,巴忠成德鄂辉贿和于西藏,恒瑞、黄仕简、任承恩老师于台湾,及(柴)大纪如何获罪,亦一概不书"。他认为这样做,虽然是"《春秋》讳内失,昌黎避史谴之遗意",然而"利钝兵之常事",不须讳言。他在给包世臣的信中也表达了这一观点,一八一五年包氏刊行《安吴四种》,其中所载柴大纪弃台湾之事与事实不符,魏源移书辨之说:"时台湾除柴大纪外,尚有常青、恒瑞两将军,黄仕简、任承恩两提督,蔡攀龙等四总兵,官兵数万,云集府城。大纪特守诸罗一城耳。……且柴接廷寄,令将诸罗兵民退至府城。柴覆奏有死守待援之语,高宗为之垂泪,特封嘉义伯,并改诸罗为嘉义城,事实昭著,足下可覆按也。"

魏源分析清初建国之所以获得成功,是由于抓住了天时地利的条件,采取了恰当措施的结果。当其"草昧之初,以一城一旅敌中原",采取了"先树羽翼于同部"的办法,"故得朝鲜人十,不若得蒙古人一;得蒙古人十,不若得满州部落人一"。其原因是因为"族类同,则言语同,衣冠居处同,城廓土著射猎习俗同。……殚两神圣之训练,夫何敌于天下"。②清贵族统治集团凭藉以满族为核心力量,建立八旗兵制,用武力统一了女真族各部,灭亡了明朝,统一了全国。可是,当它统一全国后,随着形势的变化,到康熙、雍正年间,已不完全依靠皇室的宗亲统

---

① 邓显鹤:《宝庆府志》卷一〇二《艺文志三》。
② 《圣武记》,世界书局版,第6—7页。

兵,所谓"始不尽以天潢典兵",到了乾隆、嘉庆年间,更进而"宗胄遂无专征之事"。① 不仅统兵的将帅出现了这样巨大的变化,就是军队的本身,也同样地出现了这样巨大的变化。康熙年间平三藩之乱时,便转而依靠由汉族组成的绿营兵。到乾隆年间镇压金川农民起义时,"将军阿桂、温福等,皆力言东三省道远供亿巨,征索伦兵一,不如调近省兵三。嘉庆征'教匪'时,上谕亦言调黑龙江兵一,其费可募乡勇十。则又不专恃留都常胜之兵,而各视其天时其地利"。②

对用兵的策略,《圣武记》中也有详细的论述,魏源提出"用兵有小天时,有大天时"的问题。认为战役的胜利要服从战略的部署,决不能因小胜而失大胜。清初的贵族统治集团就是由于等待了"大天时"而取得了灭明的胜利。他们屯重兵于山海关外,密切注视明朝局势的变化,趁明末农民大起义推翻明反动统治政权的有利形势,以及驻守山海关的大汉奸大军阀吴三桂,"开关以延我师入"的天赐良机,从而一举占领北京城,随后又逐步统一了全国。所以魏源认为"大天时",是决定胜败兴亡的关键,所谓一戎衣而成就了清贵族的帝业。

魏源为了告诫清廷统治集团,"知武烈之不易,则知王业之艰难,知王业之艰难,则不敢谓祖宗朝侥天之幸,以一旅取天下"。既然帝业创始维艰,一代政权来之不易,魏源认为清室子孙们就要百倍努力和警惕,保住祖宗的基业,要头脑清醒地分析客观形势,找出国弱民困的根本原因,作亡羊补牢之举,以期改弦更张,重振国威。魏源分析清中叶以来的病源是政治上的因循敷衍之风,提出"国家……自仁庙末年,屡以因循泄沓申戒中外,而优游成习,卒莫之反也"。他大声疾呼改革吏治外,同时在《圣武记》中将清前后的情况进行对比,认为清初的统治政权之所以能够比较稳定,在于最高统治者的君主,善于认清形势,老谋深算,制定政策,故收到了预期的效果。如康熙时平定三藩,乾隆时决定与俄罗斯盟聘,都是"筹运于廊庙之间,而指麾嗾使于数万里之外","事会之来,间不容发",赖在上者能正确筹运决策。魏源从历述清前期的军事活动中,极力推求致治之理,使日趋衰微的清王朝能重振声威,

---

① 《圣武记》,世界书局版,第41页。
② 同上书,第7页。

日益富强,以抵抗外国的侵略。

三、着眼于边防,思患于预防,激励人们反侵略的爱国斗志

《圣武记》虽然成书于签订屈辱的《南京条约》之时,但其编撰本书的目的,则不仅仅是为了反对英国的侵略,而且也是为了反对帝俄的侵略。在鸦片战争前,地主阶级知识分子认为中国的边防,西北恒剧于东南。具有爱国主义思想的龚自珍,早就敏锐地看出它的严重性;林则徐也看到了这一点,当其告病家居时,有人问他关于西洋的事情,他却回答说:"终为中国患者,其俄罗斯乎?吾老矣,君等当见之。"魏源和龚、林都是挚友,政治思想也比较接近,对帝俄的认识自然也容易互相影响,而且形势的发展也逼使魏源非注意这一问题不可。所以,在道光二十四年第一次修订《圣武记》时,即将其重点放在论述有关新疆和俄罗斯这个问题上。二十六年本对有关新疆各篇和俄罗斯篇,又作了修改,可见其对这一问题的重视。关于这一方面,后来他的族孙魏光焘也有所说明。《平回志》的后半部是在魏光焘主持下续成的,主要是记载回乱与帝俄侵略新疆及其与叛回头目勾结的情况。这是有所指而进行编撰的,联系到稍后他所写的《戡定新疆记自序》中的一些话,更有力地说明了这一问题。他说:

> 逮乎我朝,准夷横踞北方,圣祖、世宗两朝宵旰,筹边不遗余力。高宗纯皇帝歼除准回两部,设重藩于伊犁、叶尔羌,而后诸边息烽燧之警者,几二百载。善乎督师大学士左文襄公之言曰:保新疆者所以保蒙部,保蒙部者所以卫京师。若新疆沦胥,蒙族必败,非但陕甘、山西诸边为之不靖,即直北关山,亦将无晏眠之日。

又说:

> 光焘……移藩新疆,复商刘襄勤公,属署迪化府知府黄丙焜、候补知州徐鼎藩、候补知县李徵煦等,稽考新疆事实,赓续纂辑,……名曰《戡定新疆记》。……第念先族祖默深先生尝取中秘

所藏《方略》、《统志》诸书,辑要行世,承学便之,传刻勿替。是篇所撷,得方略之十二,是犹昔贤之志。①

所谓继"昔贤之志",似即上继魏源《圣武记》之志,从魏光焘的话中,说明编撰《圣武记》和《戡定新疆记》的主旨基本上是相同的。

关于俄罗斯的问题,《圣武记》分两篇叙述,一为《国朝俄罗斯盟聘记》,一为《俄罗斯附记》。他说:"俄罗斯国,至明始大,其地袤络满州、蒙古、新疆之西北境,与中国相首尾。"后来沙俄不断兴兵南下,侵占中国土地。经过侵略与反侵略的多次斗争,至康熙二十八年(1689年)清俄签订了《尼布楚条约》。议定:"一循乌伦穆河上游之石,大兴安以至于海,凡山南流入黑龙江之溪河尽属中国;山北溪河尽属俄罗斯。一循流入黑龙江之额尔呼纳河为界,南岸尽属中国,北岸属俄罗斯。乃归我雅克萨、尼布楚二城,定市于喀尔喀东部之库伦,而立石勒会议七条,满、汉、拉提诺、蒙古、俄罗斯五体文于黑龙江西岸。"②其后,帝俄多次东侵,但在清乾隆以前,由于识敌情,洞敌势,而且兵力尚可,所以帝俄的侵略企图没有全部得逞。

魏源在注视帝俄侵略的同时,对英国的侵略也非常重视,尤其是在鸦片战争前后,感到英国的侵略愈来愈凶恶。他深刻地分析了英国情况,认为不仅不同于俄罗斯,而且也不同于明代的倭寇。他说:"《明史·兵志》言倭寇长于陆战,短于水斗,以船不敌而火器不备也。红夷则专长战舰火器,此异倭者一。倭专剽掠沿海,迹同流贼。红夷则皆富商大贾,不屑剽掠,而藉索埠头,通互市之名,专以鸦片之烟,耶稣之教,毒华民而耗银币,此异倭者二。红夷之水战与火攻强于倭,鸦片之害甚于倭。"提出"吾之水战火攻不如红夷,犹可言也;守岸禁烟,并不如倭,可乎不可乎? 不能以战为款,犹可言也,并不能以守为款,可乎不可乎? 令不行于海外之天骄,犹可言也,今并不行于海内贩烟吸烟之莠民,可乎不可乎?"③

鸦片战争后,中国进入了半殖民半封建的社会阶段,魏源为反对资

---

① 《戡定新疆记自序》,《回民起义》四,第323—325页。
② 《圣武记》,世界书局版,第165页。
③ 同上书,第393页。

本主义列强的侵略,捍卫祖国的独立和领土完整,对投降派进行了谴责。不仅如此,他积极地提出了抵抗英国侵略者的办法有三:

第一,以彼长技御彼长技。要求中国学习西夷的长技以御敌,认为:"天下大计,孰不成于大度之人,而败于拘陋之士哉!"①

第二,以夷攻夷。他说:"夫以夷攻夷之效,咫见者视为迂图,乾隆、嘉庆间,一封暹罗,遂足以西制缅甸,东制安南。善弈者,或一间著,而全局皆生。况以宅中驭外之势,制仇衅四夷之夷哉!"②

第三,用兵必中贼所忌,驭夷必众建而分其势。他说:"夫字小者大国之仁,伐交者上兵之智。臣是以反复于前代以蛮攻蛮之成效,而知刺虎持鷸,功在乘时,固不在勤天下之力以求之也。"③并以安南的例说,安南形势,西都强于东都,故陈、莫、黎、阮迭兴,都是先据广南、顺化而取得胜利,所以用兵不能不明地利。魏源处以敌强我弱的形势下,强调采用恰当办法,抵御外国资本主义的侵略,并激励人们奋起抵抗外国侵略者,主张采取因地制宜的抗敌措施,敌人虽坚船利炮也是可以打败而取得反侵略战争的胜利的。

四、《圣武记》在清史研究上的贡献及其影响

魏源在编撰《圣武记》时,对方略、统志等官书的编撰体例和方法,进行了比较和研究,认为方略之体例,至乾隆而尽善。而康熙时馆臣编撰的《平定三逆方略》,只专载皇帝的诏谕,不载臣下的奏疏,以致许多史实模糊不清。如康熙帝两次亲征准噶尔,一捷于乌兰布通,再捷于昭莫多。但《方略》记载从第二次亲征起,而初次乌兰布通之役,不复追叙,既于事无根。至第二次昭莫多,亦不载费扬古捷奏,则两创准夷之功安在?若乾隆中修《平定准噶尔方略》,则以前编补述雍正西师始末,正编载与准部、回部作战情形,且章奏文报,灿然指掌。"盖馆臣禀承睿裁,故体例明备"。④ 因此,他在编撰本书时,在《康熙亲征准噶尔记》篇

---

① 《圣武记》,世界书局版,第391页。
② 同上书,第160页。
③ 同上书,第184页。
④ 同上书,第355页。

后,附载了马思哈、殷化行二纪,"一以补乌兰布通之战,一以补昭莫多之战。皆《朔漠方略》所未有"。①

在魏源看来,清廷臣僚们所编撰的官书,问题很多,突出的普遍的缺点是"两不收",其原因是由于分门各纂,互不相应。如雍正中北路大军始驻科布多,继移察罕廋尔。乾隆中又移乌里雅苏台。是三地为历朝筑城屯兵控制西北重地。《一统志》成于乾隆平定新疆之后,乃于此三地,一字不及。其原因是由于"图伊犁者,既以科布多之东属喀部,非伊犁将军所辖。及图喀部,又以此三地驻官军,非蒙古汗王所辖,故两不收。嘉庆中《会典》,虽补科布多及唐努山乌梁海图,而于察罕廋尔,亦不之及,遂以两朝亲王大将军重兵之所,竟莫知所在"。

其次,官书在体例方面异常纷乱,人名、地名在翻译时不统一。"如'昭莫多'一作'招摩多'。金川前编之'刮耳厓',后编作'噶尔依'。前编之'勒歪',后编作'乌勒图'。人名则'和洛辉',一作'何洛会','辰泰'一作'陈泰','策旺那布坦'一作'策妄那卜滩','胡土克图'一作'呼图克图'。此犹'瓦剌'之为'卫拉','火者'之为'和卓','插汉'之为'察哈尔'。皆但从其一,无庸泥执。'若布陇堪布尔噶苏台'八字地名,有但称'布陇堪',节去下五字者。'噶尔顺',有但称'噶顺'者,亦名从简便,不取余声。惟是额尔齐斯河,拜达里克河,噶顺河,乌隆吉河,塔密尔河,博罗塔拉河,噶斯泊,色尔腾泊,诸书皆无河字泊字,则焉知其为地名乎?水名乎?阔舍图岭,博克达山,本博图山,诸书皆无山岭字,则何由知其地名乎?山名乎?又蒙古谓大山为鄂博,水为乌苏,河为郭勒,然用蒙古称为某山某水可也,并称山、水为某鄂博,某乌苏,不可也"。②

第三,官书中所记载的资料往往互相矛盾,莫衷一是。"如《盛京通志》引《魏书》乌洛侯国,从难水北行二十余日,有于已尼大水即北海,难水今黑龙江,则于已尼大水,即黑龙江北之一泊,非大北海,正符《魏书》东夷诸国之例。乃《皇清通考·四裔门》,忽以乌洛侯为鄂罗斯,而于已尼大水即北大海,则中隔兴安大岭,相去数千里,与《魏书》无一合。此

---

① 《圣武记》,世界书局版,第355页。
② 同上书,第335—336页。

当从《通志》者也"。①

第四,官书中,往往以犯名书,作恶劣字,如书回部者,每加犬作狗,夷作彝,虏作卤等。又如明末农民起义领袖,各有本名,"如罗汝才混世王曹操、惠天相过天星、刘国能闯塌天、李万庆射塌子、高迎祥闯王、李锦一只虎、刘礼纯二只虎……吴氏《绥寇纪略》不知核实,王横云《明史稿》亦不加厘正,遂以'一丈青'、'摇天动'、'不沾泥'等形之纪传,亦二十一史未有之笑柄也"。②

第五,魏源批评清代学者著书,知识面狭,惟知九州以内,至塞外诸藩,则若疑若昧,荒外诸服,则若有若无。因而在其所写著作中闹出了不少笑话,如著名的考据学家赵翼说噶尔丹败于土腊河,马尔赛不于归化城邀其归路;又如俞燮称西藏即古佛国,即中印度等等,都是差歧数千里。至于声教所不通之国,则道听臆谭,尤易凿空。其原因是由于这些学者囿于见闻,"徒知侈张中华,未睹寰瀛之大"。③

第六,魏源认为官书中也有编撰得比较好的,如《一统志》。有些读者不懂蒙古文字,对蒙古山川地名每苦其"侏僞阆冗",难于了解。《一统志》在编撰体例上采用汉语大书,而蒙古语分注其下,如居延山,蒙古语名昆都沦;狼山,蒙古语名纬农托罗海;白石山,蒙古语名插汉七老图等。在魏氏看来,采取"地从主人,名从中国"的编撰方法,是比较好的,称誉《一统志》为"不刊之令典"。④

由于魏源对清史官书体例进行了详细研究,对其编撰方法的得失了如指掌,所以,他在编撰《圣武记》时,决定采用纪事本末体裁,将有清一代数十大事叙述得清楚明晰。特别重要的是魏源在当时的形势下,一方面强调改革政治,学习外国的长处。一方面强调抵抗资本主义国家的侵略,捍卫祖国的独立和领土完整。就军事方面说,他在《圣武记》中专门写了《城守篇》、《水守篇》、《防苗篇》、《军政篇》、《军储篇》等等,千方百计地向清贵族统治者献策,他力主"以夷制夷"、"以夷攻夷"、"以彼长技御彼长技"的战略思想。书中的强烈爱国主义思想成为教育和

---

① 《圣武记》,世界书局版,第357页。
② 同上书,第357页。
③ 同上书,第358页。
④ 同上书,第356页。

鼓舞人们起而斗争的强大精神力量。所以《圣武记》一问世，不数年间，即风行海内，知识分子人有其书，影响所及，自鸦片战争至甲午战争，几十年间其势不衰。诗人陈岱霖在《云石诗集》中颂道："惊人每忆纵谈初，柱腹撑肠万卷书。直与乾坤开奥窔，岂徒笺注到虫鱼。"孙宪彝《对岳楼诗话》也说："百年官风池，频年卧江浒，读书期有用，削札记圣武。"而张殿所著《十一朝圣武记》，则更是直接师魏氏遗意为之补辑者。因此，《圣武记》在清史研究方面，不仅打开了大门，而且开拓了一条宽广的道路，自此研究清史者日益增多。

《圣武记》在日本也产生深刻的影响。一八五〇年（道光三十年）《圣武记》、《海国图志》两书传至日本。不久，日本即有《圣武记采要》三卷翻刊，继而又有《圣武记附录》及《圣武记附录武事余记补遗》，于安政三年刊出。至于山中信古所校的《圣武记拔粹》（八卷），且有三种以上不同的版本。

也必须看到，魏源受当时历史条件的限制，只参考了清官方的资料，而且对其中有些资料未能综合和分析，因而出现了不少错误。如白莲教起义史实在《圣武记》中占有很大的篇幅，但主要事实都搞错了。

其次，魏源对有些地理位置也缺乏实际的了解，如《圣武记》说察罕廋尔即察罕泊是错误的，[①]丁谦先生曾著文指出其疏漏，为篇幅所限，兹不引述。

关于《圣武记》资料方面的错误，胡思敬曾著有专书校勘，纠正其讹误。

鸦片战争前后，中国封建社会发生了巨大的变动，逐步沦为半殖民地半封建社会。魏源为了挽救封建政权，乃至后来为了抵御西方殖民主义者的侵略，重视"经世致用"之学，要求改革当时的政治。因此，在缺乏新的思想武器的情况下，西汉以来的公羊学微言大义便成为他倡导社会改革的理论基础。他在三世说历史进化观点和三复说历史循环论思想指导下，认为鸦片战争前夕清廷的衰弱和黑暗统治，仍然是属于"圣清"的"太平世"，认为只要进行改革，清朝仍有其发展前途的。所以

[①] 张书才：《〈圣武记〉所记白莲教起义史料辨误》，见《文献》1980年第1期。

他致力编撰《圣武记》，以军事功绩歌颂清的武功，激励人心，力图回复清前期的盛世。在《圣武记》中不仅总结了清前期的历史经验，并且提出了"以彼长技，御彼长技"，"以夷制夷"的主张，在维护清封建统治政权的前提下，提倡学习外国，力图解决封建主义与资本主义发展趋势中所出现的问题与矛盾，特别是强调勇于抵御外侮、维护祖国安全统一，强烈的爱国主义思想成为教育和鼓舞人们民族自信心的强大精神力量。《圣武记》不仅打开了视为禁区的清史研究的大门，而且开拓出了一条广阔的途径，其筚路蓝缕开创之功是非常可贵的。但随着鸦片战争的失败，魏源对清统治者的"圣武"幻灭了，"太平世"的幻想破灭了。随着国势的危急，他进一步倡导"师夷长技以制夷"的"师夷"思想以富强中国，抵御西方资本主义国家的侵略，又编撰《海国图志》，由地主阶级改革派发展为反对外国资本主义侵略的爱国主义者，在国内外起着重大的影响和作用。

［吴泽主编，袁英光选编：《中国近代史学史论集》（上），华东师范大学出版社1984年版］

夏曾佑传略

夏曾佑字穗卿，号碎佛，笔名别士，浙江杭州人。生于一八六三年十一月（清同治二年十月）。[①] 父亲夏鸾翔（字紫笙），对算学颇有研究，曾任詹事府主簿等官职，著有《致曲图解》、《少广缒凿》等书，与同邑李善兰、戴煦并称为杭州三大算学家。在夏曾佑出生后不久，他的父亲就病死于广东。家境比较清寒，属于地主阶级的中下阶层。母亲对他的文化知识教育抓得很紧，亲自指导他学习，曾佑也颇刻苦自励。他读书时，尝以数十巨册置桌上，一、二日读竟，或一日可读二、三部，及掩卷，书中要旨，能一一遍述。曾佑十四岁时进学成为秀才，二十六岁考中举人。此后，踏入社会，参预学术政治活动，成为知名学者。

一

一八九〇年（清光绪十六年）夏曾佑二十八岁，至北京考中进士，在清政府中担任礼部主事。这时帝国主义侵略我国日烈，民族危机加深，国内阶级矛盾也日趋激化，清王朝已处于风雨飘摇之中，一部分地主阶级知识分子倡导的改良主义思潮日益兴起，被改良主义者作为理论依据的今文经学也日渐流行。居住于今文经学比较盛行的杭州，夏曾佑在这一思潮的影响下，成为今文经学的信奉者。一八九二年左右，他在北京和维新运动的活跃人物梁启超、谭嗣同相识，而且住所相邻近，由

[①] 关于夏曾佑的生卒年月，各书所载颇歧误。梁廷灿《历代名人生卒年表》谓生于清咸丰，未注年月。夏元瑮《夏曾佑传略》（刊于《第一次中国教育年鉴》戊编），谓咸丰癸亥十月，年六十二。按咸丰无癸亥，或为同治癸亥（1863年）之误。1863年至1924年适为六十二年。当以《传略》为是。

于政治和学术思想上的志趣相投,故交往十分密切,成为"讲学最契之友"。据梁启超回忆当时的情景说:

> 当时我们(指梁与夏、谭——引者)几何没有一天不见面,见面就谈学问,常常对吵,每天总大吵一两场,但吵的结果,十次有九次我被穗卿屈服,我们大概总得到意见一致。……那时候我们的思想真浪漫得可惊,不知从那里会有怎么多问题,一会发生一个,一会又发生一个,我们要把宇宙间所有的问题都解决,但帮助我们解决的资料却没有,我们便靠主观的冥想,想得的便拿来对吵,吵到一致的时候,便自以为已经解决了。①

梁启超在《清代学术概论》中也说:"其讲学最契之友,曰夏曾佑、谭嗣同,曾佑方治龚、刘今文学,每发一义,辄相视莫逆。"②他们认为,中国封建统治之所以腐败,政治思想方面应该归罪于荀况,因而在戊戌变法前夜曾企图发动"排荀"运动。因为"清儒所做的汉学,自命为荀学。我们要把当时垄断学界的汉学打倒,使用'擒贼擒王'的手段去打他们的老祖宗"。③ 关于中国的封建专制主义的"谬种",究竟谁是始作俑者,学术思想界的认识是不一致的。康有为于一八九一年在《新学伪经考》中提出,祸首是西汉末年的古文经学派的领袖刘歆,宋恕认为是许慎、董仲舒、韩愈、程颐。夏曾佑不同意这些看法,一八九五年他在致宋恕的回信中说:"执事(指宋恕——引者)来书云鄙人归狱兰陵(即荀况),长素(康有为)归狱新师(刘歆),公则归狱(重)叔(许慎)、董(仲舒)、韩(愈)、程(颐),似乎所见不同,各行其是,然实则无不同也。"因为在他看来,"中国政教,以先秦为一大关键。先秦以后,方有史册可凭;先秦以前,所传五帝三王之道与事,但有教门之书,绝无国家之史"。"故言尧舜、文武之若何用心、若何立政,百家异说,莫可折衷,其同归依托则一也"。荀卿是当时教门中之一支,所学者为帝王之学,李斯既相秦,大行其学。夏曾佑认为秦始皇"焚坑之烈,绝灭正传。以吏为师,大传家法,……仲舒作书美荀卿,则其为荀教之徒可知。盖十四博士,强

---

① 梁启超:《亡友夏穗卿先生》,见《饮冰室合集·文集》第十五册。
② 同上。
③ 梁启超:《饮冰室合集·专集》第九册。

半原出兰陵,汉西京之学已非孔子之旧矣。若歆之古文,周、张、邵、二程之性理,皆贼中之贼,非其渠魁。而韩愈者,不过晚近一辞章之徒,……执事罪此数人,与康子之罪刘歆,譬犹加穿窬之盗以篡窃之名,吾为之惜矣"。①

一八九四年中日甲午战争后,加深了中国社会半殖民地化的程度,但也进一步促进了中国人民的觉醒,维新变法的呼声随之高涨。两年后,夏曾佑改官知县,在京候选未着,生活困窘,乃于一八九六年年底赴天津,应同乡孙宝琦之聘任育才馆教师,并与严复、王修植等创办《国闻报》,以宣传新学和鼓吹维新变法,和上海的《时务报》分执南北舆论的牛耳。这时夏曾佑写了不少文章,表达他对政治、学术的见解与主张。尤为重要的是,由于办报的关系,他和严复接触频繁,因而得以通过严复的媒介,系统地了解西方资产阶级天演论进化学说,深刻地影响了他以后的政治思想与学术思想,乃至治学的方法。关于他在天津几年的情况,在写给其表兄汪康年(号穰卿)的信中说:

> 到津之后,幸遇又陵(即严复),衡宇相接,夜辄过谈,谈辄竟夜,微言妙旨,往往而遇。徐(光启)、利(玛窦)以来,始明算术,咸同之际,乃言格致。洎乎近岁,政术始萌。而彼中积学之人,孤识宏怀,心通来物,盖吾人自言西学以来从不及此者也。(《天演论》为赫胥黎之学,尚有塞彭德之学名《群静重学》,似胜于赫。……)但理颐例繁,旦夕之间,难于笔述,拟尽通其义,然后追想成书,不知生平有此福否。②

由于夏曾佑接受了进化论观点,于是"物竞天择"、"优胜劣败",以及"民智决定论"、"教育救国论"等思想深刻地影响了夏曾佑,成为他尔后从事学术活动特别是史学研究的指导思想之一,使他由传统的今文经学历史变易思想发展为资产阶级庸俗进化论的拥护者,成为拥护维新变法,鼓吹改良主义思想的维新派。在政治上这虽然是一条根本走不通的道路,但是当时的历史条件和夏曾佑的阶级属性,又使得他除了这条道路之外,再找不到更正确的道路。由于夏曾佑等所代表的那个

---

① 转引自《复旦学报》1980年第1期,《跋〈夏曾佑致宋恕函〉》。
② 《汪穰卿先生师友手札》,夏曾佑部分第十三,原件藏上海图书馆。下简称《手札》。

阶级在经济上政治上都很软弱,因而他们虽然希望维新变法,却缺乏足够的力量;特别是由于他们不同广大人民群众站在一起,用夏曾佑自己的话说:"我辈所志之事,与小民所乐从者,其中尚隔十余重。"①他和康、梁一样,幻想帝国主义者会帮助中国"自强"。这自然是不可能的。

一八九八年戊戌变法失败,康有为、梁启超逃亡海外,谭嗣同等六君子被杀,夏曾佑虽然没有被株连,但《国闻报》被迫停办(后出让与日本人),育才馆也将他解聘。连失两馆,给他精神上、经济上的打击是沉重的,逼得他几乎走投无路。经过一段时间的四处奔走和活动,到了一八九九年年底,总算获得了出任安徽祁门知县的差事。他本想借此机会积攒一笔财产,以便安度后半生。祁门地僻民贫,殊出意料,虽然不是肥缺,也只好不得已而为之,心中颇不自得。且目睹地方吏治之腐败,民气之闭塞,自己又无法解决这些问题,因此思想上便日趋消极。根据他所信仰的"优胜劣败"的所谓公理来看,中国民族"灭种已定,万不可救",悲观失望,达于极点。但是,另一方面,他又十分热爱自己的国家,不甘心于亡国灭种,因而又寄希望于"物极必返,将有大变,若不变者,则地球将退化,岂仅黄种之忧哉!"②力图从变中求自强,希冀从变革中挽救国家民族的危亡。

一九〇〇年五月,八国联军入侵,镇压我国人民反抗侵略的义和团运动。夏曾佑在祁门听到这一消息后,十分震惊。但是,他错误地估计了形势,他不把希望寄托在人民群众反侵略压迫的斗争上,而错误地寄托在帝国主义侵略者身上,认为在英、美等帝国主义者的帮助下,被幽禁的光绪帝可藉此机会亲政,再行新法。他在当时给汪康年的信中说:"为今之计,与英、美、日相商定策,以兵力胁退〇〇(指慈禧太后——引者),请〇〇(指光绪帝——引者)亲政,再行新政。此事有数好处,形势极便一也;全体震动二也;下合人心三也;少杀人四也。"③这说明他对维新变法并未完全死心,同时对帝国主义者也抱有幻想,其结果必然破灭。这年八月,八国联军侵占北京,烧杀抢掠,无所不为。慈禧太后挟光绪帝仓皇出走,并暗中与帝国主义谈判投降,进行出卖国家民族利益

---

① 《手札》第六十。
② 《手札》第四十七。
③ 《手札》第五十三。

的罪恶勾当。夏曾佑这时既忧于国家民族的危亡，又悲于自己希望的再度落空，遂陷于极度悲观失望的境地，说"此次北方事起，全体震动，竟将全国中隐微深锢之情形和盘托出，仔细思之，必至无救"。① 他估计这次八国联军入侵的结果，"支那必为埃及、印度之续矣"。② 因而在政治上的进取心几乎完全消失，处世做事采取消极敷衍的态度，说什么不论在任何问题上，都应该采取"二面均绝不与闻为长策"，即"无论何事，必做二者之间，即可自存"。③ 另一方面，他以这种观点和态度，回头分析戊戌变法及后来康、梁之所为，进行了猛烈的指责。一九○二年他在写给汪康年的信中说："康、梁之所图真可怪，彼经如此大起大落，而识见仍与丙申、丁酉不殊，真可怪之甚也。（以三字谥之，一曰乱，二曰褊，三曰昏。然数公若去，此三德则并此不成）。"④

二

夏曾佑在祁门做了三年知县，据说是"政简刑清，祁民颂曰：'数十年无此好官。'及行也，攀留者如潮涌"。⑤ 一九○二年四月罢职后离开祁门，寓居上海。不久，清政府任以直隶州知州，因母丧未就。丁忧期间，居家无事，遂致力于中国古代史的研究。同时，用"别士"的笔名在《新民丛报》、《东方杂志》上发表一些文章，比较重要的有《中国社会之原》、《论中日分合之关系》、《论变法必以历史为根本》等篇章。

夏曾佑之所以研究历史，是由于他在现实生活中感到前途渺茫，力图从历史研究中探索出一条救国救民的道路。这时他已认识到研究历史是非常重要的，认识到"智莫大于知来。来何以能知？据往事以为推而已矣"。在他看来，"目前所食之果，非一一于古人证其因"⑥不可，认识到历史和现状之间有密切的因果关系。现实社会中的种种迹象，必须，也只有从历史中才能找到它的根源。这时的夏曾佑在政治上虽然

---

① 《手札》第六十。
② 《手札》第五十九。
③ 《手札》第六十二。
④ 《手札》第八十。
⑤ 夏元瑮《夏曾佑传略》，《第一次中国教育年鉴》戊编。
⑥ 《中国古代史·叙》，三联书店1955年版，第1页。

已经在走下坡路，但是学术观点是资产阶级的，他应用资产阶级史学观点来观察问题，对封建旧史学展开冲击，所以，他写的文章每每有新意，如在《论变法必以历史为根本》一文中指出："变法之说发端于甲午，实行于戊戌，阒寂于己亥，重演于庚子。然皆变法而不见变法之效，非变法之无效也。"是因为变法没有以历史为根据，所以遭受了失败。如戊戌变法之所以失败，是"失之紊，彼此不相顾，前后不相应，徒使天下陈力就列者，目炫乱于国家之无常，职业之不可保，而不能知其命意之所在，故八月而政变，政变而新政熄"。他认为要真正进行变法，必须对"法之质性，变之方法，皆不可不研究之矣"。他强调变法必须抓住本国的历史特点，不然"立不合于历史之政治"，则其统治下的人民"不能一日安"，而政治的本身"亦无有不归澌灭"。"凡其能行之而不废，循焉而有效者"，都必须"推本于历史"。他提出"致治之密合于历史"，其程度要做到"几如在躬之衣服，其长短必符乎身，攻疾之药石，其寒热必视乎病"。此外，还需要了解世界政治的潮流，了解其他国家的政治情况，"观其所从来，而究其所终极，各得其所以然之故，用以比例吾国之政治，然后能洞悉吾国政治因果之理，于是会而通之，以改良吾国之政治，将来再因政治之效力，而使所受于历史之诸因，渐以转移，以达今日变法之目的。若漫然择外人一二事，以施之吾国，是何异借长短不同者之衣，而强服之，乞疾病不同者之药，而强饵之，非徒无效，而其害亦岂有极哉！"①

夏曾佑从变法的要求出发，为寻找当时中国历史发展之因，还研究了所谓中国之原。自一九〇三年起，他一连在《新民丛报》上发表了四篇《中国社会之原》（尚未写完），在内容方面几乎没有涉及任何经济问题，而是集中谈鬼神、术数以及老子、孔子、墨子等诸子百家的学术思想（夏称之为宗教）和政治制度，他的看法和主张后来纳入了《中国古代史》中，正如他在该书第二编《凡例》中所说："本篇用意与第一篇相同，总以发明今日社会之原为主，文字虽繁，其纲只三端"，即一为关乎皇室者，如宫庭之变，群雄之战；二为中国境内周边各族，如匈奴、西域、西羌，事无大小，皆举其略；三为关于社会者，如宗教、风俗之类。事实上

---

① 《论变法必以历史为根本》，《东方杂志》第2卷第8号。

他主要着眼于文化,用了大量的篇幅,过分夸大文化的作用,特别是孔子儒教的作用,把孔子儒教说成是中国社会之原。他把文化上升为立国的原则,提出"凡国家之成立,必凭二事以为典范,一外族之逼处,二宗教(即文化)之薰染是也。此盖为天下万国所公用之例,无国不然,亦无时不然。此二事明,则国家成立之根本亦明矣"。夏曾佑虽然列举了外族的逼处,作为立国根本原则之一,但其目的还是在于通过种族来说明文化的重要性。因为种族复杂,文化也就复杂,故极力强调文化的作用,形成了以文化史观为中心的唯心主义历史观。

值得重视的是,夏曾佑从事于中国古代史的研究和编撰工作,写出了他一生中最重要的著作也是唯一的史学著作《最新中学中国历史教科书》。该书是供当时中学堂用的一本教材,原书分三册,一九〇四年至一九〇六年由商务印书馆陆续排印出版,以后又重印过几次。一九三三年商务印书馆将此书加以句读,并改名《中国古代史》,作为大学丛书之一重行出版。本书虽然只写到隋朝,只能算半部中国古代史,但是它突破了传统的封建史学编撰方法,于编年、纪传、记事本末三大体裁之外,应用章节体编写中国古代历史,在中国近代资产阶级史学家中可说是较早的。它是夏曾佑尝试用西方资产阶级庸俗进化论指导总结中国历史的第一部著作。

夏著《中国古代史》在叙述中国古代历史发展的阶段时,显然是受了甄克思所著《社会通诠》一书的影响,严复在该书的译者序中说:"夷考进化之阶级,莫不始于图腾,继以宗法,而成于国家。方其为图腾也,其民渔猎。至于宗法,其民耕稼","方其封建,民业大抵犹耕稼也"。夏曾佑为严译《社会通诠》所写序言中也说:"凡今日文明之国,其初必由渔猎社会,以进入游牧社会,自渔猎社会,改为游牧社会,而社会一大进";"自游牧社会,改为耕稼社会,而社会又一大进","而井田、宗法、世禄、封建之制生焉。"甄克思在《社会通诠》中说:"顾东方社会,以宗法为命脉,一切现象,必由此而后其义可以明。"夏曾佑不仅接受并应用这一观点来研究中国历史,得出结论说:"考我国宗法社会,自黄帝至今,可中分为二期:秦以前为一期,秦以后为一期,前者为粗,后者为精,而为之钤键者,厥为孔子"。他认为"孔子之术,其的在于君权,而径则由于宗法。盖藉宗法以定君权,而非借君权以维宗法"。这种把宗法看作是历史的命脉的看法,显然是错误的。

《中国古代史》《包牺氏》一节中,谈到"制嫁娶"的问题时,夏曾佑认为在包牺氏之前是处在只"知有母,不知有父"的所谓"陋习"阶段,提出从只"知有母,不知有父"而变为家族,是社会"进化必历之阶级"。在这里,夏曾佑已开始接触到母系氏族社会向父系氏族社会的转变是人类社会历史发展的必由之途这样一个命题。这个观点显然是符合史实的。

夏曾佑在《中国古代史》中,通过具体事实阐明,文化是适应生产发展的要求而逐渐发达起来,与生产是密切相关的。如游牧社会时,人们必须逐水草,避寒暑,因此得以"旷览川原之博大,上测天星,下稽道里",原始的地理学和天文学之类的知识,"遂不能不进矣"。他也了解到井田、宗法、世禄封建之制,都是在人们定居从事农耕以后才产生的,因为只有"可殖田园、长子孙,有安土重迁之乐,于是更有暇日,以扩其思想界"。思想、文化、制度等等都属于上层建筑,是经济发展的结果,是经济基础在上层建筑中的反映。夏曾佑对物质生产与文化的关系的看法,已经接触到历史科学的某些原理。

夏曾佑认真地分析了中国历史的发展情况,认为中国历史"可分为三大期,自草昧以至周末,为上古之世;自秦至唐,为中古之世;自宋至今(指至清代——引者),为近古之世"。他又结合达尔文生物进化论和当时考古学方面的成就,又将三大时期,"细分之为七小时代"。在上古时期内他分为二个小时期,一为太古三代,因无信史,他称为传疑时代;二为由周中叶至战国时期,他认为中国文化在这一时代造成,故称之为化成时代。中古之世,他分为三个时代,一为由秦至三国,此时中国人材极盛,国势极强,故称之为极盛时代;二由晋至隋,由于周边各族攻入中原地区,并在中原地区建立政权,而宗教亦大受外族之变化,故谓之中衰期;三为唐朝一代,此期国力之强,略与汉等,而风俗不逮,故称为复盛期。近古之世,也可分为两个时期,一为五季宋元明为退化之期,"因此期中,教殖荒芜,风俗凌替,兵力财力,逐渐摧颓,渐有不能独立之象",故称之为退化期;二为清代二百六十年为更化期,"此期前半,学问政治,集秦以来之大成;后半,世局人心,开秦以来所未有。"他认为这时是处在"秦人成局之已穷,而将转入他局者",故称之为更化期。① 他这种分期法,是依据历史的进化和演变,依据历史发展的因果关系划分的。虽然还看不出历史发展的规律,但他打破了几千年封建史学不划分历史发展阶段的传统史观,表述了中国历史的进化现象。这在当时的中国史学研究来说,不能不说是具有创新的意义。从史学史的角度来说,这种编纂方法,是中国近代史学上的一大发展。所以梁启超说夏曾佑"对于中国历史有崭新的见解,尤其是古代史",并称誉他是"晚清思想界革命的先驱者"。当然,夏曾佑在史学战线上没有像梁启超那样锋芒毕露地对旧史学进行批驳,但他应用资产阶级观点系统地研究中国历史,写出了《中国古代史》,确实增强了对封建旧史学的战斗火力,在史学战线上具有重要影响。

三

一九〇五年八月,夏曾佑居丧期满,亟待复职,适值清廷迫于资产阶级民主革命运动迅猛发展的形势,妄图用"预备立宪"作幌子,欺骗舆论,装模作样地指派载泽等五大臣出洋考察各国宪政。夏曾佑经友人介绍,作为五大臣随员之一,赴日本考察,一九〇六年四月出国,历两月即回国。之后,又作为两江总督特派代表的随员,北上会议官制,为立宪运动立下了一些汗马功劳。本来,他对君主立宪不太积极,认为"无教之国,在不开化之地者,决不可行开化之事,强而行之,不受大祸,亦有大累"。② 一九〇五年赴日本考察前在安徽广德做地方官时,也说"在此间一年,留心考察,觉我国事事皆没讲究,其去外人不可以比例计,实无立宪之望"。因为夏曾佑认为"国民之程度不可以骤高"。所以,当他从日本回来后,在其所写《刊印宪政初纲缘起》一文中,继续宣扬他的"民智决定论",说什么即使立宪的"明诏已下,官制已改,而举国论者,不以为国民程度必不能堪,勉强行之,必有流弊"。照他看来,当

---

① 详请参阅《中国古代史》第5—6页。
② 《手札》第六十。

时的中国不应当行君主立宪制,立宪应该推迟到将来去进行,理由是中国"盖其为物也大,则感动必迟;抑其建国也古,则守旧必笃。积笃与迟,则其立宪居万国之终,自然之理,无足怪者"。① 他为清廷"预备立宪"作辩护,反对当时的民族民主革命,反对推翻腐朽的清政权,不惜歪曲资产阶级民主革命派排满的政治口号,说:

> 年来此派(指孙中山为首的资产阶级民主革命派——引者)议论,亦实有可憎者,如逐满之说,民权之说,流血之说是也(《公羊》、《天演》不过学术,尚与行事无涉),可略辩之。夫逐满之说,谓满不同种乎?则满亦黄种也,日本可联,安在满洲不可联?谓满行愚民之政乎?则愚民者我之旧制,不创自满人也。谓满为曾暴吾民乎?则革命之际何人不暴?既不能因朱元璋而逐淮北人,因洪秀全而逐广东人,而独逐满,亦非持平之道矣。②

他把排满即推翻满清贵族统治政权歪曲为排逐满洲人,抹煞资产阶级民主革命推翻清政权的阶级斗争实质,看不见推翻清政权的反帝反封建的伟大意义,从而落到了时代之后,充当了反对资产阶级民族民主革命的角色。

在民权方面他也认为"民权之说,众以为民权立而民智开,我以为民智开而后民权立耳。支那而言民权,大约三百年内绝不必提及之事也"。③ 民权是人民所应享有的政治权力,不仅仅取决于民智的开或不开,其道理是不待辩而明的。夏曾佑藉口民智低下,拒绝给人民以政治权利是不对的。他还认为革命"流血之说,亦甚误,盖彼之流血者乃必不得已而以死继之耳,非尚有可不必流血之办法,而必欲为此流血以为妙事也"。暴力是新社会的助产婆,是阶级斗争的最高形式,不经过革命的流血斗争,就不可能打倒反动统治阶级,建立新政权。流血或不流血,是不以人们的意志为转移的。其好友谭嗣同就认识到"各国变法,无不从流血而成,今日中国未闻有因变法而流血者,此国之所以不昌也"。夏曾佑不愿也不敢正视革命流血斗争的现实,力图寻找所谓"可

---

① 中国近代资料丛刊《辛亥革命》(四),上海人民出版社,第10页。
② 《手札》第八十。
③ 《手札》第八十。

不必流血的办法",正说明他政治上的软弱性。

辛亥革命后,夏曾佑出任北洋政府教育部社会教育司司长,凡四年,后调任北京图书馆馆长。自好友严复、沈曾植等相继逝世后,他落落寡欢,专心一意地研究佛学,正如梁启超所说,"他对于佛学有精深的研究——近世认识'唯识学'价值的人,要算他头一个"。这虽然是他在研究佛学方面的成就,就他本人政治上来说,研究佛学只是他逃避现实的方法;另一方面,他杜门谢客,不与外界多往来,梁启超指出其情况:"近十年来,社会上早忘却有夏穗卿其人了,穗卿也自贫病交攻,借酒自戕,正是李太白诗说的:'君平既弃世,世亦弃君平。'连我也轻易见不着他一面,何况别人。"夏曾佑晚年便是这样过着与世半隔绝的消极生活,于一九二四年病逝于北京。

(《晋阳学刊》编辑部编:《中国现代社会科学家传略》第8辑,山西人民出版社1987年版)

夏曾佑与《中国古代史》研究

夏曾佑是中国近代史上的一位资产阶级改良派历史学家。他早年治今文经学,后来又系统地接触了当时西方资产阶级庸俗进化论学说,并把两者糅合起来,形成了"民智决定论"唯心主义文化史观。他用这个历史观进行中国历史研究,著有《中国古代史》,对当时和以后的一些资产阶级史学家有过很大影响,在中国近代史学史中占有重要的地位,我们应及时地予以研究和总结。

一、夏曾佑的史学渊源及其改良派特点

鸦片战争是中国遭受外国资本主义奴役的开始,也是中国人民反帝反封建斗争的开始。鸦片战争后。由于民族危机的不断加深和民族资本主义工商业的初步发展,加深了中国人民同帝国主义与封建主义的矛盾。地主阶级当权派和一切顽固分子都拼命地维护其腐朽的封建制度和反动的封建文化,反对进行任何新的变革。而地主阶级中下层和地主资产阶级知识分子中,则开始觉察到要及时挽救民族危机和发展民族资本主义,就必须学习西方,改革封建专制君主制。这种斗争,在中国近代,是以新姿态新面貌出现的,表现在思想文化方面,是"新学"与"旧学"之争,"西学"与"中学"之争,是革新派(改良或革命)与顽固派之争。

夏曾佑(1863—1924),字穗卿。号碎佛,笔名别士,浙江杭州人,出身于中小地主家庭,[①]年青时满怀爱国热情,当他接触了今文经学以

---

① 夏曾佑出生后不久,其父病逝广东,没有留下多少财产,属于地主阶级中下层。光绪二十一年,夏曾佑给表兄汪康年的信中也说:"然进则绝无奥援,退则绝无恒产。"

后,即专心致志地进行学习,而他的家乡杭州,正是晚清今文经学比较盛行的地区之一,龚自珍、邵懿辰等都是杭州人,为他学习今文经学提供了有利的环境和条件,他后来便成为一个尊崇今文经学的改良主义者。

一八九〇年夏曾佑二十八岁中了进士,任职于清政府礼部,官小职闲,专心于读书治学,一九〇二年左右,梁启超、谭嗣同也在北京,和夏曾佑相识,[1]而且后来住所相邻近,由于政治和学术思想上气味相投,交往十分密切,梁在《亡友夏穗卿先生》一文中说,"当时我们几何没有一天不见面,见面就谈学问,常常对吵,每天总大吵一两场,但吵的结果,十次有九次我被穗卿屈服,我们大概总得到意见一致"。[2] 他在《清代学术概论》中也说:"启超屡游京师,渐交当世士大夫,而其讲学最契之友,曰夏曾佑、谭嗣同。曾佑方治龚、刘今文学,每发一义,辄相视莫逆。"对传统的汉学他们极其厌恶,认为它是中国二千年来专制统治的基石,是民愚国弱的根本原因,因而他们决心要批判它,打倒它。梁还说:"我们当时认为,中国自汉以后的学问全要不得的,外来的学问都是好的,既然汉以后要不得,所以专读各经的正文和周秦诸子。既然外国学问都好,却是不懂外国话,不能读外国书,只好拿几部教会的译书当宝贝,再加上些我们主观的理想——似宗教非宗教,似哲学非哲学,似科学非科学,似文学非文学的奇怪而幼稚的理想。我们所标榜的新学就是这三种原素混合构成。"[3]这有力地说明了夏、梁等人的学术思想是当时传统文化的一个反动,是其时资产阶级思潮的反映。梁、谭后来都成为维新变法的领袖人物,夏也在这个时期奠定了其资产阶级改良主义思想的基础。

一八九四年中日甲午战争,中国战败,所遭受的后果是严重的,正如恩格斯所指出,"给了古老的中国以致命的打击",[4]加深了中国社会半殖民地化的程度,当然也进一步促进了中国人民的觉醒,维新变法的呼声也随之高涨。一八九六年底夏曾佑离开北京至天津,与严复、王修

---

[1] 梁启超《亡友夏穗卿先生》,《饮冰室全集·文集》第十五册。
[2] 梁启超《饮冰室全集·文集》第九册。
[3] 梁启超《亡友夏穗卿先生》,《饮冰室全集·文集》第十五册。
[4] 《恩格斯致弗·阿·左尔格》,《马克思恩格斯全集》,第511页。

植等创办《国闻报》,以宣传新学和鼓吹维新变法。这时夏曾佑写了不少文章,表达了他对政治、学术方面的见解与主张。尤为重要的是由于办报的缘故,他与严复接触频繁,因而得以通过严复的媒介,系统地了解西方资产阶级天演进化学说,关于当时的情况,夏在写给其表兄汪康年(号穰卿)的信中说得很清楚,他说:

> 到津之后,幸遇又陵(即严复),衡宇相接,夜辄过谈,谈辄竟夜,微言妙旨,往往而遇。徐、利以来,始明算术,咸同之际,乃言格致,洎乎近岁,政术始萌,而彼中积学之人,孤识宏怀,心通来物,盖吾人自言西学以来不及此者也。但理赜例繁,旦夕之间,难于笔述,拟尽通其义,然后追想成书,不知生平有此福否。①

夏曾佑在这一时期孜孜不倦地学习天演进化论学说,正如伟大领袖毛主席所教导:"近百年来输入了欧洲的机械唯物论和庸俗进化论,则为资产阶级所拥护。"②夏氏接受了进化论思想后,便由传统的今文经学历史变易思想发展为资产阶级庸俗进化论的拥护者。他将这两者糅合起来,形成为拥护维新变法,鼓吹改良的资产阶级思想体系。在政治上这虽然是一条根本走不通的改良主义道路,但是当时的历史条件和夏曾佑的阶级属性,又使得他除了这条道路之外,再找不到比这更正确的道路。由于夏曾佑等所代表的那个阶级在经济上政治上都很软弱,因而他们虽然希望维新变法,但却缺乏足够的力量;特别是由于他们不同广大人民群众站在一起,用夏曾佑自己的话说:"我辈所志之事,与小民所乐从者,其中尚隔十余重",③因而就更软弱无力。他们要变法就必然要到帝国主义和统治者那里找靠山,后来历史的进程完全证实了这一点。

夏曾佑和康、梁一样,幻想帝国主义者会帮助中国"自强",一九〇四年写了《论中日分合之关系》④一文,分析了当时的世界形势,反对联俄,极力主张联日,希望在日本的帮助下使中国强盛起来,这当然不可

---

① 《汪穰卿先生师友手札》,夏曾佑部分,原件藏上海图书馆。
② 《矛盾论》,《毛泽东选集》,第 276 页。
③ 《汪穰卿先生师友手札》,夏曾佑部分,原件藏上海图书馆。
④ 《东方杂志》第 1 卷第 1 期,详请参阅该文。

能实现的。另一方面,夏曾佑也和康、梁一样,企图以维新变法来保存地主阶级君主制。这条改良主义的政治道路,在历史和现实生活还没有作出裁判以前,在这条道路还没有走到绝境以前,人们一时还难于识别出它是政治上的歧途,甚至把它看作是救国图强的康庄大道。但夏曾佑作为维新派来说还具有自己的特点,他和康、梁不同,是当时改良派的右翼。因为康、梁毕竟有一个信念,认为变法虽然是千端万绪,但必须从政治做起,要求实行国会制度,实行君主立宪,主张以政变方式搞维新变法。而夏曾佑在政治思想上则靠近改良派右翼的严复。严复在一八九五年所写的《辟韩》一文中,认为能有一个"开明专制",便心满意足了;一九〇二年《原富》出版时,他在按语中说:"今日中国言变法者……动欲国家之立议院……于国事究何裨乎?"[1]可见严复与康、梁的主张是有距离的。戊戌变法失败后,严对康、梁的维新变法运动,直认为过于激烈而加以抨击。说"今夫亡有清二百六十年社稷者非他,康、梁也"。[2]事实上在维新变法运动的现实面前,严复是胆怯的。夏曾佑也是如此。

戊戌变法失败后一年,夏曾佑在天津办《国闻报》,目睹清廷的镇压迫害维新人士,犹心有余悸,在写给汪康年的信中说:

> 盖支那者,无教化之国,在不开化之地者,决不可行之事,强而行之,不受大祸,亦有大累。惟相与为不开化之事,则实福可得,而恶名亦可免焉。此理既明,吾党也可无怨矣。[3]

这说明他认为戊戌变法的失败,是由于中国还不够开化,因此照他看来当时的中国不但不应当向革命转化,连改良都应该推迟到将来去进行。其理由是中国"盖其为物也大,则感动必迟;抑其建国也古,则守旧必笃。积笃与迟,则其立宪居万国之终,自然之理,无足怪者"。[4] 他的这一庸俗进化论观点,越到后来越后退。他在安徽任祁门知县时,亲自看到吏治的闭塞、更消极悲观,说"观官场之习,灭种已定,万不可救";"益

---

[1] "严译名著丛刊"《原富》,第298页。
[2] 请参阅《学衡》第12期。
[3] 《汪穰卿先生师友手札》,夏曾佑部分,原件藏上海图书馆。
[4] 中国近代史资料丛刊《辛亥革命》(四),上海人民出版社版。

信民权平等之万不能行于支那,宪政之行,其千载之后乎?"①

一九〇〇年五月,八国联军侵入我国,镇压我国人民反抗侵略的义和团运动,夏曾佑在祁门闻讯后,十分震惊。他不把希望寄托在人民反侵略压迫的斗争上,而寄托在帝国主义侵略者身上,认为在英、美帝国主义帮助下,被幽禁的光绪帝可藉此机会亲政,再行新法,他给汪康年的信中说:

> 为今之计,与英、美、日相商定策,以兵力胁退〇〇(指西太后——引者),请〇〇(指光绪帝——引者)亲政,再行新政。此事有数好处,形势极便一也;全体震动二也;下合人心三也;少杀人四也。②

说明这时夏曾佑对帝国主义者还存在着幻想,其结果必然破灭。这年八月,八国联军侵占北京,西太后挟光绪帝仓皇出走,并暗中进行与帝国主义谈判投降的活动,干出卖国家民族利益的罪恶勾当。夏曾佑此时既忧于国家民族的危亡,又悲于自己幻想的再度落空,遂极度悲观失望,说"此次北方事起,全体震动,竟将全国中隐微深锢之情形和盘托出,仔细思之,必至无救"。③ 在他看来,这次八国联军入侵的结果,"支那必为埃及、印度之续矣"。④ 因而他在政治上的进取性几乎完全消失,说什么不论在任何问题上,都应该采取"二面均绝不与闻为长策",即"无论何事,必做二者之间,即可自存"。⑤ 另一方面,对康、梁进行了猛烈的抨击,一九〇二年,他在写给汪康年的信中说:"康、梁之所图真可怪,彼经如此大起大落,而识见仍与丙申、丁酉不殊,真可怪之甚也。(以三字谥之,一曰乱,二曰褊,三曰昏。然数公若去,此三德则并此不成)。"⑥

严格说来,夏曾佑虽然是资产阶级改良派,主张维新变法,但并没有真正参加戊戌变法的实际活动,在针锋相对的尖锐政治斗争中,他是

---

① 《汪穰卿先生师友手札》,夏曾佑部分,原件藏上海图书馆。
② 《汪穰卿先生师友手札》,夏曾佑部分,原件藏上海图书馆。
③ 《汪穰卿先生师友手札》,夏曾佑部分,原件藏上海图书馆。
④ 《汪穰卿先生师友手札》,夏曾佑部分,原件藏上海图书馆。
⑤ 《汪穰卿先生师友手札》,夏曾佑部分,原件藏上海图书馆。
⑥ 《汪穰卿先生师友手札》,夏曾佑部分,原件藏上海图书馆。

最怯弱的，是当时改良派右翼营垒中一分子，其局限性是非常大的。但在当时来说，资产阶级改良主义政治思想是作为封建主义的对立物，因而它的确是一种爱国的、进步的思想。但是正由于夏曾佑是资产阶级改良派的右翼，接受了严复的"民智决定论"、"教育救国论"等观点，因而最终走上了反对改良、反对革命的政治道路，转瞬之间便由进步变成反动。这种变化是由于在戊戌变法失败和甲午战争失败后，特别是在义和团运动后，改良主义已由时代思潮的主流变成了时代思潮的逆流，资产阶级改良派，已经尽到他们所能尽的历史任务，改良主义的政治道路已经走到了尽头。时代变了，可是，夏曾佑仍然坚持他资产阶级右翼的政治观点，继续追随严复，走上了可悲的道路。

严复是资产阶级的右翼，早在一八九五年发表于《直报》上的《原强》一文中，就反对清政府"建民主，开议院"。但他迫于当时的形势，只得委婉地提出"建民主，开议院"的用意固然很好，然就现实的情况来看，是无异教病人练习快跑，"以是求强，则有速其死而已"。照他看来，要使中国成为独立民主的国家，不应该从政治上做起，只能从"开民智"的教育方面慢慢做起。他说救国之道有标有本，"鼓民力"、"开民智"、"新民德"（开议院）三大端，都是治本之道，而三者之中，又"以民智为最急"、"本"不像"标"那样容易收效，要经过较长时间的努力才能实现。一九〇二年严复在《致外交报主人论教育书》中，更直截了当地认为当时的救国事业，只有老老实实从"愈愚"（治疗愚昧）的教育文化工作做起，他说：

> 今中国之所最患者，非愚乎？非贫乎？非弱乎？则径而言之，凡事之可以愈此愚，疗此贫，起此弱者，皆可为，而三者之中，尤以愈愚为最急。何则？所以使吾今日由贫弱之道而不自知者，徒以愚耳。继自今，凡可以愈愚者，将竭力尽气鞭手茧足以求之。①

竭力提倡"民智决定论"和"教育救国论"。夏曾佑在严复的政治思想影响下，在天津写信给汪康年也说："无教之国，在不开化之地者，决不可行开化之事，强而行之，不受大祸，亦有大累。"和严复唱同一腔调，极力

---

① 《外交报》第9、10期。

主张教育救国,说办好学堂是"大用大效,小用小效",是"最有把握"的事。① 一九〇五年夏曾佑在安徽广德做地方官时,也说"在此间一年,留心考察,觉我国事事皆没讲究,其去外人不可以比例计,实无立宪之望"。其原因夏曾佑认为是"国民之程度不可以骤高"。② 这时革命运动迅猛发展,反动腐朽的清廷妄图用"预备立宪"作幌子,拉拢地主资产阶级,欺骗人民群众,躲过革命风暴,装模作样地指派载泽等五大臣出洋考察各国宪政,夏曾佑作为随员之一陪同到日本进行考察。这伙人考察回来之后,为了欺骗群众,搞了一个所谓"宪政初纲",夏曾佑在《刊印宪政初纲缘起》中,仍然宣扬他的"民智决定论",说什么即使立宪的"明诏已下,官制已改,而举国论者,不以为国民程度必不能堪,勉强行之,必有流弊"。③ 当然,贫、弱、人民文化知识水平低下,是当时中国社会的现象,但夏曾佑没有也不可能认识到产生这些现象的根本原因是什么,从而就不可能从根本上真正解决中国所存在的问题。相反,夏曾佑利用这些历史现象为清廷"预备立宪"作辩护,反对当时的民族民主革命,反对推翻腐朽的清政权。他不惜歪曲资产阶级民主革命派排满的政治口号,说:

>年来此派(孙中山为首的资产阶级民主革命派——引者)议论,亦实有可憎者,如逐满之说、民权之说、流血之说是也(《公羊》、《天演》不过学术,尚与行事无涉),可略辩之。夫逐满之说,谓满不同种乎?则满亦黄种也,日本可联,安在满洲不可联?谓满行愚民之政乎?则愚民者我之旧制,不创自满人也。谓满为曾暴吾民乎?则革命之际何人不暴?既不能因朱元璋而逐淮北人,因洪秀全而逐广东人,而独逐满,亦非持平之道矣。④

他把排满即推翻满清贵族统治政权歪曲为排除满族人,抹煞资产阶级民主革命推翻清政权的阶级斗争的实质,看不见推翻清政权的反帝反封建的伟大意义,从而落到了时代的后面,充当了反对资产阶级民族民

---

① 《汪穰卿先生师友手札》,夏曾佑部分,原件藏上海图书馆。
② 《汪穰卿先生师友手札》,夏曾佑部分,原件藏上海图书馆。
③ 中国近代史资料丛刊《辛亥革命》(四),上海人民出版社,第11页。
④ 《汪穰卿先生师友手札》,夏曾佑部分,原件藏上海图书馆。

主革命的角色。

在民权方面他也认为"民权之说,众以为民权立而民智开,我以为民智开而后民权立耳。支那而言民权,大约三百年内所绝不必提及之事也"。① 民权是人民所应享有的政治权力,不取决于民智的开或不开,其道理是不待辩而明的。夏曾佑藉口民智低下,拒绝给人民以政治权利,这就表明了他改良派右翼的真面目。他还认为革命"流血之说,亦甚误,盖彼之流血者乃必不得已而以死继之耳,非尚有可不必流血之办法,而必欲为此流血以为妙事也"。② 暴力是新社会的催生婆,是阶级斗争的最高形式。不经过革命的流血斗争,就不可能打倒反动统治阶级,建立新政权,流血或不流血,是不以人们的意志为转移的。谭嗣同就认识到"各国变法,无不从流血而成。今日中国未闻有因变法而流血者,此国之所以不昌也"。夏曾佑不敢正视革命流血斗争事实,力图寻找所谓"可不必流血的办法",正说明他的软弱性,表明他的政治立场完全是改良派右翼的立场。

他不仅以"民智决定论"对待现实,而且也以这一观点看待历史。一九〇二年因母丧寓居上海,致力于中国古代史的研究,写出了他一生中最重要的著作也是唯一的史学著作《中学中国历史教科书》,后改名《中国古代史》。书中极力宣扬教育的作用,说春秋战国时代,"至要之事,乃孔子生于此代也",说只要对"孔子教育之指要,既有所窥,则自秦以来,直至目前,此二千余年之政治盛衰,人材升降,文章学问,千枝万条,皆可烛照而数计矣"。③ 这表明了他是以唯心主义文化史观来看待历史的。

二、今文经学与庸俗进化论相结合的历史进化观点

十九世纪末,中国各地先后出现了许多民营纺织工厂。民族资本主义工商业得到了初步的发展,资产阶级在经济上和政治上日趋活跃,

---

① 《汪穰卿先生师友手札》,夏曾佑部分,原件藏上海图书馆。
② 《汪穰卿先生师友手札》,夏曾佑部分,原件藏上海图书馆。
③ 《中国古代史》三联版。

因而反映这个阶级意识形态的历史学也就随之产生和发展。一九〇一年至一九〇三年,梁启超先后发表了《中国史叙论》、《新史学》等重要文章,鼓吹史界革命,对封建旧史学热烈开火。这种富有战斗性的文章犹如锋锐的匕首,不仅直刺了封建旧史学,并且向人们宣布了中国近代资产阶级史学的诞生。夏曾佑在史学上虽没有像梁启超那样锋芒毕露地进行战斗,但他应用资产阶级观点系统地研究了中国历史,写出了《中国古代史》这样一部史学著作,确实增强了对封建旧史学的战斗火力,在史学战线上起有重要的影响。

夏曾佑满怀爱国热情,希望中国能及时富强,以免外国资本主义的侵略。他从事史学研究是着眼于此的。一九〇三年进行编撰《中国古代史》时,给严复译的《社会通诠》一书作序时说:《社会通诠》"胪殊俗之制,以证社会之原理,疑若非今日之急务者然。然曾佑读之,以为今日神洲之急务,莫译此书若。此其故尝微论之。神洲自甲午以来,识者尝言变法矣。然言变法者,其所志在救危亡,而沮变法者,其所责在无君父。……向者以其争为不可解,乃今而知其不然,盖其支离者,皆群学精微之所发见,而立敌咸驱之于公例,而不自知耳。自生人之朔,以迄于今,进化之阶历无量位,一一位中,当其际者,各以其所由为天理人情之极,而畔之则人道于是终"。① 这既表达了夏曾佑认为严译《社会通诠》是当时挽救中国危亡的急务,是力图通过西方资产阶级史学著作来说明变法不是无君父,而是认为处于应当变法的时代就应当变法,是想通过《社会通诠》这一本所谓论证社会发展原理的书,有助于人们了解社会历史发展的情况,从而理解当时中国确实急需维新变法。另一方面他在自己所写的《中国古代史》中,专门标了一节《历史之益》,在文中说:

> 读我国六千年之国史,有令人悲喜无端,俯仰自失者。读上古之史,则见至高深之理想,至完密之政治,至纯粹之伦理,灿然大备。……读中古之史,则见国力盛强,……此思之令人色喜自壮也。洎乎读近今之史……原气摧伤,不可猝起,而医国者又非其

---

① 严复译《社会通诠》,夏曾佑《序》,商务版,第1页。

人。自此以还,对外则主优柔,对内则主压制。士不读书,兵不用命,名实相反,主客易位,天下愁叹,而不知所自始,其将蹈埃及、印度之覆辙乎?此又令人怅然自失者……道光以后,与天下相见,数十年来,乃骎骎有战国之势,于是识者知其运之将转矣,又未始无无穷之望也。①

所谓"识者知其运之将转矣",转的关键,在夏曾佑看来,就是清政权必须改弦易辙,实行维新变法,而变法又必须以历史为依据,因为"智莫大于知来,来何以能知?据往事以为推而已矣"。"而运命所遭,人事将变,目前所食之果,非一一于古人证其因,即无以知前途之夷险"。② 故其研究历史的目的,是为了挽救国家的危亡,是在于解决现实问题。

夏曾佑出身于中小地主家庭,不满现状,处于当时今文经学公羊家的变易思想和历史进化观点迅速高涨的热潮中,继近代今文经学的先驱者庄存与、刘逢禄、龚自珍和魏源等人以后,继续研究今文经学。但他不专讲经,而是应用今文经学的变易思想来研究历史,他说:"本编(《中国古代史》——引者)亦尊今文学者,惟其命意与清朝诸经师稍异。凡经义之变迁,皆以历史因果之理解之,不专在讲经也。"③夏曾佑和其他今文学家一样都尊认孔子为教主,在《中国古代史》中,于叙述孔子的事迹之前特设《孔子以前之宗教》上、下两大节,其内容多抄自汪中《述学》。接着又用了四大节的篇幅,分别标为《孔子世系及形象》、《孔子之事迹》、《孔子之异闻》、《孔子之六经》,在全书的比重中占有很重的分量,使人一眼便可看出孔子这位教主在中国历史上的所谓重要地位。尤为可笑的是在《孔子之六经》一节中,附录了唐代陆德明《经典释文叙录》,占篇幅十二页之多,其内容至多是经学传统上一重公案,对孔子思想并没有牵涉到,实在没有附录的必要。他所以这样做是因为要在中国古代史中突出今文经学的地位和作用。

另一方面,对古文经学派则进行指斥,如对古文经学者所尊信而将跻于经典的刘歆《七略》和班固《汉书·艺文志》,直斥为"不通"。他为

---

① 《中国古代史》三联版。
② 《中国古代史》三联版。
③ 《中国古代史》三联版。

了进一步打击古文经学派,直指古文经学的老巢,探究其产生的政治背景,是由于刘歆因赞助王莽篡汉的需要而造作出来的。他认为"六艺为汉人之国教,无禁绝之理,则其为计,惟有入他说以乱之耳。刘歆为莽腹心,亲典中书,必与闻莽谋,且助成莽事,故为莽杂糅古书,以作诸古文经,其中至要之义,即'六经皆史'一语"。① 夏曾佑竭力攻击刘歆,是因为以刘歆为代表的古文经学家,抓住六经都是记载过去历史的历史书,因而就不能如西汉时今文经学家那样随意演图比谶,"预解无穷矣"。夏曾佑认为刘歆这样做的结果,"即以孔子之宗教,改为周公之政法,一以便篡窃之渐,一以塞符命之源"。他指出古文经学家利用秦始皇焚书的事件,假说六经经过秦火之后,已经脱坏,河间献王、鲁恭王等,得到藏在山岩和屋壁之间的原本六经,送给汉朝廷,汉朝廷将它藏在秘府,外人看不见,刘歆等人因而可以上下其手,加以篡改,并把篡改后的六经作为古文经学的依据,认为这样做是古文经学家经过精心策划的结果。他列举了不少史实,论证秦始皇焚书并没有烧博士官所藏的六经,"所焚者,民间私藏之别本耳,其余固无恙也。况始皇焚书坑儒,在三十四年,下距秦亡,凡五年。距至汉兴求遗书,不过二十余年,经生老寿,岂无存者……古人文物,彬彬具在,断无六艺遂缺之事,何必二百年后,待之山岩屋壁哉!"②他的这些论语,有力地揭穿了古文经学家伪造经文的面目,沉重地打击了顽固派所坚持的古文经学的残存势力,但清代的今文经学家们,既没有利用孔丘《春秋》明夷夏之防的论点,起来推翻反动腐朽的清政权,又不能推说汉儒通三统之义逼清贵族统治者退出政治舞台,而以保皇言变法,政治上是十分软弱的。夏曾佑在《中国古代史》内,也是跟随在龚、魏、康、梁之后,寻声逐影,并没有新的发展,因而从学术上说,虽然批判了古文经学,但并没有真正了解西汉古文经学。

夏曾佑在今文经学变易思想的基础上,是很容易接受西方资产阶级庸俗进化论思想的,故当他到达天津,一遇上专门翻译西方进化论说的严复,便相见恨晚,成为莫逆之交。他在叙述和严复相处的情况

---

① 《中国古代史》三联版。
② 《中国古代史》三联版。

说："夜辄过谈，谈辄竟夜"，共同反复研究西方的社会学说，据他自己说，在这一时期他是"学思并进"，实际上就是西方资产阶级庸俗进化论知识大有增进。他在传统的今文经学的基础上接受了西方庸俗进化论观点，在他身上两者糅合起来了，以后者为主，形成了他自己的思想体系。这就是他写《中国古代史》的指导思想。

《中国古代史》在叙述中国古代历史发展的阶段时，显然是受了《社会通诠》的影响，严在该书的译者序中说："夷考进化之阶级，莫不始于图腾，继以宗法，而成于国家。方其为图腾也，其民渔猎，至于宗法、其民耕稼"，"方其封建，民业大抵犹耕稼也"。夏曾佑也说："凡今日文明之国，其初必由渔猎社会，以进入游牧社会，自渔猎社会，改为游牧社会，而社会一大进"；"自游牧社会，改为耕稼社会，而社会又一大进"，"而井田、宗法、世禄、封建之制生焉。"① 甄克思在《社会通诠》中说："顾东方社会，以宗法为之命脉，一切现象，必由此而后其义可以明"。夏曾佑不仅接受并应用这一观点来研究中国历史，得出结论说："考我国宗法社会，自黄帝至今，可中分之为二期：秦以前为一期，秦以后为一期，前者为粗，后者为精，而为之钤键者，厥为孔子"，"孔子之术，其的在于君权，而径则由于宗法。盖藉宗法以定君权，而非借君权以维宗法"。②同样把宗法看作是历史的命脉，这当然是错误的。

《中国古代史》《包牺氏》一节中，谈到"制嫁娶"的问题时，夏曾佑认为在包牺氏之前是处在只"知有母，不知有父"的所谓"陋习"阶段，提出从只"知有母，不知有父"而变为家族，是社会"进化必历之阶级"。在这里，夏曾佑已开始接触到母系氏族社会向父系氏族社会的转变问题，是人类社会历史发展的必由之途这样一个命题。这是资产阶级社会学观点在中国史学上的表现，是过去封建旧史学家所没有接触过的问题，也是我国史学界在此之前所没有接触过的问题。

夏曾佑在《中国古代史》中还十分概括地叙述了渔猎、游牧、耕稼几个不同的社会阶段的物质生产以及文化、思想和政治的状况，并且就其间的关系表述了自己的看法。他明确地认为物质生活是基础，在渔猎

---

① 《中国古代史》三联版。
② 严复译《社会通诠》，夏曾佑《序》，商务版，第1页。

阶段时，他说由于物质生活的低下，饮食"无一定之时，亦无一定之数，民日冒风雨，蓦豀山，以从事于饮食，饥饱生死，不可预决"，在那样一个时期，"文化必不足发达"。只有等到人类物质生活有所提高，也就是要进入游牧社会以后，由于"俯仰各足"，"民无忧馁陂险之害"，乃有余力以从事于文化。而且也只有到了游牧社会以后，人们才能发展文化。他确切地认为，文化是适应生产发展的要求而逐渐发达起来的，与生产是密切相关的。通过具体事实阐明说，在游牧社会时，人们由于进行游牧，必须逐水草，避寒暑，因此得到以"旷览川原之博大，上测天星，下稽道里"，原始的地理学和天文学之类的知识，"遂不能不进矣"。而且，他也了解到井田、宗法、世禄封建之制，都是在人们定居从事农耕以后才产生的，因为只有"可殖田园、长子孙，有安土重迁之乐，于是更有暇日，以扩其思想界"。思想、文化、制度等等都属于上层建筑，是经济发展的结果，是经济基础在上层建筑中的反映，夏曾佑对物质生产与文化的关系的看法，是接触到历史的某些边际的。

夏曾佑认真地分析了中国历史的发展情况，认为中国历史"可分为三大期，自草昧以至周末，为上古之世；自秦至唐，为中古之世；自宋至今（指至清代——引者），为近古之世"。他又结合达尔文生物进化论和当时考古学方面的成就，又将三大时期，"细分之为七小时代"。在上古时期内他分为二个小时期，一为太古三代，因无信史，他称为传疑时代；二为由周中叶至战国时期，他认为中国文化在这一时代造成，故称之为化成时代。中古之世，他分为三个时代，一为由秦至三国，此时中国人材极盛，国势极强，故称之为极盛时代；二由晋至隋，由于周边各族攻入中原地区，并在中原地区建立政权，而宗教亦大受外教之影响。故谓之中衰期；三为唐朝一代，此期国力之强，略与汉等，而风俗不逮，故称之为复盛期。近古之世，也可分为两个时期，一为五季宋元明为退化之期，"因此期中，教殖荒芜，风俗凌替，兵力财力，逐渐摧颓，渐有不能独立之象"，故称之为退化期；二清代二百六十年为更化期，"此期前半，学问政治，集秦以来之大成；后半，世局人心，开秦以来所未有。"他认为这时是处在"秦人成局之已穷，而将转入他局者"，故称之为更化期。[①] 他

[①] 《中国古代史》三联版。

这种分期法，是依据历史的进化和演变，依据历史发展的因果关系而划分的，虽然还看不出历史发展的真正的因果关系，但他打破了几千年封建史学不划分历史发展阶段的传统史观，是有一定的进步意义的。所以梁启超说夏曾佑"对于中国历史有崭新的见解，尤其是古代史"，并称誉他是"晚清思想界革命的先驱者"，是有一定的根据和道理的。

是什么力量推动社会历史进化的呢？在这个问题上，夏曾佑完全接受了西方资产阶级社会达尔文主义的观点和影响，是用所谓"生存竞争，优胜劣败"的理论来进行分析和解释的。他在《中国古代史》《诸侯之大概》一节中写道：

> 禹之时，涂山之会，执玉帛而朝者万国；汤之时三千，武王时犹有千八百国，知其残灭已多矣。……至入春秋之世，国之见于书者，仅一百四十余，然大半无事可纪，其可纪者，十余国，何其少哉？盖群之由分而合也，世运自然之理，物竞争存，自相残贼，历千余年，自不能不由万数减至十数。

在《三国末社会之变迁》（上）一节中，关于"生存竞争"的论点表述得更为清楚，他说：

> 循夫优胜劣败之理，服从强权，遂为世界之公例，威力所及，举世风靡，弱肉强食，视为公义。于是有具智仁勇者出，发明一种反抗强权之学说，以扶弱而抑强，此宗教之所由兴，而人之所以异于禽兽也。

应当指出，用达尔文关于动植物生存斗争和自然选择的学说来解释社会历史发展的规律，即社会达尔文主义，在当时是为帝国主义侵略服务的反动理论。社会达尔文主义，非常强调种内斗争，认为在社会历史之中，也就是种族与种族间的斗争。帝国主义侵略的辩护士们鼓吹"文明"的"高贵"的种（民）族，消灭"落后"的"低级"的种（民）族，是完全符合"优胜劣败"、"适者生存"的原则的。这样一来既否定了阶级斗争（包括民族斗争）的事实和理论，而又在理论上支持帝国主义对弱小民族国家的侵略。夏曾佑没有探究和认识到这种学说的反动实质，而是幻想用它来向中国人民敲起拯救危亡的警钟。夏曾佑将其应用于解释中国历史显然是错误的。因为利用这种观点来解释历史,只能对史实作牵强依附比会,绝不可能得出正确的、科学的结论。如他在论述秦的历史时说:"秦人并天下之故……大约内则殖实业,奖战功,此策自卫鞅发之。此策与目今列强所谓军国民主义相同。"①我们知道,秦商鞅变法时,是处于地主制封建社会初期阶段,商鞅变法巩固和发展了秦地主阶级政权,增强了秦国的力量,为后来统一六国奠定了基础,这怎么能和当时的帝国主义国家侵略相提并论呢?当时的帝国主义国家,对弱小民族国家进行侵略,逼使许多国家沦为殖民地或半殖民地,怎么能和古代秦王朝统一六国相比附呢?夏曾佑这样论证是荒谬的。

其次,关于秦亡的原因,夏曾佑的分析也是错误的。他说:"鞅之大蔽,则在告讦连坐,而民德扫地矣。外则离间诸侯,沮其君臣之谋,而以良兵随其后。此策自李斯发之,此策尤与今之外交政策合。今之强国,所以兼并坐大者,不外此法。而斯之大蔽,则在外交上用此法,内政亦用此法,君臣、朋友之间,均有敌国之道焉。商君、李相、其术之薄劣若此,宜乎秦用之,才并天下而即亡。"②夏曾佑不去分析统一六国之后的秦王朝的农民阶级与地主阶级之间社会主要矛盾,不去分析秦地主阶级统治集团的暴政,逼使农民揭竿起义,推翻地主阶级的统治政权。他不抓住阶级和阶级斗争的实质,去分析秦亡的原因,自然不可能得出正确的结论。而去抓住商鞅变法的措施、李斯建议统一六国的外交措施,将它比之为帝国主义国家的措施和政策,这种荒唐的结论,怎不令人哑然失笑呢?由于夏曾佑所接受的西方资产阶级庸俗进化论观点,因而他的历史观怎能不陷入历史唯心主义的泥淖呢?

三、以文化史观为中心的唯心主义历史观

封建时代的史学家往往把历史现象和本质对立分割开来,不懂也不可能从历史现象的客观联系中去考察问题,不能透过历史现象而抓住它的本质,从而得出历史发展的客观规律性。因而他们研究历史只

---

① 《中国古代史》三联版。
② 《中国古代史》三联版。

能做到：一是"考其得失，以为龟鉴"的"资治"；一是"微言大义，惩恶劝善"的"垂训"。这两者都带有很大的主观片面性。夏曾佑研究历史比他们则大大前进了一步，他站在资产阶级立场上，以资产阶级历史进化论观点，考察和分析古代的历史，认为历史和现状是有着因果联系的。所谓"运会所遭，人事将变，目前所食之果，非一一于古人证其因，即无以知前途之夷险。"他认为研究历史即在于"据往事以为推而已矣"。① 十分强调现实社会的种种迹象，只有从历史中去探求它的根源才能加以解决。他说：

> 至于今日，天下之人，环而相见，各挟持其固有之文化，以相为上下，其为胜为负，岂尽今人之责哉？各食其古人之报而已矣。……今中国之前途，其祸福正不可测，古人之功罪，亦未可定也。而秦汉两朝，尤为中国文化之标准。以秦汉为因，以求今日之果，中国之前途，当亦可一测识矣。②

因此，夏曾佑和封建史学家不同，他认为社会历史现象和自然科学一样，有必然的因果关系可寻。但是他觉察到社会历史中的因果关系，比较难于发现，其原因是由于社会历史现象过于复杂。他说：

> 神洲建国既古，往事较繁。自秦以前，其纪载也多歧。自秦以后，其纪载也多仍，歧者无以折衷，仍者不可择别。况史本王官，载笔所及，例止王事，而街谈巷语之所造，属之稗官，正史缺焉，治史之难，于此见矣。③

夏曾佑的这种看法，和严复的意思是相同的。严复曾说："夫人事之难测，非曰此中无因果也，乃原因复杂，难于尽知；而使人具无限之智慧……则据已事以推未来，真无异畴人之推星变，锱铢分秒不能违也。"④ 严同时认为过去的史学研究者，没有能够找出"果"和"因"的必然联系，并不是因为社会历史的发展中没有因果关系，而是因为学者未

---

① 《中国古代史》三联版。
② 《中国古代史》三联版。
③ 《中国古代史》三联版。
④ 转引自王栻著《严复传》，第64页。

能精通,提出"原因之未得,不可谓人事为无因果,抑科学之无此门也"。① 当然,夏、严都是从文化方面去找历史的因果关系,虽然是错误的,但这是另外一方面的问题。

夏曾佑急于寻找历史发展的因果关系,目的是在寻找救中国的道路。是为他改良主义的政治思想服务的,是力图通过研究历史摸索出一条符合中国国情的改良主义道路。关于这一方面,他在《论变法必以历史为根本》一文中说得十分清楚。他说:"变法之说发端于甲午,实行于戊戌,阒寂于己亥,重演于庚子。然皆变法而不见变法之效,非变法之无效也"。是因为变法没有以历史为根据,所以遭受了失败。如戊戌变法之所以失败,他认为是"失之紊,彼此不相顾,前后不相应,徒使天下陈力就列者,目炫乱于国家之无常,职业之不可保,而不能知其命意之所在,故八月而政变,政变而新政熄"。② 他认为要真正进行变法,必须对"法之质性,变之方法,皆不可不研究之矣"。在他看来,"凡合一群之人同立一国,其国中必有要质数端",如国家的地形、国民的生计、风俗、宗教、政治等等。这五种要质,"甲可生乙丙丁戊,乙亦可生丙丁戊甲,如循环之无端,如帝纲之无尽,无一定母子宾主之可言",其间的演变是异常复杂的。就总的方面说来,他认为前"四者为因","而政治为果也"。再加上"四者之历史,国国不同,则政治之条理,亦国国不同"。因而他认为要进行变法,首先必须抓住本国的历史特点。不然"立不合于历史之政治",则其统治下的人民"不能一日安",而政治的本身"亦无有不归澌灭"。"凡其能行之而不废,循焉而有效者",都必须"推本于历史","致治之密合于历史",其程度要做到"几如在躬之衣服,其长短必符乎身,攻疾之药石,其寒热必视乎病"。此外,还需要了解世界政治的潮流,了解其他国家的政治情况,"观其所从来,而究其所终极,各得其所以然之故,而用以比例吾国之政治,然后能洞悉吾国政治因果之理,于是会而通之,以改良吾国之政治,将来再因政治之效力,而使所受于历史之诸因,渐以转移,以达今日变法之目的。若漫然择外人一二事,以施之吾国,是何异借长短不同者之衣,而强服之,乞疾病不同者之药,

---

① 转引自王栻著《严复传》,第64页。
② 《东方杂志》第2卷第8号。

而强饵之,非徒无效,而其害亦岂有极哉!"①

夏曾佑从变法的要求出发,为寻找当时中国历史发展之因,还研究了所谓中国社会之原,自一九〇三年起,一连在《新民丛报》上发表了四篇《中国社会之原》(尚未写完)。② 在内容上几乎没有涉及任何经济问题,而是集中谈鬼神、术数以及老子、孔子、墨子等诸子百家的学术思想(夏称之为宗教)和政治制度,他的看法和主张后来纳入了《中国古代史》中。正如他在该书第二编《凡例》中所说:"本篇用意与第一篇相同,总以发明今日社会之原为主,文字虽繁,其纲只三端",即一为关乎皇室者,如宫庭之变,群雄之战;二为中国境内周边各族,如匈奴、西域、西羌,事无大小,皆举其略;三为关于社会者,如宗教、风俗之类,事实上他主要着眼于"宗教"(即文化,下同),用了大量的篇幅,极力夸大文化的作用,特别是孔子儒教的作用,把孔子儒教说成是中国社会之原。不仅如此,他还把宗教上升为立国的根本原则,提出"凡国家之成立,必凭二事以为典范,一外族之逼处,二宗教之薰染是也。此盖为天下万国所公用之例,无国不然,亦无时不然。此二事明,则国家成立之根本亦明矣"。夏曾佑虽然列举了外族的逼处,作为立国根本原则之一,但其目的还是在于通过种族来说明宗教(即文化)的重要性,因"宗教复杂之原,则与种族相表里",种族复杂,文化也就复杂,极力强调文化的作用,形成了以文化史观为中心的唯心主义历史观。

正因为夏曾佑以文化史观考察问题,故在约三十万字的《中国古代史》中,谈及各时代的经济者绝少,而绝大部分的篇幅,都是以文化为主体的上层建筑,其中尤其突出学术思想的作用。如说老子踢去了鬼神、术数的迷雾,一洗古人之面目,写出了《老子》一书。但由于"其宗旨过高,非神洲多数之人所解、故其教不能大"。③ 在《墨子之道》一节中,将墨子与孔子的思想作了对比,认为"孔子亲亲,墨子尚贤,孔子差等,墨子兼爱,孔子繁礼,墨子节用,孔子重丧,墨子节葬,孔子统天,墨子天志,孔子远鬼,墨子明鬼,孔子正乐,墨子非乐,孔子知命,墨子非命,孔

---
① 《东方杂志》第2卷第8号。
② 载《新民丛报》第34—36,46—48期。
③ 《中国古代史》三联版。

子尊仁,墨子贵义"等等,墨子的主张"殆无一不与孔子相反",其原因夏曾佑认为是由于"墨子留鬼神而去术数","既设鬼神,则宗教为之大异","特其中有一端不同,而诸端遂不能不尽异,宗教之理,如算式然,一数改,则各数尽改"。在夏曾佑看来,"墨子留鬼神而去术数",虽然有其好的方面,"然有天志而无天堂之福,有明鬼而无地狱之罪,是人之从墨子者,若身焦思而无报;违墨子者,放辟邪侈而无罚也,故上下之人,均不乐之,而其教遂亡。"①夏曾佑对墨子思想虽然进行了论述,但没有触及其阶级本质,自然不可能得出正确的结论。孔子和儒教是夏曾佑论述的重点,极尽渲染之能事,说"孔子之道"之所以能"成为国教",是由于"孔子留术数而去鬼神",是所谓"君子之道","孔教之原理"是"富贵贫贱与智愚贤不肖"都是"相应"的,把孔子思想说成是没有阶级性的,是适合各个阶级各种人的需要的,殊不知孔教之所以能在当时及以后盛行,给予中国社会历史以重大影响,是因为孔子儒家思想完全适应了剥削阶级的需要,给剥削阶级利用作为巩固统治政权的凶恶工具。

在论及周代的历史时也说:"有周一代之事,其关系于中国者至深,中国若无周人,恐今日尚居草昧"。如果是从经济、政治、文化各个方面进行论述,说明周朝在中国历史中的地位和作用,无疑是正确的,但夏曾佑不是这样论证,他强调周朝历史关系于中国至深者,是因为"中国一切宗教、典礼、政治、文艺,皆周人所创也",②单纯地强调文化的作用,显然是错误的,因为"人们的观念、观点和概念,一句话,人们的意识,随着人们的生活条件、人们的社会关系、人们的社会存在的改变而改变"。③ 夏曾佑不谈经济,不谈经济基础与文化的辩证关系,只谈文化的作用,正是唯心主义文化史观的表现。

关于秦亡的原因,夏曾佑也归咎于秦宗教(即文化)之不善,说秦"本孔子专制之法,行荀子性恶之旨,在上者以不肖待其下,无复顾惜,在下者亦以不肖自待,而蒙蔽其上……社会若此,望其乂安,自不可得,不惟此二千年间所受之祸,不可胜数而已,即以秦有天下十五年间言之,其变亦惨矣"。"凡此者,不能不叹秦人择教之不善也"。秦之亡,虽

---

① 《中国古代史》三联版。
② 《中国古代史》三联版。
③ 《共产党宣言》,《马克思恩格斯选集》第一卷,第 270 页。

然不能说与夏曾佑所谓的"宗教"没有关系,但说"择教之不善"是秦亡的决定性因素,则是错误的。因为秦亡是亡于统治集团对人民的残酷的经济剥削和政治压迫,是亡于"亟役万人,暴其威刑,竭其货贿"。是由于阶级矛盾的激化,激起陈胜、吴广的起义,并推翻秦统治政权。

夏曾佑编撰《中国古代史》时,正是在戊戌变法失败之后,对西太后的残暴独裁,严厉镇压反对派,他是极其反对的,他反对君主专制,要求君主立宪,虽然他在"民智决定论"的思想支配下,不认为君主立宪能立即实行,但不能因此就说他不主张君主立宪,从他的整个思想来看,他是主张改革封建专制主义的政治和政治制度的,因而在论及历史上的专制君主和君主专制政治制度时,他是深恶痛绝的,如在论及秦的历史时说:

> 夫专制者,所以为富贵,而其极,必并贫贱而不可得,嬴氏可为列朝皇室之鉴戒矣。至于李斯、赵高辈,皆助成始皇、二世之政治者,而李斯则具五刑,黄犬东门之哭,千古为之增悲,赵高亦夷三族,以徇咸阳,亦何益之有哉!①

在论及政治制度时,也表达了他赞成君主与大臣分权的制度,反对君主专制独裁的思想,认为"三代之世用人,出于世官。七国、两汉用人,出于特起,其登进之途虽殊,而其设官分职之法,则原理无贰。大约各官皆有其固有之权限,其权非窃君主之权以为之者,执政大臣之职任,无异君主之副贰,君主必不能以厮役畜之"。②他对曹操进行贬斥,说曹操"尽去三公卿校之实权,而举天下之实权,一一归之中官之手。自是以来,大臣拥虚位,而散秩握政柄。夫以奔走之官,而寄赏罚之实,名无可图,惟利是竞,此中国之政治所以经千百年,江河日下,而永无澄清之望也"。③他反对君主专制,主张大臣握有实权是十分明显的。

论述汉代的历史时,夏曾佑以外戚为主,西汉外戚之祸凡六节,东汉宦官外戚冲突也是六节,占秦汉史的分量六分之一以上。但是他并没有正确说明两汉外戚和宦官擅权的背景,二者之间的关系也没有搞清楚。汉代的外戚,就其阶级地位来说,都是贵族大地主,当其政治经

---

① 《中国古代史》三联版。
② 《中国古代史》三联版。
③ 《中国古代史》三联版。

济实力增强后，必然与皇帝为代表的中央集权闹分裂。而宦官则是皇帝的御用工具，而且只有依靠皇权才能发挥作用，是倾向中央集权的，因此外戚与宦官的斗争，其中心问题往往是集权与分权的斗争，在君主中央集权处于正常的情况下，宦官在政治上是不起多大作用的，他们的作用一般都在王朝崩溃的前夕，社会矛盾尖锐，外戚势盛，皇帝需要依靠和通过宦官来加强自己的权力，搞得顺利，王朝还能苟延残喘于一时，搞得不好，宦官势力被消灭，王朝本身也垮台了，东汉王朝覆灭的情形就是这样。

在政治制度方面，夏曾佑认为魏晋南北朝隋代的官制和两汉时官制相比较，是大不相同的，他说：

> 汉之公孤，执实权者，至此（魏以后——引者）皆为虚设，或仅为奸雄僭窃之阶，寻常人臣，不以相处。汉诸卿中，有独立专治一事者，至此大半并省，归入尚书各曹中，而任事之官，则惟尚书、中书、门下三省。而此三省诸官，则其秦汉时少府所属之宦者也，至此则省去少府，而改以士人充之。盖汉之丞相，对于国家负责任，与今之各国同。……至魏后则宰相不过为皇帝之私人，与国家无涉，实即汉宦者之易名，非古之大臣也。……而国家遂大受其影响，古人之治，遂不可复矣。①

夏曾佑将两汉时宰相权力与今即近代资本主义国家的责任内阁制首相的权力等同起来，是不了解封建政治制度与资本主义制度有本质上的区别，二者混淆不清是错误的。但其指出两汉和曹魏以后的政治制度，有很大的不同则是正确的，两汉时宰相权力大，而且每每由一人担任；而魏晋以后尤其是隋唐宰相的职权，归于三省长官，相权分散，行政制度日趋严密，君主中央集权不断加强。这是为适应封建地主经济的发展，阶级斗争的日益复杂尖锐，以及统治阶级内部矛盾日趋加剧的需要而随之发生变化的，是适应政治斗争的需要而产生变化的。夏曾佑虽然看到了前后两种政治制度的不同，但对它们的实质，则认识不清。如说汉之丞相，是对于国家负责。而曹魏以后的宰相不过为皇帝的私人，

---

① 《中国古代史》三联版。

与国家无涉等论调，是不符史实的。就官制的发展情况来说，汉之九卿，首奉常，为帝王之庙祝，次光禄勋为宫廷之门侍，次卫尉为武装的卫队，要说是皇帝的私人，哪一个部门的臣僚不是皇帝的私臣呢！汉时的丞相、御史大夫的权力得统领九卿，即是因为丞相、御史大夫是皇帝私臣的首领的缘故，从这个意义上来说，哪来什么与皇帝权力相对立的、相平等的古大臣呢？至隋以后的尚书、分吏、户、礼、兵、刑、工六部，和汉九卿、太常、光禄勋的性质是不完全相同的，隋唐之尚书仆射，看起来似如皇帝之私人，而其职权则为管理国家的行政事务。汉代的丞相、御史大夫，其职权虽然也是管理国家的行政事务，但有相当一部分的事务属于帝皇之私事，因那时机构简略，分工不细密的缘故。夏曾佑的问题，在于不了解两汉之君主中央集权与曹魏以后君主中央集权的特点，不了解两汉时尚处于地主制封建社会的初期阶段，曹魏以后则进入了封建社会的中期阶段，因而在政治制度方面必然有所发展和不同。

具有文化史观的夏曾佑，认为"综古今之士类言之，亦可分为三期"，"由三代至三国之初，经师时代也"；"由三国至唐，名士时代也"；"由唐至今（清——引者），举子时代也"。夏曾佑之所以这样划分，是为了表达和体现其今文经学的观点和进行改革的要求，照他看来，经师时代的经师，是法古守礼，这显然是指古文经学者而言，所以指责说："其蔽也诬"。名士时代的名士，他认为是"倜傥不羁"，如"阮籍以沈沦自晦，幸免一时，其嵇康、何晏、邓飏、李胜、丁谧、毕轨皆蒙显戮，东汉气节，荡然无复存矣"。结果是导致了"其蔽也疏"。到了举子时代，他认为"举子者，天地之大，万物之多"，一概不了解，所知道的仅仅是"应试之知"，他破口大骂说："其蔽也无耻。"① 这就为其废除古文经学，废除科举制度，实行维新变法，提供了理论依据和历史依据。

夏曾佑在编撰《中国古代史》时，虽然也曾标榜写历史不能只写帝王将相一人一家之事。但由于他基于文化史观考察和分析历史事件和历史人物，就自觉地或不自觉陷入崇拜个人英雄人物的泥坑。如他在论述春秋战国时代的历史时，说"此代至要之事，乃孔子生于此代也，孔子一身，直为中国政教之原"，说什么"中国之历史，即孔子一人之历

---

① 《中国古代史》三联版。

史而已"。"至孔子教育之指要,既有所窥,则自秦以来,直至目前,此二千余年之政治盛衰,人材升降,文章学问,千枝万条,皆可烛照而数计矣。"把孔子吹捧到了无以复加的地步。又说,假如秦代没有秦始皇,汉代没有汉武帝,则"中国非今日之中国也"。在他看来,"中国之教,得孔子而后立。中国之政,得秦皇而后行,中国之境,得汉武而后定。三者皆中国之所以为中国也"。① 他为了夸大某些英雄人物的历史作用,甚至不顾他的历史进化观点,自相矛盾地认为自秦以后二千多年的历史,基本上没有什么重大的发展,他写道:

> 自秦以来,垂二千年,虽百王代兴,时有改革,然观其大义,不甚悬殊,譬如建屋,孔子奠其基,秦汉二君营其室,后之王者,不过随事补苴,以求适一时之用耳,不能动其深根宁极之理也。②

以上这段话,如果就封建制度来说,我国自周秦以来至一八四〇年鸦片战争时为止,都是封建社会,在社会性质上没有发生变化是对的。然而夏曾佑不是就这个意义而说的。在当时的历史条件下,他没有也不可能认识到周秦至鸦片战争是封建社会,他仅仅是就中国的王朝而说的,就这一方面而言,就不能说没有发展。周秦以来的中国王朝,由封建社会的初期发展到中期,又由中期发展到末期,各个时期都有它本身的特点和本质,其间是有巨大的发展和区别的,特别是封建社会的末期孕育了资本主义萌芽,表现在经济、政治、学术文化思想等各个方面,都有了重大的发展。怎么是"不过随事补苴,以求适一时之用"呢? 夏曾佑在应用历史进化论观点分析历史时,曾将中国古代的历史划分为上古之世、中古之世、近古之世,还有所谓传疑期、化成期、极盛期、中衰期、复盛期、退化期以及更化期等等,就说明了自秦至清的历史还是有重大变化发展的。绝不能由于夸大某些人物的历史作用,就抹煞社会历史的变化发展,就武断地说自始至终就没有动过秦始皇、孔子、汉武帝所立下的所谓"深根宁极之理"。应当指出,历史人物当其顺应历史发展的趋势时,作了一些有利于人民和有利于社会发展的事,确实能起到一定的作用,给历史发展以影响甚至是重大的影响,然而必须明确的是时势

---

① 《中国古代史》三联版。
② 《中国古代史》三联版。

造英雄,不是英雄造时势,"每一个社会时代都需要有自己的伟大人物,如果没有这样的人物,它就要创造出这样的人物来"。① 因为历史必然性的思想,也丝毫不损害个人在历史上的作用。在历史唯物主义看来全部历史正是由那些无疑是活动家的个人行动构成的。但是,归根到底,构成历史的真正动力的力量,是人民群众,正如伟大领袖毛主席所教导:"人民,只有人民,才是创造世界历史的动力。"

此外,《中国古代史》在历史编纂学方面和封建史学相比较,也具有它新的特点。

二千年来,我国的史学著作可说是"汗牛充栋",种类和数量都是很多的,然而就其体裁来说,封建史籍的编纂方法,主要是编年、纪传和纪事本末体三大类,其中尤以纪传体为最重要,数量上也最多,自司马迁撰《史记》开其端,继其后的所谓正史,即通常所称的二十四史,在编纂方法上就是采用本纪、列传、表、志的所谓纪传体,是中国封建正统史学编纂历史的典型体裁,诚如章学诚所说:"纪传行之千有余年,学者相承,犹如夏葛冬裘,渴饮饥食,无更易矣。"② 夏曾佑在编撰《中国古代史》时,突破了传统的封建史学编撰方法的框框,于编年、纪传、纪事本末三大体裁之外,另辟途径,创建了一种新的史书体裁——"章节体",利用这种方法编纂中国古代史,在中国近代资产阶级史学家中可说是第一人,是开创者。

这种章节体是在新的历史条件下,为适应资产阶级新的史学内容和特点而出现的。夏曾佑编撰《中国古代史》的目的,是在于据往事以推来,在于寻求历史发展的因果关系。他对自己编书的要求是"文简于古人而理富于往籍",并且为的是"足以供社会之需要"。从这里可以看出,作为近代资产阶级史学所要求记载的东西,和封建史学所要求记载的东西是不完全相同的。如夏曾佑《中国古代史》开头几节就是"世界之初"、"地之各洲人之各种"、"中国种族之原"、"古今世界之大概"等等,尽管在内容的论述方面还不够完善,不十分科学,但夏曾佑毕竟涉及了过去封建史学家们所没有涉及过的新内容和新问题。要叙述这些

---

① 《1848年至1850年的法兰西阶级斗争》,《马克思恩格斯选集》第一卷,第450页。
② 章学诚:《文史通义·内篇·书教下》。

内容，不摆脱旧的编年、纪传、纪事本末体裁是不行的。尤为重要的是，夏曾佑为了表述其资产阶级历史进化论观点，要将历史发展的阶段划分为上古之世、中古之世、近古之世，又要根据当时历史考古学方面的新成就，用之来划分历史时期为传疑期、化成期、极盛期、中衰期、复盛期、退化期、更化期等等，以表明历史的进化发展。因而就逼使夏曾佑非采用新的史学编撰方法不可，即用篇、章、节的办法来表述他的新的内容。而夏曾佑这样做，也是具备了一定条件的。当时应用章节体编撰的西方资产阶级史学著作已陆续介绍到中国来，在中国翻译出版。夏曾佑学习了资产阶级的历史学编纂方法，应用这种方法来编纂自己的历史著作，在中国历史编撰学上是一大创新，尽管还存在着这样那样的缺点，仅仅是一种尝试，但在当时来说，客观上是有其进步意义的。

正因为《中国古代史》具有许多新的特点，故出版以后颇获得好评，有人说读其书"使人有心开目朗之感"，"上下千古，豁然在目"，这虽是过誉之辞，但说明了《中国古代史》在当时的史学界具有很大的影响。

综上所述，可以看出夏曾佑在今文经学变易思想的基础上，接受了西方资产阶级庸俗进化论思想，并将两者揉合起来，以后者为主体，形成了自己的史学思想体系，即"民智决定论"唯心主义文化史观，写出了《中国古代史》，成为中国近代资产阶级第一部史学著作，书中虽然深刻地反映了资产阶级唯心史观的偏见，但和封建史学著作相比较，它表达了中国历史的进化情况，无疑是一个不小的进步，就史学发展的意义来说，必须充分地看到这一点，对它进行历史的全面的具体的分析，肯定夏曾佑在《中国古代史》中所作的贡献，同时对其为资产阶级和地主阶级服务的各种思想毒素，特别是地主资产阶级史学观点，必须予以批判，肃清它的影响和流毒。

本文在写作时，曾参考了林绍明、黄丽镛两同志编写的《夏曾佑史学资料长编》中的一些资料，并此致谢。

（《上海师范大学学报》1979年第2期）

刘师培与《中国历史教科书》研究

在中国近代史上，刘师培是位引人注目的学者。他字申权，别号左盦，笔名无畏，江苏仪征人。生于1884年（清光绪十年），卒于1919年。出身于经学世家，曾祖文淇、祖毓崧、伯父寿曾，均以治《春秋左氏传》有声于时，父贵曾亦以经术名。师培于1802年（光绪二十八年）考中举人，次年，赴京会试落第，归途中滞留上海，结识了蔡元培、章太炎等爱国学社人士。这时的刘师培经历了中日甲午战争、戊戌康梁变法的失败，以及1900年八国联军的侵略，中国进一步沦为半殖民地半封建社会，民族危机空前严重，救亡图存的爱国热潮一浪高于一浪，激起了年轻的刘师培的爱国热忱。在蔡元培、章太炎等人的影响下，他很快接受了反对清王朝的民族民主的资产阶级思想，撰写《中国民约精义》和《攘书》，倡言排满复汉，并改名光汉。1904年与林君獬主持《警钟日报》。次年，又任《国粹学报》编辑。未几，又与陈独秀、章士钊等至芜湖，任皖江中学教员，并改名金少甫，发行白话报。1907年与其妻何震亡命日本，加入同盟会，为《民报》撰写文章，与章太炎相处甚相得。是年夏创办《天义报》。秋季，又与张继等设社会主义讲习会。次年，又创办《衡报》。他利用《天义报》和《衡报》宣传社会主义和无政府主义。就在这一年，他与章太炎产生严重矛盾，遂与其妻及汪公权回上海。是时，"其妻何震及汪公权日夜惎恐光汉入官场，光汉外恨党人，内惧艳妻，渐动其心"，[①]在清廷官吏的引诱下，终于充当了两江总督端方的密探，破坏革命事业。1909年，他至南京，成为端方的幕僚，堕落为反革命。两年后，他随端方入蜀，镇压保路运动。端方被杀后，他至成都由

---

① 陶成章：《浙案纪略》，第48页。

谢无量介绍至四川国学院任教。1913年至太原任阎锡山的高级顾问。次年赴北京，任袁世凯的公府咨议。1915年杨度发起成立"筹安会"，他与严复等应邀加入，为袁世凯复辟帝制效劳。袁世凯死后，蔡元培任北京大学校长，聘他任教授。他著述颇多，计论群经及小学者二十二种，论学术及文辞者十三种，群书校释二十四种，诗文集四种，读书记五种，学校教本六种，收入《刘申叔先生遗书》的计有七十四种之多。

一、《中国民约精义》和《攘书》的编纂

刘师培所写《中国历史教科书》共有三册，第一册为原始社会至殷商时的历史，第二、三册皆论西周时历史。本想继续写下去，因政治形势的变化和过早地逝世，这个打算未能实现，该书写于1905年和1906年，正是资产阶级民主革命高涨时期，1905年以孙中山为代表的中国同盟会在日本成立，宣传民主革命的《民报》，声势浩大，在舆论上完全压倒了宣扬改良主义的《新民丛报》。这时，刘师培的资产阶级民主革命思想也处于高昂时期，早在1903年就写了《中国民约精义》和《攘书》二部著作。他在《中国民约精义·序》中说："吾国学子知有'民约'二字者三年耳，大率据杨氏廷栋所译和本（日本）卢骚《民约论》以为言，顾卢氏《民约论》于前世纪欧洲政界为有力之著作，吾国得此乃仅仅于学界增一新名词，他者无有；而竺旧顽老且以邪说目之，若以为吾国圣贤从未有倡斯义者"，"暑天多暇，因搜国籍，得前圣曩哲言民约者若干篇，篇加后案，证以卢说，考其得失，阅月书成，都三卷，起上古讫近世，凡五万余言"，于1904年出版问世。他集中下列几个方面加以论述。

第一，上古立君出于多数人民之意。刘师培根据历史进化之原理，提出："上古初民，纷扰不可终日，宁乃相约公戴一人以长，后遂有君主之名。"他根据《春秋穀梁传》认为"魏人立晋为得众之辞，得众者即众意金同之谓也。此民约遗意仅见于周代者，观于《左氏》、《公羊》二传皆与《穀梁》同，则《穀梁传》能得《春秋》之意可知"。他解释说，君主之所以

确立,是上古之时,当众相聚,公举一人为帝王,众意佥同才可以成立,故上古立君必出于多数人民之意见。①

刘师培根据班固所说:"王者往也,天下所归往,君者群也,下之所归心也。"认为上古之时有民然后有群,有群然后有君。因此,他明确提出:"国家者,由民人团体结合力而成者也。君为民立,无人民则无国家,此古今之通义,而万世不易之理也。"②所以,"古代之民称天以制君",可是到了"后世之君",却"称天以制民",即《周易》所谓"圣人以神道设教化,推其流弊,而帝王神权之说由此而生","而帝王之身遂神圣不可侵犯"。中国历史上,"古代之思想多谓君由天立,而人君遂得挟天子之名以助其专制,神权、君权合而为一,其祸可胜言耶!"③他依据《民约论》的理论,批驳了代天宣化是一种蛊惑人心的谬论,尽管历史上,有些"众庶愚蠢之流,偶然麕集,售其欺者或有之,而欲以此虚妄之说为建国之基,则三尺童子亦知其不可"。④对君主为天立之说,从理论和事实上进行了批驳。

第二,立君以利民。刘师培认为人类社会开始时,由争斗之人群,进而结成较完备的邦国,是历史发展的自然结果。故《吕览》说"群之可聚也,相与利之也。利之出于群,君道立也。故君道立则利于群"的论述,是符合《民约论》的精神的。因为"一己之力,不足以去人人之国之害,遂以人人之力共去人人之国之害,其事半其功倍,实天下之至便。是民约之成立,皆由于一民自利之谋"。⑤因此,一国议政之权本来就应当操于人民之手,固无待君主之与也。人人有发言之权,即人人有议政之责,"此固原于民约之初者也"。但是,随着阶级社会历史的进展,君主权力逐渐加强,阻遏人民的进言,废全国之清议,即使有一二较开明的君主,亦不过导民使言,以辅行政之不逮耳。针对这种情况,刘师培提出,"吾尝谓直言之陈,诗歌之讽,皆非极治之世,何则? 政不能进善,然后有直言之陈,民不能进言,然后有诗歌之讽"。⑥要做到天下致

---

① 《中国民约精义》卷一,第5—6页。引自《刘申叔先生遗书》第十六册。
② 同上书,第6页。引自《刘申叔先生遗书》第十六册。
③ 《中国民约精义》卷二,第6—7页。
④ 同上书,第6—7页。
⑤ 《中国民约精义》卷一,第19—20页。引自《刘申叔先生遗书》第十六册。
⑥ 同上书,第6—7页。引自《刘申叔先生遗书》第十六册。

治,君主处理政务必须秉公办事,公则天下平矣。他引证《洪范》之言说:"无偏无党,王道荡荡。无偏无颇,遵王之义,无或作好,遵王之道,无好作恶。"认为人君治国,就应当爱民,做到大小平等,强弱平等,智愚平等,贵贱平等,无复压制与受压制等现象出现。

第三,三代之时为君民共主时代。他说:"上古之时,一国之政悉操于民,故民为邦本之言,载于禹训,夏殷以来,一国之权为君民所分有,故君民之间有直接之关系。"又说:"三代之时,为君民共主之时代。故《尚书》所载,以民为国家之主体,以君为国家之客体,盖国家之建立,由国民凝结而成。赵太后谓不有民何有君,是君为民立,在战国之时且知之,而谓古圣独不知乎?"① 刘师培认为其原因是在三代以后,君主世袭,家天下之制既行,而专制之威亦以渐肆。在他看来,这样一个历史阶段是无法避免的,"世界上进化之公理,必经贵族政治之阶,而贵族政治之弊,流为世袭"。如我国春秋之时,"郑有七穆,晋有六卿,鲁有三家,齐则国、高擅权,楚则屈、景柄政,贵族政治相习成风"。② 其结果是"世族居于上,下民将无进身之阶",完全违背了三代之时君民共主的精神。

刘师培从民约论的观点出发,认为君无道暴虐时,人民的反抗是对的。他说:"《春秋》不云乎,凡弑君称君,无道也。文明之国有君叛民,无民叛君,叛民之罪是为大逆,而叛君之罪甚轻,此最明顺逆之理者也。君无道而民叛之,是谓之顺,君无道而虐民,是谓大逆。公理昭昭,千古大爽。"③ 在当时的历史条件下,提出这种说法,无疑是向暴虐专制的封建君主宣战,对当时反对清王朝的斗争是十分有利的。

在二十世纪初年,刘师培以民约论的理论为中心,提出了上述观点,在反对清王朝封建君主专制的斗争,宣传和鼓动资产阶级民主革命的斗争中,无疑会起重大影响,起到积极作用,这是应当加以肯定的。

其次,刘师培在这同时还写有《攘书》,明确提出:"攘字即攘夷之攘,今《攘书》之义取此。"作者在该书中,以大汉族主义观点,反对清贵族的腐朽统治。应当看到,刘师培的民族理论是与当时的政治形势密

---

① 《中国民约精义》卷一,第2页。引自《刘申叔先生遗书》第十六册。
② 同上书,第5页。引自《刘申叔先生遗书》第十六册。
③ 《中国民约精义》卷二,第8页。

切相关的,戊戌变法失败至辛亥革命前的一段时间,民族危机空前严重,而以清贵族为首的腐朽统治集团,已完全堕落为帝国主义的忠顺奴仆。所以,那时的革命志士都以"排满复汉"作为革命的主要目标之一。刘师培之著《攘书》也是为这一政治目的服务的。正如他在所写的《中国民族志》中说:"廿(世)纪以前之中国,为汉族与蛮族竞争时代;廿(世)纪以后之中国,为亚种和欧种竞争时代。故昔日之汉族迭为蛮族之奴隶,今后之中国又将为欧种之奴隶矣,震旦众生,罹此浩劫,言念及此,能勿悲耶!"①"或曰:中国之民族无可灭之理也。呜呼,为此言者在自欺欺人之词耳。今太西哲学家创为天择物竞之说,物竞者,物争自存也。天择者,存其宜种也。种族既殊,竞争自起,其争而独存者必种之最宜种也。"②他认为中国历史上,曾有数度蛮族入主之时,但当时是"夷族劣而汉族优,故有亡国而无亡种"。但是,在鸦片战争后,西方资本主义国家对我国的侵略,其情况是"亚种劣而欧种优,故忧亡国更忧亡种"。在这种形势下,"使吾汉族之民仍偷安旦夕,不思自振之方,历时既久,恐消磨歇绝,靡有孑遗,不亦大可惧耶!"③对此,他所提出的解救药方,仍然是"保同种,排异种而已"。换句话说,在当时的客观情况下,他认为如果不能脱离"满汉之羁绊,即无以免欧族之侵陵"。而在当时所"筹保种之方,必先自汉族独立始",并语重心长地写道:"吾汉族之民亦有闻此言而兴起者乎?予日望之矣。"④

上述观点,刘师培后来完全纳入了所编《中国历史教科书》内,成为编写该书的指导思想之一,故有略述之必要。

二、以庸俗进化论观点剖析先秦史实

刘师培首先提出:"读中国史书有二难:上古之史多荒渺,而记事互相歧;后世之史咸浩繁,而记事多相袭。中国廿四史既不合于教科,《通鉴》、《通典》、《通考》亦卷帙繁多,而近日所出各教科书,复简略而不

---

① 《中国民族志》,第52页。引自《刘申叔先生遗书》第十七册。
② 同上书,第54页。引自《刘申叔先生遗书》第十七册。
③ 同上书,第54页。引自《刘申叔先生遗书》第十七册。
④ 同上书,第54页。引自《刘申叔先生遗书》第十七册。

适于用。欲治中史,非编一繁简适当之中国历史莫由。"他在《中国历史教科书》"凡例"中所写的这一段话,正表述了他编写《教科书》的原因和需要达到的目标。另一方面,他又认为旧中国史书之叙事,"详于君臣,而略于人民;详于事迹,而略于典制;详于后代,而略于古代"。他力图改变这种状况,提出他所编的《中国历史教科书》,"咸以时代区先后,即偶涉制度、文物于分类之中,亦隐寓分时之意,庶观者易于瞭然。"他在编撰该书时,明确提出,"不专赖中国典籍,西人作中国史者详述太古事迹,颇足补中史之遗。今所编各课,于征引中国典籍外,复参考西籍,兼及宗教、社会之书,庶人群进化之理可以稍明。"他为了阐明中国历史进化之理,将《教科书》的论述重点集中在历代政体之异同,种族分合之始末,制度改革之大纲,社会进化之阶级,学术进退之大势等等,而贯穿期间的核心观点则是庸俗进化论思想。

　　1903年甄克思《社会通诠》译本出版,严复在译者序中说:"夷考进化之阶级,莫不始于图腾,继以宗法,而成于国家。方其为图腾也,其民渔猎,至于宗法,其民耕稼。"在耕稼社会阶段时,"井田、宗法、世禄、封建之制生焉"。刘师培在其影响下,完全接受了《社会通诠》中关于社会发展原理的观点,按照甄克思所提出的模式来论述中国古代社会,他和同时的夏曾佑编撰《中学中国历史教科书》一样,提出中国上古之时也是"由渔猎时代进而至游牧时代"。他说:"伏羲之世作网以渔,教民以猎,而田猎所余留以供食,由野畜易为家畜,而游牧制度以兴,亦号炮牺。"到了神农时代,"神农教民播谷,与民并耕,由游牧易为耕稼"。然后又进至"游牧耕稼并行之制"的社会阶段。这时,"至新畴力竭,复辟旧畴,而休田之制易为趋田,即爱土易居之义也"。① 如果说,夏曾佑在其所撰的《中学中国历史教科书》中已提出了从只"知有母,不知有父",进而演变成家族,是社会"进化必历之阶段",开始接触到母系氏族社会向父系氏族社会的转变问题,是人类社会历史发展的必由之途这样一个命题,是资产阶级社会学观点在中国史学上的首次应用,那么刘师培在自己所写《教科书》中,则更进一步明确认为:"上古之时男女相处,夏聚冬散,以女子为一国所共有,而处子、妇人语亦弗区",致使"古代之人

---

① 《中国历史教科书》第一册,第55页。

知有母不知有父,血胤相续,咸以女而不男",实际上是处于母系氏族社会阶段。① 历史发展至虞夏之际时,"男权日昌,使女终事一夫",因此在家族中,"由女统易(为)男统",进入父系氏族社会,社会历史的演变发展大大前进了一步。刘师培也看到了这一点,说是"自女统易为男统,而家族之制渐成"。家族制度形成以后,跟随而来的必然出现宗法制度,他分析其情况说,"一族之中必统于所尊,故家长之率教者为父,此即宗法重宗子之始也"。其演变和发展过程是由家长扩为部长,部长扩为君主,"君主既操治民之权,复操宗子之权",其结果成为"世袭制度之起原,亦即君主政体之起原也"。这一制度"萌芽于唐虞,至夏殷而渐备"。② 刘师培将宗法看成是维系人伦的根本,所谓"中国伦理之起原,无一不起于宗法","凡一切政体、宗教、典礼,咸与宗法相关",③把宗法置于十分重要的地位,其理论观点完全依据《社会通诠》一书。甄克思在《社会通诠》中提出过:"顾东方社会,以宗法为命脉,一切现象必由此而后其义可以明。"上述问题,是过去封建旧史家所没有接触过的问题,或者如宗法问题如史籍上有所记载,但从没有将其提到如此重要的地位。尤为可贵的是,他比夏曾佑更进一步用历史进化观点,论述了原始社会历史中的许多问题,虽不无偏颇之处,但总的来说是有其值得肯定的一面,其不妥之处自然也应当明确指出。

历史进化论观点还表现在刘师培用以分析中国君主制的起源及其权力的演变问题上。他说:"上古之时君主即为教主,故上古社会有巫无酋。洪流以降,易巫为酋,酋训绎酒,盖发明制酒之人,则人民报本反始,尊之为君,此即君长之权舆也。"④当时各地皆有酋长,君主是由部落酋长发展而来,"酋长即为封建之起源,天子者即诸侯中之强力有武者也"。他认为当汉人从西方刚入中原时,有一族长(或家长)带领,大家尊称他为部(酋)长,由他管理整个部落。"积威既久,遂成世袭,各私其土,各子其民",各部落之间必然出现矛盾纷争。他依据柳宗元《封建论》所说:"生民之初,与万物俱生,不能自奉自卫,必将假物以为用。假

---

① 《中国历史教科书》第一册,第34页。
② 同上书,第37页。
③ 同上书,第35页。
④ 同上书,第23页。

物必争,争则必求能断曲直者以听命。故利出于群,君道以立。"君主制建立以后,就进入了王政时代,称为"皇"、"帝"或"天子"、"天王"。《白虎通义》云:"皇者,天也";《风俗通义》云,"皇"即"圣人与天合德之义也"。经他考证,认为君主最早称为"皇",其后称"帝",再后称"王"。这些称呼大有讲究,"无制令者谓之皇(无立法权),有制令而无刑罚谓之帝(无司法权),赏善诛恶,诸侯朝事,谓之王"。由此可以看出君权大小的演变。他根据史实,确认夏殷是确定天子之尊的时期,而诸侯中之强武知兵者,则群奉之为盟主,犹之周代之齐桓、晋文也。演变至周代时,天子权力虽然轻于秦汉,而和夏殷时期相较则其权力又稍重。① 发展到后来,君主以天神居,"帝王即以神道设教,凡施行赏罚,皆自言受命于天,使人民因尊天之故而莫不尊君……既受天历数,则君位不可复更,此古代臣民所由以君权为神授也。惟其君权为神授,故君权自崇,而人民之迷信亦愈深,岂不深可叹哉!"②刘师培根据历史事实对君权神授的批判是有力的,对当时反对清君主政权的斗争是有利的。正因为君主政体的产生与宗教有关,"上古之时,君主即为教主"。所以他主张兴办教育,废除宗教,为实行民主共和铺平道路。

由于刘师培以历史进化论观点看待历史演变,故认为古无历久不变之法,如有周一代之各种制度,虽然是折衷唐虞夏商各代之法,但是周代多更古制,"如封建之法,殷合伯子男为一,而周则侯伯为一等,子男为一等矣。什一取民,夏以贡,殷以助,周以彻,则世变为之也。即所行典礼亦然,《小戴记》所记虞夏殷周异礼,以《明堂位》为最多,其余如《檀弓》言所尚之色,周与殷夏不同,所用丧器,所行丧礼,周与虞殷夏不同"等等。他分析其所以不同的原因,是由于周代的制度多因时因地而变通,如周初之官名渐变,此因时变通者也,井田之法,不必尽行于天下,推之鲁礼与周礼的不同,晋用夏正,宋用殷礼,此因地变动者也。③ 在刘师培看来,周初之时代,是文明大君的时代,提出:"《礼记》所说夏尚忠,殷尚质,周尚文,由忠质变为尚文,非循进化之公例乎!"其原因是由于"西周之时,由野朴之风,浸而至于文明之俗"。

---

① 《中国历史教科书》第二册,第26页。
② 《中国历史教科书》第一册,第39页。
③ 《中国历史教科书》第三册,第52页。

如果我们将差不多同时编纂的夏曾佑《中学中国历史教科书》和刘师培《中国历史教科书》相比,虽然两本著作各有千秋,但前者以文化史观考察问题,在将近三十万字的篇幅中,谈及各时代的经济者绝少,其绝大部分内容,都是以文化为主体的上层建筑,其中尤其突出学术思想的作用。而刘师培在其《教科书》中,则自觉或不自觉地克服了这一缺点,他在第一册原始社会至殷代史部分,叙述了古代田制的进化,农器的进步外,对古代的商业、古代的工艺、古代宫室、古代衣服、古代饮食等均列为专课,进行论述。尤为有趣的是在《古代饮食述略》一课中,叙述了食物进化的过程。他说:"太古之人饮霜露之精,食草木之实,或茹草饮水,此仰给天然之食物也。及民稍进化,山居之民则食鸟兽,饮血茹毛;近水之民,则食鱼鳖螺蛤。盖渔之制兴,则万物咸制于人,然未有火化,多疾病毒伤之害。及燧人氏钻燧出火,教民熟食,以炮以燔,而民无腹疾。及伏羲结绳作网罟,而田渔之法益趋简易,田猎所余,复择兽畜之驯优者,储为刍豢,是为游牧之始。……及神农求可食之物……教民食谷,自是以降,民咸食谷。夏之八政,食为首列,而伊尹亦以滋味说汤,则夏殷二代咸崇饮食矣。"这不仅以此说明食物之进化,更重要的是通过食物之进化,来说明各个历史阶段经济的进步。在第二、三册西周历史部分,对西周之财政、西周之田制、西周之商业、西周之工艺、西周宫室之制、西周之美术等,都列有专课进行论述,在全书中占有很大的比重。这不仅说明了刘师培比较重视人们的经济生活,而且体现了近代资产阶级史学对历史教科书的要求。和封建史学相比较,不仅增添了新的内容,而且取得了划时代的进步,为封建史学所无法做到和达到的,就是和夏曾佑的《教科书》比较,它也取得了显著的进步,完全以崭新的面貌展现于读者面前,刘师培的创新精神是值得肯定的。

三、对先秦礼俗研究的贡献

《中国历史教科书》是在国粹主义高涨时写成的,1905年,刘师培与邓实、黄节等创办《国粹学报》,以"发扬国学,保存国粹"为宗旨。[①]

[①] 《〈国粹学报〉发刊词》,《国粹学报》第1期。

他们提出:"国学存则国存,国学亡则国亡",[①]并结成"国粹派",拟建国粹学堂于上海,号召对祖国的历史和文化进行研究,以继承和发扬民族传统,反对醉心西化,反对民族虚无主义。刘师培是古文经学大师,对儒家经典十分熟悉,特别是他由于家学渊源,对《左传》及《周礼》等书有精湛的研究。他说:"《周官经》为周公致太平之书,《仪礼》为周公所制定,大小戴《礼》为周末儒生追记周事之书,欲考西周典章制度,非此三书末由。"因此,他所提出"国粹"的具体内容,实即偏重于古文经学的传统内容,特别重视礼俗及典章制度。认为西周"最崇名分,以礼为法,以法定分"。在他看来,礼俗问题在古代历史中占有非常重要的地位,不仅研究先秦史应重视它,就是研究整个中国古代历史都应当重视它,认为欲考社会之状态,非此莫由,故搜集宜详。[②] 因而礼俗问题在其所著《教科书》中占有很大篇幅。他说商殷以前,礼有六大项:冠礼、婚礼、丧礼、祭礼、乡礼、相见礼。古人重视礼节胜过一切,而祭礼为其中最重要的部分,说"上古之时,舍祭礼而外别无典礼"。到了西周,礼制就已相当完备了。他用了整整五课的份量来叙述周代的礼制,是全书中份量最重、篇幅最多的部分,既有民间一般礼节,也有朝廷官方之礼仪。他认为礼是周代的特色,他说:"周公以礼治民,故民亦习于礼仪,莫之或越。则谓周代之制度悉为礼制所该可也。"西周最大的礼有四:冠礼、婚礼、丧礼、祭礼。由于统治阶级规定礼不下庶人,刑不上大夫,名位不同,礼亦异数,以礼仪的繁简定阶级之尊卑,故周代之礼仪各依等级,有一套严密的规定,不可逾越。他提出:"周代之制,命夫命妇不躬坐狱讼,王族有罪不即市,皆贵族之特权。而为庶人者不得立庙,不得行冠礼,葬亲不为雨止,是古人轻视庶民,种种设之限制。"[③]

刘师培说礼有五经,莫重于祭,故四礼之中以祭礼最为重要,所谓"国之大政在祀,祀也者,即祭礼也。盖古代一切之礼,悉为祭礼所该,降及周代,仍以祭礼为最烦"。[④] 祭祀大体包括五项内容,即郊禘、社稷、山川、祖庙、杂祭等。周代时迷信鬼神之风很盛,人们认为人死之后

---

① 《国学讲习会序》,《民报》第7号。
② 《中国历史教科书》第二册,凡例。
③ 《中国历史教科书》,第32页。
④ 《中国历史教科书》第三册,第23页。

便变为鬼,鬼和人一样有知觉,故必须加以祭享,"盖周代之时均以鬼神有知,祭则鬼神必享,因以祈福而禳灾"。① 四礼之外,礼典尚多,有养老礼、大射礼、宾射礼、燕(宴)射礼、诸侯相朝大飨礼、聘飨礼、迎宾礼、投壶礼、燕(宴)礼、乡饮礼、大饮礼,共十一项。要而论之,周礼之最大者,则为吉、凶、军、宾、嘉五礼。祭礼为吉礼,丧礼为凶礼,大师、大田之礼为军礼,迎宾、朝飨之礼为宾礼,冠、昏(婚)、燕(宴)、射之礼为嘉礼。周代统治集团规定这么些繁文缛礼,目的是为了"以治其民",使人们的一举一动有所"规范",所谓"纳民于轨物之中",使人民便于其控制,从而达到维护其统治的目的。

其次,伦理是礼的基础,刘师培在研究礼制的同时,对伦理也进行了研究。中国的伦理也称"人伦"或"五伦"。所谓五伦,即父子有亲,夫妇有别,长幼有序,朋友有信,君臣有义。故其内容包括了家族伦理、社会伦理和国家伦理。他认为中国古代伦理起源于有虞时代,那时,因"百姓不亲,五品不逊",乃命司徒制五教(或称"五典")以教民。至殷代,发展成为父子、兄弟、夫妇、君臣、长幼、朋友、宾客为七教,伦理渐备,但最基本的仍为父子、兄弟、夫妇、君臣、朋友五伦。《教科书》具体地叙述了夫妇、父子、兄弟伦理间产生的过程和关系,并在其基础上产生君臣关系。所以刘师培强调,伦理不是自古以来就有的,而是历史发展到一定阶段的产物,伦理又产生于宗法制度,"盖宗法者,所以维系人伦者也。中国伦理之起原,无一不起于宗法。至于周代,而宗法日臻完密矣"。

刘师培在其所写《伦理教科书》中,批评中国古代伦理有两大弊端:(一)中国伦理以家族为范围,所以中国人自古以来仅有私德而无公德,最多只能以己身为家族之身,舍孝第而外别无道德,舍家族而外别无义务。又因社会伦理皆由家族伦理而推,所以"人人能尽其家族伦理,即为完全无缺之人,而一群之公益不暇经营"。(二)家族伦理最不平等。根据宗法关系,儿子只能服从于父亲,妻子只能听从于丈夫,弟只能屈服于兄,最后,臣民只能忠于君主。他认为这些伦理是对人身权利的侵犯,是对人格不尊重的表现,要实行资产阶级的民主共和,就必须废除这些不平等的封建伦理道德。

---

① 《中国历史教科书》第三册,第26页。

再次,刘师培认为,风俗的迁移可以视社会之进化。因为风俗的不同,一是由于文化,一是由于法律。如上古时民风淳厚是由于生产尚不发达,人民尚未开化罢了,人们没有自治和独立生存的能力,"何得以之为美俗哉?惟其事简,故发明事物必赖人君"。随着时间的推移和经济的发展,人们的生活习惯会逐渐改变。他认为:"古代民愚,易于施治,故法令未备。唐尧之时不赏而民劝,不罚而民治,帝舜之时亦恭己无为,盖当时之民真性未漓,故治崇清静。"夏代之俗尚"忠",大概是因为大禹躬行节俭,"以忠厚之政施于民",而人民也受其影响的缘故。但因夏代已进入文明社会,"君子虽忠,而小人则失之于野也"。殷代为了纠正夏代风俗之弊,乃倡"敬"而去其"野"。但这样又造成了殷人迷信成风,"盖君子虽敬,而小人则偏信鬼也"。由于"信鬼则民愚,民愚则朴,故殷亦号质家",到了西周,为了救民于"愚",所以提倡"文"。他认为周代人民有两大特点同以前不同,一是合群,二是好义,其原因是与西周礼制完备很有关系。从而他提出了风俗之变化与人民的智愚程度有关的"民智决定论"的资产阶级观点。认为古代人民尚未开化之时,易于进行统治,即使法令不健全也影响不大。"文化始于唐尧",其时"不赏而民功,不罚而民治"。但是到了夏禹时,"虽行赏罚,民尚未仁",认为"民智日开,则民德日偷,不得不施赏罚"。因此,"风俗之迁移,可以识社会之进化"。刘师培脱离经济基础,脱离其他意识形态,单纯地从所谓"民愚"、"民性"、"朴诚"、"诈讹"等方面看问题,正是作者唯心史观的具体反映。

四、汉族西来说的谬误

刘师培在《中国历史教科书》中,以庸俗进化论和儒家关于人种起源的解释,为了论证汉族是世界上的优秀民族,与欧洲民族并没有什么差别,在优胜劣败的斗争中,汉族一定会胜利,会成为世界上繁荣昌盛的民族之一,在这种情况下提出了汉族西来说。

在刘师培看来,"汉族初兴,肇基迦克底亚",古籍所称的"泰帝"、"泰古",即"迦克底亚"之转音。他根据日本白河氏的《支那文明论说》,勾划出了汉族"逾越昆仑(今帕米尔高原)经过大夏(今中亚西亚),自西祖东以卜居于中土"的迁移路线。主要路线有两条：一由中亚西亚经天山北路，沿塔里木河到陕西、甘肃西部，沿黄河流域进入河南、山东；一由西藏入蜀，再陆续迁入内地或仍居于蜀。他认为中国和巴比伦同出一源，都是来自西方，所以"西人称汉族也，称为巴枯民族，而中国古籍亦以盘古为创世之君"。他认为"盘古"就是"巴枯"的音转，盘古为中国第一位君主，大概就是以种名为君名，①巴比伦有因提尔基君王，亦即《路史》中所提到的因提；巴比伦居住的丹通之地，即《穆天子传》中的"禅通"。②他错误的认为上古时代中西是合而为一的，部落酋长或居西方，或在中国，"天皇人皇皆起西方，庸成氏居群玉山，太暤亦生华胥。而古帝之名复多见于巴比伦古史，学术技术亦多与巴比伦相同，则太古之前中西合为一国，彰彰明矣"。又说："黄帝虽离西方独立，然仍与西方交通，故济积石（今青海西），涉流沙，登昆仑，取钟山之玉莹与西王母会。更由大夏入身毒，复梦游华胥之邦，故昆仑附近，有轩辕之国，有轩辕之邱，有轩辕之台，皆黄帝留迹西土之证也。"③那么，汉族本居西方，为什么要东迁呢？原来因为汉族所居之地"生齿日繁"，实有扩张之必要，于是"乃以东方为殖民地"东向发展，"犹之西班牙人初入美洲，英吉利人初入印度也"。④

　　刘师培的上述观点是错误的，因为它违背了中国境内汉族和其他各族产生的历史。我们知道，世界人类并非起源于一个地方，也并非同一个祖先，但其由猿到人和其以后社会发展过程，都是一致的，这是从全人类历史发展事实所得出的正确结论。我国不仅有近四千年的有文字可考的历史，而且通过地下出土的人类化石和其他文化遗物，在几十万年乃至一百七十万年前的原始社会早期阶段，中华民族的祖先就劳动、生息、繁殖在这块广大的土地上，创造了无比辉煌的物质文明和精神文明，为人类的进步作出了重大的贡献。

　　本世纪以来，在南亚、东非等地陆续发现距今一千五百万年到一千万年的腊马猿，已能直立行走和使用天然工具，应是从猿到人转变过程

---

① 《中国历史教科书》第一册，第2页。
② 同上书，第3页。
③ 同上书，第19页。
④ 同上书，第12页。

中的"过渡期间的生物"的早期代表。我国云南禄丰和开远小龙潭均有此类古猿化石发现,有力地说明了我国也是人类起源地之一,我国云南发现一百七十万年前的元谋猿人,陕西发现距今六十万年左右的蓝田猿人,北京周口店发现距今四五十万年前的北京猿人,则是我国境内的原始人群,是中华民族的远古祖先。中国猿人及其原始群体经过长期的繁衍和发展,到了旧石器时代中期,距今约二十万年左右,便开始进入了"古人"的阶段,其代表是马坝人、长阳人和丁村人。古人经过十多万年的发展,到了旧石器晚期,距今约四、五万年之际,便进入了"新人"阶段。新人可以柳江人、河套人、山顶洞人为代表。此时已排斥了古人的血缘婚姻而实行族外婚,进入了母系氏族社会。我国新石器时代的遗址遍布全国,其早中期即母氏族社会的发展和繁荣时期,可以黄河流域的仰韶文化和长江流域的河姆渡文化为代表。事实表明,我们的祖先不仅在黄河流域,同时也在长江流域创造了灿烂的原始文化,因此,长江流域和黄河流域同样是中华民族的文化摇篮,事实彰彰。我们的祖先,包括汉族在内,哪里是西来的呢?

汉民族是全世界第一个大民族,是个伟大而优秀的民族,这是不容否认的。但汉族的来源如何?又是怎样形成和发展起来的?虽然还是有待于进一步研究的学术问题,但是以往的历史表明,商族或夏族由于长期相互斗争与融合的结果,形成为华夏或华夏族,这种相互斗争融合的过程,到春秋时便完成了。华夏自前汉的武帝、宣帝以后,便开始称为汉族。

刘师培之所以不厌其烦地叙述我国早期的民族关系,及汉族先民的开国伟业,其主观意图虽然是为了鼓励汉族人民振作起来,挽救民族危机,走上民族复兴之路;然而,提出"汉族西来说"在思想实质上是崇洋,是缺乏民族自信心的表现。他力图从汉族也是所谓"西来"来说明汉族是优秀民族,而不是从汉族本身的种种业绩来证明它是优秀民族,这既违背历史事实,而且在理论上也是错误的,是唯心史观的具体反映和表现,是应该加以批判的。

五、余 论

刘师培出身于经学世家,在其家庭和学术思想上都带有浓厚的封建性。处于半殖民地半封建的历史条件下,当所谓"优胜劣败",亡国亡种之祸迫于眉睫时,他热爱自己的祖国,并在资产阶级民主革命派的影响下,一度参加了资产阶级民主革命的斗争,写出了很多有影响的文章和著作,起过一定的积极作用。但是,当资产阶级民主革命步步深入时,他在政治上便逐步下滑,1907年3月,他与章太炎、张继等反对孙中山,要求罢免孙中山同盟会的领导职务,导致了革命党人内部的分裂。尔后,又反对章太炎,终于充当了清政府大吏端方的幕僚,完全背叛了革命,咒骂革命党人"或留学外邦,侈为忘本之谈,弁髦道德,蔑侮圣贤",以致"下之则为人心之蠹,上之则贻宗社之忧"。① 前后判若二人,成为封建的卫道士。论者每每将刘师培走向反革命道路的罪责归于其妻何震及其表弟汪公权,这虽然可说是具体原因之一,但主要的还应该从刘师培本身找。刘师培是古文经学家,封建的根子深,加之他的家庭是几代传经的典型的封建地主家庭,从小深受封建意识熏陶,严重的封建地主思想意识导致了他后期走上了反资产阶级民主革命的道路,堕落为反革命,就是在他应用资产阶级民主革命思想观察问题,编撰《教科书》时,也同样存在封建思想意识的一面,例如过分美化古代,尤其是美化西周的制度,把西周描绘成是中国古代文化最灿烂的时期。其次,是经常用古制来比附近代西方资产阶级民主制度,带有明显的实用主义的倾向。当然,我们不能因此而否定《中国历史教科书》在中国近代史学史上应有的地位,他在二十世纪初年,用历史进化论观点研究中国古代史,在反对封建史学和启迪民智方面都起过积极作用。我们不能因他后来政治上的错误,以及应用资产阶级观点分析古代史所存在的问题,而否定他在当时的历史条件下所作的贡献,这是非历史主义的,我们应当实事求是、恰如其分的给予正确的评价。

(与仲伟民合作,《华东师范大学学报》1988年第4期)

---

① 《上端方书》,《刘申叔先生遗书》第五十六册。

章太炎与《清建国别记》

章太炎名炳麟,字枚叔,后更名绛,浙江余杭人。公元一八六九年(清同治八年)生,一九三六年(民国二十五年)死。生平著述很多,在史学研究上亦有所建树和影响,是辛亥革命酝酿时期中国近代资产阶级民主革命派中一位"有学问的革命家"。

辛亥革命前,章太炎是位积极反满光复主义者,充满了大汉族主义的民族主义观点,为了辨"夷夏之义",他极力揭露满族统治者在入关后扬州、嘉定的大屠杀,以及文字狱、乾隆焚书等罪恶。尤为重要的是,他积极研究和阐述清廷在政治、经济、文化思想等等方面对汉族压迫剥削的历史,以激发汉族人民进行反满统治的斗争情绪,从而达到其反满革命的目的。因此,章太炎一走上政治舞台,就十分注意清史的研究,早在一九〇二年修订《訄书》时,书中即有《哀清史》等文,力图从汉、满两族的历史关系上,论证满族为"胡"为"夷",为反满的政治斗争寻找理论依据和历史依据。一九二四年,章太炎又撰写了《清建国别记》,它的主要内容,是考辨奴儿哈赤建国以前的清开国史实。清开国与明朝的关系,是明清兴亡史和汉满民族关系史上的一个重要问题。长期以来,这方面的研究,是比较薄弱的,本文拟就以下几个问题,略加论述,不当之处,请读者批评指正。

一、以明著明刊校考清史

毛泽东同志指出:"中国是一个由多数民族结合而成的拥有广大人口的国家"。[①]满族是我国统一多民族国家中的一个民族。满族这个

---

① 《毛泽东选集》一至四卷合订本,第585页。

名称,虽于明朝末年才出现,但它的先世肃慎、挹娄、勿吉、靺鞨和女真族,自古以来就居住在我国"白山黑水"的东北地区,是一个有悠久历史的民族。

满族的历史和满族统治集团与明廷的关系,本来是有历史记载可兹查考的,但当其统治集团起兵反明,意欲夺取全国地主统治政权,尤其是当它成为全国的最高主宰者以后,对其祖先臣属明朝的关系讳莫如深,他们总想把自己说成是天生的统治者,对清上世的有关资料加以毁灭或篡改,诚如章太炎所说:"清上世之事以无书契,子孙弗能志,虽世系亦慢也。奴儿哈赤起侧微,史官载之,其辞多不诚";而"明人杂著、别集,有事涉建州者,遭乾隆焚书悉毁,其录于四库者,点窜之余也。官私所刊,若张居正、熊廷弼诸家奏议,其要者亦删之矣"。[1] 由于资料的被焚毁、删除、篡改,致使对清建国前历史的研究,造成种种困难。辛亥革命后,章太炎被袁世凯任为关东筹边使,曾东抵三姓(牡丹江与松花江合流的依兰地方,明代时是建州女真居住的中心地区),北到黑龙江,"所在求其异闻",注意搜集有关清开国的史实及遗迹的考查,其后又致力于搜集有关清开国的文献记载。他先后搜集到的,计有严从简《使职文献通编》、日人村山纬钞本《清三朝实录》、茅瑞徵《东夷考略》、王在晋《三朝辽事实录》、吴承仕钞本《明实录》,以及天都山臣《建州女真考》、叶向高《朝鲜女真二考》、陈建《皇明通纪》、王世贞《弇州史料》、黄道周《奴酋篇(《博物典汇》卷末)》等。这些史书,都是未经清廷删改的劫余资料。较之已经篡改删削的《明史》和《清实录》所载,其史料价值是信伪判然。他在《与吴承仕论满洲旧事书一》中说:"鄙人近得明代官书及编年书数种,乃知满洲旧事。"[2]了解到《清实录》及《开国方略》等载爱新觉罗谱系,其实疏漏夺失,自不知其祖之事。《明史》于此,亦颇讳之"。[3] 当他进行有关资料的排比之后,说"近考明代书籍,所记清事,与《(清)实录》甚异,如清祖有范察者,《实录》言其隐身以终,更不知有何事,明人则载其事甚详。而其亲族在天顺、成化间,犯边亦甚剧,不知清人何以不知?并《明史》亦吞吐其辞焉"。又说:"清之兴京,即明之建

---

[1] 《清建国别记·序》,民国十三年冬用聚珍仿宋印,第1页。
[2] 《华国月刊》第2卷第2期。
[3] 同上。

州卫,建州头目受明官号者,明人书载之甚详,而清人皆不知"。章太炎认为其原因,"大抵明代敕书底簿,存于内阁,一检即知。清则前代本无文字,太祖倡乱,已将敕书焚毁,故于世系反不能了"。其情况"犹《辽史》书太祖事,往往不备,而温公《通鉴》反详之也。……如此之类,清官书既有所讳,而案牍小文,或有漏泄情实之处"。① 因此,他极力搜集一些未经清廷篡改的有关历史记载,进行整理和考证。其特点是,即不仅用"明人书校清史",而且是用未经篡改过的明人"旧本"著作校清建国史事,他在写给吴承仕的信中叙述其过程说,撰写《清建国别记》时,"援据二十余种书,而明著明刊居其半"。② 由于聚集了多种明旧刻本书籍,所谓"数者相会,上窥清事,如求盗得赃品,征验的然,足以知官书悠谬"。③ 由于章太炎是一位忠实于其方法论的学者,他的形式逻辑所能理会的东西,他就确信不移,反之他的逻辑所占据不到的材料,他就存疑,因而所考证的史事是较朴实的,他颇为自负地说:"昔元人作辽史,事有疏漏,则司马公《通鉴》或先详之,以是知异域无文籍之国,其事湮没,有资于汉土故书者甚众。以明人书校清事,不得旧本,徒随清世所点窜者以为质,则亦莫能理。太史公记五帝三代,必依古文,而排七国秦汉间俗说,余庶几得其旨。"④

二、清为金裔的问题

《清建国别记》在内容方面分为七篇:《清为金裔考》、《建州方域考》、《范察董山李满住事状》、《范察董山李满住事状后考》、《卜哈秃兀者秃木事状》、《伏当加事状》、《孟特穆福满考》、《觉昌安塔克世奴儿哈赤事状》等,最后一编附有《附述奴儿哈赤收鸭绿江事》、《附述奴儿哈赤与南关事》、《附佟氏考》等文,章太炎考证了以下几件较为重要的史实:"朱果之事,明其与金后庋也;范察、董山之事,明其素居赫图阿剌也;塔克世之事,明其不与阿太同叛也;建州国汗后金国汗之事,明其始称天

---

① 《与吴承仕论满洲旧事书》,《华国月刊》第2卷第2期。
② 同上。
③ 《清建国别记》,第2页。
④ 同上书,第2页。

命,犹不敢达于外也。"①

　　章太炎首先考证了清为金裔的问题。他说:《清太祖实录》记载满族祖先源于长白山东布尔瑚里也,有天女曰佛库伦,相传感朱果而孕,是为满族的始祖。他认为这种说法,与满族女真族金人的后裔是相矛盾的,指出所谓"感朱果而孕",是"附会《生民》、《玄鸟》之义为之,盖诞妄不足信"。他以严从简《使职文献通编》的记载为证说:"女真,即古肃慎之地,在混同江之东,后汉谓之挹娄,元魏谓之勿吉,隋唐曰黑水靺鞨。其后粟末靺鞨强盛,号渤海,黑水往属之。及渤海浸弱,为契丹所攻,黑水复擅其地,即金鼻祖之部落也。……至阿骨打始大,建国曰金,金亡归元,以其地广阔,人民散居,设水达达等路军民万户府以总摄之。本朝永乐元年,遣行人邢枢偕知县张斌往谕奴儿干,至吉烈迷诸部落招抚之。于是海西女真、建州女真、野人女真诸酋长悉境来附。"崇祯初年,陈仁锡所著《潜确类书》也说:"其降附四酋,曰东旺、曰佟答剌、曰王肇州、曰琐胜哥,所谓建州女真者,即清之先也。"历史事实表明,海西女真、建州女真、野人女真一直是在明朝的统辖之下,其中建州女真从明初开始逐步南迁,最后定居在佟家江、苏子河、浑河流域一带,经过漫长的发展过程,直至明末,才成为一支统一女真各部的强大力量,出现在历史舞台上。明廷选择忠诚并有能力统治本部落的大小酋长,作为他们在东北地区所建卫所的各级统治者,以分别统治本部女真,其条件是对明廷则"征调惟命","朝贡以时",成为"不侵不叛之臣"。② 清建国前的祖先就是以忠于明朝,有功于明廷,并作过建州左卫的统治者而载入史册的。然而后来的清统治者对此闭口不谈,其原因是由于清统治者意欲灭明,深知汉族人民,"以宋金旧事,惎金最深",为适应对明之政策,遂讳言其系金朝之后裔,如天聪五年(1631年)清太宗给明将祖大寿的信中即说:"尔明主非宋之苗裔,朕亦非金之子孙。"章太炎指出说:"此乃以明人惩于宋金和议有为而言,不足以夺其大金国后之证。"因为在此之前的天命六年(1621年)三月,给朝鲜国王的信中就曾自称"后金"。③ 同

---

① 《清建国别记·序》,第2页。
② 杨同桂:《沈故》卷四。
③ 金梁《满洲秘档》太祖书称后金国条中载:"天命六年三月,上遗书朝鲜国王曰:后金国大皇帝,遗朝鲜国王书。"

年五月,太祖经过盖州时,有人献大金天惠三年所铸铜钟一口,系金太祖阿骨打之弟乌珠汗统治时所造,太祖自称这是"吾远祖遗物"。①《太宗实录》本身也曾记载,天聪三年清太宗率兵进攻北京,"十二月辛亥,占领良乡,是日,房山县有生员三人来降。太宗谕之曰,闻尔房山县人曾奉祀我前金皇帝,是亦有劳之民也。今天祐我至北京,大业告成,尔皆属我,不成恐贻尔祸,尔等须杜门安坐,以待事之究竟。于是赏而遣之"。天聪七年与朝鲜王书也说:"瓦尔喀与我俱女真国大金之后,先是布占泰侵掠我国人民,我两国由此构兵,今索取之由,盖以实系我国所遗。若谓瓦尔喀与我不系一国,非大金之后,尔国有熟知典故者,可遣一人来,予将以世系明告而遣之,尔试观金、辽、元三史自晓然矣。"这是自承金裔与朱果感生之说大不相同,章太炎进一步考辨说:"若夫金氏完颜而清氏爱新觉罗者,《金史·地理志》金上京路在按出虎水之源,国言金,曰按出虎,故名金源。清人述之,谓按出虎乃爱新音误(《金史国语解》、《清一统志》皆有是说),是则始氏完颜,后氏曰金耳。自阿骨打以至清之近祖范察,已三百余岁,自金始祖函普以至阿骨打,又几百岁年,历时既远,居处数移,其姓氏从之而变,完颜者氏于部落,爱新觉罗者氏于国名,其异也乃其同也。"章太炎指出:"事证具在,抑岂回易字义之所能弇乎?盖所谓按出虎之水者,于唐之渤海为忽汗海,于明为忽儿海河,于清为湖尔哈河,今称牡丹江者是也。爱新与按春、按出虎,义纵不属,爱新之为金则彰彰矣。"②章太炎的考辨是正确的,因为"爱新的译音译义皆为金,故清初国号曰大金,亦曰后金"。③ 王在晋《三朝辽事实录》、茅瑞徵《东夷考略》所述朝鲜咨文,也证明清太祖初建国时,曾"移檄称后金国汗"。"清内阁所藏天聪四年入犯京师誓众谕,则太宗犹称金国汗"。④ 事实俱在,清后嗣虽然讳言也是否认不了的。章太炎为了进一步说明这一问题,在写给吴承仕的信中又补充一旁证说:"今观朝鲜诸史,崇德以后皆称清,崇德以前皆称金。"⑤不仅如此,朝鲜国王

---

① 金梁《迁金天惠帝铜钟对辽阳》,《满洲秘档》,第50—51页。
② 《清建国别记》,第11—12页。
③ 金梁:《光宣小记》,第7—8页。
④ 《清建国别记》,第11—12页。
⑤ 《与吴承仕论满洲旧事书四》,《华国月刊》第2卷第2期。

于一六一九年(天命四年)给太祖的信中"犹称为建州卫马法足下。马法乃酋长之称,犹言建州卫酋长。此书载在天命四年,与《神宗实录》万历四十七年所叙相合"。① 章太炎还举出明朝方面的证据说,金朝陵墓"在房山者,前我师克取辽东,故明惑于形家,疑与本朝王气相关,遂厮断其地脉。己巳岁,我太宗父皇帝统师入关,念金朝先德,遣王贝勒大臣诣陵致祭,明复加摧毁,且建立关朝为压胜,是明人灼然知清为金后,清亦自言金朝先德。先德者何?非其祖则不可言也"。②

此外,清初以大金为国号,还有数证,"盛京抚近门外瓮两门内额皆镌文曰:'大金国天聪五年孟夏造'十字,证一。盛京清户部门牓末署曰:'大金天聪二年'。戴葵甫、金伯衡、贵和塤三君皆及见之。自户部废,其地改建学务公所,旧榜早毁灭无存矣,证二。金息侯于民国七年,得盛京故宫老档一百七十九册,分纪天命、天聪、崇德三朝事,为《太祖》、《太宗实录》、《开国方略》、《东华录》所不载,原为满文,经满汉文字之士十余人,译成百卷,清初称金,即见此档。故徐菊人序云开国实录本纪,累有修改,时秉笔者删语过多,甚于国名,其他可知,即谓此也(详见《瓜圃丛刊》),证三。……稻叶君山《清朝全史》所列大金国号之证据,于抚近门额之外,有辽阳之喇嘛坟、大石桥之娘娘庙碑,东京城之扁额,皆有大金某年字迹,当由目验而得。《清朝全史》载一喇嘛法师碑,全文末署:'大金天聪四年岁次庚午孟夏吉旦建',或即辽阳之喇嘛坟也"。③ 尤为弥可珍贵的是,"海城公园有铁云牌一具,上铸字曰:'大金天命癸亥年铸。牛壮城。'凡十一字。按清太祖天命八年癸亥亦即明熹宗天启三年也"。④ 章太炎虽然没有看到或引用这些资料,但他论述清为金裔是符合史实的。

清统治者既是女真族金朝的后裔,但后来何以又要改称为满洲呢?章太炎说:"据明人书、朝鲜人书,并无称满洲者。以其种族言,则曰女真;以其封域言,则中国曰建州,彼称赫图阿剌,满洲之语,竟何所

---

① 金梁:《清帝外纪》,《太祖武皇帝实录》,第21页。
② 《清建国别记》,第11页。
③ 金毓黻:《辽东文献征略》卷八。
④ 金毓黻:《东北文献零拾》卷五。

附?"①考清统治者用满洲二字,始于编纂崇德朝实录之日,以前遗录及文书,实无此说。关于满洲一词之原委,清代的官样文章《满洲原流考》说:"天男乘舠顺流下,至河步登岸。……众曰'此天生圣人也,不可使之徒行'。遂交手为舁。迎至家。三姓者议为主,遂妻以女,奉为贝勒,居长白山东鄂多理城(在今宁古塔西南三百里),建号满洲,是为国家开基之始。"而《满洲原流考》前面所载之乾隆四十二年八月十九日上谕则说:"史又称金之先出靺鞨部,古肃慎地。我朝肇兴时,旧称满珠所属曰珠申,后改称满珠,而汉字相沿,讹为满洲,其实即古肃慎,为珠申之转音,更足征疆域之相同矣。"但乾隆帝的说法却违反它的祖宗——太宗的意见,天聪九年十月敕云:"我国原有满洲、哈达、乌喇、叶赫、辉发等名,向者无知之人,往往称为诸申(即珠申——笔者)。夫诸申之号乃席北超墨尔根之裔,实与我国无涉。我国建号满洲,统绪绵远,相传奕世,自今以后,一切人等止称我国满洲原名,不得仍前妄称。"②章太炎认为肃慎、女真、珠(诸)申皆对音,"触耳可辨,此种附会,真不值一笑"。③尖锐地指出"弘历之说,是欲变天下之昭为聋也"。④ 他又驳斥有人"依《王制正义》引《东夷传》,九夷:一曰玄菟、二曰乐浪、三曰高骊、四曰满饰,疑满饰转为满珠"的错误说法,因为"其名已绝于渤海、金源之世,不容至明末复有之"。又有人"言满洲得名因李满住",章太炎也认为是错误,其原因是"满住诛于成化三年(1467年),去太祖袭职几百二十岁,中间曷为无其名邪?"章太炎研究的结果,提出"窃疑此名乃剌麻以曼殊师利宠锡之,非其本称。今奉天旗族尚多,除官寮外,只自知为旗人,不知为满洲人。若果为部落正称,何以其人绝不能晓也。此种事恐作史者断难附会,仆今亦不敢断为剌麻宠锡。但其绝无根据,则可知已"。⑤《清建国别记》中关于满洲一词的结论是:"按《满洲源流考》,我朝光启东土,每岁西藏献丹书,皆称曼殊师利大皇帝,鸿号肇称,实本诸此。以是知满洲非其故名,顾番僧之所宠锡耳。曼殊师利译言妙吉祥,是本尊

---

① 《清建国别记》,第4页。
② 《太宗文皇帝实录》卷二五。
③ 《与吴承仕论满洲旧事书四》,《华国月刊》第2卷第2期。
④ 《清建国别记》,第4页。
⑤ 《与吴承仕论满洲旧事书四》,《华国月刊》第2卷第2期。

号,犹中土言圣神文武皇帝,而建夷失其义旨,载其荒诞,遂以为正称,此与天女之说,奚以异乎?奚以异乎?"①

满洲建国以来,称号屡易,推求其故,不外由于适应当时形势的需要:当其受明羁縻为明廷"忠顺看边"②时,冒称佟姓,专以调和明人的思想。及一旦交战,乃以大金国为标榜,以激励女真人之士气,而便于驱策其人民为其卖命。厥后国势强大,包容种族渐多,"大金"之名易引起部族携贰,尤其易招明人疑忌,故自太祖以后金为国号,虽历二十年之久,卒不能向汉族南方之境宇展开一步。到太宗时,默察当时的形势,用后金为号以结合女真人之基础兵力已经强固,目的已经达到了。但是,如果继续采取这一办法,不采取怀柔汉族的政策,不吸集多数的民族,是无法逞其雄心的。他审权观变的结果,遂毅然自改其族名曰满洲,而以"大清"二字代"大金"之朝号,用前者以博得女真人、蒙古人乃至一般汉人之好感,用后者以与明廷相对抗,其用心可谓险恶矣。

三、范察、董山素居赫图阿剌的问题

建州卫是明朝最早建立的女真卫所,地点初在三姓。据《清太祖实录》载:满洲有五部,曰苏克苏浒河、曰浑河、曰王甲(《清开国方略》作完额)、曰董鄂、曰哲陈;长白山有二部,曰纳殷、曰鸭绿江。这个记载是不全的,如朱舍里部就没有列入。明天启初年,茅瑞徵所著《东夷考略》载:"东方诸夷,自野人、海西外,卫所甚众,而建州领其名,并毛怜曰建州女真。"该书认为:"举要则建州女真为通名,而建州卫乃其一部。建州卫者初一卫,后分为三,与抚顺接壤,清初称赫图阿剌(汉语横岗,位于今新宾县永陵公社老城),后改曰兴京。"③《太祖实录》载,兴祖六子,景祖觉昌安居祖居赫图阿剌地,兄弟各筑城分居,其五城距赫图阿剌,近者五里,远者二十里,皆称宁古塔。明万历末年天都山臣所著《建州女真考》,崇祯时黄道周所著《博物典汇》,天启初张鼐所著《宝日堂集》中之《辽夷略》等记载,都说奴酋故部在宁宫塔砦,或言奴驻牧在宁宫

---
① 《清建国别记》,第4页。
② 见《清太宗伐明告示》,载北京大学《国学季刊》第1卷第2号。
③ 《清建国别记》,第4页。

塔、红岩子等砦,章太炎认为"此皆地壤异号,实不能出建州,其当瑚尔哈中流,称宁古塔者或海西兀者,故有其名,或清人所后定"。在章太炎看来:"要之建州女真包络虽广,而东不及长白山,北不及灰扒,建州卫则今兴京,裁比于中国之保塞者,更分为三,其提封亦迫矣。以居地近,则窥边易,其种人或入为汉宫,习识内情,易于撑伺。是以终明之世,建州频为寇盗,猾夏滔天而莫之御也。"①

关于清代祖先的世系,确实存在着不少问题,章太炎在《与吴承仕论满洲旧事书三》中说:"清祖范察(明人书称"凡察"),至肇祖孟特穆,中缺一代。据明人书,范察于正统初,与兄子董山分领建州左右卫。其后董山伏诛,则在成化三年。又三年,董山、范察之后,及中卫李满住之后,皆得袭。董山之子名脱罗,明人书已详之。范察之子,明人书亦未录其名。"②章太炎依据《博物典汇》、《东夷考略》、《朝鲜女真二考》、《建州女真考》、《使职文献通编》、《皇明通纪》等书,进行排比研究,得出的结果是"匪独二酋事,清之世系与其猾夏之始,亦略可见矣"。③

当明永乐时,建州卫指挥阿哈出,以功赐姓名李思诚,其子释家奴曰李显忠,显忠弟猛哥不花,亦以内附领毛怜卫,累都督同知,显忠死,子满住袭,求驻牧苏子河。正统初,建州卫都督猛可帖木儿为七姓野人所杀,④弟范察子童仓逃之朝鲜,并失去印信,明廷给以新印,以童仓弟董山袭建州卫指挥。不久,范察童仓归,得故印,诏上更给者,范察藏匿故印不出,乃更分置左右卫。正统七年(1442年),明朝便任命范察为建州右卫指挥使,董山为建州左卫指挥使,由于他继续攻占明边地,被杀。后来酋长完者秃贡马请袭位。章太炎在给吴承仕的信中说:"完者秃为董山之侄,董山又范察之侄,则完者秃非范察子,乃董山兄童仓之子耳。据《实录》又云,建州右卫都督纳郎哈,以附董山伏诛,其叔卜哈秃袭职。右卫正范察所封之地,则纳郎哈乃范察之孙,而卜哈秃乃范察之庶子也。范察自正统四年,已逃朝鲜,未几归而得长右卫。至成化三

---

① 《清建国别记》,第8页。
② 《华国月刊》第2卷第2期。
③ 《清建国别记》,第9页。
④ 被兀狄哈(东海女真的窝集部)酋长杨木答兀袭击,死在会宁。

年董山叛时,已二十八年,固容有孙袭职矣。此仆所考核者,似更审正。"①后来,章太炎又依据《明英宗实录》所记载的资料,证明"纳郎、哈卜哈秃,皆凡察之嗣,而童仓乃董山之兄也。《开国方略》所引,有黄道周《博物典汇》,彼云:但书官名,不著姓氏,仆已得黄书原刊本,姓名具存"。故他慨叹地说:"甚矣清史官之欺人也。"《博物典汇》说,本之天都山臣《女真考》(《广百川学海》本),与天都山臣同时者,有叶向高《四夷考》,有茅瑞徵《东夷考略》,这些著作章太炎都搜集到了。他说:"诸书皆云建州左卫都督猛可帖木儿,为七姓野人所杀,弟凡察子童仓逃之朝鲜,童仓弟董山留掌卫事,凡察归争印,乃分左右卫,其文甚明。但董山更有弟阿古悉,则唯《实录》著之耳。《明史稿》及后定《明史》,于《朝鲜传》略载童仓事,于凡察、董山则讳之,实则凡察为主,而童仓随同行事耳。《清实录》谓范察遁于荒野,不肯实指朝鲜。又谓范察随身以终,不肯道争印分卫事,于是祖宗封爵前无所承,大可笑也。再《东夷考略》等所载,天顺三年,朝鲜授董山为正宪大夫中枢密使,辽抚程信侦得之,诏诘责,朝鲜及董山皆服罪。《明史·朝鲜传》则谓建州三卫都督私结朝鲜,或李满住、凡察亦在内,但其时或为凡察,或为凡察子孙,则难知。更望将《英宗实录》天顺二、三、四年事一检,则成完璧矣。"②其后,他又进一步研究了《太宗实录》、《穆宗、神宗实录》有关资料之后,了解到:"左卫建置,《实录》虽略其文,而《会典》、《明书》永乐十年,是即有据。其中世系,虽无明文为证,然观凡察、李满住同以逢吉为叔,则知左卫与本卫实一家也。以事度之,左卫必由阿哈出之后分出,恐凡、李同祖阿哈出为同堂兄弟耳。王杲事难得证明,其时右卫尚有台恭,左卫尚有撒哈答柳尚等,而《三朝辽事实录》又载三卫敕书,为王杲与鹅头勒勒把督分领,则头目正多,难一一考其世系矣。《明会典》土官许以妻及婿袭,婿固异姓,妻亦未必不改适,于此则有异姓继职者矣。"③后来,章太炎又看到了钞本《明世宗实录》,经过研究,他说:"清官书称范察再传至肇祖原皇帝。按英、宪两朝《实录》,则纳郎哈先嗣右卫,为都督同知,后与

---

① 《与吴承仕论满洲旧事书四》,《华国月刊》第2卷第2期。
② 《与吴承仕论满洲旧事书五》,《华国月刊》第2卷第2期。
③ 《与吴承仕论满洲旧事书六》,《华国月刊》第2卷第2期。

董山同诛,无子,而以叔父卜哈秃袭。然则纳郎哈必范察之孙,以孙嗣祖,卜哈秃必范察之庶子,以叔嗣侄。纳郎哈既无子,则范察肇祖间阙名一世者,即卜哈秃也。计其袭职八十三年,年近百岁,子孙皆已长老,以祖父在,不得为大酋。故肇祖兴祖辈,中朝不闻其名也。据《东夷考略》,王杲于嘉靖三十六年,已为右卫都指挥,去三十一年卜哈秃入朝时,才五年耳。此则卜哈秃殁后,王杲承之无疑。然王杲子阿台,娶景祖孙女,纵使夷狄之俗,婚不避宗,王杲若为卜哈秃孙,则于景祖为从父。若为卜哈秃曾孙,亦于景祖为兄弟(此据肇祖至太祖四世之说,除去充善、锡宝齐篇古不数)。阿台非景祖兄弟,即为其侄,似不当以孙女妻之,此事可疑,故意王杲虽承卜哈秃,未必即其族姓。……再者隆庆时有右卫都督安台失,万历时有右卫都督同知台恭,此皆尊官,亦不知其所出。而其时清太祖已生,当知其详,清官书乃一概阙之,信可嗤矣。"①

章太炎根据明朝人关于清开国时的著作,考辨说:"董山既诛,其后与范察皆得袭,明范察所领右卫亦同叛也。由今观之,李满住本建州世胄,已驻牧苏子河,猛可帖木儿、范察先亦同处左卫,董山叛,官军自苏子河入其巢,并今兴京地。自阿哈出至李满住,于清远近不可表,范察则其祖,董山亦范察兄子也。《清实录》谓范察再传至肇祖都督孟特穆,始居赫图阿剌,其数典亦荒矣。范察始封右卫,宜为清鼻祖。然崇德、顺治两次追王,皆始都督孟特穆,不始范察。董山于中朝为叛人,于清之宗则骁桀自振者也,而报享亦不及,且轶其名,将以梗化之人,子孙犹羞道之耶?"②他不同意近人唐邦治在《清室四谱》中疑孟特穆即猛可帖木儿,其长子充善即董山,充善长子妥罗即脱罗的意见,认为"以董山为充善,以脱罗为妥罗,声皆相似,其比合亦巧矣。然如是,则清不出范察而出猛可帖木儿,此一大疑事。即猛可帖木儿三子,童仓、董山、阿古悉也。孟特穆二子,充善、褚宴也。童仓为董山之兄,则充善不得为长子,而董山之名,于褚宴又不相会,则支离愈甚矣"。按《清实录》称范察再传至肇祖孟特穆,孟特穆生充善,"充善生锡宝齐篇古,锡宝齐篇古生兴

---

① 《与吴承仕论满洲旧事书七》,《华国月刊》第2卷第3期。
② 《清建国别记》,第12页。

祖。兴祖生景祖，景祖生显祖，显祖生太祖，是肇祖去太祖六世也。而崇德、顺治两次追王及今永陵葬处，皆祇肇、兴、景、显，而无充善、锡宝齐篇古，顺治追王时有告天地文，竟称肇祖为太祖之高祖，与前相去六世之谱不同"。① 出现这种情况的原因，他认为是由于在清"太祖以前，本无文字，谱牒不具，以口耳相传，妄取充善、锡宝齐篇古置肇、兴二祖间。天聪初修《太祖实录》因之。崇德以后，悟其非是，又更订正，故祇为四世"。② 以这些理由来证明兴祖为肇祖之子。但是王氏《东华录》载"崇德元年，追尊始祖为泽王"，可知顺治时所称高祖，明系始祖之误。始祖与高祖（即兴祖）其间必隔数世，其曰追崇太祖以上四世，不必定为父子相次之四世。黄道周《博物典汇》所载景、显二祖被杀事，其时间在明嘉靖四十二年。是年太祖年四岁，上距董山被戮之时间仅九十五年，也说明章氏未能深考。

章太炎又说："夫文字或难征信，而山陵则形迹皎然，固宜以四世为定。充善之为董山，妥罗之为脱罗，容或近之。要之以此二人置肇祖后，则必崇德以前传闻之误也。盖孟特穆于猛可帖木儿为从孙，而其音相似。是以清人先有此误，今则不得不据陵墓追王之迹以正之矣。"③《东北文献零拾》清肇祖墓条载："端仲纲谈清肇祖之墓，在延吉与朝鲜交界处，俗称皇帝坟者是也。按今兴京永陵内祇有三墓，兴、景、显三祖是也。肇祖无陵，不过虚存其名而已。且明人记载，谓清初祖猛哥帖木儿，即肇祖孟特穆。端氏之说，正与此合。"④ 又"据京兆忠纫斋孝廉云：永陵只葬兴、景、显三祖，实无肇祖，盖肇祖既为七姓野人所杀，或竟不得全其首领，以正丘首。孝廉前官兴京知府，曾亲至永陵，其言当可信，以此证章氏之言为不谛"。⑤

章太炎又提出："《明实录》所谓纳郎哈者，于天顺、成化间领右卫，此则范察之后也。纳郎哈既诛无子，以其叔卜哈秃袭，然则纳郎哈为范察嫡孙，而卜哈秃为范察庶子。何以征之？天都山臣《建州女真考》、叶

---

① 《与吴承仕论满洲旧事书八》，《华国月刊》第2卷第3册。
② 同上。
③ 同上。
④ 金毓黻：《东北文献零拾》卷五。
⑤ 金毓黻：《辽东文献征略》卷八。

向高《女真考》，茅瑞徵《东夷考略》，皆云董山诛后，其后与凡察后皆得袭，则卜哈断为凡察后也。卜哈秃自成化六年袭职，至嘉靖三十一年犹在，在职八十三年，年近百岁，其子则肇祖也，孙则兴祖也。而父祖在时，年已长老，未尝当方面为大酋，或先其父祖而卒，是以中朝无闻焉。"①章太炎根据有关资料进行考证，得出的结论是："充善与董山、妥罗与脱罗，声虽然相近。"但是因此而"移范察之孙以为其兄，移清之始封祖以为旁尊，移猛可帖木儿之次子以为长子，于明清人书皆倍矣。且猛可帖木儿之子为童仓、董山，猛特穆之子为充善、褚宴，董山可说为充善，童仓又何说邪？蛮夷人名声或相类，不得据以附会也"。②章太炎自己说："仆所考证如此，似较唐君为确矣。"③

但是，由于章太炎所接触的史料面不够广，有许多重要资料未能看到，如《辽东文献征略》所指出，陈去病著《明清最初交涉史》，其所取材，以明陈仁锡《皇明世法录》为多，认为猛可帖木儿与猛特穆决系一人，④董山即充善，猛特穆之子也，脱罗即妥罗充善之子，李撤赤哈即锡宝齐篇古，亦充善之子。满洲世系肇祖孟特穆有二子，名充善、褚宴。褚宴无嗣，充善则有三子，曰妥罗，曰妥义谟，皆无嗣，曰锡宝齐篇古，生子名福满，即兴祖也。陈去病依据《皇明世法录》的说法，似较可信。因为清初建号之后，追崇孟特穆为肇祖原皇帝，明其为受封之始祖也。考《明实录》猛可帖木儿始官建州左卫都督，以上无考。其后累世相袭，不为都督即为都指挥或都督同知，都是尊官。《明实录》所称凡察，为肇祖之同母弟，后宫建州右卫都督同知，与肇祖之子董山分掌左右卫，董山递传数世至太祖，世官左卫，统系甚明，何能以右卫之范察为祖。至《清实录》称范察再传至肇祖之范察，则非领右卫之范察，东夷之俗，孙袭祖名，容或有之。正如金毓黻所指出："章氏之误，在认定清当以范察为祖，不知范察之世年代縣远，事迹无考，且未为王朝官，不若肇祖之秩

---

① 《与吴承仕论满洲旧事书八》，《华国月刊》第2卷第3期。
② 《清建国别记》，第13页。
③ 《与吴承仕论满洲旧事书八》，《华国月刊》第2卷第3期。
④ 日人稻叶君山亦同此说，《清朝全史》第七章中载："试溯清太祖以前二世景祖之时代，以为对比，颇多歧异，称清景祖曰觉昌安明曰教场，又呼叫场，显祖曰塔克，明曰塔失，又呼他失，均属一致。明人所著《筹边硕书》，谓叫儿哈赤为教场之孙，他失之子，此皆无可疑义者也。都督孟特穆，明称猛可帖木儿，其为同一人无疑。"

尊,故清初追王不上及范察,事甚彰著。至若董山之为充善,脱罗之为妥罗,音既极近,世系又合,更无致疑之余地。"金毓黻认为"今兴京永陵惟四世墓,充善为明人戮于广宁,实录纪载甚明,锡宝齐篇古陈去病断为李撒赤哈,亦为明人所杀,度此二世,不得归葬建州,故永陵无其墓,又不得以此致疑无充善、锡宝二世也"。金氏又说:"再以其世考之,清肇祖于宣德九年(1434年)为七姓野人所杀,下至万历四十四年(1616年)太祖建元天命之日,相距一百七十五年,董山于正统三年(1438年)袭任指挥,成化三年(1467年)为明人所执,戮于广宁,下至天命建元之日,相距一百三十九年。万历十一年(1583年),景显二祖在古勒城为明兵所杀,其时上距肇祖被戕之日,为一百四十二年,距董山被戕之日为一百十六年,此一百十六年之中,计凡妥罗、锡宝齐篇古(以弟继兄为一世)、兴祖、景祖、显祖五世,一世以二十年计之,正得百年。由此可推知,猛可帖木儿必为肇祖,充善必为董山也。"①当然,要得出真正合乎事实的结论,还有待我们进一步发掘新的资料。

四、塔克世不与阿太同叛的问题

塔克世(《东夷考略》作塔失,《建州女真考》作他失)是清太祖奴儿哈赤的父亲。明嘉靖末年,塔克世是建州都指挥使王杲的属下。《东夷考略》及《明史·李成梁传》均载嘉靖三十六年(1557年),建州右卫都指挥使王杲进攻抚顺,杀明备御彭文洙,四十一年又杀副总兵黑春于媳妇山,并因此深入辽阳,掠孤山,抢劫抚顺,前后杀指挥王国柱等甚众。万历二年又进攻抚顺,杀明游击裴承祖,把总刘承奕、百户刘仲文等等。在这样的形势下,明总兵李成梁被迫起兵进行抗击,以是年十月誓师,直捣王杲巢穴,王杲战败被杀。章太炎研究了有关资料后,认为"当时假宠自恣,力能畔换者,实推王杲,清之祖父不与焉"。又说:"杲所匿阿哈纳砦者,依《清开国方略》阿哈纳为章嘉城主宝实次子,宝实即觉昌安弟,其家附杲可知也。"但是张鼐《辽夷略》记载:"奴之祖曰佟教场,生佟

---

① 《辽东文献征略》卷八。

他失,教场官建州卫左都督佥事,此亦显官,然或在杲诛后矣。"①由于史料记载得不清楚,这种可能性是存在的。

这时,李成梁利用苏克苏护河部图伦城主尼堪外兰为傀儡,企图通过他加强对女真各部的统治。万历十一年(1583年)李成梁在尼堪外兰的导引下,出兵攻破了在建州女真中具有影响的阿台章京(王杲之子)的古埒寨。阿台的部下,叫场父子在战争中被杀。《清实录》记载其具体经过说:"……尼堪外兰者,阴构明宁远伯李成梁引兵攻古勒城主阿太章京(《明史·李成梁传》、《东夷考略》作阿台)及沙济城主阿亥章京(《明史·李成梁传》、《东夷考略》作阿海),成梁授尼堪外兰兵符,率辽阳、广宁兵二路进,成梁围阿太章京城,辽阳副将围阿亥章京城,城中见兵至,逃者半,被围者半。辽阳副将克沙济杀阿亥章京,复与成梁合兵攻古勒城。阿太章京妻乃上伯父礼敦巴图鲁之女,景祖闻古勒城兵警,恐女孙被陷,偕显祖往救。既至古勒城,见成梁兵方接战,遂令显祖俟于城外,独入城,欲携女孙归,阿太章京不从。显祖俟良久,亦入城探之,成梁攻古勒城,其城据山依险。阿太章京守御甚坚,数亲出绕城冲杀,成梁兵死者甚众,不能克。因责尼堪外兰起衅败军之罪,欲缚之。尼堪外兰惧,请身往招抚。即至城大呼,绐之曰:大兵既来,岂遂舍汝而去,尔等危在旦夕,主将有命,凡士卒有能杀阿太来降者,即令为此城之主。城中人信其言,遂杀阿太以降。成梁诱城内人出,男女老弱尽屠之。尼堪外兰复构明兵,并害景祖、显祖。"②由上文可以看出,明军攻古勒城甚急之际,觉昌安能从容进城,塔克世侯父既久亦能自由入城,若非明兵间谍,何能方便若是?至明覆曰误杀,亦与明人记述符合。《清实录》之所以如此记载,是由于奴儿哈赤对明廷扶植尼堪外兰极为不满,但又无力直接进攻明朝,于是将杀其父祖之责归咎于尼堪外兰。万历十一年(1583年),他提出为父祖报仇的口号,联合几个城寨的奴隶主,以其父遗甲十三付,起兵进攻尼堪外兰,并于万历十四年消灭了尼堪外兰的势力,从而便开始了统一女真各部的活动。奴儿哈赤进攻尼堪外兰的理由是站不住脚的,章太炎据《东夷考略》和《明史李成梁

① 《清建国别记》,第31页。
② 《太祖高皇帝实录》卷一。

传》所载资料驳斥说:"王杲死,其子阿台走依王台长子虎儿罕,朝议方悬购,阿台亦怨王台父子献其父,欲报之。十年七月王台死,虎儿罕势衰,阿台遂附北关,台攻虎儿罕,又数犯孤山、铁岭。"因此,李成梁再度率兵出塞,"火攻古勒砦,砦斗峻,三面壁立,濠堑甚设,攻两昼夜,射阿台殪,别将秦得倚等已前破阿海砦,击杀之,是役得级二千二百二十二,子孙自是无遗种"。① 章太炎考辨"成梁之讨阿台,自以其继父为逆,且数犯边,故非尼堪外兰构之。阿台为成梁射死,非城中人自杀以降也。景、显之死,《成梁传》虽深没其文,以事度之,阿台为王杲遗孽,寇盗无已,景、显以救阿台被戮,是伏其罪也。其后奴儿哈赤告七大恨于天,不得言我之祖父未尝损明边一草寸土,明无端启衅害我祖父也"。②

关于景祖、显祖的死因问题,各书的记载也不完全相同,如《建州女真考》记载说:"奴酋父他失乘醉入我边堡,边吏诛之,奴酋遂恨,日与弟速儿哈赤(清称舒尔哈齐)厉兵秣马,设险摆唐,数年前精骑一万,今且至数万。"③而《博物典汇》则说:"塔失有胆略,为建州督王杲部将,杲屡为边患,总镇李宁远诱塔失为乡导讨杲,出奇兵,往返八日,禽之。宁远相其为人有反状,惎之,以火攻,阴设反机以焚之死。时奴儿哈赤甫四岁,宁远不能掩塔失功,哭之尽哀,抚奴儿哈赤与其弟速儿哈赤如子。"《筹辽硕书》首卷《东夷奴儿哈赤考》条载:"奴儿哈赤,王杲之奴叫场之孙,他失之子也。寨在宁古塔内。……先年叫场、他失皆忠顺,为中国出力,先引阿台拿送王杲,后杲男阿台将叫场拘至伊寨,令共归顺,合党谋犯,以报父仇。叫场不从,阿台拘留不放。大兵征剿阿台,围寨攻急,他失因父在内,慌忙救护,混入军中。叫场寨内烧死,他失被兵误杀,因父子俱死。时镇守李总兵将他失尸首寻获,查给部夷伯插领回,又将寨内所得敕书二十道,马二十匹给领。今奴儿哈赤继祖父之志,仍学好忠顺,屡次送进汉人。"《明实录》万历三年七月甲子条载:"酋王台执王杲以献。八月己巳,加授王台勋衔,二子俱升都督金事。"据章太炎分析,此为奏敕,明征非塔克世禽之。他判断说:"盖塔克世宗族皆附王杲,已

---

① 《清建国别记》,第30、31页。
② 同上书,第32页。
③ 同上书,第32页。章太炎按:天都山臣是书作于万历三十四年后,四十六年前,时清尚未攻抚顺也。所谓今者,即此十余年事。

独以胡儿隶成梁麾下,为之行间破杲,阿台有功,终以骨相不恒,致之死地。有功而强死,故其子得以复仇为名。死而不能掩其功,故以建州旧封酬其子。此于当日情事为近。《清开国方略》悬存异说,终不以易旧传者,间谍之名丑于从叛故也。"①章太炎是根据《东夷考略》等有关资料而得出这一结论的。《东夷考略》载:"初,奴儿哈赤祖叫场、父塔失并从征阿台为乡导,死兵火。其后木札河有叛夷克五十走建州,谕建州捕治,奴儿哈赤斩五十以献,因贡夷马三。非述祖父与图王杲、阿台有殉国忠,今复身率二十二酋保塞,且钤束建州毛怜等卫,验马起贡,请得升职长东夷。"又说:"时开原参政成逊,辽海参政粟在庭,会勘本夷原领敕二十道,系都指挥伊祖父为乡导剿王杲,后并死火良然。今奴儿哈赤又有功,得升都督,制东夷便总督侍郎张国彦以闻,报可。是时万历十七年九月也。"②关于叫场父子之死明人记述与清修官书记载虽有不同,而其致死原因之由忠于有明则无二致,所以章太炎认为"景、显同死王事,见于奏牍,其事必不诬"。况且《会典》载"都指挥有功讨升都督,与奴儿哈赤自请升职亦相应",③由此章太炎断言,塔克世必不与阿太一同反对明王朝。

五、奴儿哈赤称建州国汗、后金国汗之后,初犹不敢达于外的问题

十六世纪末、十七世纪初,奴儿哈赤势力崛起,先则统一女真各部,后则击败明军,进占辽、沈,称建州国汗、后金国汗,是清王朝的奠基者。但是,当其势力未兴起以前,他的祖先是世世代代忠顺于明朝的,是接受了明廷所封给的官职的,如奴儿哈赤本身就接受了明朝所授给的建州都指挥使、都督佥事、左都督(大都督)、龙虎将军等官爵。明廷之所以授给奴儿哈赤以官爵,是因为他在势力兴起的初期,是继其父祖之后,忠于明朝的,是发挥了他作为明朝地方官的作用的,《东夷考略》所载史实,即说明了这一点。该书说:"奴儿哈赤,佟姓,故建州枝部也。

---

① 《清建国别记》,第 33 页。
② 转引自《清建国方略》,第 33 页。
③ 转引自《清建国方略》,第 33 页。

其祖叫场,父塔失,并及于阿台之难,乃走,自雄东方,渐北侵张海、色失诸酋,蚕食之。会色失为孽侄英革仇杀,往投奴酋,搜戮无孑遗。张海等因奔海西南关都督歹商。当是时,海西北关遗孽卜寨、那林索罗,方连西房以儿邓等,攻歹商急。奴儿哈赤以歹商匿仇,并连那、卜二酋,图歹商。朝议谕歹商归海,约婚奴酋,罢兵。是后奴儿哈赤时于抚顺堡送所掠人口,自结于汉。居顷之,有住牧木札河部部夷克五十等,掠柴河堡,射追骑,杀指挥刘斧,走建州。宣谕奴酋,即斩克五十以献,乞升赏……"①这些事实表明,奴儿哈赤在其初期是听命于明廷的。因为他虽是女真族一部酋长,但他对女真人及其居住地区得以实行统治,是有赖和依靠明廷的承认和支持的,而明廷对其封官加爵,也是通过他以维护明廷的封建统治为目的的。在这种情况下,二者是可以互相利用互相支持的。正因为如此,所以明廷对奴儿哈赤起兵统一女真各部时,不仅没有大力加以阻止,而且相反,认为奴儿哈赤声势的扩大和力量的增长,对明朝是有利的;而奴儿哈赤在统一女真的过程中,采取的策略是暂时臣属明廷,不与明朝军队开战,这样对其迅速壮大自己的势力是有利的。他一直是采取这一巧妙手法来对付明廷的。章太炎说,万历十九年以前,李成梁的兵力尚雄厚,奴儿哈赤以力弱未敢肆。但这一年十一月成梁解辽东任,次年,倭寇之事发,明廷对倭罢于奔命。万历二十一年九月奴儿哈赤大破叶赫等九部之师于古勒,杀叶赫酋卜寨,明廷素不悦卜寨,谓奴儿哈赤有保塞功,二十三年以龙虎将军秩之,自此奴儿哈赤得尊官藉以号召,尽东方诸部,势力日盛。二十九年八月成梁再镇辽东,奴儿哈赤又接受了明廷的领导,然而这时形势已经改变,奴儿哈赤的势力已日臻强大,对明朝越来越不利,故万历三十三年成梁以张其哈剌等六堡难守,建议弃之,尽徙居民六万四千余户于内地,以大军驱迫,死者狼藉,但明廷反以奴儿招回汉人叙功。种种事实,使奴儿哈赤了解到明朝的力量已日益衰竭,已不足于控制女真势力的发展。但是,就在这样的形势下,奴儿哈赤还是小心翼翼,怕激起明廷的还击,所以万历四十四年称帝建元天命,然而不敢宣达于外。两年后即四十六年,奴儿哈赤率兵攻陷明边防重镇抚顺,杀总兵张承胤,他还是采取立即

---

① 茅瑞徵:《东夷考略·建州》。

归还俘虏的方法,派人向庞然大物的明廷请和,但这时奴儿哈赤已自称建州国汗。明年又破明边镇统帅杨镐兵,进攻明东北要地开原和铁岭,并自称后金国汗,所谓"用天命元黄衣称朕,盖是时帝制始通于外也"。

奴儿哈赤对明所采取的策略,章太炎颇有感慨地说:"观奴儿哈赤于明,一任权谲,非徒恃力也。始以小忠致幸爱,所乞请无不与。……后稍挢虔,犹时时忍诟,与句践、阿荦山绝相似。是故董山、王杲悉以恣睢取大戮,而奴儿哈赤独矫以胜。子孙欲耀其祖之威,为作《实录》《方略》,若一往以强抗明者,诚若是,小虏争雄,其灭已久矣,宁能积渐以至是哉!"① 更为重要的是章太炎指出了"明之驭女真,众建诸卫而分其力,使兵不满万"的事实,触及了明廷对女真人实行"分而治之"的民族统治政策的实质,在明朝前期和中朝,推行这一政策是成功的,收到了明统治者所预期的效果。但是到了明朝后期,"分而治之"的政策被破坏,如章太炎所指出的,"(李)成梁已戮王杲,数年复大破迆东都督王兀堂,诛阿台。无几,又与巡抚李松诛北关首领清佳砮、杨吉砮,斩其骑兵千五百人"。② 总之,女真族各部酋长的势力虽然被明镇压下去了,但各部互相牵制的力量也从此被消灭了,这在客观上就为奴儿哈赤后来统一东北全境奠定了基础。奴儿哈赤正是在这一基础上,"以枭雄之姿,晏然乘诸部虚耗,蚕食以尽,藩翰既溃,祸及全辽。则是成梁之功,适为建州驱除也"。③ 而"奴儿哈赤既叛十余年,全制女真,父子数伪求和,中朝不省,崇祯时外患内忧皆逼矣,才如卢象升,犹以和亲为戒,死绥而不悔。议者谓明遇清,不能如往日款俺答事,此未知建夷狡险,非若鞑靼之易保也"。④ 章太炎以所谓"建夷狡险"来论证奴儿哈赤及其后继者之所以能统一女真各部及东北地区,并进而打败和灭亡明朝,在全国范围内建立清地主封建统治政权,是停留在历史表面现象,而没有能触及历史的实质,这表明了他是以资产阶级唯心史观来看待和分析历史事实的。

综上所述,可以看出,章太炎撰写《清建国别记》时,在文字方面虽

---

① 《清建国别记》,第36页。
② 同上书,第36页。
③ 同上书,第36页。
④ 同上书,第37页。

没有以前写《哀清史》等文时那样愤激的言辞，但"夷夏之义"思想，在他的古经说的思想中，仍然十分强烈，大汉族主义的民族主义历史观，基本未变。他在《叙》文中说他以前是"因攘胡事，欲知其究竟"，而研究清史的。撰写《清建国别记》时，他说此书"之成，距余有志攘胡时已远矣，胜国遗俘于今无所复恨，以其事当质定，比于金世纪之流"。[①]《清建国别记》的主要内容，的确只是注意于当时清史馆协修唐邦治所撰《清室四谱》有关清史的一些具体史实，持有不同意见，做一些考辨而已。但章太炎有些地方仍沿袭旧说，如《中国史学史》的作者金毓黻先生指出："章太炎先生始撰《清建国别记》，以明人之书为依据，其以猛哥帖木儿（清译改为孟特穆）为太祖奴尔哈赤之高祖，更沿《东华录》之误。"[②]就史料方面说，他能注意到未经清廷删改的史料是重要的，可惜的是他还没有能够见到钞本《明实录》的全部以及谈迁《国榷》、内阁档案等重要资料，故他所掌握的资料是不够全面的，尤其是一些重要资料未能看到，因而在论断上就不可能不存在缺点和错误。就其成就方面说，他能考辨清楚一些清开国时的具体史实，在清史研究上不无有所发现，尽管他在成就上赶不上同时人孟森等学者，但其筚路蓝缕之功，也是不可没的。

（王仲荦主编：《历史论丛》第 1 辑，齐鲁书社 1980 年版）

---

① 《清建国别记》，第 2 页。
② 金毓黻：《中国史学史》，第 161 页。

王国维的思想道路及其死

王国维是清末民初的一位有名的考古学家和史学家,在甲骨金石考古学上和商周古史等方面的研究上,有过重大的成就,这是学术界所早已一致肯定的。可是,这位学者一生所走的政治道路,却是反动的道路。清末,他担任过清政府学部图书馆的编译,辛亥革命后,以"遗臣"身分跟着罗振玉一起避地日本,1922年又进清宫南书房做废帝溥仪"五品俸"的侍从。1927年国民革命军威迫北京时,认为"义无再辱",在颐和园跳湖自杀。关于王国维的自杀问题,或谓为"殉节"清廷,或谓出于罗振玉的逼迫,近来右派分子更说王国维是因愤恨当世的"黑暗"而自杀,说王国维大学者,"耻食周粟"有气节教人学王国维。显然,右派分子是利用王国维的声誉,企图资产阶级史学方法乃至地主封建统治的复辟,达成他们反马克思列宁主义及反党反社会主义的阴谋。因此,对于王国维的史学成就、学术思想的阶级实质,以至于为什么要自杀等问题,应及时作出正确的分析和评定,揭发和批判右派分子的恶毒阴谋。

王国维字静安,号观堂。浙江海宁人,世代国学生,出身于没落地主家庭。1877年生,王国维少年时代帝国主义对中国的侵略,震惊全国,中国人民奋起抵抗图谋救亡图存之道,戊戌前后,国内有出现了以康有为为首的从开明地主转化来的资产阶级改良派,以孙中山先生为首的同盟会的资产阶级的民主革命派,两重新势力,前者主张维新变法,后者积极反对满清封建统治。后一势力在康梁变法失败后,迅速发展起来,成为主导力量。原有反对维新变法和反对民主革命的清廷顽固保守的封建统治集团,他们代表垂死的腐朽封建统治势力在作最后的挣扎。在这样尖锐复杂斗争的时代,年青的王国维,于1896年从家乡海宁来到上海参加了宣传维新变法的《时务报》工作,可是,并没有给这位青年带来什么较大的政治影响。相反地,这一时期由于王国维进入东文学社学习日文,认识了学社主持人罗振玉,罗是清廷的参军,也是封建顽固分子,他受了罗振玉的影响,和罗振玉一样,反对维新变法、反对民主革命,在政治上走入了没落溃灭的死路子。

王国维从东文学社毕业后,住罗振玉家,1902年由罗资助留学日本东京物理学校。当时留学生中参加同盟会活动,王国维给信罗振玉说:"诸生骛于血气,结党奔走,如燎方扬,不可遏止,料其将来,贤者以殒其身,不肖者以便其私,万一果发难,国事不可问矣。"王国维仇恨民主革命,一至于此。

王国维在东文学社学习外文时,曾受教师藤田的影响,注意过哲学研究,他在《三十自序》中说:自1903年回国后,"自感体素羸弱,性复忧郁,人生之问题,日往复于吾前,自是始决从事于哲学",读康德、尼采及叔本华之哲学著作,尼采主张暴力、战争、诽贱仁义,和他个性不合,不体会;康德哲学不易懂,用力苦读,所获很少;维叔本华哲学,兴趣最大。在1903年到1906年的几年中,写了不少哲学教育论文,如《红楼梦评论》、《叔本华与尼采》、《论哲学家及美术家之天职》等,其中《红楼梦评论》系根据叔本华的美学思想写成的。叔本华是一位悲观主义哲学者,在他看来,"无一物可以完全的、永远的满足意志之欲求",认为人生是痛苦的。要免除痛苦,只有把主观意志的欲求绝灭掉,最好是把主观意志本身亦绝灭掉,而进入所谓"无意志、无观念、无世界"的境界。叔本华的这种意志绝灭论,对于在政治上无出路和"身体羸弱,性复忧郁",在"人生之问题"上陷于苦闷烦恼无以自拔的王国维,自然是感到心怡神释,"获得无限的自我慰藉"。因此,曰"与叔本华之书为伴侣",王国维的思想堕入悲观主义的深渊了。

多年哲学研究,人生问题未得解决,而且苦闷更深,因此,便放弃哲学,改攻文学,1906年由罗振玉介绍任学部图书馆编译,潜心于宋元通俗文学的研究,先后完成了《唐宋大曲考》、《戏曲考原》、《古剧脚色考》、《宋元戏曲史》等名著,其中《宋元戏曲史》至今仍为文学史上的权威著作,与鲁迅先生的《中国小说史略》,同是"中国文艺史研究上的双璧"。

王国维在文学和文学史的研究上,虽然获得了很大的成就,求得了一定的"直接的慰藉",然而,这种慰藉如何弥补他那政治道途上没落的痛楚呢。1911年辛亥革命后,清政权覆亡,民国成立,他不愿居于民国,和罗振玉一同流寓日本东京,过"遗臣""流亡"生活。这时,内心痛楚和矛盾更加急剧,更加深刻,无所适从。

照罗振玉看来,当时,他们能做、应该做的,是学说思想上的经史之学的研究工作,这项工作,一面驳斥经今文学家的"疑古""信今"之论,一面达到"反经信古"维护封建统治的目的。罗振玉给王国维指示说:"方今世论益歧,三千年之教泽不绝如线,非矫枉不能反经,士生今日,万事无可为,欲拯此横流,舍反经信古末由也",并加以鼓励说:"公方年壮,予亦未至衰暮,守先待后,期与子共勉之。"企图从学术思想上做好为清政权复辟的思想基础。王国维深以为是,当时便把过去的哲学、文学的论文集,《静安文集》全烧毁了,放弃文学转搞经史之学。

罗振玉说:当时学术思想界有两股"横流",一是清末魏源、崔述、康有为等今文学家们的"疑古"之学,他们疑《古文尚书》,疑《尚书》孔注,疑《家语》,疑古经书皆出于伪造,特别是崔述的《考信录》和康有为的《新学伪经考》、《孔子托古改制考》等书的出版,把数千年的封建统治所依之以为传统和道德的经史之学疑得摇摇欲堕。康有为等资产阶级改良派,要求民主,向往西欧近代科学,企图在中国进行"变法维新"运动,因此,他们在学术思想上继魏源和龚自珍之后,大胆地开展"疑古"运动,为政治的变法维新运动做好思想上的开道工作,这种"疑古"的学术思想,在罗振玉看来,自然要认为是"邪说""横流"了。其次,是西来的近代学说思想,即所谓"西欧之学",如当时流行的尼采和叔本华等人的学说,特别是尼采哲学主张暴力统治,主张战争,反对仁义道德之说。这对于在没落的封建统治阶级如罗振玉之流的人,是不能理解不能容忍的。自然也被看作是"邪说""横流"了。

为此,罗振玉指示王国维,从事驳斥"疑古""信今"之论,以达到"反经信古"的目的,以"守先待后"为长策,等待满清皇朝的复辟。自此,王国维便尽弃前学,而研究经史之学了。这样做,对王国维说来,政治思想和学术研究之间所存在的矛盾，便获得了解决了。

辛亥前，王国维学过日文、英文，翻译过《辩学》、《法学通论》，学过物理学，又研究过资产阶级哲学，接受了资产阶级的所谓科学方法，在研究文学和文学史时就是采用的实证论和经验论的方法，我们知道，实证论和经验论，注意所谓实证，否定理论的指导作用，否定历史的规律性，所得结论也是点点滴滴的，提不到社会经济结构和发展规律的体系知识，从而否定历史唯物主义，否定社会革命，这是资产阶级所谓科学方法的反动实质。然而这种方法对其时代来说，是有进步作用的，比其先辈的治学方法要缜密得多。同时，在罗振玉的启发指示下，又循着乾嘉学者的治学途径，继承了乾嘉学者"实事求是"的治学精神，王氏说："吾侪当以事实决事实，而不当以后世之理论决事实。"这是乾嘉以来戴震、段玉裁、程易畴、吴大澂、孙诒让等一致的治学精神，王国维治史，从文字学上下手，运用文字学知识，考证古代历史，采用"分类考究"法，考证名物制度。研究具体问题时，与国内外耆宿学者如沈乙庵、柯蓼园、欧伯希和、内藤湖南、藤田剑峰等往来问学。

这一时期地下出土的史料很多，我国古代文化如汉晋木简、壁画、六朝及唐人写卷、西夏文书、流沙坠简等等，特别重要的是河南安阳小屯殷墟数以万计的甲骨片和金石器物的出土，为王国维的史学研究上提供了有利的前提。在丰富的新史料的基础上，以古文字音韵之学，识通古字，了解古代语法和文法，释通甲骨文和金文，在古文字和古器物的研究上，又注意史事和制度文物的研究，注意中国古代社会历史的研究，在中国古代历史的研究上开辟了新的途径和局面。郭沫若说："我们要说殷墟的发现是新史学的开端，王国维的业绩是新史的开山，那是丝毫也不算过分的。"当然，这里所谓"新史学"的"新"，其实质是资产阶级的，不是无产阶级的，这是必须区别开来的。资产阶级史学家为其阶级和方法所制约，其结论往往是谬误的，然而，这并不等于说某些忠实于客观史实研究的旧史著作中，就不可能蕴藏着若干科学的见解，只要我们于总结善于吸取其精华，对于我们无产阶级新史学的建设，是有着莫大意义的。

辛亥革命后，王国维致力于经史之学的研究，用甲骨器物的史料来探索商代历史中有关商王系统及社会制度等,写出了《殷卜辞中所见先公先王考》重要论著,在这篇辉煌的论文中,不仅商殷的先公先王系统从此得到了科学的地下出土的证实,而且历来被疑古派认为"不可靠"的古书古史如《史记·殷本纪》和《世本》等所载者,亦得实物的证明,"信而有征",确为实录。

《殷卜辞中所见先公先王考》一文,写于1917年,所根据的材料,仅仅是《铁云藏龟》和《殷虚书契前后编》。后来看到了哈同所藏殷墟文字拓本,凡八百纸,又看到了罗振玉所得甲骨文字新拓本约千纸,新材料多了,作补证,又写成《殷卜辞中所见先公先王续考》一篇,对商殷世系作出了较全面系统的考证,其贡献是非小的。更重要的,王国维对商殷先公先王的继承法提出了以"弟及"为主,以"子继"辅之,无弟然后传子的所谓兄终弟及的继承法,并依据先公先王先妣的祭法,排列了《殷本纪》、《三代世表》和《汉书古今人表》,为《殷世数异同表》,根据卜辞世次更正书本的错误,这些对于古史的研究来说,是不可磨灭的重要贡献。其后郭沫若在《卜辞通纂》中,董作宾在《断代例》中,对商王世系名号等亦有所新的考证,增补已不很多。

《殷周制度论》是王国维以其甲骨卜辞研究所得,参以经传所载,研究殷周二代社会制度的一篇重要论著。他论殷周制度说:商人无嫡庶之分,无宗法,继承法以弟及为主,子继辅之,无弟然后传子。他说:"舍弟传子之法,实自周始",立嫡之制立,宗法之制起,与嫡庶之制相辅者,有"分封子弟之制"与"君子天臣诸侯之制",封建制开始,庙数之制兴。这些所谓尊尊、亲亲、贤贤和男女有别之制,便是《殷周制度论》的基本论点。这些论点,在今天看来,问题是不少的,而且许多早已是被批判了的,但在当时来说,不失为古史研究中的重要论著之一。他说:"夏殷间政治与文物之变革,不似殷周间之剧烈。"殷周间之大变革,是"旧制度废,而新制度兴,旧文化废,而新文化兴"。这确是精辟之论,给后来之古史研究者以莫大之启发。

此外,王国维对于铜器刻辞的研究,对西北史地和民族以及宋辽金元史等都进行了广博的研究,著有《明堂寝庙通考》、《生霸死霸考》、《说自契至于成汤八迁》、《说商》、《说亳》、《说殷》、《鬼方昆夷猃狁考》以及

《鞑靼考》、《黑车子说韦考》、《西辽都城虎思斡耳朵考》、《辽金时蒙古考》、《南宋人所传蒙古史料考》等,成就不少。

王国维研究古史,意在"反经信古""守先待后"。故《殷周制度论》中,浸淫着作者对于周代封建制度的赞赏和对周公制礼的景慕之意。他在政治感情上和学术信念上,由于对清廷封建统治的留恋,从而对周代封建制度和周公个人,由衷地起着赞赏之意,鼓吹周公的封建制度进而主张维持清代的封建专制制度。但由于他采用了"实事求是"的治学态度和治学方法,做学问谦虚忠诚,不鄙弃古人,不菲薄今人,考证史实,取材严谨,如用《诗》《书》、《礼经》、诸子及《易经》时,以《诗》《书》为主,以七十子后学之《礼经》为副,以诸子为佐,取材广博,立论有序,博约有分。这样的治学精神是含有一定科学性的,故在学术研究上能取得了巨大的成就,在"反经信古"方面起了重大的作用。他的阶级立场和政治观点是封建的,其治经史之学的动机和目的,显然是为没落封建地主阶级及清廷反动统治者服务的。然而,形势比人强,现实政治发展的道路,彻底击破了王国维所期望的清廷封建统治者复辟的美梦。

1917年俄国十月社会主义革命胜利,世界历史进入了无产阶级社会主义革命的新阶段。俄国十月革命胜利,给我们带来了马克思列宁主义,中国的无产阶级也在马克思列宁主义理论的指示下,走上政治舞台,1919年5月4日反帝反封建的爱国主义新文化运动,就是在无产阶级领导下掀起的。中国革命自此由旧的民主主义革命进入了新民主主义革命阶段。1921年无产阶级的政党组织共产党正式成立,领导新民主主义革命。历史巨轮迅速勇猛地前进着,历史的现实客观形势与罗振玉和王国维二人的"待后"之愿,不是日益接近,而是越离越远,时代已越过了资产阶级民主革命进入无产阶级社会主义的革命时代,这和罗振玉、王国维所向往的回复清廷封建的统治的时代,已超越了整个两个时代。王国维反对资产阶级的民主革命,当然,更加反对无产阶级的社会主义革命。1919年王国维从日本回国,对当时正在开展中的世界大战和中国的政局,曾作深远的估计和忧虑,罗振玉记述王国维论第一次欧战时说:罗振玉认为"此战将为国家主义及社会主义激战之结果,战后恐无胜利国,或暴民专制将复国家主义而代之,或且波及中国"。王国维对罗氏的意见认为"深以为善"。而且王更进一步认为"祸将及我,与北方某耆宿书言,观中国近状,恐以共和始,而以共产终"。罗振玉接着称赞说:"某公漫不审,乃至今日而其言竟验矣。"这是罗振玉在1927年王国维死后的追述。王国维和罗振玉一样,把社会主义骂成"暴民专制"。罗、王二人,既反对"维新变法"与"共和",更反对"共产",顽固地残恋着清代封建地主政权,幻望清廷复辟。

怒涛澎湃的"五四"运动,不仅在政治上给王国维的"反经信古"的经史研究的意图,是一个惊心动魄的反击,而且在学说思想上所受的打击更为沉重,他没有把学术思想界的两股"横流"击败,反而,又有两股新的"横流"如惊涛骇浪地迎面直扑过来,无力抗拒。这两个"横流":一个是马克思列宁主义的历史唯物主义,在学术界特别是史学界,随着反帝反封建新民主主义革命实践的深入和无产阶级力量的成长,一浪一浪的高潮起来,如李大钊的《我的马克思主义观》和《唯物史观在现代史学上的价值》及《马克思经济学说》等宣传历史唯物主义和共产主义的重要论文,先后发表,震惊着全国学术思想界。这对于王国维来说,自然看作是新的"暴民""横流",而切齿痛恨,但其奈无力抗拒何!? 另一个是继崔述和康有为之后的胡适、顾颉刚等的疑古运动的兴起,从1925年起,疑古论文专集《古史辨》连续出版,他们认为唐虞时代的情景,是黑漆一团,无历史可言,夏代历史只是传说的堆积,商殷历史无征可信,把西周以前的古史完全否定了。1927年冯友兰为《古史辨》第四册作序时,认为"信古派是一种抱残守缺者,不久即将消灭"。古史辨派疑古运动的起来,虽然,其历史观点也是反历史唯物主义反社会主义的;然而对"反经信古"的经史研究,确是一种打击。政治局势如此,学术思想形势又如此,真是到了"士生今日,万事无可为"的时候了。从1921年起,王国维的甲骨金石文考释和古史考证的经史研究,重要著述就日渐见少了。

"经史之学"已"无可为",做些什么呢? 1922年四十七岁那年的夏天,由清廷遗臣升允的推荐,竟走进清宫南书房担任溥仪的行走(即文学侍从),"尽最后一次愚忠去了"。据罗振玉说,王国维进清宫南书房不久,便"奉旨赏食五品俸,赐紫金城骑马,命检朝阳殿书籍。公(国维)

以布衣骤为近臣,感恩遇,再上封事,得旨褒许"。我们读了这段文字后,如果把它放在当时的政治形势对照一下,这将是多丑的一幕悲喜剧啊!

1924年春,冯玉祥的军队进北京,溥仪被迫移居天津。当时,王国维陪侍左右,顷刻不离,这件所谓"宫门之变",在王国维看来是奇耻大震,援"主辱臣死之义",几次要投御河自杀,未果;后来,王国维由溥仪面授谕旨到清华研究院教书。这时王国维年仅四十九,在学术上正是充沛发挥的时候,可是,由于他的政治道路的错误,"亡国""遗臣",无"后"可"待",且感恩难报,内心抑郁,对学术研究的情绪日益低落。在清华教书时,虽亦写有《古史新证》一书,只是对商代先公先王和《三代地理小记》等旧著的铺演而已,无何新创见。主要精力,用在西北地理及元史学的研究了。

1925年王国维五十一岁时,国内又出现了新的政治形势,国共两党合作,进行第一次国内革命战争。大家知道,这是一次反封建军阀的统一战争,对于封建地主阶级及其余孽"废帝""遗臣"的溥仪和罗振玉、王国维说来,落叶怎经得起劲风的横扫,所以,当1927年5月,国民革命军在河南打败了张作霖,震惊北京,而革命威迫北京时,谣言纷起,传闻:章太炎曾经历诉革命军,为封建军阀孙传芳说话,结果被革命军抄了家;还有,拥护封建反对共和的湖南叶德辉,也被革命军杀掉了。当时,北京城中还流传着革命军进城来要杀拖着辫子的人等等谣言。这时,住在清华园里的王国维听到这些谣言,自己也拖着长辫子,该怎样安排自己呢?王国维一贯以"遗臣"自命,在他看来,辫子不啻是他"遗臣"身分的政治生命和道德人格的象征,如何辱得!辛亥"国变",当了"亡国""遗臣",避地日本。"宫门之变"一辱也,现在,革命军又要来了,"义无再辱",其思想上的痛苦是可想而知的。叔本华的虚无主义甚至绝灭论,在年轻时就已浸蚀着他悲痛的心灵!用自杀以解决痛苦的意念,早已形成,现在主观情绪上痛苦难解,客观形势上已无踌躇余地,终于在北京颐和园里,拖着辫子跳昆明湖自杀了。一代大学者,就此悲惨地与世长逝了。死后,溥仪为表示"悯惜贞忠之至意"加恩赐谥"忠悫",遗著由罗振玉印行名《王忠悫公遗书》。"悫"有愚意,王国维之死,确是为清廷尽"愚忠"殉节而死。

关于王国维的死，流传着各种不同的说法，有人说罗、王二人合股开书店亏本，被骗了钱气愤而死；有人说，罗王间闹儿女亲家纠纷，被罗迫逼，气愤而死，说法不一。其实，一代大学者的自杀原因，离开了他的阶级根源和政治形势乃至思想生活情绪的原则去分析，去求解答，而从一些经济利害和儿女亲家纠纷上来分析，来求解答，都是非本质的片面的现象的看法。至于右派分子利用王国维学术上的声誉，反转来宣传他的封建资产阶级的治学观点方法，教青年人学王国维乃至于做王国维，以对抗马克思列宁主义的方法论，从而达到他们反党反社会主义的罪恶目的。把王国维的自杀说成是愤恨当世的"黑暗"，这是站在封建统治者的立场，以王国维之死来咒诅和否定第一次国内革命战争之进步意义。同时，抛开了阶级立场和政治观点，为替封建统治尽愚忠，抗逆民主革命，为历史车轮所碾死的人，空表什么"正义""气节"，这是歪曲历史事实，侮蔑革命，欺骗青年的阴恶行为。我们必须及时加以揭发和批判。至于王国维的史学和史学思想的研究，容后另作专论，本文就在这里，暂且收笔。

附注：以上有关罗振玉和王国维的引文，均见王国维著《王忠悫公遗书》，限于篇幅不能一一详注。其中主要的可参阅《海宁王忠悫公传》和《观堂集林序》等篇。

（笔名陈弢，与吴泽合作，《历史教学问题》1957年第5期）

王国维

王国维是我国近代著名的史学家。但他前期阶段并非从事史学研究，而是专攻哲学和文学；研究史学是从1911年前后开始的。他治学严谨，规模宏伟，在古文字、古器物、汉魏碑刻、敦煌文献，以及商周史、汉唐史、西北史地和蒙古史等方面，均有深诣创获，取得了巨大成就，对国内外学术界起有巨大影响。但有些学术问题几十年来各家意见不一，有待于继续研究，一时尚难定论。本文仅就其史学研究方面，在王国维原著论证的基础上，综述诸家之说，参以己见，试作初步的综论。

一

王国维字静安，又字伯隅，号观堂、永观，浙江海宁人。他于光绪三年（1877年）生在一个中小商人地主知识分子家庭里，自小在塾师和父亲的教育下，文化方面具有良好的基础。二十二岁时至上海，入汪康年所办时务报馆任书记校对工作。同时，利用工作之余，入罗振玉主办的东文学社学习日文。学习期间，曾以扇头诗"千秋壮观君知否，黑海西头望大秦"，得到罗振玉的赏识。戊戌变法失败后，时务报馆被封闭，他便到东文学社担任庶务，因而得以继续学习。东文学社是罗振玉为培养翻译日文的人才而举办的。该社聘请日本学者滕田丰八（剑峰）、冈佐代治（釜云）为教授，王国维从他们那里接触到了一些西方思想。1901年春，应武昌湖北农务学堂监督罗振玉之招，担任译述，并主办《农报》。稍后，又应罗振玉之请，任《教育世界》主编。次年，赴日本留学，入东京物理学校肄业，居日本四五个月而脚气病大作，遂于是夏归国。1903年至南通通州师范学校任教。次年，又执教于苏州江苏师范学堂，主讲心理学、论理学、社会学等课程。1906年任清廷学部总务司行走，历充图书馆编译、名词馆协修。辛亥革命后，跟随罗振玉一起避居日本。罗振玉认为当时"世论益歧，三千年之教泽，不绝如线，非矫枉不能反经。士生今日，万事无可为，欲拯此横流，舍反经信古末由也"。因而劝王国维"守先待后"，进行史学的研究，为清廷的复辟制造历史和舆论的依据。1916年，王国维从日本回国，寓居上海，为英人哈同编《学术丛编》，并兼任上海仓圣明智大学教授。1922年任北京大学研究所国学门通讯导师。次年到达北京，接受清废帝溥仪的任命，为清宫南书房行走。1925年，应聘为清华研究院教授。1927年，当北伐军挺进中原之际，他于五月三日投颐和园昆明湖自尽。

二

　　王国维是我国应用甲骨文、金文研究和解释中国古代历史的创始者。殷墟甲骨发现于光绪二十四年（1898年），次年，王懿荣等首先从事搜购，其所藏甲骨千余片后归刘鹗所有。刘氏复多方搜集，约得五千余片，1903年选拓一千零五十八片编为《铁云藏龟》，是第一部著录甲骨文的专书。次年，孙诒让根据《铁云藏龟》等甲骨文资料，撰成《契文举例》二卷，据王国维在孙氏《籀膏述林》卷五《契文举例叙》下的批注说："此书稿本予于丙辰（公元1916年）冬日得之海上，以遗罗叔言（振玉）参书；参事印入《吉石庵丛书》中。"这是我国学者第一个从事甲骨文字的考释研究。而利用甲骨文字作为资料进行历史方面的研究，则以罗振玉、王国维二人为最早。罗氏1901年于刘鹗处初见甲骨墨本，即惊叹不已，认为"汉以来小学家若张（敞）、杜（林）、扬（雄）、许（慎）诸儒所不得见"。[①] 并着手收藏甲骨，命其弟振常亲至安阳采购，前后得三万余片。1912年起编印《殷虚书契》八卷（即前编），两年后影印《殷虚书契菁华》一卷，1915年又成《铁云藏龟之余》，次年又编印《殷虚书契

---

① 罗振玉：《殷虚书契前编·自序》。

后编》二卷。1933年又印行《殷虚书契续编》六卷。这些书的出版,极大地推动了甲骨文字的研究。而罗氏的最大贡献,除了收集和编印有关资料外,还在于确定了甲骨文字出土的地点,对殷商的历史研究,指出了最可靠和最基本的历史地理根据。因为在开始时,刘鹗为古董商人所欺骗,认为甲骨"出土在河南汤阴县属之古牖里城",一些研究者也沿袭刘氏之误,未加辨正。1915年春罗振玉亲至安阳小屯考察,确认今日之"安阳河"即郦道元《水经注》之"洹水",安阳河南之"小屯",当即《史记·项羽本纪》项羽约章邯"乃与期于洹水南殷虚上"之"殷虚"。这一考定极为重要,因为出土地点一经确定,即知道殷商都城所在,因而对殷商的历史研究,提供了最可靠和最基本的历史地理依据。

用甲骨文字资料研究商代历史和典章制度的则首推王国维。罗振玉撰《殷虚书契考释》,始于龟甲兽骨卜辞中发见王亥一名。后来王国维读《山海经》及《竹书纪年》,知王亥乃殷之先王,与《世本·作篇》之胲,《帝系篇》之核,《楚辞·天问》之该,《吕览》之王冰,《史记·殷本纪》之振,实为一人。继又于王亥外得王恒一人,当即《天问》所云"恒秉季德"之恒,而甲骨中之季即《天问》之冥,亦得其证。不仅如此,通观卜辞之恒之祀与王亥同,大丁之祀与大乙、大甲同,雍己之祀与祖庚同,知商人兄弟无论长幼,已立未立,其名号典礼盖无等别,于是卜辞中之父甲、父乙等名称,求诸世系而不能通者,至是亦得其解。殷先公先王的世系多数存在,王氏认为先王指大乙(成汤)以至帝辛,所谓先公指大乙以前上甲至示癸六世并上甲以前先公。并且排列了《史记·殷本纪》、《三代世表》和《汉书·古今人表》为"殷世数异同表",根据卜辞世次更正书本上的错误。卜辞之学,经过王国维的研究,始有脉络或途径可寻。他的《殷卜辞中所见先公先王考》和《续考》,是研究商代历史最有贡献的著作。这不仅为王国维一生学问中最大的成功,亦为近代学术史上的一大盛事。

从《殷本纪》所述商王的父子兄弟关系和及位先后次第,可看出商代传位有两个法则:一是父死子继,一是兄死弟及。王国维《殷周制度论》中提出:"商之继统法以弟及为主,而以子继辅之,无弟然后传子。自成汤至于帝辛,三十帝中,以弟继兄者凡十四帝,其以子继父者,亦非兄之子而多为弟之子。惟沃甲崩，祖辛之子祖丁立，祖丁崩，沃甲之子南庚立，南庚崩，祖丁之子阳甲立，此三事独与商人继统法不合。此盖《史记·殷本纪》所谓中丁以后九世之乱，其间当有争立之事，而不可考矣。故商人祀其先王，兄弟同礼，即先王兄弟之未立者，其礼亦同，是未尝有嫡庶之别也。"①

陈梦家指出"王氏论商继统法，常为学者援引而认为定论者。但我们若细加考察，则无论就《殷本纪》本身或就卜辞所见来说，他的基本论定是有着严重的缺陷的，根据《殷本纪》与卜辞一致处，以及根据卜辞的世系传统，我们得到与王氏相反的结论。就是：（1）子继与弟及是并用的，并无主辅之分；（2）传兄之子与传弟之子是并用的，并无主辅之分；（3）兄弟同礼而有长幼之别，兄弟及位以长幼为序；（4）虽无嫡庶之分而凡子及王位者其父得为直系。这些才真正是商制的特点而异于周制者"。②

王国维曾以卜辞研究所得与"周制"作为比较，感到万分惊异，他说："中国政治与文化之变革莫剧于殷、周之际。都邑者，政治与文化之标征也，自上古以来帝王之都皆在东方。……都邑之自东方而移于西方，盖自周始。故自族类言之，则虞、夏皆颛顼后，殷、周皆帝喾后，宜殷、周为亲；以地理言之，则虞、夏、商皆居东土，周独起于西方，故夏、商二代文化略同。"王国维用族类、地理来说明三代文化的异同，在方法上是不正确的，是片面的。他又说："周人制度之大异于商者，一曰立子立嫡之制，由是而生宗法及丧服之制，并由是而有封建子弟之制，君天子臣诸侯之制；二曰庙数之制；三曰同姓不婚之制。"③王国维在这里提出了周代王位继统法，即所谓"立子立嫡之法……实自周公定之，是周人改制之最大者"。认为宗法制是周代创始的看法是错误的。因为宗法乃家族制度下所产生的，在原始社会末期已出现，男系的家族制度下，兄弟长幼之分是宗法中最重要的。现有的资料，虽然还不足以说明殷代宗法及其具体的情况，即西周的宗法制度亦因缺乏具体材料而难以叙述，然而宗法制不始于周代是可以肯定的。王国维撰《殷周制度论》

---

① 王国维：《殷周制度论》，《观堂集林》卷一〇，中华书局1961年版，第454—455页。
② 陈梦家：《殷虚卜辞综述》，第370页。
③ 王国维：《殷周制度论》，《观堂集林》卷一〇，第451—454页。

和《殷礼征文》等是想利用卜辞来作恢复古代礼制的企图,因此他强调立子立嫡之制,庙数之制,同姓不婚之制"数者,皆周之所以纲纪天下,其旨则在纳上下于道德,而合天子、诸侯、卿、大夫、士、庶民,以成一道德之团体。周公制作之本意实在于此"。又说"周之制度典礼乃道德之器械,而尊尊、亲亲、贤贤、男女有别四者之结体也"。"欲知周公之圣与周之所以王,必于是乎观之矣"。①

上引最后数语,是他《殷周制度论》全文的结尾,可见作者的企图是在拥护周公的"封建"制度,如果以西周是封建社会的开始来说,周公采取利于封建制度的措施,自然是应该肯定的,但是王国维认为这种制度典礼乃道德的器械,而在这种制度下的"天下"乃是一道德的团体,这种制度的根本乃由于宗法的嫡庶制等等,则是另有企图的说法。陈梦家指出,"此文之作,乃借他所理解的殷制来证明周公改制的优于殷制,在表面上似乎说周制是较殷制为进步的,事实上是由鼓吹周公的'封建'制度而主张维持清代的专制制度。此文在实际上是王氏的政治信仰,它不但是本末颠倒地来看周代社会,而且具有反动的政治思想"。②

郭沫若利用王国维所提供的甲骨文研究资料,运用马克思主义的观点和方法,批判了王氏的资产阶级史学观点,写出了著名的《中国古代社会研究》一书,在该书《自序》中说:

> 王国维一生的学业结晶在他的《观堂集林》和最近所出的名目实远不及《观堂集林》四字冠冕的《海宁王忠悫公遗书》。那遗书的外观虽然穿的是一件旧式的花衣补褂,然而所包含的却多是近代的科学内容。……王国维研究学问的方法是近代的,思想感情是封建式的。两个时代在他身上激起了一个剧烈的阶级斗争,结果是封建社会把他的身体夺去了。然而他遗留给我们的是他知识产品,那好像一座崔巍的楼阁,在几千年来的旧学的城垒上,灿然放出了一段异样的光辉。

郭沫若在《卜辞出土之历史》中又指出:

---
① 王国维:《殷周制度论》,《观堂集林》卷一〇,第454—480页。
② 陈梦家:《殷虚卜辞综述》,第630页。

王氏之学,即以甲骨文字之研究为其主要的根干,除上所列四种(《戬寿堂所藏殷虚文字考释》、《殷卜辞中所见先公先王考》、《续考》、《殷周制度论》)之外,其他说礼制、说都邑、说文字之零作更散见于全集中。谓中国之旧学自甲骨之出而另辟一新纪元,自有罗、王二氏考释甲骨之业而另辟一新纪元,决非过论。言"整理国故",言"批判国故",而不知甲骨文字之学者,盲人摸象者之流亚而已。①

王国维除了以甲骨文考证商殷历史外,还以金文考周史,撰写了《毛公鼎铭考释》、《散氏盘考释》、《不嫢敦盖考释》、《盂鼎铭考释》、《克鼎铭考释》等,对周史的研究作出了显著的贡献。

三

　　王国维以"熟于两汉史事"著称,1914年与罗振玉合编《流沙坠简》时,即负责两汉、晋屯戍诸简的考释工作。他在秦汉史方面主要偏重于史事的考订,特别是汉郡的考释和西陲古地理的考证。

　　班固撰《汉书·地理志》,备载西汉一代制度,亦间及秦代旧制。但西汉历史长达两百年,关于郡国的设置颇多损益,而《地理志》所载内容简略,且前后互有参差,历代学者虽进行了不少研究,却未能得出一致的结论。王氏撰《秦郡考》、《汉郡考》、《汉会稽东部都尉治所考》、《后汉会稽东部候官考》等文,以求对其作一次清理。

　　汉初上承秦时郡县制度,而秦时一说三十六郡为其整个一代的郡数,一说是始皇二十六年的郡数,以后所置的不在数内。汉时大封诸侯王国,一国往往兼辖数郡,和秦时制度已有所不同。加上吴楚七国之乱后,朝廷加强中央集权,推行强干弱枝政策,致使王国范围逐渐与郡相等,或者有时所辖县数不及郡多。王国维将《汉郡考》分为上、下两篇,上篇论郡,下篇论国。

　　《汉郡考》上指出:《汉书·地理志后叙》中所提出的二十六郡国,

---

① 郭沫若:《中国古代社会研究》,人民出版社1954年版,第213、214页。

"其真为高帝置者,曾不及其三分之一"。事实上《汉书·地理志》所载的是平帝时的疆域,故王国维提出,"谓此二十余郡为高帝所置,其误犹小,若直以孝平时之疆域为汉初之疆域,而谓此二十余郡者悉为天子所有,则全不合当时事实也"。① 对王国维的论证虽然各家意见不一,但他提出问题推动这一问题的解决,还是有其功绩的。

关于封国问题,王氏认为"汉兴,矫秦郡县之失,大启诸国,时去六国之亡未远,大抵因其故壤,专制千里,建国之大,古今所未有也"。② 针对这种现象汉高祖采取的对策是,大封同姓王以制异姓王,故自六年起废楚王信,分其地以王刘贾于荆,弟刘交于楚。文帝更进一步采取以亲制疏的办法。孝景嗣位,平七国之乱后,以余威宰制诸侯,分王诸子,封国止一郡之地。昭、宣以后,王国势力益微。变化是很大的。王国维细加考证的结果,确认"高帝时诸侯之郡凡三十有九,而诸郡之广狭,又当与《汉志》绝异"。实际上《汉书·地理志》所载,三十二郡与一十七国者,是元始年间的郡国数。

1914年王国维撰《流沙坠简序》,考证汉晋木简出土之地,是我国近代研究西陲古地理的第一篇文字。1908年英人斯坦因私至我新疆、甘肃访古,得汉晋木简千余以归,法国人沙畹为之考释,事先以手校本寄给罗振玉,罗王二人据以分别考订,成《流沙坠简》。王国维在序言中说:"案古简所出,厥地凡三:一为敦煌迤北之长城,二为罗布淖尔之古城,其三则和阗东北之尼雅城及马咱托拉拔拉滑史德三地也。敦煌所出,皆两汉之物,出罗布淖尔北者,其物大抵上自魏末迄于前凉,其出和阗旁三地者,都不过二十余简,又皆无年代可考,然其最古者,犹当为后汉遗物,其近者亦当在隋唐之际。"③ 王氏所考的主要是西汉敦煌郡的敦煌县和中部、玉门二都尉及所属四个候官的治所和西域的精绝国,还有前凉时的海头,也就是北魏时的居庐仓和《水经注》所说的龙城。

汉敦煌郡中部、玉门二都尉及所属的步广、平望、玉门、大煎都四候官的治所,王氏据出土诸简及《汉书·地理志》有关资料考定了玉门都尉所治即玉门关。为要了解玉门关之方位,又必须先从搞清楚汉在这

---

① 王国维:《观堂集林》卷一二,第548页。
② 同上书,第551页。
③ 王国维:《流沙坠简序》,《观堂集林》卷一七,第819—820页。

一带的长城入手。他同意斯坦因所确定汉长城在敦煌之北的看法,其地当《汉志》敦煌、龙勒二县之北境,实汉时屯戍之所,故汉时简牍即出于此。据此,王国维确认太初以前的玉门关即系后来的玉门县,太初以后西徙到小盐湖。又汉及新莽时玉门都尉所有版籍,皆出于此,可为《汉志》玉门关之铁证,不独与古书所记一一吻合而已。玉门都尉所属的玉门、大煎二都候官及中部都尉所属的步广、平望二侯官,也因为当时的边塞的确定和汉简的记载而随之确定其各自的治所。

海头遗址已经发现,即是罗布淖尔涸泽东北的古城。1900年俄人希亭首至其地,搜获了大量古书,其后,又发现了汉晋木简残纸。1908—1909年日本大谷光端组织的"探险队",到我国新疆考古,成员橘瑞超经过米兰到楼兰废墟的中途,发现了著名的《李柏文书》,这是前凉西域长史李柏致焉耆王龙所发出的信稿,其照片为当时住在伦敦的斯坦因目睹后,草率地认为这一文书出土之地楼兰编号为I_A的遗址所在的楼兰国故都,断言所发见的古城是古楼兰城的废墟。但王国维由斯坦因所得的汉简和《水经·河水注》、《后汉书·班勇传》、《柳经传》及《魏略》有关楼兰的记载,特别是看到《李柏文书》的影片时,发现文中"月二日到此"一语的"此"字被圈去,而在旁注上有"海头"两字,故断定此古城"决非古楼兰。其地当前凉之世,实名海头,而《汉书·西域传》及《魏略·西戎传》之居庐仑,《水经·河水注》之龙城,皆是地也"。

和阗城北尼雅城废墟,斯坦因考定为古之精绝国。王国维"案,今官书,尼雅距和阗七百十里,与《汉书·西域传》、《水经·河水注》所纪精绝去于阗道里数合",从而证明了斯坦因的看法是能够成立的。

在汉代制度方面的考证,王国维也作出了巨大的贡献,如《汉魏博士考》一文,对汉代博士官的演变,与诸经的立学官或废止情况,作了精辟的考证和阐述,为研究汉魏经学和教育不可缺少的重要文献。

四

在解放前的五十年中,我国学者首先重视敦煌莫高窟遗书在学术上的重要价值,并首先据唐写本考证唐史的是王国维。他依据唐写本残职官书"存亲王国、三师三公府、亲王府、上柱国以下带文武职事府官属"的记载,认为它与隋制近,是唐初武德年间职官制度中的断片。又据《高昌宁朔将军麴斌造寺碑》文,考证突厥官制,都取得了成就。关于瀚海军设立的时间,王氏也进行了考订。《旧唐书·地理志》载,"瀚海军,开元中盖嘉运置,在北庭都护府内"。《元和郡县志》则说:"瀚海军在北庭都护城中,长安二年,初置烛龙军。三年,郭元振改为瀚海军。"他又据《旧唐书·郭虔瓘传》所载,"虔瓘以开元初,以北庭都护兼瀚海军经略使"。尤为重要的依据是,新疆吐鲁番附近出土的李慈艺授勋告身真迹,是开元四年发给的,内已载瀚海军。因而王氏断言《元和郡县志》、《新唐书·地理志》所载是近于史实的。又考定《大云经》晋代已译,非武则天时所伪造。韦庄所撰《秦妇吟》,不仅是研究唐末社会情况和唐末农民起义的重要资料,而且也是我国诗歌史上最长的一首韵文叙事诗。王国维最初看到这首诗,是日本狩野博士抄自伦敦博物馆的残本,前后都残阙,无篇题及撰人姓名。他依据《北梦琐言》载,蜀相韦庄应举时,遇黄巢农民军攻克长安,撰《秦妇吟》一篇,内有:"内库烧为锦绣灰,天街踏尽公卿骨。"诗中有此二语,因而断定其为《秦妇吟》。后又看到巴黎国民图书馆《敦煌书目》有《秦妇吟》一卷,署右补阙韦庄撰。因移书伯希和教授,属为写寄。王氏遂据巴黎所藏天复五年张龟写本,校伦敦藏梁贞明五年安友盛写本,认为此诗乃中和三年(公元883年)所作,曾传诵一时,制为《秦妇吟》幛子,在当时具有重大的影响。但因诗内有"内库烧为锦绣灰,天街踏尽公卿骨"之句,故韦庄讳之,其弟辑编《浣花集》时未收入,致使此长诗不传于世,经王国维抄录校勘才复传。

王国维对唐史研究的贡献,还据敦煌县户籍考证了均田制。均田制是唐代前期实行的一项重要制度,但均田制度在唐代是否实行过,史学界意见不一。王国维也注意到这一问题的重要性,故极力搜集敦煌及吐鲁番出土的与均田制有关的文书,当他一看到伦敦博物馆所藏唐写本敦煌户籍,即进行考订。他依据《唐六典》户部尚书职,每一岁一造计帐,三年一造户籍,凡定户以仲年(子、卯、午、酉),造籍以季年(丑、辰、未、戌)。大历四年,岁在己酉,正是定户之年,肯定上件是唐大历四年沙州敦煌县户籍。沙州敦煌县户籍中所载索思礼,一户三口,按均田制规定,共应受口分田 120 亩,已实受 167 亩,溢出 47 亩。又父子二人各应受永业田 20 亩,合计 40 亩。此外,索思礼七品散官,索游鸾四品职事官,共应受勋田及职事官田 6 000 亩,已受 19 亩。王国维对此的解释是:"盖唐时职事官田与勋官田皆有名无实。"其原因是因为均田制发展到唐代中期,政府所能授与的耕地越来越少,实际上不可能做到均田令中所规定的数目。对口分田溢出 47 亩之事,他的解释是父子二人"未必能躬耕,为之耕者二奴也。二奴之年正在丁中,例得受田百亩,意其初以二奴之名受田二顷,然唐制奴婢无受田之文,于是即以思礼、游鸾之名受田百五十亩,然实际已受二百七亩,有司以其家勋田未受者尚多,又以游鸾官稍高,遂不复致诘,即据以定籍,故有此参池也"。这种解释是否符合当时的史实,值得研究。但有一点是可以肯定的,在代宗大历年间的沙州敦煌县地方,均田制还在继续实行。

另一方面,王国维又据碑文证补高昌、回鹘史实。关于高昌,虞道园高昌王世勋碑所记回鹘源流,可与《新唐书·回鹘传》互相发明。碑记回鹘始祖曰卜古可汗,《元史·巴尔术阿而忒的斤传》引作不可汗,欧阳玄《高昌偰氏家传》作普鞠可汗,这些史实,两《唐书》未加记载。碑又言卜古可汗传三十余君至玉伦的斤,数与唐人相攻战,久之乃议和亲,于是唐以金莲公主妻玉伦之子葛励的斤。王国维考证的结果,认为玉伦即《唐书》之护输,他根据《唐书·回鹘传》载,回鹘承宗立,凉州都督王君㚟诬暴其罪,流死瀼州,族子瀚海府司马护输乘众怨,共杀君㚟,梗绝安西诸国贡道,久之,奔突厥死,子骨力裴罗立。王氏认为护玉,声之转,输轮,字之误,护输殆本作护轮,转为玉伦。其子葛励的斤,即骨力裴罗,葛励亦骨力之声转也。金莲公主即宁国公主,以唐乾元元年嫁骨力裴罗,时骨力嗣位已久,不得如碑云在玉伦的斤之世。

于阗为唐安西四镇之一,但自吐蕃攻陷后,与唐隔绝,终唐一朝,对其情况不复了解。于阗李氏当政的事实,两《唐书》均无记载,在唐前期,于阗王为尉迟氏,李氏取代不知始于何时。王国维据高居诲使于阗,在晋天福三年(938 年),以七年归,其所记李圣天年号,为同庆二十九年,因而知圣天嗣位当在后梁之初。又据李圣天在宋建隆三年(962

年)尚遣使入贡,则在位几六十年,必以幼年即继位,不是开国的君主。他认为李氏取代尉迟氏,约在唐晚期。因这时回鹘实力强大,雄据西域,东自甘州,西讫龟兹,都为其部落所据。而沙州西于阗东之仲云族,风俗习惯与回鹘基本相同。因而,李氏得国也是回鹘支持的结果。并进一步认为李圣天即回鹘人。于阗的有关事实,由于记载的缺略,不十分清楚,王氏力求搜集资料,来填补这一段历史空白,所作的贡献是可贵的。

在古器物的研究上王国维作出了很多成就,他撰写了《说斝》、《说觥》、《说盉》、《说彝》、《说俎》上、下,《说环玦》、《说珏朋》等重要文章,不仅考证了古器物的铭文、形状及其与古代制度的关系,而且更正了许多古器物的名称,纠正了长期以来沿袭的错误。他指出:"凡传世古礼器之名,皆宋人所定也。曰钟、曰鼎、曰鬲、曰甗、曰敦、曰簠、曰簋、曰尊、曰壶、曰盉、曰盘、曰匜、曰盦,皆古器自载其名,而宋人因以名之者也。"①另外有些古器为爵、觚、觯、角、斝等,古器铭辞中均无明文,宋人但以大小之差定之,因而在名称上往往搞错。如"自宋以来,所谓匜者有二种:其一器浅而巨,有足而无盖,其流狭而长。其一器稍小而深,或有足,或无足,而皆有盖,其流侈而短,盖皆作牛首形。《博古图》十四匜中之启匜、凤匜、三夒匜、父癸匜、文姬匜、遍地雷纹匜、凤夒匜七器,《西清古鉴》三十匜中之司寇匜、祖匜、伯和匜、女匜、山匜、般匜、利匜、举匜、二牺匜、饕餮匜十一器,及端氏所藏诸女匜、贵弘匜、甫人匜三种"等,王国维考证的结果,认为这些古器都不应该称为匜,他的理由是:"甲类之匜,其铭皆云:某作宝匜,或云作旅匜,或云作媵兕,皆有'匜'字,而乙类三十余器中绝无匜字,此一证也。匜乃燕器,非以施之鬼神。而乙类之器,其铭多云:作父某宝尊彝,其为孝享之器,而非沃盥之器可知,此二证也。古者盥水盛于盘,洗匜惟于沃盥时一用之,无须有盖,而乙类皆有之,此三证也。"②因而王氏断定这些古器的名称应该是兕觥。

---

① 王国维:《说觥》,《观堂集林》卷三,第 147 页。
② 同上书,第 149—150 页。

五

　　王国维对匈奴史研究成果的主要著作为《鬼方昆夷猃狁考》、《西胡考》及《续考》，就匈奴的族属问题提出了自己的看法。《史记·匈奴列传》以为匈奴的先祖乃"夏后氏之苗裔"，此说一直为后代学者所沿用。王氏广泛征引先秦两汉文献及盂鼎、梁伯戈、毛公鼎等钟鼎彝器铭文论述鬼方、昆夷、薰育、猃狁等先秦游牧部族的活动地区和活动情况，并从地理分布及音韵学论证鬼方、昆夷、薰育、荤粥、猃狁及其与后来的匈奴、胡皆系同一族名的异译，否定了司马迁在《史记》中的说法，第一个提出殷代的鬼方才是匈奴的族祖。①

　　《鬼方昆夷猃狁考》一文中提出，我国古时有一强大之族，商周称为鬼方、混夷、獯鬻，西周晚期称为猃狁，春秋时称为戎、狄，战国时称为胡、匈奴。其史实远古时颇茫然，春秋以后则略有记载。王氏根据《易·既济》爻辞、《未济》爻辞及《诗·大雅·荡》之篇、《竹书纪年》及大盂鼎、小盂鼎、梁伯戈、虢季子白盘等铭文，证明殷时不仅有鬼方，而且同殷王高宗（武丁）争斗过三年才失败。周时王季（周文王父）与之战争时，俘其二十翟王及俘掳之数竟至一万三千余人，其势力之不弱可想而知。其居住地一部分在汧陇之间（今陕西西北部及甘肃东南部一带）或者更西，其他部分则分布于周之西北二陲，并且控制了周之东北。

　　关于昆夷，周初之书已载其名。王国维指出《大雅·绵》之诗作"混夷"，《说文解字》马部引作"昆夷"，口部引作"犬夷"，而《孟子》及《毛诗·采薇》序作"昆"，《史记·匈奴传》作"绲"，《尚书大传》作"畎夷"。颜师古《汉书·匈奴传》注云："畎音工犬反"，昆、混、绲并工本反，四字声皆相近。并且是"畏"与"鬼"之阳声，又变为荤粥，为薰育，为獯鬻，又变而为猃狁，亦皆畏鬼二字之遗。王氏认为鬼方、昆夷、薰育、猃狁，自系一语之变，亦即一族之名称，自音韵学上证之有余矣。

　　在王国维看来，獯鬻、猃狁是西周以前的称号，而西周书器均不见獯鬻二字。关于獯鬻的地理位置，也一无可考。但猃狁活动地区则多

---

① 详请参阅林幹：《王国维对匈奴史的研究》，《王国维学术论集》，华东师大出版社1983年版。

见于书、器,是在"西周之东北而包其西,与鬼方昆夷之地,全相符合也"。至于猃狁之后裔如何,王氏认为:"经传所纪,自幽平以后,至于春秋隐、桓之间,但有戎号,庄闵以后,乃有狄号。"又说:"故宣王以后,有戎狄而无猃狁者,非猃狁种类一旦灭绝或远徙他处。"相反,此时他们对中原的侵扰较前更甚,故华夏不呼其本名,而以华夏之名称之,曰戎、曰狄,甚至在追述其先世时也被以恶名,如称昆戎为犬戎,称薰粥为獯鬻,严允为猃狁。及至春秋中叶,赤狄诸国皆灭于晋,河南山北诸戎亦多为晋役属,白狄僻在西方,不与中原通,故戎、狄之名称消失。战国时,乃复以其本名呼之,于是胡与匈奴之名,始见于战国之际,与数百年前之獯鬻、猃狁,先后相应,其为同种,当司马迁在作《匈奴传》时即已瞭解了这一点。①

王国维的看法,在史学界起有很大影响,不少学者如梁启超在《史书匈奴传戎狄名义考》、《中国历史上之民族之研究》、②方壮猷《匈奴语言考》、③冯家昇《匈奴民族及其文化》、④佟住臣《匈奴西迁与欧洲民族之移动》⑤等论著中都附和支持王国维"鬼方、昆夷、猃狁等族即匈奴"的论断。当然也有一些学者持不同的看法,如蒙文通在《犬戎东侵考》、《古代民族迁徙考》⑥及《周秦少数民族研究》一书中,认为鬼方、荤粥、猃狁并非匈奴族,义渠则与匈奴同族;黄文弼在《古代匈奴民族之研究》⑦中认为鬼方、荤粥、混夷、猃狁都是古代羌族,与匈奴不同。王国维的见解,迄今虽然未能成为定论,有待于继续深入研究,但《鬼方昆夷猃狁考》一文中,广泛征引先秦两汉文献及钟鼎彝器铭文,研究古代北方游牧部族史,一直成为不可多得的重要学术论文。

其次,王国维在《西胡考》及《续考》中,进一步研究了匈奴的族属问题。在《胡服考》中研究了我国古代汉族与北方少数民族文化关系,在《匈奴相邦印跋》中,考定了匈奴相邦玉印上的"相邦"两字的含义,认为战国时"六国执政者均称相邦,秦有相邦吕不韦(见戈文),魏有相邦建

---

① 王国维:《鬼方昆夷猃狁考》,《观堂集林》卷一三,第604—606页。
② 梁启超:《饮冰室合集·专集》第四一、四二册。
③ 《国学季刊》1930年12月第2卷第2号。
④ 《禹贡》1937年第7卷第5期。
⑤ 《学艺》1942年1月第2辑。
⑥ 《禹贡》第6卷第7期及第7卷6,7期。
⑦ 《边政公论》1943年第2卷3、4、5期。

信侯(见剑文),后来史家作相国者",盖避汉高祖刘邦讳改。并指出此印属于匈奴初期用先秦文字自造之印。这篇文章虽然字数不多,但是对研究匈奴官制、匈奴文化以及汉匈文化关系均有重要价值。

蒙古族史和元史的研究,是王国维在其一生最后的二年多时间里即1925至1927年期间进行的,撰有《鞑靼考》(附鞑靼年表)、《萌古考》、《黑车子室韦考》、《南宋人所传蒙古史料考》、《金界壕考》、《蒙古札记》、《耶律文正公年谱及余记》等论著,其中《鞑靼考》是研究早期蒙古族史的重要论文。他说:"鞑靼之名,始见于唐之中叶。阙特勤碑之突厥文中,有三十姓鞑靼、九姓鞑靼,是为鞑靼初见纪录之始。"唐末时,其部众曾从朱邪赤心镇压庞勋,从李克用镇压黄巢义军。《新唐书》、《新五代史》中均记有鞑靼史实,后者且立有专传,宋人著述中亦屡见其名。然而《辽史》中鞑靼之名仅三见,在《金史》中则完全不见,原因何在?他依据宋辽金史籍及《蒙古秘史》有关资料对比分析,并根据地理考证,详细地论证了"唐宋间之鞑靼,在辽为阻卜,在金为阻䪫,在蒙古之初为塔塔儿;其漠南之汪古部,当时号为白达达者,亦其遗种也"。

关于这个问题,王国维列举了三条确证:一、《辽史·圣宗纪》开泰元(应为二)年正月,达旦(鞑靼之异译)国兵围镇州;同书《萧图玉传》亦载开泰中(应为元年),阻卜复叛,围图玉于可敦城。而镇州即古可敦城,故纪、传所记为同一事件,但纪称达旦,传称阻卜,是阻卜即鞑靼之证。二、《续资治通鉴长编》卷五五载有十世纪末,辽萧太后之姊太妃"西捍塔鞑(鞑靼之异译)",《辽史·圣宗纪》、《萧挞凛传》也载有同一时期辽太妃西征阻卜事,其证二。三、《金史·夹谷清臣传》载:"北阻䪫叛,上谴责清臣,命右丞相襄代之。"同书《内族襄传》也说:"襄代清臣……乃命支军出东道,襄由西道,而东军至龙驹河,为阻䪫所围……众皆奔斡里札河。……"①《元朝秘史》、《圣武亲征录》、《元史·太祖纪》并记此事,完颜襄与内族襄事实上是同一人,是诸书纪事并相符合。史实表明,"《金史》之阻䪫,《元秘史》谓之塔塔儿,正与《辽史·萧图玉传》之阻卜,《圣宗纪》作达旦者,前后一揆;而塔塔儿一语为鞑靼之对音,更不待言"。同时,他又通过地理考证,论证了阻卜的分布地区就是

---

① 上引均见《鞑靼考》,《观堂集林》卷一四,第635—638页。

鞑靼的分布地区，从而提供了更有力的证据。故王氏断言："唐宋间之鞑靼，在辽为阻卜，在金为阻䩞也。"①

《鞑靼考》发表后，在国内外学术界引起了很大反响。徐炳昶于1930年发表的《阻卜非鞑靼辨》②一文，认为阻卜是唐古特族，而鞑靼是蒙古族，完全否定了"阻卜即鞑靼"的说法。王静如在《论阻卜与鞑靼》、③唐长孺在《论阻卜之异译》、④余大钧在《论阻卜与鞑靼之异同》⑤等文章中，也认为王国维的看法难以成立。但伯希和、冯承钧、蔡美彪、陈得芝都赞同王国维的意见，如蔡美彪在1952年发表的《辽金石刻中的鞑靼》⑥一文中，用《辽道宗哀册》中关于鞑靼的纪事与《辽史》中有关道宗时阻卜的记载互相对比考证，证实了"阻卜即鞑靼"。陈得芝1978年发表的《辽代的西北路招讨司》⑦一文中，征引了辽宋碑刻、地图、文集等资料，进一步论证了"阻卜即鞑靼"。

王国维亲自校勘、注释的有关早期蒙古族史的史料有《蒙鞑备录笺证》、《黑鞑事略笺证》、《圣武亲征录校注》、《长春真人西游记校注》、《王延德使高昌记校注》、刘祁《北使记注》、刘郁《西使记校注》等，他集中精力，对有关资料进行精细校勘和注释，并作了精辟的考证，在学术上作出了突出的贡献。同时，他还编辑出版了蒙元重要史料如：徐松、文廷式从《永乐大典》中辑录出的《元经世大典》佚文《大元马政记》、《元高丽纪事》、《大元官制杂记》、《大元仓库记》、《大元画塑记》、《大元毡罽工物记》等，这些著作均收载于他编辑的《广仓学窘学术丛编》中。⑧

六

除已刊印的论著、成果外，王国维还有若干未完成的遗稿，特别是

---

① 上引均见《鞑靼考》，《观堂集林》卷一四，第636页。
② 《女师大学术季刊》1930年3月第1卷第1期。
③ 《中央研究院历史语言研究所集刊》第二本第三分。
④ 《大公报》1947年5月15日《文史周刊》第29期。
⑤ 《历史研究》1981年第6期。
⑥ 《北大国学季刊》第7卷第3期。
⑦ 南京大学历史系元史研究室编：《元史及北方民族史研究集刊》1978年第2期。
⑧ 详请参阅余大钧：《论王国维对蒙古史的研究》，《王国维学术研究论集》，华东师大出版社1983年版。

经他手校手批写成跋语的古籍,现珍藏于北京图书馆的有一百九十多种,珍藏于日本东洋文库手钞手校词曲书也有二十五种之多。大部分具有学术价值。其中《水经注》的校勘算是他毕生用力最勤者之一。《水经注》是研究历史地理、水利沿革和古代历史的一部重要著作,但是在传抄的过程中残缺错漏颇多,北宋以后的各种刊本,也存在经文、注文错乱及错行、错页、错段和文字方面的衍夺讹错等情况,严重地影响了后人对它的阅读和利用。明清两代不少学者对《水经注》进行校勘,王国维自 1916 年四月即开始着手进行校勘,我们看到王氏校勘的《水经注》有两部,一部以上海涵芬楼景印武英殿聚珍本,十二册(内缺第七册)为校录底本(现藏北京图书馆),一部以明万历四十三年朱谋㙔《水经注笺》为校录底本,共十二册(现藏长春吉林大学图书馆)。关于历次校勘的经过,王氏在聚珍本的跋尾中说:

> 壬戌(1922 年)春日,余得见南林蒋氏所藏《永乐大典·水经注》,自河水至丹水凡四册,即校于武英殿聚珍本上。嘉兴沈乙庵(曾植)先生复以明黄勉之(省曾)本属余校录《大典》异同,余亦以黄本异同录于聚珍本。先生复从叟余校朱王孙(谋㙔)本,余未暇也。癸亥(1923 年)至京师,从书肆购得是本……既以是本校于聚珍本上,又复校出全、赵二本,颇得悉明以来诸本沿袭及诸家校改之源流。

王国维在校聚珍本《水经注》之后,"感到颇有漏略未尽处",于是进行第二次校勘。1923 年他借傅增湘所藏宋残本勘朱书,"宋本错简误字,与有明一代抄本、刻本,大致相同,然佳处往往出诸本上,即朱、全、赵、戴诸家所校正之字,有宋本不误者"。次年春,复移录所校《永乐大典》本校于宋本之书眉,"始知《大典》所据原本,与傅氏所藏宋本大同"。明抄本《水经注》,系海盐朱氏所藏,全书四十卷,其行款与宋残本、明柳大中抄本、吴门顾氏所藏明影抄本相同。王氏以宋残本校勘,凡佳处误处与字之别构均相同,又取《永乐大典》本、孙潜夫、袁寿阶所校明影宋抄本校之,亦十同八九。其他版本皆残缺不全,惟此本首尾俱全,郦书旧本,当以此本为第一。王氏在《明抄本〈水经注〉跋》中说:"三百年来,治郦氏书者殆近十家,然朱王孙虽见宋本,而所校不尽可据。全氏好以己所订正之处,托于其先人所见宋本。戴氏则托于《大典》本。而宋本与《大典》本胜处,朱、戴二本亦未能尽之。虽于郦书不为无功,而于事实则去弥远。若以此本为主,尽列诸本异同及诸家订正之字于下,亦今日不可已之事业欤!"①

王国维为了《水经注》的校勘和研究,经十多年的努力,搜求各种版本和抄本近十种,有些如谭元春、项絪、何焯、沈炳巽、王先谦、杨守敬等人所校勘的本子,或未见,或虽见而未予重视。但这些勘本与王氏据以校勘的本子,有直接的渊源关系。因此,就版本和抄本来说,王氏虽只掌握了宋刊残本、大典本、明抄本、孙潜夫、袁寿阶手校本、黄省曾本、全谢山本,以校聚珍本和朱氏《水经注笺》本。但这些都是明清以来具有代表性的主要版本,故赵万里说:"《水经》异本毕具于此矣。"②王国维长期辛勤劳动的结果,不仅对《水经注》本身的校勘及其版本、抄本的因袭、源流,取得了丰硕成果,而且由于掌握了《水经注》中很多古史地资料,所以在考释散氏盘等古器物、古地理和研究殷周秦汉史,尤其是晚年研究西北史地,取得了巨大成就。③

七

王国维学术研究上的巨大成就是和他的治学态度和治学方法分不开的。他生长在中小商人地主知识分子家庭里,从其父亲日记中所载事实来看④,政治上是倾向于康、梁的改革,并受西学的一定影响。1898 年王国维到上海进入东文学社学习日文后,即接触了西方的哲学思想、文学思想和自然科学知识。1902 年到日本留学,也是学的物理学。嗣后在各地教书,也主讲心理学、伦理学、社会学等课程。在西学的影响下,接受了资产阶级的学术思想和治学方法。另一方面,由于他出生在"弃儒而贾"的封建地主家庭,自小即受到封建思想的传统教育,因而受封建思想的影响很深。因此,在辛亥革命以前主要着眼于哲学、

---

① 王国维:《观堂集林》卷一二,第 571—572 页。
② 赵万里:《王静安先生年谱》。
③ 详请参阅吴泽《王国维与〈水经注校〉》,《学术月刊》1982 年第 11 期。
④ 《王乃誉日记》,现藏上海图书馆。

通俗文学和戏剧史方面的研究,写出了著名的《叔本华之哲学及教育学说》、《叔本华与尼采》、《红楼梦评论》、《人间词话》、《宋元戏曲史》、《古剧脚色考》、《优语录》、《曲录》等,在史学方面校勘《大唐六典》,撰《隋唐兵符图录附说》。正因为他具有和当时一般封建学者的不同眼光,许多旧东西经过他用资产阶级观点分析研究,得出了封建学者所不能得出的新结论。

王国维处在半殖民地半封建的社会里,所看到的中国文化事业的情况是,"京师号学问渊薮,而通达诚笃之旧学家,屈十指以计之,不能满也。其治西学者,不过为羔雁禽犊之资,其能贯串精博,终身以之,如旧学家者,更难举其一二。风会否塞,习尚荒落,非一日矣"。① 他对这种状况极其不满,亟想改变这种局面,希图把中国文化事业发展到世界水平。他所从事的虽然多半是中国旧文化的研究,但由于受到西方资产阶级哲学和社会科学的影响,认为科学和史学是可以沟通的。他说:"凡事物必尽其真,而道理必求其是,此科学之所有事也;而欲求认识之真与道理之是者,不可不知事物道理之所以存在之由与其变迁之故,此史学之所有事也。"②在这里,王氏首先看到了世界的科学和文化事业是同一件事情,中间不应有所割裂,因为在他看来,"世界学问不出科学、史学、文学,故中国之学,西国类皆有之;西国之学,我国亦类皆有之,所异者广狭疏密耳。"从这一论点出发,他极力反对所谓"中学"、"西学"的说法,提出中学与西学只是程度上的差别,而无性质上的不同,这在当时是很具卓见的。他也反对将所谓"新学"与"旧学"割裂开来,因为研究学问的目的只是在"事物必尽其真,而道理必求其是"。作为一位学术研究者来说,"凡吾智之不能通而吾心之所不能安者,虽圣贤言之,有所不信焉。虽圣贤行之有所不慊焉"。指出"圣贤所以别真伪也,真伪非由圣贤出也"。这说明他一切以"别真伪"为标准,不再迷信所谓"圣贤之言"。他主张治学要有全面性,要贯通古今中外。他说:

> 一切艺术,悉由一切学问出,古人所谓不学无术,非虚语也。夫天下之事物,非由全不足以知曲,非致曲不足以知全。虽一物之

---

① 王国维:《国学丛刊序》,《观堂别集》。
② 王国维:《国学丛刊序》,《观堂别集》。

解释，一事之决断，非深知宇宙人生之真相者，不能为也。而欲知宇宙人生者，虽宇宙中之一现象，历史上之一事实，亦未始无所贡献。故深湛幽渺之思，学者有所不避焉；迂远繁琐之讥，学者有所不辞焉。事物无大小，无远近，苟思之得其真，纪之得其实，极其会归，皆有裨于人类之生存福祉。……学问之所以为古今中西所崇敬者，实由于此。①

这是他认识到要从事科学研究，必须从一般到特殊，从特殊到一般，不能孤立地去研究学问，而且态度要严肃认真。当然，王国维不是马克思主义者，也没有接受历史唯物论，对于所说"深知宇宙人生之真相"，还有很大距离，但是他为了"事物必尽其真，而道理必求其是"，在他认识到的逻辑范围内，是终生努力按照这一要求去做的。因此，他坚持"当以事实决事实，而不当以后世之理论决事实"，作为他研究学问的重要方法。

王国维在研究中国古代社会历史时，提出"古书不可泥"，反对跟在古人后面亦步亦趋，但又不完全否定古书，只是要求对古书资料进行独立思考，既不做排斥古书的疑古派，也不做按主观要求篡改古籍的托古改制派。正如其弟王国华所说："并世贤者，今文家轻疑古书，古文家墨守师说，俱不外以经治经。而先兄以史治经，不轻疑古，亦不欲以墨守自封，必求其真。"②因而在方法上采取了以实证史，以史考实。

他重视"地下之新材料"，主要是甲骨文字，其次是殷周金文，以及在敦煌发现的汉晋木简、唐写本等古代文物。王国维充分运用了这些新出现的材料，以研究古籍和古史，采取"二重证据法"互相印证，取得了巨大成绩。应当看到，这种"二重证据法"，不仅仅停留在两种或两种以上资料的单纯印证上，而是看到了更为深刻的东西，即"史实之中，固不免有所缘饰，与传说无异"；而在地下发见的新材料中，倒是存在着新的事物，成为肯定其实和否定其伪的标准。例如他在《说商颂》中说：

此《商颂》当为宋诗，不为商诗……自其文辞观之，则殷虚卜辞所纪祭礼与制度文物，于《商颂》中无一可寻；其所见之人、地名，与殷时之称不类，而反与周时之称相类；所用之成语，并不与周初类，

---

① 王国维：《国学丛刊序》，《观堂别集》。
② 王国华：《海宁王静安先生遗书序》。

而与宗周中叶以后相类,此尤不可不察也。……由是言之,则《商颂》盖宗周中叶宋人所作以祀其先王。①

由于甲骨文字的发见,影响了对于《诗经》时代的重新认识,如果《诗经》的编辑是出于孔子之手,那末对于西周历史来说,《诗经》中即涵有"传说与史实混而不分"的成分。不仅《诗经》中有这种情况,其他古籍也有这种情况。他说:"《诗》《书》为人人诵习之书,然于六艺中最难读。以弟之愚暗,于《书》所不能解者,殆十之五;于《诗》亦十之一二。……唐宋之成语,吾得由汉魏六朝人书解之;汉魏之成语,吾得由周秦人书解之。至于《诗》《书》,则书更无古于是者,其成语之数数见者,得比较之而求其相沿之意义,否则不能赞一辞。"②对古籍可以采取这种办法,但是卜辞和殷周金文应如何认识呢?他在《毛公鼎考释序》中说:

> 文无古今,未有不文从字顺者。今日通行文字,人人能读之能解之,《诗》《书》彝器亦古之通行文字,今日所以难读者,由今人之知古代不如知现代之深故也。苟考之史事与制度文物以知其时代之情状,本之《诗》《书》以求其文之义例,考之古音以通其义之假借,参之彝器以验其文字之变化,由此而之彼,即甲以推乙,则于字之不可释,义之不可通者,必间有获焉。然后阙其不可知者,以俟后之君子,则庶乎其近之矣。③

这表明王国维已认识到要了解古代历史记录,必须以"考之史事与制度文物以知其时代之情状"为其基础,换句话说,便是须以认识当时人民的实际生活,为认识古代纪录的基本条件。这就是在甲骨文字发见之后,使王国维从卜辞和金文中看到中国古代社会一些真实情状,初步认识到这是解释古代记录的主要根据。如果不从这一点出发,那就会连"文从字顺"都将做不到。

因此,王国维在其学术研究过程中,长期认真从事整理校勘古籍,收集散见资料,随时写眉批、校语、跋言等学术研究的基础工作,而且尽可能全面地占有多方面第一手材料,以便能从比较、分析或联系、综合

---

① 王国维:《观堂集林》卷二,第116—117页。
② 王国维:《与友人论诗书中成语书》,《观堂集林》卷二,第75页。
③ 王国维:《观堂集林》卷六,第294页。

中发现重要问题，从而得出自己的精辟见解。如前文所述的《鬼方昆夷猃狁考》，既大量利用了先秦两汉文献，又利用了钟鼎彝器铭文的不少资料，才得出了近于事实的论断。

王国维学术研究上的巨大成就还和他比前人接触到更多的新资料分不开。关于这一点王氏自己也说道："光（绪）宣（统）之间我中国新出之史料凡四：一曰殷墟甲骨，二曰汉晋之简牍，三曰六朝及有唐之卷轴，而内阁大库之元明及国（清）朝文书实居其四。"其实还应加上"中国境内之古外族遗文"。这些新资料大部分为罗振玉所收藏，王国维得以阅读和考订。辛亥革命后留居日本的四年多时间里，在资料方面他依靠罗振玉"大云书库藏书五十万卷，古器物铭识拓本数千通，古彝器及他古器千余品"，进行研究。1916年由日本回国寓居上海，为哈同编辑《学术丛编》，得以看到哈同所收甲骨文、古器物及藏书，又利用为蒋汝藻撰《密韵楼藏书志》，得以阅读其丰富藏书，和藏书家刘承干、缪荃孙、王秉恩等也有往来，一些难得孤本、佳本也能看到。1923年到达北京后，又利用北京图书馆、清华大学图书馆的藏书和傅增湘的藏书。他确实非常幸运地看到了别人无法看到的新资料，为他进行研究提供了基础。另一方面，在研究的过程中，不断地和国内外著名学者相互切磋，也有利于他集思广益。但我们必须看到，由于资产阶级史学观点和方法的局限，不可能真正揭示历史发展的客观规律，不可能真正触及历史的本质。王国维的口号是"事物必尽其真"、"道理必求其是"、"学问之事无往而不当用忠实"，但他所走的政治道路又无情地讽刺了他的所谓求真、求是、忠实，因而在思想上是充满矛盾的人，政治和学术的矛盾使他不能自拔，1927年，在北伐军胜利向北方进军的形势下，最后的一线希望破灭了，王国维自沉于昆明湖而结束了自己的一生。正如郭沫若所指出的，"王国维研究学问的方法是近代的，思想感情是封建式的。两个时代在身上激起了一个剧烈的阶级斗争，结果是封建社会把他的身体夺去了"。

［陈清泉、苏双碧等编：《中国史学家评传》（下），中州古籍出版社1985年版］

王国维与《水经注校》

王国维是我国近代史上享有国际盛誉的著名的历史学家。他的学术成就是多方面的，在古籍的校勘注疏方面也做了很多工作，经他校勘的古代典籍达一百九十余种之多，其中《水经注》用力最深。由于他长期致力于《水经注》的研究和校勘，撰有《宋刊水经注残本跋》、《永乐大典本水经注跋》、《明钞本水经注跋》、《朱谋㙔水经注笺跋》、《孙潜夫校水经注残本跋》、《聚珍本戴校水经注跋》等文章，掌握了《水经注》中很多详实的古史地资料，所以在考释散氏盘等古器物、古地理和研究殷周秦汉历代古史、特别是他晚年研究西北史地、蒙古史方面，取得了巨大成就，对国内外学术界有深刻的影响。兹就王国维校勘《水经注》和所撰《水经注校》的情况，综述如下。

一

《水经注》是一部以河流系统为纲而写就的古代历史地理名著，系郦道元在公元六世纪初期为桑钦所撰的《水经》作注的一部著作。据载，桑钦所写的经文仅记载了我国水道一百三十七条，内容比较简单，而郦道元所写的注文，记载的水道却有一千二百五十二条，大至江河，小至溪津陂泽，皆在包罗之列。在内容上，不仅叙述了水流的发源和流向，使水道清晰可辨，还兼及流经地区的山岳、丘陵、陂泽的地望、重要的关塞隘障、郡县乡亭聚的地址及其故墟和有关的历史遗迹。对于每一条水道都多方印证，力求核实它的方位和流域，使条条河流和地区都能脉络清楚，区划分明。故《水经注》在资料方面包含了丰富的内容，是研究历史地理、水利沿革和中国古代历史的一部重要的资料书。

但是,这样一部价值很大的典籍,在雕板印刷问世前的五百多年间,它的流传完全依靠传抄,因而出现了很多残缺讹漏。自北宋开始雕板印刷,至明清时期,所有各种刊本,也就各自相应存在着残缺错漏。这些错误,大体是:(一)经文与注文之间的错误,即有的地方将经文讹错为注文,或者将注文讹错为经文;(二)经文、注文与水系之间也有错乱,即原系于甲水名下的经文或注文错乱到乙水名下去了;(三)在不同抄本、刊本传刻中间,有错行、错页、错段,至于文字上的衍夺讹错,则为数更多。这些错误,严重地影响着后人对这一重要历史典籍的正确利用。故自明代开始,不少学者就对其进行校勘和研究。

由于《水经注》是研究古代史地的重要资料书,王国维非常重视这部著作,在他从事中国古史的研究和考证时就应用其中所载的资料。他的很多重要著作,都是和掌握了《水经注》中的有关资料分不开的。他校勘《水经注》也是比较早的。一九一六年旧历三月,他在致罗振玉的信中即提到这一件事,并且就在四月,即手临沈曾植(乙庵)校吴县曹氏旧藏残宋本《水经注》卷三十九之半及卷四十。沈校宋本于明嘉靖年间黄省曾刊本上,王国维则移录于赵一清《水经注释》本内。一九二二年至一九二五年,他又借到《水经注》宋刊残本、大典本、明抄本等等,又陆续进行校勘。我们看到王国维亲笔校勘的《水经注》有两部:一部是以上海涵芬楼景印武英殿聚珍版《水经注》共十二册(内缺第七册)为校录底本,现藏北京图书馆;一部是以明万历四十三年(一六一五年)朱谋㙔的《水经注笺》作为校录底本,共十二册,现藏长春吉林大学图书馆,我们将这一部原校本手稿称名曰《水经注校》。另据郑德坤《水经注版本考》一文说,王国维死后,他所校勘的《水经注》校录底本,"幸为国立北平图书馆所得,学者无不以先睹为快。后某要人借出校阅,收藏失慎,首卷被毁,王氏校本遂成残卷,惜哉!"[1]似王国维亲笔校勘的《水经注》校录底本有三个本子。郑德坤所看到的本子可能即是现藏北京图书馆的聚珍本,所谓首卷被毁,或系第七册被毁之误。关于历次校勘的情况,王国维在该书卷四十后的跋中说:

---

[1] 《燕京学报》第15期。

> 壬戌（一九二二年）春日，余得见南林蒋氏所藏《永乐大典·水经注》，自河水至丹水凡四册，即校于武英殿聚珍本上。嘉兴沈乙庵先生复以明黄勉之（即黄省增）本属余校录《大典》异同，余亦以黄本异同录于聚珍本。先生复从史余校朱王孙（即朱谋㙔）本，余未暇也。癸亥（一九二三年）至京师，从书肆购得是本，为安化陶文毅公藏书，有资江陶氏云汀藏书、赐书楼陶氏之记，印心石屋主人图像诸印。近年朱本希见，又是名臣故物，得之甚喜。既以是本校于聚珍本上，又复校出全、赵二本，颇得悉明以来诸本沿袭及诸家校改之源流。惜乙庵先生于去秋仙去，不能共商略也。

从上述记载中，可知王国维校《水经注》，是先以聚珍本作底本的。他在该书卷一的跋文中说：

> 以南林蒋氏所载《永乐大典》水字韵校此一卷，此本虽出《大典》，然颇与《大典》不同，盖东原初以《大典》校朱谋㙔本，后复以己意大加校改，而刊行时，何者为据《大典》所改之字，何者为自行改定之字，不复加以识别，若概以为《大典》本如此，未免厚诬《大典》矣。蒋氏藏《大典·水经》四册，自河水至丹水，尚得全书之半，《大典》所据，自是宋刊本，故有绝佳处，当尽校之，以存大典本之真尔。

他在《聚珍本戴校水经注跋》中又说：

> 因思戴校聚珍本出于《大典》，乃亟取以校戴本，颇怪戴本胜处全出《大典》外，而《大典》本胜处戴校未能尽之，疑东原之言不实，思欲取全、赵二家本一校戴本，未暇也。既而嘉兴沈乙庵先生以明黄省曾刊本，属余录《大典》本异同，则又知《大典》本与黄本相近。先生复劝余一校朱王孙本，以备旧本异同，亦未暇也。癸亥入都，始得朱王孙本，复假江安傅氏所藏宋刊残本十一卷半，孙潜夫手校残本十五卷，校于朱本上，又校得吴琯《古今逸史》本，于是于明以前旧本沿袭，得窥崖略，乃复取全、赵二家书，并取赵氏《朱笺刊误》所引诸家校本，以校戴本，乃更恍然于三四百年诸家厘订之勤，盖《水经注》之有善本，非一人之力也。

王国维在校勘了各种本子、抄本《水经注》之后，总结了《水经注》校勘的情况说：

> 更正错简，则明有朱王孙，国朝有孙潜夫、黄子鸿、胡东樵。厘订经注，则明有冯开之，国朝有全谢山、赵东潜。捃补逸文，则有全、赵二氏。考证史事，则有朱王孙、何义门、沈绎旃。校定文字，则吴、朱、孙、沈、全、赵诸家，皆有不可没之功。戴东原氏成书最后，遂奄有诸家之胜，而其书又最先出，故谓郦书之有善本，自戴氏始可也。

但是，长期以来因戴震（东原）自称以《永乐大典》本校今本《水经注》，其书刊出后，发现戴校与《大典》本多有不合，而多暗合于赵一清本，因而造成了戴氏剿袭赵氏的疑案。后来又发展为戴、赵皆剿袭全谢山校《水经注》的问题，而对戴东原攻击尤为激烈。众说纷纭，久悬不能决。王国维通过校勘实践，认为戴氏自刊郦注，经始于乾隆三十七年（1772年），而告成则在其身后。所校刊于乾隆三十九年（1774年）。至乾隆五十九年（1794年），赵一清书出，戴震的学生段玉裁（懋堂）讶其与戴书同，于是写信给梁玉绳（曜北），疑梁氏兄弟校刊赵书时，据戴校改赵校。后来又反过来，发展为戴东原剿袭赵一清校的疑案，如魏源在书《赵校〈水经注〉后》说，"近世赵一清《水经注》为戴氏所剿，而其徒金坛段氏反复力辨为赵之剿戴"，指出段氏"呶呶千余言，诖误后学，靡所折衷"。① 力主戴氏剿袭赵校之说。

道光二十四年（1844年）张穆（石舟）得全谢山乡人王梓材所传钞全氏七校本，乃谓戴震、赵一清皆剿袭全谢山校本。光绪中叶，薛福成（叔耘）刊全氏书于宁波，于是戴震窃书之案，几成定谳。王国维推定戴东原确已看见《水经注》赵校本，其时间当在乾隆三十五年（1770年），这年戴震应直隶总督方观承之聘，负责编撰直隶《河渠书》。这个推论是不错的，戴震在《河渠书》卷一"唐河"中就说过："杭人赵一清补注《水经》，于地理学甚核，尝游定州，为定州牧姚立德作《卢奴水考》。"可证戴氏自己固已不讳而直言之，只是王国维未曾注意到而已。但是戴震厘定经注，是否就是本诸全、赵呢？在王国维看来，"殊不易定"。因为段

---

① 周寿昌：《思益堂日札》卷五。

玉裁所撰戴震年谱，自定《水经》一卷，系于乾隆三十年乙酉(1765年)，段刊东原文集《书〈水经注〉后》一篇，亦署乙酉秋八月。此篇虽不见于孔氏刊本，但段氏刊文集及年谱都是在乾隆五十七年(1792年)，这时赵书还未刊出，赵、戴相袭的问题还没有提出，故段玉裁所署年月当为可信。而戴震所著官本提要所举厘定经注条例三则，至简至赅，较之全、赵二家说尤为亲切。何况全校本初刊时，已有人指出王梓材重录本，往往据戴改全，因此有人诋为赝造。故王国维认为戴书"似非全出因袭"，而全、赵、戴三家校语多相合的原因，是由于所据的原书相同，即令十百人校之，亦无不同，未足以为相袭的证据。王国维说戴震的缺点是："对郦书诸本及前人校正之勤一笔抹摋，而欲自成一定本，殊为错误，后人窃书之谤，亦有激而来也。"(本书卷尾跋)王国维还着重指出，戴震欲以"郦书为己一家之学，后见全、赵书与己同，不以为助而反以为仇，故于其校定郦书也，为得此善本计，不能不尽采全、赵之说，而对于其人其书，必泯其迹而后快。于是尽以诸本之美归诸《大典》本，尽掠诸家厘定之功以为己功"，以及"既托诸《大典》本，复虑后人据《大典》以驳之也，乃私改《大典》本以实其说"等等做法，都是出于名心所炽而造成的恶果。

二

王国维在校聚珍本《水经注》之后，"感到颇有漏略未尽处"，于是进行第二次校勘。一九二三年十一月，他以朱谋㙔《水经注笺》为底本，校江安傅氏（增湘）宋刊残本、孙潜（潜夫）、袁廷梼（寿阶）手校本、海盐朱氏藏明抄本，及吴琯《古今逸史》本，又录旧校《永乐大典》本、黄省曾本，计前后所校共六个本子，再加上第一次校勘的全本和戴校聚珍本，实际上近十家本子。

朱谋㙔对《水经注》颇有研究，他根据宋本及旧校本，并参以类书及与注有关的各种古籍进行笺注，以改正黄省曾本、吴琯本。因此，《水经注笺》无论在校勘和笺注方面，在明刊各本中都是首屈一指的，故赵一清在《水经注笺释》自序中说："南州朱郁仪中尉起而笺之，疑人之所难疑,发人之所未发。"顾炎武也誉称《水经注笺》是"三百年一部书",后来在注释本和殿本的校勘过程中,朱书都是重要的依据。就《水经注》本身的校勘来说,王国维在校勘聚珍本戴校《水经注》之后,又以此书为底本进行校勘,在版本的选择上是比较好的。他说:"余以宋刊残本校朱本,始知朱氏实见宋本,但其笺中所云宋本作某者,不必尽出宋本,而所云旧本作某、当作某、疑作某者,往往与宋本合。"王国维指出,如以卷六汾水诸注的情况来看,"朱氏所引之宋本十一条,与今宋本合者五条,不合者六条。云旧本作某,而实合于宋本者六条。云一作某而实合于宋本者三条。引他书校改而合于宋者二条。云当作某,疑作某而合于宋本者九条。余卷仿此"。王国维怀疑朱谋㙔既以宋本校吴琯本,其自己所校订者,亦书于其上,历年稍久,乃不能自别,于是误以己所订正之字为宋本字,或以宋本之字为他本。朱氏笺虽存在着缺点,但其书实有大功于郦书,又实亲见宋本。至于朱谋㙔在校勘方法方面的若干缺点,是因为受当时学术水平的限制,是无法避免的。

王国维据以校勘朱本的宋刊残本,存卷五的三十二叶至末,又卷六至卷八,卷十六至卷十九,卷三十四,卷三十八至卷四十,凡十一卷有奇。每半叶十一行,行十二字,宋讳阙笔至桓、构二字止,而光宗名惇字不阙,当系南宋初的刊本。

王国维在本书的跋尾中说,钱曾(遵王)《读书敏求记》载:"昔者陆孟凫先生有景钞宋刻《水经注》,与吾家藏本相同,后多宋板题跋一叶。(眉批曰:宋板题跋一叶,不著名氏,余因录之,其跋云:此袁氏所据明钞,题跋后有衔名三行,是较陆本为完全。)其跋云云与袁寿阶所录者同,是寿阶所据校之本与陆本同源也。其本与今所见宋刊残本,并孙潜夫所校柳大中景宋钞本又自不同,盖宋刊固非一本,若谢耳伯、朱王孙虽非不见宋本者,然其校语中所谓宋本作某者,当分别观之耳。"又说今宋刊残本原藏内阁大库,后散佚,由江安傅增湘(沅叔)搜集诸家所藏残本而成,今藏北京图书馆。其中卷十六至卷十九,卷三十九之后半及四十,出于吴县曹氏,其余的则出于宝应刘氏,合二家所藏,乃得十一卷半。先是曹氏书出,嘉兴沈乙庵先生以一夕之力,校出卷三十九之半及卷四十。王国维再从之校。一九二三年王国维到达北京,借傅增湘所藏宋残本校勘朱书，对校结果，"宋本错简误字，与有明一代抄本、刻本大致相同，然佳处往往出诸本上，即朱、全、赵、戴诸家所校正之字，有宋本不误者"。王国维认为宋刊本的价值，不仅在字句方面的正确，更重要的是明以来抄本、刻本的源流，得此始可了然。

一九二二年旧历二月，王国维于蒋孟蘋处得见《永乐大典》四册，自卷一万一千一百二十七至卷一万一千一百三十四，乃《水经注》自河水起至丹水止，恰得原书之半。他在《永乐大典本〈水经注〉跋》中说："壬戌二月，余假以校聚珍本一过。甲子（一九二四年）春，复移录于校宋本之书眉，始知大典所据原本，与傅氏所藏残宋本同。"其原因是由于傅藏宋本本系明文渊阁物，永乐年间编大典时或即从阁本移录。今宋本仅存十一卷有奇，而大典此书尚存半部，足弥宋本之缺。

明抄本《水经注》，系海盐朱氏所藏，全书四十卷，每半叶十一行，行十二字，与宋刊残本、明柳大中抄本、吴门顾氏所藏明影宋抄本行款并同。以宋刊残本校此本，凡佳处误处与字之别构一一相同，取《永乐大典》本、孙潜、袁廷梼所校明影宋抄本校之，亦十同八九，因为都是从宋本抄出的缘故。但现在宋刊本仅存十一卷有奇，《永乐大典》本存二十卷，孙潜、袁廷梼手校本存十五卷，余如柳佥（大中）本、归有光（震川）本、赵琦美（清常）本、陆孟凫、钱曾、顾之逵（抱冲）诸家所藏旧钞本，今已无可踪迹，而朱氏所藏明抄本幸而首尾俱全，今日郦书旧本，不得不推此本为第一。王国维在《明抄本〈水经注〉跋》中说："余既以此本校于朱王孙本上，以与旧校宋刊本、《大典》本相参证，复以宋本、《大典》本所阙诸卷，就戴校聚珍本勘之，知戴本于明抄佳处，亦十得八九，盖本于《大典》。"当然也有明抄本不误，而戴校本因为从通行本或别本校改而造成错误的。王国维在校勘完毕之后，曾感慨地说：

> 三百年来，治郦氏书者殆近十家，然朱王孙虽见宋本，而所校不尽可据。全氏好以己所订正之处，托于其先人所见宋本。戴氏则托于《大典》本。而宋本与《大典》本胜处，朱、戴二本亦未能尽之，虽于郦书不为无功，而于事实则去之弥远。若以此本为主，尽列诸本异同及诸家订正之字于下，亦今日不可已之事业欤！

关于孙潜、袁廷梼手校本问题，王国维在《孙潜夫校〈水经注〉残本跋》中说:"全谢山先生所见《水经注》旧抄校本凡三,曰柳大中钞本,曰赵清常三校本,曰孙潜夫校本。"上述三书在清代时都藏于扬州马氏(曰琯)小玲珑山馆。而孙潜本即以柳、赵二本校于朱王孙本上,故孙校本实兼有二本之长。孙校本在嘉庆初年,顾广圻(千里)得之扬州,后又归袁氏五砚楼,袁廷梼复以顾之逯小读书堆所藏景宋抄本校之。后来袁氏书散,为其婿贝墉(简香)所得,后又为傅增湘(沅叔)所收藏(今藏北京图书馆),仅存卷一至卷五,卷九至卷十六,卷三十八至卷四十,凡十有五卷。卷九后有孙氏小跋云:"自此卷至卷十五,赵本失去。十二月初二日,用柳大中抄本补对一过。"从其余各卷都有赵清常跋语的情况看,可推知是兼临赵氏本。关于赵琦美手校本,王国维在该书卷一后转录孙潜夫跋语说:

  丁未十一月十八日,借叶石君所藏清常道人手校本对勘,其本于万历丙午、己酉、庚戌年校三次矣,可谓佳本。

  赵清常以宋本、谢本、黄本分勘,但孙潜进行校勘时,不仅对上述三本不复识别,就是对柳、赵二本也不尽加识别,故全、赵二家引此校时但浑称孙潜本而已。王国维在本书末的跋尾中说:"癸亥十二月十九日,取赵诚夫《朱笺刊误》所引孙潜夫说,复勘孙校一过,(赵本)中引孙氏说,不见于此校本中者凡三十七条,尽记于此本眉端。初疑潜夫所校不止一本,诚夫或见别本,故所引多出此校之外。继思孙校本乾隆初在维扬马氏(处),唯全谢山先生曾一校之。诚夫与谢山最密,诚夫所见必谢山传校本,谢山于孙校本亦自有增补,然则不见此校中之三十七条,必谢山校语也。"又说:"是日阅谢山校本,见三十七条中语有见于全校中者,足证前说不诬。"而全校本所引孙潜校语,不见于原校者凡七条,其中一条是孙汝澄校语,其余六条中有谢山说,有他家校语,王国维认为这是由于校刊全谢山校本的人误录的缘故。

三

  一九二五年旧历二月,王国维在《水经注校》的跋尾中说:"昔宜都杨氏讥王葵园刊《合校水经注》,所录朱笺,但据天都黄晟本,未见朱氏原书。然杨氏于郦书旧本所见亦隘,晚年在沪,始得见嘉兴沈氏所藏明黄省曾刊本,已在《注疏要删》刊成之后。余先后得见宋刊本、大典本、明抄本、孙校本,眼福已在王、杨诸氏之上,独恨于此书致力甚浅,虑遂负此佳本为可愧耳。"其实,这是他的自谦之辞,事实上,王国维应用《水经注》多种版本、钞本,精审校勘的结果,成绩是巨大可观的。

王国维依据宋刊残本校勘朱本,认为宋本佳处往往出诸本上,即朱、全、赵、戴诸家所校正之字,有宋本不误者,如卷十九渭水注,东去新丰既近,何恶项伯夜与张良共见高祖乎?诸本"近"作"远","恶"作"由",乃与郦氏论旨相反。王国维根据本注云:渭水又东径鸿门北,旧大道北下坂口名也,古有鸿宁(当作亭)。《郡国志》说,新丰县东有鸿门亭者也。郭缘生《述征记》说:霸城南门曰鸿门也。引《汉书》孟康注说:鸿门在新丰东十七里,则霸上应百里。案《史记》项伯夜驰告张良,良与俱见高祖,仍便夜返,考其道里,不容得尔。今父老相传在霸城南门数十里,于理为得。郦道元认为,"案缘生此记,述行途径见,可谓学而不思矣"。郦氏说:"今新丰县故城东三里,有阪长二里余,堑原通道,南北洞开,有同门汰(当作状),谓之鸿门。孟康言在新丰东十七里无之,盖指县治而言,非谓城也。自新丰故城西至霸城五十里,霸城西十里则霸水,西二十里则长安城。应劭曰:霸水上地名,在长安东二十里,即霸城是也。高祖旧停军处,东去新丰既近,何恶项伯与张良共见高祖乎? 推此言之,知缘生此记乖矣云云。"

王国维认为,"郭、郦二氏相歧之点,郭氏谓如孟康《汉书》注,则鸿门距霸上百里,项伯无由夜见张良,仍以夜返,故主霸城南门为鸿门之说,郦氏谓新丰故城距霸上仅五十里,不碍一夕中往返,故主故城东三里坂口为鸿门之说。若如今本,则郦说殆不可通矣"。王国维指出:"郦氏谓新丰故城西至霸城五十里,如孟康说鸿门在新丰东十七里,则西至霸上亦不足七十里,何以缘生有百里之说?"推其原因,郭缘生以孟康时新丰县治起算,不是以汉新丰故城起算。《太平寰宇记》载汉灵帝末,移安定郡阴槃县寄理新丰故城,其新丰县又移理于故城东三十里零水侧。由此可知,孟康时新丰县治西去霸城八十里,鸿门又在其东十七里,则近百里。所以既言新丰故城东十七里无鸿门,而又引申之曰盖指县治而言,非谓城也。王国维认为,"如此则郦氏此注始可读,然非宋本近、恶二字不讹,何由知郦氏之论旨乎? 诸本中惟《大典》本、明抄本与宋本同,戴氏虽见《大典》本,而亦从讹本,盖未深思郦氏之说也"。①

又颍水注,颍水又东径项城中,楚襄王所郭以为别都,都内西南小城项县故城也,旧豫州治。王国维考证,"预者豫之别字",诸本"预"并讹作"颍"。根据历史事实,项县在汉魏时本属豫州汝南郡,至后魏孝昌四年(528年)始置颍水,不得为项县治,而天平二年(535年)置北扬州,乃治项城,是项县故城当是旧豫州治,不得为后魏颍州治。还有一个证据是,下文接着说:"又东径刺史贾逵祠",刺史上不著州名,是承上文旧豫州治而言,《三国志·魏书·贾逵传》载贾逵确曾出任过豫州刺史。因此,王国维肯定明抄本作预州是对的,而其他各本作颍者是错误的。

又卷三十八,溱水注,石本桂阳汝城县,宋本、明抄本同,而其他各本"汝城"并作"武城"。王国维指出,桂阳无武城县,所以朱笺疑为临武之讹,而沈炳巽则改桂阳为桂林,赵、戴并从之,不知武城乃汝城之讹,因为晋、宋桂阳郡固有汝城县也。又如卷四十,渐江水注,入山采稆,除宋本与明抄本外,其他各本"稆"字都错改作"薪"字。王国维说,《后汉书·光武纪》即载有野谷稆生,注文注解说,"稆",寄也。因为是不由播种而生,故曰稆。今字书作穞,音吕。他又引证《后汉书·献帝纪》所载政府官员尚书郎以下自出采稆,注引《埤苍》曰:穞,自生也,稆与穞同。郦道元所说采稆正与汉书语合,诸本改作薪,是因为不了解采稆是什么意思的缘故。

又卷三河水注,高奴县有洧水,肥可爇,水上有肥,可接用之。《博物志》称酒泉延寿县南山出泉水,大如筥,注地为沟,水有肥如肉汁,取著(应读着)器中,始黄,后黑如疑膏,然极明,与膏无异,膏车及水碓缸甚佳。"缸"字大典本作"钅工"字。王国维在聚珍本上、朱本上眉批说:"大典'钅工'字是也,水碓有轮,轮必有钅工,须用膏膏之。"他认为戴东原不取此字,"盖漏也"。

对于明抄本,王国维也认为较其他各本为长,如泗水注,诸孔氏丘封,诸本并夺丘字。巨洋水注,追至巨昧水上(黄本同),诸本"昧"并作

---

① 上引均见《宋刊〈水经注〉残本跋》。

"洋"。淄水注,淄水未下,诸本并作淄水来山下。沔水注,温泉水冬夏扬汤,诸本扬汤并作汤汤。溳水注,初流浅狭,后乃宽广,诸本宽广并作广厚。江水注,吾门大极(黄本同),诸本并作疲极,戴本作大亟。又刘备自涪攻之,诸本并作刘备自将攻雒等等,明抄本都较其他各本为正确。

从上述的事例中,可以看出,王国维在各本互校的过程中,深切地了解了各本的长处和缺点,对所见到的抄本、刊本,作出了合乎事实的结论。

王国维为了《水经注》的校勘和研究,经过十多年的努力,寻师访友,访求各种版本和抄本,他所看到的,虽然只有近十家本子,还有一些如谭元春、项絪、何焯、沈炳巽、王先谦、杨守敬等人所校勘的本子,或未看过,或虽看到而未予重视。但是,后面这些本子都或多或少地和王国维据以校勘的本子,有直接的渊源关系。王国维认为谭元春校刊本即是以朱校本为底本,但讹字脱文很多,就校勘上说,它是一无可取的旧本。项氏本又以谭氏刊本作底本,是项絪与顾蔼、赵虹、程鸣等合吴琯本及朱笺校勘而成,在内容方面多循朱笺,无甚建树。何焯手校本也是以项刊本作底本,字以朱笔作楷书,体近欧米,瘦劲秀整。戴东原手定经文即以此本为底本,每条起迄俱标有墨笔勾勒,且时附有校记,作"东原曰"云云,在内容方面和殿本校记文大致不差,但较殿本校记为少。沈炳巽的《水经注集释订讹》(《四库珍本丛书》本),是以黄省曾本作为底本而加以注释,沈氏在校勘《水经注》时,与全谢山共同商榷,"其书经始于雍正三年(1725年),脱稿于雍正九年(1731年)",费时七年,工力甚巨。其缺点是对全谢山所订正的经文不从之改正;于大段错简、脱简亦不从之改补,未免抱残守缺。但在注文方面之叙事或书年的错误,据原书改正者颇多,可使后人知所从违。王先谦的合校本,是以殿本为准,而和朱、赵各本及孙星衍校本等加以参校,存众说于一编。但因王氏未见《大典》本,又因赵校刊行于殿本之后,遂谓赵本字句增损窜易,往往同符官本,盖出后来刊改。实则这种说法是错误的,因为殿本所订文字,凡是与赵校本相同者,都是因为戴东原和其他参与校刻殿本参考了赵校本的结果。就注释方面说,上述各校本都取得了一定的成就,因而郦注版本也随着有所发展,不再是如清刘献廷在《广阳杂记》中所慨叹的"无人能读"了。

因此,就版本和抄本来说,王国维的这部《水经注校》虽然只掌握了宋刊残本、《大典》本、明抄本、孙潜夫、袁寿阶手校本、黄省曾本、全谢山本,以校聚珍本和朱氏《水经注笺》本等,但是这些都是明清以来具有代表性的主要版本,正如赵万里所说,"《水经》异本毕具于此矣"。[①] 正因为王国维掌握了《水经注》的主要版本和抄本,长期辛勤工作,不仅对《水经注》本身的校勘取得了丰硕成果,作出了贡献,对《水经注》版本、抄本的因袭、源流、翔实程度,如王国维这样言之凿凿者,在《水经注》校勘和研究的学者中也是很少见的。因此,置此一书,便齐备了明清以来近十种的主要版本,为读者开展研究工作提供了有利条件。

一九八〇年十月于上海华东师大

(与吴泽合作,上海《学术月刊》1982 年第 11 期)

---

① 《王静安先生年谱》。

论王国维对唐史研究的贡献

王国维先生是我国近代著名的大学者，先后从事于哲学、文学、戏曲史、甲骨金文、古器物、汉晋木简、汉魏碑刻、敦煌文献以及西北地理、蒙古史等学科的研究，作出了重大贡献。至于他在唐史研究方面的贡献，过去较少引起人们的注意，也可以说，由于王国维在其他方面学术研究的辉煌成就，掩盖了他在唐史研究方面所取得的成就。本文拟就这一方面，提出一些初步的看法，不妥之处，请同志们批评指正。

一、据唐写本考证唐代史实

唐史研究的资料，在敦煌莫高窟遗书未发现以前，研究者所看到的古籍，最早不过是北宋的印本，而且为数极少。有记载说，清道光年间，莫友芝偶得唐写本《说文解字·木部》残叶，视为惊人秘籍，莫氏曾就此写成《唐写本说文解字木部笺异》一书，当时有人赋诗歌咏其事说："插架森森多于笋，世人何曾见唐本。"但是自一八九九年敦煌莫高窟所藏遗书被发现后，不仅有唐写本，而且有唐以前即自晋末至隋的写本，也有唐以后至北宋初的写本，其数量有三万余卷之巨。这些写本古书和一些古刻本，虽然在内容上以佛教经典为最多，但也包括有经、史、子、集四部书，道教经典、俗文学、域外古语言、古宗教、社会经济资料和一些艺术品如织绣、绘画等等。王国维对敦煌莫高窟遗书的发现十分重视。一九〇九年八月，法人伯希和教授寄敦煌所出古写卷子本至，罗振玉等乃有《敦煌石室遗书》之辑，计《慧超往五天竺传》、《沙州图经》十余种，武进董康刊之，助之校理者以王国维之力居多。王国维在看到这些资料之后，又函托兰州慕少堂将敦煌千佛洞莫高窟碑等拓数十份，以作考证。罗振玉在其所著《集蓼编》中说："宣统纪元，法国大学教授伯希和博士赁宅于京师苏州胡同。将启行返国，所得敦煌鸣沙石室古卷轴已先运归，尚在行箧者托其友为介，欲见予，乃以中秋晨驱车往，博士出示所得唐人写本及石刻，诧为奇宝，乃与商影照十余种，约同志数人觞之。"王国维即为参预其事的一人。王国维在《录曲余谈》中也说："今秋观法人伯希和君所携敦煌石室唐人写本。"一九一九年春末，伯希和因事过沪，罗振玉、王国维为进一步了解敦煌石室遗书及其研究情况，和伯希和"畅谈两时许，户外大雨如注，若弗闻也"。[①] 唐人写本的发现，为王国维在唐史研究资料方面进行校勘、训诂、辑逸等方面提供了新的有利条件。他根据有关资料，撰写了《唐写本残职官书跋》、《唐写本食疗本草残卷跋》、《唐写本灵棋经残卷跋》、《唐写本失名残书跋》、《唐写本太公家教跋》、《唐写本兔园册府残卷跋》、《唐写本大云经疏跋》、《唐写本老子化胡经残卷跋》、《唐写本韦庄秦妇吟跋》、《又跋》、《唐写本云谣集杂曲子跋》、《唐写本春秋后语背记跋》、《唐写本残小说跋》、《唐写本敦煌县户籍跋》等文，就唐史有关史实进行了考证。

首先，考证了唐代（包括少数民族在内）职官制度中的一些问题。唐代统治时间长达三百年，在官制方面前后的变化很大，王国维据唐写本残职官书，"存亲王国、三师三公府、亲王府、上柱国以下带文武职事府官属"的记载，确认此残卷是职官令之一种，因为其中仅提到开府仪同三司，与唐制合。又隋时上柱国、柱国，不问带文武职事与否，均置府属，而此则带职事者始得置之，应属唐初的制度，所以和《唐六典》及新、旧《唐书》所载制度有所不同。《唐六典》谓三师为赠官，其或亲王拜者，但存其名。又谓自隋文帝罢三公府，唐朝承袭其制。《通典》也说，大唐三师三公府并无官属，而此卷有三师三公府官属。两者矛盾的原因何在？王国维解释说，"盖《六典》、《通典》以事实言，则唐初除亲王外，无拜三师三公者。亲王自有王府官属，故不别开府，此以立制言，容亲王外有拜三师三公者，故为之制府属。犹此卷从《六典》皆有王国官属，实则唐世亲王均未就国，则亦未尝置此种官也"。另一方面，开府仪同三

[①] 罗继祖：《永丰乡人行年录》。

司、上柱国以下带文武职事官属，《唐六典》和两《唐书》也未加记载，而亲王府官属亦有异同。《唐六典》载，王府官属尚有录事、仓曹、户曹、骑曹、士曹、参军各一人，亲事府及帐内府典军各一人，副典军二人，残职官书中无之。又记室考军，此书一人，《六典》二人，亲事，此三十九人，彼三十六人，等等，都不相同。其原因，王国维认为《唐六典》为唐开元二十四年制，而本书所载则开元以前所规定的制度。同时，又指出《唐六典》所载唐令，"自武德、贞观、麟德、仪凤、垂拱、神龙、太极凡七修，开元初两修，《旧唐书·经籍志》又有永徽令，别出九者之外，此卷当即其一。观其开府仪同三司官属准三师三公，而上柱国以下带职事者皆得开府，大与隋制近，则此残卷或武德令断片欤？"

王国维又据《高昌宁朔将军麹斌造寺碑》文，考证突厥官制。他说，"碑阴高昌王麹宝茂结衔中有'希□寺多净跌无亥希利发'十一字，高昌令尹麹乾固结衔中有'多波输屯发'五字"。王国维确认都是突厥官号。《周书·突厥传》载，突厥官号有叶护、次设、次特勤、次俟利发、次吐屯发。此希利发即俟利发，输屯发即吐屯发。因这时高昌为突厥所役属，故其君相皆受突厥官号。《旧唐书·突厥传》载，其大官有屈律啜、次阿波、次颉利发、次吐屯、次俟斤。颉利发班次正当周、隋二书之俟利发。《新唐书》载突厥官有俟利发，又有颉利发，是因为不了解突厥的职官制度，致误认为两种官职，显然是错误的。王国维考证俟利发一语，源本出蠕蠕，突厥主称可汗，后称可贺敦，皆袭蠕蠕旧号，俟利发也相同。《魏书·蠕蠕传》载，阿那瓌族兄有俟力发示发，从父兄有俟力发婆罗门。突厥后起，故沿以为官号。又输屯发，高昌所写《大品般若经》径作吐屯发，更可证明这一点。吐屯是监统的官，《新唐书·突厥传》载，统叶护可汗悉授西域诸国以颉利发，而命一吐屯监统以督赋入。《太平广记》引《唐御史台记》也说，突厥谓御史为吐屯，是吐屯职掌与唐御史略同，御史也是以监察为其职责的。所不同的是唐时突厥命其国人为吐屯，以监统属国，此则以高昌相国任之。

关于瀚海军设立的时间，王国维也进行了考订。《旧唐书·地理志》载，"瀚海军，开元中盖嘉运置，在北庭都护府内"。《元和郡县志》则说："瀚海军在北庭都护城中，长安二年，初置触龙军。三年，郭元振改为瀚海军。开元中,盖嘉运重加修筑。"《新唐书·地理志》所载同。王国维又据《旧唐书·郭虔瓘传》所载,"虔瓘以开元初,以北庭都护兼瀚海军经略使"。尤为重要的资料,是新疆吐鲁番附近出土的李慈艺授勋告身真迹,是目前发现的唯一的唐人授勋告身,是开元四年发给的,内已载瀚海军,可见《元和郡县志》《新唐书·地理志》所载是正确的,是符合实际情况的;而《旧唐书》所载开元中设立瀚海军是错误的。王国维又说,河西白涧诸地,当在北庭左右,然皆无可考。凭洛城虽见于《元和郡县志》和《新唐书·地理志》,但是,庭州以西诸城次序及里数,二书完全不同。依据《元和郡县志》的记载,则轮台县在庭州西四十二里,沙钵镇在府西五十里,俱六镇在府西二百四十里,凭落镇在府西二百七十里,清海军在府西七百里。但是,《新唐书·地理志》载,"自庭州西延(西延二字疑衍)城西六十里,有沙钵守捉,又有冯洛守捉,又八十里有耶勒城守捉,又八十里有俱六城守捉,又百里至轮台县,又百五十里有张堡城守捉,又渡里移得建河,七十里有乌宰守捉,又渡白杨河,七十里有清镇军城。此中惟沙钵、冯洛两守捉间不著里数,余数相加,得六百十里。而据《元和郡县志》,则庭州至清海军七百里,则沙钵、冯洛两守捉间当得九十里"。王国维说,"今假使沙钵、冯洛二城相去九十里,则《唐志》自庭州西至轮台得四百一十里,与《寰宇记》四百二十里之说亦甚相近。然则凭洛城当在沙钵守捉西九十余里,去庭州约百五六十里"。因此,他断定《元和郡县志》诸镇次第与凭落镇在府西三百七十里之说,实不可信也。这些西陲地理方面的考证,实际上是王国维继前此考定汉代太初二年(前44年)的玉门关位置;考订魏晋木简出土之地非古楼兰,而系前凉的海头,也即西域人所称的龙城;以及考定尼雅即古之精绝国故地等等,对古地理的进一步考订,皆有关史事之荦荦大者,都是属于近代考证西北地理的重要成果。

第三,考定《大云经》晋代已译,非武则天时所伪造。《大云经》是武则天以母后身份赖以称帝的重要理论依据。长期来,封建史家为了反对武则天称帝,不惜歪曲事实,说《大云经》是武则天为了登上皇帝宝座而令人伪造的。《旧唐书·则天皇后本纪》载,载初元年,有沙门十人伪撰《大云经》,表上之,盛言神皇受命之事,制颁于天下,令诸州各置大云寺，总度僧千人。又《薛怀义传》载，怀义与法明等造《大云经》，陈符命，言则天是弥勒下生，作阎浮提主，唐氏合微，故则天革命称周。其伪《大云经》颁于天下，寺各藏一本，令升高座讲说。《新唐书·后妃传》所记略同。宋次道《长安志》记大云经寺也说，武太后初，光明寺沙门宣政进《大云经》，经中有女主之符，因改为大云寺。《大云经》为武则天时所伪造，似已成为铁案。王国维考订的结果，举出"后凉译本之末，固详说黑河女主之事，故赞宁《僧史略》谓此经晋代已译，旧本便曰女主，于时岂有天后云云，颇以《唐书》之说为非，志盘《佛祖统纪》从之。故于武后载初元年书敕沙门法朗（即法明）九人重译《大云经》，不云伪造"。王国维以《唐写本大云经疏》，与后梁时译本对勘，得出的结论是唐写本所引经文，皆与凉译无甚差池。从而揭破了《大云经》是武则天时伪造说，恢复了它本来的面目。王国维本着实事求是精神，解决了唐代史学研究中的一个重要问题。另一方面，王国维认为《大云经疏》，则"附会穿凿，无所不至"，如第一段中历释广武铭，其文完具，盖亦洛水宝图之类的货色。第二段说，神皇临驭天下，频得舍利，前开祥于光宅。王国维引《长安志》所载，光宅坊横街之北光宅寺，仪凤二年，望气者言，此坊有兴气，敕令掘得石函，函中有佛利骨万余粒，遂立光宅寺。所谓开祥光宅者指此。第三段引孔子谶及卫元嵩谶。王国维尖锐地指出，这些东西都是伪造的，是为了制造武则天称帝的舆论而伪造的，认为"怀义等所修，自应如此"。

第四，校勘《秦妇吟》。韦庄所著《秦妇吟》，不仅是研究唐末社会情况和唐末农民起义的重要资料，而且在文学上也是我国诗歌史上最长的一首韵文叙事诗。王国维对其自己所藏《敦煌零拾》刻本《秦妇吟》，不仅再次进行校勘，而且在卷末亲笔批说："唐末长篇只有郑嵎《津阳门诗》，然咏开天旧事，了无生气，遣词傅色亦甚粗拙，不足为元白舆台，惟此足继武长庆耳。"[①]王国维看到这首诗，是日本狩野博士抄自伦敦博物馆的残本，前后都残阙，无篇题及撰人姓名。王国维依据《北梦琐言》载，蜀相韦庄应举时，遇黄巢农民起义军攻克长安，撰《秦妇吟》一篇，内有："内库烧为锦绣灰，天街踏尽公卿骨。"此诗中有此二语，因此断定此诗为《秦妇吟》。后又看到巴黎国民图书馆《敦煌书目》有《秦妇吟》一

---

① 谢国桢先生藏本。

卷，署右补阙韦庄撰。因移书伯希和教授，属为写寄。一九二四年二月，伯希和手录巴黎所藏天复五年张龟写本以至，复以伦敦别藏梁贞明五年安友盛写本校之，二本并首尾完具，凡千三百八十六字。据此，王国维进行了考订。他说，此诗乃中和三年（488年）所作。认为韦庄作此诗，是为了进见镇海军节度使平章事镇润州的周宝。王国维考证此时韦庄尚未中进士，其署右补阙者，乃庄在唐所终之官。考庄自黄巢农民起义爆发之后，"自洛而吴而越而赣而楚，至景福二年癸丑，始还京应举。其《投寄旧知》诗，所谓'万里有家留百越，十年无路到三秦'者也。是年下第，至次年乾宁改元，始成进士"。此诗是应进士试之前所作，在当时曾传诵一时，并且制为《秦妇吟》幛子，可见在当时是起有重大影响，因而韦庄被称为《秦妇吟》秀才。后韦庄显贵，入蜀支持王建建立割据政权，官至吏部尚书同平章事。因诗内有"天街踏尽公卿骨，内库烧为锦绣灰"之句，乃讳之，故其弟蔼编《浣花集》时未将此诗收入，致使此长诗不传于世，经王国维抄录及校勘才使《秦妇吟》复传于世，成为研究唐末历史和文学的重要资料。

还应提及的是，唐人的文学作品，即唐写本《云谣集杂曲子》三十首，也是王国维首先重视，他在跋文中说："此卷首题《云谣集杂曲子》共三十首，其目为《风归云》四首，《天仙子》二首，《竹枝子》、《洞仙歌》、《破阵子》、《换沙溪》、《柳青娘》、《倾怀乐》则不著首数"，这些曲子是开元教坊旧物，作者是国子司业崔令钦。王国维认为从这些作品中，可以看出唐人词律较宽，而天仙子词则深峭隐秀，堪与飞卿端已抗行。

二、据敦煌县户籍考证均田制

均田制是唐代前期实行的一项重要制度，对于加强封建统治，控制劳动力，增加政府收入，发展社会经济，缓和当时的阶级矛盾，都起了相当作用。但是，均田制在唐代是否实行过，史学界一直争论不决。敦煌及吐鲁番出土与均田制有关的文书，有力地证明唐代均田制并非具文，至少在一定程度上得到实行。王国维以一个史学家的眼光，也注意到了这一问题的重要性，而极力搜集这一方面的资料。当他一看到英国伦敦博物馆所藏唐写本敦煌县户籍,即进行考订。他依据《唐六典》户部尚书职,每一岁一造计帐,三年一造户籍,凡定户以仲年(子、卯、午、酉),造籍以季年(丑、辰、未、戌)。大历四年,岁在己酉,正是定户之年,肯定上件是唐大历四年沙州敦煌县户簿。

沙州敦煌县户籍中所载索思礼,一户共三口。户主索思礼,65岁,属于"老男"户主,他有一系列勋官、职事官、散官的衔头,其衔头是"昭武校尉、前行右金吾卫灵州武略府别将、上柱国"。他的儿子索游鸾,属于"丁男",衔头是"丹州通(同)化府折冲"。思礼妻氾氏已故。游鸾子齐岳,12岁,尚是"小口"。这一家的户等是"下中",即八等户,家中无课口,属于"不课户"。户口簿中之记载所以如此详细,是因为它与均田制的收授事情有关。按规定,索思礼是"老男"当户,应受口分田40亩;索游鸾是正丁,应受口分田80亩,共应受口分田120亩。又,父子二人各应受永业田20亩,合计40亩。此外,索思礼七品官,索游鸾四品职事官,各应受田3 000亩,共6 000亩。而他们实受多少呢?计口分田167亩,溢出了47亩之数。永业田40亩,与应受数额严格相符。应受宅田3亩,亦严格符合规定。外"买田"14亩,也不违背律令。其中只有勋田仅受了19亩。尚欠5 981亩未受。

王国维对勋田只受19亩一事的解释是,"盖唐时职事官田与勋官田皆有名无实",如安游璟勋亦上柱国,而勋田未受半亩,也可说明这一问题。其原因是因为均田制发展到唐代中期,政府所能授与的耕地越来越少,在事实上不可能做到均田令中所规定的数目。对口分田溢47亩之事,他的解释是父子二人"未必能躬耕,为之耕者二奴也。二奴之年正在丁中,例得受田百亩。意其初以二奴之名受田二顷,然唐制奴婢无受田之文,于是即以思礼游鸾之名受田百五十亩,然实际已受二百七亩,有司以其家勋田未受者尚多,又以游鸾官稍高,遂不复致诘,即据以定籍,故有此参池也"。这种解释是否符合当时的史实,是值得研究的。因为均田制自唐初实施以来,发展到大历年间,实际情况是相当复杂的,均田登记籍帐时,按此官僚人家实际顷亩分派数字,有的数字分派得符合规定,有的就不能符合,因为已无田可授,只能根据实际情况能授与多少就算多少。尽管授田的数字不足,但通过这一户籍文书可以看到,在代宗大历年间的沙州敦煌县地方,均田制还是在实行的。

如果说,王国维所看到的均田制资料仅上述一部分,他没有看到的出土资料也同样证明了均田制在唐代是实行过的。如唐玄宗开元二十九年(741年),在西州高昌县发现一大批"授田簿"、"退田簿"、"缺田簿",这些珍贵资料被日本大谷光瑞的所谓"考察团"掠去日本,经日本学者西岛定生等写成研究论文,编撰成《敦煌吐鲁番社会经济资料》。我们从被他们掠去的资料中,可以看到唐开元年间西州高昌(以及与之毗连的柳中和交河)的土地情况是"狭乡",不是"宽乡"。均田制所"还"、"授"的土地,地片是极小的,极零碎的,经常是二、三亩的亩积,如龙谷大学藏吐鲁番出土的2862号退田文书:

太平乡┛忠城里┛户主曹天智剩退一段壹亩薄田城东卅(?)里柳中县东荒西(下阙)┛一段壹田捌拾步潢田折常田城东廿里□兴东至渠西至渠(下阙)┛(以下省略不录),(上引录文中户主姓名及田亩旁有"同惟"、"安"字)。

又如龙谷大学藏吐鲁番出土文书2956号:

德义里┛康龙仕死退壹段壹亩部田叁易城南五里(下阙)┛壹段壹亩部田叁易城东肆拾(下阙)中县东(下阙)┛竹定师剩退壹段叁亩部田叁易城(下阙)里枣(下阙)东水田西(下阙)周英赶死退壹段贰亩常田(下阙)西贰(下阙)东(下阙)(以下部分省略不录)。

退田簿系里正在授田之前调查该里应退田人户的情况,作出退田文稿,然后集中起来以乡为单位作出退田名册,然后在此基础上才能安排授田。"授田簿"也有所发现,除《敦煌吐鲁番社会经济资料》已介绍之外,一九六五年在唐永徽二年(651年)杜相墓中出土了十八件,"均拆自纸鞋内,是授受口分田的记录。内容为受田人姓名,田亩位置、四至。受田不以户为主,计口授田……文簿原联续成卷,上有朱批草书'目观'二字及墨书'观'、'亮'等三种签署,背面押缝上也有墨书'观'字的签署,说明经过数人审核"。[①] 这是目前发现的最早的唐代"授田簿"。《文

---

① 新疆维吾尔自治区博物馆:《吐鲁番县阿斯塔那——哈拉和卓古墓群发掘简报(1963—1965)》,《文物》1973年第10期。

物》一九七五年第七期也刊登了有关退田的一件照片，原文如下：

右给竹苟仁充分同欢」 □申海住移户部田二亩」 一段二亩部田城北二里□渠东渠西荒南道（下阙）」 右给张充（？）充（？）充分同」

报导者认为"充分"一词是充口分田的省文。这种文簿一方面列出退田人姓名、退田原因、退田种类、数量及所退田位置、四至等，另一方面列出受田人的名字。这两方面的内容联在一起，为我们研究唐代均田制度提供了具体而深入的资料，是非常珍贵的文字资料。这说明在敦煌县户籍发现与均田制有关资料之后，均田制无论在资料上或者在研究的进展和成果上，较之王国维先生时，都取得了巨大的进展和丰硕的成果。

三、据碑文证补高昌、回鹘史实

赵万里说，王国维先生于一九一九年"得见敦煌所出诸史料，因详考中古西陲及高昌、回鹘之史实"。[①] 撰有《西胡考》上下、《西胡续考》、《西域井渠考》、《高昌宁朔将军麴斌造寺碑跋》、《九姓回鹘可汗碑跋》、《书虞道园高昌王世勋碑后》及《摩尼教流行中国考》等重要论著。

对西域居住民族的族属问题，王国维认为汉代人称西域诸国的人民为西胡，本对匈奴与东胡言之。后汉时人对葱岭以西诸国，也通称之为西胡，魏晋南北朝犹袭此名，唐人亦祖其说。其人皆深目多须髯，后世所记胡人容貌，大都都是如此。王国维提出，"自后汉以来，匈奴寖微，而东胡中之鲜卑起而代之，尽有其故地，自是迄于蠕蠕之亡，主北垂者，皆鲜卑同族也。后魏之末，高车、突厥代兴，亦与匈奴异种，独西域人民与匈奴形貌相似，故匈奴失国之后，此种人遂专有胡名。顾当时所以独名为胡者，实因形貌相同之故"。[②]

关于高昌的史实，王国维《虞道园高昌王世勋碑》所记回鹘源流，可

---

① 赵万里：《王静安先生年谱》。
② 《观堂集林》卷一三《西胡续考》。

与《新唐书·回鹘传》互相发明,因为世勋碑文所依据的资料是《高昌王世家》,即"畏吾儿旧谱谍也"。碑记回鹘始祖曰卜古可汗,《元史·巴尔术阿而忒的斤传》引作不可汗,欧阳玄《高昌偰氏家传》作普鞠可汗,这些史实,两《唐书》未加记载。碑又言卜古可罕传三十余君至玉伦的斤,数与唐人相攻战,久之乃议和亲,于是唐以金莲公主妻玉伦之子葛励的斤。王国维加以考证的结果,认为玉伦即《唐书》之护输,他根据《唐书·回鹘传》载,回鹘承宗立,凉州都督王君㚟诬暴其罪,流死瀼州,族子瀚海府司马护输乘众怨,共杀君㚟,梗绝安西诸国贡道,久之,奔突厥死,子骨力裴罗立。王国维认为护玉,声之转,输轮,字之误,护输殆本作护轮,转为玉伦。其子葛励的斤,即骨力裴罗,葛励亦骨力之声转也。金莲公主即宁国公主,以唐乾元元年嫁骨力裴罗,时骨力嗣位已久,不得如碑所云在玉伦的斤之世也。

  于阗为唐安西四镇之一,但自吐蕃攻陷后,与唐隔绝,终唐一朝,对于于阗的情况不复了解。于阗李氏当政的事实,两《唐书》均无记载,在唐王朝前期,当政的于阗王尉迟氏,曾入朝唐廷,唐改其地为毗沙都督府,即以其王兼都督。玄宗时,公元755年安禄山发动武装叛乱,于阗王尉迟胜亲自率兵赴难,支持玄宗平乱,以其弟曜摄国事,而尉迟胜本人要求留在长安宿卫,乃以曜为王。至于李氏取尉迟氏而代之,不知始于何时,这一段历史是一个空白。王国维据高居诲使于阗,在晋天福三年(938年),以七年归,其所记李圣天年号,为同庆二十九年,因而了解到圣天嗣位当在后梁之初。又据李圣天在宋建隆三年(962年)尚遣使入贡,则在位几六十年,必以幼年即继位,因此不是开国的君主。他判断说,李氏代尉迟氏当国,大约是在唐代的晚期。因为这时回鹘实力强大,雄据西域,东自甘州,西讫龟兹,都为其部落所据,而沙州西于阗东之仲云族,其官有宰相、都督等,风俗习惯与回鹘基本相同。因而,王国维认为李氏得国,也是依靠回鹘支持的结果。并且进一步认为李圣天本人就是回鹘人。王国维作出这种论断的依据有四:一、圣天之名,本出译语。《册府元龟》(九百七十九)载开元二年(714年),突厥可汗遣使上表向唐廷求婚,自称曰"乾和永清大驸马天上得果报天男突厥圣天骨咄禄可汗",又《唐贤力毗伽公主阿史那公主墓志》记突厥默啜之号亦同。而突厥回鹘的语言大致是相同的，则李圣天名，必回鹘语之汉译也。二、李圣天虽奉佛教，同时信奉摩尼教，摩尼教是回鹘所信仰的主要宗教，故知李圣天为回鹘人。三、《宋史》记建隆三年，圣天遣使贡圭一玉枕一、本国摩尼师贡玻璃瓶二胡锦一段，国中摩尼得与国王并自通于中国，全用回鹘故事。四、宋大中祥符以后，于阗入贡时，皆称黑韩王，皆可汗之异译，其贡使亦皆回鹘。依据上述四证，王国维判断李氏本出回鹘，但是由于于阗佛教根子至深，又自尉达氏以来，和唐朝的关系非常密切，因此李圣天自称出自唐朝李氏，又奉佛教以安集其国，百年之间，国基既定，然后仍复其故俗。王国维又据于阗公主供养地藏菩萨画像，对于阗史实作了考证，于阗公主供养地藏菩萨画像题曰故大朝大于阗金玉国天公主李氏供养，这个李氏，王国维认为是于阗国王李圣天之女若女孙嫁为敦煌曹氏妇者所作也。晋天福三年，册李圣天为大宝于阗国王，盖即以宝字代金玉二字，亦仍其自名，非后世大宝法王之比也。天公主者，本周边各族称唐朝公主之词，五代史谓回鹘可汗之妻天公主，因回鹘盛时，每取唐公主为可敦，后虽不娶于唐，犹号其可敦为天公主，因之其旁小国之女亦号天公主，此大于阗金玉国天公主李氏，即圣天之女或其女孙。总之，于阗的有关事实，由于记载的缺略，不十分清楚，王国维力求从各方面搜集这一方面的资料，来填这一段历史的空白，所作的贡献是十分可贵的。

一九一九年六月，王国维读法人伯希和所撰《摩尼教考》，内所引九姓回鹘可汗碑文，与李文田《和林金石录》本不同，乃假嘉兴沈曾植所藏拉特禄夫《蒙古图志》中所载本以校李录。此碑共分八段，前三段拉氏原书中已联合为一，伯氏所引乃系诸家厘定之本，王国维据以联合四五两段，又自以行款定第六段之位置，第七八两段沈曾植已有跋文，于是全碑文义皆可通读。王国维在其所著《九姓回鹘可汗碑跋》一文中，考证了有关回鹘史实的一系列问题。他说，和林《九姓回鹘可汗碑》，自来金石家皆未著录，光绪中叶，俄人始访得之，拉特禄夫《蒙古图志》中始揭其影本。光绪十九年，俄使喀西尼以拉氏书送总理各国事务衙门，属为考释，时沈曾植方在译署，作《厥特勒碑》、《苾伽可汗碑》及此碑三跋，以复俄使，俄人译以行世，西人书中屡引其说，所谓总理衙门书者也。

后《和林金石录》出，世人才知有回鹘碑。王国维首先考订了此碑碑题之爱登里罗汨没蜜施含毗伽可汗，即两《唐书》所载的保义可汗。保义可汗立于宪宗元和三年，卒于穆宗长庆元年，在位凡十四年，是回鹘的最强盛的时代。又说，碑云囗史那革命数岁之间，复我旧国。王国维案：史那上所阙当为阿字。阿史那者，突厥姓也。《新唐书》说突厥已亡，惟回纥与薛延陀为最雄强，及吐速度与诸部攻薛延陀，残之，并有其地。考自突厥之亡至薛延陀之亡，才十六年。薛延陀建牙都督军山，去嗢昆河不远，至是为回纥所并，所谓阿史那革命数岁之间复我旧国者也。

王国维对三姓叶护及回鹘于九姓外，兼有拔悉蜜葛逻禄总十一姓，也进行了考证。他说，《新唐书》说葛逻禄有三族，一谋禄，或为谋剌；二炽俟，或为婆匐；三踏实力。故其首领也称三姓叶护。又回鹘于九姓外，兼有拔悉蜜葛逻禄总十一姓，并置都督，号十一部落。同时又指出阙毗伽可汗为吐迷度的七世孙，名骨力裴罗，于天宝三年，自称骨咄禄毗伽阙可汗，唐玄宗封他为奉义王，后拜为骨咄禄毗伽阙怀仁可汗。对九姓回鹘可汗的世系进一步作了考订。王国维认为回鹘可汗多自宰相出，如顿莫贺达千骨咄吐禄皆是也。碑记破坚昆事上有初字，因为其时间在怀信时期。坚昆者，即黠戛斯。《新唐书》就明确指出，黠戛斯，古坚昆国也。保义可汗击败黠戛斯，杀其可汗，各种史籍都没有加以记载，惟有此碑提及这件事。又"此碑所记勾曷户之战，史既失记，地亦不详。至云囗囗庭半收半围之次，天可汗亲统大军讨灭元凶，却复城邑者"。王国维认为庭上所阙，当是北字，自贞元六年吐蕃攻陷北庭后，至是始为回鹘所复。王国维又根据碑文考证了不少地名，如媚碛，即唐初人所称的莫贺延碛，亦即高昌的大患鬼魅碛；于术，指出是地名；真珠河即今之那林河等。同时指出这些地方在当时与历史有重要关系，如大患鬼魅碛，为吐蕃与北庭间的通道，回鹘于收复北庭之后，碛北无吐蕃踪迹，打开了通道，使回鹘得自由往来天山南北路。王国维又考证说，碑云囗厢沓实力者，沓实力者，三姓葛禄之一也。云攻伐葛禄吐蕃搴旗斩馘追奔逐北，西至拔贺那国者，《新唐书》谓至德后，葛逻禄浸盛，徙十姓可汗故地，尽有碎叶、怛罗斯诸城；拔贺那国，即《新唐书》之判汗怖悍，及宁远都真诛河之北，与葛禄为邻，故假道于此国。碑又云叶护为不受教令，离其土壤，王国维考证此叶护即谓拔贺那王，突厥自西徙以后，西域诸国王多称叶护。王国维特别强调指出，自拔贺那王以后，九姓回鹘势力日臻强大，他们南破吐蕃，北服葛禄，兵力直至葱岭以西。这些重要的历史事实，有关史籍都没有记载。因此王国维说，"异时回鹘西徙之事，惟由此碑始得解之。"可知此碑在史学研究上的重要价值，而王国维对此碑既厘正其文，复进行考释，为史学工作者利用这一重要资料进行史学研究作出了重大贡献。

对今新疆南北路通凿井取水。吐鲁番有所卡兜水者，乃穿井若干，于地下相通以行水的方法，王国维也进行了考证，著有《西域井渠考》。法人伯希和以西域凿井的方法和波斯之凿井方法相似，遂提出此方法是自波斯传入的，王国维根据史实对伯希和的谬论进行了驳斥，王国维说这种凿井的方法，在汉代张骞出通西域以前，中国就已经发明了。《史记·河渠书》载，武帝初"发卒万余人穿渠，自征引洛水至商颜下，岸善崩，乃凿井，深者四十余丈。往往为井，井下相通行水。水穨以绝商颜，东至山岭十余里间。井渠之生自此始"。此事，史家虽不记其年，然记于塞瓠子之前，即元封二年（公元前 109 年）之前。这时西域的情况，据《史记·大宛列传》载，"宛城中无井，汲城外流水"。又载，"宛城新得秦人，知穿井"。可证穿井为秦人即汉族人所教，西域本无此法。当然此法是在汉通西城以后，以西域乏水，且沙土易崩，故以井渠法施之于其地。《汉书·乌孙传》说："汉遣破羌将军辛武贤将兵万五千人至敦煌，道使案行卑鞮侯井，欲通渠转谷，积居庐仓以讨之。"孟康曰："卑鞮侯井，大井六通渠也，下流涌出，在白龙堆东土山下。"王国维认为，井名通渠，又有上下流，则确是井渠。他又据《沙州图经》、《北史·西域传》、《西域记》及刘郁《西使记》等所载资料，有力地论证了西域凿井渠的方法，是由汉族人民传入西域的，后来东来贾胡又将西域凿井渠之法传入波斯。伯希和恰恰颠倒了历史事实，将西域传入波斯的凿井渠法，反过来说是由波斯传入西域的，王国维依据确凿的事实进行驳斥之后，理直气壮地说，"此中国旧法也。"

一九一九年八月，王国维又撰《摩尼教流行中国考》一文，对流行于唐宋二代的这一宗教，进行了论述。他极力搜集有关资料，参考引用之书达二十八种之多。他在该文的后记中说，"宣统元年，吴县蒋伯斧郎中跋巴黎所藏摩尼教残经卷，附考摩尼教入中国源流，仅及唐会昌而止。后上虞罗叔言参事印行京师图书馆所藏摩尼教经一卷，法国伯希和教授译之，后复附摩尼教考，并增宋世摩尼教事实，较蒋君所考甚为该博。伯氏书用法文，余曩曾抄撮其所引汉籍，数年以来，流览所及，颇有增益"。他在蒋伯斧、伯希和所征引资料的基础上，增加了日本僧《圆仁求法记》一则，赞宁《僧史略》一则，方勺《泊宅篇》、庄季裕《鸡肋编》各二则，《建炎以来系年要录》、《高峰先生文集》、《嘉定赤城志》、《至正金陵新志》、《真西山文集》各一则。由于资料的搜集较为完备，使我们对流行于唐宋二代的摩尼教的情况有比较具体的了解，特别是对宗教史的研究，作了有益的贡献。摩尼教在唐代的影响是较大的，长安、洛阳、太原、荆州、扬州、洪州等重要大城市，都设立了摩尼教寺，不仅传播很广泛，而且五代的陈州毋乙起义，曾利用这一宗教，可见它在农民群众之中影响是极深的。其后明教的二宗三际，方腊的吃菜事魔都和摩尼教有甚深的关系。进行这一方面资料的搜集和研究，在史学研究上是非常需要的，王国维在这一方面作出了非常有益的贡献。

此外，王国维还考证了张议潮及曹氏事迹，考证了唐韵、唐尺。还校勘唐代的有关典籍：如以日本享保甲辰近卫家熙校本之《大唐六典》、内阁大库旧藏本，校明正德中重刊宋绍兴本《唐六典》；以《唐语林》、《诗话总龟》校《封氏闻见记》；以敦煌所出唐写残本《唐律疏义》，校嘉业堂刻本《宋刑统》；以蒋氏藏明钞本《张说之文集》、《唐文粹》校《四部丛刊》影明嘉靖本，使该书成为善本；又以残宋刊建安本《元微之文集》，校明董氏刻本；假蒋氏藏北宋刊南宋剜改本《李贺歌诗篇》，校《四部丛刊》影印常熟瞿氏蒙古刻本等等，对唐代文献资料进行勘误补遗，为进行唐史研究提供了资料基础。

敦煌遗书中保存了有关隋唐五代史的资料甚多，是研究这一时期历史的珍贵资料。在解放前的五十年中，我国学者首先重视敦煌汉简和遗书在学术研究上的重要价值，并利用其资料进行考释和研究，应当首推王国维先生，王国维在当时的历史条件下，这样做是不容易的。因为敦煌遗书发现后，为帝国主义者所劫走的约占三分之二，且多为最菁华的部分，分藏在巴黎、伦敦和日本，王国维进行研究时只能靠寄回来的一些次要卷子和不完整的照片，然而就在这样的历史条件下，经过他的辛勤劳动，在唐五代史资料的校勘和补遗，以及在史学研究上，如前文所述，都取得了可喜的成果。解放后，在党和政府的关怀下，随着文物考古工作的发展，和国内流散遗书的收集，又将伦敦博物馆所藏斯坦因劫走的七千余卷，统一照摄了一套显微胶片。巴黎图书馆所藏伯希和劫走部分，除西藏文卷子外，百分之九十的四部书卷子，和梵文、粟特文、回鹘文、于阗文卷子，计二千六百多卷，也已摄成照片，由北京图书馆收藏。在这样丰富资料的基础上，经过我国学术界的共同努力，隋唐五代史的研究，必将取得更为丰硕的成果，作出更大的贡献。

(《华东师范大学学报》1982年第1期)

王国维与敦煌学

自20世纪初发现敦煌莫高窟(一称千佛洞)藏经洞之中世纪初遗书以后,王国维即为我国研究敦煌学的第一代著名学者之一。罗振玉、王国维等得到伯希和等人送来的少数卷子的照片,即加以校勘,先后编辑出版了影印本和过录本的敦煌遗书八种,即《敦煌石室遗书》、《敦煌石室真迹录》、《敦煌秘室》、《鸣沙石室佚书》、《鸣沙石室佚书续编》、《鸣沙石室古籍丛残》、《敦煌拾零》、《沙州文录》等。这八部书共编辑敦煌遗书200余种,主要是四部书写本,特别是经部和子部,前者有22种,后者有23种。王国维除根据斯坦因所获汉简和伯希和所得敦煌文书,同罗振玉一道编有《流沙坠简》外,他还写了《书论语郑氏注残卷后》、《刘平国治□谷关颂跋》、《于阗公主供养地藏菩萨画像跋》、《曹夫人绘观音菩萨像跋》、《唐写本残职官书跋》、《唐写本大云经疏跋》、《唐写本韦庄秦妇吟跋》、《唐写本敦煌县户籍跋》等跋文30多篇,对敦煌学的研究和探索,作出了重大贡献。本文拟就其在敦煌学研究方面的成就,[①]作一些初步的论述,欠妥之处请同志们批评指正。

一

敦煌位于甘肃省的西部,是汉武帝取匈奴河西后,所建最早四郡之一,是汉唐军事重镇和国际要邑。因为自汉代开始,为了避开正西方向的塔克拉玛干沙漠,我国通西域的路,是沿着沙漠边缘分成南北两道

[①] 王国维利用敦煌唐写本等资料,对唐史研究的贡献,拙作《论王国维对唐史研究的贡献》已加论述,本文不拟再论述,详请参阅《王国维学术研究论集》第一辑该文。

的。据《汉书·西域传》载,南道经楼兰(今若羌东北)、于阗(今和田)、皮山、莎车,越葱岭(帕米尔)到大月氏(今阿富汗一带)、安息,西达今阿拉伯半岛上的条支和地中海的大秦(罗马帝国);北道经车师前王庭(高昌,今吐鲁番)、龟兹(今库车)、姑墨(今阿克苏)、疏勒(今喀什),越葱岭到大宛、康居,也可达安息、大秦。不论是南道或者北道,其起点都是敦煌,当时在敦煌西南设阳关,西北设玉门关,控扼两道出入,处于交通的枢纽地位。正如《隋书·斐矩传》引斐著《西域图记序》所说:"发自敦煌,至于西海,凡为三道,各有襟带。……故知伊吾、高昌、鄯善并西域之门户也。总凑敦煌是其咽喉之地。"有力地说明了敦煌在中西关系上的重要地位。

由于敦煌作为紧邻西域的门户,成为东西文明的荟萃之地,最先受到印度佛教文化的影响,并成为我国最早的佛教中心之一。《魏书·释老志》记载说:"敦煌村坞相属,多有塔寺。"敦煌莫高窟、西千佛洞以及安西榆林窟,自东晋前后开始,一直到明代以前千年左右,成为我国西陲佛教信仰者的胜地。因此,佛教徒们开挖洞窟、塑造佛像、彩绘佛画,形成了著名的敦煌艺术。1899年,在敦煌莫高窟,又发现了自晋末至宋初的3万余卷写本古书和一些古刻本,其内容以佛教经典为最多,还有道教经典,儒家经、史、子、集四部书,以及俗文学、古语言、古宗教资料,社会经济资料,和一些艺术品如织绣、绘画等等。

因此,敦煌的佛教艺术和敦煌遗书,为我国学术研究提供了多方面的极为珍贵的资料。由于中外学者的致力研究,形成了一门新的学科,被称为敦煌学。敦煌学的研究资料,除了佛像、雕塑、壁画、题记、建筑、石室遗书外,还应包括敦煌汉简和敦煌地区的古墓葬、出土文物、烽燧城堡、古代居住地遗址和乡土文献等。

敦煌引起帝国主义分子的觊觎。1900年前后,英国的斯坦因,法国的伯希和,日本的吉川小一郎、橘瑞超,俄国的奥布鲁切夫、鄂登堡、马洛夫等窜到敦煌一带,盗窃了大量珍贵文物,主要是公元5世纪初至11世纪前的写本古书和一些古印本,以及佛教经典、儒家经典和艺术品,等等。这些敦煌遗书、遗物的内容,几乎涉及社会生活的各个侧面,对于研究我国魏晋至隋唐宋时代的社会经济、文化历史都有极其重要的学术价值。

　　1913年前后,英人斯坦因将1907年在敦煌西北古长城废墟发现的汉简千枚和他以前在尼雅及古楼兰遗址所得的魏晋木简,连同若干古纸文件帛书等物,共两纸千号,交由巴黎法兰西学院沙畹教授代为研究,沙氏将其所撰的《斯坦因所得汉晋木简文字考释》一书已付印之初校本邮寄给罗振玉。罗振玉接到此稿后,与王国维一起研读,"觉其中颇多不惬意处,乃发奋重行分类考订",小学、方技、术数书及简牍遗文,由罗振玉负责考订,关于屯戍诸简,则由王国维负责考订,因他熟悉两汉史实的缘故。罗振玉在其所著《集蓼编》中说:"西陲古简,英人得之,请法儒沙畹教授为之考订,书成寄予,予乃分为三类,与忠悫分任考证,予撰小学术、数方、技书,简牍遗文各一卷,……忠悫撰屯戍遗文,于古烽候地理考之极详。"并且在《流沙坠简序》中写道:"……斯氏发幽潜于前,沙氏阐绝业于后,千年遗迹,顿还旧观,……顾以欧文撰述,东方人士不能尽窥。……因与王静安征君分端考订,析为三类……匝月而竟。乃知遗文所记,裨益甚宏,如玉门之方位,烽燧之次第,西域二道之分歧,魏晋长史之治所。部尉、曲候,数有前后之殊;海头、楼兰,地有东西之异。并可补职方之记载,订史氏之阙遗。"王国维也在《流沙坠简序》中提出:"握椠逾月,粗具条理,乃略考简牍出土之地,弁诸篇首,以谂读是书者。案古简所出,厥地凡三:一为敦煌迤北之长城,二为罗布淖尔北之古城,其三则和阗东北之尼雅城,及马咱托拉、拔拉滑史德三地也。敦煌所出,皆两汉之物;出罗布淖尔北者,其物大抵上自魏末,迄于前凉,其出和阗旁三地者,都不过二十余简,又皆无年代可考,然其最古者犹当为后汉遗物,其近者亦当在隋唐之际也。今略考诸地古代之情状,而阙其不可知者。"王国维除了考定竹木简出土之地外,又引征史事,并以竹木简所载史事相佐证,考定汉太初二年(前103年)以前的玉门关,当在酒泉郡玉门县,后徙的玉门关,则在唐寿昌县西北一百十八里,其西徙之年,当在李广利克大宛之后,此即《汉书·地理志》所说的玉门关。他又考证了魏晋木简出土之地不是在古楼兰,古楼兰是在罗布淖尔西北,而木简出土之地实为前凉时的海头,也就是汉时的居庐仓,西域人所称的龙城,该地正是由敦煌赴西域的必经之地。又考定尼雅城即古精绝国故地。这篇序言长达数千字,详征博引,为近代考证西北历史地理的较早的重要文献。对《流沙坠简》在史学上的价值,他提出:"此事关系汉代史事极大,并现存之汉碑数十通亦不足以比之。东人(日本)不知,乃惜其中少古书,岂知纪史籍所不纪之事,更比古书为可贵乎。考释虽草草具稿,自谓于地理上裨益最多,其余关乎制度名物者亦颇有创获,使竹汀先生辈操觚,恐亦不过如是。"①

王国维后又作《流沙坠简补遗》,序文说:"余为《屯戍丛残考释》,属稿于癸丑(1913年)岁杪,甲寅(1914年)正月而就,二月以后,从事写定,始得读斯坦因博士纪行之书,乃知沙氏书中每简所记罗马数字,皆纪其出土之地,而其地大都具于斯氏图中,思欲加入考释中,而写定已过半矣。据斯氏书,则前所考释有当补正者二,可有佐证者四。"他补正了汉简出土之地起于东经93°10′,迄于95°20′;以及敦煌塞外沙碛形状不类腰鼓,其近塞者即《魏略》之三龙沙,其在蒲昌海迤北者,即《魏略》之龙堆,和前考方位虽同而地形则异。所可佐证者四,亦分别作了说明。并附录了日本大谷光瑞在罗布淖发掘的前凉西域长史李柏表文1通,书稿3通,与历史事实都有重大关系。又附木简出土地理图及王国维所撰烽燧表,并跋其后,以补前序之所未备。我国近代对西陲发现的汉晋木简的研究,当以王国维此书为始,在学术研究上具有重要之价值。笔者曾在北京图书馆看到该馆所藏王国维自用本《流沙坠简》一书,将罗振玉和他自己所考证错误的史事,一一加以涂改,在书的天头上用蝇头小楷写了眉批,惜因时间仓促,未能一一抄录。王国维《流沙坠简考释补正自序》记云:"甲寅(1914年)之春,与罗叔言参事共考释敦煌及罗布淖尔北古城尼雅古城所出木简,阅两月而成。虽粗有发明,而违失漏略,时所不免,既于考释后序及烽燧表中时一正之。二年以来,浏览所及,足以补苴前说者,辄记于书眉,共得数十事,写而出之,以质世之读是启者。"②此序写于1916年2月。

此外,王国维还依据敦煌所出汉简写了14篇跋文,以及《罗布淖尔东北古城所出晋简跋》、《尼雅城北古城所出晋简跋》、《罗布淖尔北所出

---

① 《王国维全集·书信》,致缪荃孙信,见该书第40页。
② 《王国维遗书·观堂别集》卷四《流沙坠简考释补正自序》。

前凉西域长史李柏书稿跋》等。在这些汉简中他考证了如下一些问题。

第一,考证了汉代的文书程式。如汉简载:

> 制诏酒泉太守敦煌郡到戍辛二千人发酒泉郡其假□如品司马以下与将辛长吏将屯要害处属太守察地刑依阻险坚辟垒远候望母(第一简)

> (上阙)陈却适者赐黄金十斤□□元年五月辛未下(第二简)①

根据上述简文,王国维确定是宣帝神爵元年(前61年)赐酒泉太守的制书。他引《独断》的话解释说:制书,其文曰制诏三公刺史太守相。又说,凡制书有印使符下远近皆玺封,尚书令重封。故汉人亦谓之玺书。《汉书·武五子传》:元康二年(前64年),遣使者赐山阳太守玺书,曰制诏山阳太守。其他如《陈遵传》、《赵充国传》等均有同样"制诏"的记载。此简下文目为进兵玺书,则玺书之首,例云制诏某官。此简云制诏酒泉太守,则赐酒泉太守书也。案《汉书·赵充国传》"神爵元年,先零羌反,遣后将军赵充击之。酒泉太守辛武贤奏言,屯兵在武威、酒泉、张掖万骑以上,……于是即拜武贤为破羌将军,以书敕让充国曰……后从充国计,兵不果出",均与此诏情事合。

又据"四月庚子丞吉下中二二千郡太守诸侯相承书从事下当用者"的简文,考订了上级官员下书给下级官员文书的程式。王国维在《敦煌汉简跋二》中说:"右简亦诏书后行下之辞,而失其前诏,且语多讹阙,盖传写者之失也。以文例言之,当云丞吉下中二千石,中二千石下郡太守诸侯相。"②他又根据《史记·三王世家》的同样记载,则此简中字下之小二字,当在千字之下,而其下又脱石二二字;又丞吉二字间,疑脱一相字。考汉时行下诏书之例,如高帝十二年二月诏,则由御史大夫昌下相国,相国酇侯下诸侯王,御史中执法下郡守。上所引元狩六年诏书,则由御史大夫下丞相,丞相下中二千石,二千石下郡太守诸侯相。汉丞相名吉者,惟有丙吉。丙吉为相在神爵三年四月戊戌,而卒于五凤三年正月癸卯,中间凡四年。此四年中,神爵四年、五凤元二年四月皆有庚子。因而王国维断定此简即此三年中物。王国维又认为承书从事

---

① 《观堂集林》卷一七,中华书局版,第839页。
② 《观堂集林》卷一七,第843页。

下当用者，乃汉时公文常用语，犹后世所谓主者施行也。

敦煌汉简：

    三月癸酉大煎都侯婴□下厌胡守土吏方承书从事下当用者如诏书 令史偃（第一简）

    □□丙寅大煎都守侯丞□□□□□□土吏异承从书事下当用如诏书令史尊（第二简）①

王国维认为上简，亦诏书后行下之辞，而脱其前简者。汉代近塞郡皆置尉，百里一人，士史、尉史各二人。古史、吏二字通用，士史即士吏也。守士吏，则摄行士吏事者，主书之官，故署名于简末。

王国维在《简跋四》中所依据的简文：

    二月庚午敦煌玉门都尉子光丞□年谓大煎都候写移书到乞郡□言到日如律令 卒史山书佐遂已

认为这是玉门都尉下大煎都候官之书。考定汉时行下公文，必令报受书之日，或云书到言，或云言到日，其意思是相同的。关于律令问题，王国维也引征《史记·酷吏传》所载，"前主所是著为律，后主所是疏为令"。《汉书·朱博传》也说"三尺律令"是也。指出汉时行下诏书，或曰如诏书，或曰如律令。假如一事为律令所未具而以诏书定之者，则曰如诏书，如为律令所已定但以诏书督促之者，则曰如律令。这两种形式在汉代都可找到例证。因为"如"者，谓如诏令行事也，如律令和这相同。不过，如律令一语的用法，不独诏书，凡上告下之文皆得用之，以至到后来，民间契约、道家符咒，都采用这一用语。

《汉简跋五》的简文：

    十一月壬子玉门都尉阳丞□敢言之 谨写移敢言之 掾安守属贺书佐通成②

王国维考定此简为玉门都尉言事之书。他解释说："敢言之者，下白上之辞。"《汉书·王莽传》载，莽进号宰衡，位上公，三公向其言事称敢言

---

① 《观堂集林》卷一七，第 844 页。
② 《观堂集林》卷一七，第 846 页。

之。《论衡·谢短篇》也说,郡太守向二府言事,称敢言之,都说明了这一问题。但王国维认为,此简不云叩头死罪,而但说敢言之,或是都尉与敦煌太守之书,而出于都尉治所者,可能因为是具书的草稿。至于此简文中的掾安、守属贺、书佐通成,都是主文书之官。他据樊毅《复华下民租口算碑》表后署掾臣条,属臣淮、书佐臣谋,此简末亦署掾、属、书佐三人名,与该碑同。对此,《汉书音义》解释说,正曰掾,副曰属,守属则是摄行属事者也。

第二,考定下简为窦融所下书。简文:

(上阙)尉融使告部从事移
(上阙)更主踵故以(以上简面)
(上阙)从事□事令史□(以上简背)①

《后汉书·窦融传》载,融出为张掖属国都尉时,酒泉太守梁统等推融行河西五郡大将军事,融居属国行都尉职如故,设立从事监察五郡。此简上半折去,其下尚存"尉融使告部从事移"8字。按照后汉职官制度的规定,司隶校尉刺史下有部郡国从事,负责督促文书,察举非法,皆州自辟除,秩为百石,每郡各一人。窦融领河西五郡,与刺史体制略同,故亦设立从事。故上简必出窦融,其全文必云:某月日,行河西五郡大将军事张掖属国都尉融,使告部从事云云。而所告之部从事,即部敦煌郡从事也。王国维指出,凡汉时文书云"告"者,皆上告下之辞,若他都尉对刺史属官,非其所属,不得云告。

窦融字周公,扶风平陵(咸阳)人,孝文窦皇后弟窦广国的后裔。早年曾为王莽波水将军,王莽政权亡后,他降于更始。由于他的高祖、从祖及弟辈都曾担任过张掖、武威太守及护羌校尉等职,熟悉河西风土民俗。在西汉末中原政局纷乱时,他鉴于"河西殷富,带河为固,张掖属国精兵万骑,一旦缓急,杜绝河津,还以自守",因而向更始政权求为张掖属国都尉,开始其经营河西的事业。直至建武五年(29年),东汉光武帝刘秀势力日益强盛,中原地区政局已相对稳定,西征已迫在眉睫时,窦融才于这年四月向光武帝遣使称臣,被加授凉州牧之职。

---

① 《观堂集林》卷一七,第847页。

关于窦融的职衔,见于汉简的还有如下二简:

□月甲午朔乙未行河西大将军、凉州牧、守张掖属国都尉融,使告部从事□城、武威、张掖、酒泉敦煌太守,张掖、酒泉农都尉,武威太守言,官二大奴许岑。

□河西五郡大将军、张掖属国。

□□□□□□□□□□□①

上二简均出土于敦煌汉燧遗址,内容与王国维所引简文行文相同,从上述简文说明了王氏的考证是正确的,确是窦融移发下属的文书。

第三,考定了边吏候史秩月奉六百石。《简跋八》简文:

广昌候史敦煌富贵里孙无恧未得二月尽五月积四月奉钱二千四百

两汉官吏俸禄,按照官吏秩别订有全国统一的标准。官秩,是用"石"数表示职位、待遇和任用不同的等级,自三公、大将军到最低的斗食小吏,共分20多个秩别,故俸数也有20多个级差。此简云积四月奉钱二千四百,则月奉六百。王国维说,考候史秩在候长下。他据另简候长秩百石,则候史之秩当在百石以下,汉律所谓斗食也。他引《续汉书·百官志》所载,百石月奉十六斛,斗食月奉十一斛,凡受奉者皆半钱半谷。刘昭注引《晋百官志》载汉延平中制,百石月钱八百,谷四斛八斗。而《汉书·宣帝纪》注引如淳曰,律百石,月奉六百。二种记载不同。他认为此简是西汉时物,而候史之秩不满百石者,月奉六百,与延平时的制度是相近的。

第四,考证汉代邮递制度是寓于亭燧之中。《汉简跋十一》,共记3简:

入西书二封一封中部司马□平望候官一封中部司马□阳关都尉府 十二月丙辰日下餔时受旅故卒张永日下餔时□□燧长张□(第一简)

入西蒲书二封其一封文德大尹章诣大使五威将莫府一封文德

---

① 转引自初师宾、任步云:《建武三年河西大将军居延都尉奉例略考》,见《敦煌学辑刊》第3期,第95页。

长史印诣大使五威将莫府始建国元年十月辛未日食时关啬夫受□□卒赵彭(第二简)

　　入西蒲书一吏马行鱼泽尉印十三日起诣府永平十八年正月十四日日中时扬威卒□□受□□卒赵仲(第三简)①

王国维认为上列 3 简皆记邮书之簿。简中所记：文德是地名。中部司马者，是敦煌中部都尉属官，鱼泽尉亦障塞尉之类。诸简所云某官诣某官者，都是根据封泥及检署之文记载的。如中部司马、文德大尹、文德长史印、鱼泽尉印诸字，都是封泥上文，而平望候富、阳关都尉府、大使五威将莫府诸字，则检上所署之字。第三简所说十三日起诣府，则是并署发书之日。王国维认为，此种邮书，皆自东向西之书，故曰入西蒲书，蒲者，簿之或作也。又诸简都记受书之日时，如日下餔时、日食时、日中时等等，又皆燧卒致之燧长，或燧卒受之以次传送至他燧。从而肯定了汉时邮递制度，即寓于亭燧之中，而书到日时与吏卒姓名，都有记录，说明了当时的邮书制度是比较精密的。

第五，考证了烽燧制度。《汉简跋十二》根据 3 简：

　　宜禾郡蠹第广汉第一美稷第二昆仑第三鱼泽第四宜禾第五(第一简)

　　(上阙)望步广燧(第二简)

　　大威关蓬(第三简)②

王国维认为烽用火，燧用烟，夜宜用火，昼宜用烟。过去张揖、张晏、司马贞、张守节等人，皆以为烽主昼，燧主夜的意见是错误的，肯定了颜师古昼则燔燧，夜乃举烽的看法是正确的。他说第一简中载有五燧，其次序是自东而西，如广汉、美稷、昆仑三燧都在广至县境；鱼泽、宜禾都在效谷县境。《汉书·地理志》说，效谷县本鱼泽降也。宜禾一燧又在效谷之西，西与敦煌之步广候官接界。因而这五燧绵亘广至、效谷二县北界，其地不下二三百里，而仅有此五燧，可见燧燧疏数之比。

王国维又在《敦煌汉简跋十三》中，根据简文所记载的事实，说明了

————————
① 《观堂集林》卷一七，第 853 页。
② 《观堂集林》卷一七，第 855 页。

烽之多少是表明敌之远近,望见敌,举一烽,入境举二烽,射妻举三烽,郭会举四烽,城会举五烽。又说,燧则表明入侵者的数量,如敌不满五百,放燧一炬,得蕃界事宜,知欲南入,放二炬,敌五百骑以上,放三炬,千人放四炬,万人亦四炬。同时,平常无敌时,每夜则有报平安之烽。

第六,考证了禀给行客的制度。《敦煌汉简跋十四》根据下列两简:

  出粟一斗二升以食使莎车续相如上书良家子二人八月癸卯(下阙)(第一简)

  出粟五石二斗二升以食使车师□君卒八十七人(下阙)(第二简)①

王国维据《汉号·功臣侯表》载:"承父侯续相如,以使西域,发外王子弟,诛斩扶乐王首,虏二千五百人,侯,千百五十户。太始三年五月封。"此事不见《西域传》。他认为使莎车与斩扶乐,殆一时事,判断此简乃太始二年(前95年)以前物也。所谓良家子二人,是续相如所遣上书者,时过塞下,故出粟食之。依据汉时的规定,每人日食六升,从上例中得到了证明。此二简出玉门,是因为其地是往返南北交通要道的缘故。

近年来汉简又有新的发现,在居延地区破城子、甲渠塞第四燧与肩水金关等地,发现汉简 2 万余枚,是我国历来发现汉代简牍最多的一次。敦煌与马圈湾也出土实物 300 余件,出土简牍 1 200 余枚,为历史研究提供了丰富的珍贵资料。

二

于阗属今和田地区,是我国新疆塔里木盆地南缘一个古老的城邦国家。自汉兴以来,虽然它在名义上一直以一个独立的"国"自称,但实际上绝大多数时间里都是以服属中原王朝的边裔政权的身份出现,从两汉至隋唐时莫不如此。于阗故城所在,斯坦因认为在今和田西南 10 公里之姚头岗,但我国学者黄文弼不同意这种看法,他在《塔里木盆地考古记》中指出该地"地面不见任何遗址,据本地人所言,似此地为古坟

---

① 《观堂集林》卷一七,第 861 页。

院,但斯坦因在他的《考古记》中断为古于阗国都,证据殊嫌薄弱"。黄文弼另在玉龙哈什河西岸下库马提找到一座古城名什斯比尔,译言三道墙,他以为阗国都当在此。库马提即来自《法显传》之瞿摩帝大寺之"瞿摩帝",而距此古城南约10公里,库马提地方正有一废寺,尚存古塔。① 黄盛璋在《西天路竟笺证》一文中提出,姚头岗东有地名下黑里克,译言树枝,与《魏书·西域传》"于阗城东二十里有大水号树枝水"合。姚头岗与什斯比尔可能都做过于阗国都,前者与北魏于阗国都合,后者与《法显传》于阗国都合,其原因可能由于于阗国都迁徙不一,此点尚待考古发掘确定。②

《于阗授记》、《于阗佛法史》等藏文文献认为于阗始建国于印度阿育王时期,玄奘的《大唐西域记》和慧立的《慈恩传》也有类似的记载。《通典》卷一九二说:"自高昌以西,诸国人等深目高鼻,惟此一国貌不甚明,颇类华夏。"王国维所看到的有关资料,是《于阗公主供养地藏菩萨画像》及《曹夫人绘观音菩萨像》,前者是敦煌千佛洞所出古画南无地藏菩萨画像。菩萨旁立武士一僧一,下层画一女子,盛服持香炉,作顶礼状,题曰"故大朝大于阗金玉国天公主李氏供养"。王国维认为这幅画是于阗国王李圣天之女若女孙嫁为敦煌曹氏妇者所作也。他的理由是:一、于阗为唐安西四镇之一,《宋史》又谓李圣天自称为唐之宗属,则此画所说故大朝者,当指唐朝。二、大于阗金玉国,是李氏王于阗后所自名,《新五代史·四裔附录》载:后晋天福三年(938年),册李圣天为大宝于阗国王。盖即以宝字代金玉二字,亦仍其自名,非后世大宝法王之比也。三、天公主者,本外国称唐公主之辞。四、《新五代史》谓回鹘可汗之妻号天公主。其原因是回鹘盛时,每娶唐公主为可敦,后虽不娶于唐,但仍然称其可敦为天公主。因之其旁小国之女亦称天公主。五、此画中大于阗国金玉国天公主李氏,即圣天之女或孙女。其所造画像出于敦煌的原因,是由于这位公主嫁给敦煌曹氏的缘故。

敦煌莫高窟编号98窟东壁南段,靠近窟门处,有一组于阗国王李圣天及其夫人、随从供养像。施萍亭在《于阗国王李圣天供养像》③介

---

① 黄文弼:《塔里木盆地考古记》,第53—54页。
② 黄盛璋:《西天路竟笺证》,《敦煌学辑刊》1984年第2期。
③ 刊《敦煌研究》第2期,第54页。

绍中说：国王立于童子围绕的华盖之下，繁花地毯之上。有一天女，从地下冲破地毯探身而出，以两手托国王的双脚。国王戴冕旒，穿衮服，右手执花，左手持香炉，神态恭虔作礼佛状。施萍亭又说：供养像的右前方，有宝幢式供养人题榜一方，上写"大朝大宝于阗国大圣大明天子即是窟主"17字，"即是窟主"4字较小，是洞窟原修时代的字，而"大朝大宝于阗国大圣大明天子"13字是后人重写的。于阗国王供养像的原题字是否如此，已不可知。因为，写这13字的时候，曾刷过一次白粉，把原字覆盖了，现在只能隐约看出下面有字的痕迹，其大小与后面皇后的题记相同。虽然如此，此供养像应为"于阗国王"却无庸置疑，因为皇后像的当年题榜至今仍能辨认得确切无误。

关于李圣天的事迹，正如王国维所指出的，在正史中亦有记载，《新五代史·四夷附录第三》载："晋天福三年，于阗国王李圣天遣使者马继荣来贡红盐、郁金、牦牛尾、玉𫗴等，晋遣供奉官张匡邺假鸿胪卿，彭武军节度判官高居诲为判官，册圣天为大宝于阗国王。是岁冬十二月，匡邺等自灵州行二岁至于阗，至七年冬乃还。"因而我们可据此推知，于阗国王及皇后的供养像，它的绘制当在天福五年以后。

高居诲随使于阗以后，曾记其所见所闻，在其记载中说："圣天衣冠如中国。"所谓如中国，在当时来说也就是和内地中原地区的皇帝一样，敦煌壁画于阗国王李圣天供养像，如上文所述头戴冕旒，上有北斗七星，身着衮服，上有日、月、龙、华虫、黼（斧形）、黻（两己相背），和中原王朝天子无不同之处。高居诲的文字记载，敦煌壁画留下的形象，两者互相衬托相得益彰，增添了历史资料的生动形象和可靠性。由于遗留下来的直接有关资料较少，故王国维认为于阗国的始末，史无可考，他只笼统地写道："当唐之初叶，尉迟氏世王于阗，贞观末入朝于唐，改其国为毗沙都督府，即以其王兼都督。及至德初，安禄山反，于阗王尉迟胜率兵赴难，以其弟曜摄国事。后胜请留宿卫，乃以曜为王。德宗时，吐蕃攻陷安西四镇，与唐隔绝。终唐之世，遂不复知于阗事。"并且说："李氏代尉迟氏王于阗，不知始于何时？考高居诲使于阗，在晋天福三年，以七年归，其所记李圣天年号，为同庆二十九年。是圣天嗣位尚在后梁之初。又圣天至宋建隆三年尚遣使入贡，则在位几六十年，必以冲龄即位,当非开国之主。"又指出:"尔时回鹘实雄长西域","疑李氏得国,本借回鹘之助,且疑圣天亦回鹘人。"藏文文献在这方面也提供了一些值得注意的资料,如《于阗佛法史》载:"自地乳至于阗王赞列,共传五十六代。"《汉藏译集·于阗佛法史》一书则记载了其前二十九代的一些情况。① 又由于浦立本在贝利的《和阗文文献》第4卷,第179至181页所作的一条注释,得知有一种于阗年号是从公元851年起开始的。当时吐蕃对于阗的占领已告结束,这一年号至少延续了54年之久,甚至还有可能推移得更远一些。其后,浦立本在《大亚细亚杂志》第4卷,第90至97页中发表了《论钢和泰藏卷的时间》一文中,还确定了另外3个于阗王统年号:912—966年的同庆年号,其国王即汉籍中所称的"李圣天",这和王国维的看法是一致的;967—977(或978)年的天尊年号,其国王叫尉迟苏拉;978—982年(?)的中兴年号,其国王叫尉迟达摩。补充了王国维未知的一些史实。

历史上的河西地区,是一多民族错杂纷争之地。早在汉代,敦煌就已形成"华戎所交一都会"。民族问题极为复杂,这一情况演至五代宋初益见其纷乱。公元907年唐亡,在唐王朝覆灭前,国内早已呈现分裂割据局面,和边疆地区失去了紧密联系。因此在公元905年,张议潮的孙辈张承奉已在敦煌成立了"西汉金山国",一称"西汉敦煌国",据有瓜、沙、肃、鄯、河、兰、岷、廓八州之地,自称"圣文神武帝"。② 不过,这个政权维持的时间不长,大概到公元914年以后,就被张议潮的外孙女婿,原归义军长史曹议金取而代之。曹议金取得政权后,取消帝号,尊奉中原王朝正朔,仍称归义军节度使。此后,他的儿子元德、元深、元忠,孙子延恭、延禄等相继掌权,一直到1036年被西夏灭亡,曹氏统治瓜、沙长达120余年。

王国维从伯希和所得敦煌杂文书中看到曹夫人赞,了解到此画中之曹夫人是归义军节度使曹元忠之妻,延恭延禄等之母。他又根据《续资治通鉴长编》载太平兴国五年(980年)闰三月归义军节度使曹元忠卒,其子延禄自称留后,遣使修贡。四月,诏赠元忠敦煌郡王,授延禄归

---

① 详请参阅巴桑旺堆:《藏文文献中的若干古于阗史料》,见《敦煌学辑刊》1986年第1期。
② 详请参阅王重民:《金山国坠事零拾》,见《国立北平图书馆馆刊》第9卷第6号。

义军节度使。王国维又据敦煌遗书英国伦敦博物馆藏宋开宝八年(975年)归义军节度使曹延禄施舍疏,得知元忠与延禄之间,尚有延恭一世,同时又得知曹元忠死于开宝年间以前,不是太平兴国五年才逝世的,纠正了史籍记载中的错误。

王国维又据南林蒋氏藏敦煌莫高窟所出古画《曹夫人绘观音菩萨像》,在该像乾德六年(968年)所写功德记中,得知此像乃慈母娘子为男司空新妇小娘子难月而作,难月是指其媳妇产难之月。故知慈母娘子是归义军节度使曹元忠之妻,男司空则曹延恭也。这时曹元忠已死,其子延恭以节度行军司马知留后事,故其结衔中有检校司空字样。王国维指出,"自曹义金以检校司空为归义军节度使,元忠加至检校太傅"。元忠死后,延恭虽知留后事,在没有接到内地朝廷正式任命前,所称检校司空,是他自己署称的。《宋史》《续资治通鉴长编》等有关记载,均说曹元忠死于太平兴国五年。罗振玉撰写沙州曹氏年表时,始据英伦所藏开宝八年归义军节度使曹延恭施物疏,谓元忠已先卒,但究竟卒于何年,罗振玉并未考订出。王国维看到《曹夫人绘观音菩萨像画》,才了解到曹元忠之子延恭已于开宝元年(968年)知留后事。又于该画功德记中于慈母娘子男司空外,兼及小娘子、女小娘子、郎君等,而无一语及元忠,知这时元忠已死矣。王国维为确定曹元忠逝世的准确年代,又据日本西本愿寺藏《大般若波罗蜜经》卷二七四末的《写经记》,"署乾德四年(966年)五月,乃元忠子延晟所造"。记中有大王遐寿宝位坚于邱山等语。这里所说的大王当指元忠,可见此时元忠尚生存。因此,可以推知曹元忠之死年,当在乾德四年五月之后,六年五月之前,或在乾德五年矣。他明确地认为,"元忠卒年与延恭嗣位之岁,均得由此画定之,上虞罗叔言参事作《瓜沙曹氏年表》,未得元忠卒年,当由此画补之矣"。①

王国维又据乾德六年《曹氏绘观音菩萨像功德记》所载有慈母娘子、有男司空、有小娘子阴氏等。他认为慈母娘子即曹夫人,男司空即曹延恭,小娘子阴氏即延恭之妻。阴氏死后,又娶于阗公主。曹延恭死后,其母不久亦死,曹延禄嗣为留后,亦称司空,故曹夫人赞曰:"辞天公主,偏照孤孀,执司空手,永别威光。"这里的天公主,王国维在《于阗公

---

① 《观堂集林》卷二〇,第1005页。

主供养地藏菩萨画像跋》中认为即于阗公主,因延恭已卒,故曰孤霜,司空则延禄也。"先诀已寡之冢妇,而次诀其嗣统之次子,于事宜然。是此公主既嫁而寡,此画云忌日画施,盖公主于延恭忌日施以为功德者也"。① 王国维在文中,还利用了敦煌莫高窟壁画题字的资料,考证了曹延禄之妻亦姓李氏,是位于阗公主。他说:"千佛洞壁画题字,有大朝大于阗国天册皇帝第三女天公主,为新授太傅曹延禄姬供养云云。"汉籍亦有类似记载,如《续资治通鉴长编》载,太平兴国五年封延禄妻为陇西郡夫人,封陇西即因其是李氏望也。

关于"天公主",王国维解释说,本是周边各族称唐公主之词。《新五代史》谓回鹘可汗之妻号天公主,其原因是回鹘盛时,每娶唐公主为可敦,后虽不娶于唐,犹称号其可敦为天公主,因之其旁小国之女亦号天公主。王国维这一解释,在敦煌壁画中得到了证实,说明他的看法是正确的。莫高窟第55窟甬道北壁里层壁画第二身供养人像,身着回鹘装,旁有题记,文曰:"大回鹘圣天可汗天公主。"汉人同样也可称"天公主",如第61窟的窟主是曹元忠,其题记为:"姊(姊)甘州圣天可汗天公主一心供养。"说明这位天公主不是回鹘人而是汉人。第100窟的窟主是曹议金的夫人,其题记为:"甘州回鹘可汗天公主。"是她的女儿,所以题记称"女甘州回鹘可汗天公主"。另外,在莫高窟98窟东壁南侧第二身供养人像,身着汉装,项挂宝石,头戴凤冠,前有绿地墨书题记一行,文曰:"大朝大于阗国大明天册全封至孝皇帝天皇后一心供养。"说明于阗把皇后称作"天皇后"。可见,无论是史书记载,还是壁画的供养人题记,都认为五代时回鹘把王后称天公主,于阗把皇后称为"天皇后",而把女儿称作"天公主"。

三

敦煌遗书中的儒家典籍,《易》、《诗》、《书》、《礼》、《春秋》、《论语》等各经都有,多系六朝和唐写本,总数在百卷以上,以巴黎收藏最多,伦敦次之。如《论语》,自汉以后孔安国、马融、郑玄等诸注皆散佚失传,敦煌

---

① 《观堂集林》卷二〇,第1001页。

石室中却保存了六七十卷之多,多系中唐时写本,千年古注,又为世人所知,实可宝贵。

王国维所见到的《论语》郑玄注卷二残卷,系伯希和于敦煌莫高窟所劫取者,存《述而》、《泰伯》、《子罕》、《乡党》4篇。《述而篇》首阙,余篇首则题《泰伯篇》第八,《子罕篇》第九,《乡党篇》第十。篇下皆题孔氏本郑氏注,《乡党篇》后有后题《论语》卷第二。王国维又看到了日本橘瑞超于吐鲁番吐峪沟所得《论语》断片,存《子路篇》末及《宪问篇》首10行,《宪问篇》题下亦有孔氏本3字,其注亦郑注也。王国维根据何晏《论语集解序》云:"古论惟博士孔安国为之训说,而世不传。"郑玄是就"《鲁论》篇章,考之齐、古,以为之注"。所用的版本是张包周本,但该本与孔安国训说毫无关系。

敦煌遗书中所保存的《论语皇侃疏》,是现存最古的一种《论语》疏。它总结了梁以前蔡谟、袁弘、孙绰、范宁、王岷等13家疏义,考其得失,辨其异同,梁以前遗书,因此得以保存。《论语皇侃疏》的古《论语》篇次,《乡党》列第二,与《论语》郑氏注残卷本篇次不相符合,但该书却题孔氏本,"殊不可解"。王国维考证的结果,认为郑玄所据版本固为自《鲁论》所出之张侯《论语》本,以古《论语》校之,则篇章虽仍《鲁论》,而字句全从古文。因此,在王国维看来,释文虽云郑玄以齐古正读凡50事,然其所引24事及此本所存3事,皆以古正鲁,无以齐正鲁者,因而了解到郑玄但以古校鲁,未以齐校鲁也。所以,王国维判断郑玄所注《论语》,以其篇章言则为《鲁论》,以其字句言实同孔本。他提出:"虽郑氏容别有以齐校鲁之本,然此本及陆氏《释文》所见者,固明明以古校鲁之本,非以齐古校鲁之本也。"他又进一步将陆德明《经典释文》及此本所著以古改鲁共26事,已过50事之半。追寻出现差异之原因,是因为"郑注在六朝隋唐间,传习至广,写本亦多,其存鲁读之注,往往为写书者所删,故陆氏所见郑注别本,已有全无此注者。又《述而》以下四篇中,陆氏所见郑注本,注以古改鲁者凡十条,此本惟存一条,此本所有二条,陆氏所见本亦无之。此皆由写书者因其与训释无关,任意删节,故今日不能见其全"。王国维又考订《经典释文》:"所出郑本异文二十五事,虽无从古改鲁之注,然颇有数事足证其从古者。如《为政篇》之先生馔,《释文》云,郑作馂。案《特牲馈食礼》祝命尝食馔者注,古文馔皆作馂,郑本作馂,是亦从古改鲁也。《公冶长篇》可使治其赋也。《释文》,梁武云《鲁论》作傅,孔云兵赋,郑云军赋,是亦从古改鲁也。《述而篇》子之燕居,《释文》,郑本作宴。案元应《一切经音义》云,宴,石经古文为燕,是宴居与《季氏篇》乐宴乐之宴,亦从古改鲁也。《微子篇》齐人归女乐,《释文》,郑本作馈,此亦当与咏而馈、馈孔子豚同例。而其注皆为后人删去,遂使五十事湮没殆半。"①王国维的结论认为,郑本文字固全从孔本,与其注他经不同。此本直题为孔氏本,虽篇章之次不同,固未为失实也。他利用敦煌遗书的有关资料,解决了版本学上的一个大问题。

唐写本《太公家教》是作者汇集唐以前民间谚语,用以教育儿童的一本童蒙读本,但它不见于唐代史志的记载,宋人书目中也未作著录。现在能见到的较早记载,出于唐代李翱(772—841)《答朱载言书》,文中称此书"义不深不至于理,言不信不在于教,劝而词句怪丽者有之矣,《剧秦美新》,王褒《僮约》是也;其理往往有是者,而词章不能工者有之矣,刘氏《人物表》,王氏《中说》,俗传《太公家教》是也"。② 王国维所看到的《太公家教》是罗振玉唐风楼藏本,其源出自敦煌莫高窟,为斯坦因、伯希和劫后所遗。据高国藩在《敦煌写本〈太公家教〉初探》③一文中,提到敦煌唐写本《太公家教》,除罗振玉藏本(《鸣沙石室遗书》第4册)以外,尚有斯坦因劫去的12种写本,伯希和劫去的22种写本,一共34种写本,和乃字27号本(见许国霖《敦煌石室写经题记与敦煌杂录》下辑),一共36种写本,其中以罗本最为完备。④ 写本如是之多,可见其流行之广泛。王国维在《唐写本太公家教跋》一文中,引王明清《玉照新志》的话说:"世传《太公家教》,其书极浅陋鄙俚。"⑤但是,王氏并不完全同意这种看法,举出李翱把该书看作与《文中子》为一律,来说明自己的看法,并且认为该书"犹引周汉以来事,当是有唐村落间老校书为之"。这一意见是与史实相符的,《太公家教》作者确是一位农村的村塾

---

① 《书论语郑氏注残卷后》,见《观堂集林》卷四,第168—174页。
② 《李文公集》卷六。
③ 《敦煌学辑刊》1984年第1期。
④ 详请参阅高国藩:《敦煌写本〈太公家教〉初探》,《敦煌学辑刊》1984年第1期。
⑤ 《观堂集林》卷二一,第1012页。

教师，在其所写的序言中已透露其地位的低微，他说："才轻德薄，不堪人师，徒消人食，浪费人衣。"过着一种贫困的生活。但是，他仍"讨论坟典，简择诗书，依经傍史，约礼时宜"，编成《太公家教》，以便"助幼童儿，留传于后"。其目的在于"经论曲直，《书论》上下，《易》辩刚柔，风流儒雅，礼乐兴行，信义成著，礼上往来，尊卑高下，仁道立焉"。很显然，所谓《太公家教》，是作者以长者的身分，对后代留下的语重心长的训诫，所谓"不思恩宠，不慕荣华，食不重味，衣不丝麻，唯贪此书一卷，不用黄金千车，集之数韵，未辨疵瑕，本不呈于君子，竟欲教于童儿"。① 使我们了解到作者之所以取名"家教"，是由于这些谚语，是家家不可缺少的教育名言。

《太公家教》辑录的谚语，不仅是唐以前民间谚语的汇集，而且是民间富有封建教育意义谚语的精华。如说："居必择邻，慕近良友。"又说："近佞者谄，近偷者贼。近痴者愚，近圣者名。"以及"勤是无价之宝，学是明月神珠"；"慎是护身之符，谦是百行之本"；"积财千万，不如明解一经；良田千顷，不如薄艺随躯"，等等，都是进行封建教育的名言。今日的许多俗谚犹多见其中，设非见唐人写本，必疑为后世假托。它不仅在中国古代教育史上有一定的意义，而且在通俗文学上也有一定地位。

四

"敦煌学"是社会科学领域内多种学科的重要文献资料宝库，特别是宗教、文学和史学研究者的资料宝库，唐写本《春秋后语》及其背记即为其之一。

《春秋后语》，东晋史家孔衍著，亡佚于宋元之际，罗振玉藏有该书唐写本。孔衍认为《战国策》的内容"未为尽善"，因而依据有关史料重新编纂了一部战国史，名之为《春秋后语》，与他先此编纂而成的《春秋时国语》合为连璧。故刘知幾在《史通》中将其列入"《国语》家"，浦起龙释之为"国别家"。关于此书之体例，刘知幾在论及《战国策》时曾指出说："至孔衍，又以《战国策》所书，未为尽善，乃引太史公所记，参其异

---

① 《太公家教跋》。

同,删彼二家,聚为一录,号为《春秋后语》。除二周及宋、卫、中山,其所留者,七国而已。始自秦孝公,终于楚汉之际,比于《春秋》,亦尽二百三十余年行事。始衍撰《春秋时国语》,复撰《春秋后语》,勒成二书,各为十卷。今行于世者,唯《后语》存焉。"①

罗振玉所藏唐写本《春秋后语》,我们虽无法看到,但从敦煌所出该书各残卷及清代学者多种辑本中,大约可以看出孔衍编纂此书时,除了采用《史记》有关本纪、世家和列传的编年次第,将《战国策》和《史记》的史料融冶在一起外,还参考过《汲冢竹书纪年》一类史书的有关资料,故其虽是脱胎于《战国策》改编的一部书,其史料价值仍然不能忽视和低估,正因为如此,所以刘知幾在《史通》中多次提到《后语》,司马贞为《史记》作《索隐》时也常引用到《后语》,便说明了这一问题。也因为其有一定的史料价值,故清代许多学者曾从事过《春秋后语》佚文的辑补工作,我们所看到的至少有三四个辑本,其中尤以黄奭《汉学堂丛书》的辑本较为完备。敦煌遗书中有关唐写本的出现,使《春秋后语》亡而复得,自然是一件喜事。但不知什么原因,王国维在《唐写本〈春秋后语〉背记跋》文中,未对《春秋后语》的本身进行校勘或写跋之类,却对该书唐写本的背记所载的文学方面的问题专门写了跋文。

王国维在《唐写本〈春秋后语〉背记跋》文中说:"背记凡八条,中有西番书一行,余汉字,七条皆以木笔书之,内有咸通皇帝判官王文璃语,盖唐咸通间人所书。末有词三阕,前二阕不著调名,观其句法,知为《望江南》,后一阕则《菩萨蛮》也。"②对上述二词始于何时,王国维进行了考证,认为段安节在《乐府杂录》中所提出的,《望江南》词始于李德裕官浙西时所撰,《菩萨蛮》苏鹗在《杜阳杂编》中认为宣宗大中初所制。王国维认为这些看法是不足信的。他明确指出:"顾唐宋说部所谓某调创于某时某人者,尤多附会。"因为崔令钦在《教坊记》所载教坊曲名365中,已有《望江南》、《菩萨蛮》二调。崔令钦所处的确切时代虽不可考,但《唐书·宰相世系表》有国子司业崔令钦,乃隋恒农太守宣度之五世孙,唐高祖李渊至玄宗李隆基五世,宣度与李渊同时,则其五世孙令钦

---

① 刘知幾:《史通·六家》。
② 《观堂集林》卷二一,第 1023 页。

当在玄宗、肃宗时,其书记事讫于开元,也可略推其时代。因此,《望江南》、《菩萨蛮》二词,开元教坊固已有之,不须等到其后的李德裕和宣宗所喜才出现。但王国维同时又指出,《望江南》由于李德裕首填,刘禹锡、白居易相继而作,《菩萨蛮》也因宣宗所喜,温庭筠、皇甫松等并为此词,故《乐府杂录》、《杜阳杂编》遂以此二词之创作,傅会为李德裕与宣宗,语虽失实,然其风行实始于此时。同时,他更进一步说明,"此背记书于咸通间,距太和末二十余年,距大中不过数年,已有此二调,虽别字声病满纸皆是,可见沙州一隅,自大中内属后,又颇接中原最新之文化也"。

唐写本《食疗本草》残卷是研究古代营养学、食疗学和药物学的宝贵资料书。我国秦汉至隋唐时期,医学事业得到迅速的发展,张仲景、华佗、葛洪、王叔和、巢元和、孙思邈等名医接踵而出,他们为祖国医学的辨证论治、临床内科、外科、手术、针灸以及脉学、病理学、药学诸方面奠定了坚实基础。食物疗法在我国也有着悠久的历史,隋唐以前,我国专门论述食物疗法的著作已经相当丰富,食疗专著已达几十种,可惜都已散佚。现存最早的食疗专著是王国维所看到的唐写本《食疗本草》残卷,该书原卷被斯坦因劫往英国。《唐书·艺文志》有"孟诜《食疗本草》三卷"的记载,《证类本草》之"嘉祐补注所引书传"也载,"《食疗本草》,唐同州刺史孟诜撰,张鼎又补其不足者八十九种并旧二百二十七条,凡三卷"。原书久佚,而其文尚存于《证类本草》中,《本草纲目》引17种。

孟诜是汝州梁(今河南临汝县)人,生于唐武德四年(621年),卒于开元二年(714年)。他先后做过凤阁舍人、台州司马、春官侍郎、同州刺史加银青光禄大夫等职。他学识渊博,除对儒学有较深的造诣外,还精通医学,特别是在上元元年(674年)结识了著名医药学家孙思邈,执师资之礼以事。自此,孟诜医术大进。《食疗本草》原名《补养方》,载药138条,后经其弟子张鼎增补89条,总计为227条,遂更名为《食疗本草》。该书是以食为药,以药为食,其所涉及的范围颇为广泛,是我国现存最早的集药用食品为一册之大成者,它将当时可供食用并兼有疗效的食物均予收入,如瓜果、菜蔬、谷物、鸟兽、虫鱼及加工制品等无一不谈。例如,菜蔬类的雍菜、波菜、茄子、莴苣、甜菜、鹿角菜等;米谷类的绿豆、白豆、大豆、荞麦等；瓜果类的柑子、荔枝、杨梅、胡桃、橄榄、藤梨（猕猴桃）等；禽鸟类的鹑、慈鸦、鸳鸯等；鱼类的鲗鱼、黄赖鱼、比目鱼、鲚鱼、河豚、鳢鱼、鲂鱼、青鱼、鳜鱼等，都是由《食疗本草》首次收入本草学著作的。不仅如此，它还在每味食物药品下均注明药性，并将服食方法及益害加以叙述，使读者明白此味食物的利弊及服食方法对人体的影响。同时，孟诜对不同地域所产的食品不仅广收博采，而且食品具有地域特性，南北所产不同等情况，笔录加以说明。总之，此书是研究古代营养学、食疗学不可缺少的宝贵资料，同时又是一部临床价值很高的经验总结性药物学专著。

可是，《食疗本草》问世后不久就散佚了。1907年在敦煌莫高窟所发现的《食疗本草》的唐抄本残卷，内容只有石榴至芋24味药物。王国维所看到的日本学者狩野直喜的抄录本，他在《唐写本〈食疗本草〉残卷跋》文中说："唐写本《本草》，英伦博物馆藏，狩野博士所录，存药名二十四，惟木瓜、胡桃下有注，余未录。其木瓜、胡桃二注，以《政和本草》所引《食疗本草》校之皆合，惟语有详略耳。"又说："其药名皆朱书，余所见唐写本《周易》释文之卦名、《唐韵》之部首皆然，但用以与余文识别，更无他义。其药性冷热，皆用小字旁注。案唐写本陶隐居《本草集注序录》云，有毒无毒易知，惟冷热须明，今以朱点为热，墨点为冷，无点者是平。"但是，后人因朱墨点以及有无，容易发生舛错，故以冷、热、平等字旁注。此书药名朱书，而冷热用旁注，正是如此。因此，使我们了解到，药性易朱墨点而为旁注，自唐朝以来就是如此。

综上所述，可以看出，当敦煌石室遗书发现之后，王国维就以十分敏锐的眼光，看出它对我国古代历史和文化的研究具有十分重要的价值和意义。由于他学识渊博，特别是对两汉历史和隋唐历史有精湛的造诣，在研究方法上又熟练地利用二重证据法，因而能左右逢源，触类旁通，以他初步接触的有限敦煌资料，一连写了30多篇文章，为历史上的许多重要问题，特别是利用唐写本为古籍的版本考证做出了重要贡献，成为我国研究敦煌学的第一代著名学者之一。

（《中华文史论丛》1988年第1期）

论王国维对蒙古史与元史研究的贡献

对蒙古族史和元史的研究，是王国维在其一生最后的二年多时间里即1925至1927年期间进行的。他对元史研究，主要是着重于史料方面的考证，尤其是着重于有关蒙古族在历史上存在及其发展情况进行考察。他之所以这样做，和明代宋濂等编撰的《元史》在史料上存在着严重的错误分不开的；也是由于他认为明、清两代直至中国近代虽有许多学者改编过《元史》，但在资料方面或者不全，或者存在错误，没有满意之作之故。

《元史》在资料方面存在许多严重问题，是和修撰《元史》的时间短促分不开的。明太祖在下令编撰《元史》时，严限编撰时间，先后两次修史共用了311天，即不到一年的时间。由于时间仓促，故史料采录不周，致使《元史》出现诸如缺略、重复、芜杂、舛漏、详略失中、烦省不当等缺点。如蒙古族源流，无一语道及，连成吉思国号大蒙古亦不记载。又元太祖、太宗、定宗以至宪宗平定西域诸部落和三次西征事迹以及西北三大藩：察哈台汗国、钦察汗国、伊尔汗国，皆语焉不详，其史实绝少记载。就《元史》本纪来说，世祖以前的四朝失于疏略，世祖以下失于烦冗。定宗以后，宪宗以前，缺载者三年，竟不记一事。顺帝二十六年事迹则首尾不贯，事不详审。泰定、天历之间，多有曲笔。就列传来说，三十二卷以前多蒙古人，三十三卷以下多汉人，前者略而后者详，在详略方面是失当的。三十一、三十二卷之后为元末死事诸臣，然而三十三卷又列开国大臣。又有一人而两传者，至于人名、地名不划一者，更是屡见不鲜。又列传中有同名之人不加区别，有纪事歧异者，有纪事错误者，附传有重复者，在史料方面舛误百出。

因此，在王国维看来，要研究《元史》，首要的问题是将其史实弄清楚，资料搞准确。他曾对弟子徐中舒说："《元史》乃明初宋濂诸人所修，体例初非不善，惟材料不甚完备耳，后来中外秘籍稍出，元代史料渐多，正可作一部《元史补正》；以补《元史》行世，初不必另造一史以掩原著也。"①王先生的门人戴家祥教授也说，王先生曾当面和他讲过，研究《元史》的急务不是删改旧文，别造新史，而是为旧《元史》作注作补作考释，仿裴松之注《三国志》的办法，将中外关于蒙古史（包括元史）的资料，统统收集加以整理和考证，分注于旧《元史》之中。王国维不仅这样讲，而且也是这样着手做的。他在 1925 年 11 月 15 日致罗振玉信说："近颇致力于元史，而功效不多，将来或为考异一书，校之风老之《新史》，或当便于学者。"②

一

王国维为了考证蒙古族在历史上的发展情况，着眼点并未停滞在元史的问题上，而是将它与辽史、金史的研究紧紧地结合在一起。其原因是因为蒙古族的崛起，与契丹、女真的兴衰，有着密不可分的关系。

王国维着手研究元史的资料，是从校录古行记开始的。他选抄了唐宋以来古行记七种，每种都搜集了两种以上的版本进行校注，如《王国维遗书》中所载的杜环《经行记》、王延德《使高昌记》、刘祁《北使记》、刘郁《西使记》等。这些旅行记录，都是作者亲身的目睹耳闻事实，基本上都是可靠的第一手原始资料。这些著述反映了当时我国西北地区的交通和各民族的情况。

接着，王国维对李志常所撰《长春真人西游记》进行了校注，成《长春真人西游记注》两卷。长春真人邱处机，山东登州栖霞人，未冠出家为道士，师事重阳真人，是全真教祖师之一。元太祖成吉思汗曾召见于西域，其时间起自太祖十五年（1220 年）至十九年（1224 年），他的弟子李志常等随行，归后把沿途所见所闻撰成《长春真人西游记》一书。

---

① 徐中舒：《追忆王静安先生》，《文学周报》第 5 卷第 1、2 期。
② 《王国维全集·书信》，中华书局 1984 年版，第 424 页。

《长春真人西游记》记邱处机一行从山东出发，前往西域，沿途所经过的地方，"凡山川道里之险易，水土风气之差殊，与夫衣服、饮食、百果、草木、禽虫之别，粲然靡不毕载"。① 正因为该书是研究元史的重要资料，早为史学家所重视。钱大昕说："《长春真人西游记》二卷，其弟子李志常所编，于西域道里风俗多可资考证者，而世鲜传本，予始从《道藏》钞得之。"其后，阮元、徐星伯、程春庐、沈子敦等都对此书进行过考订，洪钧、沈曾植还进行过笺注，可惜都没有行刊。王国维在《长春真人西游记校注序》中说："考全真之为道，本兼儒释。自重阳以下，丹阳、长春并善诗颂，志常尤文采斐然。其为是记，文约事尽，求之外典，惟释家《慈恩传》可与抗衡，三洞之中未尝有是作也。"另一方面，王国维对自己所作的校注，也认为在地理、人物方面"偶有创获"。

接着，王国维又撰《耶律文正公年谱》。耶律文正公即耶律楚材，出身于契丹贵族，为辽丹东王耶律突欲八世孙。耶律楚材具有很高的汉族文化修养，他不仅熟悉儒家典籍，而且对诸子百家、医术、方技、卜筮之学，无所不通。在成吉思汗和元太宗进军中原地区和建立政权的过程中，蒙古统治者接受汉族高度的封建文化和政治经济制度，耶律楚材起了非常重要的桥梁作用。蒙古为草原游牧民族，对封建政治制度和经济制度所知甚少，因而在征服中国北部地区后，初欲"悉空其人，以为牧地"，由于耶律楚材的建议，蒙古统治者采用中国的封建地主统治的政治经济政策，实行保护农、工、商政策。王国维之所以选定研究耶律楚材，为他撰写年谱，目的在具体了解蒙古统治者与汉族经济文化的关系，具体地说，即蒙古统治集团是怎样接受汉族封建政治制度和经济制度的，以及成吉思汗和元太宗进军中原地区及其政治经济情况。

1925年，王国维又认真校读《元史》和《元秘史》。叶氏观古堂刻本《元朝秘史》十二卷，王国维以《连筠簃丛书》本及顾广圻监抄本手校，前后均有跋尾。另一部叶氏观古堂刻本《元朝秘史》十二卷，王氏以顾广圻监抄本手校，凡订正误字129处。眉端有考释十余则，其中有些考释后改写成《蒙古札记》发表。对李文田《元秘史注》十五卷，王国维在其眉端批校多处，末写有跋尾。他在《蒙文元朝秘史跋》中说："此本卷首

---

① 《长春真人西游记》序。

书题下,有忙豁仑纽察脱察安二行。曩顾千里(广圻)跋此本,以为撰人姓名。余谓此即《元朝秘史》之蒙古语也。忙豁仑即蒙古,脱察安即《元史》之脱必赤颜若脱卜赤颜,非撰人名。……当文宗时,此书尚无汉译之本。乃《察罕传》言仁宗命译《脱必赤颜》,名曰《圣武开天记》,及《纪年纂要》、《太宗平金始末》等书,俱付史馆云云。"他说:"考明《文渊阁书目》卷五有《元朝秘史》、《续秘史》各二部,卷六有《圣武开天记》一部,则察罕所译与虞集所请,自非一书。缘《圣武开天记》既宣付史馆,且至明初尚存,则与虞集图书之目,塔失海牙不传外人之言,不能相符,疑元时自有两种脱卜赤颜,其译为《圣武开天记》者,殆即今之《元圣武亲征录》;而虞道园(集)所请以修《经世大典》者,则今之《元朝秘史》也。"①

《圣武亲征录》一书,王国维也进行了校注,在《序》文中说:"《圣武亲征录》一书,……张石洲、何愿船二先生始为之校勘,……岁在甲午,桐庐袁重黎太常刊之于芜湖,是为此书有刊本之始。"他说:"余前在海上,于嘉兴沈(曾植)先生座上,见其所校《说郛》本《亲征录》,为明弘治旧钞,与何本异同甚多。"如"元太祖初起时之十三翼,今本《亲征录》不具;《说郛》本独多一翼。……旋知其本藏江安傅君沅叔所。乙丑(1925年)季冬,乃从沅叔借校。沅叔并言,尚有万历抄《说郛》本在武进陶氏。丙寅(1926年)正月赴天津,复从陶氏假之。其佳处与傅本略同。又江南图书馆有汪鱼亭家钞本,亦移书影钞得之。合三本互校,知汪本与何氏祖本同出一源,而字句较胜"。②

二

王国维对元史的重要资料书籍,一方面进行校注,一方面又在此基础上,写作论著,比较重要的论述有:《蒙鞑备录笺证》、《黑鞑事略笺证》、《元秘史之主因亦儿坚考》、《蒙古史札记》、《鞑靼考》(附鞑靼年表)、《萌古考》、《黑车子室韦考》、《南宋人所传蒙古史料考》、《金界壕考》、《西辽都城虎思斡耳朵考》等。作者在《蒙鞑备录笺证》中不仅以丰

---

① 《蒙文元朝秘史跋》,《观堂集林》卷一六,中华书局1961年版,第765—766页。
② 《圣武亲征录校注序》,见《观堂集林》卷一六,第796—797页。

富的资料为《蒙鞑备录》一书作了详细的笺证，对鞑靼立国，建立统治政权的有关问题补证了许多资料，对当时的所谓诸将功臣、任相、军政、马政、粮食、征伐战争、官制、风俗等等有关方面的资料也作了笺证。此外，对《蒙鞑备录》的作者孟珙，也进行了精审的考证。王国维依据《宋史》和《元史》的有关资料，考订出该书的作者孟珙当为赵珙之讹，解决了长期不为人们所注意的问题，这是他治学踏实深入细致所收到的硕果。

《黑鞑事略》一书，王国维也进行了笺证，因为在他看来，"蒙古开创时，史料最少，此书所贡献，当不在《秘史》、《亲征录》之下"。他在《黑鞑事略跋》中说："此书后有嘉熙丁酉（1237年）永嘉徐霆长孺《跋》云，霆初归自草地，尝编叙其风土习俗。及至鄂渚，与前纲书状官彭大雅解后，各出所撰以相参考，亦无大辽绝。遂用所著者为定本，间有不同，则霆复疏于下方云云。今书中顶格书者，大雅原书，其低一字者，长孺所疏也。"王国维所写的笺证，则与原书低二格排，加"案"字以兹识别，如黑鞑之国号大蒙古一段话之后，他加案语说："蒙兀、蒙瓦之名，已见于新、旧两《唐书》，远在女真未兴之前，此说非是。又注云即北单于者，谓黑鞑所居，即后汉匈奴北单于也。凡此书中双行小注，皆彭大雅自注，近人或认为徐霆所疏非也。"[①]

在笺证中，王国维不仅将有关蒙古史实加以汇集，而对有些资料进行了考证，如按只觯四人任相一事，他说："其相四人，曰按只觯，曰移剌楚材，曰粘合，重山共理汉事，曰镇海，专理回回国事"条，徐霆疏曰："霆至草地时，按只觯已不为矣，粘合重山随屈术伪太子南侵。次年，屈术死，按只觯代之，粘合重山复为之助。移剌及镇海自号为中书相公，总理国事，镇海不止理回回也。"王国维"案：此节彭氏所云按只觯，与徐氏所云按只觯实非一人。彭氏所指疑即《秘史》之额勒只吉歹，《秘史续集》卷二，蒙文皇帝圣旨，众官人每著额勒只吉歹为长，依据额勒只吉歹的言语行事。是太宗初即位时额勒只吉歹实为宰相，明年乃以耶律楚材代之。至徐氏所谓代屈术南侵者，乃太祖弟合出温之子阿勒赤歹，《元史·宗室世系表》作济南王按只吉歹，二人同名，故徐氏误合为一

---

① 《黑鞑事略笺证》，《王国维遗书》第13集，第1页。

人,至屈术即彭氏所谓阔除,徐作屈术,则又误分为二人也"。

有关国计民生的赋税制度方面的资料,王国维特别加以重视,一一为之笺证,有些则作了考辨。《黑鞑事略》载:"其赋敛谓之差发,赖马而乳,须羊而食,皆视民户畜牧之多寡而征之,犹汉法之上供也。……汉民除工匠外,不以男女岁课,城市丁丝二十五两,牛羊丝五十两,乡农身丝百两,米……户四石"条下,徐霆疏又作了具体补充,说:"……至若汉地差发,每户每丁以银折丝绵之外,每使臣经从调遣军马粮食器械,及一切公上之用,又逐时计其合用之数,科率民户,诸亡国之人甚以为苦,怨愤彻天,然终无如之何也。……霆在燕京见差胡丞相来,黩货更可畏,下至教学行及乞儿行,亦出银作差发。……可见其赋敛之法。"

王国维考证说:"《元史·食货志》科差条丝料之法,太宗丙申年(1236年)始行之,每二户出丝一斤,并随路丝线颜色输于官;五户出丝一斤,并随路丝线颜色输于本位。《耶律楚材传》,丙申定天下赋税,每二户出丝一斤,以给国用,五户出丝一斤,以给诸王功臣之汤沐邑。此书所记城市丁丝二十五两,牛羊丝五十两,乡农身丝百两,则丙申以前制也。"他又说:"《食货志》税粮条,初太宗每户科粟二石,后以兵食不足,增为四石。至丙申年乃定科征之法,令诸路验民户成丁之数,每丁岁科粟一石,驱丁五斗,新户丁驱各半之。然则岁户四石者,亦丙申以前制。"

王国维又引《耶律楚材传》所载:"太宗庚寅(1230年),楚材言诚均定中原地税、商税、盐、酒、铁冶山泽之利,岁可得银五十万两。案唐宋以来,以银五十两为一锭,五十万两者一万锭也。《楚材传》又言,庚寅定课税格,至甲午(1234年)定河南,岁有增羡,至戊戌(1238年)课银增至一百一十万两,一百一十万两者二万二千锭也。此书云岁二万锭。案彭氏随邹伸之北使在壬辰(1232年)十二月,则其留北方当在癸巳(1233年)。蒙古以癸巳灭金,则所谓岁二万锭即一百万两者,癸巳灭金后额也。自癸巳至戊戌五年,故又羡十万两。"[1]

此外,王国维又引元史专家近人沈曾植的话说:"自鞑主以下,皆以

---

[1] 《黑鞑事略笺证》,《王国维遗书》第13集,第11—13页。

银付回回，令贸易以纳息，此即元世所谓斡脱钱也。《元史》本纪世祖至元元年（1264年），定诸王不许擅招民户，不得以银与非投下人为斡脱。又至元二十九年（1296年），蠲阿里父布伯所负斡脱三千锭。《元典章》新集兵部驿站使臣冒起铺马例云，延祐六年（1319年），宣政院官人每差往两番地面拘状牌面，追征斡脱等钱，多用铺马，断一百七，除名不叙。盖终元世有此风，而元初尤甚。羊羔儿息，殆亦缘此虐用之。《元史类编》中统纪元颁新政诏，其第五止贡献曰，开国以来，庶事草创，既无俸禄以养廉，故纵货贿而为蠹。凡事撒花等物，无非取给于民，名曰己财，实皆官物。取百散一，长盗滋奸，若不尽更，为害非浅。……并斡脱等拜见撒花等物，并行禁止，内外官吏，视此为例。"①由于王国维先生笺证了这些资料，使我们对元代赋税制度，有了进一步的了解。

王国维在笺证此书时，不仅注意到赋税制度，而且在养马之法、军器、军粮、行军作战、破敌等方面，增补了不少资料，对有些问题并进行了考证，如蒙古人书事的方法，《黑鞑事略》载道："其事书之以木杖，如惊蛇屈蚓，如天书符篆，如曲谱五凡工尺，回回字，殆兄弟也"条下，他说："木杖，李侍郎改木板，沈乙庵先生曰，《中堂事纪》，回回译史麦术丁，其所译簿籍，捣治方厚尺，纸为叶，以木笔挑书普速蛮字，然则回回书，以木笔书于纸上，作杖是也。"②

另一方面，王国维对此书的作者彭大雅的情况，也作了论述。他在《黑鞑事略笺证·跋》中说："大雅后为四川制置副使，以贪黩获咎。《宋季三朝政要》二嘉熙四年（1240年），彭大雅使北。是大雅于此书成后，又膺专对之命。又《宋史》多记大雅获罪事，而《政要》则颇称大雅守蜀之功，云彭大雅守重庆时，蜀已残破，大雅披荆棘，冒矢石，竟筑重庆城，以御利阆，蔽夔峡，为蜀之根柢，……大雅之功也。然取办迫促，人多怨之。……后不幸遭败而卒，蜀人怀其恩，为之立庙。故其为此书，叙述简该，足征觇国之识，长孺所补，亦颇得事实。"③

---

① 《黑鞑事略笺证》，《王国维遗书》第13集，第11—14页。
② 《黑鞑事略笺证》，《王国维遗书》第13集，第8—9页。
③ 《黑鞑事略笺证·跋》，《王国维遗书》第13集，第2页。

三

《元朝秘史之主因亦儿坚考》一文，王国维主要考证了关于纠军的问题。他说："十数年来，日本箭内亘、羽田亨、藤田丰八三博士，及松井等、鸟山喜一二学士，各就《辽》、《金》二史之纠军，发表其新说。于是纠军之事，为史学上一大问题。……近读《元朝秘史》，就史实上发见与金末纠军相当之名称。此名称与自来纠军之音读，略有不同，于史实之同一及言语之歧互，殊不能得其解。"他对此问题进行了研究。《元朝秘史》有所谓主因亦儿坚者，在全书中凡五见，其或云主亦纳，主亦泥者，并主因语尾之变化。王国维认为，"据第一条称塔塔儿主因亦儿坚，则当是塔塔儿之一种，否则他族在呼伦贝尔两湖间，与塔塔儿人杂居者也。又据第四条称乞塔惕亦儿格讷主亦泥，乞塔惕者，蒙古人呼金国之称，则主因必为金之属部。又称合剌乞塔惕主因亦儿坚合剌乞塔惕者，蒙古人呼契丹之称，则主因种中必多含契丹人。又第四条，称主因种杀蒙古祖父云云，即指第一条所记主因人执送俺巴孩汗，及《秘史》卷一末所记塔塔儿人毒死也速该二事。是合剌乞塔惕主因亦儿坚即塔塔儿主因亦儿坚，非异族也。又据第二、第三两条，则此族当金之季世，曾于宣德居庸间与防御蒙古之役，且其兵力足与契丹、女真相鼎足"。鉴于上述情况，王国维认为："即（一）足与契丹、女真鼎立之部族或军队；（二）金之边兵而曾与于宣德居庸间之战事者；（三）此部族或军队中兼有契丹人及塔塔儿人是也。"王国维认真分析当时的情况，下断语说，"求合于此三种条件者，舍金末之纠军，无以当之"。①

王国维研究纠军问题，其资料依据除《元朝秘史》外，尚有《辽史》、《金史》、《蒙鞑备录》、《圣武亲征录》、《建炎以来朝野杂记》乙集等书有关资料，进行爬梳分析，据确凿的史实进行推论，总括其情况下结论说："此项纠军，大抵多契丹人。当金之中叶，远戍呼伦贝尔两湖之间，与塔塔儿人杂居，故中有塔塔儿人。后复徙泰州近塞。大安之季，剌史术虎高淇率之以援中都，因与于怀来之役。后复叛金，与蒙古共围中都。旋

---

① 《元朝秘史之主因亦儿坚考》，《观堂集林》卷一六，第768—774页。

有异志,蒙人恶其反复,遂分其众以赐功臣。此军与《秘史》主因亦儿坚之三大条件,无乎不合。颇疑主因一语,即纠军之对音,然与从来相传纠字之音读不能尽合。"①王国维在写定此文后,立即致书给他的老师藤田丰八。

在《致藤田博士书一》中说,《元朝秘史之主因亦儿坚考》,"但就文献上证明《秘史》之主因亦儿坚即金末之纠军,而于纠字之音义不敢赞一辞。然穷此文之结论,则主因自当为纠军之对音,与近日诸家所说纠字之音不能吻合"。他在列举了许多音读方面的论证后,提出纠之音当读如"又"。此与《秘史》以主因对纠军之说合。又说:"地名中纠里舌之与杳沙,人名中纠里之与袅履、纠舍之与遥设、纠哲、纠者之与瑶质、遥折、纠查剌、纠叱剌、纠札剌之与么查剌、咬查剌,当系同名异译。是纠之有杳音,略可得而比定矣。"另一方面,"纠字于'主''杳'二音外,又有'敌''迪'之音,此又与《黑鞑事略》都由切之音相关,而契丹初起时之人名部名中,此三音已互相错综"。②

《蒙古札记》,是王国维校读元史资料时随手所记的。事后整理成"塔纳"、"烧饭"、"扫花"、"安答"、"兀孙额不千"、"赵官"、"常仁卿"等七篇短文,组成一篇文章。他说,所谓塔纳,《秘史》旁注及译文均云大珠,即今东珠也。蒙古初年,此珠用途广泛。王国维引《辍耕录》记载说:"只孙宴服,贯大珠以饰其肩背膺间,首服亦如之。"但是至元末,此物似已渐少,因为终元之世,未尝开采也。关于烧饭,中外典籍有各种误解,王国维进行考证后,认为烧饭本是契丹、女真旧俗,亦辽、金时通语。《续资治通鉴长编》载:"契丹主既死,则设大穹庐,铸金为象,朔望节忌辰日辄置祭,筑台高逾丈,以盆焚食,谓之烧饭。"契丹、女真并有此俗,蒙古亦当有之。故成吉思汗见弃于王罕,乃云"将我烧饭般撇了",犹言视我如刍狗。且汉译烧饭一语,直至明初犹行于世,满清贵族初入关时,也有此俗。王国维认为今日送三之俗,即辽、金烧饭之遗也。

《鞑靼考》(附鞑靼年表),是王国维研究早期蒙古族史的重要论文。他说:"鞑靼之名,始见于唐之中叶,阙特勤碑之突厥文中,有三十姓鞑

---

① 《元朝秘史之主因亦儿坚考》,《观堂集林》卷一六,第789页。
② 《致藤田博士书一》,《观堂集林》卷一六,第790—792页。

鞑,九姓鞑靼,是为鞑靼初见纪录之始。"唐末时,其众部皆从朱邪赤心镇压庞勋,从李克用镇压黄巢义军。《新唐书》、《新五代史》中均记有鞑靼史实,后者且立有专传,宋人著述中亦屡见其名。然而在《辽史》中鞑靼之名仅三见,在《金史》中则完全不见,原因何在? 于是他提出问题说:"然则辽、金三百年中,唐宋间所谓鞑靼者,果何往乎?观宋、元人之著书,知当时固有鞑靼,其对辽、金之关系,决非浅鲜,正史中必不容没其事,而竟不概见,此读史者当发之疑问也。"为了解决这一久悬未决的历史研究课题,他广泛征引有关资料,依据宋、辽、金史籍及《蒙古秘史》等有关资料进行对比分析,并根据其活动的地域在地理方面进行了考证,详细地论证了"唐宋间之鞑靼,在辽为阻卜,在金为阻䪁,在蒙古之初为塔塔儿;其漠南之汪古部,当时号为白达达者,亦其遗种也"。

关于上述问题,王国维列举了三条确证:(一)《辽史·圣宗纪》开泰元年(应为二年)(1013年)正月,达旦(鞑靼之异译)国兵围镇州;同书《萧图玉传》亦载开泰中(应为元年),阻卜复叛,围图玉于可敦城。而镇州即古可敦城,故《纪》、《传》所记文字虽有不同,但其所记实为同一事件,不过《纪》称达旦,《传》称阻卜,是阻卜即鞑靼之证。(二)《续资治通鉴长编》卷五五载有十世纪末,辽萧太后之姊太妃"西捍塔靼(鞑靼之异译)",《辽史·圣宋纪》、《萧挞凛传》也载有同一时期辽太妃西征阻卜事,其证二。(三)《金史·夹谷清臣传》载:"北阻䪁叛,上谴责清臣,命右丞相襄代之。"同书《内族襄传》也说:"襄代清臣,遂屯临潢,……乃命支军出东道,襄由西道,而东军至龙驹河,为阻䪁所围,……襄即鸣鼓进发,……向晨压敌,突击之,围中将士亦鼓噪出,大战,获舆帐牛马,众皆奔斡里札河,遣完颜安国追蹑之,众散走。"《元朝秘史》、《圣武亲征录》、《元史·太祖纪》并记此事,皆作丞相完颜襄,而完颜襄与内族襄事实上是同一人,浯泐札河亦即《金史》之斡里札河。故二书纪事完全符合。王国维根据确凿的事实,认为"《金史》之阻䪁,《元秘史》谓之塔塔儿,正与《辽史·萧图玉传》之阻卜,《圣宗纪》作达旦者,前后一揆;而塔塔儿一语,为鞑靼之对音,更不待言"。同时,王国维又通过地理方面的考证,提出唐时鞑靼住地,据阙特勤碑侧之突厥文,两记三十姓鞑靼,皆在黠戛斯骨利斡之后,契丹白霜之前。其地理位置当居突厥东北,与金、元间之塔塔儿方位完全相同。我们称此部为东鞑靼。南鞑靼所居之地则东起阴山,西逾黄河、额济纳河流域,至北宋中叶,并散居于青海附近。而《辽史》所记阻卜,其分布区域,正与此部鞑靼居住地相当。又今外蒙古额尔德尼昭西北之合剌八剌合孙,在鄂尔昆河两岸,可敦城即镇州,当在鄂尔昆河之东,喀鲁哈河左右,而阻卜自其西南来,则其住地当在可敦城西南。故王国维断言:"唐宋间之鞑靼,在辽为阻卜,在金为阻𤚥也。"①

另一方面,王国维认为"阻卜"、"阻𤚥"是"鞑靼"二字之倒误,且非无意之误,而有意之误也。其原因是因为蒙古人讳言鞑靼,而元末修史之汉臣,已不复知鞑靼与蒙古之别,而辽、金史料中所记鞑靼事,非朝贡即寇叛,彼盖误以蒙古之先朝贡于辽、金,虑其有损国体,故讳之尤深。王国维通过精审的研究后,提出:"考鞑靼之始见载籍也,其字本作达怛,后作达靼,至宋南渡后,所撰所刊之书乃作鞑靼,'鞑'字不见于《集韵》、《类篇》,是北宋中叶尚无此字。其加革旁,实涉'靼'字而误。然辽、金史料中,其字当已有作鞑靼者,其倒也或作'靼达',或作'靼鞑',极与'阻𤚥'二字相似。当时史料中,或有一、二处误作'阻𤚥',或又省作'阻卜'者,史臣乃利用其误,遂并史料中之不误者而尽改之,以避一时之忌讳。其于《辽史·太祖纪》、《圣宗纪》三处尚存'达旦'字者,盖史臣所未及改,抑故留此间隙以待后人之考定也。"②王氏的这些推论,虽有一定道理,但还有待其他资料进一步证明。

《鞑靼考》后所附《鞑靼年表》,广泛收集散见的史料,将自唐咸通九年(公元 868 年)以来,凡五代、宋、辽、金各正史以及《续资治通鉴长编》、《册府元龟》、《三朝北盟会编》、《蒙古秘史》、《皇元圣武亲征录》、《松漠纪闻》、《东都事略》诸书所见室韦系统蒙古游牧部落为主的鞑靼诸部,在历史上的活动情况一一列举出来,为进一步研究自九世纪后叶到十三世纪初鞑靼诸部的历史活动,提供了相当丰富的材料。

王国维根据两《唐书》的记载,首先考证并确认蒙古诸部的发源地在今额尔古纳河下游一带。这一看法与波斯史学家拉施特《史集》上的

---

① 上引均见《鞑靼考》,《观堂集林》卷一四,第 635—638 页。
② 同上引书,第 645—646 页。

记载相吻合,故为研究蒙古史的多数学者所赞同。他又考证了蒙古诸部与辽、金的关系,特别是与金的关系,提出"元之季年,讳言鞑靼,即蒙古寇金之事,当时亦不乐闻。故纪传虽偶见广吉剌、合底忻、山只昆分部之名,而此诸部之总名讫不一见,但浑言北部而已"。金末年,成吉思汗已崛起三河之源,斡里札河一役,实与金人掎角以覆阻鞑。而这一战役与稍后的移米河战役,蒙石诸部损失颇钜,实力被大大削弱。因此,在泰和元年(1201年)蒙古漠北十一部共立札木合为局儿可汗,翁吉剌、合答斤、撒勒只兀惕、塔塔儿皆与焉。王国维认为这一联合,固然是"对成吉思汗之同盟,亦对女真之同盟也。阔亦田之役,诸部尽为成吉思所败,金之边患亦以稍息。成吉思汗亦有事于克烈、乃蛮诸部,未遑南伐。逮诸部既灭,遂一举而下中都,上距移米河之役不过十六年,亦可谓兴之暴矣"。①

在《萌古考》一文中,王国维认为中国史籍中所载的梅古悉、谟葛失、毛割石、萌古子、盲骨子、蒙国斯、蒙古斯、蒙子、萌子等名,以及蒙兀、朦古、萌㺄、蒙古里等名,都是"蒙古"的同名异译。这一看法得到法国学者伯希和教授的赞同。伯希和从语言学上解释说:"蒙古"的一部分同名异译为梅古悉、谟葛失、毛割石、萌古子、盲骨子、蒙国斯等,系从一种颚音甚重的语言如契丹语之类转译,并附加以多数语尾-s;另一部分异译则省译了语尾;而"蒙古里"这个异译则带有语尾-i。因此,"蒙古"的这些同名异译在语言学上都是解释得通的。②

在王国维自沉昆明湖的前夕,即1927年4月,他写了《黑车子室韦考》一文,研究了蒙古语族南室韦诸部之一黑车子室韦部南迁的史实。他说:"《辽史·百官志》属国职名中,有'室韦国大王府',有'黑车子室韦国大王府',则'黑车子室韦'五字自当连读。"从而证明了日本学者津田左右吉在《辽代乌古敌烈考》一文中,将黑车子室韦误分为黑车子及室韦两个部落名称的严重错误。又据《资治通鉴》言回鹘乌介可汗走保黑车子的问题,然而,《旧唐书·回纥传》则云"依和解室韦",因而王国维认为"黑车子殆即和解室韦之异名"。其原住地当在今呼伦湖东南,

① 《萌古考》,《观堂集林》卷一五,第712页。
② 伯希和:《评王国维遗书》汉译本,冯承钧:《西域南海史地考证译丛五编》,中华书局1956年版,第69页。

今兴安岭左右,与岭西之达怛相近。但是,在九世纪中叶,"回鹘国破,种人分散之时,此部或他种室韦之一部,亦随回鹘而南,至中国塞下",并且"此时黑车子室韦当有一部游牧幽州塞外地区(今内蒙古乌兰察布盟东南部、锡林部郭勒盟南部及河北省西北部一带)"。这篇文章的重要意义,不仅考证了黑车室韦南迁的史实,及其与中原王朝发生紧密联系,而且在经济上黑车室韦从原来的以狩猎为主、兼营农业的生活方式,逐步转变为草原游牧部落的经济生活,其情况明显地与原来的室韦诸部不同。①

同年3月,王国维又撰写了《金界壕考》,考证了金统治者为防御西北蒙古语族游牧诸部多次修筑边堡界壕的经过。又据辽、金、元史以及《蒙古秘史》、拉施特《史集》、王恽《中堂事记》、《张德辉纪行》、《蒙鞑备录》、《黑鞑事略》、《长春真人西游记》、《皇元圣武亲征录》等大量文献资料,考证了金代东北路、临潢路、西北路界壕的大致路线以及沿线一带若干重要地名的位置。他说:"(金)章宗时边患益亟,乃决开壕之策,卒于承安三年(1198年)成之。其壕堑起东北讫西南,几三千里,此实近古史上之大工役。"他认为金之筑界壕,"萌芽于天眷(1138—1140年),讨论于大定(1161—1189年),复开于明昌(1190—1195年),落成于承安(1196—1200年)。虽壕堑之成甫十余年,而蒙古入寇中原,如入无人之境,然使金之国力常如正隆(1156—1160年)、大定之时,又非有强敌如成吉思汗,庸将如独吉思忠、完颜承裕,则界壕之筑,仍不失为防边之中下策,未可遽以成败论之也"。② 王国维的这篇文章由于缺乏实地考察的材料,致使在考证上有若干不确切和失误之处,但仍成为考古工作者实地考察金界壕遗址和进一步确定金界壕路线的重要参考文章之一。

四

王国维研究元史,采取的方法正如陈寅恪在《王静安先生遗书·

---

① 参阅余大均:《论王国维对蒙古史的研究》,《王国维学术研究论集》第1辑,华东师范大学出版社1983年版,第258页。
② 《金界壕考》,《观堂集林》卷一五,第719页。

序》中所指出的,"取异族之故书与吾国之旧籍互相补正,凡属辽、金、元史事及边疆地理之作,如《萌古考》及《元朝秘史之主因亦儿坚考》等是也"。这一方法实际上是王国维早年提出的"二重证据法"在这一方面的具体应用,确实收到了考证史料的真伪、讹误的重大收获。关于这一方法,王国维在《南宋人所传蒙古史料考》中具体指出:

> 凡研究史学者,于某民族史不得不依据他民族之纪载。如中国塞外民族若匈奴、若鲜卑、若西域诸国,除中国正史中之列传、载记外,殆无所谓信史也。其次若契丹,若女真,其文化较进,记述亦较多,然因其文字已废,除汉人所编之《辽》、《金》二史外,亦几无所谓信史也。至于蒙古一族,虽在今日尚有广大之土地与行用之文字,然以其人民沉溺宗教,不事学问,故当时《纽察脱卜赤颜》与《阿儿坛脱卜赤颜》之原本,已若存若亡,反藉汉文及波斯文本以传于世;且其国文字创于立国之后,于其国故事,除世系外,殆无所记载,故此族最古之史料,仍不能不于汉籍中求之。[①]

在上述思想指导下,王国维研究元史时,主要是认真阅读两《唐书》、两《五代史》、《宋史》、《辽史》、《金史》以及《续资治通鉴》、《三朝北盟会编》、《东都事略》、《册府元龟》、《马可波罗行记》等书。他将上述诸书中所载资料,和蒙古史资料书《元朝秘史》、《皇元圣武亲征录》、《长春真人西游记》、《蒙鞑备录》、《黑鞑事略》所载资料相对勘。他搜求南宋人所传蒙古史料的目的也是如此,其意图在依据各种历史文献,然后互相参证,进行综合研究,最后作出结论。

王国维说:"汉籍中所载金天会、皇统间(1123—1148)蒙古寇金及金人款蒙一事,在蒙古上世史中,自为最重大之事项,宋时记此事者有二专书。"这是:一为王大观的《行程录》,一为李大谅的《征蒙记》,今虽并佚,而尚散见于他籍。上述两书的影响颇大,南宋时期许多著名的历史著作如《建炎以来系年要录》、《续资治通鉴》、《三朝北盟会编》、《桯史》等等,无不引用王、李二书中的有关资料,甚至法人多桑的《蒙古史》叙述蒙古忽都剌伐金,金与议和而退等史实,系根据宇文懋昭的《大金

[①] 《南宋人所传蒙古史料考》,《观堂集林》卷一五,第737页。

国志》,而《大金国志》及《续宋中兴编年资治通鉴》等书,皆本《行程录》及《征蒙记》。据说王大观、李大谅都是女真人,所记似皆亲身经历,似乎十分可靠,殊不知都是南宋人伪托之作。王国维集《行程录》和《征蒙录》的原文,一一条辨、细考的结果,证明全与史实不合。他说:

> 二书所记年月事实,胥与正史不合,而二书则事事相合,知此二书实一人所伪撰,或一书之变名,且出南人之手而托之北人者也。

他分析宋人之所以伪托的原因,认为宋统治者"南渡之初,庙算与国论互立于相反之地位。当局者度一时之利害,故以和为主,其极也至于称臣受册而不恤。舆论激于一时之耻辱,故以战为主,……逮和议既成,则国论屈于庙算,而人心之激昂则或倍于前。其作伪书以叙述国耻者,则有若《孤臣泣血录》、《南烬纪闻》等"。而《行程录》及《征蒙记》之所以能取信于人,由于它一面"托为北人之言,一面造作蒙古寇金事,以示金人在北方常有后顾之忧;一面造作兀术诸书,以证明金人虚声恫吓之故技及南征狼狈之状,凡此皆当时不满于和议之所为也"。由于王国维的渊博知识和校勘方法的精密,解决了史学研究中史料真伪的一大问题,他下结论说:"其书既为南人所伪记,则其中所载蒙古事,自无史学上之价值。由是蒙古史中不能不删去最古之一大事项,而断定蒙古之信史,当自成吉思汗始也。"蒙古信史当自成吉思汗始,这个论断就蒙古史研究而言,在当时的客观条件下,就历史文献的角度来说,可以说是很重要的。但是,随着地下考古材料的发现和增多,蒙古古代史的研究不能局限于成吉思汗始,这是不言而喻的事。

王国维在蒙古史和元史上研究的突出贡献,在于他集中精力,对有关资料进行精审校勘和注释,并作了精辟的考证。同时,他还编辑了蒙元重要史料书,如:徐松、文廷式从《永乐大典》中辑录出的《元经世大典》佚文《大元马政记》、《元高丽纪事》、《大元官制杂记》、《大元仓库记》、《大元画塑记》、《大元毡罽土物记》等,这些著作均收载于他编辑的《广仓学窘学术丛编》中。

[吴泽主编,袁英光选编:《王国维学术研究论集》(三),华东师范大学出版社1990年版]

略论王国维与陈寅恪

　　王国维与陈寅恪是我国近现代享有国际盛誉的著名史学家,于中国古代历史、文化研究精深,著述宏富,起有开拓学术领域和转移一时风气的作用。他们之间具有很多共同的方面,同时又各有特点。笔者不揣冒昧,拟对二位史学大师的研究成果和治学方法进行一些初步的探索。不当之处,敬请读者批评。

一

　　两位学者都处于清末民初的半封建半殖民地社会,愤于帝国主义的侵略和欺凌,具有不同程度的爱国思想。青少年时期的王国维寄希望于康梁的维新变法,向往资产阶级的新学。辛亥革命后,寄居京都时,为日本友人所作《墨妙亭记》、《此君轩记》及《二田画庼记》等,皆题称齐州王国维,表达他怀念祖国的深情。及后从事西北地理、敦煌学的研究开拓,也都表现了他对祖国历史和文化的热爱,表现了他的爱国思想感情。

　　青年时代的陈寅恪在国外留学期间,看到清末民初国内政治社会的混乱,痛感国命的危殆;又目睹国内学术研究的落后,把振兴学术看作是"系吾民族精神上生死一大事",遂下决心研究祖国的历史和文化,他说:

　　　　近年中国古代及近代史料发见虽多,而具有统系与不涉傅会之整理,犹待今后之努力。……东洲邻国以三十年来学术锐进之故,其关于吾国历史之著作,非复国人所能追步。昔元裕之、危太朴、钱受之、万季野诸人……有一共同观念,即国可亡,而史不可灭。今日国虽幸存,而国史已失其正统,若起先民于地下,其感慨如何?①

他们两人都受过较好的家庭教育和学校教育。王国维出身于中小商人地主知识分子家庭,父亲王乃誉不仅对传统文化有一定素养,而且对金石书画有一定研究。王国维自幼受其熏陶,为后来研究经史之学打下了良好的基础。陈寅恪出身于清末维新派官僚家庭。由于家庭的文化教养和藏书的丰富,幼年时期即已广泛阅读我国古代典籍,除十三经多能背诵外,对史籍、文集以至小说、佛典无不浏览,从而为后来研究中国历史和文化打下了坚实的基础。

但是,两人的师承关系和政治思想则迥然不同。1898年,王国维到上海进入时务报馆工作,接着又进入东文学社学习日文、英文及自然科学知识,随后一度留学日本,接受近代科学知识的教育和治学方法的训练。又由于结识罗振玉,在罗氏的指导下,受到了乾嘉考据学方法的训练,大云书库丰富的藏书也为他从事中国古代历史的研究提供了良好的条件。王国维的最大建树是对中国古史的研究,而古史研究的出发点在古文字学,其立足点在小学。王氏的治学道路是由小学以通史,不仅古史考释立足于小学,即使是西北边疆地理的研究亦不时假音训之说以求通解,对音说的应用尤为广泛,由地名、族名、官名到人名,几乎无处不用。当然,他的治学方法和乾嘉考据学家不尽相同,他善于运用比较法,能熔冶古今中西于一炉。他已受了近代西方历史进化论和实证论科学的洗礼,因而认为研究历史"在求事物变迁之迹而明其因果"关系,②也就是要求比较具体地揭示历史事物的演化规律。在王国维看来,历史上一切学说,一切制度、风俗,都有其所以存在与变化的理由,"即今日所视为不真之学说,不是之制度、风俗,必有所以成立之由,与其所以适于一时之故,其因存于邃古,而其果及于方来"。③ 这表明他能从哲学的高度来讲治学方法,能用实证精神来分析中国古代的史

---

① 《吾国学术之现状及清华之职责》,见《金明馆丛稿二编》。
② 《国学丛刊序》,《观堂别集》卷四。
③ 《国学丛刊序》,《观堂别集》卷四。

料,并且强调要从个别与一般的统一来把握事物,他明确地提出:

> 天下之事物,非由全不足以知曲,非致曲不足以知全。虽一物之解释,一事之决断,非深知宇宙人生之真相者,不能为也。而欲知宇宙人生之真相者,不能为也。而欲知宇宙人生者,虽宇宙中之一现象,历史上之一事实,亦未始无所贡献。①

这说明王国维在研究学问时,既能把握全,又能把握曲,将归纳与演绎相结合,并作系统的历史考察,故有可能把握历史事物"所以存在之由与变迁之故"。这种治学方法,正如王国维之弟王国华所说:"虽有类于乾嘉诸老,而实非乾嘉诸老所能范围。其疑古也,不仅抉其理之所难符,而必寻其伪之所自出;其创新也,不仅罗其证之所应有,而必通其类例之所在。此有得于西欧学术精湛绵密之助也。"②正因为其治学方法超过了乾嘉考据学家们,因而其成就也大大超过了他们。

陈寅恪向往新学,力求用新的方法治学,与王国维相比较,有过之而无不及。陈寅恪留学日、美、德、法及瑞士等国十几年,具备了阅读日、梵、巴利、波斯、突厥、西夏、拉丁、希腊、英、法、德等十多种语言文字的能力,较深刻地学习了当时欧美一些史学流派的治学方法,故其视野开阔,方法更为繁复多变,更为缜密、科学。

1925 年,北京清华学校设立国学研究院,王国维与陈寅恪均为导师,共事的时间(王氏于 1925 年到院,陈氏于 1926 年到院)虽然不长,但缔交颇早,陈寅恪在巴黎结识法国汉学家伯希和,就是由王国维写信介绍的。至清华研究院后,彼此的政治思想虽不一致,然而由于在治学方面和方法上比较接近,而且陈氏对王氏的政治态度和学术研究的成就能以极同情的态度去理解和对待,因而成为忘年的深交,结成陈氏所说"风义平生师友间"的关系。但是,由于彼此的学术渊源和政治立场的不同,最终导致了两种不同的结果,并直接影响了他们学术研究的成果和评价。

我们知道,王国维的前期并非从事史学研究的,而是专攻哲学和文学的。他研究史学是从 1911 年前后开始的。清末,他担任过清政府学

---

① 《国学丛刊序》,《观堂别集》卷四。
② 《王静安先生遗书序》,见《王国维遗书》第 1 册。

部图书馆的编译,辛亥革命后,以"遗臣"身分跟着罗振玉一起避地日本。这时在罗振玉看来,学术思想界有所谓两股"横流",一是清末魏源、崔述、康有为等今文学家们的"疑古"之学,他们疑《古文尚书》,疑《尚书》孔注,疑《家语》,疑古文经书皆出于伪造,尤其是崔述的《考信录》和康有为的《新学伪经考》、《孔子改制考》等书的问世,把数千年的封建统治所依之以为传统和道德的经史之学疑得摇摇欲坠。其次是西来的近代学说思想,特别是尼采哲学主张暴力统治,主张战争,反对仁义道德之说。这对于具有没落封建意识和坚持复辟清王朝的人来说,是不能容忍的,自然把它看作是"邪说""横流"。因此,在罗振玉看来,其时他们能做的而且必须做的,是学说思想上的经史之学的研究工作,其具体内容是驳斥经今文学的"疑古""信今"之论,以达到"反经信古"维护封建统治的目的。罗振玉以师辈和挚友的身分对王国维说,"方今世论益歧,三千年之教泽不绝如线,非矫枉不能反经,士生今日,万事无可为,欲拯此横流,舍反经信古末由也"。并鼓励说:"公方年壮,予亦未至衰暮,守先待后,期与子共勉之。"企图从学术思想上寻找理论依据,做好为清政权复辟的思想基础。王国维在罗振玉的影响下,便尽弃前学,从研究哲学、文学转而研究经史之学。

辛亥革命前,王国维学过日、英、法等语言,翻译过《辩学》、《法学通论》,学过数学、物理等自然科学,又研究过资产阶级哲学,应用了资产阶级治学的方法,在研究文学和文学史时就采用了实证论和实验论的方法,这些方法虽有其局限性,然而就其所处的时代来说,是有其进步性的,因为这比其先辈的治学方法无疑要缜密得多。另一方面,王国维寄居京都时,在罗振玉的指导下又循着乾嘉学者的治学途径,继承了乾嘉学者"实事求是"的治学精神,王氏说:"吾侪当以事实决事实,而不当以后世之理论决事实。"这是乾嘉以来戴震、段玉裁、程易畴、吴大澂、孙诒让等一致的治学精神。正因为王国维研究古史时,取材严谨,在方法上也具有一定的科学性,故在学术研究上能取得巨大成就。但由于他的阶级立场和政治观点是封建的,其研究经史之学的动机和目的,显然是为没落封建地主阶级及清廷反动统治政权服务的,因而在其论著中不可避免的必然要流露出对封建制度的赞叹和景慕之情,其名作《殷周制度论》中即充满了这种情感。

历史并不以人们的意志为转移。客观的发展形势与罗振玉、王国维的"待后"之愿,不是日益接近,而是越离越远,时代的巨轮已越过了资产阶级民主革命进入无产阶级领导的新民主主义的革命时代,这和罗、王所向往的回复清廷封建统治的时代,已超越了整整两个时代。1919年的"五四"运动,不仅在政治上给罗、王的"反经信古"的经史研究的意图以惊心动魄的反击,而且在学术思想上的打击更为沉重,他不仅没有把学术思想界所谓两股"横流"击败,相反,又涌现出两股新的"横流":一是马克思主义的历史唯物主义,在学术界尤其是史学界,一浪一浪的高潮迭起;二是继崔述、康有为之后胡适、顾颉刚等的疑古运动的兴起,他们认为唐虞时代的情景,是漆黑一团,无历史可言,夏代历史只是传说的堆积,商殷历史无征可信,把西周以前的古史完全否定了。古史辨派的疑古虽然不全合于科学,其推论亦不符合历史的实际,但是对"反经信古"的经史研究,确是给了重重的一击。在王国维看来,政治局势如此,学术思想形势又如此,真是到了"士生今日,万事无可为"的时候。在思想忧郁的情况下,他从1921年起,对甲骨金石文考释和古史考证的经史研究,及其他重要著述,就日渐少见了。

1923年4月,由清廷遗臣升允的推荐,王国维竟走进清宫南书房担任废帝溥仪的南书房行走(即文学侍从)。如果把这件事放在当时的政治形势下对照,王国维是走了一条多么可悲的政治道路。1925年,国内又出现了新的政治形势,国共两党合作,进行第一次国内革命战争。1927年5月,国民革命军在河南打败了张作霖,震惊北京,当革命军威迫北京时,谣言纷起。王国维认为冯玉祥军将废帝赶出清宫,所谓"宫门之变"一辱也;这时,革命军又要来了,势必进入北京,"义无再辱",其思想上的痛苦是可想而知的。他深切地感到客观形势已没有蹰躇余地,终于自沉北京颐和园昆明湖。一代大学者,就此悲惨地与世长辞了。

陈寅恪在进入清华研究院任教以前,大多数时间是在国内外学习,在国内也主要是潜心问学,未与任何政治党派或团体发生关系。1929年秋起,兼任中央研究院历史语言研究所研究员及第一组(历史组)主任，1935年又任中央研究院评议员。此外，他还兼任故宫博物院理事、明清内阁大库档案编委会委员等职，《明清史料》前数编就是在他参与并主持下编辑和刊行的。

抗日战争时期，陈寅恪历尽了千辛万苦。日本侵略军侵占北平时，其父三立先生忧愤绝食而死，全家都从老人的死亡中深受教育。日本投降时，陈寅恪赋诗志喜："国仇已雪南迁耻，家祭难忘北定时。"[①]表明他对国仇家恨都是铭记不忘的。

1939年，英国牛津大学聘请陈寅恪任中国学教授，因第二次世界大战及其他原因，到香港后被迫滞留，任香港大学中文系主任。随后，香港被日本侵略者占领，曾派人对他进行劝诱，要他留居香港或到沦陷区教书。他严辞拒绝，并带领全家历尽艰苦逃难到桂林、成都等地。作为正直的爱国学者，陈寅恪对国民党的腐败统治十分不满，进行冷讽热嘲和对抗，故在教席安排和出国讲学等问题上，倍受刁难，生活十分清苦。1947年北平天气寒冷，陈寅恪夫妇心脏病发作，被迫将所藏最好的东方语言学书籍全部转让，以书款买煤取暖。1949年1月由北平迁居广州，在岭南大学任教。全国解放前夕，国民党派傅斯年出面多次电催他去台湾，陈寅恪坚决不肯，有人劝他去香港也遭拒绝，民族自尊感和对祖国的热爱使他在广州留下来，后任教于中山大学。

陈寅恪晚年双目失明，在助手的帮助下，克服了常人所不能克服的困难，写出了著名的《柳如是别传》。十年浩劫期间，陈寅恪受到林彪、"四人帮"的严重迫害。他高年病体，不能支持，于1969年病逝。

二

陈寅恪根据王国维学术研究上的成就，评定他"能开拓学术之区宇，补前修所未逮"，认为王氏的著作，"可以转移一时之风气，而示来者以轨则"。[②] 这是深知王国维其人，并充分研究了其学术著作后所作出的客观评价。

---

① 《壬午五月发香港至广州湾舟中用义山无题韵》，见《寅恪先生诗存》。
② 《王静安先生遗书序》，见《金明馆丛稿二编》。

王国维在甲骨文字的研究上,确有划时代的创获。甲骨文字虽然发现于1899年(清光绪二十五年),经过王懿荣、刘鹗等人的收集,孙诒让、罗振玉等人的研究,特别是罗振玉作了全面系统的考证和论述,在其所著《殷虚书契考释》一书中,对甲骨文字中的都邑、帝王、人名、地名、文字、卜辞、礼制、卜法等方面,进行了精到的考释,为后学者从各方面研究甲骨文字开辟了途径,奠定了基础。然而,用甲骨文字来证史,则创始于王国维。他所写的《殷卜辞中所见先公先王考》、《续考》、《殷周制度论》、《殷虚卜辞中所见地名考》、《殷礼征文》、《古史新证》等著述,都是用甲骨文字中的资料以证古史。王国维系统地考证了商之先公先王的名号,大体上理出了一个可信的世系,证明《世本》、《史记》所载的商史并非虚构,它们绝大部分的资料都是可靠的实录,使中国古史上最为纠纷的问题,得到了有说服力的解决。由于王国维等对卜辞进行了综合比较研究,成功地应用甲骨文字的资料以证史,不仅使殷代的史实得以论定,甲骨文字的时代性也由此更加确定无疑了。使后来继起研究殷商历史的人不得不以甲骨文字为唯一可靠的资料。不仅如此,还由于王国维通过对世系称谓的研究,确定了一些甲骨文字的具体年代,为后来的甲骨文断代研究开了端绪;同时他又首次将已碎裂为二的甲骨缀合复原(如将《殷虚书契后编》卷上第八页第十四片与《戬寿堂所藏甲骨文字》第一页第十片缀合为一),为后来的甲骨缀合工作开创了先例。事实表明,在罗、王之后,甲骨文字的断代和缀合,就发展成为甲骨文字研究中的两个重要方面。

在器物的考订和铭文的释读方面,王国维也取得了巨大的成绩,不仅对器物和金文铭文的本身作出了符合史实的判断,而且对于如何考释文字和通读铭辞提出了十分精辟的见解,起到了示后来学者以轨则的作用。例如,他在《毛公鼎考释序》中指出,中国古代文字的演变至今已三千年,其变化脉络不尽可寻,故古代文字不可尽识,文义不可尽通,因而他反对每字必释,无义不通的倾向,认为如果一定要勉强那样做,其结果必然是"穿凿附会以生",其原因是"今人之知古代不如知现代之深"。为了弥补和解决这一问题,提出了通读铭辞的途径和方法,即"考之史事与制度文物以知其时代之情状,本之《诗》《书》以求其文之义例,考之古音以通其义之假借,参之彝器以验其文字之变化",以及由此及彼和阙疑待问等六项原则,给后人研究金文提供了可贵的经验和方法。

在具体的学术研究领域方面,陈寅恪和王国维虽有所不同,但在学术研究上的成就和贡献,同样起有开拓学术之区宇和转移一时风气的作用。他首先致力于周边民族史的研究和佛经翻译文学。陈寅恪在20年代进行这一方面的研究,是和当时欧洲东方学者注意我国周边各族历史和佛经翻译文学为重点分不开的。这一时期西方学者在这一方面虽然写出了不少有分量的著作,可是对我国学者来说几乎还是全新的领域,陈寅恪在国外留学期间,为填补这一空白取得了巨大成就,回国后,在清华研究院开设"佛经翻译文学"和"《蒙古源流》研究"等课程,在佛学研究方面写出了《梁译大乘起信论伪智恺序中之真史料》、《武曌与佛教》、《大乘义章书后》、《禅宗六祖传法偈之分析》、《须达起精舍因缘曲跋》等20多篇论文,资料精确,论点精辟,取得了佛教及其经典研究的巨大成果,为新一代的佛经研究者开辟了道路。

陈寅恪大半生的精力,主要是从事魏晋南北朝和隋唐史的研究。他研究3世纪到9世纪的历史,主要是围绕统治阶级的转移和民族迁徙及融合两条重要线索进行论述。他认为东汉末年的袁曹之战,实质上是"儒家大族与法家寒门"的较量,司马氏的篡曹,无疑是儒家大族的复辟。他超越前人的贡献主要是史料范围的扩充,如诗文与史实的互证,考古与音韵资料的应用,域外记载的采撷,将这门学科的研究推进到一个新的阶段。

在隋唐史研究方面,应用大量资料系统地论述了从汉魏到隋唐文物制度的渊源和演变,认为隋唐制度渊源有三:一是北魏、北齐,二是梁、陈,三是西魏、北周。陈寅恪这一精辟见解、在海内外学术界产生了重大影响。在政治史方面,主要是以统治阶级集团的升降为中心,阐明唐代政治史发展的基本线索,提出了"关中本位政策"问题,给国内外史学界以极大的影响。他的深入精到的分析,为研究唐代世族地主和庶族地主的关系开辟了道路,对唐代政治史的研究作出了贡献。

陈寅恪研究隋唐史的特点,还在于以诗史互证,将历史与文学打成一片,不仅扩大了史料范围,而且开辟了史学研究的又一途径。《元白诗笺证稿》是其代表作。该书除了它的文学价值外,还利用元白诗考证了有关唐史的许多问题,如唐代官吏的俸钱,因时地不同,具体情况比较复杂,今存史料如《唐会要·内外官料钱门》、《册府元龟·邦计部俸禄门》及《新唐书·食货志》等书所载资料皆极不完备,所以陈寅恪利用元白诗中涉及俸料钱者,互相比证,以资推论。他说:"考史者不可但依官书纸面之记载,遽尔断定官吏俸料之实数。只可随时随地随人随事,偶有特别之记载,因而得以依据证实之。若欲获一全部系统之知识,殊非易事。此亦治唐史者所不可不知者也。"[①]

对唐代文学和清初文学的研究,亦是陈寅恪致力的一个方面。他对我国古代文学本有深厚的素养,加上留学国外时,对西欧各国语言文学又钻研颇深,还能应用近代文艺批评理论,辅以多种语言工具。因此,对唐代文学和清初文学的研究,均获得了突出的成就。前者以《元白诗笺证稿》为代表作,后者以《柳如是别传》为代表作。陈寅恪在《元白诗笺证稿》中,结合唐史的研究,对唐代文学史上一些重要问题如古文运动、新乐府运动、古文运动与小说及与科举制的关系等,都提出精辟的看法。在《柳如是别传》中,他以浓厚的爱国感情,表彰了柳如是虽是一个妓女,却能深明民族大义,积极从事抗清活动,他在该书中不仅叙述了钱谦益、柳如是夫妇的事迹,而且还引证了清初的大量诗文,详细考证了与他们两人有关的几社、复社的活动,以及南明弘光朝的政争、顺治年间江南的反清复明的斗争、郑成功北伐江南等重大政治事件。同时该书中对明清之际文学家陈子龙、侯方域、归庄、汪琬等人的作品,都有较充分的论述,是研究清代文学很有参考价值的一部书。

敦煌学则是王、陈共同致力研究的方面。

20世纪初在敦煌莫高窟(一称千佛洞)藏经洞中发现中古遗书以后,王国维即以十分敏锐的眼光,看出它对我国古代历史和文化研究所具有的十分重要的价值和意义。在极其困难的条件下,利用伯希和与日本学者送来的少数卷子的照片和抄本,即加以校勘和研究。利用初步接触的有限文献资料,一连写了《于阗公主供养地藏菩萨画象跋》、《曹夫人绘观音菩萨象跋》、《唐写本残职官令跋》、《唐写本太公家教

[①] 《元白诗中俸料钱问题》,见《金明馆丛稿二编》。

跋》、《唐写本韦庄〈秦妇吟〉跋》、《唐写本大云经疏跋》、《唐写本老子化胡经残卷跋》等30多篇论文,为历史上的许多重要问题,特别是利用唐写本为古籍的版本考证作出了重要贡献,成为我国研究敦煌学的第一代著名学者之一。

陈寅恪也是敦煌学研究开创者之一。"敦煌学"的名称即由他首先提出并加以确定,认为"敦煌者,吾国学术之伤心史也,其发现之佳品,不流入于异国,即秘藏于私家"。他认识到敦煌遗书具有非常重要的史料价值。他举例说:"摩尼教经之外,如《八婆罗夷经》所载吐蕃乞里提足赞普之诏书《姓氏录》所载贞观时诸郡著姓等,有关于唐代史事者也。佛说《禅门经》,马鸣菩萨《圆明论》等,有关于佛教教义者也。《佛本行集经演义》、《八相成道变》、《地狱变》等,有关于小说文学史者也。《佛说孝顺子修行成佛经》、《首罗比丘见月光童子经》等,有关于佛教故事者也。《维摩诘经颂》、《唐睿宗玄宗赞文》等,有关于唐代诗歌之佚文者也。其他如《佛说诸经杂缘喻因由记》中弥勒之对音,可与中亚发见之古文互证。六朝旧译之原名,藉此推知。破昏怠法所引《龙树论》,不见于日本石山寺写本《龙树五明论》中,当是旧译别本之佚文。《唐蕃翻经大德法》成辛酉年(当是唐武宗会昌九年)出麦与人抄录经典,及周广顺八年道宗往西天取经,诸纸背题记等,皆有关于学术之考证者也。"[①]

如果说王国维利用敦煌出土的汉晋木简考证了汉晋史中的许多问题,利用敦煌遗书遗文考证了古籍的许多版本及于阗等地方政权的许多问题,陈寅恪则利用敦煌出土的佛教经典,着重研究了佛教和周边民族的问题,一连写了《敦煌本唐梵对字音般若波罗多心经跋》、《敦煌本心王投陀经及法句经跋尾》、《敦煌本维摩诘经文殊师利问疾品演义跋》、《斯坦因 Khara—Khoto 所获西夏文大般若经考》、《西夏文佛母大孔雀明王经夏梵藏汉合璧校释序》、《敦煌石室写经题记汇编序》、《忏悔灭罪金光明经冥报传跋》、《敦煌本十诵比丘尼波罗提木叉跋》等论著,不仅把佛教经典的研究推进到了一个新阶段,为其后的学者的研究开辟了新途径,而且对中印文化交流史,以及对古代中印思想文化的接触的研究作出了重要的贡献。其中特别值得指出的是,他在文章中认为

[①] 《陈垣敦煌劫余录序》,见《金明馆丛稿二编》。

对于外国思想文化只能批判地吸收而不应全盘照搬,指出外国的思想、文化输入本国,如果不与本国的民族传统相结合,就不可能生根。他说:"释迦之教义,无父无君,与吾国传统之学说,存在之制度,无一不相冲突。输入之后,若久不变易,则决难保持。是以佛教学说,能于吾国思想史上发生重大久远之影响者,皆经国人吸收改造之过程。其忠实输入不改本来面目者,若玄奘唯识之学,虽震动一时之人心,而卒归于消沉歇绝。"①这一看法,迄今仍有借鉴意义。

蒙古史和元史的研究是陈、王共同致力的第二个方面。陈寅恪致力于蒙古史的研究,主要是对《蒙古源流》一书进行史源的分析,对《蒙古源流》作者的世系、年代以及所见的地名、人物都作了精细的考证,指出该书的基本观念和编制体裁都来自元朝帝师八思巴为忽必烈长子真金所造的《彰所知论》。他据此论证关于民族起源的蒙古旧史,起初是蒙古民族固有的,后来增加了采自突厥、高车民族起源神话的一些内容。到《彰所知论》和《蒙古源流》,又加上印度、西藏的一些东西,糅合几个民族的神话,使蒙古史成为由西藏而上续印度的通史。这一分析颇有见地,至今对探究蒙古初期历史仍有启发。②

王国维在其一生最后的两年多时间里曾致力于蒙古史和元史的研究,主要是着重于史料方面的考证,尤其是着重对蒙古族在历史上存在及其发展情况进行考察。他的突出贡献,在于对有关资料进行精审校勘和注释,并作了精辟的考证。他还编辑了蒙元重要史料书,如:徐松、文廷式从《永乐大典》中辑录出的《元经世大典》佚文《大元马政记》、《元高丽纪事》、《大元官制杂记》、《大元仓库记》、《大元画塑记》、《大元毡罽土物记》等。

另外,王国维还致力于古籍校勘注疏,经他校勘的古籍达192种之多,其中对《水经注》的校勘几乎耗费了他后半生的全部精力。由于他长期致力于《水经注》的校勘和研究,寻师访友,收集了各种版本和抄本,掌握了明清以来具有代表性的主要版本,如宋刊残本、大典本、明抄本、孙潜夫袁寿阶手校本、黄省增本、全谢山本,以校聚珍本和朱谋㙔

---

① 《冯友兰〈中国哲学史〉下册审查报告》,见《金明馆丛稿二编》。
② 参见《中国史学家评传》下册《陈寅恪》篇。

《水经注笺》本,正因为他掌握了《水经注》的主要版本和抄本,就较好地解决了各种版本的校勘问题,诚如赵万里所说:"《水经注》异本毕具于此矣。"①他长期地进行校勘和研究的结果,写出了《宋刊〈水经注〉残本跋》、《永乐大典本〈水经注〉跋》、《明抄本〈水经注〉跋》、《朱氏〈水经注笺〉跋》、《孙潜夫校〈水经注〉残本跋》、《聚珍本戴校〈水经注〉跋》等论文,不仅对《水经注》版本本身的校勘,取得了丰硕的成果,而且对《水经注》各种版本、抄本的因袭、源流、翔实程度逐一考证、评论。这在《水经注》研究的历史上,是前无古人的。

在汉晋木简的研究方面,王国维也取得了突出成绩。1913年前后,英人斯坦因将1907年在敦煌西北古长城废墟发现的汉简千枚和他以前在尼雅及古楼兰遗址所得的魏晋木简,连同若干古纸文件帛书等物,交由巴黎法兰西学院沙畹教授代为研究,沙氏将其所撰的斯坦因所得汉晋木简文字考释一书已付印的初校本寄给罗振玉。罗、王共同研读该校样,改编撰成《流沙坠简》。王在《流沙坠简序》中除了考证简牍出土之地外,还引证史事,并以木简所载史实相佐证,考定汉太初二年(公元前103年)以前的玉门关当在酒泉郡玉门县,考证了木简出土之地不是在古楼兰,而是在前凉时的海头,又考定尼雅城即古精绝国故地。考证了汉代文书的程式,边吏候史的月俸,汉代邮递制度是寓于亭燧之中,又考证了烽燧制度、廪给行客制度,等等,这篇序言长达数千字,详征博引,为近代考证西北历史地理的较早的重要文献。同时,又较早地对汉晋木简在史学上的价值有较充分的认识。他说:"此事关系汉代史事极大,并现存之汉碑数十通亦不足以比之。东人(日本人)不知,乃惜其中少古书,岂知纪史籍所不纪之事,更比古书为可贵乎。(《流沙坠简》)考释虽草草具稿,自谓于地理上裨益最多,其余关乎制度名物者亦颇有创获,使竹汀先生辈操觚,恐亦不过如是。"②

三

王国维在史学研究上之所以取得巨大成就,如上所述,是和他治史

---

① 《王静安先生年谱》。
② 《王国维全集·书信·致缪荃孙信》。

的方法分不开的。1925年,他在《古史新证》中曾加以概括总结说:"吾辈生于今日,幸于纸上之材料外,更得地下之新材料。由此种材料,我辈固得据以补正纸上之材料,亦得证明古书之某部分为实录,即百家不雅训之言亦不无表示一面之事实,此二重证据法惟在今日始得之。"故二重证据法的实质,是将近代以来所发见的新史料,如甲骨文字、古器物及其铭文等等,在研究方法上将新资料与传统史学对于证据的处理相衔接。它既不是全盘否定传统史学在证据处理上的成就,而又采取近代西方学者更为缜密的方法,恰当地注入了新的内容。因此,二重证据法是王国维针对疑古派学者过分否定传世文献的价值,而又难以在单纯的文献范围内予以澄清和解决的情况下,所采取的一种新的研究方法。这在当时来说,为中国近代史学的发展找到了一条新的研究途径,反映了我国由传统的封建史学向近代史学转变发展时期内在史学方法论上的一个重要变革和突破,对近代史学及史学研究者来说影响是深远的。因为其重要意义,在于适时地提出了近代史学在研究上的新方法,即资料证据处理的新方法,将近代学者不同于传统史学的新方法提到了理论的高度,将归纳与演绎相结合,并比较自觉地持历史主义的态度,力图比较具体地揭示历史事物的演化规律,以求所谓"事物变迁之迹而明其因果"关系。这表明王国维不仅在史学研究的实践上,而且在方法论思想上,亦如郭沫若所高度评价的是"新史学的开山"。

陈寅恪与王国维在治学方法上虽有各自的特点,但也有其相同的一面。陈寅恪曾将王氏的学术研究内容和治学方法概括为三点:一是取地下之实物与纸上之遗文互相释证,凡属于考古学及上古史之作,如《殷卜辞中所见先公先王考》、《续考》及《鬼方昆吾猃狁考》等。二是取异族之故书与吾国之旧籍互相补正,凡属于辽、金、元史事及边疆地理之作,如《萌古考》及《元朝秘史之主因亦儿坚考》等。三是取外来之观念与固有之材料互相参证,凡属于文艺批评及小说戏曲之作,如《红楼梦评论》及《宋元戏曲考》等。这实际上是王国维二重证据法在不同学术内容中的具体运用。陈寅恪这一概括是非常准确恰当的。其实,这三点也是陈氏自己对治学的要求和史学研究的方法。

陈寅恪由于家学的渊源,对于乾嘉学派的考据方法是比较熟悉的,他在此基础上又受到了西方近代治学方法的熏陶。因此，陈寅恪的治学方向和治学方法，与王国维比较接近。陈寅恪研究历史，总是力求全面占有资料，并且逐条进行审查分析，其选材之谨慎精确，其研究方法均与王氏相近。例如，他利用异国殊文和本国资料比勘，与王氏的卜辞金文和经史子集合证，虽然在内容方面彼此不同，但在方法的应用上则是相同的。而且由于他在国外学习的时间较长，更多地接受了西方近代学者的治学科学方法，和王氏相较，他的比较考释法更为繁复多变。在上述三类外，他更以内典与外书合证，以实录与小说补正，以官书与私记对证，以诗文和史传互证。最大的突破，则在诗文互证。他一面以史家法度与手段笺证诗文，犹如王国维之考释卜辞、金文，一面又按史学宗旨为准绳利用诗文，以补史传记载之不足。而在字句诠释上，他主张事证与言证并用，即令是儒家经典，亦应以事证为主，训诂为辅，本"史学考据"以求通解。①

应当指出，王国维的考证，主要是利用二重证据法进行校勘、辨伪，比较多的局限于就事论事。陈寅恪则进了一步，认为校勘、辨伪等仅是考据学的基础功夫，因而他着重于内考证，致力探求史料写作人的原意和其所记事实的可信程度，力求从历史的变化及联系中去考察。例如他考证李渊起兵太原反隋时，曾向突厥可汗称臣一事，先从当时北方并起的"群雄"与突厥可汗的关系进行比较，他根据《大唐创业起居注》改旗帜、受封号两点推求李渊确曾向突厥可汗称臣的迹象。然后再探究太原起兵后到贞观初年一段时间内唐廷与突厥关系的变化发展，指出李世民、刘文静在唐与突厥联系中的作用。然后综合断定旧史所记太宗于平定突厥后失言说出李渊曾向突厥可汗称臣一事是可信的。从这里可以看出，陈寅恪在考据中能因小见大，从小处着手从大处着眼的辩证关系。

另一方面，在如何探求史料写作人的本意问题上，陈氏指出考证除了要注意古典外，还要注意今典问题，所谓"今典者，即作者当日之时事也。故须考知此事发生必在作此文之前，始可引之以为解释。否则虽似相合，而实不可能，此一难也。此事发生虽在作文以前，又须推得作

---

① 参见许冠三《新史学九十年》，香港中文大学出版社版，第237页。

者有闻见之可能。否则其时即已有此事,而作者无从取之以入其文,此二难也"。① 他在《元白诗笺证稿》和《柳如是别传》中,应用这种考据方法最多。特别是在后一著作中,指出钱谦益在清兵破南京时已投降清朝,但后来又参加复明运动,故其诗文有些与抗清有关。然而钱曾注解《钱谦益集》时,因心存顾忌不敢对今典一一注出,陈寅恪特为之详细考求,为之注解,对于了解清初江南地主知识分子与清统治集团的矛盾斗争,是有所帮助的。同时,陈氏在考据中还常常使用比较研究法,他说:"观同时诸文人具有互相关系之作品,知其中于措辞(即文体)则非徒仿效,亦加改进;于立意(即意旨)则非徒沿袭,亦有增创。"② 故他认为"今世之治文学史者,必就同一性质题目之作品,考定其作成之年代,于同中求异,异中见同,为一比较分析之研究,而后文学演化之迹象,与夫文人才学之高下,始得明瞭"。③ 事实表明,他应用这种方法,在学术研究上取得了巨大成果,如他比较白居易《琵琶行》和元稹《琵琶歌》,证明白诗是因袭和改进了元诗,但白诗是具有真情实感之作,其意境远较元诗为高。

陈寅恪虽然重视史料和考据,把考证看作是一门严谨的学问,认为"必发见确实之证据,然后始能改易其主张,不敢固执,亦不敢轻改,惟偏蔽之务去,真理之是从"。④ 但他更强调研究历史要有通识,即要在可靠史料的基础上对历史作出有系统的综合解释,说明历史事实的客观因果关系,并且从而阐明历史发展的趋势和线索。由于陈氏自觉地认识到这一点,并且贯彻在他的史学研究中,故在其著作中,能从紊繁的历史事实中看出其内在的联系,理清其演变和发展的线索,然后形成其关于某一历史时期的自成体系的看法。在学术研究风格中也形成他自己的特点,开拓学术研究的新领域,示后学者以轨则,给史学界的影响是深远的。

(《历史研究》1992年第1期)

---

① 《读哀江南赋》,见《金明馆丛稿初编》。
② 《元白诗笺证稿》第一章《长恨歌》。
③ 《元白诗笺证稿》第二章《琵琶行》。
④ 《三论李唐氏族问题》,见《金明馆丛稿二编》。

陈寅恪对隋唐史研究的贡献

陈寅恪是我国现代著名史学家。他通晓蒙、藏、满、日、梵、巴利、波斯、突厥、西夏、拉丁、希腊、英、法、德等十多种文字，尤精于梵文、突厥文、西夏文等古文字；他先后从事魏晋南北朝史、隋唐史、蒙古史的研究，有关唐代和清初文学、佛教典籍的著述尤为精湛。他在学术上开拓了新的研究领域，取得了丰硕成果，在国内外学术界有着巨大影响。他留下的学术遗产是丰富、宝贵的，值得学术界珍视和总结。

一

隋唐两朝共有三百多年的历史，是我国中世纪的极盛时代，居当时世界各国的前列。但是史家对这一时期历史的许多重要问题研究得非常不够，特别是对其文物制度渊源流变的研究，缺少符合历史事实的论著。陈寅恪有鉴于此，于四十年代初写出了《隋唐制度渊源略论稿》，应用大量资料，系统地论述了从汉魏到隋唐文物制度的渊源和演变，对海内外学术界有重大影响。

过去，学术界有人认为隋唐制度都是继承西魏和北周的。陈寅恪进行深入研究后，不同意这种看法，并在《隋唐制度渊源略论稿》中提出，隋唐制度的渊源虽然十分复杂，但究其来源不外乎三个方面：一是渊源于北魏、北齐，二是梁、陈，三是西魏、北周。三者之中，又以北魏、北齐为主。而北魏、北齐一源的内容又极为复杂，它汇合了汉魏以来的中国传统文化。

在礼仪制度方面，陈寅恪一方面认为"其制度大抵仅为纸上之空文，或其影响所届，止限于少数特殊阶级，似可不必讨论"。一方面又看出，"礼制本与封建阶级相维系，……而士大夫阶级又居当日极重要地位。故治史者自不应以其仅为空名，影响不及于平民，遂忽视之而不加以论究也"。将礼制研究放到了恰当的位置上。他的可贵处，是能于众所共弃的所谓无用的材料中，爬梳出有用的资料，用于说明历史上的重要问题。他依据有关资料，提出隋文帝杨坚虽继承宇文氏之遗业，但是他所制定的礼仪则不依北周的制度，理由是《隋书·高祖纪》上载：仁寿二年（602年）十月己丑诏书所命修撰五礼的薛道衡、王劭及制礼之人如裴矩、刘焯、刘炫、李百药等，其本身或家世皆出自北齐，以广义言，俱可谓之齐人。又据《隋书》诸人本传，说明他们不仅出身于北齐，并且参预过修定五礼的工作，差不多都是齐亡后历北周入隋。隋制主要渊源于北魏、北齐并不是偶然的，而是随顺当日时代的趋势，并加以普遍化而已。因为汉化一直是当时少数族统治者所极力提倡并采取措施加以促进的，北周宣帝即位时已服汉魏衣冠。所谓汉魏衣冠，即自北魏太和迄北齐河清时期北朝所输入之晋南迁以后江左之文物。事实上，北周灭齐不久，即已采用齐的制度，进一步加深汉化。

陈寅恪又择录《隋书》牛弘、辛彦之两传的资料，用以说明魏晋以降中国西北隅即河陇地区在文化学术史上所具有的特殊性质。关于河西文化问题，陈先生根据丰富的资料，认为："惟此偏隅之地，保存汉代中原之文化学术，经历东汉末、西晋之大乱及北朝扰攘之长期，能不失坠，卒得辗转灌输，加入隋唐统一混合之文化，蔚然为独立之一源，继前启后，实吾国文化史之一大业。"[①]他分析河西之所以能保存文化，是由于公立学校沦废，学术之中心移于家族，太学博士之传授变为家人父子之世业。河西地区的情况正是如此。一是张轨领凉州之后，河西秩序安定，经济丰饶，为中州人士避难之地，世族学者自得保身传代以延其家业。二是张轨、李暠皆汉族世家，其本身即以经学文艺著称，故能设学校奖儒业，保存中原文化；其他割据者如吕氏、秃发、沮渠等虽非汉族，然能欣赏汉化，擢用士人，故学术文化不因以沦替。三是陇右即晋秦州之地，介于雍凉间者，既可受长安之文化，亦得接河西之安全，故能保存

---

① 《隋唐制度渊源略论稿》，上海古籍出版社1982年版，第19页。

学术于乱世。陈寅恪之所以能如此深入地分析问题,提出新的见解,是由于他对于《周礼》及历代史乘中所记载的我国古代典章制度非常熟悉,又能从全面的发展的观点看问题,前后贯通,所以能够阐明隋唐制度的渊源和流变。

职官制度的渊源变革与上述三源的关系更为明显,陈寅恪认为《隋书·百官志》所说:"高祖既受顾命,改周之六官,其制多依前代之法。"这里的所谓前代之法,实际上是指汉魏之制,亦即自北魏太和传授至北齐之制。从这一观点出发,陈氏认为杜佑《通典·职官典·总论》诸卿条子注中论隋之改制颇为有识。他指出,杜君卿谓隋之职官多依北齐之制,自是事实。然尚有一事关于职官之选任者,初视之似为隋代创制,而唐复因之,实则亦北魏末年及北齐之遗习,不过隋承之,又加以普遍化而已。陈氏所指的是隋文帝废汉以来州郡长官辟署僚佐制度,改归中央吏部铨授。这确是隋唐职官制度中最重要的一个问题,是中国政治史上加强中央集权的一项重要措施。陈寅恪征引了许多资料说明其渊源。他注意到其渊源并不是自隋代开始,据《北齐书·幼主纪》与《通典·选举典》记载,他断定,"隋代政治中央集权之特征,亦即其职官选任之制不因北周而承北齐"。至于武官称号制度方面,《隋书·百官志》说是采用后周之制。陈寅恪通过自己的考证,认为"柱国大将军"之号其实亦始于北魏之末年,而西魏、北周承之,"故隋采此制,可言祧北齐而承魏周"。①

关于这一问题,陈寅恪在渊源上确实搞清楚了,但由于受其种族和文化观的限制,并没有解答为什么会出现这些重要的变化,历史发展到南北朝特别是隋唐时期为什么必然出现加强中央集权的措施,这些问题必须从经济的发展特别是商品经济的逐步发展,和阶级阶层关系的变化及其矛盾斗争角度探讨,才能完满地加以解决。

在刑律制度的渊源方面,陈寅恪既指出其大体固与礼仪、职官制度相同,又指出其不同处有两点,一是隋唐刑律近承北齐,远祖后魏,其中江左因子虽多,只限于南朝前期。二是北魏初入中原,其议律之臣乃山东士族,颇传汉代的律学,与江左之专守晋律者有所不同。及正始定

---

① 《隋唐制度渊源略论稿》,第87页。

律，既兼采江左。而其中河西之因子即魏晋文化在凉州之遗留及发展者，特为显著。故元魏之刑律取精用宏，转胜于江左承用之西晋旧律。这一方面与礼仪、职官制度之渊源演变稍有不同。在陈寅恪看来，唐律因于隋开皇旧本，隋开皇定律又多因北齐，而北齐又因北魏太和、正始之旧。因此，北魏、北齐、隋、唐刑律为一系相承之嫡统，而与北周律的关系并不大。

府兵制度起源于西魏大统年间，废于唐天宝时期，前后凡二百年，其渊源演变损益是一个颇为复杂的问题，特别是它的前期资料缺乏，更增加了研究的困难。陈寅恪指出，后世之考史者于时代之先后往往忽略，遂依据此制度后期即唐代之材料，以推说其前期即隋以前之事实。这是执一贯不变之观念，以说此前后大异之制度，故于此中古史最关键处，不独迄无发明，复更多所误会。

陈寅恪认为宇文泰最初创立府兵制度，实以鲜卑旧俗为依归。八柱国者，即模拟鲜卑旧时八国即八部的制度。拓拔族在塞外时，其宗主为一部，其余分属七部，共为八部。宇文泰八柱国之制以广陵王元欣列入其中之一，即拟拓拔邻即所谓献帝本支自领一部之意。他又据《周书·文帝纪》下、《北史·周本纪》上及《资治通鉴》梁元帝承圣三年所载西魏诸将赐胡姓之例，"所统军人亦改从其姓"，得知一军事单位即为一部落，而以军将为其部之酋长。但是，宇文泰八柱国之设，虽然是摹仿鲜卑旧时八部的制度，然而又思提高自己的地位，不与其他柱国所居地位相等。又不欲元魏宗室实握兵权，所以采取仅存八柱国之空名，而实以六柱国统府兵，并将它附会于《周官》六军的制度。陈寅恪认为府兵的性质，在肇端时是特殊阶级，因为鲜卑及六镇之胡汉混合种类及山东汉族武人之从入关者，固应视为贵族，即在关陇地区所增收的编募，亦止限于中等以上的豪富之家，绝无下层平民参加，与后来设置府兵地域内之比较普遍者迥然不同。据此，陈寅恪判断，府兵制之前为鲜卑兵制，为大体兵农分离制，为部酋分属制，为特殊贵族制；其后期为华夏兵制，为大体兵农合一制，为君主直辖制，为比较平民制。其前后两期分划之界限，则在隋代。

陈寅恪在研究隋唐各种制度的渊源时，虽然仅强调种族文化因素，而忽略了更为重要的经济变化、阶级阶层间的矛盾斗争和社会发展的需要，因而未能说明历史的全部事实和真相。但是，由于陈寅恪具有广博的历史知识，又能应用近代科学的治史方法，既懂得乾嘉考据学派的校勘、辨伪，又能致力于探求史料写作的原意和其所记事实的可信程度，并且在研究具体问题时，总是力求全面占有史料，逐条进行审查分析，然后从可信的第一手史料中引出结论。因此，他能提出新的问题，开拓学术研究的领域，从历史现象中，从全面的发展的观点，找出其间的因果关系，从种族和文化的角度，力图说明隋唐各种制度的渊源和演变情况。

二

在唐代政治史研究方面，陈寅恪写出了《唐代政治史述论稿》一书。他从三个方面论述唐代政治，一为统治阶级之氏族及其升降，二为政治革命及党派的分野，三为外族盛衰之连环性及外患与内政之关系。该书主要以统治阶级集团的升降为中心，阐明唐代政治史发展的基本线索，将唐代政治史划分为三个阶段：一是唐高祖、太宗继续实行"关中本位政策"时期。二是武则天逐渐摧毁关陇集团势力，推行科举制度，大量选拔新兴阶级分子，逐渐取代西魏、北周、杨隋及唐初将相旧家之政权尊位。三是"安史之乱"后，中央政府出现党派之争和藩镇割据，以迄唐亡。

"关中本位政策"，本为宇文泰所创立和推行。宇文泰组成关陇集团并依靠他们的支持，不仅抗衡了高欢的势力，占领了中国西北部之地，形成了北朝东西并峙的局面。后来，宇文泰又凭借这一力量的支持，并吞了分有多数六镇民族及雄踞山东富饶地区的高齐。由于宇文泰融合了其所割据关陇地区内的鲜卑六镇民族及其他胡汉土著之人，组成了关系紧密的关陇集团，不仅物质上处于同一利害的环境，即精神上也具同出于一渊源的信仰，受同一文化的熏陶。陈寅恪认为这一集团从西魏到唐初一直处于统治地位。唐代历史中的许多问题都与关中本位政策分不开，如李唐皇室世系先后改易之过程及胡汉文化问题，府兵制度内重外轻的安排，压抑山东士族，积极经营西北边境等，都必须从"关中本位政策"的角度来考察分析。其原因是唐高祖、太宗创业至高宗统御之前期，其将相文武大臣大抵承西魏、北周及隋以来之世业，即宇文泰"关中本位政策"下所结成团体的后裔。在那样的一个特定历史条件下，继续推行"关中本位政策"是极自然的。

五十年代初，陈寅恪发表了《论隋末唐初所谓山东豪杰》、《记唐代之李武韦杨婚姻集团》等文章，对唐初统治集团作了进一步的分析，提出山东豪杰和山东士族虽然同出一个地区，但却是截然有别的两个社会集团。他分析"山东豪杰"是一胡汉杂糅、善战斗、务农业、有组织的集团，如窦建德、刘黑闼、翟让、徐（后赐姓李）世勣等等，都是其代表人物。他考定窦建德虽然自言出于汉代外戚之窦氏，但是据《新唐书·宰相世系表》窦氏条的资料说明窦姓实系鲜卑纥豆陵氏之所改，实是胡种。刘黑闼之刘氏为胡人所改汉姓之最普遍者，其"黑闼"之名与北周创业者宇文黑獭之"黑獭"同是一胡语，说明刘黑闼不独出于胡种，其保持胡族之特性实际上大大超过窦建德。至于翟让也是少数族丁零姓，徐世勣据说也是胡种形貌，可能也与胡种血统有关。这些人都从事农业，而且具有一定的组织才能和号召力。此集团骁勇善战，其中人多为胡姓或与胡种有关，其原因是这些人的出生之地如冀、定、瀛、相、济、青、齐、徐等州原为北魏屯兵营户之所在地，这些人可能是由镇兵转为农民的，故在隋末唐初仍保持有善战斗而有坚固组织的集团，成为隋唐统治集团的劲敌。唐初李渊曾"欲令尽杀其党，使空山东"，由于一些客观原因未能得逞。唐太宗则改变李渊的政策，改采利用其力量的办法，利用它作为自己政治斗争的工具，如后来他与建成、元吉决斗时，遣与这一集团有关系的张亮往洛阳招引"山东豪杰"以支持自己。武德九年六月四日玄武门之变时，其关键即因为太宗能利用守卫宫城要隘玄武门的山东豪杰如常何等人的支持而得胜。后来李世勣成为这一集团的领袖。太宗为身后之计，欲平衡关陇、山东两大集团的力量，以巩固唐的统治，委任长孙无忌和李世勣辅佐高宗，用心可谓深远矣。

在陈寅恪看来，有唐一代三百年间其统治阶级之变迁升降，即宇文泰"关中本位政策"所鸠合集团之兴衰及其分化。盖宇文泰当日融冶关陇胡汉民族之有武力才智者，以创霸业；而隋唐继承基业，并大加扩充，一直延续至李唐初期，这一集团的势力犹未衰损，皇室及其将相大臣几乎全出于同一之系统及阶级，故李渊一家据帝位，主其轴心，其他各族的人士，入则为相，出则为将，因为关陇集团本融合胡汉文武为一体，所以能文武不殊途，将相可兼任。一直到武则天统治时期才出现了新的变化。

武则天之家族渊源不易考知，陈寅恪据《新唐书·宰相世系表》武氏条所载，推知其非山东之士族，也不属关陇集团，而是出身于山东地域的寒族。陈寅恪认为，"高宗废王皇后立武昭仪之时，朝臣赞否不一，然详察两派之主张，则知此事非仅宫闱后妃之争，实为政治上社会上关陇集团与山东集团决胜负之一大关键"。① 高宗废关陇集团所支持的王皇后及燕王忠之储位，而改立山东寒族之武氏并立其子为太子，此为关陇集团所万不能容忍者，"长孙无忌等之力争实以关系重大之故，非止皇室之家事已也"。初时，高宗因元舅长孙无忌为首的关陇集团的反对有所顾虑而不敢行，惟有取决于别一集团之代表人物即李世勣之一言，而李世勣以武氏出身于山东地域之寒族而赞成其事。对此，有些论史者往往以此为李世勣个人道德的污点，殊不知其社会集团之关系有以致之也。陈寅恪这一看法是颇有见地的。

陈寅恪认为高宗永徽六年冬十月所下立武则天为皇后的诏书，在"吾国中古史上为一转折点，盖西魏宇文泰所创立之系统至此而改易，宇文氏当日之狭隘局面已不适应唐代大帝国之情势，太宗以不世出之英杰，犹不免牵制于传统之范围，而有所拘忌。武曌则以关陇集团外之山东寒族，一旦攫取政权，久居洛阳，转移全国重心于山东，重进士词科之选举，拔取人材，遂破坏南北朝之贵族阶级，运输东南之财赋，以充实国防之力量诸端，皆吾国社会经济史上重大之措施，而开启后数百年以至千年后之世局者也"。②

陈寅恪对武则天及其集团的研究，没有就事论事，并且扬弃了封建士大夫和旧学者对她的污蔑与不公正评价。他将武则天放到整个唐代

---

① 《记唐代之李武韦杨婚姻集团》，《金明馆丛稿初编》1980年版，第243页。
② 《金明馆丛稿初编》，第248—249页。

政治史中来看，认为她主持中央政权之后，逐渐破坏了传统的"关中本位政策"，以遂其创业垂统的野心。说她"大崇文章之选，破格用人，于是进士之科为全国干进者竞趋之鹄的。当时山东、江左人民之中，有虽工于为文，但以不预关中团体之故，致遭屏抑者，亦因此政治变革之际会，得以上升朝列，而西魏、北周、杨隋及唐初将相旧家之政权尊位遂不得不为此新兴阶级所攘夺替代。故武周之代李唐，不仅为政治之变迁，实亦社会之革命。若依此义言，则武周之代李唐较李唐之代杨隋其关系人群之演变，尤为重大也"。① 这一分析十分精辟，近于史实。应该指出，陈寅恪不是历史唯物主义者，不可能用历史唯物主义观点进行研究，然而他的史学思想中已出现了不少接近历史辩证法的因素，对历史过程某些方面的论述比同时的旧史学家和西方汉学家高出一头，这是应当肯定的。

"安史之乱"以后，唐代历史进入第三阶段，陈寅恪说，"关中本位政策"既不能维持，则统治社会阶级亦必有变迁，唐中央政权名义上虽保持其一统的外貌。实际上中央政府与部分的地方藩镇，已截然划分为二，非仅政治军事不能统一，即社会文化亦完全成为互不关涉的集团。中央政府以长安文化为中心，恃东南财赋以存立集团之中，其统治阶级为此集团所占据地区之两种人：一为受高深文化之汉族，即外廷的士大夫，大抵以文词科举进身者也，一为受汉化不深的蛮夷，或蛮夷化的汉人，故其人多出自边荒地区。这些人多身居内廷，实握政治禁军之权，即阉寺之特殊阶级。地方则以河北藩镇为代表，其政治、军事、财政等与长安中央政府实际上固无隶属关系，它的民间社会亦未深受汉族文化的影响，即不以长安、洛阳之周孔名教及科举仕进为其安身立命之归宿。在他看来，要论唐代藩镇问题必须注意民族及文化两个方面，否则不能得其真相所在。

陈寅恪认为，河朔地区人民血统属于汉种者，在玄宗时胡化即已开始，其原因由于其地区必有较多的胡族迁徙无疑。凡居东北与河朔有关的胡族，如高丽、东突厥、回纥、奚、契丹之类移居于其部落邻近之地区，自有可能，这当然比较易于理解。独中国东北隅河朔地区有多数之

---

① 《唐代政治史述论稿》，第18—19页。

中亚胡人,则比较难于理解。陈寅恪根据旧史资料,认为它的来源有三:一在隋末混乱之时,中亚胡人逐渐转徙。二在东突厥败亡时,必有少数柘羯因之东徙。三为东突厥复兴之后,其首领骨咄禄、默啜武力扩展远及中亚,同时其族入河朔地区,其时这一地区胡族活动频繁,势力强大,也说明这一问题。其时代大抵在武则天统治时及唐玄宗开元之世。陈寅恪论证说,河朔地区的民族已脱离汉化,而又包括东北及西北之诸胡种。在这一形势下,"唐代中央政府若欲羁縻统治而求一武力与权术兼具之人才,为此复杂胡族方隅之主将,则柘羯与突厥合种之安禄山者,实为适应当时环境之唯一上选也。玄宗以东北镇付之禄山,虽尚有他故,而禄山之种性与河朔之情势要必为其主因,岂得仅如旧史所载,一出于李林甫固位之私谋而已耶?"①这些论述都对唐代政治史有新的阐发,给人以启迪。

三

陈寅恪先生考证和论述唐史的文章颇多,本文仅择几个方面的观点,简介如下。

陈寅恪提出,唐高祖李渊起兵太原时,实称臣于突厥,而李世民又为此事谋主,后来史臣颇讳饰之,以至其事之本末不明显于后世。温大雅《大唐创业起居注》记述太祖起兵时与突厥的关系十分微妙,深堪玩味,实际上温氏用委婉之笔叙述了唐高祖受突厥封号称臣拜伏之事。《旧唐书·刘文静传》记载又证明,称臣事由李世民主持于内,刘文静执行于外。唐与突厥始毕可汗议订称臣之约者为刘文静,其人与李世民关系密切。及高祖入关后所与突厥疏远,而文静乃被杀。身居重位的李世民也与突厥关系密切,与突利可汗结为兄弟,有所谓香火之盟的情谊。由于太宗与突厥关系密切,曾被目为挟突厥以自重的人。②

唐代的蕃将与府兵。也是唐代历史中的重要问题之一。陈寅恪指出,关于蕃将问题,世之读史者,仅知蕃将与唐代武功有密切重要关系。

---

① 《唐代政治史述论稿》,第 48 页。
② 参阅陈寅恪:《论唐高祖称臣于突厥事》,《寒柳堂集》,上海古籍出版社 1980 年版。

而不知其前期之蕃将与后期之蕃将亦大有分别在也。唐之开国,其兵力本兼府兵、蕃将两类,世人习见唐承西魏、北周、隋代之后,太宗之武功又非常突出,遂误认太宗之用兵其主力所在,实为府兵,此大谬不然者也。陈寅恪依据有关史料分析,认为唐太宗在贞观四年破灭突厥颉利可汗以前,府兵固然"不堪攻战",蕃将如史大奈、突地稽等以外,亦未见有何重用蕃将之事。当时所依靠的主要兵力是"山东豪杰"集团。另一方面必须了解,唐太宗后来所任之蕃将为部落酋长,而玄宗所任之蕃将为寒族胡人。他说,"太宗既任部落之酋长为将帅,则此部落之酋长必率领其部下之胡人,同为太宗效力。功业成后,则此酋长及其部落亦造成一种特殊势力。如唐代中世以后藩镇之比"。玄宗吸取了太宗时期的教训,不蹈任用胡族部落酋长的覆辙,改用胡族寒人,他重用安禄山,其主因即因其为杂种贱胡。哥舒翰之先世虽为突厥部落酋长,但他已不统领部落,失其酋长之资格,不异于寒族蕃人。由此可知,唐太宗之用蕃将,乃用此蕃将及其所统之同一部落,玄宗之用蕃将,乃用此蕃将及其统领之诸种不同之部落也。

在陈寅恪看来,唐代府兵虽然十分重要,但其重要性有时间限制,终不及蕃将一端,其关系至深且巨。玄宗后半期以蕃将代府兵,为其武力之中坚,而安史以蕃将之资格,根据河北之地,施行胡化政策,恢复军队部落制,即"外宅男"或义儿制。故唐代蕃镇如薛嵩、田承嗣之徒,虽是汉人,实同蕃将,其军队不论是何种族,实亦同胡人部落也。延及五代,"衙兵"尚是此"外宅男"之遗留。①

在思想文化方面,陈寅恪写了《论韩愈》一文,给韩愈以新的评价。他认为"唐代之史可分前后两期,前期结束南北朝相承之旧局面,后期开启赵宋以降之新局面,关于政治社会经济者如此,关于文化学术者亦莫不如此。退之者,唐代文化学术史上承先启后转旧为新关捩点之人物也"。②

陈寅恪认为,韩愈的贡献首先是建立道统证明传授之渊源。华夏学术最重传授渊源,盖非此不足以征信于人,韩愈又受到新禅宗教外别

---

① 参阅陈寅恪:《论唐代之蕃将与府兵》,《金明馆丛稿初编》。
② 陈寅恪:《论韩愈》,《金明馆丛稿初编》,第296页。

传之说的影响，故建立一新道统，以压倒同时之旧学派。

韩愈的《原道》，陈寅恪认为是我国文化史中最有关系之文字，理由是天竺佛教传入中国时，我国文化史已达甚高之程度，故必须改造，以蕲适合吾民族、政治、社会传统的特性。韩愈首先发见和利用《小戴礼记》中《大学》一篇，阐明其说，使抽象之心性与具体之政治社会组织融会无碍，即尽量谈心说性，兼能济世安民，虽相反而实相成。天竺为体，华夏为用，退之于此以奠定后来宋代新儒学的基础。① 陈氏还指出，唐代古文运动实由安史之乱及蕃镇割据之局所引起。因为安史为西胡之杂种，蕃镇又是胡族或胡化之汉人，所以当时有识之士，其意识中无不具有远则周之四夷交侵，近则晋之五胡乱华之印象，因此，"尊王攘夷"就成为古文运动的中心思想。但是韩氏之前及与之同辈的古文家虽然都同有这种潜意识，然而认识未清晰，主张不彻底，因而不敢也不能因释迦为夷狄之人，佛教为夷狄之教而力排痛斥。陈寅恪认为韩愈之所以成为唐代古文运动的领袖，其原因即在于此。另一方面，韩愈又奖掖后进，期望学说之流传，具有承先启后作一大运动领袖之气魄与人格。故"韩门"得因此而建立，韩学亦更缘此而得以流传，形成其在文化史上的重要地位。

四

陈寅恪的治学特点，还在于诗、史互证，将历史和文学合成一片，开辟了新的治学途径。关于以史证诗，如在《元白诗笺证稿》第一章长恨歌篇章中，就《杨太真外传》所言杨氏"号太真，住内太真宫"一事，考证长安城中于宫禁之外，实有祀昭成太后的太真宫，而禁中亦或有别祀昭成窦后之处，与后来帝王于宫中建祠庙以祀其先世者相类，即所谓内太真宫。否则杨妃入宫，无从以窦后忌辰追福为词，且无因以太真为号。陈寅恪认为未可以传世唐代宫殿图本中无太真宫之名，而遽疑之也。关于《长恨歌》中"七月七日长生殿，夜半无人私语时"的诗句，陈氏认为有两个问题：一是时间问题，玄宗至温汤疗疾必在冬季春初寒冷之时

---

① 陈寅恪：《论韩愈》，《金明馆丛稿初编》，第288页。

节,两唐书《玄宗纪》无一次于夏日炎暑时幸骊山。二为唐代宫中长生殿虽为寝殿,独华清宫之长生殿为祀神之斋宫。神道清严,不可阑入儿女猥琐。白居易未入翰林,犹不谙国家典故,习以世俗,未及详察,遂至失言。而胡三省为史学专家,亦混杂征引,转以为证,实在粗疏。

以诗证史最典型的例子,莫过于陈寅恪利用元白诗中的资料,考证当时官吏的俸料钱问题。唐代官俸随时随地互不相同,今存史料如《唐会要·内外官料钱门》、《册府元龟·邦计部俸禄门》及《新唐书·食货志》等书,所载皆极不完备。陈氏以元白诗之涉及俸料钱者,与《唐会要》、《册府元龟》所载贞元四年京文武及京兆府县官元给及新加每月当钱之数,及《新唐书·食货志》所载会昌时百官俸钱定额,进行互相比证,指出,凡关于中央政府官吏之俸料,史籍所载额数,与白居易诗文所言者无不相合。但是地方官吏俸料,史籍所载,与白氏诗文所言者,多不相合。白居易诗文所言之数,悉较史籍所载定额为多。由此推知唐代中晚期以后,地方官吏除法定俸料以外,其他不载于法令,而可以认为正当之收入者,为数远在中央官吏之上。另一方面,陈氏又注意到同一时间同一官职,俸料亦因人因地而互异。他明确指出:"考史者不可但依官书纸面之记载,遽尔断定官吏俸料之实数。只可随时随地随人随事,偶有特别之记载,因而得以依据证实之。若欲获一全部系统之知识,殊非易事。此亦治唐史者所不可不知者也。"[1]通过诗史比证,陈氏还发现了《新唐书·食货志》记载有伪误,并指出了唐代肃、代以后内外官俸之不同。这种以诗证史的治学方法不仅补充了史料缺略,而且可以辨证史籍记载的正误,为治史者开辟了新的治学途径。

(《历史研究》1988年第6期)

---

[1] 陈寅恪:《元白诗中俸料钱问题》,《金明馆丛稿二编》,第70页。

古史辨派史学思想批判

一

"五四"运动时期,政治上和学术思想上各方面,都开展着激烈的斗争,史学战线上更是阶级斗争最急烈的战场,展开了无产阶级马克思列宁主义的历史唯物主义与地主、资产阶级反动的唯心主义历史观间的两条路线的急剧斗争。

马克思列宁主义的历史唯物主义,随着"五四"反帝反封建的爱国运动和新文化运动的开展,随着新民主主义革命实践的深入和工人无产阶级力量的成长,在学术界特别是史学界,一浪一浪的高涨起来。进步的知识分子接受了这一革命的伟大学说,并开始和中国的实际结合起来,部分的先进史学工作者运用这一新的理论武器进行史学研究,如李大钊的《我的马克思主义观》、《唯物史观在现代史学上的价值》及《马克思经济学说》等重要论文,先后发表,震惊着全国学术思想界。地主、资产阶级的史学家们,为了阻挡这一巨流,反对历史唯物主义学说,纷纷提出了他们的史学观点,对抗无产阶级社会主义的革命。"古史辨派"即为当时的资产阶级的史学主要流派之一。

"疑古"运动,在"五四"前夕就已开始,到 1925 年前后,汇成了一个高潮,向历史唯物主义、社会主义进攻。参加这一疑古运动的人除胡适、顾颉刚、罗根泽数人外,还有梁启超、钱玄同、钱穆、童书业、杨向奎等数十人。疑古派的开山祖师是臭名昭著的反动"学者"胡适,顾颉刚则是其代表者。他们的主张是"宁疑古而失之,不可信古而失之"。把三皇五帝和尧舜禹夏等古史传说人物和事迹,全部加以否定,把尧舜考成天帝神话，把"禹"考成一条大水虫，夏代是周人依托宣传，尧舜时代黑漆一团。这么一来，商周以前的我国历史全部被否定了。从1925年起开始把他们从"五四"前后所有主要的怀疑古史的论文，集成了一个专集，由顾颉刚编辑，名曰《古史辨》，出了一、二、三册；1933年又由罗根泽续编第四册、顾颉刚编第五册，到1938年又编出第六册，1941年抗日战争时，由童书业编辑第七册，分上、中、下三册，前后十年之间共出了七册。对当时的史学界起过重大的影响，这一影响一直到今天在史学界还或多或少地存在着。这些影响不清除，史学研究中的资产阶级白旗不拔掉，无产阶级历史唯物主义的红旗是无法插上的。

二

七大册《古史辨》的卷帙中的绝大多数文章，都是怀疑古史乃至推翻古史的论文，他们以"疑古家"自称，故"古史辨派"就是"疑古派"的别名。然而，怀疑古史并不自"古史辨"派开始，早在汉代，马融在其所著《尚书注疏》中就曾提出《尚书·泰誓》中有许多是神话，不能完全相信，不合于孔子选《尚书》的标准，古书中所引《泰誓》都不见于这一篇，认为是西汉时人所伪造，这便开了考据性辨伪工作的先河。此后，唐宋时代的刘知幾、啖助、欧阳修、程颐、朱熹、王应麟等先后对古籍记载提出怀疑并进行了一些辨伪工作，因而，使考据学渐渐成立并兴盛起来。到了清代，考据工作愈来愈精密，阎若璩用了毕生的精力写成了《尚书古文疏证》一百二十八篇，对三国时代的伪书，作了考辨订正的工作。其后，刘逢禄作《左氏春秋考证》；魏源作《诗古征》和《书古征》；廖平作《今古学考》和《古学考》；康有为作《新学伪经考》；崔适作《史记探源》，揭破了《毛诗》和汉代的《古文尚书》等伪书的面貌；崔述的《考信录》写出后，更综合了考据学的大成，把战国秦汉间有关上古、夏、商、周以及孔、孟事迹，考辨出了大量的伪书伪史来，其贡献是很大的。而胡应麟和姚际恒二氏的著作中，更直接论述了考辨正伪的门目和方法，使考据学更臻于完备。

出生于清末的地主阶级知识分子，不少人受其影响，而沿着这一条道路继续向前发展。

清中叶以来,今古文派的斗争是激烈的,代表地主阶级维新派的康有为等,对经古文作了全盘的否定,一面继承了庄存与和龚自珍及魏源等的公羊学,对《公羊传》的精义实质作了有力的阐解,①说孔子和周秦诸子皆托古改制,发挥了"通三统"和"张三世"的说法,明言"所谓'三统'者谓夏、商、周三代不同,当随时因革"。然而,这仅限于政治上的改良方面。而在史学思想上最为"古史辨派"的顾颉刚等所接受的还是《孔子改制考》中所论"上古史靠不住"的怀疑古史的古学论部分。这就更促使了他们走进死胡同。

然而,作为疑古派的史学思想的渊源,主要的还不在上述两方面,而在于他们接受了腐朽的资产阶级的实验主义的观点方法。据这一派的代表者顾颉刚叙述实用主义的贩卖者胡适对他的思想影响情况说:胡适应用美国带回来的实验主义的方法在北京大学进行"中国哲学史"的讲授工作,讲课时,"用《诗经》做时代的说明,丢开唐、禹、夏、商,从周王室以后讲起,这一改把我们一班人充满着三皇五帝的脑筋骤然作一个重大的打击,以致同学们差一点把他赶走"。但顾颉刚接着说:"我听了几堂,听出一个道理来了……'胡先生讲得的确不差,他有眼光,有胆量,有判断,确是一个有能力的历史家。他的议论处处合于我的理性,都是我想说而不知道怎样说才好的'。"②顾颉刚从此对胡适"信服"得五体投地,接受了胡适所传授的西方资产阶级的实验主义方法论,这就奠下了其后顾颉刚本人及疑古派们的体系的史学观点和方法论。

关于这一方面,顾颉刚还有更明确的叙述,他在《古史辨》第一册的《自序》中述及其对古史研究的"时势"说:

> 清末的古文家依然照了旧日的途径而进行,今文家便因时势的激荡而独标新义,提出了孔子托古改制的问题做自己托古改制的护符。这两派冲突时,各各尽力揭破对方的弱点,使得观战的人消歇了信从家派的迷梦。同时,西洋的科学传了进来,中国学者受

---

① 梁启超《清代学术概论》第54—56页载有龚自珍和魏源的今文学说及其和康有为的关系,请参阅。
② 顾颉刚:《古史辨》第一册,开明书店1925年版,第36页。

到它的影响,对于治学的方法有了根本的觉悟,要把中国古今的学术整理清楚,认识它们的历史的价值。

这里说得很明白,"古史辨派"史学思想的根源,治学方法的根本所在,是他们接受了胡适的实验主义的方法。他们利用了这一武器,来整理中国古今的学术,怀疑中国的古史,认识它们的历史价值,等等。

不仅如此,顾颉刚还接着说:

整理国故的呼声,(虽)倡始于(章)太炎先生,而上轨道的进行则发轫于适之先生的具体计划。我生当其顷,亲炙他们的言论,又从学校的科学教育中略略认识科学的面目,又因性喜博览而对于古今学术有些知晓,所以能够自觉地承受。古书古史之伪,自唐以后书籍流通,学者闻见广博,早已致疑,如唐之刘知幾、柳宗元,宋之司马光、欧阳修、郑樵、朱熹、叶适,明之宋濂、梅鷟、胡应麟,清之顾炎武、胡渭、毛奇龄、姚际恒、阎若璩、万斯大、万斯同、袁枚、崔述等人都是。不过那些时代的学术社会处于积威的迷信之下,不能容受怀疑的批评,以致许多精心的创见,不甚能提起社会的注意,就是注意了也只有反射着厌恶之情。到了现在,理性不受宗教的约束,批评之风大盛,昔时信守的藩篱都很不费力地撤除了,许多学问思想上的偶像都不攻自倒了。加以古物出土愈多,时常透露一点古代文化的真相,反映出书籍中所写的幻相,更使人对于古书增高不信任的意念。长素(即康有为)先生受了西洋历史家考定的上古史的影响,知道中国古史的不可信,就揭出了战国诸子和新代经师的作伪的原因,使人读了不但不信任古史,而且要看出伪史的背景,就从伪史上去研究,实在比较以前的辨伪者深进了一层。适之先生带了西洋的史学方法回来,把传说中的古代制度和小说中的故事举了几个演变的例,使人读了不但要去辨伪,要去研究伪史的背景,而且要去寻出它的渐渐演变的线索,就从演变的线索上去研究,这比了长素先生的方法又深进了一层了。我生当其顷,历历受到这三层教训,加上无意中得到的故事的暗示,再来看古史时,便触处见出它的经历的痕迹。我固然说不上有什么学问,但我敢说我有了新方法了。在这新方法支配之下的材料,陡然呈露了一种新样了,使得我又欣快,又惊诧,终至放大了胆子而叫喊出来,成就了两年前的古史讨论。[1]

疑古派的代表者顾颉刚把他们的史学思想渊源,概括为受到"三层教训"。而其中特别重要的是胡适从美国带回来的实验主义的史学方法。在初,他们只承受了清代考据学派的学说,而怀疑古史古书之真伪;继而又承受康有为公羊学派的学说深入一步怀疑古史古书之真伪,进而有推翻古史的计划;最后,则承受了买办资产阶级胡适的实验主义的史学方法,写出了许多怀疑古史乃至推翻古史的论文。"古史辨派"史学思想发展的脉络是非常清楚的。

三

"古史辨派"的论客们认为历史演变,是没有什么规律或法则的,没有什么体系也没有什么阶段性,研究历史,需要些点点滴滴的考据,把这些点滴考据连串连串就成为所谓历史。在他们看来,历史的演变所谓是由点滴的"累积"而成的,提出了所谓"层垒地造成的"古史演变论。顾颉刚说:"凡是一件史事,应看它最先是怎样的,以后逐步逐步的变迁是怎样。"[2]其间只有量的"累积",没有质的变化。胡适曾说到这是顾颉刚讨论古史的"根本见解"和"根本方法"。其具体如何应用呢?顾颉刚在论上古史研究时说:

上古史方面怎样办呢?三皇五帝的系统当然是推翻了。考古学上的中国上古史,现在刚在动头,远不能得到一个简单的结论。思索了好久,以为只有把《诗》《书》和《论语》中的上古史传说整理出来,草成一篇《最早的上古史传说》为宜。我便把这三部书中的古史观念比较看看,忽然发现一个大疑窦——尧、舜、禹的地位问题。《诗经》和《尚书》(除首数篇)中全没有说到尧、舜,似乎不曾知道有他们似的,《论语》中有他们了,但还没有清楚的事实;到《尧典》中,他们的德行政事才灿然大备了。因为得到了这一个指示,

---

[1] 顾颉刚:《古史辨》第一册,第78—79页。
[2] 顾颉刚:《古史辨》第一册,第192页。

> 所以在我的意想中觉得禹是西周时就有的,尧、舜是到春秋末年才起来的。越是起得后,越是排在前面。等到有了伏羲、神农之后,尧、舜又成了晚辈,更不必说禹了。我就建立了一个假设:古史是层垒地造成的,发生的次序和排列的系统恰是一个反背。①

这就是顾氏所提出的并且被资产阶级学者认为是伟大发现的"层垒地造成的"古史演变说的认识基础;同时,也是"古史辨派"的方法论和理论依据。关于"层垒地造成的"古史演变说,据顾颉刚自己的诠释有如下的"三个意思"。

> 第一,可以说明"时代愈后,传说的古史期愈长"……周代人心目中最古的人是禹,到孔子时有尧舜,到战国时有黄帝、神农,到秦有三皇,到汉以后有盘古等。第二,可以说明"时代愈后,传说中的中心人物愈放愈大"。如舜,在孔子时只是一个"无为而治"的圣君,到《尧典》就成了一个"家齐而后国治"的圣人,到孟子时就成了一个孝子的模范了。第三,我们在这上,即不能知道某一件事情的真确的状况。但可以知道某一件事在传说中的最早的状况。②

从这里可以看出,"古史辨派"一个根本的出发点是认为历史事实是演变的,这个演变并不是事物内部矛盾客观地发展的结果,而是人们主观想出来的。所以他们的"演变"是庸俗进化论的,是唯心史观的。在他们的笔下尧、舜从天神变成人帝,变成圣人孝子;禹从神变成人,变成水利工程师,都只是偶然演变或伪造的,都是少数人自由意志的安排,甚至本来没有的历史事实也可以由"神话"(而且这个神话是没有社会根据的,只是人们随意编造的)演变而成。他们把历史事实与"神话"混为一谈,认为历史事实就是"神话"的发展,"神话"就是历史事实的根据。这样,就混淆了人们的视线,玩一套障眼法之后,偷偷地从中得出这样的结论,那就是企图使人们相信过去的历史事实都是人们主观意识编造出来的,历史发展本身是没有什么客观规律性的。从而,他们就可以在后人伪造古史传说的幌子下,否认古史中的原始社会和奴隶社会等

---

① 顾颉刚:《古史辨》第一册《自序》,开明书店 1925 年版。
② 顾颉刚:《古史辨》第一册,第 60 页。

社会发展的唯物史观的说法。

四

"古史辨派"关于古史的科学知识是贫乏的,在今天作为一般的历史常识性的东西,而疑古派的考据家不知道也不愿意知道,利令智昏,资产阶级的史学立场观点方法,使他们认识不清事物。他们对原始社会中的婚姻制度、图腾崇拜、部落联盟及联盟军务酋长的选举制以及社会经济的发展情况等等的知识是茫然的。如我国古代的夏族以龙蛇为图腾的,黄帝名轩辕是以天龟为图腾的,鲧传说曾化为黄熊,黄熊就是三足鳖,相柳氏传说是九头蛇,这些都是他们所崇拜的图腾。并且这些图腾都是属于水族动物,原因是当时水患与人们的关系至为密切,故而引起崇拜。可是,"古史辨派"的论客们,面对着这样一个客观事实视而不见,使用它那考据学的本领,顾文思义考订出禹是水里的大爬虫,不是人!其次,有巢氏之民,巢居穴处;燧人氏教民钻木取火;伏羲氏教民以佃以渔;神农氏教民农耕和陶冶……。这一系列的传说史实是符合于原始社会经济发展规律的;而且次序先后一些也不混乱。当然,我们不是说燧人氏、伏羲氏、神农氏……一定真有其人,而是说通过这些传说能够代表一定的历史时期和历史阶段,并不能因无其人而连其所代表的历史阶段也一古脑儿否定了。不仅如此,一个传说人物同时教民两件事情,如燧人氏教民"以火以渔",神农氏教民陶冶和耕种。火和鱼是同时发现的,陶冶和农业种植也是同一时期发生的,这也是世界古代史发展的通例,符合历史发展的一般规律的。但"古史辨派"的论客们,这些基本的规律丢开不管,而简单干脆当作后人伪造的无稽神话传说加以取消,丰富悠久的中国古代历史,在他们的考据下,所有三皇五帝的传说史事,差不多全被否定了。

关于尧舜禅让问题,也争论得很激烈。郭沫若先生的《中国古代社会研究》在1929年出版,吕振羽先生的《史前期中国社会研究》也于1933年出版,郭、吕两先生的著作中对中国原始社会作了具体的深入的体系研究,确认尧舜禹时代的社会,是母系氏族社会,"尧舜禅让"问题,就是原始社会部落联盟,二头军务酋长的选举制的。"古史辨派"对此置之不理。说什么"禅让说"是战国时墨家所伪造,不是唐虞时代材料,根本否定禅让说与唐虞社会的关系,并进而据此否认唐虞时代的社会历史,说唐虞时代的社会历史是"黑漆一团,毫无所知"。说郭沫若先生等把"禅让说"当作唐虞时代的史料用,是工程师用"朽蠹的材料"筑宫殿。除了否定外,又进一步歪曲,说"战国以前整个的社会都建筑在阶级制度上"。① 原始社会在疑古派的笔下被抽掉了。他们在作了这样的"考辨"之后,反驳郭、吕诸先生说:

> 自从历史家有了社会学的观念,用了唯物史观来解释故事,于是便有人说:"禅让说是原始共产社会里酋长选举制的反映",这样一来,墨家因宣传主义而造出的故事,便变了原始共产时代的史料了。②

这是不是已经驳倒了唯物主义历史家的论点呢?没有。我们认为这些传说从历史发展的观点来看是有一定根据的。战国后期与西汉前期,离开尧舜禹时代大约将近两千年,私有财产阶级制度建立已久,如果没有传说,子子孙孙代代传述下来,生长在春秋战国乃至秦汉时的人,满脑子私有财产阶级压迫、人吃人的思想,如何能想象出这样的原始公社制社会的景况来呢?后人造谣罢,怎么能凭空造得和当时的社会经济发展情况如此拍合呢?因此,古代文献中有关有巢、燧人、伏羲以及尧舜禹等的传说记载,只要能用正确的观点去分析,是不能一笔抹杀其可信之处的。"古史辨派"抹煞了这样的客观事实,采用一种默证的方法认为某书或某时代之书无某史事之称述,遂断定某时代无此事无此观念是极端错误的。用"层垒地造成的"古史演变说作为研究古史的理论依据,对古史必然是"茫昧无稽",得不到正确的结论。正如当时有人对这些疑古的先生们说:"你们再不要考古史了,给你们一考,什么都考完了。"③确是如此,周代以前的古史,差不多要被他们"考"完了。

"古史辨派"的这样一些论点,和它的阶级立场是分不开的,由于他

---

① 顾颉刚:《禅让传说起于墨家考》,《史学集刊》1936年4月号,后编入《古史辨》第七册下编。
② 同上。
③ 顾颉刚、童书业合著:《夏史三考》,《古史辨》第七册下编。

们是站在反动资产阶级的立场,因此最害怕历史唯物主义者谈原始社会,因为如果承认古代历史中确有过一个没有剥削、没有阶级、没有国家、没有私有制的原始社会的话,就得承认他们现有的私有财产、阶级和国家,是历史发展的产物,不是什么天造地设、永恒不变的东西,随着社会生产的发展,生产方式一个个向前推移,人们自觉的革命斗争必然消灭国民党反动统治的半封建半殖民地社会,必然进入社会主义和共产主义社会。而这是一切资产阶级史学家所最害怕的。怎么办呢?"古史辨派"的论客们使用釜底抽薪的方法,把尧舜禹夏古史传说及其时代从根本上"考"完了,彻底否定了中国原始社会史这一阶段,表面看来这确是一个简便有效的手法。可是,历史发展的本身是客观的,并不因"古史辨派"的否定就不存在,我国的历史是那样悠久、丰富、多彩,古籍文献地下出土的史料又如此之多,如何否定得了呢!?"古史辨派"所作的努力是徒然的!

五

"古史辨派"反历史唯物主义的旗帜是异常鲜明和猖獗的,他们公然宣称:"唯物史观不是味之素不必在任何菜内都渗入些。"①他们虽然拼命地反对马克思主义在中国的传播,但历史唯物主义是中国工人阶级革命的武器,不是腐朽的资产阶级的"学者"们所能反对得了的;相反的,随着无产阶级力量的成长,唯物史观的学术思潮一浪一浪地高涨起来,日益发出它的万丈光芒,照耀着史学工作者奋勇前进!

"古史辨派"在这一形势下,不得不改变口吻解释说:

> ……决不反对唯物史观……研究古史年代、人物事迹、书籍真伪,需用于唯物史观的甚少,无宁说这种种正是唯物史观者所亟待于校勘和考证学者的借助之为宜,至于研究古代思想及制度时,则我们不该不取唯物史观为其基本观念。

接着又说:

---

① 顾颉刚:《古史辨》第四册。

等到我们把古史和古书的真伪弄清楚,这一层根柢又打好了,将来从事唯物史观的人要搜集材料时就更方便了,不会得错用了。

疑古家们由反对唯物史观到"愿意"取唯物史观为其基本观念,"愿意"考订古史古书的真伪,为唯物史观者搜集材料提供方便,自然是作了极大的让步,然而,这也是为了诱人上当。因为古书古史真伪的整理考订和研究古代思想制度两项工作是不能绝然分开的。观点和方法是不可分裂的,主张整理史料用实验主义方法和所谓层垒地造成的古史演变观点,研究思想制度用唯物主义历史观,是极端荒谬的说法,历史唯物主义的观点必须贯彻历史研究的各个方面包括整理史料和考订古书真伪在内,唯心主义历史观是不可能整理好资料的。"古史辨派"考据了古史古书多年,考出了多少成就呢? 就是很好的证明。

而且,疑古派们叫我们"等"他们把古史和古书真伪"考"清楚了,好给我们"方便";这简直是骗人的鬼话。疑古家们想把西周以前的古书记载的古史事迹都"考"完了,历史唯物主义者的原始社会的说法,便无所依据,这就是他们给我们提供的所谓"方便"。更恶毒的,叫是我们"等"他们"考""辨"好了,历史唯物主义者再来"研究",等到什么时候呢? 顾颉刚说:"现在我所提出的问题全没有讨论出结果来。""须待借助于我们的,还请镇静地等待下去罢!"这种言辞,说来阴毒,却也幼稚得可笑。如果我们把这些论调与第一次国内革命战争后的政治形势和史学界斗争的形势作一联想和回忆的话,便不难看出"古史辨派"反对历史唯物主义的真面貌了。

《古史辨》第一集是在1925年出版的,其时正是第一次国内革命战争时期,革命正处于低潮阶段,各革命的阶级和阶层,开始对中国革命的性质和路线等问题,展开了激烈的争论,找寻革命失败的原因和如何把革命继续到底的方针问题;从而在学术界,激起了中国社会性质问题的争论,又从而牵连到中国社会历史发展的规律问题。"古史辨派"在这时否定中国古史的原始公社制社会阶段,也就否定了中国历史发展的客观规律,阻塞了人们争取美好的社会主义、共产主义社会前途的斗争决心,从而达到政治上的"反共"目的。故古史辨派的疑古运动是极端反动的资产阶级史学派别。

到了抗日战争时期，唯物史观的学说思想更加有力的成长起来。这时"古史辨派"的先生们，为了对付这一最可怕的"敌人"，为了保护他们本阶级的利益，感到有和封建势力及资产阶级右派进一步结托的必要；于是，由本来对于封建传统道德思想有一定破坏作用的（而这种传统的封建道德思想，对国民党反动统治的存在，和在反对无产阶级革命起一定的"卫护"作用）"疑古"，转而朝向"信古"方向走；由原来的"宁疑古而失之，不可信古而失之"的原则，变为"宁信古而失之，不可疑古而失之"的原则了。原来把"大禹""考"成大水虫，现在再"考"一下，考成为"真有其人""真有其事"的人格化大圣人了，而且顾颉刚还替"大禹"作生日考，这真是一百八十度的大转弯。"疑古"再疑不下去了，所以到1941年《古史辨》第七册出版后，便没有再继续出版了。从"疑古"转向"信古"，不是进步，而是一个败退。

总之，曾在中国古史研究阵地上活跃一时的"古史辨派"虽然也替当时的历史研究作了一些整理史料的工作，但他们所宣扬的封建性的资产阶级右派的史学思想，是极端反动的。

六

我们也应当指出，解放后，"古史辨派"先生们大多经过历次运动和政治实践的教育，思想觉悟已有所提高，对已往的史学研究和史学思想都进行了一些自我批判，个别如杨尚奎先生已公开发表文章进行检讨和批判，这是值得我们注意和欢迎的。杨向奎同志在批判古史辨派的文章结尾说："顾颉刚教授生在半封建半殖民地的中国，接受了开明地主阶级的改良主义思想，又接受了买办资产阶级的实验主义的方法，造成了他的疑古说法，因而没有解决任何古史问题，反而造成了混乱。"① 童书业先生也说："我的结论是：当前的思想改造运动，是要肃清封建思想和改造资产阶级意识，疑古派的史学思想是资产阶级阶级斗争的工具，正是应改造的对象之一。"② 这些话是很恳切的，我们希望曾经参

---

① 杨向奎：《古史辨的学术思想批判》，《文史哲》1952年3月号。
② 童书业：《古史辨派的阶级本质》，《文史哲》1952年3月号。

加过"古史辨派"的先生们和全国的史学工作者,共同努力来拔掉这一幅资产阶级史学思想的白旗。

1956年10月报告整理

(与吴泽合作,《历史教学问题》1958年第10期)

"战国策派"反动史学观点批判
——法西斯史学思想批判

一、前　　言

　　第二次世界大战的初期,希特勒法西斯德国的势力得到了暂时的嚣张。德国军队不仅占领了捷克、奥大利、波兰、荷兰、比利时等较小国家,而且号称世界一等强国的法国也被其征服,"海上之王"的英国也被打得只有招架之功,而无还击之力。从表面看来,法西斯匪帮的势力似乎很强大。

　　当时,抗日战争虽已进行了好几个年头,而日本法西斯势力暂时的还是优势,并在政治上对国民党政府施展其诱降政策;国民党蒋介石法西斯统治集团因害怕人民力量的成长,企图向日本帝国主义妥协投降,走殖民地法西斯统治的末路,因而把军事主力集中对待阻碍其妥协投降的领导者的中国共产党,1940年前后,发动了几次的反共高潮,武装进攻中国共产党抗日根据地,以作妥协投降的实际准备。

　　就在世界和中国人民遭受法西斯匪帮的侵略战争的艰苦岁月里,潜藏在高等学校和文化界的一批披着"教授""学者"外衣的法西斯分子们,以为他们的"时机"到了,于是蠢动起来。林同济、何永佶、陈铨、雷海宗等一小撮,为配合国内外法西斯匪帮的政治军事阴谋,于1940到1941年时在昆明创办《战国策》半月刊;后来,趁中国共产党抗日根据地处于最困难的时期,1942年进一步又在重庆《大公报》刊行《战国》副刊,他们自称为"战国策派"和"战国派"。在这两种报刊上,接连发表了一系列的荒谬反动言论,散播法西斯主义的优生学种族论,无耻地认为雅利安民族和大和民族是优秀民族，而我们中华民族是奴隶型的劣等民族。同时，倡导超人主义，说"愚民百姓"是社会的黑点，"超人"才是社会的光明面，公然叫嚣："强者应当征服弱者，智者应当支配愚者，对于弱者、愚者，我们不应当有任何的同情，因为他们根本不应该生存在世界，他们在世界所占的地盘，应当让更优秀的人类来代替他们。这一种淘汰消灭的过程，是自然的，也是应当的。"[①]赤裸裸地宣扬法西斯主义，为德国和日本法西斯侵略世界和中国宣传，为国内蒋介石法西斯反动统治集团的反共打内战作说教。一面又运用所谓"历史形态学"的理论歪曲中国和世界历史，企图把第二次世界大战时说成是"战国时代的重演"，证明"战国"后必然出现独裁专制主义，从而替希特勒法西斯暴力统一世界和国民党法西斯反动统治开展军事上、政治上的反苏反共阴谋，在我国历史上找理论根据。他们在政治思想战线上，拼命地来反对历史唯物主义，诋毁、诬蔑马克思列宁主义，并在政治上文化上和国内外法西斯反动势力密切联系着，相互呼应，以达到否定苏联社会主义和中国抗日、革命的道路。所以，"战国策派"在当时来说，确是史学思想乃至政治思想战线上一股极其反动的逆流。这股逆流随着苏联反法西斯侵略战争的胜利，和中国共产党反击国民党对抗日根据地进攻的胜利，而逐步在退缩下去；同时，在思想战线上也遭受到重庆中国共产党报刊《群众》如章汉夫同志等以及延安方面及时的有力的堵击，很快就销声匿迹了。

但是，他们并没有真正认输，不过是在不利的情况中，潜伏下来而已；在他们认为有机可乘时，是要卷土重来的。在党进行整风开展大鸣大放时，这批躲藏了十多年的牛鬼蛇神，和其他资产阶级右派分子一样，以为资产阶级复辟的机会到来了，就疯狂地向党和社会主义事业进攻。他们的反动谬论，经过全国社会科学界的揭发和批判，政治思想上已经驳斥得体无完肤，缴械投降了，但在学术思想上，还需深入一步作"挖根""消毒"的批判工作。因而，在当前展开批判"战国策派"的法西斯历史哲学观点，对于全面地批判资产阶级史学思想，发展马克思列宁主义的历史科学，是具有巨大的现实意义的。

---

① 陈铨：《尼采的政治思想》，《战国策》第9期。

二、"战国时代重演"论的实质

　　法西斯的走卒——"战国策派"论客们的反苏反共阴谋,不仅有计划有目的,而且还拼凑成了一套完整的反动理论体系。自豪为什么"比较历史家",在学术研究的幌子下,倡导所谓"战国时代的重演"的谬论。他们说:"无论由国内政治与国际形势言,或由精神情况言,今日(指第二次世界大战时——笔者)的欧美很显然的是正在另一种作风之下,重演商鞅变法以下的战国历史,或罗马与迦太基第二次大战以下的地中海历史。"①还故自作态地说:"运用比较历史家的眼光来占断这个赫赫当头的时代,我们不禁要拍案举手而呼道:这乃是又一度'战国时代'的来临!"②

　　"战国策派"这样说的目的,其恶毒的用心,显然,在于强调一切以"战争为中心"的法西斯暴力政策,"所谓战争中心者——他们写道——战不但要成为那时代最显著最重要的事实,而且要积极地成为一切主要的社会行动的标准。"强调"社会上一切的一切都要逐步地向战的影子下取得存在的根据。一向所谓信仰、企业、社会改造等等大事情都要逐步地失去独立发展的自主权"。③ 在"战乃成为一切行动的大前提"的口号下大做文章,为德国希特勒和国民党蒋介石法西斯反动集团发动国外侵略战争和国内战争,以及法西斯的暴力统治提供理论依据,充当国内外法西斯匪帮叫嚣战争的宣传员、马前卒。

　　他们的手法是首先抓住了抗战时期国民党的反动纲领和口号,进行所谓"解释",歪曲地说:"抗战以来,中国最有意义、最切合事实的口号,莫过于'军事第一,胜利第一';'国家至上,民族至上';'意志集中,力量集中'。"他们概括这些反动纲领和口号,认为"第一个就是'战';第二个就是'国';第三个就是'策'"。

　　他们说:"要明了为什么'军事第一,胜利第一',我们先要明了,中国现在处的是一个战国时代","大战国的时代只允许大战国的作风,大

---

① 林同济、雷海宗著:《文化形态史观》,大东书局1946年版,第36页。
② 同上书,第79页。
③ 同上书,第81页。

战国的作风只有两字——(一)战！"①他们为什么这样声嘶力竭地叫喊战争呢！？其用意是在通过强调"战"(暴力)来建立"一个大权在握的政府"，说什么既然"要政府有大权，即不容多党存在；如容多党存在，则政府必不能有大权"；赤裸裸地提出"独裁国家组织适合战争，民主国家组织不适合战争"，②等等。捏造和诬蔑"轰动全球一百多年的民主问题，也竟然落到次等地位"。③ 由此可见，强调"战"不过是他们的手段，而其真正的卑鄙目的则在建立法西斯的独裁专制统治政权。这和当时全国人民和中国共产党人号召一面坚决抗战，一面建立民族独立、民主自由的国家的要求针锋相对。"战国策派"力图在"战争中心"的幌子下，来反对中国共产党，建立法西斯国民党蒋介石统治集团一党专政的独裁政权。

其次，他们又在"国家至上，民族至上"的口号下，对"国"进行所谓解释：说"国家之所以为国家，其他社会结合所以不成为国家的，在它为一切人群结合中唯一具有'作战权'的团体，有此则成国，无此则非国。……一切政治、经济、文化、教育、科学等等设施，有意无意，都是以'战'为最后决定之因子"。④ 他们不仅抹煞国家是阶级矛盾的产物，而且在"战"的口号下，直接提出所谓"国"，"不能有个人之硬挺挺自在自由，也不能有阶级之乱纷纷争权夺利"。⑤ 他们要"将国内一切的一切，置于这个(战争——笔者)大事业的最高总驭之下"。⑥ 他们这样力竭声嘶强调国家是作战权的团体，而且仅仅是作战的团体，其恶毒的企图是要取消抗日战争时期，各个民主党派共同抗日的民主统一战线，特别是逼使中国共产党八路军交出抗日根据地的武装力量，以便能进一步地加强法西斯独裁者的统治。

他们极力反对民主，认为在抗日战争时期谈民主两字，"真迂泥极了"，说这时期"把占着时代的核心的，乃是'全体战'三字"，⑦与民主政

---

① 林同济：《第三期的中国学术思潮》，《战国策》第14期。
② 林良桐：《民主政治与战国时代》，《战国策》第15、16合期。
③ 林同济：《战国时代的重演》，《战国策》创刊号。
④ 何永佶：《政治观：外向与内向》，《战国策》创刊号。
⑤ 林同济：《第三期的中国学术思潮》，《战国策》第14期。
⑥ 何永佶：《政治观：外向与内向》，《战国策》创刊号。
⑦ 林同济：《战国时代的重演》，《战国策》创刊号。

体不相容。在这一论点下进而连国民党自己所提出的最低限制的所谓宪政,都不允许存在,都全盘否定。荒谬地写道:"在与外敌作战的期间而犹高谈宪法宪政,这件事本身就是一件非常奇特的事!抗战的涵义,是政府的力量在不激起叛变之范围内,极度的增强。"说什么"时无论古今,地无论中外,一个国家在与外敌抗战期间,我们只会看到她的政府权力一天一天的增强,只会听见她的宪法效能一天一天的缩小,绝没有政府权力和宪法效能同时澎涨的现象,有之则惟有在现在我们的贵国"。①

我们知道抗日战争是地无分南北、人无分男女老幼的全民族解放战争,为了取得抗日民族解放战争的胜利,就必须而且一定必须高度发扬民主宪政精神,才能动员全国力量战胜侵略者日本。可是,国民党蒋介石法西斯反动统治集团,害怕人民力量的强大成长,害怕共产党的抗日根据地的建立,从而害怕民主宪政,通过抗战企图行施其一党专政的独裁统治。1941到1942年期间,甚至发展到公开破坏抗日民族统一战线,武装进攻共产党的抗日根据地,因此,"战国策派"的论客们在这时期也出场了,他们叫喊"战时无民主"的谰调,在文化战线上配合国民党反对共产党,反对共产党的抗日根据地的存在,说什么"军权之未完全统一实为今日中国之最大问题"。② 显然,这里面包藏着唆使和煽动国民党法西斯统治集团打内战,破坏抗日民族统一战线的恶毒阴谋。

他们所谓的"意志集中,力量集中",如陈铨所说:"决不是要求'世界大同'、'正义和平'的意志,更不是'阶级斗争'、'个人自由'的意志",而"应当是'生存意志'和'权力意志'"。③ 什么叫"生存意志"和"权力意志"呢?那就是"在这一种社会中间,超人和天才,有绝对发展的自由"。④ 在他们看来,这种"人"应该践踏着多数人的道德,在烈火和血泊中向着利己主义的目的——权力迈进。为了追求和达到这一生存和权力的意志,一切的罪恶行为均被认为是正当的。"战国策派"人所身体力行的也正是如此。

这种法西斯的独裁权力集中到谁手中呢,不言而喻,自然是"战国

---

① 何永佶:《从大政治看宪政》,《战国策》第5期。
② 同上。
③ 陈铨:《政治理想与理想政治》,《大公报》(重庆版)1942年1月28日《战国》第9期。
④ 陈铨:《尼采的政治思想》,《战国策》第9期。

策派"所投靠的国民党法西斯统治者蒋介石集团的手中。企图依靠以蒋介石为首的法西斯分子建立起一个"强有力的政府",使其"能够对于军事、政治、经济、教育,彻底计划","准备长久战争",以消灭中国共产党的抗日力量,占领抗日根据地,而后国民党法西斯集团完全投降日本法西斯,这就是他们的所谓"策"。说穿了,这个"策"不是别的,只是反共的法西斯暴徒们的阴谋而已!

通过"战国策派"强调第二次世界大战时代是"战国时代的重演",和对"战国策"三字的解释,就已了然他们的政治目的,除了为当时国内蒋介石法西斯集团服务外,还进一步的为国际法西斯统治集团效劳卖命,成为国际法西斯主义者的走卒,在政治思想战线上为希特勒征服欧洲扫清道路。

"战国策"的论客们竭尽所能地为国际法西斯的首脑希特勒宣扬,把希特勒捧得十分肉麻,他们毫不知耻地写道:"七年来希特拉以事实证明他是一外交神手,善于乘暇蹈隙,利用民主国家的裂缝。"[①]征服了欧洲许多国家。又说:"希特拉起身行伍,在上次欧战时不过一排长,如在政治上无特别的见解,定不会有今天。"甚至得意忘形的夸耀"希特拉的起来,不但近代少有其匹,即历史上也很少有这种的例子"。[②] 希特勒这个法西斯头子在"战国策派"论客们的笔下,描写成为一位了不起的"英雄""伟人"。可是,形势比人强,历史的车轮永远不断地前进着,前进的巨轮永远碾碎那些阻碍其发展的人。世界爱好和平民主的人民力量,特别是社会主义国家苏联的力量,终于扑灭了不可一世的法西斯匪帮的暴力凶焰,希特勒等法西斯分子为事实所证明已被历史前进的巨轮碾得粉骨碎身。"战国策派"反苏反共反人民的愿望也落了空。

当然,"战国策派"也十分知道,仅仅在军事上、政治上推崇希特勒个人及其集团是不够的,必须从历史方面寻找根据,给法西斯独裁政权建立理论依据,以欺骗和迷惑他的党徒们,从而达成其卑鄙的阴谋。

他们将历史上某些相类似的现象混淆起来,颠倒是非。例如,他们利用中国春秋战国时代各国间发生战争这一事实,来比拟二千多年后

---

① 何永佶:《希特拉的外交》,《战国策》第12期。
② 丁泽:《希特拉与朱元璋》,《战国策》第11期。

的第二次世界大战各国的战争,说后者是前者的重演。他们说:"中国与西洋有一明显而重要的异点就是西洋近四五百年来是一个国与国对峙的局面,中国则自从纪元前二百年秦始皇统一寰宇后,即成为数千年来的'大一统'。虽其间中国也不是没有地方割据互相攻打之事发生,然均为内战,……西洋则不然,他们虽不是没有内战,然大部份战争都是'外战',是国与国的战,……这种作风,只有中国战国时代有点相类。"①我们知道:中国的战国时代的社会性质,目前学术界还在讨论中,姑不论是奴隶制社会或封建制社会,然而与第二次世界大战时的资本主义国家和苏联社会主义国家相比,在根本性质上是迥然不同的,是有原则性的区别的。西周末,由于生产力的发展,地方经济的兴起,"春秋时期"开始大地区的统一战争;往后,又由大地区的统一战争发展到大地区间的统一战争,所谓大国争霸,于是有"战国时代"七雄之争,最后,秦国完成了统一事业。春秋战国间的战争,是建立在生产力发展的基础上,走向新的统一的战争,具有鲜明的进步意义;而第二次世界大战则是帝国主义间金融寡头财阀资本家们重新分割殖民地,帝国主义间的掠夺战争,是一场法西斯侵略和反法西斯侵略的战争。故不论就社会性质、阶级构成、历史的阶段性和历史作用来说,都毫无相同之处。然而,"战国策派"论客就是这样抽掉了社会性质和社会阶级结构的本质问题,把中国古代"战国时代"的"七雄"和第二次世界大战时的中、苏、美、英、德、意、日"七雄"的表面历史现象混淆起来,制造"战国重演"论。这只要有一些历史常识的、懂得一些些"不同类不相比"的形式逻辑常识的人,就会知道,这种"战国重演论"是如何的无知无耻!

"战国策派"论客们又说:"以西洋文化而言,十四世纪以前为它的封建时代。十四世纪以后,即从文艺复兴以至现在,为它的列国时代,……可以认定,目前西洋文化已演到它的列国阶段的高峰。大家晓得中国文化内的列国阶段,曾经我们的历史家分为春秋、战国前后两期,如果应用这两个名词到西洋文化上头,我们可以如此说,文艺复兴至法国革命是西洋文化的春秋时期,法国革命以至现在,便是西洋文化

---

① 何永佶:《论国力政治》,《战国策》第 13 期。

的战国时期了。"①这显然是对欧洲历史的歪曲和捏造。"战国策派"为了达到既定的结论,竟然不顾历史事实,信口开河,主观唯心主义的史学观点暴露得多么彻底啊!

"战国策派"这样歪曲捏造历史事实,把第二次世界大战时的资本主义国家、苏联社会主义国家和半封建半殖民地国家一律说成都处于中国古代的"战国时代",叫"我们须要'倒走'二千年,再建起'战国七雄'时代的意识与立场",②其主观意图在于说明"到了战国时代,乃有一种崭新的欲望产生——即所谓'囊括四海,并吞八方'之心了"。③故他们的文章中是十分强调所谓"战国时代","全体战歼灭战的最后结果,是一强吞诸国,而制出一个大一统帝国,它多少都要囊括那文化体系的整个区域"。④说得更露骨的,是林同济在云南昆明国民党省党部题为《民族主义与二十世纪》的那篇演讲,他说:"结束列国纷争局面的,是大一统时代。在此时期中,一个庞大的帝国兴起,包括整个文化区域。在政治,趋向于专制。在经济,多少应用管制。……官僚地位的隆起,是这时期的最大事实。在一个皇帝或独裁者专制下,社会上一切人皆有摇身一变而为官僚之可能。"⑤

谁能建立起这样一个庞大的帝国呢?"战国策"论客们毫不掩饰地说:"纳粹党人已扬言创建欧陆联邦,而把苏俄及英帝国除外,衡以历史的演进律,这种举动在所必行。"⑥又说:"莫谓这种'大狂妄'绝对没有实现之一日,现在这个由欧洲文明扩大而成的世界文明,是充满所谓'浮士德精神'的,是握有一种无穷的澎涨力,无穷的追求欲的。我们'中庸为教'的中国人,也许对这种大企图,始终难于了解,难于认真置信。尽管我们在报章杂志上也跟着人家大喊,指斥某国某国包藏征服天下的野心,却是许多人的脑子后头总不肯认真相信天地间果会有这般大狂妄,更大大怀疑这般大狂妄果会有实现的可能。然而我们这朵地里的

---

① 林同济:《民族主义与二十世纪》,《大公报》(重庆版)1942年6月17日《战国》第29期。
② 林同济:《战国时代的重演》,《战国策》创刊号。
③ 同上。
④ 林同济、雷海宗:《文化形态史观》,大东书局1946年版,第14页。
⑤ 《大公报》(重庆版)1942年6月17日《战国》第29期。
⑥ 何永佶:《龙虎斗》,《战国策》第10期。

妙处,也往往正在你我认为'期期不可能'之中,蓦地涌出一个惊人的'实现'。"①并进一步捏造"客观条件,主观心理,已经酝酿到初步的成熟。所欠的大恐只是时间"。② 这一批法西斯走卒迫不及待地期待着建立法西斯专制独裁政权,成为国际的第五纵队,自然是想使他们在那独裁者的朝廷中,摇身一变成为压榨人民的赫赫官僚。

为了达到这一卑鄙目的,他们宣扬"世界大同只有在我们的武力统治上才能实现","国与国对峙的局面,根本上即为'力'与'力'对峙的局面,在这'力''力'不断相争的前进中,人们遂没有功夫再如从前那样的视'力'为手段,而今乃视之为目的。在国与国群向大一统奋争的当儿,显然的,'力'为最主要的政治条件,……在这种局面下,'力'的哲学,'力'的讴歌,与乎国力政治自必应运而兴"。③ 他们认为"最辣最狠的国家,往往也是最后成功的国家"。④ 他们想用"直接的政治(军事)暴力"作为首要因素,来建立起法西斯政权的暴力统治。然而,革命导师恩格斯早已指出"按照这种规律(内在辩证运动的规律——笔者),军国主义将与任何其他历史现象一样,因自身发展的结果而趋于灭亡","统治的和剥削的阶级,无论它拥有多少'直接的暴力',总是被无情地消灭"。⑤ 以希特勒为首的法西斯暴力集团正是按照恩格斯所指出的规律和道路无情地被消灭了。

"战国策派"论客的这些荒谬论调,显然是由于他们错误地估计了当时"欧洲已踏上了大一统的门限",整个世界形势的发展趋势,在他们看来"仿佛定命似一般,都要向着'世界大帝国'一方向拥进"。⑥ 因此,他们一方面期待希特勒法西斯统治集团来领导世界,建立所谓"庞大的帝国",另一方面利用中国人民所熟知的春秋、战国的历史知识,加以歪曲,把当前的国际形势比作"战国时代的重演",企图在政治思想上迷惑中国人民,使之掉进法西斯的泥潭里去!

---

① 林同济:《战国时代的重演》,《战国策》创刊号。
② 林同济:《战国时代的重演》,《战国策》创刊号。
③ 何永佶:《论国力政治》,《战国策》第 13 期。
④ 雷海宗:《外交:秋春与战国》,《文化形态史观》,第 114 页。
⑤ 参阅恩格斯《反杜林论》"暴力论"部分。
⑥ 林同济:《战国时代的重演》,《战国策》创刊号。

三、掇拾"历史形态学"的反动论调

上面的一套反动言论,据林同济说:"多少是根据于形态历史观的立场(观点、方法)而写作的。两人(林同济和雷海宗——笔者)的若干结论虽未必尽同,但大体上彼此可相辅为用。雷(海宗)先生较偏于例证的发凡,我较偏于'统相'的摄绎。"①应该指出:林同济关于"战国策派"内部分工的情况暴露得还不够全面,如陈铨负责宣扬法西斯的特别是尼采的历史哲学,夸大个人在历史中的作用;何永佶则宣传唯武器论思想以及反对民主宪政,倡导专制独裁;他如费孝通、潘光旦等人都各有任务。可见"战国策派"是一个有组织的法西斯文化团体。他们的理论根据正是所谓"历史形态学"。

"历史形态学"是"应用一种综合比较方法,来认识各个文化体系的'模式'或'形态'的学问"。② 如何综合比较呢？他们说"不是加减乘除问题,乃是灵机神会问题",灵机神会确是十分神秘而难以言传的,所以林同济不得不借助于城隍庙中看相先生来打比。他说"相(即中国'看相'之相字——林原文)是一个绝妙的字。它是一个'形而上'的概念,但它也并不是凭空幻想。它是根据'形而下'的'骨''貌'等等而创得的。所以我们中国语有'骨相'、'相貌'各名词。然而'相'究竟不是'骨'不是'貌',而是骨貌以外,骨貌总和以上的一种整个母题,整个作用。形式上同样的眉目嘴鼻可以构成作用上贵贱清浊不同之相;形式上好像不同的眉目嘴鼻有时反构成作用上贵贱清浊略等之相。再进而言之,一个相,整个母题与作用上是贵的,即有了一二局部的缺憾,也改不了它整个的母题与作用;整个母题与作用上若是贱的,它也不因局部之独贵而改观。此中自有全体局部间的一种微妙'关系'在,不是'皮相'者所能知",③他们把历史说得如此神秘,如此玄妙,正是资产阶级彻头彻尾的主观唯心论思想的表现。

应当指出,这一套完整的反动理论体系——"形态史观",并不是

---

① 林同济、雷海宗:《文化形态史观》,大东书局1946年版,第1页。
② 林同济:《民族主义与二十世纪》,《大公报》(重庆版)1942年6月17日《战国》第29期。
③ 林同济:《第三期的中国学术思潮》,《战国策》第14期。

"战国策派"之流的创造,而是掇拾外国资产阶级学者的一些牙慧拼凑成的。1917年时,德国的斯宾格勒开始发表他的《西方的没落》一书,自称他的历史哲学为"历史形态学"。他把人类各个地区自成体系的历史文化,比作和生物有机体一样,也有它的童年、青年、壮年和老年,用自然界生物学的观点来解释人类社会的历史现象。然而,自然科学和社会科学却是两个不同的体系。资产阶级"学者"用生物进化规律来解释社会发展规律,正是一种"庸俗进化论"的观点。在十九世纪末和二十世纪初,世界资本主义转入帝国主义,阶级矛盾和思想斗争更加剧烈的时期,出现的一种反马克思主义的反动派别。庸俗进化论为了对抗马克思主义、辩证唯物主义,便把达尔文进化论加以歪曲,然后把它从生物界搬到人类社会中来,用自然规律来解释社会规律,以替腐朽垂死的资本主义辩护,否认社会主义革命的必然到来。

斯宾格勒又抓住历史的一些非本质的现象,坚持按照种族文化划分历史阶段,提倡所谓"文化类型学"。汤因比继承了斯宾格勒这一衣钵,用文明概念代替社会经济形态概念,以反对马克思主义关于社会经济形态的学说。他以为每一种文明都要经过这样一个周期,就是产生、发展、破坏、衰朽和灭亡。因此,他的历史哲学便达到了循环观念的结论。但是,"西方基督教文明"在他的理论体系中却占着十分特殊的地位。他断言:世界其他各种文明都已处于走向灭亡的途中,只有"西方基督教文明"保持着"创造力量的神圣闪光",唯一具有发展生命力的文明。这就暴露了汤因比研究历史的目的,是在说明"西方文明"将统一世界其他文明,这正是为帝国主义征服世界寻找历史依据。"战国策派"把这种学说贩运到半殖民地半封建的中国来,利用它来宣扬"战国时代重演"论的法西斯历史哲学,这就必然成为国内外法西斯统治集团反苏反共反人民的文化方面的走卒。

"战国策派"应用了汤因比的比较研究法对中国和世界历史进行歪曲捏造。林同济写道:"各个文化体系的模式,有其异,亦有其同。我们研究,应于异中求同,同中求异。斯宾格勒曾应用这方法写出他的《西方的没落》的杰作。最近英国史豪汤贝(即汤因比——笔者)的

《历史研究》一巨著(二十一个文化体系的研究)也是这方法的另一个应用的结果。"①"战国策派"如何应用这一方法呢? 从他们所提出的"战国时代重演"论来看,他们将第二次世界大战各国间的战争,和中国古代"战国时代"各国间的战争二者抽象混淆起来,这就是他们从历史"研究"中所寻找出来的"同"。我们知道:国与国之间的战争,不是所谓"外战"就能将其内容全部概括,而是有侵略与反侵略战争之分,有正义与非正义战争之别;特别是因社会性质的不同,战争的目的意义也跟着不同,如民族解放战争如何可与帝国主义侵略战争相提并论呢,其间本质方面的差异是不容抹煞的。但"战国策派"却要混淆是非,主观地寻找他们所需要的同或异,以达到他们心目中所预定的结论,并一再吹嘘这是"给予历史学以一种新的路径,特别值得我们注意的",②等等,然而从上面的分析看来,这不是一种什么新的路径和方法,而是资产阶级彻头彻尾的主观唯心主义。他们劳神费力在历史哲学上找寻"新"观点,正如列宁所指出的,"劳神费力创造'新'价值论、'新'地租论一样,乃是精神贫困的特征"。③

四、所谓"历史循环论"

据林同济说:"雷(海宗)先生是中国学界中第一位的形态历史家",④而且是"应用这方法而有卓著成绩的,……他的《中国的兵与中国文化》一小书,国人应当注意"。⑤ 这里,我们且"注意"一下"战国策派"开山"理论大师"的那本杰作吧!

雷海宗在《中国文化与中国的兵》一书中说了些什么呢? 除了露骨地宣传法西斯的暴力,进行反苏反共的勾当外,还着重地提出了他的历史哲学——历史循环论。巧妙地利用了封建观点的著作——广泛流传的《三国志演义》,该书142页引用了《三国志演义》的开场白,所谓"话

---

① 林同济:《民族主义与二十世纪》,《大公报》(重庆版)1942年6月17日《战国》第29期。
② 同上。
③ 列宁:《唯物主义与经验批判主义》,人民出版社1956年3月,第140页。
④ 《大公报》(重庆版)1941年12月10日《战国》第2期编者按语。
⑤ 林同济:《民族主义与二十世纪》,《大公报》(重庆版)1942年6月17日《战国》第29期。

说天下大势，分久必合，合久必分"作为根据，十分强调这是"二千年来中国历史一针见血的口诀"。说什么中国的历史"一治一乱之间，并没有政治社会上真正的变化，只是易姓王天下的角色更换"，只是所谓"循环不已的单调戏剧"。

社会经济的结构是历史的真实基础。政治、法律、宗教、哲学及其观念都是社会经济的派生物，只要社会经济一变动，其他都要或迟或早的跟着变动。因此，我们看历史是不是循环，首先要看社会经济的发展是不是循环，社会生产是不是循环式的发展。就生产工具说，由原始社会的旧石器工具与金石器工具并用进到殷商的青铜金属工具，而产生了奴隶制的生产方式。转入到西周时铁已发明，到春秋时代，中国人民已经创造了规模较大的冶铁鼓风炉，使铁的生产率有了提高，使得铁器的应用能逐渐推广。由战国经两汉至南北朝时期，我国人民由发明"自然钢"的冶炼法，进而发明"灌钢"冶炼法。灌钢是熔化生铁来灌注熟铁，这种方法在近代坩埚炼法未发明以前，是世界炼钢技术上最进步的方法之一。

由于炼钢技术的不断改进，钢的生产量不断增加，因而钢就可比较普遍地用来制造生产工具，这对于生产工具的改进和生产力的提高有积极的作用，从而使得农业生产量扩大。在手工业方面生产力的发展尤为显著，秦汉时期手工业不断向前发展的结果，到宋朝时手工业工场已经出现，雇佣工人的使用成为突出的社会现象，以及印刷术的发明，罗盘术的改进等等，都表示了生产力的又一步发展。到明清之际至鸦片战争前我国又出现了资本主义性质的工场手工业的萌芽。从社会经济的发展来说，我们无论从那一方面也找不出生产发展循环的证据。

当然，我们也不否认由于我国封建社会的发展速度比较缓慢，在历史发展的进程中，由于专制的封建主义制度下的中国官僚、地主、高利贷者、商业资本者过分残酷的压榨，以及周边各落后民族的统治集团之残暴的破坏生产与掠夺物资，使农民乃至独立手工业者常陷于生活艰难的困境，没有余力去改进生产，以及其他客观原因，以至存在着某些局部的暂时的阻滞现象，而且仅仅是局部的现象。如果我们从整个中国封建社会总的发展过程来考察，它是在前进着的。因而，我们对中国历史中有过某些重复或类似重复的现象，必须注意这些现象是在不同的历史基础上产生的。故我们在研究历史时，就不应该过分地夸大某些局部的或暂时性的阻滞现象，和在形式上看来是重复或类似重复的现象。而是应该从千头万绪的复杂史实中，去揭示那条通过曲折的过程但始终是向前发展的道路，中国历史并不是像雷海宗在《中国文化与中国的兵》一书的最后结语中所说的，所谓"天下并无新事"（237页），而是永远向前发展着的。

雷海宗、林同济等的宣传历史循环论，其目的在于否定资本主义之必然死亡，和社会主义之必然兴起的马克思主义社会历史发展的学说。这套谬论，自为国民党蒋介石法西斯反动集团所赏识，成为国民党朱家骅的走卒，被尊为伪教育部的"部聘教授"、"大学者"。在国民党反动统治时期，林同济"白天避警报，晚间演讲，倒忙得出意外"，成为国民党匪帮的要人；雷海宗从昆明回到北京后就为国民党北平市党部主任委员吴铸人主编反动刊物《周论》，直到解放前夕，出于雷海宗笔下的反动"政论"多至百余篇。他们对马克思主义和共产党怀着刻骨的仇恨。明了这一点，他们宣扬历史循环论的反动历史哲学思想，就不是什么奇怪的事了！

五、法西斯主义英雄史观

"战国策派"为了建立法西斯的专制独裁统治，从他们的政治要求出发，片面夸大个人的和意志的作用，认为"天才可以创造规律，力量是天才的象征"。似乎人的主观意志暴力可以左右支配历史。将历史上战争的胜负、国家的兴亡、朝代的更替等等，都说成是英雄伟人活动的结果，他们极其荒谬地说："中国人所以能维持这多年的独立，拥有这样广大的国土，实在说就是靠了这无力圈中偶而兴起而成了大业的几个少数力人。幸得这几个力人，才把这群'卫道'的无力人（人民群众）从异族侵略中拯救起来。"而且这些"英雄""伟人"也是"偶而"、"凑巧"、"侥幸"出现的，所谓"直到几乎无救时，凑巧又有些力人兴起，来挽救这群可怜虫。这是侥幸"。①

---

① 陶云逵：《力人》，《战国策》第13期。

这和马克思主义者的论点完全相反,马克思主义者认为迄今存在的全部人类历史(原始社会除外)都是阶级斗争的历史,阶级斗争是社会发展的原动力,而革命正是历史的火车头。历史的发展,从一种生产方式过渡到另一种生产方式,只有经过阶级斗争才能实现。同样,反抗侵略取得斗争的胜利,也是由于人民群众群策群力的结果。很难想象,在反抗侵略的战争中,如果没有人民群众的支持,怎么能取得斗争的胜利。当然,我们也不否认个别的卓越领导人物在其中也有其一定的作用和影响,但这种作用和影响和前者对比起来,前者是主要的决定性的,后者是次要的非决定性的。

而且,我们认为这些英雄、伟大人物的出现,也并不是纯粹偶然的,而是有一定的必然性的。这种必然性就在于,当历史发展到一定阶段时,特别是在历史的重大变革的时代,历史提出了新的任务,在广大劳动人民社会运动的实践中,适应着社会发展的要求必然要出现集中群众智慧,担负历史任务的领袖人物。例如在中国封建社会的北宋末期,民族矛盾上升到了主要地位,就产生和锻炼了岳飞这样优秀的民族英雄,他在人民群众的支持下,打败了金贵族的入侵。

当然我们在承认历史人物的必然性时,也并不否认其偶然性。例如在一定的时势下面,一个伟大人物出现的早迟,是张三还是李四,他的才能如何,他个人的遭遇怎样,诸如此类的问题,都影响着当时事变的偶然因素。这种偶然因素虽然对于历史的进程有某些影响,但对历史的整个进程不起决定作用。历史总的进程是由必然性来决定的。如果强调了偶然性,就会必然把个别英雄人物看作是历史的创造者,"战国策派"正是如此。

"战国策派"说:"社会的进步,是要靠天才来领袖。"[①]认为英雄"是社会上的先知先觉,出类拔萃的天才",[②]等等。其结论是国家的一切领导工作,都应该由"英雄""伟人"去担当,说什么"拿下愚来支配上智,拿后知来领导先知,政治焉得不一塌糊涂,乱亡自然是不可逃避的命运"。所以,他们叫嚣"需要'金'、'银'分子(柏拉图《理想国》中,把人类

---

① 陈铨:《尼采的思想》,《战国策》第7期。
② 陈铨:《再论英雄崇拜》,《大公报》(重庆版)1942年4月21日《战国》第21期。

分为三等,第一等是'金',第二等是'银',第三等是'铜''铁'——笔者)处在领导的地位"。① 这就是说"英雄造时势","英雄即历史。"因而他们十分强调"英雄应当受人崇拜"。说"一个不知崇拜英雄的时代,一定是文化堕落民族衰亡的时代"。②

另一方面,他们又提倡"意志哲学",夸大意志的作用,说"世界是意志造成的,世界的万事万物,不过是意志的幻象",③赤裸裸地宣扬极其反动的主观唯心史观,他们说如果"人类历史的演进,假如我们只拿物质条件来解释一切,一定要陷入许多错误"。"真正历史家的工作,倒不在仅仅解释物质条件的力量"。④ 换句话说,他们主张不要去写生产发展的历史、阶级斗争的历史,而是写英雄伟人们"怎样凭借他伟大的意志,去解决一切的困难"。

"战国策派"的英雄史观,不仅是资产阶级的,而且是最反动的法西斯性的。我们知道,强调个人作用这种主观唯心论,至尼采的"超人哲学"算是到了极点。希特勒曾利用尼采的哲学,作为屠杀人类的理论依据。《战国策》半月刊及《大公报》(重庆版)《战国》副刊也极力宣扬尼采的主张,接连发表了如《尼采的政治思想》、《尼采的哲学思想》、《尼采的无神论》等许多文章,和希特勒法西斯分子一样,把尼采捧得十分肉麻,说他是"近代政治思想家中,最前进的、最革命的、最富于理想的政治思想家"。⑤

"战国策派"把尼采的种族主义理论和法西斯主义的元首思想搬到中国,竟说中华民族是奴隶型的民族,他们十分肯定地认为:"奴隶型的人,生来就的是奴隶,因此也就并不感到压迫,并不感到威胁,心中自始就无被威胁被压迫这个观念。"⑥他们拿这种反动理论毒害中国人民,企图为法西斯的独裁统治作清道夫,以便于法西斯帝国主义的侵略与压迫。一面又歌颂希特勒为"英雄""豪杰""伟人",把法西斯独裁统治者美化为劳动人民的恩人,法西斯专制独裁的社会描绘成美好的理想

---

① 陈铨:《再论英雄崇拜》,《大公报》(重庆版)1942年4月21日《战国》第21期。
② 同上。
③ 陈铨:《尼采的思想》,《战国策》第7期。
④ 陈铨:《再论英雄崇拜》,《大公报》(重庆版)1942年4月21日《战国》第21期。
⑤ 陈铨:《尼采的政治思想》,《战国策》第9期。
⑥ 陶云逵:《力人》,《战国策》第13期。

社会。荒谬地写道:"一国独强,并吞天下,实现了封建时代可望而不可即的理想,就是整个文化区的大一统局面。至此,无论名义如何,政治必然是专制独裁的。……专制的皇帝与他的左右,现在替天下的人解决一切的问题,个人无需再过分的努力自苦。"①"战国策派"拼命地为希特勒法西斯德国征服全世界的侵略战争摇旗呐喊,难道还不清楚吗?

"战国策派"的英雄崇拜所谓"科学"的理论根据,就是反动的优生学。这种优生学错误地把社会中受压迫而地位低落的人看作遗传性低劣,把压迫人的统治者看作是遗传优秀者;对国外,同样把侵略民族(或种族)看作是优秀民族,被压迫民族看作是低劣民族。这种说法的反动性,早已为国内外学者所批判,所唾弃。可是,"战国策派"却津津乐道,把这种腐朽反动透顶的优生学作为他们"改造社会"的"良方",他们想用树艺畜牧里"择种留良"的方法应用到人类,以"改良"人种;并渗入了"物竞天择"、"优胜劣败",与"适者生存"等反动思想。他们说:"要想把'力'发扬光大,最要必从遗传入手。唯有这一条道才是基本大道,才是一劳永逸之举。所谓从遗传入手就是选择力人(即英雄豪杰——笔者),使他们多生殖,反之,无力人(即人民群众——笔者)当少生殖。如此,力人增多,无力人减少。这即是优生学的方法。优生学是以遗传研究为根据的一种社会改进方策。"②

他们从法西斯政治要求出发,对劳动人民尽情地加以诬蔑,说什么"按人类生殖的一般趋势,人愈无用生殖愈多,低能儿之生儿育女的能力远超常人,生殖似乎是废人惟一的用处与长处"。对这些劳动大众——所谓"废人",他们狠毒地提出"屠杀是一个简直了当的解决方法",并捏造了一个历史依据,说"民间历代都有'劫'的观念,认为天下大乱是天命降劫收人。这种民间迷信实际含有至理"。③"战国策派"这种极端仇视人类的思想,直接为希特勒、蒋介石等法西斯匪徒屠杀千百万人民群众的政策提供了理论根据,其罪恶真是擢发难数。"战国策派"这些犯罪的论据,实质上是反动的兽性的尼采哲学在中国的翻版。法西斯的血液已浸透在这批走卒们的周身了!

---

① 林同济、雷海宗:《文化形态史观》,大东书局1946年版,第25页。
② 陶云逵:《力人》,《战国策》第13期。
③ 雷海宗:《中国文化与中国的兵》,1940年商务版,第150页。

关于崇拜英雄、崇拜武力、崇拜侵略……的目的，"战国策派"自己也说得很明白，"崇拜英雄，不仅是一个人格修养的道德问题，同时也是一个最迫切的政治问题"。① 雷海宗说"政治问题虽然千头万绪，但最少由表面看来，一个固定的元首制度是最为重要的"。② 在法西斯主义的思想体系内，元首是领导国家社会的独裁者，具有决定人类命运的无限权力。

帝国主义者为了达到其奴役我人民的目的，不仅在经济上、军事上、政治上进行侵略；并且在文化方面，也进行着猖狂的进攻，企图从根本上否定我们伟大的祖国的历史，说我们从历史上就不行，历史上就是劣等民族。"战国策派"的祖师——帝国主义"学者"汤因比把我国丰富的优秀文化传统竟说成"僵化的文化，离崩解只有一阶段"。竭力从历史上来否定我们，从精神上来涣散我们，企图使我们失掉民族自信心，解除我们反抗侵略者的思想武装，进而接受帝国主义者的统治。"战国策派"正是如此，他们为了在中国建立法西斯专制独裁政权，鄙视、厌恶祖国人民和祖国的历史，到了无以复加的程度，他们和帝国主义分子一鼻孔出气，从根本上看不起自己的祖国，雷海宗就说过他是一个"在精神上没有祖先"和"没有祖国的人"。"战国策派"其他分子也是如此。

"北京人"（按：学名当称"中国猿人北京种"）的发现，是学术研究上的一件大事，这一发现标志了全世界人类化石研究史上新的一章。"北京人"是从古猿到现代人发展中的连锁，为了解人类发展史提供了无可比拟的科学资料。同时，"北京人"的发现，确实把祖国远古的历史延长了几十万年，有力的驳斥了帝国主义"学者"散布什么中国人种西来说、中国文化西来说等种种谬论。

但是，"北京人"的发现，和雷海宗的中国为劣等民族，法西斯的种族优秀的理论相冲突。因此，他们不惜歪曲说："北京原人发见之后，有些夸大习性未除的国人更欢喜欲狂，认为科学已证明中国历史可向上拉长几十万年。殊不知这种盗谱高攀的举动极为可笑"，"由史学的立

---

① 陈铨：《再论英雄崇拜》，《大公报》（重庆版）1942年4月21日《战国》第21期。
② 雷海宗：《中国文化与中国的兵》，1940年商务版，第220页。

场来看,北京人的发见与一个古龙蛋的发见处在同等的地位,与史学同样的毫不相干。"①

"战国策派"看不见,也不肯看见:"中华民族不但以刻苦耐劳著称于世,同时又是酷爱自由、富于革命传统的民族。以汉族的历史为例,可以证明中国人民是不能忍受黑暗势力的统治的,他们每次都用革命的手段达到推翻和改造这种统治的目的。在汉族的数千年的历史上,有过大小几百次的农民起义,反抗地主和贵族的黑暗统治。而多数朝代的更换,都是由于农民起义的力量才能得到成功的。中华民族的各族人民都反对外来民族的压迫,都要用反抗的手段解除这种压迫。"在中华民族的几千年的历史中,产生了很多的民族英雄和革命领袖"。②可是,在"战国策派"的眼睛里,中华民族却成了另外的样子,他们说:"中国民族圈儿里现在有若干千万浑浑噩噩的奴隶型的人在那繁殖着。"不仅在现在,而且"奴隶型的毒菌原来早就蔓延到我们全民族体。在时间上,这毒菌老早就在那里搭窝",③等等。他们对中国人民极尽诋毁污蔑之能事。

同样,他们看不见,也不肯看见:"在中华民族的开化史上,有素称发达的农业和手工业,有许多伟大的思想家、科学家、发明家、政治家、军事家、文学家和艺术家,有丰富的文化典籍。在很早的时候,中国就有了指南针的发明。还在一千八百年前,已经发明了造纸法。在一千三百年前,已经发明了刻板印刷。在八百年前,更发明了活字印刷。火药的应用,也在欧洲人之前。"④可是,在"战国策派"的眼睛里,却是另外的样子,他们说:"中国文化的精粹是中庸之道。是个颇属无力的一种文化型。这个中庸之道之所以存在,实也因为合了中国人大多数的胃口",⑤等等。

"战国策派"认为中国是奴隶型的劣等民族,因此,他们对祖国历史文化上的一些伟大学者和伟大的著作,不顾事实地加以否定。如司马

---

① 雷海宗:《中国文化与中国的兵》,1940年商务版,第165—166页。
② 《毛泽东选集》第二卷,第617页。
③ 陶云逵:《力人》,《战国策》第13期,第31页。
④ 《毛泽东选集》第二卷,《中国革命和中国共产党》。
⑤ 陶云逵:《力人》,《战国策》第13期,第31页。

迁是我们公认古代的伟大历史家,他所写的《史记》是我国古代一部优秀的史学著作,可是"战国策派"却诬蔑"太史公是中国古代伟大史学消灭的象征。二千年来学术界对于司马迁的崇拜,正是二千年间中国没有史学的铁证。《史记》一书,根本谈不到哲学的眼光,更无所谓深刻的了解,只是一堆未消化的史料比较整齐的排列而已。后此的所谓史著,都逃不出此种格式,甚至连太史公比较清楚的条理也学不来。文化精神衰退的一泻千里真可惊人!"①

"战国策派"对我国的优秀文化采取虚无主义的态度,否定文化上的辉煌成就,其恶毒的用意是企图使我们接受法西斯主义的"文化",从精神上搞垮我们,以达到其政治、经济、军事的统治的目的;从而,妄想摧毁澎湃发展着的革命的力量。所以,他们诬蔑"共产主义运动是一种宗教运动,本质上是排斥异己的,在主义上是定于一尊的,共产党与其说是一种政党,不如说是一个教会。……然而凡是一个定于一尊的宗教,迟早必要招致一个内部分裂的命运。包办真理,垄断思想的运动在论理上虽是唯我独尊,但实际上包办垄断总是不能持久的"。② 历史的进程已经粉碎了"战国策派"无耻的谬论,法西斯的"元首"是毁灭;人民的伟大胜利,已经书诸史册了。你们捧到肉麻的程度的希特勒那里去了?

本文虽仅限于"战国策派"在抗日战争时期一些谰言的揭发和批判,然而,从这些事实中,已可以充分看出雷海宗之流并不是真正在研究什么历史,而是在学术研究的幌子下,披着"学者""教授"的外衣,掇拾资产阶级历史理论,歪曲捏造历史,倡导"战国重演"论,反苏反共,为法西斯暴力征服世界在政治思想战线上开辟道路。因此,这就不是什么学术研究问题,而是现实的政治斗争问题。

另一方面,也使我们了解,解放后,他们仍不甘心法西斯统治的死亡,继续向党和社会主义革命事业进攻,企图再一次的从根本上否定马克思列宁主义,制造资本主义的复辟,是有其深远的社会根源和阶级根

---

① 雷海宗:《历史警觉性的时限》,《战国策》第11期。
② 1948年8月23日《益世报》。

源的。我们只有彻底认识"战国策派"法西斯分子的原形,挖掉他们的根,从各个方面来批判他们的反动思想,才能肃清他们的思想毒害,才能开展我们的马克思列宁主义历史科学的研究。

(《历史研究》1959年第1期,原载《华东师大学报》1958年第2期)

资产阶级客观主义史学观点批判

自从马克思发见历史唯物主义,创立了马克思主义的历史科学以来,在历史学的领域中便展开了两条道路的斗争。这种斗争是异常复杂尖锐的,资产阶级的学者,除了公开地进行反对马克思主义历史唯物主义外,同时还利用各式各样的谎言,欺骗人民群众,达成其维护资产阶级统治政权的目的。客观主义即为其卑劣手法中的一种。

解放后,劳动人民已掌握了政权,群众的觉悟空前提高,在今天的历史条件下,资产阶级的"学者"要公开地宣扬唯心主义史学观点,已不为人们所容许,因而他们更采用各种隐蔽的方式,反对辩证唯物主义和历史唯物主义,客观主义史学观点更成为主要和突出的形式之一。他们在政治思想战线和史学战线上至今还盘据着一定的阵地,负隅顽抗,继续毒害着青年一代。因此,今天揭露和批判客观主义,是十分必要的。

一

客观主义者自诩他们是站在历史家的立场上,"客观"地研究和讲述历史,对历史事件的看法自认为很"公正",不偏不倚;在他们看来,史学家如果强调要站在一定的阶级立场来处理历史问题,就会带来阶级的偏见,对历史事实必然产生牵强附会,破坏历史本身的客观性和真实性;认为历史科学为政治服务,是革命家搞政治宣传,不是搞学问。诸如此类的谬论,确曾迷惑过不少人。

我们知道:阶级社会里的人,是作为一个阶级的人而存在的,人都是有阶级性的,抽象的超阶级的人是不存在的,站在那个阶级的地位上,就必然具有那个阶级的思想感情和生活习惯,就要为那个阶级的利益说话做事。生活在现实社会中的所谓历史家,由于他们的阶级利益和经济地位的不同,在对社会历史现象进行观察时,就不可避免地(不管你愿意和不愿意)要有一定的立场。特别是历史科学是阶级斗争的有力工具之一,是一门具有强烈阶级性和党性的科学,其研究对象所涉及的是剥削阶级或被剥削阶级的利益。站在一定的阶级地位的历史家,当他进行历史研究或教学时,不可能在剥削与被剥削、革命与反革命之间,抱有所谓"中间"的态度,要就是站在反动阶级的立场上,要就是站在被压迫剥削的革命阶级的立场上,非此即彼,超然于二者之上的所谓"客观"立场是没有的。超阶级的史学家实际上是不存在的,客观主义者自命为超阶级的史学家,那只是为了隐蔽在这个名称之下,更有效的来辩护阶级支配与剥削压迫。

封建社会的史学家是站在地主阶级的立场替封建主义服务,他们所编纂的历史是以帝王将相为中心,在他们看来,所谓历史,就是一个皇帝加一个皇帝,一个王朝加一个王朝。如果劳动人民起来推翻地主阶级的统治,便被指为"盗"、为"贼"、为"寇",等等,遭受这些史学家的口诛笔伐。资本主义社会的历史家是站在资本家的立场上,替资产阶级服务,对劳动人民极尽污蔑谩骂之能事。"客观"地编撰历史著作是没有的。

历史家在研究或讲述历史时,面对着五光十色浩如烟海的大量史料,其中既有地主阶级所写为封建正统主义服务的历史记载,也有辩护资产阶级剥削利益的"著作",或者是被他们当作所谓"叛逆"的典型——农民和工人起义的少量史料流传。历史家在汗牛充栋的历史记载中,选择那些史料,抛弃那些史料,全由选择者自己的立场来决定的。而选择者又是根据自己的立场、观点、方法来采用的,其间是没有超阶级的所谓"客观"、"公平态度"。

其次,当历史资料选定之后,如何进行分析、判断和作出结论,也是由研究者的立场、观点和方法来决定的。比如,有人分析西欧十字军东征的历史说:"十字军东侵对西方是进步的,因为它使西欧经济得到发展,培育了资本主义萌芽,对东方来说是反动的,非正义的。"似乎他既站在西欧的立场上肯定了十字军东侵的进步性,同时又站在东方的立场上谴责了这次战争的反动性,表面看来这种态度很"客观"、很"公允"。事实是这样的么？一般所称十字军东侵,是指 1096 和 1270 年间欧洲人在东方的军事殖民事业而言。西欧的大封建主(包括教皇、僧侣地主)大商人为了直接掠夺东方的财富,扩大自己的领地,他们梦想在东方肥沃的土地上,依照着欧洲的式样,建立起一些受他们支配的国家。因而发动了几次的东侵战争。这些战争蹂躏和屠杀了东方国家的人民,毁灭了东方国家的物质财富,十字军在伊斯兰教东方国家里留下了关于自己野蛮和残忍行为的记忆。基督教徒的欧洲人的名称——"法兰克人"——在整个东方是一个令人仇恨和可憎的名称。这是主要的也是最基本的一面。

同时,通过十字军远征,东方的经济、文化传入了西欧,对西欧的经济、文化的发展在客观上虽然起了一些促进作用,但这种作用不能和前者相提并论,不能改变战争之带有侵略和掠夺的性质。何况,十字军运动对欧洲的贡献究竟是什么,是个很难断定的问题,因为东方的经济文化流传到西方,十字军东侵不是东西交流的唯一路线,在这之前阿拉伯人和拜占庭帝国早已和欧洲发生了商业上的联系,这些商人必然把东方的经济文化带到西方去。

错误还不仅仅限于这一方面,严重的是这种论点将客观上的一些促进作用夸大为进步,从而肯定了十字军东侵战争是正义的;这就为发动侵略战争的贩子们制造了历史依据,对帝国主义侵略者有利。不管这位先生愿意或不愿意,实质上是站在西欧统治阶级的立场上观察问题的。

在中国历史的教学中,也存在这种"两利"的说法。有人在评价均田制时说:"均田制对人民有好处,使农民和土地结合,有利生产。"接着又说:"均田制对唐帝国亦有好处(重点是笔者所加的),使唐帝国掌握了土地和劳动人口。"

唐代之所以能实施均田制,主要是由于隋末农民战争给封建统治者以严重打击,阻碍均田制实行的封建势力被削弱,使继续实行均田制有了可能；从唐统治阶级方面来说，他们实施均田制的目的，是在当时地荒人少的条件下，生产力衰退，迫切需要束缚劳动者在土地上进行耕作，以恢复和发展生产，培养税源增加国家收入，达到巩固封建统治的目的。不是什么轻描淡写的"亦有好处"的问题，这种说法实质上是隐瞒和抹杀了均田制是封建统治者为了更好地剥削劳动农民的本质。这种说法站在什么立场呢？只要从"均田制对唐帝国亦有好处，使唐帝国掌握了土地和劳动人口"的话中，便可看出他是站在封建地主阶级的立场上，为封建统治者的利益辩护。不是站在什么"客观"和"历史公正人"的地位。

客观主义的另一表现形式，是把历史讲得天花乱坠，天南地北什么都加以介绍，如讲原始社会的历史时，列举了各家的意见，从摩尔根的古代社会研究讲起，一直讲到今天苏联学者的看法，旁征博引，看来很渊博。但对这些看法错的不加以批判，对的不加以肯定和阐述，只是"客观"地介绍，表面看来"很公正"，实际上这是掩饰了资产阶级唯心主义学说的反动性，利用这种方式宣扬唯心主义史学观点，否定马克思主义学者对这些问题的正确看法，以便把学生引向资产阶级的治史道路。

农民起义和农民战争，是封建社会中农民阶级和地主阶级斗争的最激烈的形式，讲授这类的课程最易激动人们的心弦，以十分丰富的感情来表达自己的爱憎。可是，有些人在讲隋末农民战争时，标题尽管标了阶级矛盾的激化，统治阶级的残酷压迫，并列举了"官吏督役，（农民）昼夜立水中，略不敢息，自腰以下皆生蛆"，以及"死者相枕，臭秽盈路"等史料，但在讲这些事实时却面带笑容，态度轻松，这位先生口头上虽然没有直接宣扬地主、资产阶级的思想，可是，这种站在第三者立场"客观"地讲授历史，实质上是站在封建地主剥削阶级的立场上来看待隋末农民战争的。

有些先生在教学中则本着所谓"知之为知之，不知为不知"，"述而不作"的态度，标榜这是很"客观"，对青年人很负责任。这种态度是不是真正客观和负责呢？历史科学是一门具有强烈战斗性的科学，它是反映阶级斗争的有力工具，为一定的阶级利益服务。如果"不知"的范围属于资产阶级唯心主义观点的问题，则无法对其进行批判，就势必削弱历史科学的战斗性,与资产阶级思想"和平共居",这算是什么样的负责呢!?反之亦然,马克思主义历史唯物主义的观点不加以深刻的阐述,就势必削弱历史科学的党性和阶级性。这是"负责"和"客观"吗?其实,这不过是客观主义者掩饰其真面目的遁词而已。

二

客观主义者进行历史教学或科学研究时,事先反对有理论的指导,认为"历史学不是著史。……近代的历史学只是史料学,利用自然科学供给我们的一切工具,整理一切可逢着的史料"。① 这些可逢着的史料就是历史。在他们看来历史是点滴的,不是一个具有客观发展规律的整体,研究历史只是为史料而史料,史料就是历史的"灵魂",如果有了理论的指导进行研究,就不客观,历史科学为一定的阶级利益服务就是政治宣传,就不是真正在研究历史。在研究历史的过程中不容许推理,他们说:"一切听命于史料",有"一分材料出一分货,十分材料出十分货,没有材料便不出货。两件事实之间,隔着一大段,把他们联络起来的一切涉想,自然有些也是多多少少可以容许的,但推论是危险的事"。② 当然,它们最后也不要得出而且反对得出关于历史发展具有客观规律法则(理论)的结论。资产阶级"学者"反对在理论的指导下研究历史,将史料代替历史科学,其目的是为了掩盖反对用马克思列宁主义的理论研究历史,得出资本主义社会必将为社会主义社会所代替的结果,因为这样做就宣布了资产阶级的死刑,无产阶级的胜利。

应用马克思主义历史唯物主义的理论研究历史,是不是就不客观,损害了所谓历史的客观性和真实性呢?我们知道,无产阶级是一无所有的阶级,它所处的经济地位,就使得它有可能客观地认识社会的发展规律;同时,无产阶级所处的时代是大机器生产时代,是一个最有发展前途的阶级,因此,无产阶级的利益和社会发展的进程相一致的,无产阶级的利益要求无产阶级更好地认识客观规律。所以,应用马克思主

---

① 《中央研究院历史语言研究所集刊》,《发刊辞》,第一本,第3页。
② 《中央研究院历史语言研究所集刊》,《发刊辞》,第一本,第8页。

义理论研究历史不仅不主观,而且只有用马克思主义理论才能得出关于历史发展的客观规律性的结论。马克思主义的党性和科学性是完全一致的。

相反地,历史发展的客观进程是和现代资产阶级的利益相矛盾的,因而资产阶级"学者"为了维护资本家的利益,不能不歪曲历史,蒙混事实。国家本来是阶级统治的机构,是一个阶级压迫另一个阶级的工具。可是,客观主义者认为国家是没有阶级性的,是代表"全民"的利益;历史的发展本来是具有客观规律性的,可是他们说历史像一百个大钱,可以摆五十个两堆,也可以放二十个五堆,历史的发展根本没有什么规律性可言。又如他们在学习了毛主席论《帝国主义和一切反动派都是纸老虎》的伟大文献后,自认为看问题很"客观",承认苏联和中国等社会主义国家力量的强大,但同时又认为美帝有新式的武器,有布满包围苏联、中国的军事基地,不相信现在东风已经压倒西风,套在帝国主义脖子上的绞索已经拉在全世界人民的手中。所有这些铁的事实,客观主义者为了资产阶级的利益不敢正视,他们对这些客观的存在,歪曲武断,事实上他们是完全主观主义地看问题。故客观主义实质上就是主观主义。

客观主义者之所以热衷于所谓"史料就是历史",是因为过去的历史记载都是出于统治阶级剥削者的手笔,以中国古籍的二十五史为例,其内容是对统治阶级歌功颂德的言行录,是帝王将相的家谱和起居注,至于司马光撰《资治通鉴》更是为了供统治者"资治",成为帝王将相的教科书。所有这些史料,都是为统治阶级的利益服务的。从这样一些可逢着的史料中,有一分材料说一分话,能说出一个什么道理来还不明显吗?"一切听命于史料","让史料自己讲话最客观"等谬论,实质上是顽固地站在资产阶级的立场上,来反对马克思列宁主义理论。

应该指出:马克思列宁主义的历史科学工作者,从来没有反对过研究历史要占有史料,相反地,我们认为史料是研究历史的基础。但史料多如汗牛充栋,五光十色,其中既有统治阶级的记载,也有劳动人民的流传。我们占有丰富的史料,为的是从这些史料中"加以去粗取精、去伪存真、由此及彼、由表及里"地深入分析研究,"从感性认识跃进到理性认识",从丰富的史料中论证人类社会发展的客观规律来推动社会继续前进。可是,客观主义者将停留在感性阶段的史料,当作为历史科学,这是极端错误的。毛主席曾指示说:"感觉材料固然是客观外界某些真实性的反映,但它们仅是片面的和表面的东西,这种反映是不完全的,是没有反映事物本质的。"①因此,我们对史料的重视,和客观主义者有着根本的不同,我们认为研究历史必须掌握丰富的史料,但我们从原则上反对"一切听命于史料","史料就是历史"的谬论。

解放后,客观主义者已不敢公开反对马克思主义理论,但他们却主张就事论事,把历史课仅仅作为传授历史知识,使其脱离政治、脱离实际,讲历史不必古为今用等等。在他们看来历史是历史,现实是现实,19世纪的历史不能和今天联系,讲历史联系现实,就是拖尾巴,不客观,特别是在历史课中如果要贯彻党的方针政策,就会将历史事实夸大或是缩小,政策天天变历史课跟着跑困难。在这样一些幌子下,公然反对在历史课中贯彻政治思想教育,拒绝历史古为今用,造成脱离政治的严重后果,这是客观主义者在解放以来反对马克思主义历史唯物主义最阴谋恶毒的手法,也是最普遍最严重的现象。我们必须集中力量狠狠地加以批判。大家都知道:政策是根据各个阶段的发展规律确立的,是高度的党性和科学性的具体表现,是历史科学为今服务的实际行动的指示。如历史科学必须形成历史唯物主义的概念,揭示历史发展的客观规律性,达到共产主义思想教育的目的,教材必须根据这一方针来取舍。我们少讲或不讲帝王将相的历史,多讲生产发展的历史,农民革命的历史,并没有把历史教偏了,教错了,歪曲了历史。相反地,我们是真正揭示了劳动人民创造历史的本来面目和历史发展的客观规律。客观主义者利用标榜"客观"的手法,要将为无产阶级政治服务的历史科学的武器缴械是办不到的。

三

在现代的历史条件下,资产阶级的统治机构已被或即将被人民群

---

① 《毛泽东选集》第一卷,第280页。

众所推翻。资产阶级及其思想家愈来愈了解到历史发展的进程和他们的根本利益相矛盾的,但是,他们不敢公开地承认这一点,不敢承认自己的历史"科学"的资产阶级党性,因为这样做就等于公开承认他们的理论是反人民的。因而,他们为了自己的剥削利益,为了支撑日趋死亡的腐朽的资本主义,不能不隐蔽自己的资产阶级观点,伪装成所谓"客观"、"超阶级"、"历史公正人",等等,拼命叫嚷历史科学的"超阶级"、"超党性"。历史是阶级斗争的历史,讲阶级斗争的历史而谈超阶级,本身就是一种政治和政治阴谋,实际上,这些所谓"学者",如列宁所指出的,他们同"资产阶级国家机器的真正操纵者和内部的(因此时常是最隐蔽的)发动机有极亲密的关系"。[①] 他们最了解国家的作用,了解历史为政治服务的秘密,但他们所维护的是垂死的资产阶级政治利益,不能也不敢公开地承认这一点,故提倡客观主义对他们来说,是有不得已的苦衷,他们利用客观主义作为一种斗争方法,来反对马克思主义历史唯物主义。特别在今天的情况下,他们如果不表示"公正""客观",他们就吃不开,就欺骗不了群众。这就是客观主义产生的阶级根源所在。

其次,客观主义的产生还有认识上的根源,客观主义者将客观和主观两者割裂开来,并抓住客观的一面加以强调和绝对化,抹杀主观的作用。固然,真理是客观的,不以人的意识为转移而独立存的。但是,人在认识客观时,不是消极地进行观察,而是必须通过自己的实践去认识客观,因此,就不可能避免人的阶级立场、认识方法等等主观因素……,人之所以能掌握客观真理,是由于正确认识了客观的结果。正确认识了,主观和客观便相一致,并不是在认识客观时没有主观的因素在内。客观主义者片面地强调客观,不谈主观;同时,他们又不承认人的阶级性和党性,有所谓"纯客观"的立场,因此,他们不能不形成为客观主义者。

客观主义者的思维方法也是形而上学的,这种思维方法决定了他们只能片面地看问题,看见事物的表象,不能洞察事物的本质。如他们说:"一分材料出一分货,……材料之外我们一点也不越过去说。""两件

[①] 列宁:《皮梯利姆·索罗金的宝贵自供》,《列宁全集》第28卷,第170页。

事实之间,把他们联络起来的一切涉想……是危险的事。"在他们看来历史事实是彼此孤立的、不变的、固定的、永久如斯的东西,它们之间没有任何联系,应当一个个地、彼此孤立地受到研究。其结果自然是只见树木不见森林。

这种方法,恩格斯早就加以批判过,恩格斯说:"形而上学的思维方法,虽然在依所研究对象的性质而多少宽广的一定领域中是合用的甚至必要的,可是它迟早总要达到一种界限,一超过这种界限,它就要变成片面的、局限的、抽象的,并且陷于不可解决的矛盾中,因为它只看到各别事物而看不见它们互相间的联系,只看到各个事物的存在而看不见它们的产生和消灭,只看到各个事物的静止状态而忘记它们的运动。"①列宁也明确指出:"要真正地认识对象,就必须把握和研究它的一切方面、一切联系和'媒介'。"②客观主义者的思维方法只看到各个事物的片面,所谓两件历史事实之间,不管其有无因果和内在联系,都不能把它们联络起来加以研究,因此,就不能造成概念和理论的系统,作出合乎论理(即合乎逻辑)的结论。只能主观、片面、武断的观察问题,形成为客观主义。

四

客观主义者利用隐蔽的方法,披着"超阶级"、"超政治"、"历史公正人"的外衣,曾经蒙蔽和欺骗过不少人,其危害性是很大的,这幅资产阶级的大白旗,必须坚决拔掉它! 首先必须将客观主义和资产阶级其他思想一样,把它搞臭,使得人人深恶痛绝,老鼠过街,人人喊打,不能再欺骗迷惑人。杜绝客观主义者的市场,在政治思想和史学战线上将他们的影响肃清。

另一方面,必须努力学习马克思列宁主义毛泽东思想,坚定地站在工人阶级的立场上,改造客观主义的世界观,提高认识和思想水平;并亲身参加群众的行列,参加火热的阶级斗争和劳动生产斗争,从实践中

---
① 《马克思恩格斯文选》(两卷集)第二卷,第131页。
② 列宁:《再论职工会、时局及托洛茨基、布哈林之错误》。

经受锻炼,在建设社会主义向共产主义过渡的大熔炉中,千锤百炼,树立历史唯物主义的观点和方法,为捍卫马克思列宁主义的历史科学发挥战斗的威力。

(《历史教学问题》1959年第1期)

关于《中国政治社会史》的几点意见

梁园东著《中国政治社会史》，已出版第一、二分册（第一分册书名为《中国社会发展史》）。读后感到下列问题有提出来商榷的必要：

一、春秋战国时代的"商品经济萌芽"问题：作者说战国时代的"雇佣工人是代替封建经济的资本主义生产的一粒种子，战国间农业和工业方面都已渐渐出现"，列举的史实是："齐襄王，少时曾变易姓名为人佣作，……高渐离亦为人佣保，《韩非子》亦记有'卖庸而播耕'的人"（均见一分册64页）。

战国时"雇佣劳动者"的"佣作""佣保"，从史实看来，主要的是从事农业或一般劳动的雇佣劳动者，手工业小作坊虽有"雇佣工人"的出现，但在当时的历史条件下，不可能成为近代雇佣工人的前身，后者只有在手工工场（不是手工小作坊）普遍存在和发展的前提下，在封建社会末期才可能产生。苏联学者阿·潘克拉托娃在《论商品生产在由封建制度到资本主义制度过渡时期中的作用》一文中说："雇佣劳动甚至在奴隶制时代也曾个别地、偶然地出现过；在封建制度的各个阶段上它也不是经常的现象。而当时个别的雇佣劳动存在的事实并不说明资本主义关系的发生。"[1]因此，把战国时代的雇佣劳动者，看成"是代替封建经济的资本主义生产的一粒种子"的论点，是需要商榷的。

作者又说秦汉时的"'家僮'及'奴房'，都是奴隶劳动"，对这种奴隶的剥削，"是商品生产者对资本的'原始积蓄'"（一分册65页）。

关于"原始积蓄"，马克思在《资本论》中指出，是生产者和生产资料相分离的历史过程，是资本和与其相适应的生产方式的前史。这个过

---

[1] 《学习译丛》1954年2月号，第81页。

程之所以叫原始积蓄,是因为这一积蓄先于资本主义生产方式的发展。其积累的过程是资产阶级用犯罪与卑鄙的方法为自己创造资本与"自由的"工人。资本主义在代替封建制经济形态时,不仅消灭封建主的土地所有制,而且也消灭与其适应的、作为封建主义生产方式基础的小生产者。故原始积蓄首先意味着用强力来消灭独立的小生产者。马克思对这一过程说明如下:"……多数人零碎的所有权,转化为少数人大规模的所有权,也就是人民大众的土地,生活资料,和劳动工具被剥夺。"①列宁也指出直接生产者和生产资料的分离,即直接生产者之被剥夺,意味着由简单商品生产向资本主义生产的过渡。②

根据导师们的这些经典指示,我们能说战国至汉时的商人对奴隶的掠夺,是处在这样的历史条件之下吗?

作者的错误是把货币财富的集中和原始积累混为一谈,把商业资本(和高利贷资本)和工业资本混为一谈。作者在看到了"……大商人的吕不韦,他有'家僮万人',……卓氏,'富至僮千人'。……刁间,专门喜欢使用'奴虏',使逐渔盐商贾之利,富至数千万"(一分册65页),遂认为大商人对"这些家僮或奴房"的"奴役",是商品生产者对资本的原始积蓄。马克思教导我们说:"没有比把商人资本——商品商业资本的形式或货币商业资本的形式——看成是工业资本的特殊形式更不合理的了。"

本书第一分册第六章的标题《商品经济萌芽后的种种新现象——春秋战国形态之二》中的商品经济萌芽,似乎是指资本主义的商品经济的萌芽,因为简单商品经济的萌芽,不自封建社会始,在它之前早就存在着,这一点作者自然是知道的。因此所指的必然是资本主义的商品经济萌芽,这从这一章内所列举出的雇佣工人的出现,和原始积累等也可证明。

在这里,作者把商品生产和资本主义生产混为一谈。斯大林曾指示我们:"不能把商品生产和资本主义生产看成一样。这是两种不同的东西。"③

---

① 马克思:《资本论》,第963页。
② 列宁:《俄国资本主义的发展》,第37页。
③ 斯大林:《苏联社会主义经济问题》,第12页。

为了正确估计商品生产在各个社会形态中的作用,必须把商品生产与当时的经济条件有机的联系起来加以研究,"决不能把商品生产看作是某种不依赖周围经济条件而独立自在的东西"。①

战国至汉和以前的历史时期相比,商品生产是比较发达些,但其为封建主义的生产服务,是不容置疑的。资本主义商品经济萌芽必须在封建社会末期,手工工场大量发展,并首先要使劳动力变为商品的条件下才能产生,公元前几百年的春秋战国时代,是不可能具备这一历史条件的。

二、秦郡县制和中央集权:作者说"郡县制所以终能代替了封建制,其根本原因是在于国王们要专制,要集权"(一分册71页),这种论点是唯心的,大家知道"政治制度所由产生的来源,并不是要到观念、理论、观点和政治制度本身中去探求……因为这些观念、理论和观点等等,是这社会存在底反映"。②

所以,秦郡县制战胜领主"封建制"的根本原因,不是什么国王们要专制要集权,不是什么"伟大人物"的主观愿望的结果,而是作为其社会经济基础的封建土地所有制的发展,反映到上层建筑——政治制度的结果。

其次,"封建君主的建立统一国家,绝不是一般封建地主的愿望,封建地主的发展规律无论何时都是割据的"(二分册6页)论点,也是需要商榷的。我们知道封建社会在其发展初期,由于经济生活极其分散,缺少巩固的经济联系,作为上层建筑的封建国家不可避免地反映出这种经济的分散性,并表现出政权割据和君主中央集权削弱的特征。随着封建经济的发展和联系的加强,随着阶级斗争的尖锐,封建主需要中央集权政府来加强其统治,以保护剥削者的利益。所以,在各种不同的历史条件下,绝不是如作者所说的,封建地主的发展规律无论何时都是割据的。

三、秦代的阶级斗争问题:作者说"我们对(秦)封建君主和豪族地主的斗争,天然应作不同阶级的斗争看,而不应只看成是一个统治阶

---

① 斯大林:《苏联社会主义经济问题》,第12页。
② 《苏联共产党(布)历史简要读本》,第149页。

级内部的冲突"(二分册7页),这种说法也是不能同意的。

"所谓各个阶级,就是在历史上一定社会生产体系中所处的地位不同,对生产资料的关系不同,在社会劳动组织中所起的作用不同;而有某一集团能占得另一集团劳动的各个集团"。① 封建君主和封建主都占有农民的劳动,却看不出封建君主占有地主特别如作者所指的豪族地主的劳动。

封建君主和封建主,由于利益不完全一致和互相争夺,确是处于几乎经常倾轧的局面中,同时,另一面封建主又需要国王来镇压农民,和保护他们不受外敌侵略等等,所以在封建社会中,有封建主拥护和反对当时的君主的两种力量同时活动同时存在。秦代的封建君主政治也是如此,它一面扮演着反对封建割据的工具的角色,另一面又仍然是封建主的土地所有权和特权的保护者。

所以,秦代的封建君主和地主(包括豪族地主)的矛盾,并不是如作者所说"对秦代统一国家的主要矛盾,是豪族地主(包括六国后裔),而不是一般农民"(二分册38页)。恰巧相反,"封建社会的主要矛盾,是农民和地主阶级"。②

由于作者对阶级和阶级斗争的观念模糊,因而得出了秦代"地主和劳动人民(在封建社会主要是农民——笔者)一律平等"(二分册25页)的错误结论。"在封建制度下,生产关系底基础是封建主占有生产资料和不完全占有生产工作者"。③ 秦代的历史是一幅被剥削者反对剥削者、农民反抗封建主的残酷的阶级斗争的图画。这二者无论从哪个角度都看不出他们是"一律平等"的。作为《中国政治社会史》的专著,而出现了这样的文句和论点,是令人惊奇的。

四、陈胜、吴广领导的起义是否是农民革命的问题:广大的农民在秦地主阶级的残酷压迫剥削下,普遍的感到"天下苦秦久矣",在革命的暴风雨的笼罩气氛下,陈胜、吴广在与九百人同戍渔阳的旅途中,因雨失期,在惧斩的形势下,被迫举起革命的大旗。但农民阶级并不是一个先进的阶级,因而也提不出革命的理论和行动的纲领,正如斯大林提

---

① 《列宁文选》(两卷集)第二集,第592页。
② 《毛泽东选集》第二卷,第619页。
③ 《苏联共产党(布)历史简要读本》,第161页。

到俄国农民革命领袖时说:"他们都是皇权主义者,他们反对地主,可是拥护'好皇帝'。"①

我们评论历史人物,单纯强调其阶级出身和行动动机,是无法得出正确的结论的。革命的性质决定于它解决了什么矛盾。当时社会的主要矛盾是农民阶级和秦封建地主统治阶级的矛盾,陈胜、吴广等的具体行动是完全从人民的愿望出发,完全符合农民群众的要求和利益的。既然如此,为什么不能说在发动反秦起着领导和号召作用的陈胜、吴广是农民革命的领袖呢?为什么要抹煞他们所领导的革命的进步性质呢?正因为他们是代表农民阶级的利益,所以毛主席指示我们"从秦朝的陈胜、吴广、项羽、刘邦起……都是农民的反抗运动,都是农民的革命战争"。② 因此作者认为"陈胜、吴广……绝非一般农民……其思想意识亦极可疑",由可疑进而断定"无丝毫农民意识",并说:"秦末的暴动,无论以起兵诸人的阶级出身看,无论以起兵以后的政策看,都只是反对秦代统一的暴动,是反对统一、期图恢复割据政权的暴动,暴动的领导阶级,是六国的残余贵族和豪族地主,而非农民"(均见二分册41、42页)的论点是不正确的。说"这样的暴动——是反历史的,是对劳动人民有害的——秦末暴动的性质,就是如此",这种结论更是错误的。

五、其他:本书第一分册第二章标题《国家的产生和奴隶社会的发展——夏商时代》及这一章的内容均指出了奴隶是主要的劳动者,似乎已确认夏商是奴隶社会。但在本章中同时又提出"他们是种'初期封建'的国家"(一分册15页)。这就使我们很难理解夏商是奴隶国家呢?还是"初期封建"国家呢?"初期封建"国家是指奴隶制社会内的"初期封建"国家,还是指封建制的"初级封建国家"呢?究竟是属于哪一种生产方式的范畴,不明确,而且是矛盾的。

其次,如"富人阶级的产生"(一分册目录3页)一词也非常含混。"富人"严格的说并不是一个阶级,因为它可以指奴隶主、领主、地主、大商人,甚至资本家;如果当作一般的用法,它在有阶级时就已产生,并不自

---

① 斯大林:《与德国作家路得维希的谈话》,第10页。
② 《毛泽东选集》第二卷,第619页。

春秋战国时始。

上面所谈的,只是本书内的一些主要问题,是否正确仅提供作者和读者的参考。

(《光明日报》1955年2月24日"图书评论"第50期)

王著《魏晋南北朝史》评介

魏晋南北朝时期,阶级矛盾和民族矛盾都很突出,王朝嬗递、内战频繁。三百七十余年中,始则魏、蜀、吴鼎立,稍后虽有西晋的短暂统一,但不久又出现了北方十六国的分裂和江左的偏安,形成南北朝的对峙局面。以中国封建社会而论,统一的时间长,分裂的时间短;就魏晋南北朝而言,却经历了较长的分裂时期,不仅州镇割据所引起的战争频繁,而且各族统治阶级不断挑动了民族仇杀,广大农民群众的反抗斗争也此伏彼起,因此,阶级斗争、民族斗争和融合的情况,异常错综复杂。要勾勒这个时期的历史轮廓,特别是抓住其核心问题,阐明其发展的客观规律,确非易事。

山东大学王仲荦教授,长期以来从事这一方面的研究,撰述了很多专题论文,在深入研究的基础上,又写成了断代史。作者持魏晋封建说,将魏晋至唐"安史之乱"的中古社会,看作是初期封建社会,故初稿称为《魏晋南北朝隋初唐史》,它的上册在一九六一年七月由上海人民出版社出版。一九七六年冬,"四人帮"被粉碎后,他又对二十五年前的旧著,重新进行了改写,并将原书分成《魏晋南北朝史》和《隋唐五代史》。前者上、下两册,于一九八○年和一九八一年作为高等学校文科教材由上海人民出版社出版。这是付出了很大努力写成的一部有系统、内容充实的大篇幅断代史,提出了许多有价值的论点,是成一家之言的、具有特色的史学专著。

一

本书显著的优点和特色是论从史出,言必有据。作者在论述时,注意到议论和叙述的结合、论点和史料的结合,避免了材料排比、史事罗列和繁琐考证。每节正文后面附有详细的注释,裒辑了大量参考资料,有时附以考证,既有助于对有关问题的论证,也为读者提供了进一步研究的方便。恩格斯说过:"即使只是在一个单独的历史实例上发展唯物主义的观点,也是一项要求多年冷静钻研的科学工作,因为很明显,在这里只说空话是无济于事的,只有靠大量的、批判地审查过的、充分地掌握了的历史资料,才能解决这样的任务。"[①]作者正是本着这样严肃、认真、求实的科学态度,自一九五二年前后开始,积近三十年之功,锲而不舍,刻苦钻研,从事这部书稿的编撰。

魏、蜀、吴三国分立和西晋之所以统一的原因,史学界各家的论说不一。王仲荦教授论述魏、蜀、吴三国分立之所以产生,首先着眼于经济方面。他指出:东汉王朝中期以后,生产力不断遭到破坏,农业趋于衰落,手工业由于依附农民缺乏购买力而更加和农业结合在一起,商业停滞,人口减少。自春秋战国以来,从王侯的营垒基础上发展起来的城市,伴随着东汉王朝的灭亡,而日益丧失其曾经有过的政治意义。因而,在当时的中国境内,特别是黄河流域,涌现了无数坞垒堡壁。住在这些坞垒堡壁里的"垒主"、"乡豪"等地方封建贵族的经济与社会势力大大加强。因此,地方实权分散在这些地方封建贵族的手里。在自然经济完全占统治地位,各个坞垒堡壁间经济联系极其薄弱的情况下,终于使政治制度发生变化,国家趋向分裂。这是魏、蜀、吴三国分立的经济症结所在,也是自三国到隋统一全国前的四百年间长期分裂的症结所在。政治方面的原因,是由于东汉中叶以后,集中力量镇压少数兄弟民族起义和汉族农民起义,使地方豪强得以出任地方州牧、郡守,因而积蓄了力量,形成割据势力。等到黄巾起义后,东汉王朝中央权力被严重削弱,对州郡不能控制,割据局面遂由刺史、郡守的擅兵和握有民政、财政诸权而形成。同时,作者又指出:中国历史的特点,不同于当时西方居鲁士和亚历山大大帝国的情况,"这些帝国不曾有自己的经济基础,而是暂时的不巩固的军事行政的联合。……这些帝国是一些各有

[①] 《马克思恩格斯选集》第二卷,第118页。

各的生活方式、各有各的语言的部落和部族的集合体"。① 因而,这些国家一经肢解就衰落了。而中国的汉族则很早就是已经形成为具有比较统一的语言、地域文化的"部族"。所以当东汉王朝统治崩溃以后,虽出现了分裂割据的局面,但皇权还是在极困难的情况下被保存下来,到了西晋初年,还能一度统一。东汉王朝的崩溃,固然造成了四百年长期分裂的局面,然而这一分裂,并没有使中国衰落,它只可算做是后来创造国家中央集权的经济前提的一个准备阶段而已。

作者在叙述曹操能够统一北方的原因时,铺陈了许多事实,列出了五个方面的原因。② 我认为,作者所指出的这些原因都是对的,但未能进一步分析其中最主要的或者说根本的原因是什么,似嫌不足。在我看来,曹操首先推行屯田,解决了流民与土地的结合问题;同时实行集权统一,反对分裂割据,特别是打击世家大族,压抑豪强(当然,还有其拉拢世家豪强大地主的一面),从而缓和了其统治区内紧张的阶级关系,因而得到了人民群众和中小地主的支持,这应当是主要的。书中一再提到曹操"挟天子以令诸侯"的事,表明作者是非常重视这一问题的。这当然是正确的,因为曹操"挟天子以令诸侯",是在特定的历史条件下出现的,那时的汉献帝,虽已无人问津,然而却是当时王权的象征。曹操把汉献帝拿在手里,就等于拿到了对付豪强的政治优势和主动权,为打击世家大族和分裂割据势力,创造了最为有利的政治条件,成为他战胜世家大族割据势力,统一北方的重要原因之一。对此,书中似嫌分析不足,使一般读者容易就事论事,忽略其重要性。

对自公元二二〇年十月曹丕代汉,到二八〇年(晋太康元年)司马炎派兵灭吴、结束三国鼎立的局面止的这段历史,作者抓住了屯田制的逐渐破坏,世家豪强大地主一步步霸占屯田的土地,扩大自己的经济力量;政治上创立"九品中正制",扩大和巩固世家豪强大地主在政治上的权益、地位两个问题。作者用不多的文字,说明九品中正制开始时,"盖以论人才优劣,非为世族高卑",其为世家大族所操纵,是后来的事。指出这一点是很有必要的,因为许多史学工作者都误认为,自曹丕创行九

---

① 斯大林:《马克思主义与语言学问题》。
② 见该书第38页。

品中正制,便开始了世族地主政权的统治。其实自东汉后期以来,选任官吏的察举制度,弊端丛生,如顺帝时"窃名伪服,浸以流竞,权门贵仕,请谒繁兴",选举权完全操纵在地方州郡二千石牧守之手,致使秀才孝廉多为"权门贵仕"子弟所把持,这就必然引起一般中小地主的不满。其时就有人提出要求改变这种办法。曹操和曹丕时推行的九品中正制,即是以人才优劣为主,家世门第并不是主要的,更不是唯一的。正如《晋书·卫瓘传》所说:"魏氏承颠覆之运,起丧乱之后,详考无地。故立九品之制,粗具一时选用之本耳。其始造也,乡邑清议,不拘爵位,褒贬所加,足为劝励,犹有乡论余风。"但是,这一制度创始时,由于大小中正,皆取"著姓士族"来充任,其结果必然为世家大族所操纵,以致出现"上品无寒门,下品无势族"[1]的现象。世族地主政治上这种垄断权利,使他们在政治上的力量比以前更为雄厚,只要把国家政权的主要工具军队抓到手,就可以战胜寒族地主了。事实上,曹魏政权的衰亡,世族地主的代表人物司马懿父子篡魏建立西晋王朝,表明了曹魏的寒族地主政权变质为世族地主政权。

刘备的蜀汉政权,是在刘璋益州政权的基础上建立起来的,而益州自东汉末年以来一直为豪强世族地主所统治。刘备进入益州后,以"诸葛亮为股肱,法正为谋主,关羽、张飞、马超为爪牙,许靖、麋竺、简雍为宾友。及董和、黄权、李严等本(刘)璋之所授用也,吴懿、费观等又璋之婚亲也,……刘巴者宿昔之所忌恨也,皆处之显任,尽其器能",[2]又对随刘焉入蜀的刘璋旧部,也通过各种方式加以拉拢。事实表明,刘备的蜀汉政权是外来地主和益州土著地主的联合政权。这个政权,是东汉末豪族地主政权的继续和发展。

至于东吴政权,开始时得力于北方南渡的世族官僚的支持,同时,对于江南土著大族也竭力拉拢。后来周瑜、鲁肃早死,张昭年老,江南大族成为孙权政权的支柱。在江南落后的大族和宗族武装组织的支持下,这个政权很快朝向世族地主政权发展。它是以实行世将制、奉邑制、赐复制等优容、拉拢乃至依靠的政策,争取世家大族的支持来维系

---

[1] 《晋书·刘毅传》。
[2] 《三国志·蜀志·先主传》。

其统治的。

由于西晋、蜀汉、东吴三个政权的性质基本相同,因此,当西晋政权进行统一战争时,所遇到的上层阻力就相对地小,如邓艾率军攻蜀时,以谯周为首的益州土著地主集团,都公开主张投降。司马昭灭蜀后,将蜀汉政权中非益州籍的重要文武官员,全部召回到中原地区去,给他们官做,南迁的世族地主和原来的北方世族地主完全合流了。西晋政权于二八〇年灭吴时,正如作者在本书中所指出的,"江东世家豪族大地主除了缴出东吴政权过去交给他们率领的一部分世袭兵以外,他们的经济基础一点也没有变动,他们的家兵,也并没有收编或解散。这一支武装力量,在以后西晋政权崩溃的时候,还起了周玘'三定江南'的作用,成为东晋统治阶级稳定江东的重要支柱力量"。[①] 作者虽然没有明确点出,西晋统治集团之所以能够如此做,其基本前提是由于两个政权的性质相同(蜀汉政权也是如此),都为世家大族大地主所操纵和掌握;但通过具体史实的叙述,完全说明了这一问题。因此,魏、蜀、吴三国分立到西晋的统一的历史,看来头绪纷繁,但由于作者抓住了历史的内在联系,用世家豪族大地主这根线,把三国分立到西晋统一全国的历史联系起来了,故而线索清楚,脉络分明。

二

封建土地所有制构成了中国封建社会的主要基础,在任何历史阶段都决定着中国封建社会的面貌。魏晋南北朝时期,土地制度十分复杂,有曹魏的屯田制,西晋的占田制,北魏、北齐、北周的均田制,以及自两汉以来所保留下来的封建地主土地所有制等。作者认为:曹操开始于许下屯田,一岁得谷百万斛;以后又大规模地募民,在州郡列置屯田,每年收获谷物数千万斛。这样,不但解决了军食问题,使曹操粉碎群雄,统一北方,有了比较充实的经济力量;同时也使东汉以来被剥夺而脱离了土地的农民,又以隶属农民的身份重新和土地结合起来。因而政府成为大土地经营者,役使屯田客、佃兵从事农奴的劳动,构成了官

[①] 见该书第 114 页。

府大地主和屯田客、佃兵的生产关系。屯田客是束缚在屯田土地上的隶属农民，其劳动受着典农或屯司马的管辖及支配，身份大大低落；至于屯田兵，在性质上不但是战士，而且是国家的隶属农民，父子相承，成为低于自耕农的人户。

作者指出，中原地区自公元一九六年开始屯田，到公元二八〇年实行占田，前后八十余年之间，农村经济逐渐恢复。但是随着生产的进步，剥削也加重了，屯田的租率越来越高。过度的剥削，使屯田客、佃兵的生活更为困苦，生产情绪日以低落，纷纷投靠世家大族。到后来，政府已经不能通过屯田达到束缚流民于土地和增加租入的目的，所以司马炎灭吴之后，便另行颁布占田法了。

占田法是西晋政府一方面想方设法巩固小农农村，希望它继续广泛存在，作为国家的剥削对象，因此作出一夫一妇占田最高限额不得超过百亩的规定，使重新巩固起来的农村，财产上的分化不至于立刻十分严重起来；另一方面，政府为了保证财政收入，又必须在"寓劝于课"的美名下，规定一夫一妇实际耕种的土地不得少于七十亩，以每亩八升来交田租。其剥削量和曹魏时期相比，户调加重二分之一，田租加重一倍，力役则相对有所减轻。

占田法并没有触动大土地所有者的既得利益。这一办法实施之后，由于官吏有受田、荫客的规定，官品愈高，受田愈多，受田之后，又往往有受而无还。因此，占田法不仅没有妨害世家大族庄园经济的发展，相反，倒助长了它的发展。如"荫人"制度，在两汉时期是没有的，司马炎始制定士流容许荫客或荫人，故《通志·选举略》载："唐德宗时礼部员外郎沈既济议曰：汉世丞相之子，不得蠲户课，而近世以来，九品之家，皆不征其高荫，子孙重承恩奖，端居役物，坐食百姓，其何以堪之。"自从晋初制定士流，建立荫人制度以来，"九品之家"的各级世族门阀获得合法剥削奴役佃客、户课的特权，所谓"以贵役贱"的"役人"制度便很快发展起来。自中央到州郡的大小世族官僚们，利用职权，一面无限制地兼并土地，一面疯狂地霸占劳动人口，扩占"荫客"或"荫人"的数额，在家里"端居役物，坐食百姓"。特别是在西晋中央集权日趋削弱的情况下，占田制下的土地和劳动人手，就成为世族大地主吞噬与奴役的对象。

关于均田制的问题，史学界各家看法不一，王仲荦教授对这一问题进行了长期的研究，有自己独到的见解，因此在本书中的论述也比较全面。他认为：北魏拓跋氏以滞留在家长奴隶制阶段的部落，君临了封建关系已经确立的中原地区，因而国家成为一种复杂的结合体，它包含着一些经济发展不同的地区。道武帝入主中原以后，一开始就采取田租、户调的方式，向中原地区的小生产者进行剥削；同时，中原所盛行的"部曲"、"佃客"与世家大族之间的依附关系，也还在发展。这说明中原的封建经济关系，原封不动地被保留了下来，并没有因拓跋氏进入中原所带进来的一些落后因素的掺入而逆转。

北魏孝文帝推行均田制不是偶然的。太武帝拓跋焘太平真君年间和孝文帝太和元年敕令"计口授田"、"各列家别口数，所劝种顷亩，明立簿目"，"一夫制治田四十亩，中男二十亩"，就是北魏均田制的起源。到了太和九年（公元四八五年），孝文帝"遣使者循行州郡，与牧守均给天下之田，还受以生死为断"。① 只是把拓跋部初到塞上分土定居所奉行的这种制度，加以推广于整个中原地区而已。

均田土地的所有权不属于农民而属于国家，它的买卖受到一定的约束，土地的还授始终掌握在国家手里，休耕地也由国家来调配。这种带有村社性质的均田制，其所以能在地主经济占主导地位的中原地区生根，作者认为，其原因在于：一、在推行均田制以前，中原地区已推行过如西晋的占田制。二、古代中国本来有"普天之下，莫非王土"那种井田制的传统看法，而西晋占田制的实施，更加强了土地所有权属诸村社这一过程。孝文帝就是综合了北魏的"计口授田"与古代的井田制、西晋的占田制而在中原地区实施均田制度的。三、中原地区"土广人稀"，国家掌握了大量的荒地和牧场，从而有可能进行土地的收授。正如北宋时刘恕所说："魏、齐、周、隋兵革不息，农民少而旷土多，故均田之制存；至唐承平日久，丁口滋众，官无闲田，不复给授，故田制为空文。"②当然，即使有闲田旷土，没有强大的皇权作后盾来有力地执行，

---

① 《魏书·高祖纪》。
② 见王应麟《困学纪闻》卷十六。

也是不可能实现的。均田制之所以能在中原地区实施,是在北魏中央政权和地主不断斗争的过程中,以及北魏政权采用超经济的力量强迫中原地区的小农接受的过程中建立起来的。

对北齐所实行的均田制,本书也指出了其特点。至于西魏、北周统治地区,同东魏、北齐地区比较起来,是地主经济发展比较缓慢的地区,因而作者认为这些地区的均田制度也容易实行和巩固。

三

值得指出的是,本书对各少数民族的历史极为重视,自西北各少数民族的内迁,如匈奴人的迁徙,乌桓、鲜卑、氐、羌、賨人等的分布地区及其社会制度,胡羯在中原地区的建国,前燕与前秦的对立及苻坚的统一北方,以及后来鲜卑拓跋氏的建国,魏晋南北朝时期的边境各族等等,都有较详细的论述,从根本上改变了旧中国史学著作中那种轻视少数民族历史的状况。在本书中,各少数兄弟民族的历史不是作为汉族历史的陪衬出现的,而是运用马克思列宁主义关于民族问题的理论,尽可能对各少数兄弟民族的经济状况、阶级关系、社会形态等等进行了具体的描述和分析。

书中指出,进入中原地区的各少数兄弟民族,自魏晋以来,生活上普遍地陷于悲惨的境地,他们大部分给汉族地主充当佃客,有些甚至被汉族统治者掠卖为奴隶。当汉族人民展开反对西晋黑暗统治的时候,各少数兄弟民族的人民也起来和汉族人民一道反抗西晋的统治阶级,这种斗争是在阶级斗争和民族斗争结合的形式之下进行的。西晋政权崩溃前夕,少数民族的贵族大都挣脱了西晋王朝的统治,形成一种独立的势力。尤其是在并州(今山西)地区,太康之初原有编籍的民户五万九千二百,到了永嘉之际(307—321年),汉族人民大部分流亡南下,只剩下民户二万,汉族和少数民族力量的对比发生了变化。因此,进入汾河流域的匈奴族人在其部落酋长刘渊的统率下,首先起来建立了刘汉政权。后刘聪灭西晋,中原广大地区皆被其统治。

当阶级斗争和民族斗争运动的领导权落入少数族的部落渠帅手里

时，部落渠帅为了满足其奴役或虐杀其他族人民的欲望，必然鼓动其本族人民对汉族人民进行残酷报复，于是民族间的矛盾就扩大到人民中间去。本来没有矛盾的人民，在彼此仇杀与彼此猜疑的情况下也产生了矛盾。这种矛盾和斗争在中国整个封建社会里，要算魏晋南北朝时期发展得最为广泛，到了石赵灭亡前后，各族间的相互仇杀表现得最为突出。

十六国时，民族众多，各族的统治者旋起旋灭，头绪纷繁，不易阐明其发展脉络。本书作者抓住经济状况、阶级关系和民族间的矛盾斗争为线索，列成专章，分节论述，线索清楚，条理分明，对十六国的历史作了较为全面的叙述。

另一方面，作者又指出，少数兄弟族的渠帅利用扩大民族间的矛盾建立起他们的统治权之后，这些部落渠帅和中原的世家大族在阶级利益方面，又有其共同点，必然会发生一种相互依赖的作用。所以，少数族渠帅所建立起来的统治，一方面固然还是"共役晋人"，对汉族人民继续进行剥削和奴役；另一方面，却又勾结中原的世家大族，不但承认他们在政治上和经济上的特权，而且还发展这种特权。这样，少数族和汉族统治阶级就逐渐结成一体，共同压榨以汉族为主体的各族人民。作者认为，这种情况，从石赵时期开始，到了北魏建都平城以后就显得尤为明显。

鲜卑拓跋部及其所建立的北魏政权，是本书叙述少数兄弟族历史的重点。因此从拓跋部的兴起到道武帝定都平城即皇帝位，及孝文帝迁都洛阳，实行改革，都作了翔实的论述。拓跋氏氏族组织变为地域组织的过程，也就是他们由游牧经济生活转入农业经济生活的过程。当他们的部落还滞留在家长奴隶制阶段时，即君临了封建关系已经确立的中原地区，其所建国家成为一种复杂的结合体。而拓跋部内部的封建阶层正在战胜其他社会阶层，逐渐取得主宰的地位。在这种情况下，它不可能不受到当时中原地区先进的经济文化的影响。魏孝文帝的改革，说明鲜卑拓跋部虽然征服了汉族和其他少数兄弟族，但自己不得不被较高的文化所"征服"。鲜卑族拓跋部的统治集团，已认识到鲜卑族既已发展到这一特定阶段，还要保持固有的生活方式，已不可能。所以他们主张汉化，换句话说，他们是想用汉族固有的传统方法来统治汉族人民；何况通过鲜卑族的彻底汉化，正可以消灭鲜卑、汉族两大部族间的矛盾，他们的政权，因此会更巩固。在当时的客观形势下，要适应社会经济的发展，要巩固封建的政治体制，就必须缓和国内阶级矛盾和民族矛盾，就不得不彻底推行汉化，也就是进一步封建化的政策。要封建化，特别是要想控制越来越扩大的征服地区，就必须取得汉世家大族的合作，并且吸取他们的统治经验，来建立有效的统治秩序。因而孝文帝积极采取措施，以消除胡汉统治阶级之间的隔阂，从而使得鲜卑贵族更进一步地和汉世家大族密切结合起来。在这种情况下，拓跋氏的洛阳新政权就不仅仅代表了鲜卑贵族，而且代表了整个胡、汉统治阶级的利益，中原的汉世家大族同鲜卑贵族是休戚相关、利害与共的了。但是历史事实告诉我们，北魏王朝以后终究在汉族和各族人民大起义的沉重打击下，宣告崩溃，无论拓跋氏的政权怎样强化它的统治机器，并不能挽救它灭亡的命运。

在魏晋南北朝时期的边境各族一章中，作者把夫余、沃沮、勿吉、室韦、契丹、库莫奚等东北各族列为一节，柔然人与柔然汗国、高车、突厥人与突厥汗国的历史也列为专节，西北各族如鄯善、伊吾、高昌、焉耆、龟兹、于阗、渴盘陀、疏勒、乌孙与悦般的历史列为一节，西境各族如吐谷浑、附国与女国、宕昌与邓至、党项等族的历史也列为一节，都作了较详细的介绍和论述。这样的写法，比较符合历史的真实和民族平等的原则，也由于作者多年来潜心研究的结果，才能比较完整地写出它们的历史事实来。

四

由于魏晋南北朝时期出现了较长时间的分裂和频繁的战争，并且从东汉中期以后，城市衰落，商业停滞，货币行用不广，自然经济又完全占了统治地位。这种政治和经济状况，对当时的文化也不可避免地会产生消极的影响。正因如此，解放前的旧史学家对这一时期的文化，往往研究不够，叙述简略。本书作者却看到了另一方面的事实，即魏晋南北朝时期,是我国民族大融合的时代,在这样一个过程中,各族间的文化得到了交流和融化。同时,当时的中国和亚洲各国的文化交流也有了发展,中国的思想家、文学家、艺术家,在不同程度上吸取了外来文化的有益营养,丰富并发展了具有中华民族自己风格和气派的文化艺术。本书文化部分几乎占了全书四分之一的篇幅,对经学思想、哲学思想、宗教思想、史学著作、地理学著作、文学创作、文学批评、绘画、书法、雕塑、音乐、舞蹈、杂技等等,以及科学技术方面的重大成就,都作了比较全面的论述。作者特别指出:在意识形态领域里,如哲学思想、宗教、文学、艺术等等,从内容到表现形式,都浸透了世家大族地主阶级所提倡的森严的门第等级制度,以及当时统治阶级用来麻醉人民的宗教迷信的毒素。

曹魏以来,不但儒家思想已不能垄断当时的精神世界,就是刑名家的一套法术,也无所用其技了。带有"自然"、"无为"、对命运不作反抗的老庄思想,开始抬头。作者认为,魏晋南北朝时期玄学家们崇尚老庄,目的是要巩固世家大族地主的经济,任其充分发展。他们所主张的实际是君主无为,门阀专政。从学术思想本身的发展来讲,汉代占支配地位的儒家思想,是通过经学的形式表达出来的。魏晋之际的世家大族认为,《周易》的"寡以制众"、"变而能通",《老子》的"崇本息末"、"执一统万",《庄子》的"不谴是非"、"知足逍遥",对巩固世家大族地主阶级专政来说,都是有用的思想资料,因此便推崇这三部书。由于这一时期的玄学家们把"无"说成是万有的本体,必然夸大精神方面的作用,因此尽管他们表面上是无神论者,不相信有鬼神,但他们所崇尚的被视为万物宗主的"无",实际上就是精雕细琢的"神"。他们只是抛弃通常习见的有神论的低级形式,而通过哲学理论的隐蔽形式,来传播他们的唯心主义思想罢了。

东汉末年,道教开始形成和发展起来。作者认为,从神仙方士之说和庸俗化了的经今文学派的阴阳谶纬之说混合而产生了道教。开始时,道教教义还带有原始村社性质的一些平等精神,所以获得人民群众的拥护,曾和农民革命运动结合在一起。原始道教的经典《太平清领书》,也称《太平经》,内容复杂,既有维护统治阶级利益的言论,也有一些反映劳动人民利益的思想。黄巾起义失败,张鲁亦因丧失汉中根据地而投降曹操,从此道教内部的分化加速。一部分道教徒仍采用首过、符水治病等廉价的宗教迷信方式,在人民群众中间传播,——不妨称之为道教的符水派;而另一部分教徒则以金丹经、辟谷方、房中术等等玩意儿,来替统治阶级服务,满足他们的生活欲望,——可以称之为金丹派。到了东晋初年,葛洪著《抱朴子》,进一步从理论上来反对原始道教。道教在他的改造和提倡之下,便完全成为为世家大族服务的宗教。

佛教原是流行于五天竺一带的宗教,在中国传播开来,不是偶然的。黄巾大起义失败以后,统治阶级内部地方牧守就混战起来,失去了家园而流离失所的人们,生活痛苦,难免产生一些消极情绪;同时,自东汉以后,封建的隶属关系正在日益强化,受隶属的人们被束缚在世家大族地主的土地上,他们无法摆脱这种艰难的经济地位。受苦受难的人们祈求佛陀大发慈悲,把他们拯救出人间苦海,因而信任佛教。西晋的覆没使玄学在思想界的统治地位受到一定挫折。东晋、南朝时,玄学思想虽然在江南流行,但是停滞在魏和西晋的水平上,没有新的发展。而佛学思想却从玄学的附庸地位逐渐发展起来,最后反而使玄学思想成了佛学思想的附庸。从学术思想本身来说,当时佛教大乘空宗一套唯心主义哲学体系,在空无方面,比玄学的本无学说来得更彻底。从真谛来说,它可以否定现实世界的存在,否定天堂的存在,否定地狱的存在,最后甚至否定佛的存在,认为"涅槃"也是没有的。它把空无说得愈彻底,也就是说比起玄学思想要的花招更玄妙,就更有可能取得玄学的继承地位。当时的统治阶级自然要放弃过时的思想武器——玄学,而采用佛教来作为麻醉人民的工具了。

本书也存在不足之处。正如作者在《序言》中所声明的,文化部分内容不但还有疏漏的地方,而且大半借用了前人和近人的研究成果来作一般性叙述。另外,在文字方面个别地方也存在疏忽之处,对有些重要人物和历史事件的评论也嫌不够,没有作出新的判断。

总的说来,《魏晋南北朝史》的编撰和出版,是我国多年来历史研究中的一项重要成果,已经引起学术界和广大读者的重视,对学术研究起了一定的推动作用。特别是王仲荦教授在打倒"四人帮"后改写的部分,注意到记取历史的教训,提出"取乱侮亡"的问题,告诉人们:"一个国家,一个政权,如果内部安定团结的话,无论敌人势力怎样强大,也不见得会被消灭掉","相反,兵力虽然强大,如果内部充满矛盾,像前秦主苻坚统率八十七万人大举南下,同只有八万人的晋兵会战于淝水,也会一败涂地。"[①]这样做,使研究历史和现实结合起来,发人之所未发,给人以启发和深省。本书作为高校教材,对于史学研究者,尤其是年轻同志,无疑是大有帮助的,是能够满足他们进修的需要的。我们期待作者的《隋唐五代史》写得更为成功,并早日和读者见面。

(《历史研究》1982年第1期)

---

① 见该书第4页。

《中国古代史学史简编》评介

中国具有悠久的历史,同时也具有源远流长的史学。这一份十分珍贵的史学遗产,亟待史学工作者给以科学的总结,以便推陈出新,进一步发展历史科学,为四化建设服务。

最近喜读了黑龙江人民出版社出版的仓修良、魏得良同志所撰《中国古代史学史简编》(下称《简编》),感到这是以很大努力写成的一部有见解的中国古代史学史。虽云《简编》,其实是一部系统的、内容翔实的颇具特色的史学史专著,很值得向读者作一番评介。

一

本书最大的优点和特色,是从中国古代史学发生、发展的过程中,阐明它的客观发展的规律。作者认为,要撰著中国史学史,就是要研究中国史学发生、发展的过程,并找出它的发展规律,不仅表现在形式上(如史体的演变、史著的产生、史料范围的扩大等),而且反映在内容上(如史学思想、史学流派、史学传统等)。作者认识到,仅仅划分了奴隶社会、封建制社会的史学还不够,还需要在每一个社会的史学中划分阶段,才能够明确地表明史学发展过程中各个环节的特征和它的发展方向。《简编》将中国古代史学史划分为四个时期,而每个时期又抓住重要史体的发展、史著的产生、史家思想的影响等,分别加以论述。这不仅在中国古代史学史研究的理论方面有很大的提高,而且突破了当前史学史研究的水平,是十分可喜的事。

作者将中国史学史划分为四个时期:

第一个时期为"中国史学的起源和战国秦汉间的史学"。主要介绍和阐述编年体史学。作者认为我国史学从夏代开始便产生了。但是，编年体史学的发明至西周时才开始，因为从周朝开始，不仅王室有史官，各诸侯国亦纷纷设置史官从事史事的记载。从西周共和（公元前841年）开始已有确实纪年，为创立编年史体准备了条件，而太史就是这种史体的创立人。从天象的变化进而观察人事的变化，二者同时被记录下来，就成了编年体历史的雏形。其后，随着历史观的发展，过去那些专记王室、诸侯诰命和大事记之类的《尚书》、《春秋》等史书形式，已远远不能满足新时代的要求，新史书的内容既要能够反映出各诸侯国的政治、军事和外交活动，而且又必须记载地主阶级政权演进过程和总结其经验教训。《左传》、《国语》、《战国策》等新型的历史著作，正是在这样的社会背景下相继产生的。

第二个时期为"以人物传记为中心的汉魏六朝史学"。主要介绍和阐述纪传体史学。作者认为汉魏六朝时期，由于客观社会的需要和主观上的可能，在史学园地里，最突出的是以人物为中心的纪传体的兴起及其蓬勃发展，并且很快地占据了绝对优势的地位。

第三个时期为"主通明变的唐宋元史学"。主要介绍唐宋时代新的史体。唐杜佑编纂成贯通古今的典章制度的《通典》一书，为史书的著述开辟了新的途径后，又出现了与此相近而专记一朝一代典章制度的会要体史书，以及南宋袁枢在研读《通鉴》的基础上，写成《通鉴纪事本末》一书，创立了纪事本末体。而编年体本身也由于司马光吸取纪传体的长处，每遇重大历史事件，采取相对集中的叙述方法，而不使分见多处，从而为编年史体赋予了新的生命力，对后来史学的发展产生了巨大的影响。

第四个时期为"具有启蒙色彩的明清史学"。作者认为，中国封建社会发展到明代，进入了封建社会的晚期，由于产生了资本主义因素的萌芽，阶级斗争出现了新的特点，出现了一批反映时代特点的史学家，如王世贞、李贽、章学诚等，提出了"六经皆史"的口号，宣告了统治者利用儒家经典作为工具以强化封建专制统治的企图开始破产。至于清乾嘉时期考据学的盛行，是清廷封建专制主义文化政策的必然产物，史学的发展受到了严重的阻碍和束缚。

其次,史学的发展演变过程,是以生产力与生产关系,经济基础和上层建筑等基本矛盾为基础的,而在阶级社会里,则又是在以阶级矛盾为主要内容的、错综复杂的矛盾斗争中实现的。但是,已往的中国史学史著作中,避而不谈或者很少涉及不同时期不同史学产生的历史背景,不把史学的发展演变同其时代的社会经济和政治情况联系起来,不结合或很少结合当时的阶级构成、阶层关系和各自的要求进行分析。因此对史学产生发展变化的原因,得不出科学的解答。《简编》力求将各个时期不同史学产生的历史背景和社会经济、政治相联系起来,这是很可贵的。

作者认为,编年史体出现于西周时是很简略的。到了春秋时代,由于诸侯的逐渐崛起和周王室的日益衰微,形成了错综复杂的"大国争霸"局面,到后来,不但周王室的政治威望日益衰落,而且各诸侯国公室的政治权力也逐渐下移,出现了"陪臣执国命"、"政在家门"的局面。各诸侯国之间兼并争霸战争以及朝觐聘问互相交往的频繁,构成了春秋时期的历史特点,这不仅为史书的编写提供了条件,而且对史学的发展提出了要求。我国第一部编年体史书《春秋》出现于这个时期,也就绝非偶然了。

汉魏六朝时代,纪传史体的兴起和发达也有它的客观原因和基础。首先是由于秦汉大一统局面的出现和社会经济空前的繁荣,为史家撰写历史提供了新的课题。另一方面,随着自然科学的日益发达,和社会矛盾的日益复杂,重视人事的观点迅速地发展着,人的主观能动性日益显示出来了,不能不引起统治集团的注意,并迫切地需要总结其经验教训。而纪传体裁的史书,正可以突出各种人物在历史进程中所起的作用。作者还认为汉代选用官吏实行察举制度,以及魏晋以来各朝又相继实行九品中正制度,对被选拔的士人都要进行评论,其风气必然直接影响到史学上也注重褒贬人物,所以自汉以来,纪传体史书不仅数量迅速增多,而且品种也显著增多。再有,自东汉末年起,地方豪族割据势力恶性膨胀,魏晋时期门第制度形成,大写家传、家谱,于是传记、谱学盛行起来,这样,既增加了纪传体史书的种类,又直接为纪传体史书的编写提供了丰富的资料，两者互为影响，交互促进，从而使纪传体史书在这一时期得到了蓬勃的发展。同时，由于以人物为中心的《史记》问世以后，不仅开创了纪传体史学，树立了典范，而且启发了人们研究历史的看法和兴趣。断代为史的《汉书》，由于正统观念的强烈，能更好地为封建王朝服务，故深受欢迎和大力提倡，使纪传体史书占有绝对优势的地位。

二

随着时代的发展和各种制度的演变，史学发展到唐宋时代又产生了许多新的史体，作者分析原因时认为，唐宋元时期，阶级关系出现了新的变化，原来以世族豪门为代表的地主和以部曲为代表的对立，逐步变为以庶族官僚为代表的地主和以佃农为代表的农民的对立；在统治集团的内部，自隋朝开始，采用科举制度，和以前的察举制和九品中正制不同，它是以才取士，无需对人物进行品第褒贬，更不受门第资望的限制。这一改变，影响到史学思想的改变，因为现实政治中的活人既然不用褒贬，单纯褒贬死者也就失去了政治意义和作用。更为重要的是，在史学上，封建统治者由重视人的作用，进而要求探明历史变化之由，寻求历史变迁之迹，因而一朝一代的断代纪传体史书便无法满足其要求，只要贯通明变的通史才能达到其目的。同时史学发展的趋势，也具备了这一条件。唐初的刘知幾，为了总结以往史书编纂的经验，了解其长短得失以指导其后史书的撰述，写出了《史通》，从理论上提出了"通"的要求。唐中期杜佑的《通典》，汇通了以往正史书志中有关典章制度的资料，综合叙述其沿革变迁，开创了制度通史的先河，为史学发展闯出了一条新路。北宋司马光的《资治通鉴》，为了"探究治乱之迹"，着重研究历朝治乱兴衰的历史，写成编年体通史。南宋郑樵在《通志》中认为既要明变，就得贯通，只有通为一家，才能从中看出历史的发展变化，因此，他比较着重各朝典章制度的优劣得失。元初史学家马端临所写的《文献通考》，更进一步研究了历代典章制度"变通张弛之故"，并且从经济制度说到政权机构，以及表达等级制度的礼制、兵考、刑考以至意识形态,完全按照社会现象和事物发展中本来先后的地位列举出来,这说明他不只是在议论中,而且在实践中,继承和发展了郑氏会通的观点。以上事实说明,唐宋元时期的通史观念已大为盛行,各种史体都在努力求"通",这不仅是社会上明变求通的反映,也是史学本身发展的必然趋势。

金石学是宋代学者在史学领域中开辟的一个新园地,它把历史研究的范围从书本扩大到实物即古器物和碑刻上,并出现了一批富有史料价值的金石学著作。《简编》指出宋代金石学家主要做了三方面的工作:一是对古器物及其拓片的搜集,有助于商周典制和文字的了解。二是对古器物的考定及金石文字的考释。三是以古器物及金石文字来考订历史记载,除了可以和书本资料互相印证补充外,还有助于纠正书本记载中的讹误。故金石学的研究,扩大了史料的范围,有益于史学的发展。

其次,我国地方志的编写,魏晋南北朝时期已经开始,并出现了不少有价值的著作。唐宋以来,这种记载地方历史、地理、风土人情的方志得到了更大的发展,特别是南宋,不仅出现了大量著作,而且编纂体例也渐趋完备,举凡舆图、疆域、山川、名胜、建置、职官、赋税、物产、乡里、风俗、人物、方伎、金石、艺文、灾异等等,无不汇于一编。

《简编》对修史制度的演变也进行了分析,指出我国官修史书最早虽可溯源于东汉,如汉明帝曾命班固等撰《世祖本纪》和功臣列传载记,但是这种官修,只不过是作者个人接受皇帝的命令而编写,与私人撰史并无多大区别。隋唐以后,情况不同了。隋文帝开皇十三年(593年)下诏说:"人间有撰集国史,臧否人物者,皆令禁绝。"[1]贞观三年,唐太宗设置史馆于集中,专修国史,并由宰相监修,又别调他官兼任纂修。所修诸史,每部皆派定一人为主修,如魏徵主修《隋书》,李百药主修《北齐书》。这一措施,是中国封建社会史书编纂工作上的一个重大变化,从此,纪传体正史的编纂大权由政府掌握,而宰相监修国史也就成为以后历朝修史的定制。其长处是以后各朝代在制度上保证了正史的编纂,缺点是总掌史馆修史工作的监修多非其人,不少有才华的史家不愿进入史馆,以致在隋唐以后,并无创见的纪传体史著问出。

---

[1] 《隋书·高祖纪下》。

三

本书不仅内容颇为丰富，而且对史学史研究中的一些薄弱环节，进行了研究，提出了新的看法。如司马光是我国一位著名的史学家，他所编的《通鉴》在史学上占有重要的地位。对他的思想，解放以来史学界的评论几乎是全盘否定，认为《通鉴》只不过是以历史材料的丰富、真确而见长，在史学思想上则没有什么长处可言，这种评论未免失之偏颇。本书系统地论述了司马光的史学思想，指出《通鉴》能据事直书，使善恶自见。如一向为正统论者指骂为奸臣的曹操，司马光根据史实给予曹操以很高的评价。其所以能得出这样的结论，是因为司马光能坚持据事直书的求实精神，跳出正统论的圈子，才有可能避免正统论者随意篡改历史，任情褒贬的通病。司马光不信佛，再三强调"释老之教，无益治世"，反对神鬼怪异之说，在《通鉴》中对正史、杂史中的神鬼怪奇故事，作了大量剔除，除了少数在他看来是可以对君主起警戒作用的妖异记载尚可保留外，其余的图谶灾异、符瑞、占卜一类的东西概不采择。司马光虽然还算不上是无神论者，但他在《通鉴》中能结合事实，大量揭发和评判阴阳五行、宗教神鬼之说的祸国殃民罪行，对那些有意宣扬迷信思想的神学史观来说，无疑是个沉重打击。司马光深知，国祚之长短，皇位之得失，在政在德不在天。所以他虽然也讲了一些有关"天命"的话，以提高君主的威严，但整部《通鉴》却着重探究为政之得失，以为"致治之道有三：曰任官、曰信赏、曰必罚"。靠祈求上天不可得而治。司马光是一个复杂人物，他虽然保守，但又是清廉、正派的政治家。他企图借天上的权威来维护地上的王权，又较讲求实际，事实上天命论与无神论两种对立的思想在司马光身上同时存在，如果否认司马光有无神论思想，判定他是天命论者，是不公正的。我们只有不回避矛盾，把对立的两种思想都加以研究，才能得出合乎事实的结论来。

明代史学史，过去的论著中比较简略，《简编》认为明代史学以反映当代史为主，其原因与当时的阶级斗争和统治阶级内部矛盾有密切关系，且官修史书多忌讳，史实往往失实，对人物的功过得失也不敢评论。

明代学者不满于当时的现状,纷纷自己动笔写史,故野史盛行,促使了再度以褒贬人物为中心的传记体史学的发达。传记作品数量十分可观,以致有人说:"明人学无根柢,而最好著书,尤好作私史。"①

王世贞学问渊博,著作也相当繁富,不仅是明代文学上复古主义的代表人物,而且在史学上写有很多著作,是明代一大史学家。可是,过去的史学史专著中,很少或根本没有提及,对其史学著作更未能进行分析,《简编》则列有专节,对其所著《嘉靖以来首辅传》、《弇山堂别集》进行了分析,指出《弇山堂别集》中的"述",记载了明朝有关重大事件,"考"是记载典章制度,"表"是纪传体史书的表。关于此书的价值,《四库全书总目提要》说:"明自永乐间改修太祖实录,诬妄尤甚。其后累朝所修实录,类皆缺漏疏芜。而民间野史竞出,又多凭私心好恶,诞妄失伦。史愈繁而是非同异之迹愈颠倒而失其实。世贞承世家文献,熟悉朝章,复能博览群书,多识于前言德行,故其所述颇为详洽。"②

《简编》分析了王世贞的史学思想,认为他继王阳明之后,再度提出了"六经皆史"说,指出"《六经》,史之言理也",把《六经》看作是史书,"经"已失去了神圣地位。在王世贞看来,史书所起的作用甚至比经书还重要得多,他说:"经载道者也,史纪事者也,以纪事之书较载道之书孰要?人必曰经为载道之书,则要者属经,如是遂将去史弗务。嗟乎!智愈智,愚愈愚,智人之所以为智,愚人之所以为愚,其皆出于此乎!自有鲁史而孔子作《春秋》,有《春秋》而司马温公作《通鉴》,有《通鉴》而考亭朱子作《纲目》。其为辞也显而晦,微而婉,言之者无罪,而闻之者足以戒。孟子尊孔子作史之功以禹之治水,周公之兼夷狄,同年而道,则孔子而下如司马温公及考亭朱子,其功亦可以类推矣。"他一面主张"君子贵读史",一面对那些不读史书而空谈道义的人进行严厉的抨击,轻蔑地斥之为"夕死之虫,罔识岁时之变者"。明确地提出:"夫道欲于宇宙间奚物而非道?奚事而非道?史不传则道没,史既传而道亦系之而传。"可以看出,王世贞认为无论什么时候,各种不同的道都必须通过史书才得以传播,无论什么政治主张,都必须通过史书的记载才得以体

---

① 《四库全书总目提要·史部·传记类》。
② 《四库全书总目提要·史部·杂史类》。

现,即使是《诗》《书》《易》《礼》,亦"赖史而其义彰"。惟其如此,所以他特别强调史的作用,认为"万世之人读其遗篇,俯仰讨论乎其际,为之怒,则植发冲冠;为之忧,则达旦不瞑;为之喜,则忻然而笑,狂呼以鸣得意;为之哀,则痛哭流涕"。"成败之数明,而邪正之辨得。"强调"读史者所以晰天理、著人心也。读史者失所宗,则天理弃而人心淆,是教天下以奸者,史启之也"。指出"史学之在今日倍急于经,而不可以一日而去者也"。①《简编》分析王氏的史学思想,它正反映了封建社会晚期的特点。在封建社会日趋解体的情况下,儒家经书神圣的灵光圈已逐步失去了它的作用,因而连正宗史家王世贞也意识到了这一点,故大力宣扬"六经皆史论",强调史的作用,这在客观上来说,是有进步意义的。

作者对浙东史学也十分重视,列有专章,认为在清代史学发展上占有主要地位,一些有创见、有影响的史著大多出于这一学派的史学家。黄宗羲既为其创始人,又是有清一代史学的开山祖。在黄氏培养和影响下,浙东涌现了万斯大、万斯同、邵念鲁、全祖望、邵晋涵、章学诚等一大批史学家,而章学诚实为其殿军,以史学理论而总其成。本书除对浙东各史家及其著作进行深入分析论述外,并概括清代浙东史学的特点有三:一是反对门户之见,二是贵专家之学,三是主张经世致用。

《简编》认为章学诚的史学思想,一方面固然继承了先辈的优良传统,但更重要的是反映了时代对史学理论的要求,研究史意成为章氏治史的重点。他所撰写的《文史通义》,主要就在于抒发史家的意义,论述史学的作用,阐明治史必须经世致用,并针对时弊,重新提出"六经皆只是史"这一命题,详尽地加以论述,赋予了新的内容,成为他经世致用史学思想的核心。

章学诚进一步发展了柳宗元、王夫之等前人重"势"的历史观,认为社会的发展,有其固有的、不以人的意志为转移的必然过程,完全是出于"势使然"而"不得不然"的。他把历史的发展比作江河,都是由涓涓之水汇聚而成,继而滔滔不绝地奔腾向前,即所谓"滥觞流为江河,事始简而终巨"。② 明确地认为历史发展的趋势并不是受上天或神所主宰,

---

① 上引均见《纲鉴会纂·序》。
② 《文史通义》内篇第一,《书教》中。

也不是由圣君贤相所决定,是"时会使然"而"不得不然"。基于这个观点,章氏进而论证了典章制度的演变和学术文化的发展,也都取决于社会发展的必然趋势。章氏曾列举大量事实,论证文化知识、学术思想,是随着社会不断进步而向前发展。他断言,由于"古今时异势殊","古之学术简而易","后之学术曲而难",其论断是近于科学的。作为社会科学的历史学,其体裁之演变,同样也是社会发展的反映,而且这些演变总是后者胜过前者,"《尚书》变而为《春秋》,则因事命篇,不为常例者,得从比事属辞为稍密矣。《左》《国》变而为纪年,则年经事纬,不能旁通者,得从类别区分为益密矣"。他主张编撰通史,《文史通义·释通》篇说:"通史之修,其便有六:一曰免重复,二曰均类例,三曰便铨配,四曰平是非,五曰去牴牾,六曰详邻事。其长有二:一曰具剪裁,二曰立家法。"认定编通史便于阐明历史的发展和变化。另一方面,长期以来,我国史籍大都按照史体进行分类,而章氏把史籍分为"撰述"和"记注"两大类,前者有观点、有材料、有组织、有体例的著作,它具有一定的创造性。后者不过是原始资料的记录、选辑和汇编,并不要求具有什么发凡起例与别识心裁。对章氏校雠学上的贡献也作了充分的肯定。

对李贽的史学及其史学思想本书也作了深入分析,认为他虽反对以儒家的是非为是非,但没有也不可能完全摆脱封建观念的束缚,虽然同情和歌颂了农民起义领袖,但又宣扬忠君思想,在历史观上受循环论、宿命论和天命论的影响颇深,既有进步的东西,又有极大的局限性。

四

本书也存在不足之处,如史学史的分期,第二、三期都归纳出了特点,但一、四两期未这样做,实际上第一期史学的特点以编年体为主,第四期是封建社会后期,虽列有专章论述明清时期的史学特点,但多偏重其社会特点,未能指出这一时期史论非常活跃,史家一再强调史学的作用,正反映其特点,惜未能加以概括。

其次,有些重要的史学内容,如隋代史学基本未写,隋唐史官制度中有两种重要史实,其一是史官与历官的分途,在六朝时尚难明显说清,到了隋唐已经明显分途了;其二是史官中的注记与撰述分途。隋代太史曹、著作曹,俱隶秘书省。太史曹有太史令丞二人,著作曹有著作郎一人,著作佐郎八人。而掌起居注者,另有起居注二人。又有史馆,以监修国史掌之。唐初因隋制,因隋未写,唐也就不易清楚。

元代史学除官修宋、辽、金三史外,别的也都未谈,如《元经世大典》记载了元代的官制、屯田、赋税、版籍、户口、钞法、海运、矿冶、市舶、刑法、驿传、军制等。《元典章》也载有元代的典制法令,均为研究元代历史的重要资料书,惜未提及。

第三,本书前后有矛盾处,第一二八页说:"司马光编撰《资治通鉴》是最讲究封建正统的,但对于三国历史,他同样维持陈寿的看法,原因在于西晋承魏,北宋因周,且同建都于中原,这一政治局面,使他不得不维护魏的正统之说"。可是在二七六页却说,"司马光对封建正统论调不仅一概屏弃,而且还提出了批评,指出持正统论的史家编撰历史,不是从具体的史实出发,而是单凭主观愿望行事。"因此,他在编写《通鉴》时,一概排除这些正统观点,主张"据其功业之实而言之"。出现这种情况,可能是作者前后观点的变化,因而出现了不相一致的看法。

第四,历史进化论观点是近代的产物,进化论最初为拉马克所提出,是说现代生存的各种生物,是由过去地质时代生存的生物,随着生活条件的改变,从低级到高级,从简单到复杂而来的,后达尔文《物种起源》一书奠定了进化论的科学基础,社会科学工作者又将其应用于历史研究,成为历史进化论。而本书的作者说春秋时已出现了进化观的萌芽;又说《左传》一书的历史进化论观点,主要表现在它对春秋以来旧社会的破坏没有什么留恋婉惜之情;又说刘知幾继承和发展了韩非的历史进化论观点等,似乎在理论概念上有些混淆不清,似有斟酌的必要。

总的说来,《简编》的编撰和出版,是多年来史学史研究中的一项重要成果,必将引起学术界和广大读者的重视。它对于历史研究和教学,对于年轻同志的进修,无疑都是有裨益的。

(《历史教学问题》1983年第5期)

李平心史论集前言

李平心教授是我国著名的社会科学工作者、历史学家。一九〇七年出生在江西南昌。民主革命时期,他追求真理,较早地接受了马克思主义理论,在党的教育下从事于社会科学的研究,坚持战斗在文化思想战线上。解放前,他在上海创办《自修大学》、《现实周报》等进步刊物,宣传马克思主义和爱国民主思想。正如他自己所说,"为了真理与胜利而呐喊、而宣传、而歌唱。"他先后用李鼎声、平心、青之、李悦、李圣悦、邵翰齐、万流等笔名,在《世界知识》、《求知文丛》等进步报刊上发表了近三百篇文章。

三十年代开始从事史学研究,他力图以马克思主义立场、观点和方法研究中国近代史、中国革命史和世界革命史,先后出版了《中国近代史》、《政治思想史》、《论新中国》、《中国现代史初编》、《人民文豪鲁迅》,以及《各国革命史》等五十多部著作,对当时的反帝反封建的爱国民主运动,起了一定的积极影响。其中如一九三三年出版的《中国近代史》,提出以一八四〇年鸦片战争作为中国近代史的开端,阐明了中国半殖民地半封建的社会性质,可说是我国的用马克思主义观点系统研究中国近代史的早期著作之一。该书曾多次再版,为广大读者所欢迎。再如《论新中国》,既是一本为解放斗争服务的政治论文集,又是一本现代史著作。这是平心教授在一九四〇年学习了毛泽东同志《新民主主义论》之后而写的,在当时的蒋管区宣传了即将到来的新中国的前景。

解放以后,平心教授以火热的激情、绚丽的文采,写了《上海解放的意义》、《把胜利的欢喜化为建国的力量》等文,满腔热忱地歌颂新中国,并表示把自己的一切献给社会主义革命事业。在担任《文汇报》编辑时，配合全国解放后的新形势新任务，在报上发表了大量政论性文章。一九五二年到华东师范大学历史系从事教学和科研工作后，他又进一步研究中国古代史，研究甲骨文字和金石文字，在许多问题上提出了自己的见解。

平心教授是一位治学严谨、坚持真理的学者。一九六五年十一月，阶级异己分子姚文元《评新编历史剧〈海瑞罢官〉》出笼后，他极为愤慨，立即写文章与姚文元之流进行了针锋相对、寸步不让的斗争，痛斥文痞姚文元是"新黑帮分子"，"他们同老黑帮渊源互接"，"披戴纸糊的'革命'铠甲，一手挥舞有形的刀枪，一手抡动无形的板斧，并且善于浓妆艳抹，长于辩辞巧说，对照老黑帮来说，他们的确是青出于蓝，后来居上"。戳穿了姚氏父子一贯反党反人民的反革命老底。在"四人帮"残酷迫害下，平心教授于一九六六年六月二十日含愤去世。

本书选编了平心教授的有关中国古代史、甲骨金文研究以及中国近现代史方面的部分论著三十四篇。由于编者水平的限制，难免有不足之处，请读者批评指正。

编者
一九七九年三月

（与桂遵义合作，吴泽主编，袁英光、桂遵义编选：《李平心史论集》，人民出版社1983年版）

中国史学史论集前言

中国是一个史籍丰富的国家,早在古代奴隶制社会时,就有了历史记录、历史书籍。进入封建社会后,特别是到了西汉时,司马迁写出了著名的《史记》,提出了对于史学的看法,奠定了中国古代史学的基础。此后,史学著作繁多,史学日臻发达,唐代刘知幾撰写了《史通》,在史学理论方面提出了系统的见解,将史学研究的水平推进了一步。可是,在马克思主义以前的所有的史学著作,出于作者时代的和阶级的局限,不承认人民群众是历史的创造者,不承认人民群众社会实践的巨大历史作用。因此,在他们的史学著作里,至多不过考察了人们历史活动的思想动机,不可能了解和总结社会发展的客观规律。直到马克思和恩格斯才发现了人类社会发展的普遍规律,创立了辩证唯物主义与历史唯物主义,历史学才开始成为真正的科学。

史学史研究的对象是史学,是研究史学本身发生、发展、变迁、递嬗的历史的一门学科。史学史属于社会意识形态的一部分,具有鲜明的阶级性。研究马克思主义以前史学的发生发展时,要按照时代顺序,深入阐明史学家的阶级地位及其世界观,也即他们对待历史的态度,究明其每一历史著作产生的时代背景及其指导思想;阐明史料存在的状况;阐明史学本身发展的源流、各个历史时期不同历史学派的历史编纂学和史学研究方法,以及各学派之间的矛盾斗争。研究近现代史学史时,特别要注意马克思主义史学在各个历史时期与形形色色的非马克思主义的史学流派的矛盾斗争,深入阐明马克思主义史学在中国发生发展的客观规律。我们研究中国史学史,就必须对各个历史时期的不同史学流派乃至每一史学家的重要史学著作,作出正确的评价,给以应有的历史地位；对史学遗产作好清理工作，去其糟粕，取其精华，把前人在史学方面的成就及其存在的问题，作一个科学的总结，以便继承和发扬优秀的史学遗产和光荣的革命传统，进一步开展历史学的研究。

应当指出，中国史学史在目前来说还是一门基础比较薄弱的学科，需要我们不畏艰难，不辞劳苦，在这个领域内作长期的努力，联系更多的人分工合作，作些专题研究，出些论集和专书，在党的双百方针的指引下，开展讨论，才能够逐步发展成为坚实的学术著作。为此，我们特地将建国以来史学界同志们撰述的有关史学史的一些较为重要的专题论文，选编成一套《中国史学史论集》，以供从事史学史的教学和科研工作者参考之用。这套《论集》的第一、二辑为古代部分，第三、四辑为近现代部分，将陆续由上海人民出版社出版。在本书的编选过程中，承上海人民出版社王有为同志提供了宝贵的意见和校阅资料，谨此致谢。

上海师范大学历史系中国史学史研究室
一九七九年元旦

（吴泽主编，袁英光选编：《中国史学史论集》，上海人民出版社1980年版）

中国近代史学史论集前言

　　史学史是研究历史学本身发生、发展、变迁、递嬗的一门学科。中国史学史的任务在于以历史唯物主义为指导,分析和评述古今历史著作,探索和研究我国史学思想的流派、历史编纂学的演变以及史学本身的发展规律。我国早在奴隶社会时,就有了历史记录和历史书籍。进入封建社会后,特别是到了西汉时,司马迁写出了著名的《史记》,提出了对史学的看法,奠定了中国古代史学的基础。此后,史学著作繁多,史学日臻发达。事实表明,中国古代传统的史学理论和编纂方法确是极其丰富的,值得我们重新加以发掘、整理,批判地继承和发扬。但是在我们整个的中国史学史中,还必须重视和研究近代输入中国的资产阶级史学理论和方法,探究它对中国史学的发展,以及对中国资产阶级史学理论发展所产生的影响。当然,我们特别要加强马克思主义的历史唯物主义对中国史学发展的影响,及其与封建主义史学和资产阶级史学的矛盾斗争等问题。只有这样,我们才能全面了解与当前史学最有密切联系的近代和现代史学的发展,从而使中国史学史的研究真正能促进我国历史科学的研究和发展。

　　当前,中国史学史还是一门基础比较薄弱的学科,特别是近代和现代史学史的研究工作还刚刚开始。中国进入近代社会后,在史学方面也发生了重大变化,自龚自珍、魏源到王国维、梁启超等,名家辈出,史著葚增,为史学研究作出了重大贡献。五四运动前后,马克思主义传入中国,李大钊、郭沫若、吕振羽、范文澜、翦伯赞等史学前辈,应用马克思主义的历史唯物主义研究中国历史,取得了新的巨大成就,写出了许多有价值的著作。这些,都有待于我们作深入细致的研究和总结。

为了繁荣史学史这块学术园地,我们特约请有关的学者和专业工作者,撰写论文,各抒己见。通过讨论和交流,以便促使史学史这门学科更快、更好的发展。为此,我们在一九七九年曾选编了《中国史学史论集》(一)(二)两辑,其内容为中国古代史学史部分。这一次,我们又选编了《中国近代史学史论集》上、下两册,作为《中国史学史论集》的续编。这些论文除部分已在报刊发表过外,大多数文章还是第一次和读者见面。特别值得一提的是,齐思和、吕振羽、顾颉刚等著名史学家,在逝世前夕,为本书撰写文章,精神是感人的,我们谨在这里致以敬意和悼念。

本书在编选过程中,承华东师范大学出版社负责同志和有关编辑的支持和协助,并提出了宝贵的修改意见和提供校阅资料,谨此致谢。

华东师大中国史学研究所史学史研究室
一九八三年四月

[吴泽主编,袁英光选编:《中国近代史学史论集》(上),华东师范大学出版社1984年版]

中国近代史学史前言

中国近代史学史是研究中国近代史学发展规律和特点的学科。中国近代社会是个半殖民地半封建社会,国内传统史学各流派源远流长,丰富多采;外来各种史学思潮纷至沓来,五光杂色。并且,它与中国近代哲学史、中国近代思想史、中国近代政治史等密切相联系,互相制约着。所以,中国近代史学史的内容异常丰富,我们应深入地进行探索,精确地进行总结,在马克思主义指导下,进一步丰富和发展马克思主义史学,为繁荣社会主义文化和文化建设服务。

一

任何一门学科,随着它的日益发展成熟,都必然要在两个方面取得成绩:一是对它的研究对象的研究的深入,二是对本学科自身的研究的深入。中国近代史学史研究的对象是中国近代史学,它所涉及的范围极为广泛,一般说来,主要包括历史实录和史学理论两大部分。评论任何史家、任何历史时期的史学总是离不开上述两方面内容的。

史学思想在史学史中占有头等重要的地位,它是史学的灵魂,无论哪一位史家,哪一个史学流派,都有一定的思想作指导的。因此,我们研究史学史,必须通过对各个时代的各个学派和史学家的史学思想形成和演变的研究,探讨其历史学说的阶级属性、发展规律与特点。在中国近代史上有些革命家、思想家、史学家的历史观点,对当时和后来史学的发展起有重要的影响。例如严复把西方资产阶级的庸俗进化论系统地介绍到我国来,对我国近代资产阶级史学的形成和发展产生过巨大的影响,就应作深入的研究。再如无产阶级革命家李大钊,是中国马克思主义史学的开拓者。他于1919年至1920年,在《新青年》等报刊上先后发表了《我的马克思主义观》、《马克思主义历史哲学》、《史观》、《唯物史观在现代史上的价值》等论文,后来又出版了《史学要论》,系统地介绍了马克思主义唯物史观,阐述了马克思主义史学理论,作出了杰出的贡献,更应深入地进行研究和总结。史学思想在史学史中占有极其重要的地位,撰写史学史著作如果只局限于史料等方面著述的介绍,而不写史学思想和史学理论是不完整的史学史著作。

就历史实录而言,其内容更为广泛。长期以来人们曾把史学史看作是历史编纂学史。历史编纂学就它的内容来说,主要是研究历史编纂和历史表述的方法、体例、结构和技巧的学科,亦即用哪种形式、哪种方法生动准确地反映千差万别的历史动态和悠久的历史发展过程。史实表明,历史编纂不仅是方法问题,而是有什么观点就有什么方法,二者是分不开的。因而历史编纂学有封建的、资产阶级的、马克思主义的种种"学"的区别。马克思主义史学中的历史编纂学,与封建的、资产阶级的是不同的,要严格区别开来。因此,中国近代史学史不仅要研究编纂方法和表述形式的变化、发展,而且要研究与此相关联的有关编纂制度的起源和变化。因为各个历史阶段史学发展的状态,对史学史的发展有着重要影响。历史编纂学的主要内容就是研究如何具体实现内容与形式的统一,它同史学史研究史学本身发展规律的历史是有区别的,它仅是史学史中的一个组成部分。史学史中的历史编纂学部分,应表述史学发展的规律,同时又要求写出历史编纂学的理论和史的规律来。二者是一个完整的整体。

要研究史学家的历史著作,就一定要牵涉到史料问题和如何处理史料的问题。我国由于历史悠久,历史典籍异常丰富,是历史学家长期来辛勤劳动的成果。这些著作除反映作者的史学思想和编纂方法外,主要是记载历史事实。因此,在史学史的研究中就应注意历史著作中史料范围的不断扩大和鉴别分析的进步,以及史籍记载形态的演变、历史文学的发展变化等等,我们在研究史学家时,就要注意作者对史料状况的了解,以及如何考辨史料和正确运用史料问题。必须指出,史料学虽着重史料的研究与整理，但它同其他历史学科一样，具有鲜明的阶级性。如旧史家对史料的详略、增减、抹煞或歪曲，都受史学家的阶级立场和观点所支配。应当注意到，每个时代的史料学的状况，反映着当时史学发展的水平。而史学史本身则主要研究史料学本身的发展，确定其不同的价值、使用方法等等。可以说，史料学是研究史学的基础学科，其地位十分重要，是史学的主要辅助学科之一。

除上述几方面外，随着学科分工的发展，史学史研究的对象和范围也随之扩大。如考古学、民族学、宗教学、历史地理等，都是与史学史发展相关联的学科，均应作为史学史研究的对象。但这些学科只能作为史学发展的辅助学科，不能取代史学史的研究。还特别应当注意，由于中国近代是半殖民地半封建社会，反映在史学上，外国史学思想和史学方法起有重大影响，不探本溯源，不易进行深入的分析，特别是有些学者片面鼓吹学习西方，主张"全盘西化"，给中国史学带来了严重后果。另一方面，我们应注意到中外史学的发展应有共同的基本规律，也有各不相同的民族特点。不研究外国史学，就没有一个综合比较的研究，也就不能认识各国史学发展的共同规律和我国史学的民族特点。因此，研究中国近代史学史，必须同时研究西方资产阶级史学及其对中国的影响。

关于中国近代史学史研究的任务，我们认为主要是揭示史学发展的规律和做好史学遗产的批判继承工作。由于中国近代是半殖民地半封建社会，许多史学家的史学思想、方法受外来史学思想方法的影响，半殖民地半封建知识分子的色彩很浓，曾不断涌现各式各样的史学家、史学流派，各种历史记载、历史著作，都直接或间接地反映了社会经济、阶级关系和精神文化演变发展的趋势和需要，对近代人们的思想和要求产生了巨大的影响。所以，中国近代史学史的基本任务，就是发掘中国史学史上唯物主义观点对唯心主义的斗争，并把它跟五四以后历史唯物主义对历史唯心主义的斗争既区别开来而又联系起来，进行全部历史的考察。要这样做，就必须通过对史学发展的大量材料的分析与概括，阐明唯物主义观点和历史唯物主义如何在斗争中壮大了自己并从而壮大了我国史学本身发展的过程及其规律，这是比史学又高一层次的理论工作。

在阐明中国史学发展规律的同时,中国史学史的研究还要批判地总结我国史学成果。批判地总结成果,对中国近代史学史来说,就是对近、现代历史著作的总结。所谓批判,是有肯定,有否定,取其精华,弃其糟粕。

这样做的目的,是为了发展和进一步丰富马克思主义史学,写出具有中国特色的马克思主义的中国通史、断代史和各种专史的历史著作来,使史学史更好地服务于无产阶级的社会主义事业。

二

中国近代史学史的分期,主要是要表明中国近代史学发展的规律,也就是要表明中国近代史学演变发展的阶段性及其特点,而要做到这一点,就必须对构成史学演变发展的三个方面联系起来进行考察:一是历史学家在其史学著作中的观点;二是史学家在编纂学上的成就,主要是编纂的体例和方法,其中包括史料的鉴别和考辨;三是史学范围的扩大,史书种类的增多。不仅如此,研究中国近代史学史的分期,还必须同中国半殖民地半封建社会历史本身的发展特点联系起来进行论述,因为史学的阶段性的发展,是根据社会历史发展的时代脉搏而确定,经济、政治上的重大变化制约了史学的发展。我们认为中国近代史学的发展应分为旧民主主义革命史学和新民主主义革命史学两大历史时期。旧民主主义革命史学又分为三个阶段,本书据此为三编。

第一个阶段即第一编,为鸦片战争前后到太平天国时期,即1840年至1864年时期的史学。大致表现为两个方面:一方面是乾嘉以来的封建旧史学的赓续和日趋衰落,地主阶级改革派史学日渐处于主导地位,龚自珍、魏源等倡导今文经学,主张改革政治,学术上提倡经世致用,特别重视当代史的研究,着重总结镇压太平天国农民起义的历史及其经验教训。另一方面,由于鸦片战争的失败,一些爱国史家兴起了研究世界历史、地理的热潮,力图利用外国历史资料作为揭露和输入西方近代思想文化方面起有重要的桥梁作用,对中国思想史和史学史的研究起有重大影响。

第二个阶段即第二编,为太平天国农民起义失败到义和团运动时期,即1865年至1901年时期的史学。这时,地主阶级改革派史学已退居次要地位,由于西方资产阶级史学的逐渐传入,洋务派及其知识分子,为了办理洋务和外交的需要,也相当重视对外国史地的了解,资产阶级早期改良派史学家王韬、郑观应、黄遵宪等人,或则与外国人接触较多,对外国情况有进一步的了解,或则到日本、英国、美国等中国驻外使馆任职,因而对外国资本主义国家的经济、政治、文化情况有更具体更深刻的了解,认识到外国的长技,不仅在科学技术如坚船厉炮之类,而主要是在政治制度的所谓政事上,眼界大为开阔,加深了对西学的理解,对西方社会历史的理解逐步提高到理论上加以分析,认为中国必须改革,必须走君主立宪的道路,其办法是学习日本或者欧洲的英国。这一时期,资产阶级改良派为了维新变法,救亡图存,特别重视史学的作用,把史学作为一种有力的斗争工具。他们或者借考证中国古史问题来提供维新运动的历史根据,以减少推行变法的阻力,或者介绍外国历史以为中国变法图强的借镜。资产阶级改良派为了在政治上兴民权,抑君权,设议院,改变封建专制制度,实行君主立宪,他们开始学习外国的资产阶级史学,并接受其影响,对过去为封建专制统治服务的旧史学,在历史观和方法论上进行了极其初步的批判。康有为首先在公羊"三世说"的基础上,接受西方资产阶级进化论的观点,宣传进化史观,严复又系统地介绍了达尔文的进化史观,对当时和以后的社会政治思想起有积极的启蒙作用,对史学也起有深刻的影响。20世纪初年,反对帝国主义侵略,挽救民族危亡,反对清贵族封建君主专制统治,摆脱民族压迫,是紧迫的现实政治问题,它促使新史学思潮围绕当时的中心任务而兴起。因而进一步批判了封建史学,资产阶级新史学思潮蓬勃兴起,改良主义史学家梁启超等人,在批判封建旧史学中提出了建立新史学的理论和方法,确立了资产阶级史学的理论体系和方法,力求"新史"与旧史有所区别,以为其实现君主立宪政治服务。

第三个阶段即第三编,为义和团运动失败后到五四运动前夕,即1902—1919年时期的史学。资产阶级民主革命派史学在维新变法高潮时已崭露头角,代表救亡图存的另一路线,它深入批判封建旧史学,将自己的主张同反封建君主专制,进行民族民主革命的斗争结合起来,成为当时新史学思潮的一个重要内容。著名的资产阶级革命宣传家邹容、陈天华应用许多历史事实阐明革命是历史发展的必然,驳斥改良派对历史上人民革命的攻击,号召和动员人民群众起来推翻清朝封建专制统治。章炳麟在这一时期曾提出撰写《中国通史》的计划,"约之百卷,熔冶哲理,以祛逐末之陋"。① 力图在该书中摒弃旧史学只会排比事实的陈腐作法,而"以发明社会政治进化衰微之原理为主",以达到"鼓舞民气,启导未来为主"的目的。② 他在所写的《驳康有为论革命书》中,运用中外历史事实论证用革命手段推翻清朝封建统治的必要,痛快淋漓地驳斥了以康有为为代表的资产阶级改良派诋毁革命的谬论。孙中山、宋教仁等人也在领导和宣传革命学说时,曾对一些历史问题有精辟的论述,在一定程度上重视人民群众在革命和建国事业中的作用,驳斥了个人是历史"原动力"的谬论。随着资产阶级民主革命思潮的高涨,在史学战线上资产阶级革命派与改良派在世界史和革命史方面展开了斗争,他们各自根据斗争的需要,编译了不少世界史和革命史论著,从而使中国资产阶级历史编纂学得到了发展,并形成了自己的特点。尽管资产阶级革命派与改良派围绕着革命与改良在史学领域中进行了针锋相对的斗争,但在相当长时间内,就全国范围来说,改良主义史学还有很大影响,不仅梁启超等人写了大量论著,而且夏曾佑写出了《中国古代史》,在学术界特别是史学界有一定的影响。地主阶级史学家亦在竭力挣扎,如王先谦编撰了《汉书补注》、《后汉书集解》,继续宣扬封建旧史学历史观。

　　值得注意的是,在清末民初出现了如王国维等古史学家,受到了史学界的重视,对五四后的中国史学起有很大的影响。

　　1919年五四运动后至1949年中华人民共和国成立前中国史学进入了新的历史时期。在中国共产党领导下,中国革命由旧民主主义革命转为新民主主义革命,反映在史学战线方面,随着马克思主义在我国

---

① 章炳麟:《訄书·哀清史》附《中国通史略例》,《章太炎全集》(三),上海人民出版社1984年版,第329页。
② 章炳麟:《致梁启超书》,《章太炎政论选集》,中华书局1977年版,第167页。

的传播,中国的马克思主义史学诞生了,出现了李大钊、郭沫若等中国马克思主义史学的开拓者。

郭沫若在1928年旅居日本后,开始研究中国古代历史。他的《中国古代社会研究》这一划时期的历史巨著,于1930年正式出版发行,"把中国实际的社会清算出来",用历史事实驳斥那些所谓"中国国情特殊"论者。他运用马克思主义关于人类社会五种社会发展形态学说的理论,通过大量甲骨、金文等资料的研究和分析,阐述了自殷周以来中国古代社会发展的历史进程,作出了中国社会经历了原始公社制、奴隶制、封建制等阶段的论断,从而说明了马克思主义关于人类社会历史发展一般规律的论述完全适用于中国。《中国古代社会研究》一书出版的时候,正值中国第二次国内革命战争时期,曾发生了一场"风靡整个中国学术界"的中国社会性质和中国社会史问题的大论战。这次论战是马克思主义与非马克思主义的论战,是捍卫党的反帝反封建革命纲领和捍卫马克思主义的论战。郭沫若在该书中对中国社会发展规律的论述,在这场斗争中起了开路先锋的作用。继郭沫若之后,吕振羽运用马克思主义学说,对种种非马克思主义史学观点进行针锋相对的斗争,于1934年写出了《史前期中国社会研究》,肯定了我国存在着原始公社制社会。1936年又出版了《殷周时代的中国社会》,肯定了殷代是奴隶制社会,西周是封建制社会,开创了西周封建说。

抗日战争和解放战争时期,马克思主义史学在反法西斯斗争中,发挥了巨大的作用。日本法西斯史学家秋泽修二连续抛出了《东洋哲学史》和《中国社会结构》二书,宣扬中国社会的"亚细亚停滞性",只有外力才能推动中国历史发展的反动谬论。这时,郭沫若、吕振羽、翦伯赞、范文澜、侯外庐等马克思主义者对法西斯的谬论进行反击,作出了巨大贡献。吕振羽从1939年至1940年,连续写了《关于中国社会史诸问题》、《"亚细亚生产方式"和所谓中国社会的"停滞性"问题》、《创造民族新文化与文化遗产的继承问题》等论著,对法西斯史学观点进行了全面系统的批判。特别是《中国社会史诸问题》一书出版,对二三十年代关于中国社会史问题论战进行了较系统的总结,吕振羽指出该书:"反映了中国新史学在历史科学战线上的斗争过程中的若干情况,也反映了有关各派对中国史问题的基本立场、观点、方法及其在一定时期的发展过程,可作为中国马克思主义史学史的参考资料。"①总之,在抗日战争时期,马克思主义史学得到了一定的发展。

在社会史研究方面,1943年侯外庐的《中国古典社会史论》,以"亚细亚生产方式"问题为突破点,运用马克思、恩格斯的有关论断,明确指出中国与世界上多数国家一样,也经过了奴隶制社会。在理论上进一步阐明了马克思主义关于社会发展规律的学说完全适合于中国。与此同时,邓初民出版了《社会史简明教程》(后改称《社会进化史纲》),论述了人类社会历史的一般发展过程及其规律。1942年吴泽的《中国原始社会史》、《中国社会简史》,也着重论述了中国社会历史的发展过程及其规律。

在通史方面,吕振羽的《简明中国通史》第一分册,范文澜的《中国通史简编》,翦伯赞的《中国史纲》第一卷,吴泽的《中国历史简编》等先后在1941年、1942年出版,这些著作是在马克思主义唯物史观指导下进行研究中国通史的代表作。它们的出版是抗日战争时期中国马克思主义史学发展的重要标志。

在思想史方面也取得了成就。这一时期吕振羽的《中国政治思想史》,侯外庐的《中国古代思想学说史》、《中国近世思想学说史》和《中国思想通史》第一卷等著作先后出版;郭沫若也撰写了《青铜时代》、《十批判书》,杜守素出版了《先秦诸子批判》等著作。他们阐明了社会进化与思想变革的发展的传统和规律、特点。其他专史研究方面如民族史研究、中国近现代史研究等方面也取得了可喜的成就。如范文澜的《中国近代史》、吕振羽的《中国民族简史》、胡绳的《帝国主义与中国政治》等专著先后出版,对中国马克思主义史学的发展起有重要的影响。

在这一时期,胡适、顾颉刚、陈寅恪、陈垣、钱穆等人在古代史研究、历史地理和元史研究等方面,也做出了很大贡献,对中国史学的发展起了一定影响。

---

① 吕振羽:《中国社会史诸问题·新版序》,三联书店1961年版,第7页。

三

我们认为中国近代史学史不能作为一种孤立的现象来看,而是把它视为中国传统文化的一个侧面,作为一个新旧史学演变的历史阶段来研究,故应把它放在当时的社会政治、经济、哲学等广阔的视野上加以透视。因而在本书的每一时期以及每一章节中注意论述史学思想的社会政治背景和思想基础,并揭示其发展的普遍规律,同时,又注意把握中国近代史学史发展的特殊规律。

从鸦片战争到五四运动,中国封建旧史学度过了风雨飘摇的衰亡时期。龚自珍、魏源、王韬、黄遵宪及至后来的康有为、严复、梁启超、夏曾佑等有志之士,在研究中国传统史学的同时,都在不同程度上引进了包括西方资产阶级史学理论在内的西方文化。但是,过去封建地主阶级和资产阶级的思想家和史学家,对外国思潮的引进,由于其阶级的局限性,不可能正确了解外来思潮的真实内容,由于没有与中国实际相结合,没有与总结我国传统的历史学相结合,结果都失败了。如地主阶级改革派史学家魏源虽然提出了"师夷之长技以制夷"的主张,可是他不可能真正理解西方资产阶级的长技,他所"师"的仅仅是西方资产阶级火药武器即坚船厉炮之类,幻想用西方的军事技术来制夷,利用西方的资产阶级技术来为封建王朝服务,其结果自然达不到预期的目的。又如资产阶级早期改良主义者王韬、黄遵宪等对西方文化的认识虽比魏源深入了一步,已注意到了西方资产阶级国家的政治制度,但他们的引进局限于君主立宪制度,并没有正确了解外国文化特别是帝国主义时代外来文化的阶级实质和侵略弱小民族国家的真实内容,而是宣扬"全盘西化",其结果走上了失败的道路。因此,直到中国共产党成立以前的各个阶级阶层的思想家和史学家在吸收外来文化时,都不可能正确地符合中国的实际加以批判地引进。只有从1919年中国共产党成立之后,共产党人把马克思主义与中国革命的实际相结合,在马克思主义指导下,在史学上能够正确的对待外来文化和引进外国史学理论和方法,并与中国实际相结合,坚持"洋为中用",坚持批判继承的原则,建立和发展中国马克思主义史学。今天，对外国史学理论和方法，不是要不要引进的问题，而是要结合我国社会主义的实际，如何更好地引进和开放，使其能加快马克思主义史学的建设，在史学研究上取得丰硕的成果。

关于如何论述中国近代史学史，在编纂的体裁上也是一个重要问题。本书虽然也采用章节体，对历史著作和历史学家，按史学发展的阶段性，按时代顺序介绍人和书，但本书不同于以往史家撰述的方法。过去的中国史学史著作在章节的安排上，大多都是一人单独成章或节，一个人要经历几十年，不同时代条件和历史背景的历史研究著作集中在一个章或节中叙述，它的优点是：从宏观上来看，比较容易看出的纵的联系，在形式逻辑上有其长处。但它的根本缺陷是：不能把作者在长达数十年所处的不同的历史时期、不同历史背景所产生的思想观点上的变化发展，置于一个特定时代总的发展思潮中，从总体上进行论述，而往往是作为孤立的现象去处理。这种编纂方法，更看不到某一时期史学战线上各家各流派史学活动的全貌，以及作者在这一时期史学战线上所处的地位和作用，特别是同一时期各家各流派在史学上的对立斗争和互相渗透的情况，看不到某一时期史学战线的全貌。事实上，史学的发展过程，是历史资料不断积累、历史记录不断丰富、历史知识和历史观点的不断趋于复杂和相互斗争的过程和结果。我们研究史学史必须结合当时社会历史的一般规律，抓住每一社会形态发展过程中的各个不同历史时期的主要矛盾和主要矛盾方面，探索出当时各个社会形态中史学发生、发展、演变递嬗的规律，据此订出编、章、节，以便深入阐明各个史家、各个学派在某一特定时期的阶级地位及世界观、史学观，究明每一历史著作产生的时代背景和指导思想，阐明史料存在的状况、史学本身发展的源流，各个时期不同历史学派的历史编纂学和史学研究方法，以及各个史家、各个史学流派的矛盾斗争。如魏源在史学领域内活动长达四十余年之久，写有四大史学著作：《圣武记》、《海国图志》、《道光洋艘征抚记》、《元史新编》，我们不是放在一章中并列地加以叙述，而是根据其不同的写作时代，不同的编纂历史背景，不同的指导思想和所起的不同作用和影响，分别列入不同的章节中加以论述，如

《圣武记》是写于鸦片战争前夕而完成于鸦片战争时的著作，其时正是清王朝衰微时期，资本主义列强对中国虎视眈眈，进行侵略，魏源目睹这种现象，非常痛心，故积极寻求富强之道，歌颂清初"盛世"武功，希望中国转弱为强，整武备，雪国耻，不受外国资本主义的侵略，并且成为"军政修"、"官强"、"兵昌"、"令行"、"四夷来王"的强大国家，这种强烈的反侵略的爱国主义思想，与当时顽固派的卖国思想，恰成鲜明对照，因此，我们将它置于乾嘉封建正统史学的分解与没落一章中加以叙述，藉以看出当时史学战线的全部活动面貌，和各史家、各史学流派相互斗争的情况。《海国图志》则是鸦片战争失败后的著作，其时的主要矛盾和主要矛盾方面都和前者不同。因此，地主阶级改革派的魏源在《海国图志》中不仅介绍世界各国史地的情况超过了以往这一方面的著作，而且还提出了自己的政治、经济以及海防的见解，阐述自己对一系列问题的看法，抒发自己在鸦片战争失败后的义愤，特别是他提出的"师夷长技以制夷"的所谓"师夷"思想，是魏源先进思想的重要方面，它使《海国图志》在中国近代思想史和史学史上放射出光芒，给人们以一种希望和力量。

这一时期在反侵略爱国思想指导下的著作，还有梁廷枏的《海国四说》和《夷氛闻记》，对鸦片战争胜负归于封建宿命论观点和唯武器论、唯将帅论等观点进行了批判。夏燮也撰写了《中西纪事》，表达他对鸦片战争的认识和主战思想，对投降派则进行了揭露和谴责。这时，投降派的著作有黄恩彤的《道光抚远纪略》和《抚夷论》，为投降派的屈膝投降进行辩护，将鸦片战争爆发的罪责归咎于林则徐，是一部颠倒是非的著作。为投降派辩护的还有记载第二次鸦片战争的赘漫野叟编撰的《庚申夷氛纪略》。

魏源的《元史新编》则写于太平天国农民起义爆发时期，它主要是总结元朝的"衰亡之道"，以对抗太平天国农民起义。此时，魏源由地主阶级改革派立场走向了反面，由主张进行政治改革演变成对抗农民起义，表现了他鲜明的地主阶级立场。这一时期地主阶级史学家为了对抗太平天国农民起义，夏燮还编纂了《明通鉴》和《粤氛纪事》，徐鼒编撰了《小腆纪年附考》和《小腆纪传》等书。

我们认为这样安排编、章、节，比较能深入阐明各个史家、各个史学流派在某一特定时期的阶级地位、世界观和历史观，能究明每一历史著作编写的时代背景和指导思想，以及各个史家、史学流派对立斗争或相互渗透的情况。我们认为这样做是符合马克思主义历史编纂学原则的。

早在六十年代初，高等学校文科教材编审办公室委托吴泽教授主编中国近现代史学史教材。当时，翦伯赞同志任历史组编审组长，为了促进中国近现代史学史的编写，他亲自在北京民族饭店召开座谈会，讨论中国近现代史学史编写的一些原则问题，范文澜、吕振羽、侯外庐和尹达等同志应邀参加了会议，他们发表了很多宝贵意见。"十年动乱"，中国近现代史学史编写工作中断。党的十一届三中全会后，国家教委文科教材办公室又重新把中国近现代史学史列入教材编写计划。值本书出版之际，我们十分怀念曾经关心我们编写工作的老一辈著名马克思主义史学家，谨表衷心的感谢和深切的悼念。

本书编写过程中，国家教委文科教材办公室田珏同志给予热情帮助和大力支持。刘寅生教授和盛邦和、胡逢祥、张承宗、张文建、周朝民、路新生和董浩等同志，分别撰写了有关专题的长编和论文。江苏古籍出版社王士君同志为本书出版做了大量的编审工作。在此，一并致谢。

限于水平，本书在很多问题的看法上难免有不妥之处，恭请海内外专家和读者批评指教。

作者
一九八八年七月

［与吴泽、桂遵义合作，吴泽主编，袁英光、桂遵义著：《中国近代史学史》（上），江苏古籍出版社1989年版］

李星沅日记前言

　　历史人物的日记,对研究历史往往具有相当重要的史料价值,因为日记的作者,大多是学者或政治上的一些显要人物,他们的社会关系较多,人事交往较广,处理的事务也各有各的不同方面,各有不同的重点和特色,各自根据其亲身经历,或本诸所见所闻,逐日记录下来,其内容或在土地、生产以及财政赋税等社会经济方面,或在政治制度、吏治、政治斗争内幕消息方面,或在对内对外军事战争方面,或在学术文化思想方面,或在某些地区和民族的风土、文物、宗教方面,或在地方掌故方面作了具体的记载。并且由于作者是作为日记记载的,故论及当时的时事和人物顾忌、隐讳较少;由于是作者亲身的经历,较据传闻而记录的资料真实性要高,有些可改正一般历史记载中所出现的讹误。尤其是日记是按照年月日记载亲身的经历和见闻,所记事件发生的时间、地点,在通常情况下,其可靠性在一般史料之上。

　　李星沅(1797—1851),字石梧,湖南湘阴人。1832年(清道光十二年)进士,选庶吉士,授编修。1835年,督广东学政,旋任陕西汉中知府,历河南粮道,陕西、四川、江苏按察使。迁江西布政使,随即调任江苏布政使。后升任陕西巡抚,署陕甘总督,调江苏巡抚。1846年升任云贵总督,兼署云南巡抚,寻调两江总督。其任江苏藩臬时,正值鸦片战争之际,于吴淞、江宁两战役均亲身经历,《南京条约》签订时也耳闻目睹许多事实,并逐日写有日记记其情况,于当时妥协投降派的丑恶行径、侵略者的暴行和气焰、清军将领贪生怕死和官吏的昏庸腐朽的记载,多有当时官书及一般史籍所未载者。至于清代地方政治制度之实况,吏治腐败之情况,亦可于其日常行事中,尤其是日记所载之具体事实中,发见若干不易得之资料。

由于李氏历官江南各省,熟悉盐、漕、河诸利弊,又官河南、陕西、云南、贵州等省,和清中央政府官僚联系也多,他的接触面很广,处理的事务也颇多,故李星沅日记所载内容十分丰富。尤为可贵的是,李氏是一位"循吏",论及当时时事和人物,能比较朴实质直地记载和评论,使我们对当时社会经济和上层统治集团中的矛盾错综复杂情况从其得到较深刻的了解。

现存的李星沅日记,是从道光二十年(1840年)开始,止于二十九年(1849年)。觉园老人借阅李氏日记原稿时,摘抄一过,据云行款大致依原稿,其不可辨者则阙疑,分成二十册,约七十万字,手抄本今藏上海图书馆。本日记即据手抄本进行校点。从所属时间和分量看,是李氏日记中的主要部分。日记对鸦片战争、道光时期的内政外交、朝野风气、社会状况,特别是地方制度和吏治的情况,统治集团中人物颠顸的情况,均有具体的记载和较深刻的论述,资料相当丰富,可供中国近代史研究工作者和学习者的参考。

由于李星沅是清朝的"封疆大吏",他的日记不可避免地要反映封建地主阶级的立场和观点,这是不言而喻的。

李星沅日记原抄本分若干卷,但看不出卷与卷之间在内容和时间上有什么直接联系,可能是日记原稿或抄者以原件装订一册称一卷。因此,我们在整理和校点时取消了原卷次,而以一年为一部分,每年开头另面排,以清眉目。我们在点校过程中,每日均补填公元月日,以便读者阅读、对照,并与《中国近代人物日记丛书》体例相一致。凡订正原稿错字,订正之字置于〔〕内,置于错字之后。增补脱字,置于〈〉内。衍字置于[ ]内。难以确定的,用〔?〕表示。原稿模糊难辨之字,用□表示。原稿有若干处缺日或重日的情况,我们在整理时一仍其旧,以存原貌。

在本书整理工作过程中曾得到吴泽、顾廷龙、方行等先生的大力帮助和上海图书馆古籍部、中华书局的热情支持,一并在此表示深切感谢。

整理者
一九八五年五月

(袁英光、童浩整理:《李星沅日记》,中华书局1987年版)

王文韶日记前言

王文韶（清道光十年—光绪三十四年；1830—1908年），字夔石，号耕娱，晚号退圃。出生于江苏嘉定（今属上海），原籍浙江仁和（今杭州）人。咸丰二年（1852年）进士，铨户部主事，迁员外郎、郎中。同治初，出为湖北安襄郧荆道，旋移署汉黄德道。六年（1867年），左宗棠以钦差大臣督办陕甘军务，镇压西捻军及回民起义，奏派王文韶为总办陕甘后路粮台。左宗棠、李鸿章皆荐其才，不数年间，擢湖北按察使，升湖南布政使，署湖南巡抚。在湘期间，曾镇压张秀眉等领导的贵州苗民起义，得到清廷赏识和重用。光绪三年（1877年），奉特召入都署兵部侍郎，充军机大臣及总理各国事务衙门行走，深获西太后及恭亲王奕䜣宠信。八年，云南军需报销案发，他因受贿嫌遭劾，遂乞回籍归养老母，旋丁母忧，前后家居六年。十四年，出任湖南巡抚，次年，擢升云贵总督。中日甲午战争爆发，应诏入都，派充帮办北洋事务大臣，二十一年，调补直隶总督、北洋大臣，列名赞助"强学会"。曾疏陈统筹北洋海防，开办吉林三姓金矿、磁州煤矿，兴筑京汉铁路，奏设北洋大学堂、铁路学堂、育才馆、俄文馆，以造就人才。二十四年，以户部尚书、协办大学士入军机处。戊戌变法时，受命办理矿务铁路总局。二十六年，八国联军侵陷北京，他随西太后及光绪帝逃至西安，力主对外妥协，授体仁阁大学士。后充政务处大臣、兼外务部会办大臣、督办路矿大臣，转文渊阁大学士，晋武英殿大学士。王文韶从事政治活动期间，逐日记其所遇重要事实，内容多有当时官书及一般史籍所未载者，资料十分丰富。

现存的王文韶日记，原稿二十册，藏浙江省杭州市图书馆。起自同治六年（1867年），迄于光绪二十八年（1902年），前后历时达三十六年之久，其中除缺同治十二至十三年、光绪三年、八年、十六年、十八年、二十年、二十四年四月至二十五年外，其余大部分保持完整，总计约七八十万字。它的整理出版，为研究清季的政治、经济及人物活动情况等提供了一些可贵的资料。

在本书校点工作过程中，曾得到浙江省杭州市图书馆和中华书局的热情支持和多方帮助，一并在此表示深切的感谢。

整理者
一九八五年五月

（袁英光、胡逢祥整理：《王文韶日记》，中华书局1989年版）

袁英光著作目录系年

邬国义　辑纂

一、著作

《中国古代及中世纪史讲义》隋唐五代部分(第四册),束世澂、徐德嶙、袁英光编著,华东师范大学教学用书,华东师范大学出版社1960年2月版

《反对美帝国主义掠夺我国文物》,袁英光编写,上海人民出版社1960年6月版

《唐太宗传》(与王界云合作),天津人民出版社1984年3月版,1985年6月再版

《唐明皇传》(与王界云合作),天津人民出版社1987年7月版

《中国近代史学史》(上),吴泽主编,袁英光、桂遵义著,江苏古籍出版社1989年5月版;人民出版社2010年7月版

《中国近代史学史》(下),吴泽主编,桂遵义、袁英光著,江苏古籍出版社1989年5月版;人民出版社2010年7月版

《王国维年谱长编1877—1927》,袁英光、刘寅生编著,天津人民出版社1996年10月版,2005年12月再版

《新史学的开山——王国维评传》,袁英光著,上海人民出版社1999年8月版

主编类:

《中国历史大辞典·史学史卷》,吴泽、杨翼骧主编,袁英光、刘寅生、桂遵义副主编,上海辞书出版社1983年12月版,后台北明文书局改名《中国史学史辞典》,1986年6月版

《南朝五史辞典》,袁英光主编,邬国义、胡逢祥、路新生副主编,"二十五史专书辞典丛书",山东教育出版社2005年11月版

《中国史学史论集》(一、二),吴泽主编,袁英光编选,上海人民出版社1980年1月版

《王国维学术研究论集》(一、二、三),吴泽主编,袁英光选编,"中国史学研究集刊",华东师范大学出版社1983年9月、1987年5月、1990年2月版

《李平心史论集》，李平心著，吴泽主编，袁英光、桂遵义选编，"中国当代史学家丛书"，人民出版社 1983 年 9 月版

《中国近代史学史论集》（上），吴泽主编，袁英光选编，"中国史学研究集刊"，华东师范大学出版社 1984 年 6 月版

史籍整理：

《王国维全集·书信》，吴泽主编，刘寅生、袁英光编，"中国近代人物文集丛书"，中华书局 1984 年 3 月版，又有台湾华世出版社 1985 年 2 月版

《水经注校》，袁英光、刘寅生整理，上海人民出版社 1984 年 5 月版

《李星沅日记》（上、下），袁英光、童浩整理，"中国近代人物日记丛书"，中华书局 1987 年 6 月版，2014 年 4 月再版

《王文韶日记》（上、下），袁英光、胡逢祥整理，"中国近代人物日记丛书"，中华书局 1989 年 12 月版，2014 年 4 月再版

二、论文

《关于〈中国政治社会史〉的几点意见》，《光明日报》1955 年 2 月 24 日"图书评论"第 50 期

《关于刘黑闼的评价问题》，《历史教学问题》1957 年第 1 期

《关于辽宋夏金元史中的几个问题》，《历史教学问题》1957 年第 2 期

《"五代十国"历史中几个问题的探索》，《历史教学问题》1957 年第 5 期

《王国维的思想道路及其死》（笔名陈弢，与吴泽合作），《历史教学问题》1957 年第 5 期

《"战国策派"反动史学思想批判——驳斥右派分子雷海宗》，《历史教学问题》1957 年第 6 期

《"战国策派"反动史学观点批判——法西斯史学思想批判》，《华东师范大学学报》1958 年第 2 期，《历史研究》1959 年第 1 期转载

《古史辨派史学思想批判》（与吴泽合作），《历史教学问题》1958 年第 10 期，后收入陈其泰、张京华主编：《古史辨学说评价讨论集（1949—2000）》，京华出版社 2001 年 2 月版

《资产阶级客观主义史学观点批判》，《历史教学问题》1959 年第 1 期，后收入上海教育出版社编：《资产阶级历史教学思想批判选辑》，上海教育出版社 1959 年 12 月版

《黄巾起义与曹操》，吴泽、束世澂等著：《历史人物论集》，华东师范大学 1959 年版

《关于唐高宗的评价问题》，吴泽、束世澂等著：《历史人物论集》，华东师范大学
　　1959年版，后改名《从武则天想到唐高宗》，载上海《文汇报》1960年1月17日
《论清代民族进一步融合中的若干问题》，《历史教学问题》1959年第5期
《明末农民战争矛盾转化问题研究》，《华东师范大学学报》1960年第1期
《王仙芝受敌诱降问题初探——唐末农民战争问题研究之一》（与吴泽合作），上海
　　《文汇报》1961年5月12日
《黄巢"乞降"问题考辨——唐末农民战争问题研究之二》（与吴泽合作），上海《学
　　术月刊》1961年第5期
《顾炎武的社会政治思想和爱国思想》（与吴泽合作），《文汇报》1963年6月23日
《唐初政权与政争的性质问题——唐初武德、贞观年间的阶级斗争与统治阶级内
　　部斗争》（与吴泽合作），《历史研究》1964年第2期
《徐鼒的史学思想》，《华东师范大学学报》1964年第2期，后改名《徐鼒的封建正统
　　主义史学思想》，收入吴泽主编，袁英光选编：《中国近代史学史论集》（上），华
　　东师范大学出版社1984年6月版
《夏曾佑与〈中国古代史〉研究》，《上海师范大学学报》1979年第2期，人大复印报
　　刊资料《历史学》1979年第10期转载，后收入仓修良主编：《中国史学名著评
　　介》（第3卷），山东教育出版社1990年3月版；台北里仁书局1994年4月版；
　　山东教育出版社2006年2月再版
《夏燮与〈明通鉴〉研究》，《历史研究》1980年第1期，人大复印报刊资料《历史学》
　　1980年第4期转载，后收入《中国近代史学史论集》（上），华东师范大学出版
　　社1984年6月版，及仓修良主编：《中国史学名著评介》（第3卷），山东教育
　　出版社1990年2月版；台北里仁书局1994年4月版；山东教育出版社2006
　　年2月再版
《章太炎与〈清建国别记〉》，王仲荦主编：《历史论丛》第1辑，齐鲁书社1980年8
　　月版，后节录收入庄华峰编纂：《吴承仕研究资料集》，黄山书社1990年6
　　月版
《夏曾佑》，上海市政协文史资料工作委员会、中国社会科学院近代史研究所中华
　　民国史研究室合编：《中华民国史资料丛稿　人物传记》第10辑，中华书局
　　1981年2月版，及李新、孙思白等主编，中国社会科学院近代史研究所中华民
　　国史研究室编：《中华民国史　人物传》（第7卷），中华书局2011年7月版；
　　又名《夏曾佑先生小传》，收入夏曾佑著，夏丽莲整理：《钱唐夏曾佑穗卿先生
　　纪念文集》，台湾文景书局1998年1月版
《论王国维对唐史研究的贡献》，《华东师范大学学报》1982年第1期，后收入《王国

维学术研究论集》第 1 辑,华东师范大学出版社 1983 年 9 月版

《王著〈魏晋南北朝史〉评介》,《历史研究》1982 年第 1 期,人大复印报刊资料《中国古代史》1982 年第 5 期转载,后收入《中国图书评论选集》编辑委员会选编:《中国图书评论选集 1979—1985》(下),书海出版社 1987 年 12 月版

《王国维与〈水经注校〉》(与吴泽合作),上海《学术月刊》1982 年 11 期,后改名《王国维与〈水经注〉校勘》,收入《王国维学术研究论集》第 1 辑,华东师范大学出版社,1983 年 9 月版;后略有修改,作为《水经注校》前言,上海人民出版社 1984 年 5 月版

《试论唐代藩镇割据的几个问题》,中国唐史研究会编:《唐史研究会论文集》,陕西人民出版社 1983 年 9 月版

《〈中国古代史学史简编〉评介》,《历史教学问题》1983 年第 5 期

《魏源与〈圣武记〉》,吴泽主编,袁英光选编:《中国近代史学史论集》(上),华东师范大学出版社 1984 年 6 月版,后收入仓修良主编:《中国史学名著评介》(第 3 卷),山东教育出版社 1990 年 2 月版;台北里仁书局 1994 年 4 月版;山东教育出版社 2006 年 2 月再版

《唐代财政重心的南移与两税法的产生》(与李晓路合作),《首都师范大学学报》1985 年第 3 期,人大复印报刊资料《魏晋南北朝隋唐史》1985 年第 10 期转载

《百代英主 千古一帝——论唐太宗的历史地位》(与王界云合作),人文杂志丛刊编委会编:《唐太宗与昭陵》,《人文杂志》丛刊第 6 辑,1985 年 5 月版

《王国维》,陈清泉、苏双碧等编:《中国史学家评传》(下),中州古籍出版社 1985 年 4 月版

《关于唐玄宗李隆基的几个问题》(与王界云合作),中国唐史学会编:《唐史学会论文集》,陕西人民出版社 1986 年 9 月版

《周济和〈晋略〉研究》,吴泽主编,简修炜选编:《魏晋南北朝史论集》,《华东师范大学学报》丛刊,1986 年版;又作《周济与〈晋略〉》,吴泽主编:《中国史学集刊》第 1 辑,江苏古籍出版社 1987 年 4 月版

《夏曾佑传略》,《晋阳学刊》编辑部编:《中国现代社会科学家传略》第 8 辑,山西人民出版社 1987 年 7 月版

《王国维与敦煌学》,《中华文史论丛》1988 年第 1 期,后收入《王国维学术研究论集》第 3 辑,华东师范大学出版社 1990 年 2 月版

《刘师培与〈中国历史教科书〉研究》(与仲伟民合作),《华东师范大学学报》1988 年第 4 期,后收入仓修良主编:《中国史学名著评介》(第 3 卷),山东教育出版社 1990 年 2 月版;台北里仁书局 1994 年 4 月版;山东教育出版社 2006 年 2 月

再版

《陈寅恪对隋唐史研究的贡献》,《历史研究》1988年第6期,人大复印报刊资料《魏晋南北朝隋唐史》1989年第3期转载;又名《略论陈寅恪对隋唐史研究的贡献》,收入纪念陈寅恪教授国际学术讨论会秘书组编:《纪念陈寅恪教授国际学术讨论会文集》,中山大学出版社1989年6月版;张杰、杨燕丽选编:《解析陈寅恪》,社会科学文献出版社1999年9月版

《司马迁"究天人之际"探微》(与蔡坚合作),《上海教育学院学报》1989年第3期

《唐代文风南兴及其经济原因管窥》(与李晓路合作),江苏省六朝史研究会、江苏省社科院历史所编:《古代长江下游的经济开发》,三秦出版社1989年8月版,1996年3月重印

《略论有关"安史之乱"的几个问题》(与王界云合作),《新疆大学学报》1990年第3期,人大复印报刊资料《魏晋南北朝隋唐史》1990年第8期转载

《论王国维对蒙古史与元史研究的贡献》,《王国维学术研究论集》第3辑,华东师范大学出版社1990年2月版

《略论清乾嘉时赵翼的史学》,《历史教学问题》1991年第4期,人大复印报刊资料《历史学》1991年第10期转载

《略论王国维与陈寅恪》,《历史研究》1992年第1期,人大复印报刊资料《历史学》1992年第3期转载

《王国维自沉昆明湖》,康捷等主编:《学海行舟人物》,"二十世纪名人纪实丛书",太白文艺出版社1995年7月版

未刊稿及待访目:

《隋唐五代史专题讲稿提要》,华东师范大学历史系,1982年8月油印稿(38页)

　　隋唐史

　　　第一讲　隋亡与隋文帝
　　　第二讲　唐初政权与政争性质
　　　第三讲　关于唐太宗评论
　　　第四讲　唐高宗与武则天
　　　第五讲　唐宋尺度与赋税制度
　　　第六讲　唐代藩镇割据的几个问题

论文:

《束世澂先生传略》,据袁英光致《晋阳学刊》编辑部1986年5月27日信

图书在版编目(CIP)数据

袁英光史学论集 / 邬国义,李孝迁编. —上海：上海古籍出版社,2020.11
 ISBN 978-7-5325-9810-6

Ⅰ.①袁… Ⅱ.①邬… ②李… Ⅲ.①史学-中国-文集 Ⅳ.①K207-53

中国版本图书馆 CIP 数据核字(2020)第 223708 号

袁英光史学论集
邬国义 李孝迁 编
上海古籍出版社出版发行
(上海瑞金二路 272 号 邮政编码 200020)
(1) 网址：www.guji.com.cn
(2) E-mail：guji1@guji.com.cn
(3) 易文网网址：www.ewen.co
苏州市越洋印刷有限公司印刷
开本 635×965 1/16 印张 39.25 插页 10 字数 565,000
2020 年 11 月第 1 版 2020 年 11 月第 1 次印刷
ISBN 978-7-5325-9810-6
K·2924 定价：178.00 元
如有质量问题，请与承印公司联系